KB195726

저자

최덕경(崔德卿)

dkhistory@naver.com

경남 사천 출생. 문학박사.
국립 부산대학교 사학과 교수로 재직했으며, 현재는 명예교수이다.
중국 사회과학원 초빙교수와 북경대학 사학과 특임교수를 역임한 바 있다.
주된 연구방향은 중국 고대 농업사, 생태사 및 농민생활사이며, 저서로는『중
국고대농업사연구』(1994),『중국고대 산림보호와 생태환경사 연구』(2009),『동아
시아 농업사상의 똥 생태학』(2016)과『麗·元대의 農政과 農桑輯要』(3인 공저;
2017)가 있다. 농서의 역주서로는『농상집요 역주』,『보농서 역주』,『진부농서
역주』,『사시찬요 역주』및『제민요술 역주(Ⅰ~Ⅴ)』,『마수농언 역주』,『음선정
요 역주』,『농상의식촬요 역주』가 있으며, 역서로는『중국고대사회성격논의』,
『중국의 역사(진한사)』,『진한제국 경제사』등이 있다.
그 외에 한중 학자 간의 공동저서가 적지 않으며, 농업사 관련 국내외 전문
학술잡지에 게재된 논문이 110여 편 있다.

우리 콩^{菜묘}의 역사

기원과 용도

우리 콩菽荳의 역사
기원과 용도

초판 1쇄 2024년 12월 9일

지은이 ｜ 최덕경
펴낸이 ｜ 신정수
기획 및 편집 ｜ 진병춘

펴낸곳 ｜ 자연경실
주소 ｜ 서울시 서초구 방배로 19길 18, 남강빌딩 301호
전화번호 ｜ 02)6959-9921
팩스 ｜ 070)7500-2050
전자우편 ｜ pungseok@naver.com
디자인 ｜ 아트 퍼블리케이션 고흐

ISBN 979-11-89801-68-7

우리 콩菽의 역사

역사

기원과 용도

History of Korean Soybeans:
Origins and Uses

자연
경실

최덕경 지음

우리가 콩을 연구해야 하는 이유

콩은 5곡 중의 하나이면서 가장 다양한 용도를 지닌 곡물로서 동아시아의 맛을 결정하는 대표적인 생필품이다. 흔히 대·소맥이 서방에서 유래했다고 하며, 벼는 중국 남방에서 기원했다고 한다. 이에 반해 콩은 고래로 북방의 생태에 적합하며 민인民人과 가장 친숙한 곡물이다.

대두의 초기 연구는 중국의 농학자들에 의해 이루어졌다. 각종 문헌과 대륙에서 출토된 두류 유물을 토대로 대두는 중국에서 기원했고, 진한시대 이래 생산된 각종 가공식품을 보면서 각국의 연구자들도 이를 수용할 수밖에 없었다. 그 주된 근거는 우선 신석기 초기부터 두류가 출토되었으며, 4,500년 전 용산문화 단계에 이르면 순화된 대두를 재배했고, 문헌과 각종 가공식품이 이를 증명해 준다는 것이다.

하지만 대두 기원지와 관련한 기존 중국 연구자들의 견해는 중국 북부, 중부, 남부지역 및 황하 중류 등 매우 다양하다. 일부 연구자들은 온도, 광선, 수분 등의 생태적 조건에 근거하여 중국의 동북(만주 지역)을 주목하고 있으며, 일본과 한반도 역시 대두 기원지의 하나라고도 한다. 보급은 대개 그 진원지를 중심으로 사방으로 퍼져나가게 되며, 만약 그 진원지가 바뀌면 전파 노선 역시 달라진다.

한국의 초기 대두 연구자들은 역사학자가 아닌 농학이나 식품학자들이었다. 콩 성분이나 효용성 등에 주목하다가 차츰 식품사에도 관심을 가져 콩의 기원에 관한 연구를 하게 된 것이다. 주로 일본 유학파들이 중심이 되어 일본의 동아시아 식품사의 성과에 근거하여 우리 콩을 연구하는 방식을 취했다. 하지만 일본 연구자 중에는 중국 연구의 과학성을 문제 삼거나 편협한 시각도 적지 않다. 게다가 일부는 논지에 부정적인 자료는 언급조차 하지 않는다. 이러한 태도는 비록 결론이 타당하다 할지라도 바람직한 연구의 모습은 아니다.

본서는 역사학적 관점에서 우리 콩의 문제를 검토하였다. 콩의 기원과 전파뿐 아니라 대두를 이용한 토지 이용법, 콩의 가공과 그 부산물의 이용, 콩이 지닌 용도와 그 위치 등을 다양한 각도에서 살폈다는 점이 기존 연구와 차이점이 있다.

주지하듯 동아시아 대두 연구의 주된 대상지는 자료가 풍부한 중국이다. 진일보한 대두 문제의 연구를 위해서는 우선 고대 중국을 이해하고, 농업사적 지식도 겸해야 한다. 아울러 새로운 출토 유물과 고문헌 같은 자료에 대한 인식도 필요하다. 기존의 역사 연구자들은 주로 정치, 제도적인 관점에 주목하여 농작물과 가공식품의 연구는 거의 관심을 갖지 못하였다. 이것이 대두의 문제를 다시금 제기한 배경이기도 하다.

콩 연구를 재론함에 있어 극복해야 할 문제는 한두 가지가 아니다. 가장 먼저 대두의 기원을 검토할 때 문제가 되는 것이 바로 원시 숙류菽類와 재배 대두의 문제점이다. 무엇이 대두大豆이며, 그 생산 조건은 어떠하며, 어느 지역이 대두의 자연 선택에 적합했는가이다. 그리고 이런 대두는 기존의 원시 숙류와는 어떤 점에서 차이가 있느냐를 규명해야 한다. 이를 위해서는 대두 출현을 전후하여 두류 형태상의 차이와 함께, 원시두와 재배 대두가 어떤 용도로 이용되었는지에 대한 역사적인 검토도 있어야 할 것이다. 본고에서는 그 차이를 발효가공식품에 두었다. 즉 가장 적합하게 진화하여 발효식품을 가공할 수 있는 콩이 바로 대두라는 것이다. 때문에 이에 적합한 환경과 출토 유물을 살펴 그 대두가 어디에서 출현했는가를 찾는 것이 중요하다. 여기서 주목되는 것은 이제까지 그다지 관심을 보이지 않았던 한반도의 출토 유물이다. 이를 중국 내지의 것과 비교하여 순화, 재배의 정도와 크기와 형태 면에서 어떤 차이가 있는가를 밝히는 것이 필요하다. 그리고 기존의 원시두로는 왜 장시醬豉를 제조하지 못했으며, 새로운 대두를 외부에서 도입한 이후에야 이 문제를 해결할 수밖에 없었는가에 답해야 한다.

중국에서 처음 장시가 출현한 것은 전국시대의 숙장菽醬이다. 이 숙장菽醬이 제조될 때까지의 사건으로 주목되는 것이 바로 춘추시대 제 환공이 동북의 산융 지역에서 융숙戎菽을 도입하여 천하에 보급한 것이다. 당시 중국의 내지에는 신석기시대 이래 다양한 두류가 존재했으며, 그를 식품으로 이용하기도 했다. 그런데 왜 환공이 전리품으로 융숙을 가지고 와서 천하에 재차 보급했을까? 전리품으로 가지고 온 것을 보면, 그 대두는 분명 형태와 질량 면에서 독특했기 때문일 것이다. 어쩌면 전장戰場에서 융숙을 이용한 그 지역의 음식을 직접 경험했을 수도 있다. 따라서 이런 융숙이 천하에 보급된 이후 대두의 가공식품은 이전과 달리 크게 변했다고 볼 수 있다. 이 대두가 만주 지역에서 장시醬豉 제조에 사용된 콩으로, 본서에서는 이를 메주meju콩이라고 칭하였다.

아울러 대두 기원지의 고유한 발효식품을 살피기 위해서는 그 지역이 지닌 생태조건에도 주목해야 한다. 장시醬豉가 처음 만들어진 지역이라면, 대두 재배의 자연조건과 장시를 가공하기 위한 필요조건, 즉 소금과 젓갈 같은 유사 발효 기술과 그것을 저장할 도기陶器 등도 살펴야 할 것이다. 그리고 기존의 대두 관련 사료 중 주목하지 않은 부문이나 사료를 새롭게 해석할 여지가 없는지도 검토해야 한다.

기존 대두 연구에서는 한반도의 기록과 출토 유물은 폄훼하거나 왜곡하여, 중국에서 바로 일본으로 대두와 장시가 전파된 것으로 기술했으며, 때론 언급조차 하지 않았다. 이제 이들 새로운 자료에 대한 해석이 불가피하고, 그렇게 되면 기존의 논리에 변화가 생기기 마련이다.

본 연구를 통해 얻고자 하는 것은 대두의 기원을 밝히고 그 이용도를 살피는 것에 머물지 않는다. 진일보하여 사료와 유물을 합리적으로 해석하고, 과거 중국과 일본 중심의 해석을 극복하고자 하였다. 사실 고대사 쟁점의 문제를 숙고 없이 결론을 내리는 것은 결코 용이하지 않다. 설령 실증적인 사료를 이용했다고 할지라도 아직 드러나지 않은 자료가 많고, 자의적 해석에서 완전히 벗어나기 어렵기 때문이다. 하지만 본서는 중국 농업과 생활사를 연구하는 역사학자의 관점에서 대두 문화를 검토하여, 한중 간의 대두 문제를 보다 균형 잡힌 시각으로 살필 수 있을 것으로 기대한다.

또한 고유한 가공식품의 전통을 살피는 데에는 현재의 일상도 중요하다. 역사상 먼저 유물이 출현했다고 그 식품의 주인공이 될는 수 없다. 발견되지 않았을 뿐 조건에 합당하면 어디서나 자생할 수 있으며, 그 문화를 지키며 오늘날까지 전통의 방식을 고수하는 민족이야 말로 그 식품의 진정한 주인공일 수 있으며, 이런 조건을 굳건히 견지하고 있는 지역이야말로 콩의 발생지임을 간접적으로 말해주는 것이다. 이때 특히 주목해야 할 지역이 만주 지역과 인접한 한반도지역이다. 이를 살피고자 하는 것이 본서를 출판하고자 한 이유이기도 하다.

대두와 그 가공식품의 보급 문제도 해결해야 할 부분이다. 예컨대 두장의 원료가 되는 메주는 지역에 따라 알메주[豉]와 덩어리 형태의 메주로 나타난다. 그 과정에 등장하는 말장[末醬], 말도末都, 시즙豉汁, 청장과 미소 등의 용어는 장醬, 시豉의 계승 문제를 살피는 데 주목된다. 중국의 경우 시즙과 시豉: 알메주가 주를 이루면서 말도末都란 용어는 후한 이후 자취를 감춘 것은 수용과정에서 현지 문화와 충돌하면서 변화가 불가피했음을 말해준다. 이는 환경적 요인으로 인해 외부에서 유입된 대두의 단백질 함량이 상대적으로 탄수화물보다 적어 덩어리 메주가 만들어지지 않게 되었기 때문일 수 있다.

장시醬豉 이외 또 다른 콩 식품 중 대표적인 것으로 두부, 콩기름[豆油]과 콩나물 등이 있다. 이들 역시 그 기원과 보급에 대해 일치된 견해는 없다. 특히 오늘날 두부의 기원은 세계적인 논쟁이 되고 있다. 기존에서는 한대 회남왕 유안劉安의 발명을 정설로 여겨왔으며, 조선의 실학자들조차 이 견해를 추종하였다. 하지만 기록상 최초의 등장은 10세기를 전후한 시기였다. 최근 후한 타호정 화상석 속에 두부 공정의 화상이 등장하면서 기원이 재점화되었다. 본서에서는 이 화상을 재검토했을 뿐 아니라 명대까지 두부의 실체는 지금과는 달리 진압과정이 누락된 연두부였음을 살폈고, 조선의 기록 속에 남겨진 경두부의 실태를 통해 한중간 두부의 변모 과정의 대략을 검토했다.

콩의 비타민 식품인 콩나물[豆芽] 역시 약재와 채소로 겸용하기 시작한 것이 송대였다. 황권黃卷의 명칭에서 보듯 처음에는 황두를 이용했지만, 이후 맛과 질감으로 인해 중국에서는 녹두를 주로 이용하였다. 황권의 사료는 고려시대에 처음 등장하지만, 이미 고려 초에 군사들이 냇물에 콩을 담가 콩나물을 만들어 먹기도 했다. 게다가 한반도는 메주콩인 황두의 기원지이고, 특히 중남부 지역은 강우량이 풍부하여 경험상 콩 싹을 접할 기회가 용이했다. 그러므로 콩나물의 식용은 황권의 기록과는 달리 삼국시대 이전부터 존재했을 것으로 보인다.

대두를 가공하고 남은 부산물인 콩비지와 콩깻묵은 가축의 사료로 이용되었다. 특히 메주콩은 다른 두류보다 단백질 함유량이 많고 아미노산도 풍부하며, 기름을 짜고 남은 콩깻묵은 토온이 낮은 강남 지역의 수·한전의 비료로 사용되어 생산성을 높이는 데에 기여했다. 비록 두유豆油는 착유량과 착유 기술의 미발달로 송대에는 크게 주목을 받지 못했지만, 명청대에 그 부산물인 콩깻묵[豆餠]의 용도가 중시되면서 착유업이 발전하게 된다. 특히 콩깻묵은 최초의 금비金肥로서 명청시대 고용노동자들의 태업 산물이면서 강남 농업의 생산을 제고하는 데에도 기여하였다. 이 역시 동북 지역의 대두를 주로 이용했다는 점에서 메주콩의 중요성을 알 수 있다.

본서의 마지막은 두류 작물 중 홍소두[팥]에 주목하고, 그것으로 만든 팥죽을 통해 동지의 의미와 그것이 민간의 일상에서 점하는 사회적 위치를 조명하여, 한반도 동지 팥죽이 동아시아에서 유일하게 오늘날까지 전래된 배경을 살폈다.

본서를 통해 콩의 역사를 새롭게 제기하는 또 다른 이유는 콩의 기원지를 새롭게 밝히는 일 이외, 콩이 미래 건강식품으로 주목을 받고 있기 때문이다. 콩으로 제조된 가공품을 보면 두반豆飯, 두장, 시豉, 두부, 콩나물, 두유豆油, 두즙, 두유豆乳, 콩깻묵, 콩가루, 청국장[낫토], 공업원료 등 매우 다양하며, 이런 재료를 이용한 가공식품과 용도 역시 엄청나게 많다. 게다가 그 부산물은 가축의 사료와 거름으로 활용하는 경우도 증가하고 있다. 게다가 콩은 식물성 단백질이 풍부한 식품으로 성인병에 시달리는 현대인의 미래 대표적인 건강식품이기도 하다. 이런 상황에서 볼 때, 대두에 대한 관심은 자연스러우며 그 기원, 전파 및 이용에 대한 새로운 검토는 당연하다고 할 것이다.

본서의 출판을 준비하면서 기존의 논문을 적절하게 엮으면 될 것이라는 처음의 생각이 얼마나 잘못되었는지를 실감했다. 20년 전『제민요술』에서 '고려두'라는 단어를 처음 발견하고서 떨리는 심정으로 작성한 논문을 이후 게재한 논문들과 조합하는 과정에서 발생한 어려움은 한두 가지가 아니었다. 논문들과의 시각 차이는 물론이고, 최근까지의 국내외 연구 성과를 수용하는 데에도 적지 않은 시간이 필요했다. 상호 간의 논리적인 정합성도 맞지 않아 보충과 수정에 적지 않은 시간을 소요했다. 특히 기존의 개별적인 논문의 틀을 버리고 전체의 틀 속에 글을 짜 맞추며, 중복 부분을 배제하는 작업도 용이하지 않았다. 끝이 없는 덤불 속에서 미로를 찾는 기분이었으며, 무더위를 핑계로 번번이 도망치고 숨고 싶은 심정이었다. 여전히 부족한 것이 많다. 모두 필자 능력의 소치이다.

가족들의 지지가 없었다면 이나마 불가능했을 것이다. "다시 수능 공부하는가?"라며 늦게 귀가하는 남편을 독촉하면서도 집안 분위기를 밝게 만들어 주었고, 무엇보다 벌이도 없는 필자에게 연구실을 마련하여 편안하게 작업할 수 있게 해준 아내 이은영님에게 감사드린다. 그리고 정기적인 안부 전화로 늘 행복과 기쁨을 전해주는 뉴요커 아들과 며느리, 가까이서 온갖 귀찮은 일을 도맡아 해준 착한 딸아이 부부에게도 고마움을 전한다. 또 내년이 구순인 초당 선생님은 언제나 내 인생 멘토로서 나를 버티게 해주었으며, 시카고 대학 Thomas Christensen 교수는 이번에도 영문 요약문을 교열해 주셨다. 모두의 건강과 행복을 빈다.

    끝으로 본서의 출판을 흔쾌히 맡아주시고 정성을 다해주신 풍석 문화재단 진병춘 사무총장님에게도 감사드린다. 편집진의 꼼꼼한 교정이 없었으면 본서가 이렇게 모양을 갖추지 못했을 것이다. 고맙습니다.

2024년 9월 14일

40년간을 함께 해온 아내 이은영님께 이 책을 헌정한다.
해운대 동백섬 근처에서 최덕경 삼가 쓰다.

일러두기

1. 본문과 각주의 한자는 가능한 한글로 표기했다. 한자 표기를 요할 때, 한글의 음과 동일한 경우에는 한자를 위첨자 형식으로 표기하고, 그렇지 않을 경우에는 한자를 [ ]속에 넣어 처리했다. 다만 각주의 경우 글자가 작아 한글과 한자음이 동일할 경우에는 한자를 ( )에 넣고, 다를 경우 [ ]에 넣어 처리했다.

2. 본문 중 서명은 『 』에 넣고, 논문과 편명은 「 」으로 표기하였다. 이때 외국의 한자 서명은 한글로 번역하여 병기하고, 논문은 번역하지 않고 원문을 「 」속에 넣어 두었다.

3. 본서에 등장하는 중국과 일본의 저자명은 현지 발음에 따라 한글로 번역하여 병기하고, 지명의 경우 한자음을 그대로 한글로 표기하였다. 다만 한국의 저자와 저서는 출판된 논저의 근거에 따라 표기하였다.

4. 본문 속의 관련 사료는 이해를 돕기 위해 가능한 원문을 각주에 그대로 게재하였다.

5. 그림과 사진은 독자의 이해를 돕기 위해 본문 사이에 배치하였지만, 표가 긴 경우에는 해당 논문의 뒤쪽에 배치하였다.

6. 맞춤법과 띄어쓰기는 한글 맞춤법 통일안을 원칙으로 하였다.

목차

제2부

콩 가공기술과
식품의 발달

제1부

콩[大豆]의
기원과
한반도

제1장

콩의 출토 유물과
기원지에 관한 논의

콩[大豆] 재배는 중국에서 기원한다고 일찍이 미국, 소련 및 일본의 유명 사전 등에서 공인하였다.[1] 콩은 기원전 200년 무렵에 중국에서 조선으로 건너가 일본으로 전해졌으며, 독일, 프랑스, 영국은 18세기, 미국은 19세기 중반에 중국이나 일본을 통해 전파되었다고 소개하여 더 이상 논의의 대상이 되지 않음을 천명하고 있다. 이러한 입장은 1984년 국제학회에 발표한 왕롄정[王連錚]의 논문에서 재확인되었으며, 최근 일본에서도 그 결과를 그대로 수용하고 있다.[2]

중국이 대두의 원산지라는 인식은 이미 1950년대부터 시작되었다. 리창녠[李長年]은 그의 논문 첫머리에서 "대두는 아시아의 특산이며, 중국이 원산이다. 대두 재배 역시 역사상 중국에서 가장 빨리 나타난다."라고 하였다. 그는 그 근거로 "주周 건국 이전부터 '숙尗'의 속자가 존재했으며, 『시경詩經』과 각종 선진 문헌의 도처에 '숙尗'이라는 문자가 등장한다."라고 하였다.[3] 그리고 야생 대두에서 재배 대두로의 순화 과정은 이미 상대商代나 그 이전부터 시작되었을 것이라는 가설을 제시하기도 했다.[4]

최근에는 대두의 출토 유물을 그 기원의 실물 증거로 삼고 있다.

1   *The Encyclopedia Americana*, International Edition, Vol. 25, 1980. H. W. Johnson은 『미국대백과전서』를 통하여 "중국 고문헌에는 역사 이전 시대부터 대두는 영양 가치가 높고 광범하게 재배되었다. 게다가 2천 년 전에 대두는 가장 중요한 콩과[豆科] 식물로 인식되었으며, 오곡의 하나였다."라고 한다. *Soviet Great Encyclopedia*, Vol. 24, Book 1, 3rd edition, 1976. V. F. Cuzin은 『소련 대백과 전서』를 통해 "재배 대두는 중국에서 기원했다. 중국은 5천 년 전에 이미 이 작물을 재배하기 시작하여, 그 후 중국에서 남부 및 동남아시아의 각국에 전파되었고, 18세기에는 유럽으로 전해졌다."라고 기록하고 있다. 쫭빙창[莊炳昌] 주편, 『중국야생대두생물학연구(中國野生大豆生物學研究)』, 科學出版社, 1999, p.227에서도 외국학자의 설을 제시하여 대두 중국 기원설을 강조하고 있다.
2   왕롄정[王連錚], 「大豆の起源・變遷およびその傳播」(귀원타오[郭文韜] 저, 와타나 베타케시[渡部武] 역, 『中國大豆栽培史』, 農文協, 1998)를 번역하면서 부록에 자신의 논문을 게재하고 있다. 이 속에는 일본의 후쿠다[福田]와 나가타[永田]의 대두 중국 기원론을 소개하고 있으며, 최근 귀원타오[郭文韜], 「略論中國栽培大豆的起源」『第8屆中國飮食文化學術硏討會論文集』, 2004, 7에서도 이를 수용하고 있다.
3   리창녠[李長年], 「中國文獻上的大豆栽培和利用」『農業遺産硏究集刊』(第1冊), 中華書局, 1958.
4   T. Hymowitz & R. L. Bernard, "Origin of the Soybean and Germplasm Introduction and Development in North America" *Use of Introduction in Cultivar Development*, Part 1, 1991, p.149.

1959년 산서성 후마시候馬市 우촌고성牛村古城의 전국시대 유적에서 2,300년 전의 대두가 발견된 바 있다. 그리고 1980년대 길림성 영길현 永吉縣 대해맹大海猛 유적에서 춘추시대의 대두가[5] 생산 도구와 함께 출토되었으며,[6] 낙양 남교南郊의 이리두 문화 유지에서 하대夏代 대두가 출토되기도 하였다.

필자는 2003년 10월 사천 성도成都에서 개최된 '중국 음식문화 학술 연토회'에 참가하여 귀원타오[郭文韜] 선생께 대두의 원산지가 중국의 내지인 것에 이의를 제기한 바 있는데, 당시 사회를 맡았던 장위샹 [江玉祥] 선생이 덧붙여 일일이 그간의 중국 측 입장을 소개했으며, 최근 그 결과를 논문으로 출판한 바 있다.[7] 그가 대두의 원산지가 중국임을 확증하는 주된 근거는 우선 최근 출토된 낙양시洛陽市 이리두 문화유적에서 3,660±150년 전의 하대 대두가 출토되었으며, 이것은 춘추전국시대의 이른바 '융숙戎菽'보다 1,000년이나 앞선 것이라는 점이다. 다음으로 각종 제자서諸子書에 의하면, 전국시대 '콩과 콩잎[豆藿]'이 서민들의 식량으로 남북 모두 널리 애용되었다는 점을 들고 있다. 마지막으로 기원전 7세기 중엽 제齊 환공桓公 때 산융山戎의 융숙을 천하에 퍼트렸다는 문제에 대해 산융의 근거지가 지금의 하북, 요녕 사이이며, 이곳을 상주 시대의 고죽국孤竹國으로 중국 내 다민족의 일족으로 파악하고 있다. 이러한 인식의 저변에는 중국 대두 기원 논쟁 자체를 사전에 차단하겠다는 의도가 담겨있다.

---

5 이 유적에서 절대연대의 측정이 가능한 유물은 영길현 대해맹 유적의 탄화된 대두로 탄소 측정연대가 지금부터 2,590±70이고, 나이테[樹輪] 교정년이 지금부터 2,655±120년 전으로 춘추시대의 실물임이 밝혀졌다. 류스민[劉世民] 외 2인,「吉林永吉出土大豆炭化種子的初步鑑定」「考古」 1987-4, p.365.

6 류스민[劉世民] 외 2인, 위의 논문,「吉林永吉出土大豆炭化種子的初步鑑定」.

7 장위샹[江玉祥],「論大豆及相關豆製食品的起源」『四川大學學報』(哲學社會科學版), 2003年 6期.

사실 대두의 기원 문제를 논의하는 데 있어 중국은 많은 이점을 지니고 있다. 무엇보다 풍부한 문헌 사료와 넓은 국토에서 출토되는 유물이 그것이다. 특히 중국은 근대 이전 그들과 인접했던 국가를 속국 내지 소수민족 정권으로 규정하여 현재의 영토 속에 포함시킴으로서, 대두 기원이라는 문제에 대해서도 그들에게 유리한 방향으로 해석하고 있다.

중국과 인접하고 있는 몽골, 베트남 및 한반도 등은 선사시대부터 독자적인 문화를 지녔음에도 불구하고, 기원전의 문자 기록이 거의 남아 있지 않기 때문에 문헌을 통해 대두의 기원을 입증하는 데에는 한계가 있다. 그 결과 자국의 대두 문제를 밝히는 데 중국의 자료에 간접적으로 의존할 수밖에 없어 연구 성과를 적극적으로 표현하지 못했던 것이다.

본고는 그동안 제기되었던 연구 성과와 최근 확인되고 있는 과학적인 출토 유물을 소개함으로써, 대두의 기원 문제를 근본적으로 재검토하고, 대두의 원산지로서 한반도를 왜 중시해야 하는지를 밝히고자 한다.

I. 콩의 기원지에 대한 기존 연구

1. 두류의 출토 유물과 형태상의 특징

가장 이른 시기의 숙속菽屬 출토 유물은 지금부터 9,000~7,000년 전 신석기 초·중기 배리강裴李崗 문화기의 가호賈湖와 반촌班村 유적지의 야생두이고, 이를 시작으로 같은 황하 유역인 앙소 시대의 대하촌

大河村, 유장劉庄 등의 취락에서도 대두속大豆屬이 발견되었다.[8] 그 후 산 동 등주시滕州市에서는 4,000년 전의 것인 수십 개의 야생두가 발굴되 었으며, 섬서성 부풍현扶風縣 안판案板 유적지에서도 4620±135년 용산 龍山 시기의 콩류[菽屬]가 도관陶罐 속에서 발견되고 있다.[9]

재배 대두는 지금부터 2,655±120년 전에 길림 영길현永吉縣 대해맹大 海猛 유적에서 등장하며, 최근에는 낙양洛陽 남교南郊의 조각수皂角樹 이리 두二里頭 문화 유적지에서 이보다 다소 빠른 3,660±150년 전의 하대夏代 의 야생두 속에 탄화 대두가 출토되었다고[10] 한다. 이것이 지금까지 중국 에서 발견된 가장 이른 시기의 재배 대두라고 한다.

대두의 기원을 밝힌 논문을 보면 대개 두 가지 방향으로 연구되고 있다. 하나는 기존의 방식과 같이 콩류 출토 유물의 탄소연대를 측정 하여 가장 앞선 시기의 탄화 대두 유물을 통해 대두大豆의 기원을 밝 히고자 하는 방법으로, 이는 발굴된 유물의 상황에 따라 기원지가 변 한다는 문제점이 있다. 다른 하나는 출토된 야생 숙속菽屬의 크기와 형태를 긴 시대를 걸쳐 조사하여 야생두가 재배 대두로 순화, 보급 되 어가는 과정을 통해 기원지를 추정하는 방법이다. 이 방식은 다른 지 역에서 비록 이른 시기의 출토 유물이 발굴된다고 하더라도 순화와 재배 여건의 우월성을 보다 강조한다는 점에서 차이가 있다. 후자의 방법을 통해 최근 그 기원지의 하나가 황하 중류 유역이라는 주장이 제기되었다. 이것은 배리강裴李崗이나 앙소仰韶 유적을 중심으로 등장

8   우원완[吳文婉] 외 3인, 「古代中國大豆屬(Glycine)植物的利用與馴化」『農業考古』2013-6, p.5.
9   셰웨이[謝偉], 「案板遺址灰土中所見到的農作物: 兼論灰像法的改進」『考古與文物』1988-5,6, pp.210-213에 의하면 용산문화 초기에 섬서 관중 지구의 위하(渭河)지류 위하(漳河)와 미양하(美陽 河)의 교차 지점에서 조, 기장, 벼와 두류가 재배되었다고 한다.
10 이 탄화 대두는 약간 납작한 타원형으로 길이 4.30-5.52mm, 폭 2.62-3.34mm, 두께 2.01-2.47mm이 었으며, 종제(種臍)는 배의 중앙에 위치하고, 종제의 길이는 1.51-1.89mm, 폭 0.61-0.87mm였으며, 장폭비[長寬比]는 1.65, 제장(臍長)은 입장(粒長)의 27.4-40%를 점했다고 한다.

한 야생두가 용산龍山 문화를 기점으로 점차 재배되기 시작하면서 하류와 기타 지역으로 확산되었다고 보는 견해이다.[11]

근자에 발표된 중국 고고학자의 연구에 의하면, 황하 중하류의 배리강裴李崗 유적의 야생두는, 용산 시기를 거쳐 대두를 재배하기 시작하면서, 크기가 평균 길이[長] 4.28mm, 폭 3.01mm, 두께 2.03mm로 길이와 폭이 커지게 되었다.[12] 이 대두大豆가 점차 순화되면서 농업 생산이 안정성을 갖게 되었다고 한다.[13] 이후 이리두 시기가 되면 점차 크기가 커져, 서주 시대의 대두는 평균 길이 5.41mm, 폭 3.62mm, 두께 2.89mm로 발전했으며, 한대에는 평균 크기가 길이 5.77mm, 폭 3.68mm, 두께 2.89mm에 달했다고 한다. 이미 상주시대부터 콩류가 명확하게 대두, 소두로 구분되고, 그중 큰 것은 오늘날의 야생 대두보다 컸으며, 한대 이후에는 크기가 거의 오늘날의 작은 대두에까지 근접했다고 한다.[14] 이 견해는 콩류가 선택, 순화되고 유전되면서 점차 발전되었다는 지적이다.

이러한 연구는 기존방식과는 달리 진화 내지 순화 과정을 통해 숙

11 스후이[石慧] 외 1인, 「大豆在中國的歷史變遷及其動因探求」『農業考古』 2019-3, p.33에서 한 무제 시대에 이르면 대두가 농작물 중의 재배 비율이 전국시대의 25%에서 8% 전후로 내려가며, 재배 범위도 점차 황하 유역에서 확산되어 서쪽으로는 사천, 동쪽으로는 장강 삼각주, 북쪽으로는 하북, 내몽골, 남쪽으로는 절강에 이르렀다고 한다.

12 류창[劉昶] 외 1인, 「河南禹州瓦店遺址出土植物遺存分析」『南方文物』 2010年 第4期, p.61의 〈表六〉에는 와점(瓦店) 유적에서 출토된 용산 후기 100여 개 중 20여 개의 탄화 대두의 평균은 길이 4.23mm, 폭 2.77mm이며, 장폭비[長寬比]는 1.53으로 다소 차이는 있다.

13 류창[劉昶] 외 1인, 위의 논문, 「河南禹州瓦店遺址出土植物遺存分析」, p.62에 의하면 대두가 탄화되면 대개 길이는 10-20% 축소하고, 폭은 10% 이상 축소한다는 D. G. Fuller과 E. L. Harvey의 견해를 받아들여 실물 크기를 15% 보상하여 처리하고 있는데, 대부분 동의하는 듯하다. 다만 우원완[吳文婉] 등 4인, 「古代中國大豆屬(Glycine)植物的利用與馴化」『農業考古』, 2013년 6기, pp.4-6에서는 용산문화 시기가 되면 대두의 출토 지점과 수량이 크게 증가한다고 하여 이를 대두 재배가 시작된 시점으로 부각하고 있다. 하지만 당시 발굴 상황만으로 보면 이 용산 시기가 배리강(裴李崗) 시기뿐만 아니라 상대, 주대를 넘어 한대보다도 출토 지점과 출토량이 많다. 이것은 고고학적 유적과 출토 유물을 단순화하여 작위적으로 해석했기 때문에 생긴 현상인 것이다. 이에 더하여 천시에샹[陳雪香] 외 2인, 「尺寸與成分: 考古材料揭示黃河中下遊地區大豆起源與馴化歷程」『中國農史』 2017年 3期에서는 황하 중하류 지역의 콩 재배는 늦어도 배리강 시대에 시작되었으며, 용산 시대에는 콩의 재배가 새로운 단계에 접어들었다고 한다.

14 우원완[吳文婉] 등 4인, 위의 논문, 「古代中國大豆屬(Glycine)植物的利用與馴化」, pp.2-7.

속菽屬의 변화를 검토한 것으로, 진일보한 방식이라 볼 수 있다. 하지만 이것 역시 문제점이 적지 않다. 우선 야생 대두와 대두의 구분이 무엇이며, 대두가 되는 조건, 즉 콩깍지, 씨앗 배꼽[種臍] 등에 대한 규정을 명확히 제시하지 않고 결국 이전처럼 크기의 변화에만 주목하였다는 점이다. 그리고 무엇보다 중국 문명의 기원지인 황하 중하류 지역만을 연구 대상으로 삼아 고대문명의 발상지를 대두의 순화, 재배 과정과 일치시켜 국가성립의 초기 단계인 용산 시기를 대두가 비로소 재배되는 시기로서 강조하고 있다.[15] 나아가 이렇게 순화된 대두를 바로『시경』속에 나타나는 '숙菽'으로 연결하여, 이것이 곧 대두大豆라는 기존의 결론을 의식적으로 맞추고 있는 듯하다. 만약 황하 유역의 콩류를 동북이나 남방지역과 함께 비교했더라면 보다 설득력을 가졌을 것이다. 아울러 용산 시기 이후 대두를 재배함으로써 점차 이전보다 진화했다면, 굳이 제 환공이 융숙을 동북(만주) 지역에서 가져다가 천하에 보급할 수고는 없었을 것이다.

그리고 처음부터 콩류를 야대두野大豆와 대두로 구분하여 큰 것을 대두의 일종으로 인식하고 시작하고 있다는 점도 오해의 소지가 있다. 콩류는 지역에 따라 다양한 형태가 존재했을 것이기 때문에, 크기만 보고 단순하게 대두라고 칭하면서 논리를 비약하는 것은 곤란하다. 단순히 크다고 해서 대두라고 한다면, 이미 배리강裴李崗 유적에서 큰 것은 길이 4.89mm, 앙소仰韶 유적에서는 4.67mm의 야생두가 출토되고 있다. 이들은 서주나 한대에 출토된 것의 중간치보다 훨씬 크다. 그리고 같은 유적이라도 개체 간의 크기는 차이가 있으며, 그 차이는

---

15   진구이원[靳桂云] 외 4인,「山東高青陳庄遺址炭化種子果實研究」『南方文物』2012-1, pp.153-154 에서는 용산문화 시기에도 콩이 야생에서 진화가 완료되지 않았고, 이때부터 서주 초기까지 약 천년의 기간이 작물용 콩으로 진화되는 중요시기라고 보고 있다. 그런가 하면 자오쯔쥔[趙志軍],「漢魏時期三江平原農業生産的考古證據」『北方文物』2021-1, p.76에서는 한 걸음 더 나아가 재배 대두의 순화 과정은 용산 시기 훨씬 이전부터 시작되었다고 하여 일치된 견해를 보이지 않고 있다.

대두가 땅에 떨어졌거나 딴 시기 및 토질에 따라서 차이가 발생한다. 주대 산동 진장陳莊 지역의 경우도, 큰 것은 대두大豆(4.34-6.68mm)로, 작은 것(2.71-3.89mm)은 야생두로 취급하고 있는 데 반해, 한대 하남 남와 南洼 유적의 경우 길이가 3.74-7.55mm까지 매우 다양하지만 모두 대두로 취급하고 있다.[16] 이렇게 야생두와 대두大豆를 구분하는 기준이 분명하지 못한 데에도 문제가 있다.

한국 식물학자의 견해에 따르면, 한반도 청동기시대의 포항浦項 원동院洞 제3지구의 탄화 대두의 형태는 원형과 타원형이며, 평균 장폭비[長寬比]를 보면 평균이 1.34로 대부분 타원형이었고, 반야생두의 경우, 장폭비는 1.29로 줄어든다고 한다.[17] 한반도에 보고된 재래종 황대두黃大豆의 크기를 보면, 길이 5.70-10.35mm(평균 7.6mm), 폭 4.97-8.99mm(평균 6.64mm), 두께 1.73-7.19mm(평균 5.48mm)로서 장폭비는 1.14이며, 흑대두黑大豆는 길이 5.67-11.23mm(평균 8.83mm), 폭 5.37-8.81mm(평균 7.51mm), 두께 3.0-7.04mm(평균 5.79mm)로서 장폭비는 1.18로[18] 원형에 가깝다고 한다. 이처럼 청동기시대 이후 크기와 장폭비의 변화를 보면 야생두가 점차 커지면서 타원형에서 원형의 대두로 순화되어왔음을 알 수 있다.

16 우원완[吳文婉] 등 4인, 위의 논문,「古代中國大豆屬(Glycine)植物的利用與馴化」, p.2의 〈表1〉 참조.

17 이영호·박태식,「출토유물과 遺傳的 다양성으로 본 한반도 豆類재배 기원」,『農業史硏究』第5卷 1號, 2006, p.9; 崔德卿, 앞의 논문,「大豆의 기원과 장(醬)·시(豉) 및 두부의 보급에 대한 재검토: 중국고대 文獻과 그 出土자료를 중심으로」『역사민속학』 제30호, 2009, p.12의 〈표1〉에 의하면, 포항(浦項) 원동(院洞) 제3지구의 약 1,800여 개의 청동기시대 탄화 대두 중에서 大粒 99개의 평균 길이는 7.15-7.4mm, 너비는 5.6mm, 두께는 4.9mm이었으며, 5개의 半야생두의 평균은 길이 4.75mm, 폭 3.69mm, 두께 3.44mm이었다.

18 Yoon et al, 2000, Geographical pattern of morphological variation in soybean germplasm, Korean J. Crop Sci. 45(4):267-271; 이영호·박태식, 위의 논문,「출토 유물과 유전적 다양성으로 본 한반도 두류 재배 기원」, p.11에 의하면 한반도 청동기시대 야생 소두의 경우, 충남 서천군(舒川郡) 도삼리(道三里)의 유물은 길이 2.9-4.0mm, 폭 2.8mm, 장폭비 1.19이며, 삼국시대 장흥(長興) 상방촌(上方村) 유물은 길이 2.9-4.0mm, 폭 2.0-3.0mm인데, 그 장폭비는 1.16-2.0로서 한반도 야생 소두의 평균 장폭비(길이 4.4mm, 폭 3.4mm)는 1.30에 가깝다고 한다.

비슷한 사례로 청동기시대 충북 청원淸原 궁평리宮坪里 유물은 평균 길이 4.0mm, 폭 3.4mm로서 장폭비가 1.18이며, 그중 크기는 야생두와 비슷하지만 장폭비는 재배두의 1.15에 가까운 것도 있었다.[19] 이처럼 청동기시대부터 이미 오늘날의 대두와 유사한 형태가 발견되기도 한다. 문제는 8-9세기 통일신라시대에도 여전히 장폭비가 1.39(길이 4.3mm, 폭 3.1mm)인 타원형의 대두가 출토되고 있는 것을 보면, 당시 재배 콩 중에는 야생성이 적지 않은 것이 있었으며, 긴 시간을 두고 순화되었을 것으로 짐작된다.[20] 이것은 시간이 흐를수록 대두가 커짐과 동시에 장폭비는 줄어들었고, 그 결과 점차 원형에 가까워졌다는 말이다.

이런 논리를 앞의 중국의 황하 중하류 지역에 적용하면, 중국 식물 고고학자가 말한 대두는 길이가 커짐과 동시에 장폭비도 배리강裴李崗 유적이 1.3, 용산 시기는 1.42, 주대에는 1.49, 한대에는 1.57로서 그 비율이 시간이 흐름에 따라 커졌음을 볼 수 있다.

비슷한 현상은 최근 발굴된 대두의 모습에서도 볼 수 있다. 산동 임술현臨沭縣 동반東盤유적에서 발굴된 용산 시기 타원형 야생두는 평균 길이 2.97mm, 폭 2.16mm이며, 장폭비는 평균 1.4였으며,[21] 하남河南 등봉登封 남와南洼 유적의 이리두二里頭 시기의 타원형(또는 장타원형) 대두의 평균 크기는 길이 4.55mm, 장폭비는 1.51이었으며, 은허殷墟 시기의 평균 크기는 길이 4.45mm, 장폭비는 1.44이었다. 그리고 산동 고청현高靑縣 진장陳莊 유적의 서주 시기의 탄화 대두의 평균은 길

19 이영호·박태식, 위의 논문, 「출토 유물과 유전적 다양성으로 본 한반도 豆類재배 기원」, pp.8-9.
20 최덕경(崔德卿), 앞의 논문, 「大豆의 기원과 장(醬)·시(豉) 및 두부의 보급에 대한 재검토: 중국 고대 문헌과 그 출토자료를 중심으로」, pp.8-10.
21 왕하이위[王海玉] 등, 「山東省臨沭縣東盤遺址2009年度炭化植物遺存分析」『東方考古』第8集, 科學出版社, 2012를 보면, 용산 시기 타원형 야생두 132개가 출토되었는데, 이 중 완전한 55개를 측량해 본 결과 평균 길이 2.97mm, 폭 2.16mm, 두께 1.7mm이었다.

이 5.48mm, 폭 3.79mm이었으며, 장폭비는 1.45이었다.[22] 그런가 하면 남와 유적의 한대 대두의 평균 크기는 길이 5.78mm, 폭 3,69mm, 두께 2.89mm이었고,[23] 장폭비는 1.58이었으며, 낱알길이[粒長]가 7mm 이상 이거나 낱알길이에 비해 폭이 작아 가늘고 긴 타원형을 띤 대두도 발견되었다고 한다.[24]

이상과 같이 황하 중하류 지역의 대두를 시대의 변화에 따른 크기와 장폭비를 정리해 보면, 용산 시기 1.4(평균 길이 2.97mm), 이리두二里頭 시기 1.51(평균 길이 4.55mm), 은허殷墟 시기 1.44, 서주시기 1.45(평균 길이 5.48mm) 혹은 1.85(길이 3.7mm), 한대 1.58(평균 길이 5.78mm) 등으로 대두大豆의 길이가 커짐과 동시에 앞서 지적한 것처럼 장폭비도 점차 증대되어 한반도의 경우와 상반됨을 살필 수 있다. 이것은 대두가 시간이 흐를수록 순화, 재배되면서 점차 낱알이 길어졌으며, 형태는 오늘날의 원형과는 달리 긴 타원형으로 변했다는 말이 된다. 이러한 장폭비는 원

22 왕촨밍[王傳明], 「山東高青陳莊遺址炭化植物遺存分析」山東大學碩士學位論文, 2010. 산동 고청현(高青縣) 진장(陳莊) 유적에서 발굴된 서주시기의 탄화 대두 57개를 보면 대부분 타원형이다. 이 중 완전한 18개를 측량해 본 결과 평균 길이 5.48mm, 폭 3.79mm이며 장폭비[長寬比]는 평균 1.45였으며, 이곳에서 출토된 51개의 야생 대두는 넓은 타원형을 띠며, 그중 완전한 23개를 측량한 결과 평균 길이 3.16mm, 폭 2.3mm이며, 장폭비는 평균 1.37이었다고 한다. 위의 산동 임술현(臨沭縣) 동반(東盤) 유적에서도 서주 시대 대두가 1개 발견되었는데 길이 3.7mm, 폭 2mm, 두께 1.5mm이며, 장폭비는 1.85이었다.

23 우원완[吳文婉] 등, 앞의 논문, 「古代中國大豆屬(Glycine)植物的利用與馴化」, p.4에서 탄화 대두를 15% 보상 처리하게 되면, 한대 남와(南洼)의 대두는 길이 6.67mm, 폭 4.24mm, 두께 3.32mm가 되어 주대 진장(陳莊)유적 중 큰 것을 보상 처리한 것(길이 6.3, 폭 4.36)보다 크고 현대 대두보다 작았다고 한다.

24 우원완[吳文婉] 외 3인, 「黃河中下流幾處遺址大豆屬(Glycine)遺存的初步研究」『中國農史』2013.2, pp.4-5.; 우원완[吳文婉] 등, 「河南登封南洼遺址二里頭到漢代聚落農業的植物考古證據」『中原文物』2014年 第1期, pp.111-113. 2004-2006년에 발굴한 하남 등봉(登封) 남와(南洼) 유적에서는 대두 308개 출토되었는데, 그중 이리두 시기 대두 96개 중 완전한 11개의 평균 크기는 길이 4.55mm, 폭 3.01mm, 두께 2.51mm이며, 은허 시기의 대두 28개 중 완전한 17개를 측량한 결과 평균 크기는 길이 4.45mm, 폭 3.14mm, 두께 2.55mm이었다. 그리고 남와(南洼) 유적 중 한대의 대두는 182개로서 총 60%를 점하며 이 중 완전한 105개를 측량한 결과로서 장폭비의 평균은 1.58이었다. 특히 한대의 105개의 대두는 대개 4가지로 구분되었는데, ①입장(粒長)이 길이 5mm 이하인 것 ② 5-6mm의 장편 타원형(長扁橢圓形)인 것 ③ 3개의 7mm 이상의 입장(粒長) ④입장의 크기는 5-6mm이나 폭은 비교적 작아 대두가 세장(細長)의 타원형을 띤다. 그런가 하면 남와(南洼) 유적의 이리두시기에 보이는 17개의 야생 대두는 타원형으로 길이 2.9-4,1mm, 폭 2.9-3.9mm, 두께 1.4-1.8mm이었다.

형에 가까운 오늘날 재배 대두의 형태와는 전혀 부합되지 않는다. 물론 이러한 결론이 나온 것은 평균의 수치가 가져온 모순된 결과일 수도 있지만, 그들이 대상으로 삼은 출토 유물은 비록 두류였을지라도 『제민요술齊民要術』의 황대두黃大豆 또는 흑대두黑大豆와 같은 고려두高麗豆의 종류는 아니었다는 것을 말해준다. 이것은 또한 황하 중하류 지역은 장편長扁 타원형 두류의 기원지는 될지언정, 오늘날과 같은 황대두黃大豆 즉 장시醬豉의 원료가 되는 메주콩의 기원지는 아니라는 사실을 스스로 인정한 셈이며, 이런 형태의 콩류[菽類]의 원형은 당송시대까지도 적지 않게 남아있었던 것 같다.

하지만 기원전 7세기(2,655±120년전) 길림 영길永吉 대해맹大海猛에서 출토된 대두의 경우 평균 길이 5.81mm, 폭 4.83mm, 두께 3.46mm으로 장폭비는 1.20에 달해 재배두에 근접한다. 반면 한대 호남 마왕퇴馬王堆 유적에서 출토된 대두의 장폭비는 1.36(길이 4.65±0.60mm, 폭 3.43±0.23mm) 또는 1.30(길이 6.52±0.59mm, 폭 5.02±0.4mm)으로 만주 지역의 대두보다는 타원형에 가깝다.[25] 이처럼 장폭비의 관점에서 볼 때 오늘날과 유사한 원형 대두는 만주 지역과 한반도에서 유입된 것으로 비정하는 것이 합당하며, 『여씨춘추呂氏春秋』 「변토辯土」의 "대숙은 둥글다[大菽則圓]"라는 문장의 '대숙大菽'은 바로 이런 대두였을 것이다. 그렇기 때문에 이러한 만주 지역의 대두가 중원으로 언제 전파되었냐는 시점이 바로 대두, 즉 메주콩이 천하에 널리 보급되는 시점이라고 볼 수 있다.

---

25 최덕경, 「大豆의 기원과 醬·豉 및 豆腐의 보급에 대한 재검토: 중국 고대 文獻과 그 出土자료를 중심으로」, 『역사민속학』 제30호, 2009. p.12의 〈表1〉에서 계산 잘못으로 인해 길림 영길(永吉) 대해맹(大海猛) 유적의 대두 평균 장폭비를 1.32라고 했지만 1.20가 바르다. 쑨자오천[孫昭宸] 외 2인, 「北京老山漢墓植物遺存及相關問題分析」『中原文物』 2011年 第3期, p.104에서 이곳의 大豆 역시 긴 타원형을 띠며, 길이 6-7mm, 폭 3-4.5mm, 두께 2.58-3.5mm이며 장폭비는 1.62이다. 이는 오늘날의 흑대두(길이 7.26-8.72mm, 폭 5.4-5.7mm, 두께 3.8-4.0mm)보다는 작지만, 다른 지역의 대두보다는 크다.

전술했듯이 황하 중하류 지역의 숙류菽類 중에는 다양한 야생숙이 존재했지만, 대체로 길고 편편한 장편 타원형의 숙菽이 많이 재배되었다. 춘추시대 이전의 대두 형태를 보면, 대개 장타원형長楕圓形이며 배부背部는 원고형圓鼓型이고, 복부는 약간 들어가 착장형窄長形을 띤 배꼽 부분은 복부 위쪽에 위치했다.[26] 이것이 바로『시경』에 등장하는 숙菽의 형태가 아니었을까 생각된다. 후술하는 바와 같이『시경』의 도처에 양식자원을 찾아 이동했던 것을 보면,[27] 야생 콩을 채집하는 것도 이런 상황과 유관했을 것이며, 당시 채집한 숙의 크기는 전술한 대두와 같이 크고 둥근 형태는 아니었을 것으로 보인다.

물론 대두는 단순히 크다고 해서 칭하는 이름이 아니다. 만약 그런 의미에서 대두의 기원을 추적한다면 대두의 기원을 밝히기는 요원할 것이다.[28] 길고 납작한 타원형의 대숙을 기존 연구에서 대두大豆로 인식함으로써 대두의 기원을 서주 이전으로 소급될 수밖에 없었으며, 그 결과 중원에는 없는 우량한 융숙戎菽을 도입했다는『관자』의 기록은 가볍게 취급될 수밖에 없었다. 그 결과 춘추시대의 패자인 제 환공의 업적이 우습게 처리되어 버린 것이다.

2. 콩 기원지에 관한 논의

대두의 기원 지역에 대한 기존의 견해는 중국 기원설이 중심을 이

---

26 쑨용강[孫永剛],「從歷史文獻到考古資料: 論栽培大豆的起源」『大豆科學』第33卷 2014年 第1期, p.125.

27 『시경(詩經)』「大雅·緜」, "率西水滸, 至于岐下.";『詩經』「大雅·公劉」, "瞻彼溥原, 迺陟南岡, 乃覯于京.", "度其隰原, 徹田爲糧, 度其夕陽, 豳居允荒."

28 쉬바오[徐豹] 등,「大豆起源地的三個新論據」『大豆科學』1986年 第5卷 第2期에서는 전기 영동법(泳動法; gel electrophoresis)을 통해 야생두와 재배 대두 종자 단백질을 분석하여 재배 대두는 중국 황하 중·하류 지역에서 기원했다는 새로운 논거를 제공하기도 했다. 하지만 이 방법 역시 변이 분석 시료가 달랐기 때문인지 몰라도 결과도 기존의 중국과는 다르다.

루고, 간혹 인도, 한국, 일본, 시베리아 등이 거론되고 있다. 1753년 린네Linnaeus는 대두의 원산지를 인도에서 찾았다. 그러나 1883년 드 캉돌De Candolle은 야생 상태로 존재하고 있는 장소를 재배식물의 발상지로 중시했다. 인도의 경우 고대어에 대두라는 단어가 없고, 인도와 왕래가 빈번했던 자바와 이집트가 근년까지 대두를 모르고 있었다는 이유로 인도를 원산지에서 제외하고 있다.[29] 그런가 하면 차데Zade는 대두의 자생종이 분포하고 있는 중국, 일본을 원산지라고 했다.[30] 토가리 요시츠구[戶刈義次]는 야생 돌콩의 자생 지역이며, 중간종, 재배종이 가장 많이 분포된 지방이 원산지이며, 그런 점에서 만주 및 그 근접지와 시베리아의 아무르Amur강 유역 등을 원산지로 삼는 것이 가장 타당하다고 보았다.[31]

한편 소련의 식물육종학자 바빌로프H.И. Vavilov는 재배식물의 발상지에는 풍부한 변이와 우성 유전자가 축적되어 있으며, 중심에서 멀어질수록 열성인자가 늘어난다는 유전자 중심설에 근거하여 중국 동부 산악지대를 대두의 고향으로 보고 있다.[32] 이에 근거하여 일본의 나가타 타다오[永田忠男] 역시 조선, 일본 및 중국을 대두 재배의 기원지라 하였다. 또한 람셴코А.К. лешенко는 코마팝B.Λ. Komapob이 주장한 야생종에서 재배종으로 진화하였다는 가설과 함께 야생종인 돌콩Glycine

---

29 이성우(李盛雨), 「大豆文化는 東方에서」『韓國콩硏究會誌』第1號, 1984; 이성우, 「大豆栽培의 起源에 관한 考察」『韓國食文化學會誌』第3卷 1號, 1988. 드 캉돌은 콩의 원산지를 중국, 일본, 인도네시아, 자바 등으로 주장하고 있다.

30 Zade, A, *"Pflanzenbaulehre für Landwirte"*, Berlin(Parey), 1933. 이상의 대두 재배기원설은 이성우, 「大豆栽培의 起源에 관한 考察」『韓國食文化學會誌』第3卷 1號, 1988을 참고했다. Bunge(1833), Maximowicz(1854), Ditar (1850) 등은 아무르(Amur)강 유역 등 시베리아지역에서 야생 재배종이 분포하고 있음을 확인하였다.

31 토카리 요시츠구[戶刈義次]·스가로쿠로[菅六郞] ,『식용작물(食用作物)』, 養賢堂, 1967.

32 N.I Vavilov, *"The Process of Evolution in Cultivated Plants"* [『栽培植物の進化過程(Ⅰ)(篠原捨喜譯)』, 『種苗試驗場資料』第1號], p.9; H.И. Vavilov(中村英治譯),『재배식물의 발상 중심지(栽培植物の發祥中心地)』, 八坂書房, 1926.

soja은[33] 덩굴성이며, 그것은 중국 동북부와 한반도의 최북단에 분포한다고 했다.[34] 람센코의 관점에서 보면 일본과 동남아시아 여러 지방은 대두 원산지에서 제외된다.

후쿠다[福田]는 유전자의 논리에 근거하여 만주에는 대두 품종이 풍부하고, 야생종과 재배종의 중간형Glycine gracilis인 반半야생 대두가 폭넓게 존재하며, 대두의 변이형도 매우 많다는 점을 들어 만주를 원산지라고 하였다.[35] 하지만 이런 유전자 중심설은 그 후 중간형 대두의 경우 형질의 변형이 많기 때문에 야생종에서 재배종으로의 이행을 설명하는 데 문제점이 적지 않다는 지적을 받아왔다.

이에 반해 대두의 중국 기원설은 세계적으로 폭넓은 지지를 받고 있다. 그 주된 근거는 바로『사기史記』「오제본기五帝本紀」중 황제黃帝 때 '오종五種'을 경작했다는 것과 더불어『시경』의 도처에 '숙菽'에 관한 기록이 등장한다는 점,[36] 그리고 선진시대에 대두의 출토 유물이 등장한다는 사실들이다. 하지만 중국 기원설도 발생지점이 어느 곳이냐에 대한 논의는 다양하여, 화북華北 중원 중심, 장강長江 유역, 동북 지역 중심설 및 서남 중심설 등으로 구분된다.[37]

33 야생 대두(Glycine soja)는 주로 동북아시아에 야생하는 오늘날 재배종의 원형으로 돌콩에서 중간형의 단계를 거쳐 발달했다고 추정하고 있다.『韓國콩硏究會消息』제204호, 2003. 12.25. 이에 반해 진구이위안[靳桂云]외 4인,「山東高靑陳庄遺址炭化種子果實硏究」『南方文物』2012-1, p.153에서는 콩과 대두는 Glycine 아속과 Soja 아속이 있는데, 전자는 중국 남동부의 일부 지역인 호주와 파푸아뉴기니에서 생산되고, 후자는 중국(주로 북부), 한반도, 일본, 러시아 극동 지역에서 생산된다고 한다.

34 권신한(權臣漢),「大豆의 起源」『한국의 콩 연구』제2권 제1호, 1985, p.6에 의하면 대두의 야생종과 재배종의 차이에 대해 재배종은 인간의 보호 없이는 생존할 수 없는 것이라고 하면서 다음 두 가지 특징을 지적하고 있다. 첫째, 재배종은 습기만 있으면 가을이라도 발아하여 겨울에 동사(凍死)하지만, 야생종은 단단한 열매여서 가을에 땅에 떨어져도 발아하지 않고 안전하게 월동한다고 한다. 또 다른 특징은 재배종을 야생종이 생장하는 곳에 파종하면 잡초와 해충과의 전쟁으로 인해 결실까지 이르지 못한다고 하였다.

35 Y. Fukuda, "Cytogenetic studies on the wild and Cultivated Mamchurian soybean" Jap. J. Bot. 6, 1933.

36 『사기』권1「五帝本紀」,"治五氣 藝五種 撫萬民"에 대한 정현주(鄭玄注)「주례(周禮)」"五種 黍稷菽麥稻也"라고 하여 기원전 2,560년 황제(黃帝) 시기에 이미 숙을 파종했다고 한다.『中國農業百科全書』(農作物), 農業出版社, 1991, p.54 대두 부분 참조.

37 루친화[路琴華] 편,「大豆起源地의 三個新論據」,『野生大豆光溫綜合作用與生長發育』, 吉林科學技術出版社, 1997에는 지금까지 대두의 기원지로는 동북 지역, 화북과 화중 지역, 화북 동부, 장강 유역 이남과 황하 유역 및 다기원설 등이 있다고 한다.

우선 화북 중심설을 보자. 중국의 농학자 리창녠[李長年]은 대두는 본래 북방의 곡물로서 주대 이전에 이미 재배가 시작되었으며, 점차 황하 유역에서 장강 유역으로 보급되었다고 한다. 그는 중국의 방대한 자료와 실물 자료를 바탕으로 중국 고대의 대두 품종은 그루터기, 꽃, 성숙기에 따라 구분되며, 콩의 매 깍지[莢]에 들어 있는 알의 수와 형태 및 색깔 등에 따라 다양하다고 한다.[38] 이와 비슷하게 히모비츠Hymowitz는 『시경』에 등장하는 '숙菽'자에 근거하여, 대두의 야생종은 기원전 11세기 전후 현재 겨울맥, 고량이 재배되는 화북 동부지역에서 기원했으나, 이곳은 한대까지 유목지역으로서 대두의 재배는 생각할 수도 없었다고 하면서, 만주는 다양한 변이성을 지닌 제2의 대두 유전인자의 중심지이며, 야생과 재배 대두의 교배 기회가 가장 높은 지역이라고[39] 했다.

쑨용강[孫永剛]은 생태조건과 토양 자원 등을 검토하여 북방 기원설을 주장했다. 그는 산서, 하북, 요녕성의 산융山戎 활동 지역인 하가점夏家店[40] 상층의 산지와 분지에는 늦어도 용산 시기부터(지금부터 4000-3500년 전후) 농작물의 재배와 경작 기술 체계가 완비되어 야생 대두를 순화 재배하기 시작했다고도 하며, 동북과 하북을 포괄하는 북방기원설을 주장하고 있다.[41] 하지만 청대 산서지역의 농서인 『마수농언馬首農言』에는 황하 유역에 식용할 수 있는 두류豆類는 거의 없었다. 화禾는 원래 이 지역의 원천식물이었지만, 숙菽은 다른 곳에서 발견되어 옮겨와 채워진 작물이라고 하여 그 존재가 미미했다고

---

38 리창녠[李長年], 「中國文獻上的大豆栽培和利用」『農業遺産研究集刊』(第1册)中華書局, 1958, pp.106-107.

39 T.Hymowitz, "On the Domestication of the soybean" *Economic Botany* Vol 24, No4, 1970, pp.416-417.

40 하가점 하층(BC.2,000-1,500)은 전형적인 고성유적은 중국 북방지역의 청동기시대의 문화이다. 분포지역은 연산지역과 요서 및 내몽고 동남부이다. 주민은 주로 농업에 종사하고 가축을 사육했다.

41 쑨용강[孫永剛], 「栽培大豆起源與植物考古學研究」『農業考古』2013-6에서 역사 문헌과 야생대두의 생장조건 즉 위도, 토양, 일교차와 광선자원 등을 고찰하여 재배 대두가 용산문화기에 중국 북방지역에서 기원했다고 한다.

한다.[42]

그런가 하면 왕롄정[王連錚]은 『사기』「오제본기」와 『시경』 속의 '숙
[叔]' 관련 기록, 문물자료, 재배 대두의 품종과 야생 대두의 분포 등을
고려할 때, 재배 대두의 기원은 4,500-3,000년 전 황하 중류 지역이나
장강 중·하류 지역에서부터 시작되었다고[43] 한다. 다만 은대[殷代] 갑골
문에도 '숙[尗]'이란 글자가 등장한다지만 그 의미는 분명하지 않다.[44]

한편 대두의 원산지를 남부지역으로 비정하는 견해도 있다. 왕진
링[王金陵]은 1947년까지 장강 유역과 그 이남 지역에 야생 대두가 분
포하고, 비교적 원시적인 이두[泥豆]와 산황두[山黃豆]를 파종했으며, 남방
대두의 단일성[短日性](낮이 짧은 시기에 꽃이 피는 식물)이 북방보다 강
하다는 점을 들어 남부지역을 대두의 원산지라고 인식하였다. 그는
1956년과 1973년의 두 차례에 걸쳐 재배 대두와 야생 대두의 빛의 반
응을 분석한 결과, 야생 대두의 단일성이 극히 강한 것을 발견하고,
원시적 대두의 특성을 단일성이라고 하였다. 그런 측면에서 보면, 장
강 이남의 재배 대두가 북방지역에서 전래되었다고는 볼 수 없다고 했
다.[45] 요시다 슈우지[吉田集而] 역시 1년 초본식물의 온도에 대한 적응
력을 고려하면, 한랭지에서 적응하기란 쉽지 않다고 보았다. 물론 열대
지방에도 대두가 널리 재배되지만, 그 적응력으로 보면 따뜻한 화남[華
南]지방을 대두의 원산지로 보아야 한다고[46] 하였다.

---

42 청(淸) 기준조(祁寯藻), 최덕경 역주, 『마수농언 역주(馬首農言譯註)』, 세창출판사, 2020, pp.277-278.

43 왕롄정[王連錚], 「大豆の起源·變遷およびその傳播」[와타나베 타케시[渡部武] 역, 『중국대두재배사
(中國大豆栽培史)』, 農文協, 1998, p.267.

44 북경도서관 위슈칭(于秀淸)은 최근 출토된 『은허서계속편(殷虛書契續編)』권6, p.27의 제4편 좌하(左
下)와 『전후경진신획갑골집(戰後京津新獲甲骨集)』 1292호 좌하 및 『은계척일속편(殷契摭佚續編)』
155호 좌의 갑골문에도 '숙(叔)'이 등장한다. 그리고 『시경』 「小雅」 實之初筵 "籩豆有楚"; 『주례(周
禮)』 「天官·家宰下」 "醢人掌四豆之實"과 같이 선진시대의 문헌인 『시경』, 『주례』에도 '두(豆)'자가 등
장하지만, 그 의미는 음식을 담는 제기를 뜻한다.

45 왕진링[王金陵], 『대두유전여선종(大豆遺傳與選種)』, 科學出版社, 1958; 창빙창[莊炳昌] 주편, 앞
의 책, 『중국야생대두생물학연구(中國野生大豆生物學硏究)』, p.228.

46 요시다 슈우지[吉田集而], 「無鹽醱酵大豆國際會議」發表要旨, 筑波學園都市, 1985.

또 나가타[永田]는 대두의 특성을 고루 갖춘 중국의 화중華中, 화북 지역을 원산지로 파악하였다.[47] 다나카 시즈이치[田中靜一]는 리판[李璠] 의 『중국 재배식물 발달사中國栽培植物發展史』의 대두 재배기원설을 그대로 추종하여, 본래 화북은 흑대두를 재배했지만 제 환공 때 산융에서 황대두가 전래되었다고 했다. 또 동북 지방의 경우 지금도 대두 재배가 많지만 대두가 전형적인 단일성의 작물이라는 특성으로 미루어 원산지는 운남, 귀주의 고원지대였으며, 이곳을 중심으로 점차 동북 방향으로 대두가 확산되었다고 보고 있다.[48]

중국 동북 지역 중심설을 주장한 궈원타오[郭文韜]의 경우, 『중국대두재배사中國大豆栽培史』에서[49] 리푸산[李福山]의 화북 동북부 및 동북 지역 중·남부설을 소개하면서, 그 근거로 중국 최초의 대두 실물, 문자 기록 및 다양한 야생 대두 등을 들고 있다. 아울러 그는 최근 발표한 논문의 결론에서 화북과 동북 지역이 대두 재배의 적합지라고 하고, 그 출현 시기는 3천-4천 년 전이라고 하였다. 그리고 중국 대륙에 도입된 절대다수의 대두는 국외의 동북 지역에서 가져온 것으로 황회黃淮나 장강 지역의 여름 대두와는 달리 봄대두였다고 한다. 재배 시기도 동북 지역의 봄대두는 이미 3-4천 년 전부터 재배되어 황회黃淮, 장강 지역보다 1천 년-2천 년 앞선다고 결론짓고 있다.[50] 그 외에도 앞서 말한 소련학자나 일본학자들도 대두의 동북 기원설을 주장하고 있

---

47 특히 T. Nagata, "Studies on the Differentiation of Soybeans in Japan and the World", *Mem. Hyogo Univ. Agr.*, Vol. 3(2), Ser. 4, 1960, p.90에서 아시아 대두의 전파는 화북, 화중이 중심이 되어 북쪽으로 만주로, 한국의 경우 동북 지역이 아닌 산동 반도에서 바다를 건너갔으며, 일본의 경우 두 가지 노선을 설정하고 있다. 즉 한반도를 거쳐 일본열도 중북부로 전파된 것과 중국 서남 지역에서 바다를 건너 바로 일본의 남부나 인도네시아 지역으로 전래되었다는 것이다.

48 리판[李璠], 『중국재배식물발전사(中國栽培植物發展史)』, 北京科學出版社, 1985; 다나카 시즈이치[田中靜一], 「中國大豆の原産地とその進化について:『中國栽培植物發展史』より」『大豆月報』第123號, 1985.

49 궈원타오[郭文韜] 편저, 『중국대두재배사(中國大豆栽培史)』, 河海大學出版社, 1993.

50 궈원타오[郭文韜], 「略論中國栽培大豆的起源」『第8屆中國飮食文化學術硏討會論文集』, 2004, 7, p.570.

다. 특히 일본학자 호시카와 기요치카[星川淸親]는 대두의 원시 야생종은 중국 북부에서 기원하며, 동북의 시베리아, 흑룡강 유역에서 재배가 시작되어 중국 내지로 전파되었다고[51] 구체적으로 서술하고 있다.

이상과 같이 중국의 대두 발상지에 대해 다양한 견해가 존재하는 것은 아직도 대두의 원산지가 확실하지 않다는 것을 역설적으로 말해준다. 그 때문에 혹자는 아예 상대부터 야생 대두가 각지에 분포하고,[52] 진화된 상이한 대두가 출현하는 것을 강조하여 대두의 다중심기원설을 주장하기까지 한다. 한편 기존의 대두 재배기원설에서 특기할 점은 출토지보다 대두의 단일성과 1년 초본식물의 온도에 대한 적응성, 야생종·중간종과 재배종의 품종, 명칭, 변이형태 등의 여부를 기원지의 주요 요소로 보고 있다는 사실이다. 하지만 야마자키 모리마사[山崎守正]는 대두는 단일성 작물로 그 기원이 남방이 보다 적합하다고 하지만, 같은 단일성 작물인 기장[黍], 조[粟]는 기온보다 품종을 중시하여 황하 유역에서 기원하여 온난한 남쪽 인도로 전파되었다고 한다.[53]

앞의 궈원타오[郭文韜]는 재배 대두의 기원에 관한 기존 연구 성과와는 달리, 서로 다른 자연조건 하에서는 반드시 상이한 유형의 대두가 출현하기 때문에, 온도, 광선, 수분 조건, 경작 조건이나 단일성의 강약 등은 당연히 이에 적합한 환경이 그 유형을 선택한다고 했다. 자연선택론이다. 따라서 몇몇 조건만으로 기원지를 판단할 수 없으며, 대두 재배의 기원을 판단하기 위해서는 야생 대두의 분포, 문헌 기록 및 유물과 관련 생물학 증거 등이 우선적으로 검토되어야 한다고 했다.

51   호시카와 기요치카[星川淸親](돤촨더[段傳德]·딩파위안[丁法元] 역),『재배식물적기원여전파(栽培植物的起源與傳播)』, 河南科學技術出版社, 1981.
52   후다오징[胡道靜] 저(와타나베 타케시[渡部武] 역),『중국고대농업박물관지고(中國古代農業博物館誌考)』, 農文協, 1990에는 갑골문과 금문(金文)에 등장하는 숙(菽)의 초문을 통해 은주(殷周)시대 대두의 재배를 입증하고 있다.
53   야마자키모리마사[山崎守正],『농업전서(農業全書)』, 朝倉書店, 1954.

하지만 여기에도 문제는 없지 않다. 예컨대 1978년에서 1985년간 중국의 1,189개 시현市縣을 대상으로 야생 대두의 분포를 조사한 결과, 821개 시현에서 분포[69%]가 확인되었다. 북으로는 흑룡강 막하진漠河鎭[북위 53°28′]에서부터, 동으로는 흑룡강 무원현撫遠縣[동경 134°20′], 남으로는 해남도海南島 애현崖縣[남위 18°], 서로는 서장西藏 길륭현吉隆縣[동경 85°]에 이르기까지 전 지역에 야생 대두가 존재하고 있다. 따라서 단순히 그 분포 지역의 환경만으로 재배 대두의 기원을 밝히기에는 한계가 있다.[54]

게다가 주목할 점은 북방 기원설의 경우인데, 기원지를 넓게 설정하여 현 중국 국경선 안에서 전개되는 모든 역사는 중국의 역사라는 관점에서 대두 기원지를 연구하여, 고대 변경 지역의 역사와 독자성까지 중국 역사 속으로 흡수하고 있다는 점이다.

최근 좡빙창[莊炳昌]은 생물학, 품질 화학적 방식으로 재배 대두와 야생 대두를 분석해 본 결과, 북위 35° 지역이 재배 대두와 야생 대두가 발아하여 개화하는 기간 차이가 가장 적으며, 남쪽으로 내려가면 갈수록 야생 대두가 재배 대두보다 앞서 개화함을 지적하고 있다. 그리고 북위 35-40° 지역의 야생 대두가 재배 대두의 단백질 함량에 가장 근접하고, 북쪽으로 갈수록 야생 대두의 단백질이 상승하고 재배 대두의 단백질은 하강한다고 한다. 이런 점에서 볼 때, 북위 35° 전후에서 야생 대두가 진화되었음을 알 수 있으며, 재배 대두의 주요 기원지도 북위 35-40°이었을 것으로 인식하고 있다.[55] 이 논리만으로 보면 한반도 중남부

---

54 중국에서 야생 대두가 발견되지 않은 지역은 청해, 신강 및 해남 3성뿐이다. 수직분포는 동북 지역의 상한은 해발 1,300m 전후, 황하 및 장강 유역은 해발 1,500-1,700m이고, 서장 지역은 해발 2,250m이며, 운남성 영랑현(寧蒗縣)의 경우 해발 2,650m에도 분포하고 있다. 좡빙창[莊炳昌] 주편, 『중국야생대두생물학연구(中國野生大豆生物學研究)』, 科學出版社, 1999, p.2.

55 좡빙창[莊炳昌] 주편, 위의 책, 『중국야생대두생물학연구(中國野生大豆生物學研究)』, pp.2-3. 그러나 권신한(權臣漢) 외 3인, 「콩 遺傳資源 蒐集保存과 그 利用」『'88年 農振廳 심포지엄』3, p.59에서 대두는 다른 작물과 달리 중국, 한국, 일본 등 북위 35°-45° 범위에서만 오래도록 재배된 특이한 작물

지역과 산동 남부, 하남 북부의 화북지역은 포함되지만, 만주 지역은 일부만 포함한다. 이상의 대두의 기원 연구에서 특징적인 점은 대두의 출토 시점보다 그 재배 환경과 생태적 특징에 주목하고 있다는 점이다.

한반도의 대두 연구자들은 그 기원에 대한 접근방식에서 중국과는 다소 차이를 보인다. 우선 북한의 농업과학원 육종학연구소 김종윤金鍾允은 품종 수를 기원의 중요변수로 보고 있다. 그는 「우리나라 콩 재배역사」란 논문에서 왕진링[王金陵]의 대두 화중 기원설을 묵살하고, 대두의 품종 수가 중요한 준거임을 전제했다. 그는 "후쿠다가 만주 지방에 200여 종의 품종이 있는 것으로 대두 원산지를 만주로 보았지만, 한반도에는 900여 종의 품종이 있다."라고 소개하였다. 그는 또 "에케Ehkeh의 분류법에 따른 재배종 대두의 4개 아종亞種 가운데 조선 아종朝鮮亞種이 가장 진화에 앞섰다."라는 견해를 주장하여, "한반도가 재배 대두의 원산지이다."고 결론짓고 있다.[56]

그리고 이성우李盛雨는 작물의 전파는 온도보다 문화 수준과 밀접하게 관련되어 있으며, 작물의 전파경로도 한 방향이 아닌 여러 방향으로 흐르는 것이 원칙이라고 하여, 요시다[吉田]의 온도의 적응력에 의한 전파설을 부정하고 있다. 게다가 온도나 감광성만으로 대두 재배의 기원지를 화남으로 잡는 것은 이론적 비약이라고 했다. 그는 또 히모비츠Hymowitz와 같이 만주가 유목지역이었기 때문에 대두의 재배를 상상하지 못하였다고 하는 지적은 엄청난 오해임을 각종 농경 유물과 기원전 2,000년경에 출토된 대두의 유물을 통해 반박하고 있다.[57]

이라고 하여 만주 중·남부지역을 포함하고 있다.

이라고 하여 만주 중·남부지역을 포함하고 있다.
56　김종윤, 「우리나라 콩 재배역사」 『생물학』(4-1), 북한: 1965. 북한의 연구 성과에 대해서는 李盛雨, 「大豆文化는 東方에서」 『韓國콩硏究會誌』 第1號, 1984, p.24; 이성우(李盛雨), 「大豆栽培의 起源에 관한 考察」 『韓國食文化學會誌』 第3卷 1號, 1988, p.3에서 재인용.
57　이성우(李盛雨), 앞의 논문, 「大豆栽培의 起源에 관한 考察」 참조.

이처럼 한반도의 농·생물학자와 일부 외국 학자들은 중국 측의 일방적 논의와는 다르게 대두의 기원이 한반도 또는 중국 동북 지역이었음을 주장하고 있다.

종래 한반도의 대두 출현에 대해, 일본학자 나가타는 대두가 기원전 200여 년 전의 진대秦代에 화북에서 한반도로 도입되었다고 했으며,[58] 기타무라[北村]는 일본의 대두는 한반도를 통해 BC.30-A.D.70년 무렵에 전해졌다고 했다.[59] 또 히모비츠Hymowitz는 상호 간의 정복 전쟁으로 교류 및 이민이 확대되기 시작한 춘추전국시대에 대두가 한반도로 유입되었다고 보았다.[60] 이러한 연구 성과를 토대로 1963년 지영린은 삼국시대 성립기인 기원전 1세기 무렵부터 대두가 한반도에서 재배되었다고 하였다.[61] 또 1970년대 초 권신한은 춘추전국시대의 금속기의 도입이나 대대적인 동북 지역으로의 이민을 고려하여, 늦어도 기원전 5-4세기경에는 한반도에서 대두가 재배되었을 것으로 보았다.[62]

출토 유물을 통해 대두의 기원을 밝힌 연구도 적지 않다. 1960년대 이춘녕은 한반도의 농경이 기원전 7-6세기부터 비롯되었다고 했으며, 당시 주요 곡물 중에 대두도 포함되지만, 확실한 증거는 백제 도성 부여의 군창지軍倉地에서 출토된 탄화 대두(1,300년 전)라고 하여,

---

58   T. Nagata(永田), "Studies on the Differentiation of Soybeans in Japan and the World", *Mem. Hyogo Univ. Agr.*, Vol. 3(2), Ser. 4, 1960.

59   Shin-Han Kwon, "History and the Land Races of Korean Soybean" *SABRAO NEWSLETTER* 4(2), 1972, p.108; T. Nagata, "Studies on the Differentiation of Soybeans in Japan and the World", *Mem. Hyogo Univ. Agr.*, Vol. 3(2), Ser. 4, 1960 ; S. Kitamura(北村), "Applied Botany", *Asakura Book* Co, 1962, p.261.

60   T. Hymowitz, "On the Domestication of the soybean" *Economic Botany* Vol 24, No4, 1970, p.416.

61   지영린(池泳鱗), 『전작(田作)』, 鄕文社, 1963.

62   권신한(權臣漢), 「우리나라 大豆의 起源과 蛋白質 및 脂肪源으로서의 價値」, *Korean Journal of Food Science & Technology*, Vol4, No.2, 1972, pp.159-160; Shin-Han Kwon, "History and the Land Races of Korean Soybean" *SABRAO NEWSLETTER* 4(2), 1972, p.110; 왕롄정[王連錚], 「大豆の起源·變遷およびその傳播」(귀원타오[郭文韜著] 저·와타나베 타케시[渡部武] 역), 『중국대두재배사(中國大豆栽培史)』, 農文協, 1998, pp.268-269에서 필자는 동북 지역에의 대두 도입은 한 무제 때 천재로 인한 이주 때문이며, 조선에 대두가 도입된 시기는 인접하고 있는 전국시대의 연(燕), 제(齊)가 조선과 빈번한 교류 때문이고, 일본은 한 무제 때 중일 간의 우호 왕래 때문이라고 한다.

고고학적 출토 유물을 증거로 활용하고 있다. 그 후 이춘녕은 『한국농학사』(1989년)를 발표하면서 한반도의 농경은 신석기시대에 시작되었으며, 1972년 경기도 양평의 팔당 수몰 지구에서 출토된 무문토기에 찍혀 있는 대·소두의 흔적[壓紋]을 근거로 대두의 재배연대를 기원전 4-5세기로 조정하고, 만주와 함께 한반도 대두의 원산지일 가능성을 제시하고 있다.[63] 이러한 인식은 이미 북한의 도유호都有浩에게도 확인된다. 그는 1959년 함북 회령 오동五洞에서 출토된 탄화 대두를 근거로 이미 기원전 700년부터 한반도에서 콩을 재배한 것이 확실하다고 하였다. 게다가 고고학자 김원룡은 『한국고고학개설』(1986版)에서 즐문토기Ⅱ기(BC.3,000-BC.2,000년)에는 한반도에 농경의 존재가 확실하게 드러나며, 대두의 재배는 청동기시대(BC.1.000-BC.300년)부터 시작되었다고[64] 한다. 그런가 하면 식품 문화사학자 장지현은 기존의 선사시대 편년 방식과 중국 문헌에 등장하는 오곡의 출현과 양국 간의 상호 교류에 근거하여, 한반도 콩류의 재배는 삼국 형성기보다 수 세기 앞서 진행되었을 것으로 추정한다. 장지현은 남북한에 걸쳐 출토되는 청동기시대 대·소두의 재배 흔적을 통해, 지금부터 약 2,500~2,300(BC.500~BC.300)년 전에 이미 한반도에서 콩류가 폭넓게 재배되었음을 논증하고 있다. 그리고 콩류는 고고학적 측면에 비추어 재배 기원을 신석기시대로까지 소급할 수 있으며, 그 기원지를 중국 동북(만주) 지역으로 보고 이와 인접한 한반도 북부지역도 숙菽의 자생지로 볼 수 있다고 하였다.[65]

---

63 이춘녕(李春寧), 『李朝農業技術史』, 韓國研究院, 1964; 李春寧, 『韓國農學史』, 民音社, 1989, pp.23-25에는 대두를 뜻하는 한국말 대두는 둥근 것을 뜻하는 공(gong)과 어원이 같은 낱말이라고 하여 대두 원산지를 한반도일 가능성을 배제하지 않고 있다.
64 김원룡(金元龍), 『韓國考古學槪說』(第3版), 一志社, 1986, pp.44-48, 72.
65 장지현(張智鉉), 『韓國傳來豆類栽培史研究』, 聖心女子大學校出版部, 1993, pp.11- 13, p.23. 하지만 필자의 한계는 1960년대의 고고학적 성과를 그대로 원용하여 청동기시대의 시작연대를 기원전 3세기로 보고 있다는 점이다.

1986년 최몽룡崔夢龍은 한반도 농경의 시작을 신석기시대 전기로, BC.5,000-BC.4,000년부터 괭이 농사가 행해졌으며, 대두가 재배된 사실은 기원전 2000년대-기원전 1000년대의 평양 남경 36호와 회령군會寧郡 오동五洞 청동기시대의 주거지에서 확인된다고 하였다.[66] 최근 안승모安承模는 선사 및 고대 시기 한반도에서 출토된 콩류를 정리하면서, 지금부터 3천 년 전 청동기시대 한반도에서는 본격적인 농경사회로 진입하면서 대두가 재배되기 시작했다고 보고, 해당 콩류의 낱알한 개의 실측을 소개하고 있다. 그는 야생 콩류는 한·중·일에서 이미 신석기시대부터 출토되고 있어 원산지를 어느 한 지역에 고정시킬 필요는 없으며, 중요한 것은 콩류의 정확한 동정을 파악하는 것이라고 강조하고 있다.[67] 이처럼 한반도의 대두 연구자들이 재배 대두의 출현 시기를 기원전 2000년 전후의 신석기시대부터, 늦어도 기원전 1000년까지 소급하고 있는 것은 주목된다. 이것은 이후 음식 문화사 연구자들에게 많은 영향을 주었다.[68] 심지어 최근 진주 평거동에서 발견된 콩의 탄화물의 방사성 탄소연대는 4200±40bp(BC.2900-BC.2834년)에 이르기도 한다.[69] 이런 한반도와 그 주변 재배 대두의 상황을 중국 기록으로 확인할 수 있는 것이『일주서逸周書』「왕회해王會解」편의 산융의 융숙이 아니었을까 한다. 당시 동북 지역에는 이같은 대두가 폭넓게

66 최몽룡(崔夢龍),「考古學으로 본 韓國의 食文化」『第4回韓國文化學會學術發表要旨』, 1986, pp.417-419에서 회령 오동의 연대에 대해서는 도유호(都有浩)와 견해차가 크다. 그래서인지 안승모는 오동의 유적연대를 청동기시대로만 표기하고 있다. 그런데 김용간 외 저,「남경유적에 관한 연구」, 과학백과사전출판사, 1984, pp.182-183에서는 남경(南京) 36호 주거지의 경우 청동기시대 1기에 속하며, 그 절대연대는 BC.999±72(T1/2=5570년)년 이었다고 한다.

67 안승모(安承模),『동아시아 선사시대의 농경과 생업』, 學研文化史, 1998, p.33; 안승모,「豆類栽培 起源에 대한 考古學的 考察」『韓國콩研究會誌』, Vol.19 No 2, 2002, p.26.

68 김용간 외 저,『남경유적에 관한 연구』, 과학백과사전출판사, 1984, p.108, pp.182-183;『조선유적유물도감』편찬위원회,『조선유적유물도감(원시편)』(1), 외국문종합출판사, 1988, pp.170-174에 의하면 북한 학계는 한국 학계와는 달리 신석기시대를 기원전 5,000-3,000년기 후반기로 잡고, 청동기시대는 기원전 2,000년-1,000년으로 잡고 있다.

69 김민구·류아라,「탄화물 분석을 통한 삼국시대 대두 이용 방법 고찰」『한국상고사학보』100, 2018, p.169.

순화 재배되어, 산융이 그 특산을 공품貢品으로 바쳤지만, 중원에서는
이를 가공 발효할 수 있는 여건이 조성되지 않아 양식으로 그다지 주
목하지 못했던 것 같다.

1970년 이후에는 식물 유전학에 근거하여 한반도에 서식하는 야
생 및 재배 대두를 본격적으로 조사하여, 한반도가 곧 대두의 원산
지라는 견해가 나왔다. 과학적인 발굴 기술의 도입으로 선사시대의
편년을 재수정하면서, 대두의 한반도 기원설은 새로운 전기를 맞았
다. 고전적인 바빌로프Vavilov의 유전자 중심설은 곧 대두의 원산지는
풍부한 야생 대두와 재배 대두의 중간형이 발견되고, 재래종의 우성
인자를 보유하고 있다는 것이다. 권신한權臣漢은 이에 근거하여 한반
도에는 다양한 재래종과 야생종 대두가 존재할 뿐 아니라 많은 우성
인자를 포함한 재래종이 분포하며, 각종 형질의 변이도 다양하고 서
울 근교에서 중간종도 채집되었다고 하여,[70] 자신의 견해를 수정해 한
반도가 대두 발상지의 일부 내지는 변이중심지임을 제시하였다.[71] 그
는 진일보하여 한반도의 야생 대두는 중국 북부나 소련 지방의 야생
종보다 큰 낱알이며, 형태 면에서도 재배종과 야생종의 공통점이 많
다고 하였다. 게다가 잎의 형태도 한반도의 재래종은 주로 광엽종廣葉
種인 데 반해, 중국 동북 지역은 장엽종長葉種이 주종을 이루고 있어,
재배 대두가 한반도에서 직접 야생종에서 재배종으로 변화되었을 가
능성이 크며, 대두 발상지로서도 부합한다고 보았다. 곧 한반도가 대
두의 원산지이거나 원산지로서의 많은 조건을 갖추고 있다고 추정한

---

70 Shin-Han Kwon, "History and the Land Races of Korean Soybean" *SABRAO NEWSLETTER* 4(2),
    1972, p.110; 권신한(權臣漢), 「大豆의 起源」『韓國콩研究會誌』제2권 제1호, 1985, p.6에 의하면 서
    울 근교에서 채집한 중간종 대두의 특징은 비교적 굵은 줄기와 열매를 갖고 있으며, 키가 작고 둥근
    잎과 반만화성(半蔓化性)으로 모든 형태가 재배종과 야생종의 중간형이라고 한다.
71 권신한(權臣漢)·송희섭(宋禧燮) 외 2명,「在來大豆의 主要 形質特性」『育種誌(Breeding)』Vol.6,
    No.1, 1974, p.67.

다.[72] 이성우 역시 권신한과 비슷한 논리로 대두의 원산지를 중국 동북 및 한반도에 걸치는 동이권東夷圈으로 봐야 한다고 하였다.[73]

이상에서 살핀 바와 같이, 1960년대 이전에는 대두의 기원과 관련하여 중국과의 문화적 교류나 민족이동 관련성을 중시하였다. 무엇보다 당시에는 고고학적 성과의 부족으로 한반도의 신석기시대와 청동기시대의 편년을 낮게 책정하여, 자연스럽게 대두가 중국으로부터 유입되는 것을 시인하는 꼴이었다. 반면 1970년대 이후에는 식물 유전학의 발전과 과학적인 발굴이 이루어지면서, 대두의 원산지를 만주와 그에 인접한 한반도임을 추정한 견해가 늘어났던 것은 주목된다. 이것은 비록 중국 내지에서 발굴과 출토 유물이 많고 원시두의 출현이 앞섰다고 할지라도, 재배 대두의 생태조건은 만주와 한반도가 더 유리하여 그곳에서 먼저 순화 재배되었다는 것이다.

그리고 남·북한 학자들은 모두 한반도가 대두 재배의 기원지임을 주장하고 있다. 물론 초기에는 중국 연구 성과를 대부분 일본학계에 의존하면서 한반도 선사시대의 편년을 상대적으로 낮게 설정한 것은 사실이다. 하지만 연구가 진행되면서 한반도 대두 재배의 출현 시기가 중국보다 앞서며 기원전 3,000년까지 소급되는 것을 보고, 한반도를 대두의 기원지라고 주장하고 있다.

이처럼 한반도가 대두의 기원지라는 주장은 북방지역이 대두 재배에 유리하다는 문헌의 기록, 유전적인 측면, 각종 환경조건에 의한 자연 선택론, 그리고 출토 유물 등 과학적인 근거에 기반하고 있다. 그

72　권신한, 앞의 논문,「大豆의 起源」, pp.7-8; 權臣漢,「大豆の話」『日本大豆月報』4號, 1986, pp.30-32 에서 그 외 한국산의 재래종은 색, 형태, 크기, 풀 모양[草型], 털[毛茸]의 다소(多少) 등의 형태 면에서 변이의 다양성을 볼 수 있다. 그는 대두의 재배 시기를 신석기 말기 내지 청동기로 보고 BC.1,500년 전후로 추정하였다. 다만 중국에서 도입하여 재배했다는 견해를 지니고 있다.

73　이성우(李盛雨),「大豆栽培의 起源에 관한 考察」『韓國食文化學會誌』第3卷 1號, 1988.

러므로 세계학계가 공인하고 있는 기존의 중국 대두 기원설은 근본적인 재검토가 요구된다. 이를 위해 이제까지 소홀하게 취급되었던 한반도의 대두 관련 문헌자료와 최근 발굴된 유물들을 기존의 중국 자료들과 관련하여 체계적으로 분석하고, 자연과학적인 합리성을 추가하여 그 기원의 진위를 밝히는 작업을 본격적으로 진행해야 할 것이다.

II. 초기의 두류豆類 : 임숙荏菽과 융숙戎菽

1. 임숙과 융숙의 문헌학적 검토

『시경』에서는 '숙菽'에 대한 기록을 적지 않게 전하고 있다. '숙'菽은 두豆가 발아한 후의 형상인 '숙尗'에서 나온 것으로, 실제 『이아爾雅』와 『설문해자說文解字』「숙부尗部」에서는 "숙尗은 콩이다."[74]라고 하여 '숙菽'이 곧 '두豆'임을 말해주고 있다. 『시경』 속의 '두豆'는 대개 '숙菽' 또는 '임숙荏菽'의 형태로 표현되고 있다.[75]

그렇다면 주대周代의 '숙菽'은 어떤 형태였을까? 우선 『시경』「대아大雅·생민生民」편의 "… 콩[荏菽]을 심으셨네. 콩잎들이 깃발처럼 흔들리며"[76]라는 구절에서 보듯 당시에 재배된 임숙荏菽은 무성하게 잘 자란 듯하다. 이 임숙荏菽에 대해 당대 경학자 공영달孔穎達은 후한 대의

---

74 『설문해자(說文解字)』「尗部」"尗, 豆也."
75 『시경(詩經)』「豳風·七月」, "七月亨葵及菽", "九月築場圃, 十月納禾稼. 黍稷重穋, 禾麻菽麥.";『시경(詩經)』「小雅·節南山之什·小宛」, "中原有菽, 庶民采之.";『시경(詩經)』「小雅·穀風之什·小明」, "采蕭穫菽";『시경(詩經)』「小雅·魚藻之什·采菽」, "采菽采菽, 筐之筥之",『시경(詩經)』「大雅·生民之什·生民」, "蓺之荏菽, 荏菽旆旆";『시경(詩經)』「魯頌·閟宮」, "黍稷重穋, 植稺菽麥"
76 『시경』「大雅·生民」, "蓺之荏菽, 荏菽旆旆."

사인舍人,[77] 번광樊光, 이순李巡과 진대晉代 곽박郭璞 등의 견해를 인용하여 임숙荏菽은 "지금의 호두胡豆이다."라고 하였다. 삼국시대의 맹강孟康은 『사기』 「천관서天官書」에서 "융숙戎菽은 호두이다."라고 주석했으며, 같은 시기의 위소韋昭는 이 융숙이 "대두이다."라고 하였다.[78] 결국 임숙荏菽과 융숙戎菽은 모두 호두胡豆의 일종으로서 대두라는 의미로 귀결된다. 『이아爾雅』 「석초釋草」 편에서는 "융숙戎叔은 임숙이라 이른다."[79]고 주석하여 '임숙荏菽'이 곧 '융숙戎菽'이라고 하고 있으며, 진晉 곽박郭璞은 융숙을 곧 호두胡豆라고 인식한 것이다. 이러한 해석이 당대 공영달까지 이어지면서 대두의 기원에 혼선을 초래하였다. 그 결과 『시경』 속의 '임숙'과 후대의 '융숙'은 큰 차이가 없는 대두로서, 이미 서주 시대부터 대두가 화북지역에서 재배되었다는 인식이 자리 잡게 되는 것이다.

하지만 『관자』 「계戒」 편에서 제 환공(BC.685-BC.643년)이 "북쪽으로 가서 산융을 정벌하고, 동총冬蔥과 융숙을 가지고 와서 천하에 퍼뜨렸다."[80]라는 문장은 다른 의미를 담고 있다. 여기서 문제가 되는 것은 기원전 7세기 중엽에 제 환공이 전리품으로 융숙을 가져왔다는 것과 기존의 숙이 재배되고 있었음에도 그것을 재차 천하에 보급했다는 점이다. 이때 천하란 제齊 일국에 국한된 것이 아니라 주周의 통치권이 미치는 전 지역을 의미한다.

한편 『태평어람』에서는 『본초경本草經』을 인용하여, 한 무제 때 장

---

77 사인(舍人)은 고대 귀주 문화의 선구자로서 한 무제 때 건위군(犍爲郡) 폐읍인(敝邑人; 현 貴州遵義)이다. 일찍이 건위군의 문학 졸사(卒史)에 임명되어 『이아주(爾雅注)』 3卷를 남겼지만, 지금은 전해지지 않는다.
78 『사기』 卷27 「天官書」의 '戎菽'에 대해 孟康曰, 戎菽, 胡豆也."하고 했으며, 위소(韋昭)는 "戎叔, 大豆也." 라고 했다. 또 『이아(爾雅)』를 주석한 곽박(郭璞) 역시 "戎叔, 胡豆"라고 하였다.
79 『이아』 「釋草」, "戎叔謂之荏菽."
80 『관자(管子)』 「戒」, "北伐山戎, 出冬蔥與戎菽, 布之天下."

건張騫이 외국에 사신으로 갔다가 호마胡麻와 호두胡豆를 가져왔는데, 호두胡豆를 융숙戎菽이라 하여[81] 서역 쪽에서 가져온 것으로 비정하였다. 그렇지만 『사기』「흉노열전匈奴列傳」에서 "산융山戎이 연燕을 지나 제齊를 정벌했다."[82]라고 하는 것을 보면 산융이 연燕의 북쪽에 위치하였을 것이다. 특히 산융의 위치는 "지금의 선비鮮卑 지역에 위치하며 연燕을 괴롭혀 이를 토벌했다."[83]는 기록으로 미루어 볼 때, 본서에서도 밝힌 것과 같이 연燕의 동북, 즉 하북 동북부, 요녕 서부 및 그 동북에 위치했음을 알 수 있다.[84] 그렇다면 융숙은 기원전 7세기경 동북 지역을 중심으로 재배된 대두로서 이것을 가져다가 천하에 보급했다는 의미가 된다.[85] 이것은 『제민요술』「대두」편의 첫머리에 대두의 대표격으로 '황고려두黃高麗豆', '흑고려두黑高麗豆', 즉 고구려 지역의 대두를 언급하는 것과 맥을 같이 한다.[86] 따라서 장건이 서역에서 가져왔다는 호두胡豆는 시간적 공간적으로도 융숙과 부합되지 않으며, 당시 호두는 대두가 아닌 오늘날의 누에콩[蠶豆]이라는 학자들의 지적은 합당하다고 볼 수 있다.

이렇게 볼 때 주목되는 것은 융숙이 도입되기 이전부터 화북지역에는 숙菽, 즉 출토 유물에서 보듯 긴 타원형의 낟알이 작은 숙이 이미 존재하였다는 사실이다. 임숙과 융숙에 대해 한대 주석가들이 혼

---

81 『태평어람(太平御覽)』卷841에서 『본초경(本草經)』을 인용하여, "生大豆, 張騫使外國得胡麻, 胡豆——或曰戎菽."이라고 하였다.

82 『한서(漢書)』卷94「匈奴傳上」, "山戎越燕而伐齊, 齊釐公與戰于齊郊. 後四十四年, 而山戎伐燕. 燕告急齊, 齊桓公北伐山戎 ,山戎走."

83 『사기』卷32「齊太公世家」, "集解服虔曰, 山戎北伐, 蓋今鮮卑也.";"何休曰, 山戎者, 戎中之別名也.";『국어(國語)』卷6「齊語」, "桓公帥諸侯而朝天子, 山戎, 今之鮮卑, 以其病燕, 故伐之."

84 최덕경, 앞의 논문, 「大豆의 기원과 醬·豉 및 두부의 보급에 대한 재검토: 중국 고대 文獻과 그 出土 자료를 중심으로」.

85 최덕경, 「『齊民要術』의 高麗豆 普及과 韓半島의 農作法에 대한 一考察」『東洋史學研究』제78집, 東洋史學會, 2002.

86 『제민요술』卷2「大豆」, "今世大豆, 有白黑二種....黃高麗豆黑高麗豆鷰豆豍豆, 大豆類也."[이 내용은 소주(小注)로 되어 있음.]

선을 빚었던 것은 이미 융숙이 도입되고 수백 년이 지난 이후이다. 그로 인해 기존의 숙은 점차 주목받지 못했거나 이미 재배 대두를 중심으로 기존의 원시두가 포섭되면서 양자 간의 구분이 무의미해졌고, 그 때문에 한대 이후 주석가들조차 현실에 익숙하여 『관자』에 담긴 내용에 크게 주목하지 않았을 것이다.

곽박郭璞은 이에 대해 재미있는 주장을 하고 있는데, 그는 융호戎胡는 이명夷名이기 때문에 융숙戎菽은 곧 호숙胡菽이라고 했다. 또한 후직后稷은 본래 국중國中의 숙菽 종자에만 집착했지만, 제 환공이 처음으로 산융에서 두종豆種을 도입하게 하게 되면서 후직이 본래 파종한 종자는 어느 시점에서 효용성이 급감하게 되고, 새로 유입된 융숙戎菽이 바로 대두大豆라고 했다.[87] 이는 임숙과 융숙을 달리 파악하고 있다는 점에서 주목된다. 이처럼 융숙戎菽은 이민족인 융족戎族에서 유래되었다고 하여 호두胡豆라고 불렸으며, 그것이 곧 대두大豆라는 관점은 주목할 만하다. 삼국시대 손염孫炎 역시 이 융숙을 대두라고 주석하였으며, 이러한 인식은 『이아』와 『곡량전穀梁傳』의 주석에서도 마찬가지였다.[88]

위처럼 만약 융숙이 곧 대두라면, 숙菽과 대두大豆는 어떤 관계에 있었을까? 앞에서 "숙尗은 콩이다."라는 사료에서 보듯 숙菽은 두류였지만,[89] 융숙, 즉 대두大豆와 대비해 볼 때 이 숙菽은 대두大豆와는 그 형태와 크기가 달랐음을 알 수 있다. 우선 자형字形으로 보아 동북 지역에서 유입된 융숙戎菽은 이전의 숙菽보다 크기가 크고, 출토 유물에

87　『시경(詩經)』「大雅·生民」, "郭璞等以戎胡俱是夷名, 故以戎菽爲胡豆也. 后稷種穀, 不應捨中國之種, 而就戎國之豆, 即如郭言齊桓之伐山戎, 始布其豆種, 則后稷之所種者, 何時絶其種乎. 而齊桓復布之禮有戎車, 不可謂之胡車, 明戎菽正大豆是也. 此荏菽重言者, 以藝之之文爲下揔目, 於荏菽配之爲句, 又分別說其茂之狀, 故重言之."

88　『시경』「大雅·生民」, "正義曰, 釋草云, 戎菽謂之荏菽. 孫炎曰大豆也. 此箋亦以爲大豆 … 案爾雅戎菽皆爲大豆, 註穀梁者亦以爲大豆也."

89　양천(楊泉), 『물리론(物理論)』, "粱者, 黍, 稷之總名. 稻者, 漑種之總名. 菽者, 衆豆之總名."

서 보았던 것처럼 원형에 가까워 지금의 대두大豆와 유사했음을 쉽게 짐작할 수 있다. 이 융숙은『사기』「오제본기五帝本紀」에서 정씨鄭氏가 말한 큰 콩[大豆]이면서,[90]『여씨춘추』「변토辯土」의 "대숙은 둥글다."라는 특징을 지닌 재배 대두였던 것이다.

후대의 연구자들은 융숙戎菽이 호두胡豆이며, 그것이 대두大豆라는 의미에서 '융戎'과 '호胡'의 자의 속에 '대大' 의미가 함유되어 있음을 포착했던 것 같다.[91] 게다가 융숙戎菽과 임숙荏菽이 동일하다는 해석 때문에 '임荏'의 자의 속에 '대大'의 의미가 내포된 것으로 인식하면서[92]『시경』의 시대부터 화북지역에서 대두가 재배되었던 것으로 오해하였다.[93]

하지만 한대 이전의 융숙을 대개 이족異族의 대두라는 의미로 본 것은 자연스러우며, 그곳에서 생산된 숙菽을 대두大豆라고 칭한 것은 그 형태나 크기가 중원의 임숙과는 달랐기 때문일 것이다. 따라서 임숙이 지닌 의미는 줄기가 가늘고 덩굴이 달린 원시형 대두로서 알맹이는 작고 검은색이며, 잎이 작고 개화 시기도 늦은 야생두의 속성을 지녔다는 지적은 주목할 만하다.[94] 기원전 7세기 중엽에 제 환공이 융숙戎菽을 중시하게 된 것도 화북에 존재했던 이런 임숙과 달랐기 때문이다. 산융 지역은 대두 생장의 생태조건이 좋아 먼저 순화되었고, 그

---

90 『사기』卷1「五帝本紀」, "藝五種"에 대한 索隱에 "藝, 種也, 樹也. 五種即五穀也, 音朱用反. 此注所引見詩大雅生民之篇. 爾雅云荏菽, 戎菽也. 郭璞曰今之胡豆, 鄭氏曰豆之大者是也."라고 하였다.

91 양린[楊琳], 「'解手'與'胡豆'釋名」,『辭書研究』, 2001年 1期, pp.132-134에서는 대두는 고어 임숙, 융숙의 후대의 역명(譯名)이며, '호(胡)'는 크다는 의미이다. 때문에 호(胡)를 호국(胡國)으로 번역하는 것은 잘못된 것이라고 한다. 대두는 소두에 대한 상대적인 말로서 크기 때문에 대두 혹은 호두(胡豆)라고 칭했다고 한다.

92 청대 학의행(郝懿行),『이아의소(爾雅義疏)』, "戎壬釋詁并云大, 壬荏古字通, 荏戎聲相轉也."; 왕국유(王國維),「爾雅草本虫魚鳥獸釋例上」『觀堂集林』卷5 "大謂之荏, 亦謂之戎, 亦謂之壬"; 「일주서(逸周書)」「諡法」"胡, 大也."; 광아(廣雅)『釋詁一』"胡, 大也."

93 먀오치위[繆啓愉] 교석,『제민요술교석(齊民要術校釋)』, 中國農業出版社, 1998; 양린[楊琳], 앞의 논문,「'解手'與'胡豆'釋名」에서도 이 견해를 그대로 수용하고 있다. 최근 쑨용강[孫永剛], 앞의 논문,「從歷史文獻到考古資料: 論栽培大豆的起源」, p.124에서『시경』의 숙(菽)의 기록만으로도 중국 재배 대두의 역사는 이미 3,000년 전후라고 한다.

94 왕전탕[王振堂],「試論大豆的起源」『吉林師大學報自然科學版』1980年 第3期, p.79.

우량품종을 도입하여 천하에 보급한 이유도 여기에 있었다. 물론 도입과정에 조종祖宗의 종자를 버리고 융국戎國의 종자를 수용한다는 것에 대한 저항도 적지 않았던 것 같다.[95] 사실 융숙이 중원에 알려진 것은『일주서逸周書』「왕회해王會解」에서 보듯 주 성왕 때였지만, 처음에는 관심을 끌지 못하였다. 환공이 전리품으로 비로소 도입하게 되고, 그 후 일정한 시간이 흐른 후에 대두 가공식품이 본격적으로 대륙에 등장하게 된 것도 이런 이유와 관련된 것은 아니었을까?

그리고 대두 식물학자들의 견해에 따르면, 대두를 산융에서 중원으로 도입하는 것은 가능하지만, 역으로 중원에서 산융 지역으로의 도입은 불가능하다고 한다. 그 이유는 대두의 품종이 위도 4도만큼 북으로 올라가면, 서리가 내리기 전에 정상적으로 수확할 수 없을뿐더러,[96] 또한 대두가 일조량에 민감하기 때문에 남북 간보다 동서 간의 전파가 훨씬 용이하기 때문이라고[97] 한다.

융숙이 중원에 보급되면서 대두의 용도와 수요가 크게 증대된 것으로 보인다.『여씨춘추』「심시審時」편에는 숙菽이 조[禾], 기장, 벼, 삼, 맥麥과 더불어 중요 곡물로 인식되었으며, 후한의 정현鄭玄은『주례』에서 '오종五種'을 기장, 조[稷], 숙, 맥麥, 벼[稻]로 주석했다. 고유高誘는『회남자淮南子』「수무훈修務訓」에서 두豆를 오곡五穀으로, 후한의 조기趙岐도『맹자』「등문공상滕文公上」의 숙菽(대두)을 '오곡五穀' 중의 하나로 주석하고 있다. 이처럼 대두를 중요 곡물로 인식한 것을 보면, 그 수

---

95 『시경』「大雅·生民」의 孔穎達疏 "后稷種穀, 不應捨中國之種而戎國之豆. 卽如郭言齊桓之伐山戎 始布其豆種, 則后稷之所種者, 何時絶其種乎. 而齊桓復布之."의 문장에서 후직이 종곡한 중국의 종자를 버리고 융국의 두를 도입한 것에 대한 반대도 적지 않았음을 알 수 있다.

96 산동농학원(山東農學院) 주편,『작물재배학(作物栽培學)』, 農業出版社, 1982, pp.662-667. 그런가 하면, 뤼스린[呂世霖],「關于我國栽培大豆原産地問題的探土」『中國農業科學』1978年 第4期, p.92 에서 야생 대두의 단일성(短日性)은 주로 여름말 가을초의 단광선(短光線) 작용의 결과이기에 어느 지역에서도 이런 일조량은 가능하기에 재배 대두는 저위도나 고위도에서도 기원할 수 있다고 한다.

97 Hymowitz, T. and N. Kaizuma, Soybean seed protein electrophoresis profiles from 15 Asian countries or regions: Hypothesis on paths of dissemination of soybeans from China. *Econ. Bot.* 35, 1981: 10-23.

요의 증가에 따라 생산량이 많았던 것 같다. 이것은 대두가 주대의 숙[菽]보다 상대적으로 효용가치가 높았음을 의미한다.

한대 이후의 대두 용도로 미루어 볼 때, 전국시대를 거치면서 대두는 곡물로서 뿐 아니라 가공하여 부식으로도 적극적으로 활용되었던 것 같다. 대두가 언제부터 부식으로 주목을 받기 시작했는지는 사료의 제약으로 구체적으로 알 수는 없다. 기원전 3세기경 전국시대『오십이병방五十二病方』에 '숙장菽醬'이 처음 등장한다.[98] 의서醫書에 등장하는 것으로 미루어, 당시 숙장은 약재와 식용을 겸용한 듯하다. 이때 장은 어떤 방식으로 제조되었고, 지금의 두장豆醬과는 어떻게 달랐는지는 기록이 없어 알 수 없다. 다만 분명한 것은 후술하는 바와 같이『제민요술』에서는 두장이 시즙豉汁이나 청장淸醬의 형태로 등장하는 것을 보면 발효를 거쳐 만든 장이었을 것이다. 그리고 비슷한 시기에 등장하는 육장肉醬과 대비해 볼 때, 발효할 때 소금을 가미하여 제조했을 가능성이 크다. 아무튼 이 무렵부터 이전과는 달리 대두를 발효시켜 새로운 용도로 이용했다는 것이 주목된다. 비슷한 시기의 운몽수호지『진간秦簡』「전식률傳食律」에는 출장 가는 진대 관료들에게 장醬을 지급한 사실도 확인할 수 있다.[99] 더구나『사기』「화식열전」에는 교통이 발달한 대도시에서 이윤이 많이 남는 식품으로 두시豆豉, 두장豆醬 등을 들고 있는 것은 이미 이들이 상품화되어 대중에게 널리 보급되었음을 의미한다. 이런 상황 속에서 기존의 숙菽처럼 삶고 구워 1차 가공한 곡물은 경쟁에서 점차 멀어졌을 것이다.

이처럼 전국시대 이후 대두가 주요 곡물로서 "콩과 조는 (중요하기

---

98   옌젠민[嚴健民] 편저, 『오십이병방주보석(五十二病方注補釋)』 牡痔, "菽醬之滓半"(簡242), 『五十二病方注補釋』 "入八完 (丸) 叔 (菽) 醬中, 以食."
99   최덕경, 「大豆의 기원과 醬 · 豉 및 豆腐의 보급에 대한 재검토: 중국 고대 文獻과 그 出土자료를 중심으로-」, 『역사민속학』 제30호, 2009, p.28, pp.41-47.

가) 물과 불과 같다."[100]는 지적은 이용도가 높아지게 되면서 1차 가공한 기존의 숙菽과는 달라졌음을 의미한다. 이처럼 대두의 주곡 및 부식으로서의 효용가치가 증가된 것을 보면, 만주 지역에서 먼저 순화 재배된 융숙은 기존 중국 대륙에서 생산된 숙叔과는 다르며, 이후 한반도에서 널리 장시醬豉용으로 애용된 메주콩이었을 것으로 판단된다.

이후 숙菽의 변화를 보면, 『여씨춘추』「심시審時」 편에서는 숙菽의 명칭을 "콩大菽은 둥글고, 소숙小菽은 방芳에 뭉쳐 있다."[101]와 같이 그 크기와 형태에 따라 대숙大菽과 소숙小菽으로 구분하고 있다. 융숙戎菽이 중원으로 도입된 후에 그 호칭은 현지의 숙菽의 이름을 차용했을 것이지만 그 차이를 밝힌 것이 『여씨춘추』「심시」였던 것이다. 또한 후한의 장읍張揖은 『광아廣雅』에서 "대두는 숙菽이다. 소두는 답荅이다."[102]라고 하여 기존 소두의 숙류와는 종류가 다른 것으로 구분하였다. 여기서 중요한 것은 대숙은 원형이며, 이보다 작은 소숙은 방에 뭉쳐 타원형으로 각이 졌다는 것이다. 이 소숙은 일찍이 황하 중하류 지역에서 출토된 숙류와 비슷한 모습이었을 것이다. 대두는 알이 둥글고 꽉차 무거우며 먹으면 맛이 좋고 고소하다.[103] 「심시審時」의 문맥으로 보아 기존의 숙류菽類는 알이 둥글지도 않고 물러 단단하지도 않으며 쉽게 병충해가 생기고, 수확량도 많지 않으며 맛이 좋지도 않았음을 방증한다. 실제 산서지역의 『마수농언馬首農言』에서도 초기 황하 유역에 식용할 수 있는 두류豆類가 거의 없었으며, 이후 다른 곳에서 옮겨와

---

100 『맹자(孟子)』「盡心章」, "聖人治天下, 使有菽粟如水火, 菽粟如水火, 而民焉有不仁者乎."
101 『여씨춘추』「審時」, "大菽則圓, 小菽則搏以芳." 샤웨이잉[夏緯瑛] 교석, 『여씨춘추상농등사편교석(呂氏春秋上農等四篇校釋)』, 農業出版社, 1979, p.108에서 샤웨이잉은 방(芳)을 방(房)의 잘못으로 해석하여 각(角)이 진 타원형 형태[長扁橢圓形]로 보았다. 반면 천치유[陳奇猷]는 '단이방(搏以芳)'을 둥글다고 해석하고 있다.
102 『제민요술』 卷2 「大豆」 편에서 인용한 후한의 장읍(張揖), 『광아(廣雅)』에는 "大豆菽也, 小豆荅也"라고 하고 있다.
103 『여씨춘추(呂氏春秋)』「辯土」, "大菽則圓, 小菽則搏以芳(房), 稱之重, 食之息以香."

채워진 작물이었다고 하는 것도 이를 말해준다.[104] 이것이 바로 융숙, 곧 콩[大豆]이 도입된 이유이며, 유입된 대두大豆가 천하에 보급되었던 이유이기도 했을 것이다. 이는 동북 지역에서 융숙을 접했을 때, 콩알이 실하고, 이를 이용하여 다양한 가공식품을 생산한 것을 직접 목도하여 실용성이 높다는 것을 사전에 인지했음을 의미한다.

선진시대 '두豆'의 명칭이 처음 등장하는 것은 대개 전국 후기이다. 『전국책戰國策』「한책韓策」의 "한韓의 지세는 험준하여 많은 주민들이 산에 거주했으며, 오곡이 자라는 것은 맥이 아닌 콩[豆]이었다."[105]라는 자료와 전국 초楚의 『갈관자鶡冠子』「천칙天則」의 "두 개의 콩알로 귀를 막으면 격렬한 천둥소리도 들리지 않는다."[106]라는 문장이다. 물론 한대 『염철론鹽鐵論』「산부족散不足」편에도 옛일을 언급할 때 숙菽이란 말이 등장하기도 하지만,[107] 『논형論衡』「솔성편率性篇」의 "두맥지종豆麥之種"과 같이 '두豆' 자의 출현 빈도가 이전보다 크게 늘어나고 있다. 이것은 진한시대에도 두豆와 숙菽이 동시에 출현하고, 하나로 통일된 것은 아니었음을 말해준다.

다만 이전에 표현하지 않았던 '대숙大菽'이라는 표현과 춘추 이전의 숙菽 사이에 미세한 차이가 있음을 발견할 수 있다. 그리고 크기가 작고 타원형의 각이 진 소숙小菽은 답荅이라는 이명과 함께 쓰이다가 점차 소두小豆의 함의에 포함되면서 숙菽은 대두, 소두로 양분하는 방향으로 변하게 된다. 특히 한대 이후가 되면 '숙菽' 자의 출현 빈도는 줄어들고 점차 두豆의 명칭이 그 역할을 대신하고 있다. 전한 말 『범승지서氾勝之書』에서는 대두와 소두가 뚜렷하게 구분되어 별도의 항목을

---

104 청(淸) 기준조(祁寯藻), 최덕경 역주, 앞의 책, 『마수농언 역주(馬首農言譯註)』, pp.277-278.
105 『전국책(戰國策)』「韓策」, "韓地險惡山居, 五穀所生, 非麥而豆. 民之所食, 大抵豆飯藿羹."
106 『갈관자(鶡冠子)』「天則」, "兩豆塞耳, 不聞雷霆."
107 『염철론(鹽鐵論)』「散不足」, "古者庶人魚菽之祭."

설치할 정도로 두豆에 대한 이해가 구체화 되고 있다.[108] 그리고 위진 남북조 시대 이후에는 두豆의 출현 빈도가 숙菽보다 현저하게 증대되는 것을 각종 사료를 통해 확인할 수 있다.[109]

이 같은 숙과 두의 명칭 변화는 바로 기원전 7세기 중엽 대두가 동북 지역에서 중원으로 유입되어 천하에 널리 보급되면서 비롯된 것이다. 두가 기존의 숙菽보다 둥글고 충실하며 맛도 고소하여 용도가 증가하고 수요도 확대되어 대표적인 존재가 되면서, 숙菽의 기능까지 포괄하게 된 것으로 보인다. 그 결과 한대의 "숙菽은 두豆이다.",[110] "숙은 두를 일컫는다."[111]라는 표현과 같이 숙과 두는 지역이나 형태상의 차이가 아닌 동일한 상용어로 변하고 있음을 볼 수 있다. 이때 두豆는 당연 그 대표격인 대두였을 것이며, 그 계기는 대두가 가공식품으로서의 기능이 확대되고 수요가 증가됨으로서, 기존의 야생두는 존재가치가 상대적으로 크게 약해졌기 때문이다.[112] 이런 현상은 바로 동북의 융숙, 즉 메주콩이 천하에 보급되면서 나타나기 시작한 것이다.

2. 임숙의 재배와 시기

한대 이후 대두의 재배법은 『범승지서』를 거쳐 『제민요술』「대두大

---

108 최덕경, 앞의 논문, 「大豆의 기원과 醬·豉 및 豆腐의 보급에 대한 재검토: 중국고대 文獻과 그 出土 자료를 중심으로」, p.19; 최덕경, 앞의 논문, 「『齊民要術』의 高麗豆 普及과 韓半島의 農作法에 대한 一考察」, p.9.

109 한대 이후에는 숙(菽)은 주로 관찬 사서의 문어체에 남아있으며, 위진 남북조시대 이후가 되면 숙(菽)의 출현빈도는 두(豆)에 비해 현격하게 줄어든다고 한다. 왕웨이징[王偉靜]·예구이쳔[葉桂郴], 「菽豆歷時演變硏究」『桂林航天工業高等專科學校學報』 2012年 第3期 참조.

110 『사기』 卷7「項羽本紀」, "索隱芋, 蹲鴟也 . 菽, 豆也."

111 『한서』 卷36「楚元王傳」, "師古曰謂定公元年十月, 隕霜殺菽. 周之十月, 夏之八月, 菽謂豆也."

112 최덕경, 「大豆의 기원과 醬·豉 및 豆腐의 보급에 대한 재검토: 중국고대 文獻과 그 出土자료를 중심으로」『역사민속학』 제30호, 2009 참조.

豆」편에 구체적으로 묘사되어 있다. 하지만 융숙이 출현하기 이전 주대의 숙菽을 어떻게 재배했는가에 대한 구체적인 기록은 남아있지 않다. 전술한 것처럼 숙과 대두의 종種이 달랐다면 그 재배 시기와 방법도 달랐을 것이다. 선진시대에 등장하는 다양한 숙의 자료를 통해 간접적으로 그 시기를 추정해 보기로 하자.

한대 헌제獻帝 흥평興平 2년 말에 사람들은 대부분 굶주림으로 고통받았다. 당시 양패楊沛는 백성들로 하여금 마른 오디를 비축하게 하고, 작은 야생두[쑿豆]를 채집하게 했으며, 많이 수집한 사람은 부족한 사람에게 나누어 주기도 했다는 기록이[113] 전해진다. 여기에 등장하는 노두쑿豆는 일종의 야생 콩과식물이다. 이시진李時珍은 이것을 야녹두野綠豆라고 했으며, 야흑소두野黑小豆라고도[114] 하였다. 이외 당시의 야생두로는 『이아爾雅』에 '권圈'이라는 돌콩[莥]도 보인다. 그 잎은 대두大豆와 비슷하지만 뿌리는 노랗고 넝쿨이 있다고 하였다.[115] 특히 『제민요술』 「대두大豆」편 첫머리에는 『광아廣雅』, 『광지廣志』 및 『본초경本草經』 등에 등장하는 비두豍豆, 유두留豆, 강두豇豆, 거두秬豆, 백두白豆, 자두刺豆, 양두楊豆, 연두鷰豆, 완두豌豆, 강두江豆, 노두쑿豆, 여두櫓豆, 녹두鹿豆, 호두胡豆 등 다양한 소두의 숙류菽類를 소개하고 있다.[116] 그리고 대두에는 황락두黃落豆, 어두御豆, 장초長稍, 우천牛踐 등이 있고, 잎을 먹을 수 있는 양두楊豆도 있었다. 이들 소두들은 주로 채집한 것으로 대체적으로 녹·적·백색을 띠고 있으며, 알이 작고 거칠며, 대두와는 차이가 있었던 것 같다.

---

113 『제민요술(齊民要術)』 卷5 「種桑柘 第四十五」, 「魏略」曰, "楊沛為新鄭長. 興平末, 人多飢窮, 沛課民益畜乾椹, 收쑿豆, 閣其有餘, 以補不足."
114 마오치위[繆啓愉] 校釋, 『제민요술교석(齊民要術校釋)』 「大豆」.
115 『제민요술』 권10 「鹿豆」.
116 『제민요술』 권2 「大豆」. 이상은 대개 소두류의 명칭이다.

숙의 재배 시기에 대해 『시경』「노송魯頌·비궁閟宮」에는 "성숙이 늦고 [重] 이른[穋] 기장과 조, 선종先種과 후종後種의 콩과 맥"[117]이라고 표현하고 있는데, 모전毛傳에서는 '중重'은 선종후숙[先種後熟], '육穋'은 후종선숙[後種先熟]이며, '직稙'은 '선종'의 작물[早種], '치穉'는 후종의 작물[晚種]이라고 주석하고 있다.[118] 이를 볼 때 '숙菽'에는 최소한 조종早種, 만종晚種 두 품종이 존재했음을 알 수 있다.

『예기』「월령」편에도 여름철에 '숙菽과 닭을 식용하여' 기를 보충했다는 상황을 주소注疏하고 있는데,[119] 이것은 분명 초봄에 파종한 조숙용 숙이나 푸성귀 숙이었을 것이다. 그런가 하면, 「빈풍豳風·칠월七月」편에는 "구월에는 마당을 다지고, 시월에는 벼를 거둬들이나니, 서직에는 늦은 것과 이른 것이 있고, 벼, 삼, 콩과 맥이 있노라."[120]라고 하여 숙菽을 10월[周曆]에 수확했다고 하는데, 이것은 농력[夏曆]으로 8월에 해당한다. 이러한 수확시기로 미루어 보아 다양한 형태의 숙류菽類가 존재했음을 알 수 있다.

그렇다면 사료상에 등장하는 숙의 재배는 어떠했는지를 좀 더 살펴보기로 하자. 『묵자한고墨子閒詁』「비악상非樂上」편에 의하면, "서리가 내려 숙이 죽었다."라고 하여 늦은 가을 혹은 초겨울의 서리로 인해 숙菽이 죽었다는 것은 그때까지 밭에 숙菽이 존재했다는 말이 된다. 좀 더 구체적인 계절은 『한서漢書』를 통해 살필 수 있다. 『한서』「오행지五行志」에서는 "정공 원년 시월에, 서리가 내려 숙이 죽었다.",[121] 「왕망전王莽傳」에는 "가을에 서리가 내려 숙이 죽었다.", 「초원왕전楚元王傳」에

---

117 『시경』「魯頌·閟宮」, "黍稷重穋, 稙穉菽麥."
118 『모전(毛傳)』 釋曰, "先種曰稙, 後種曰穉", "後熟曰重, 先熟曰穋"
119 『예기(禮記)』「月令」, "天子, 居明堂大廟, 乘朱路, 駕赤駵, 載赤旂, 衣朱衣, 服赤玉, 食菽與雞, 其器, 高以粗, 養壯佼."
120 『시경』「豳風·七月」, "九月築場圃, 十月納禾稼. 黍稷重穋, 禾麻菽麥."
121 『한서(漢書)』 권27「五行志」, "定公元年十月, 隕霜殺菽."

는 "칠월에 서리가 내렸으나 초목은 말라 죽지 않았다. 8월에는 숙이 죽었다."라고[122] 하였다. 사고師古가 "주대의 10월은 하夏대의 8월"이라고 했으니, 위 사료는 가을에 이른 서리로 인해 수확 직전에 숙이 손상을 입은 상황을 보여주고 있다.

소두의 생장기에 대해 『잡음양서雜陰陽書』에서는 파종에서 수확시기가 120일 정도였다고[123] 하니, 소두의 생장 기간이 대두보다 한 달 이상 적었음을 의미한다.[124] 앞에서와 같이 숙을 연간 세 번 수확했다는 것은 분명 야생성이 강한 것이거나 반재배두半栽培豆였을 것이고, 그것도 대부분 낟알이 작은 숙菽이었을 것으로 보인다.[125] 그 열매는 익기가 무섭게 떨어지고, 수확기와 우기가 겹쳐 수확시기를 맞추기가 어려웠을 것이며 수확량도 적었을 것으로 생각된다. 수확된 숙은 일용식보다는 주로 빈천자의 양식이나 군사의 건량乾糧 또는 구황식이나 가축의 사료로 사용되었을 것이다. 때문에 숙은 일상에서는 주로 앞에서 제시한 바와 같이 잎을 소비하기 위해 생산했던 것이 아닌가 한다. 이러한 숙菽이 바로 『시경』의 도처에 등장하는 소숙小菽, 임숙荏菽이었을 것이다.

그럼 이러한 숙과 농서에 등장하는 대두를 상호 비교해 보자. 『범승지서』 「대두大豆」 편을 보면 고전高田의 경우, 느릅나무 꼬투리가 달리는 3월에 파종하고 있는 것을 볼 수 있다.[126] 반면 소두는 오디가 검

---

122 『한서』 권99 「王莽傳第六十九下」, "秋, 隕霜殺菽."; 『漢書』 卷36 「楚元王傳第六」, "七月霜降, 草木不死. 八月殺菽."

123 『제민요술』 권2 「小豆」, 「雜陰陽書」는 한대 음양가의 저작으로 소두는 파종 후 60일이 지나면 꽃이 피고, 꽃 피고 60일이 지나면 익는다고 한다.

124 『제민요술』 「大豆」 편의 「잡음양서」에 의하면 대두는 싹이 트고 90일 지나면 꽃이 피고, 꽃이 피고 70일이 지나면 수확한다고 한다. 이처럼 대두는 파종에서 수확까지 약 160일이 걸려 소두에 비해 약 40일 정도 많이 소요되었다.

125 『여씨춘추』 「任地」 편에는 "日至, 苦菜死而資生, 而樹麻與菽"처럼 하지에 숙(菽)을 파종하고 있는데, 이것은 『제민요술』 「小豆」 편의 "夏至後十日種小豆爲上時"와 일치하는 것으로 보아 이 숙 역시 대두가 아닌 소두임을 알 수 있다.

126 『범승지서』 「大豆」, "三月榆莢時有雨, 高田可種大豆."

붉게 되는 늦봄 비가 내릴 때가 파종기로서, 대두보다 2달 정도 늦게 파종했다.[127] 그런가 하면『제민요술』「대두」편에는 파종 시기를 2월 중순에서 3월 상순으로 잡고 있으며,[128] 4월 이후에는 가능한 파종하지 말 것을 제시하고 있다. 물론 5, 6월에도 파종할 수는 있지만, 늦으면 늦을수록 종자가 많이 든다고 하여 권하지 않고 있다.[129] 그런가 하면 소두小豆의 경우, "하지 후 열흘이 되는 날이 심기에 가장 좋은 날이며, 가능한 초복初伏(양 7월 18일)이 끝나기 전에 파종하고, 중복中伏(양 陽 7월 28일) 이후에는 파종하지 말 것"을 권하고 있다. 이것은 6월 중하순에 파종하고 7월 초순 이후에는 파종하지 말라는 것인데,『범승지서』의 소두 파종 시기보다 늦다. 다만 만종의 경우『여씨춘추』「임지任地」에서는 '하지[日至: 양 6월21일]'에,[130]『제민요술』「대두」에서는 하지 후 20일쯤에 파종했다. 수확시기는『제민요술』「대두」편에서는 "꼬투리가 검게 되고 줄기가 푸른색을 띨 때 재빨리 수확하고, 수확하는 것을 머뭇거려서는 안 된다. 늦어지면 익은 종자가 저절로 떨어져 손실을 초래하기 때문이다."라고 하였다.[131] 비슷한 종류의 콩과식물인 '종교種茭' 역시 9월 중 지면 가까운 잎이 황색으로 변해 떨어지려 할 때 신속히 베었다고 한다.

기원전 1세기 사천지역의 전원생활을 묘사한『동약僮約』에서는 "10월에 콩을 거둔다."라고 하여 여름 대두의 수확을 10월로 기록하였다.

---

127 『천공개물(天工開物)』「乃服」편에는 "여름이 되면 뽕나무 오디가 검붉게 익는다."라고 한 반면,『사민월령(四民月令)』「三月」"桑椹赤"에서는 오디가 붉게 되는 시기를 늦은 봄이라고 한다.
128 『제민요술』「大豆」, "春大豆, 次稙穀之後. 二月中旬為上時, 三月上旬為中時"
129 『제민요술』卷2「大豆」편에는 최식(崔寔)의 말을 인용하여 "3월 살구꽃이 활짝 피고 오디가 붉어졌을 때 대두를 파종하는 것이 가장 좋은 시기라고 하며, 4월에 적당한 때에 비가 내리면 대두와 소두를 파종할 수 있다."라고 하여 시기를 다소 달리하고 있는데, 이것은 지역과 토양의 차이에 의해 생긴 현상으로 보인다.
130 『여씨춘추』「임지(任地)」, "日至 苦菜死而資生 而樹麻與菽" 여기서 '일지(日至)'는 하지(夏至)를 의미한다.
131 최덕경 역주,『제민요술 역주(I)』, 세창출판사, 2018, p.228.

뿐만 아니라『시경』「소아小雅·소명小明」의 "이 해가 다 저물어 가니 쑥 도 베고 콩도 다 거뒀으리라."[132]에서도 '숙'의 수확시기를 가늠할 수 있다. 즉 일 년의 연말인 만추晚秋에 대두를 수확한 것을 보면 화북지 역의 경우 선진시기에는 만종인 여름 대두가 주류였으며, 적어도 동 주 시대에는 재배되었음을 알 수 있다.

하지만『사민월령』에 등장하는 대·소두의 파종 시기는 2-4월인 데 반해, 수확 시기가 10-11월로 되어 있다. 대두의 생장 시기가 대개 5 개월이었던 점과 이 사료의 수확 시기로 미루어 볼 때, 봄대두[春大豆] 뿐 아니라 여름 대두와 이런 대두들을 만종晚種(보통보다 늦게 파종)한 대 두도 존재했음을 말해 준다. 그렇다고 전한 초에 봄대두의 재배가 일 반적인 현상은 아닌 듯하다. 왜냐하면『회남자』「지형훈地形訓」에는 "콩 [菽]은 여름에 나고 겨울에 죽는다. 맥麥은 가을에 나고 여름에 죽는 다."[133]라고 하여 여름콩과 가을맥이 동시에 등장하고 있는 것을 보면, 후술한 것처럼 동일 포장에서 간작을 했거나, 포장圃場을 달리하여 여 름콩과 봄대두도 재배했을 가능성이 높다. 여하튼 후한을 전후하여 점차 봄대두의 비중이 증가했음을 알 수 있다. 특히『제민요술』「대두」 편에 나오는 만종의 대두는 보충 작물의 성격을 띠고 있다.[134]

이것은 후한 때 대두의 수요가 급증하게 되면서[135] 봄, 여름에 모 두 재배되었음을 의미한다. 그런데 두·맥의 조종과 만종을 함께 재배하 게 되면 상호 생장 시기가 겹치게 된다. 이를 조정하기 위해 생장 시기

132 『시경(詩經)』「小雅·穀風之什·小明」, "歲聿云莫 采蕭獲菽"
133 『회남자』「地形訓」, "菽夏生冬死 麥秋生夏死."
134 『제민요술』「種穀」, "歲道宜晚者, 五月六月亦得"의 표현으로 미루어 대두뿐 아니라 다른 작물의 만 종도 5, 6월에 파종했음을 알 수 있다.
135 최덕경,「戰國·秦漢시대 음식물의 材料」『考古歷史學志』第11·12合輯, 1996, p.113에 의하면 후한 시 대에 콩밥[豆飯]은 주식뿐 아니라 2차 가공품인 시(豉)·장(醬)과 두부가 제조되면서 콩의 효용성이 급증했다고 한다.

나 작무作畝 방식을 적절하게 조절했는데, 전한 말『범승지서』「맥麥」편의 "조[禾]를 거두고 맥을 구종한다."라는 기록에서는 조[禾]를 수확한 그루에 바로 맥을 근경 하도록 유도하고 있다. 콩(또는 조)과 맥의 경우도 봄콩을 수확한 이후에 시기적으로 근경이 가능했으며,『주례』「추관秋官」의 정현鄭玄 주에서도 이를 입증하고 있다.[136] 특히 한대로 접어들면서 근경이 다양해진 것은 바로 봄대두의 등장과 유관했을 것이며,[137] 진한 통일 이후 대두 수요의 증가와 철제 농구와 우경의 보급이 확대되어 토지 이용도가 증가되면서 나타난 현상인 듯하다.

후술한 고대 한국의 삼국 및 고려 중기 이전의 문헌 기록에서 볼 때, 북위 35-40°에 위치한 한반도 중·남부지역은 선진시대 화북의 황회黃淮 지역과 마찬가지로 주로 여름 대두가 재배되었음을 알 수 있었다. 따라서 한반도 남부의 선사시대 유적에서 출토된 대두 역시 여름 대두였을 것으로 짐작된다. 그런 점에서 중국의 대두 기원을 '동북의 봄대두'라고 규정한 궈원타오[郭文韜]의 견해는 성급한 결론이라고 볼 수 있다. 왜냐하면 만주 지역은 비록 한반도와 인접하고 있지만, 한반도 남부지역의 대두는 만주 지역보다 훨씬 일찍부터 재배되었음이 출토 유물에서도 확인되며, 그 경작 방식도 기후조건의 차이로 여름 대두를 생산했기 때문이다.

대두의 생장기는『신농서神農書』「팔곡생장八穀生長」편에 의하면 대강 150일 정도였다.[138] 이러한 생장 일수로 볼 때, 8월에 수확하기 위해

---

136 『주례』「地官·稻人」조의 "삼이(芟夷)"에 대한 정현주에는 "今時謂禾下麥, 爲黃下麥, 言芟刈其禾, 於下種麥也";『주례』「秋官·薙氏」의 정주(鄭注)에도 "今俗間謂麥下爲夷下. 言芟夷其麥 以其下種禾豆也."라고 하여 '금시(今時)'나 '금속(今俗)'은 후한을 뜻하며 전대와는 달랐음을 지적하고 있다. 그리고 최초의 근경 사료로『여씨춘추』「임지」, "今玆美禾 來玆美麥"을 제시하여 진대(秦代)까지 소급하기도 하지만, 해석 여하에 따라 달리 볼 수도 있다.

137 둥카이천[董愷忱]·판추위[范楚玉] 주편,『중국과학기술사(中國科學技術史)』(農學卷), 科學出版社, 2000, pp. 331-333 아울러 곡류와 야채를 간작하는 경우는『범승지서』단계에도 흔히 보인다.

138 『신농서(神農書)』「八穀生長」, "大豆生于槐...九十日華, 六十日熟, 凡一百五十日成."라고 하여 대강 생장기간이 150일 정도였다.『제민요술』권2「大豆」편에서 인용한『잡음양서(雜陰陽書)』에 의하면,

서는 보통 3월에는 파종해야 가능하다. 한대부터 청대에 이르기까지 대두가 3-8월까지 재배되고 있었던 것을 보면, 줄곧 이 시기에 재배되었던 것을 알 수 있다.[139]

이상에서 본 바와 같이『범승지서』와『제민요술』의 대두大豆의 파종 시기는 위에서 제시한 "서리가 내려 숙을 죽였다."라고 하는 숙菽과 거의 같으며, 이들 역시 7-8월에 수확했을 것이다. 이런 점에서 한대 이후의 재배했던 숙은 대두였음을 짐작할 수 있다. 이 대두는 8월 수확 이후, 또다시 파종하여 생산하기는 불가능했던 것으로 보아 연간 1회 재배했던 것으로 보인다.[140]

그렇다면 이런 대두와 야생성이 강한 작은 낟알의 숙菽은 어떻게 달랐던가?『시경』「노송魯頌·비궁閟宮」과「빈풍豳風·칠월七月」의 모전毛傳에서 보듯 당시 숙은 춘종春種, 하종夏種의 두 품종이 존재했으며, 이 숙은 만숙晚熟과 조숙早熟 혹은 조종早種과 만종晚種이 있었다. 이 점은 『범승지서』와『제민요술』속의 대두 파종, 수확 시기와 구분된다.

그리고『제민요술』에서 인용한『광지』에는 "노두[䝁豆: 重小豆]는 1년에 세 번을 수확했다."라는 내용이 있는데, 이는 재배 대두와는 다른 야생성이 강한 것으로 서주에는 이 같은 품종이 적지 않게 존재했던 것이 아닌가 한다. 예컨대,『제민요술』「대두」편에 보이는, "정월에 파종한 비두稗豆"도 그런 품종 중의 하나였을 것이다. 이런 현상은 각종

"대두는 회화나무[槐] 잎이 나올 때 싹이 튼다. 싹 트고 90일이 되면 꽃이 피고, 꽃이 핀 이후에 70일이 되면 수확한다."라고 하여 160일 정도 소요된다고 하여 150과는 다소 차이가 있다.

139 『위서(魏書)』卷112「靈徵志上」, "七年三月, 肆州風霜, 殺菽.";『수서(隋書)』卷23「五行下」, "陳太建十年八月, 隕霜殺稻菽.";『진서(陳書)』卷5「本紀第五」, "八月乙丑朔, 改秦郡為義州. 戊寅, 隕霜殺稻菽.";『남사(南史)』卷10「陳本紀下第十」, "八月戊寅, 隕霜殺稻菽.";『수서(隋書)』卷23「五行下」, "陳太建十年八月, 隕霜, 殺稻菽.";『신당서(新唐書)』卷7「本紀第七·德宗皇帝李适」;『원사(元史)』卷51「五行二」, "八月, 鈞州密縣隕霜殺菽…二十八年四月, 奉元隕霜殺菽.";『청사고(清史稿)』卷41「順帝本紀第四十七」.

140 한대 이후 명청 대까지의 대두의 파종 시기는『제민요술』卷2「大豆」편과 같이 2-4월을 거의 벗어나지 않는다.

야생두가 점차 순화되면서 상이한 성숙기를 지닌 재배두가 출현했음을 보여준다. 장강 이남에는 춘대두, 하대두, 추대두秋大豆가 있었으며, 황하 이남 회수 이북의 황회黃淮 유역에는 춘대두, 하대두가 출현하는 것은 이런 이유 때문일 것이다.

하지만 동북 지역에서는 춘대두만 보이지만,[141] 『범승지서』에서는 3월 파종, 『제민요술』에서는 2-4월까지, 심지어 5-6월도 파종 가능하다고 하여 지역에 따른 기후조건도 감안한 듯하다. 그런데 『제민요술』 「대두」 편에 보이는 대두는 그 특성에서 숙류와는 차이가 있다. 우선 파종을 깊게 하며, 익은 열매가 저절로 떨어지는 것을 막기 위해 잎이 떨어지면 바로 수확할 것을 주문하고 있다. 그 외에도 대두는 그루 간의 거리를 일정하게 조정하고, 꽃이 필 때는 많은 햇빛을 싫어한다는 속성 등이 야생두와는 큰 차이를 보이며,[142] 이는 분명 대두 열매를 수확하기 위한 목적으로 재배되었음을 알 수 있다. 특히 그 재배 방식 역시 북방지역의 춘대두의 계보를 잇고 있다는 것도 주목된다.

3. 융숙의 전파: 동북 지역에서 중원으로

선진시대 각종 전적典籍에는 비록 대두의 사례가 일찍부터 등장하고 있지만, 그 기원을 구체적으로 제시하고 있지는 않다. 게다가 이들의 제자서는 대부분 한대 이후에 기술되거나 첨삭된 부분이 많아 대두의 기원을 추정하기가 쉽지 않다. 그 때문에 대두의 기원에 대해 다양한 해석이 등장했던 것이다. 그런 점에서 『제민요술』 「대두」 편 첫머리에 전해

---

141 뤼스린[呂世霖], 앞의 논문, 「關于我國栽培大豆原産地問題的探土」, pp.92-93.
142 대두의 일조량은 출묘(出苗) 이후 개화까지 약 20일간은 개화를 촉진하고 성장을 억제하기 위해 12시간 전후의 일조량만 필요한데, 3월에 파종할 경우 북방 혹은 동북 지역의 유전자를 가진 대두가 이런 조건에 더 합당하다.

지는 기록은 대두의 생산 지역과 그 기원을 알기 위해 아주 중요하다.

2-1) "『이아』에서 말하기를 융숙은 임숙倳菽이라 일컫는다. 손
염孫炎이 주석하기를 융숙은 대숙大菽이다."라고 한다.[143]

2-2) "지금 세상에는 대두에 흑·백 두 종류가 있고 … 소두에
는 녹菉·적赤·백白 세 종류가 있다. 황고려두黃高麗豆·흑고려두黑高
麗豆·제비콩[䴅豆]·비두䝁豆는 대두류이다. 완두豌豆·강두江豆·노두
䇞豆는 소두류이다."[144]

2-1)의 『이아爾雅』 석초釋草 중의 임숙을 융숙이라고 한 손염孫炎의
오해를 기술하고 있는데, 그러면 '융숙', '임숙', '대숙'의 상호관계는 어떠
했을까? 장읍張揖의 『광아廣雅』에 의하면 "숙은 곧 대두를 의미하며, 두豆
의 종류는 숙朮, 답荅, 유두留豆, 강쌍䜁䚊이 있다."라고 하여 4가지로 분
류하고 있다.[145] 그런가 하면 앞에서도 살펴보았듯이 『시경』 「대아大雅·생
민生民」의 정전鄭箋에는 임숙을 '융戎'이라 주석하여 "융숙은 대두이다."
라고 했다. 이들을 2-1)의 사료와 비교할 때 '숙朮'과 '숙叔'은 동일한 의
미로 파악되며, '대숙'은 '대두'라고 해석해도 좋을 듯하다. 이런 측면
에서 보면 융숙의 '융'은 '대'의 의미로 해석했음을 알 수도 있다.

문제는 대두의 일종인 '융숙'이다. '융'을 '대'의 의미로 해석한 것
과는 달리 『설문해자說文解字』에서는 『이아』의 주석자인 건위사인犍爲舍
人, 번광樊光, 이순李巡, 곽박郭璞 등이 모두 '호胡'를 '융戎'으로 해석하
여 '융숙'을 '호두胡豆'라고 주석하고 있다. 그러면 과연 호두도 대두라
고 볼 수 있을까?

---

143 『제민요술』 「大豆」, "『爾雅』曰, 戎叔謂之荏菽. 孫炎注曰, 戎叔, 大菽也."
144 『제민요술』 「大豆」, "今世大豆 有白黑二種, 及長梢, 牛踐之名. 小豆有菉赤白三種. 黃高麗豆黑高麗
豆䴅豆䝁豆, 大豆類也. 豌豆江豆䇞豆, 小豆類也."
145 장읍(張揖)의 『광아(廣雅)』 권10 「釋草」, "大豆朮也. 小豆荅也. 䝁豆豌豆留豆也. 胡豆䜁䚊也."

후한 때 저술된 『사민월령四民月令』「삼월조三月條」에는 호두와 대두가 함께 병기되어 있다.[146] 만약 양자가 동일하다면 이런 기록은 불가능하다. 따라서 이것은 바로 대두가 호두가 아님을 증명하는 것이다. 명대의 이시진李時珍은 『본초강목本草綱目』에서 호두를 항쌍豇麷이라고 해석한 『광아』의 주석에 따르지 않고 완두豌豆라고 파악하고 있다. 이것 역시 『사민월령』의 「정월」 조와 「삼월」조 사이에 모순이 발생한다. 즉 완두를 의미하는 「정월조」의 비두豍豆, 蹕豆[147]와 3월 조의 호두가 동일한 책 속에 적기되어 있는데, 「정월」 조에는 비두를 1월에 파종했고, 3월 조에는 호두를 3월에 파종한 것으로 되어 있다. 이것은 호두가 완두가 아니라는 증거이다. 더구나 오늘날 촉인蜀人은 호두를 잠두蠶豆라고 하는데, 『사민월령』의 배경은 대개 황하 하류 지역이며, 현재 그 중심 지역인 개봉, 낙양 부근에는 잠두가 재배되지도 않는다. 이런 측면에서 볼 때 최식崔寔(A.D. 103?-170?년)이 말하는 호두는 잠두는 아닌 듯하다. 따라서 호두는 대두가 아닐 뿐 아니라, 완두 또는 잠두도 아니었음을 알 수 있다.

뿐만 아니라 『본초경本草經』에는 "장건을 외국으로 보내 호두胡豆를 얻어왔다."라고 하여 한 무제 때 장건張騫이 비로소 서역을 통해 호두를 도입했으며, 『사민월령』「삼월」 편에 처음 호두가 등장한다는 점도 춘추시대에 이미 제 환공齊 桓公이 융숙을 "천하에 퍼트렸다."라고 했다는 사실과는 시간 차가 크다. 이것은 바로 융숙이 호두가 아니라는 사실을 다시금 입증하는 것이다.[148]

그런데 '융숙'은 대두를 의미할 뿐 아니라 '융戎'의 의미 속에는 일정 지역의 종족의 뜻도 포함하고 있다. 주지하듯이 중국 고대의 '융'

---

146 『사민월령』「三月條」, "時雨降 可種秔稻 及稙禾苴麻胡豆胡麻. 別小蔥. 昏參夕, 桑椹赤, 可種大豆 謂之上時."
147 먀오치위(繆啓愉) 집석, 『사민월령집석(四民月令輯釋)』, 농업출판사. 1981, p.7, 20. 「정월」 조에는 비두(豍豆)를 완두라고 하며, 비두의 명칭은 여기서 처음 등장한다고 한다.
148 먀오치위 집석[繆啓愉輯釋], 위의 책, p.46에 의하면 최식(崔寔)이 말하는 호두는 항상(豇麷), 즉 강두(豇豆)라고 한다.

족은 동서남북과 중원에 모두 등장한다. 퉁수예[童書業]는 상대에 이미 동방에 융이 존재했음을 갑골문을 통해 비정하고 있으며, 금문이나 『춘추경春秋經』, 『좌씨전左氏傳』을 통해 춘추시대에도 산동 조현曹縣 일대에 계속 존재했음을 밝히고 있다.[149] 또 서방과 서북방에는 견융犬戎, 험윤玁狁이 있었으며,[150] 북방에는 북융北戎과 산융山戎이 있었다고 한다.[151] 북융에 대해 『좌전』에서는 제齊, 정鄭, 허국許國의 주변에 위치했다고 한 반면, 『죽서기년竹書紀年』이나 『후한서』 「서융전西戎傳」에서는 대하大河 북쪽에 자리했다고 하여 북융의 위치가 유동적이었음을 말해 주고 있다. 또 과거에는 산융을 무종無終과 일족으로 보았지만, 무종과는 달리 그 근거지는 동북 지역에 위치했다고 한다.[152]

게다가 산융 이외 전국시대의 북방 민족 중 호胡, 동호東胡, 맥貊, 임호林胡, 누번樓煩, 흉노 등도 간혹 융이라 칭하였다. 텬지저우[田繼周]의 연구에 의하면[153] 서주시기 동북 지역의 이민족 중 회이淮夷와 서융徐戎에 관한 기록이 가장 많았다고 한다. 이중 서융은 동방의 서사徐泗 일대에 거주한 이인夷人이지만, 서융의 분포 지역이 회하淮河 유역까지

---

149 퉁수예[童書業], 『중국고대지리고증논문집(中國古代地理考證論文集)』, 中華書局, 1962, pp.45-47. 이러한 지적은 융(戎)이 서방에서 비롯되었다는 관념을 근본적으로 부정하는 것이다.

150 견융은 『사기』 「周本紀」에 주 문왕(文王)이 "견융을 정벌"했다는 기록으로 미루어 서주(西周) 때 활약했으며, 『국어(國語)』 「周語上」에는 "穆王將伐犬戎, 祭公謀父諫曰, 不可. 王不聽. 遂征之."와 같이 목왕이 견융을 정벌하기도 했다. 특히 『사기』 「주본기」에는 "與繒西夷犬戎攻幽王"과 같이 서이, 견융이 끈질기게 주의 성장을 저지했음을 알 수 있다. 『좌전(左傳)』 민공(閔公) 2년 "虢公敗犬戎于渭汭"했다는 기록이 등장한 이후에는 더 이상 견융은 보이지 않는다. 『목천자전(穆天子傳)』에 의하면 견융은 지금의 산서 북부와 내몽고 후허호트[呼和浩特] 지역에 분포했으며, 유왕(幽王) 때 그 세력이 서쪽으로 향해 발전했다고 한다. 춘추 말 전국 초에 비교적 강성했던 서융은 현재의 감숙, 섬서 일대의 서북방에 근거했으나 진(秦)의 발전에 따라 서융은 점차 멸망되거나 군으로 편입되었으며, 그 후 서융은 진농(秦隴) 서쪽에서 멀리 떨어진 저강(氐羌)에 거주했다. 융 이외 적(狄)이라는 명칭도 북방 민족을 뜻하였으며, 춘추 초기 이후에는 북방 민족을 적이라 통칭했다.

151 톈지저우[田繼周], 『선진민족사(先秦民族史)』, 四川民族出版社, 1996, p.350.

152 퉁수예[童書業], 앞의 책, 『중국고대지리고증논문집(中國古代地理考證論文集)』, p.46에는 구설에는 산융과 무종(無終)을 일족으로 보았지만 무종은 하북과 산서성 사이에 위치하고, 동북방에는 융족[산융]이 있었다고 한다. 이는 『좌전』 장공(莊公) 30년 조의 두예(杜預)의 "山戎北戎無終三名. 其實一也"라는 주석을 부정하는 것이다.

153 웡두젠[翁獨健] 주편, 『중국민족관계사강요(中國民族關系史綱要)』, 中國社會科學出版社, 2001, 第1編 「從遠古到秦漢統一」 참조.

미쳤기 때문에 회이와 확연하게 구분할 수는 없다고 한다. 게다가 융족은 주가 통치 질서를 확립하고 성왕成王이 친정한 이후에도 "회이와 서융은 모두 흥했다."154라고 하여 회이와 서융이 주에 저항할 정도로 흥성했으며, 주의 목왕穆王, 여왕厲王과 선왕宣王 때도 회이, 서융과 전쟁 관계에 있었다는 사실이 전해진다는 것은155 이들이 강력한 기반을 지녔음을 의미한다.156

그러나 춘추전국시대의 각국이 영역을 확대하게 되면서 동이東夷는 화하華夏와 장기간의 접촉으로 그 차별은 갈수록 줄어들었고, 또 점차 제하諸夏에게 멸망됨으로서 화하족華夏族의 범주에 들어갔다. 전국 말년, 특히 진통일 이후에는 "그 회이와 사이四夷가 모두 흩어져 민호가 되었다."157라는 문장에 드러나듯이 화하와 동이가 융합하였다. 이것은 주의 정치적 발전과 더불어 동북의 이민족이 점차 제하와 함께 잡거, 융합, 동화되거나 혹은 서북이나 더 먼 동북쪽으로 근거지를 옮겼음을 의미한다.158 이는 다시 말해서 점차 화이를 엄격하게 구분할 수 없게 되었음을 뜻한다.159 이런 측면에서 『좌전』160에 등장하는

154 『상서(尙書)』「費誓篇」, "淮夷徐戎幷興."
155 『태평어람(太平御覽)』「皇王部九·成王」, "(成王)八年始躬親王事…淮夷徐戎及奄又叛"; 『죽서기년 (竹書紀年)』 "厲王三年, 淮夷侵洛", "穆公十三年春,…徐戎侵洛"; 『사기』 권5 「진본기(秦本紀)」, "西巡狩, 樂而忘歸. 徐偃王作亂."
156 『좌전』僖公 4년, "若出于東方, 觀兵于東夷"; 『예기(禮記)』「雜記下」, "孔子曰, 少連 大連善居喪…東夷之子也" 그리고 동이는 서(徐), 회이(淮夷), 담(郯), 개(介), 근모(根牟), 모(牟), 내(萊), 거(莒), 서용(舒用), 서구(舒鳩) 등의 국(國)을 포괄한다. 춘추시대로 접어들면 회이나 서융 등의 명칭 대신 산동 동부, 회하 중하류 안휘, 강소성 일대에 동이가 일상적으로 출현하고 있다.
157 『후한서(後漢書)』 권85 「東夷傳」, "其淮泗夷皆散爲民戶."
158 웡두젠[翁獨健] 주편, 『중국민족관계사강요(中國民族關系史綱要)』, 中國社會科學出版社, 2001, p.65. 『후한서』 권1 「光武帝紀下」, "東夷有辰韓卞韓馬韓, 謂之三韓國也." 즉 진한 이후의 동이는 더 이상 회사(淮泗) 유역과 산동 반도의 거민(居民)이나 주의 동이가 아니라 동북 지역과 현 한반도와 일본 등의 민족을 뜻하였다.
159 퉁수예[童書業], 『중국고대지리고증논문집(中國古代地理考證論文集)』, 中華書局, 1962, pp.49-50에서 춘추 이후 화이가 잡거동화(雜居同化)하여 엄격하게 구분하는 것이 불가능한데, 이(夷), 만(蠻), 융, 적을 각각 동, 남, 서, 북쪽에 위치했다는 관념은 춘추 이전의 사고를 망각한 것으로, 전국시대 『묵자(墨子)』 등에서 비롯된 이 같은 관념은 이후 한인(漢人)에 의해 계승되면서 생긴 것임을 지적하고 있다.
160 『좌전』민공(閔公) 원년, "戎狄豺狼"; 양공(襄公) 4년, "戎狄無親而貪"; 소공(昭公) 15년, "晉居深山 戎狄之與隣"

'융적戎狄'[161]의 의미는 이족異族이라는 차별적 측면도 있지만, 융합으로 인해 양자의 뚜렷한 문화적 특징이나 생활 습관을 구분할 수 없게 되었다거나[162] 민족 인식이 진보된 결과라고도[163] 생각할 수 있다.

'융숙'과 관련하여 문제가 되는 것은 중국 동북 지역의 북융과 산융이다. 북융은 춘추 초기에는 대하大河 이북의 제하諸夏와 더불어 적대 혹은 연맹 관계였다. 북융과 별개의 일족인 산융은 일찍이 연을 치자, 연이 제에게 구원을 요청하게 할 정도로 강성했다. 그에 따라 당시 주 혜왕惠王 13년(기원전 664)에 제 환공은 연을 구하고 산융의 남하를 저지하였다. 이것을 『사기』「흉노열전匈奴列傳」에서 "산융은 연을 넘어 제를 쳤다."라고 표현한 것을 보면 산융이 연의 북쪽에 존재한 것은 사실인 듯하다. 전국시대에도 『사기』「흉노열전」에 따르면 "진晉의 북쪽에 임호·누번이라는 융戎이 있고 연의 북쪽에 동호·산융이 있었다."[164]라고 하여 동호, 산융이 연의 북쪽에 위치하며, 특히 산융은 "지금의 선비鮮卑로 연을 괴롭혔기 때문에 (환공이) 벌했다."[165]라는 사료에 의거할 때 선비의 근거지인 먼 동북 지역에 위치하여 수시로 연을 괴롭힌 듯하다. 따라서 산융은 연의 동북, 즉 하북河北 동북부, 요녕遼寧 서부 및 그 동북에 위치했음을 알 수 있다. 한편 진북晉北의 융인 임호林胡는 내몽고 하투河套 동승東勝 일대에, 누번樓煩은 산서 서북부에 위치하여, 동호와 더불어 역사상 3호胡라고 할 정도로 당시 중국에 대한 영향력이 강했다. 고고학적으로도 서쪽에서부터 전쟁과 이주에 의한 새로운 문화가 유입된 듯하다. 예컨대 기원전 요동 지역의

---

161 물론 『춘추(春秋)』 중에는 이적(夷狄)이라는 칭호가 없다. 그래서 혹자는 '적'과 '융적'의 구분은 특수와 일반의 구분이라고도 한다.
162 양젠화[楊建華], 「『春秋』與『左傳』中所見的狄」, 『史學集刊』 1999-2, p.21.
163 웡두젠[翁獨健] 주편, 『중국민족관계사강요(中國民族關系史綱要)』, 中國社會科學出版社, 2001, pp.63-72.
164 『사기』「흉노열전」, "而晉北有林胡樓煩之戎, 燕北有東胡山戎"
165 『국어(國語)』 권6, 「齊語·桓公帥諸侯而朝天子」, "山戎今之鮮卑, 以其病燕, 故伐之."

묘제는 토광묘인데, 이것은 기원전 6세기 무렵에 요서 지역에서 유입된 것으로 보고 있다. 이후 다양한 문화가 동북 지역에서 융합되고, 기원전 4-3세기의 대표적 유적인 통화지역의 만발발자萬發撥子 유적 역시 토광묘제였지만, 주민은 고조선 혹은 예맥계 종족이 주축을 이루었다고 한다.[166] 기원전 7세기 산융을 정벌하고 융숙을 전리품으로 중원에 전파한 것도 이 무렵이었다. 이러한 사실들은 춘추 중기 이후에도 융족이 중국의 동북쪽에 계속 존재했음을 의미한다.[167]

이렇게 보면『제민요술』에 등장하는 '융숙'은 동북, 만주 지역 융족의 대두였을 것으로 판단된다. 이를 뒷받침하는 사료인『일주서逸周書』「왕회해王會解」 편에서는 주 성왕(?-BC.1021년) 때 제후와 사이四夷가 모였을 때 북방 민족의 공품貢品 중에 '산융山戎 융숙戎菽'이라는 말이 이미 등장하는가 하면,『관자管子』「계戒」에는 제 환공이 "북으로 가서 산융을 벌하고 동총冬蔥과 융숙을 가져와 천하에 퍼트렸다."[168]라는 문장이 있다. 이들 사료에 따르면 분명 융숙은 중국 동북 지역에 위치한 산융의 특산이지만, 당시에는 특별한 관심을 끌지는 못한 듯하다. 이후 제 환공 때에 비로소 전리품으로 중원에 가져왔던 것은 그 명성은 이미 알고 있었으며, 또 직접 현지에서 그 가공품을 맛보았을 수도 있다. 군이 내지에 가져와 전파시켰던 것은 확실히 당시 화북華北의 숙과는 다르다는 것을 알았기 때문일 것이다.

이상의 사료들은 대두인 융숙의 기원지가 산융 지역이었으며, 춘추시대에 환공이 융숙을 가져와 천하에 보급하면서 비로소 재배되기 시

---

166 이종수,「토광묘 집장묘의 계통과 성격」『고조선과 고구려의 만남』, 동북아역사재단, 2021, pp.150-155.

167 후인(後人)은 동북 일대의 민족, 예컨대 동호, 읍루(挹婁), 물길(勿吉), 말갈(靺鞨)을 기술할 때 숙신(肅愼)의 후예라고 한다.『좌전』소공 9년에 "及武王克商…肅愼·燕·亳吾北土也"한 점을 보면, 숙신이 주의 북토(北土)인 연의 북쪽에 위치하며, 대개 연산(燕山) 이북에 존재했음을 의미한다. 그러나 춘추 이후에는 숙신의 족칭(族稱)은 보이지 않는다. 따라서 분포상에서 보면 춘추시대의 산융과 후의 동호가 계속 동북 지역에 위치했음을 알 수 있다.

168 『관자(管子)』「戒」, "北伐山戎, 出冬葱與戎菽, 布之天下."

작한 것임을 말해준다.[169] 따라서 전술한 『광아』의 "대두는 숙이다."와 『사기』「항우본기」의 "숙은 콩[大豆]이다."와 같은 색은索隱의 주석으로 미루어 숙은 대두의 의미를 포함하고 있으며, 2-1)의 『이아』의 손염주 孫炎注에 "융숙은 대숙이다."라고 주석한 실제적인 의미는 바로 '융 지역 의 대두'였다고 판단된다. 이것은 그 명칭으로 미루어 후술하는 '고려두' 와 마찬가지로 그 종족(또는 국가)이 특별히 많이 재배하거나 즐겨 먹었 거나 아니면 오래전부터 재배해 온 그 지역 특산물이었을 것이다.

중국 동북의 남만주 지역은 소금을 이용한 젓갈 등의 발효식품과 그에 필요한 조건, 즉 소금과 저장 도기陶器 등이 일찍부터 발달했다. 대두의 본고장인 이곳 역시 중원지역과 다른 용도로 식용한 것 중 대 표적인 것이 후술하는 『신당서新唐書』「발해전渤海傳」의 책성시柵城豉, 곧 책성의 장시醬豉였다. 이것이 언제부터 시작되었는지는 알 수 없지만, 발해의 유물이 고구려의 유민과 그 문화를 계승한 자들의 것이라고 볼 때, 고려두와 밀접한 관련이 있었을 것이다. 당시 만주지역에는 발 효 음식이 일찍부터 발달했고, 게다가 책성시의 이름이 천하에 알려 졌던 것을 보면 고려두에 의한 장시醬豉 역시 오랜 전통을 갖고 지속된 듯하다. 이를 중원에서 주목한 것을 보면 독특한 특색을 지녔던 것 같 다. 그것은 바로 그 지역 특산물인 고려두, 즉 메주콩을 삶아 으깨 발 효한 메주였음을 짐작할 수 있다.

산융은 전술한 바와 같이 연의 동북부에 위치하는 민족으로서 중 원의 강국인 연, 제를 정벌했으며, 중원 제국은 산융에 맞서기 위해 연합해야 할 정도로 강성하였다. 산융이 강성할 수 있었던 것은 바로 융숙과 조[粟]로 대표되는 안정된 곡물 생산과 관련이 있었을 것이다.

---

169 『시경(詩經)』「大雅·生民」, "藝之荏菽 荏菽旆旆"는 강원(姜原)이 후직(后稷)을 생육한 고사로서 『시 경』모전(毛傳)에는 "荏菽, 戎菽"이라 하며, 정전(鄭箋)은 "藝, 樹也. 戎菽, 大豆也"라 하여 주초부터 융숙이 재배되었다고 하지만, 이것은 임숙과 융숙이 동일하다는 오해에서 비롯된 것이다.

융숙이 춘추 중기 이후 화북에 보급되었다는 것은 이전에 황하 유역
에는 없었던 대두가 만주 지역을 중심으로 재배되어 화북지역으로 확
산되었다는 의미가 된다.[170] 당시 화북지역 중 서북 지역의 주곡 작물
은 한대 이전까지 대개 조, 기장이 중심이었으며, 이 지역에서 출토된
많은 작물 중 콩은 동북 지역에 비해 매우 미미한 편이었다. 이점도
콩이 동북 지역에서 지닌 위치를 짐작하게 한다.

그러나 전국시대로 접어들면, 『맹자』「진심장盡心章」에서 보듯 "콩
과 조는 물, 불과 같다."라든가 『관자』「중령重令」 편에서 "콩과 조가 부
족한데도, 말업을 금지하지 않으면, 백성은 반드시 굶주리게 될 것이
다."[171]라고 했고, 『순자』「왕제王制」 편에서는 "장인과 상인이 밭을 경
작하지 않아도 콩과 조가 족하다."라고[172] 한 바와 같이 전국시대에는
대두의 수요가 늘어나 조[粟]와 더불어 중심 작물로 자리 잡았음을
알 수 있다. 게다가 중국과학원 고고연구소 낙양 발굴대가 낙양 서교
西郊 소구燒溝의 한묘漢墓에서 발굴한 도창陶倉에는 "대두만석大豆萬石"
이라는 문자가 있고, 출토된 항아리[陶壺]에 "국두일종國豆一鍾"이라는
글이 있는 등으로 미루어, 한대에는 보급이 더욱 확대되어 중원지역
에도 생산량이 풍부했음을 알 수 있다.[173]

여기서 '숙'과 '대두'는 동일한 의미지만 시간적 차이에 따라 명칭
을 달리하고 있음을 볼 수 있다. 갑골문에는 대두를 '숙尗'으로,[174] 『시

---

170 『시경』「大雅·生民」의 孔穎達疏 "后稷種穀, 不應捨中國之種而戎國之豆. 卽如郭言齊桓之伐山戎
始布其豆種, 則后稷之所種者, 何時絶其種乎. 而齊桓復布之."라고 하여 후직(后稷)이 종곡(種穀)한
것인데, 중국의 종자를 버리고 융국의 두를 심어서는 안 된다. 제 환공이 산융의 두를 처음으로 전파했
다면, 후직의 종자는 언제 끊어졌는가? 후직이 파종한 것이 중국의 종자가 아니고 융국(戎國)의 두라
고 해도 환공이 처음으로 보급했다는 사건과 시기상 모순된다.
171 『관자』「重令」, "菽粟不足, 末生不禁, 民必有饑餓之色."
172 『순자』「王制」, "工賈不耕田而足乎菽粟."
173 중국과학원고고연구소낙양발굴대(中國科學院考古硏究所洛陽發掘隊),「洛陽西郊漢墓發掘報告」
『考古學報』 1963-2; 송잔칭[宋湛慶],「我國古代的大豆」『中國農史』 1987-3, p.51.
174 펑방중[彭邦炯],「甲骨文農業資料考辨與硏究」, 吉林文史出版社, 1997, pp.343-349.

경』에는 대두를 '숙菽' 또는 '임숙'으로 표현하고 있으며, 전국 후기의
『여씨춘추』「심시審時」편 역시 '숙'으로 표기하고, 크고 작은 숙을 묘사
하기를 "대숙大菽은 둥글고, 소숙小菽은 방芳에 뭉쳐 타원형으로 각이
졌다."라고 하였으며, 전국시대 말기의『진간秦簡』「창률倉律」에서도 여
전히 숙菽, 답荅 등으로 표현하였다. 그러나 앞의 한묘 중의 "대두만석
大豆萬石"이나 전한 말의 농서인『범승지서氾勝之書』에서는 '숙' 대신 '두
豆', '대두大豆'라는 명칭을 사용하고 있으며, 『제민요술』에도 「대두大
豆」, 「소두小豆」편이 등장하고 있는 것을 보면, 점차 두가 숙의 명칭을
대신하고 있는 것을 볼 수 있다.[175]

이런 사실로 볼 때 진한시대 이후에는 '숙'이 '대두'로 명칭이 변경
되었으며,[176] 이러한 명칭 변화는 선진시대의 숙菽과는 달리 대두의 효
용성이 증대되어 보급이 확대되면서 그 위상이 변화되었기 때문일 것
이다.[177] 이런 측면에서 보면 숙과 두는 시간을 달리하는 비슷한 지역
의 산물일지라도, 식품으로서의 위상은 두가 숙보다 높았음을 의미한
다. 그것은 융숙이란 대두에서 비롯되었으며, 융숙과 같은 지역에서
연이어 등장하는 고려두高麗豆도 이와 밀접하게 관련되었을 것으로 생
각된다. 이후 대두의 기원에 보다 구체적으로 접근하기 위해서는 '융
숙'과 '고려두'의 실체와 그들 간의 상호관계를 보다 주목해야 할 것이
다. 더불어 이렇게 등장한 대두가 선진시기 중국의 식생활에 어떤 영
향을 끼쳤는가도 살펴볼 필요가 있다.

---

175 『동관한기(東觀漢記)』권8「鄧禹傳」이나『후한서』권17「馮異傳」, "時百姓飢餓, 人相食, 黃金一斤 易
　　豆五升."에서는 두(豆)로 표현하고『거연한간(居延漢簡)』과 같이 북방 자료에는 한대에도 여전히 숙
　　(菽), 답(荅)과 같은 용어가 등장한다.
176 진한시대 이후 대두가 숙의 명칭을 대신하며, 그 명칭이 최초로 출현하는 것은『신농서(神農書)』「팔
　　곡생장편(八穀生長篇)」, "大豆生于槐. 出于泪石雲山谷中, 九十日華, 六十日熟, 凡一百五十日成."이
　　라고 한다. 스엔궈[石彦國]·런리[任莉] 편,『大豆製品工藝學』, 中國輕工業出版社, 1998, p.27 참조.
177 최덕경,「戰國·秦漢時代 음식물의 材料」,『考古歷史學志』第11·12合輯, 1996, p.106.

III. 주대의 밥상과 콩[菽] 식품

『시경』에 등장하는 식물을 수확하는 독특한 표현 방식 중의 하나가 "채○采○"이다. 즉, '채번采蘩', '채빈采蘋', '채갈采葛', '채령采苓', '채미采薇', '채숙采菽', '채록采綠' 등이 그것이다. '채'采의 상형은 허리를 굽혀 초목草木에서 꽃, 잎, 열매를 찾아서 딴다는 의미이다. 이러한 자의字意를 위의 식물에 대입해 보면 결국 수채水菜, 수초, 칡, 야채, 초목의 잎 등을 채집했다는 것이다.[178] 『시경』「소남召南·초충草虫」의 "저 남산에 올라, 고비를 캐네."[179]라는 문장에 대해 공영달의 소疏에서 삼국 오吳 육기陸璣의 『모시초목조수충어소毛詩草木鳥獸蟲魚疏』를 인용하여 "미薇는 산채로서 줄기와 잎이 소두와 유사하며, 넝쿨이 있으며, 맛 또한 소두의 잎과 같아서 국을 끓이거나 생으로도 먹을 수 있었다."라고[180] 한다. 곧 소두小豆 잎과 같은 야생 잎을 채취하여 국을 끓이거나 생식하였다는 말이다. 이는 『설문해자』의 "미薇는 콩잎과 같다."라는 말과도 일치하며, 마찬가지로 『예기禮記』에서의 "콩을 먹고 물을 마신다"[181]의 '철숙啜菽'도 바로 야생 콩이나 잎으로 삶아 먹었음을 의미한다.

이처럼 『시경』의 시대에 '채숙采菽' 하거나 산에서 푸르고 연한 숙엽菽葉을 따서 국을 끓여 먹었던 것을 보면, 당시 국의 주된 재료가 야생 채소와 함께 콩잎[藿]이었음을 말해 준다. 비슷한 내용은 「소아小雅·소완小宛」의 "벌판의 콩[菽]을 백성들이 캐는구나."[182]에서도 확인할 수 있는데, 전한의 모씨毛氏는 들판에 자라고 있던 콩잎을 백성들이 채취

---

178 최형록(崔亨祿)·최덕경, 「先秦시대 채소의 공급과 조리 및 용도」『중국사연구』제87집, 2013 참조.
179 『시경』「國風·召南·草虫」, "陟彼南山, 言采其薇."
180 『시경』「國風·召南·草虫」, [疏]傳薇菜, "正義曰陸璣云, 薇, 山菜也. 莖葉皆似小豆, 蔓生, 其味亦如小豆藿, 可作羹, 亦可生食."
181 『예기』「檀弓下」, "啜菽飮水."
182 『시경』「小雅·小宛」, "中原有菽, 庶民采之."

하였다고 했으며, 정현鄭玄의 전箋에서도 당시 주인 없이 들판에 자라고 있는 콩잎이나 열매를 취했다고[183] 한다. 그런가 하면 필요시 맹수들이 있는 깊은 산속으로 들어가 '여곽藜藿'을[184] 채취하기도 했다. 이러한 사실은 당시 주족의 경제는 경작 못지않게 자연에서 음식물을 찾아 호구를 해결하는 것도 중요한 일부분이었음을 말해준다.[185] 이상과 같은 사실에서 채숙采菽은 주로 들판에서 야생 또는 반 재배하는 잎을 채취해서 국이나 나물의 재료를 삼았음을 알 수 있다.[186] 이때 숙은 소두小豆 의미만이 아니라 낟알이 작고 야생성이 남아있는 숙菽의 총칭이었던 것이다. 그런 의미에서 당시의 숙은 잎이 무성하고 열매가 작고 환경의 적응력이 강한 야생두나 반야생두였을 가능성이 크다.

이렇게 채취한 음식물의 상차림은『예기』「곡례曲禮」편을 통해 살필 수 있다. 주대 사대부의 "진식지례進食之禮"를 보면, 좌측에 밥[飯], 우측에 국[羹]을 놓아 밥상의 중심을 이루는 구조를 하고 있다.[187] 이러한 배치는 오늘날 중국의 상차림과는 전혀 다른 모습이다. 다른 사료에도 "거친 기장밥[糲粱[188]]과 콩잎국",[189] "민들의 일반적인 콩밥과

---

183 『시경』「小雅·小宛」, "中原有菽, 庶民采之." 鄭玄箋, "菽生原中, 非有主也, 以喩王位無常家也, 勤於德者則得之."

184 『후한서』卷70「鄭孔荀列傳」, "山有猛獸者, 藜藿爲之不採."

185 쑨슈화[孫秀華], 『시경채집문화연구(詩經采集文化研究)』, 山東大學博士學位論文, 2012.5. 그렇다고 모든 콩잎[藿]을 채집만 한 것은 아닌 듯하다, 『詩經』「小雅·白駒」, 正義曰, "言食苗葉, 則夏時矣七月. 注云, 春夏為圃, 秋冬為場."에 의하면 봄여름에는 밭[圃]에 야채를 가꾸고, 가을과 겨울은 마당[場]으로 사용한 것을 보면 재배도 했음을 알 수 있다.

186 궈원타오[郭文韜], 「試論中國栽培大豆起源問題」『自然科學史研究』第15卷 第4期, 1996, pp.327-328에서 '채곽(采藿)'과 '채숙(采菽)'을 구분하고, '채숙(采菽)'은 야생 혹은 반야생의 열매를 따는 것이라고 하였다.

187 『예기(禮記)』「曲禮上」, "凡進食之禮, 左殽右胾. 食居人之左, 羹居人之右, 膾炙處外, 醯醬處內. 蔥㵶處末, 酒漿處右. 以脯脩置者, 左朐右末, 客若降等, 執食興辭. 主人興, 辭於客, 然後客坐."

188 최덕경, 「중국고대 지역별 농작물의 분포와 가공」『慶尙史學』제10집, 1994, p.49; 최덕경, 「전국·진한시대 음식물의 조리와 식생활」『부산사학』제31집, 1996, p.128.

189 『후한서』卷27「宣張二王杜郭吳承鄭趙列傳」의 주석에 "墨子曰, 堯舜堂高三尺, 土階三等, 茅茨不翦, 采椽不斲, 飯土簋, 歠土鉶, 糲粱之飯, 藜藿之羹, 夏日葛衣, 冬日鹿裘."; 『한서』卷62「司馬遷傳」, "糲粱之食, 藜藿之羹"의 服虔曰, '粗米也.' 張晏曰, '一斛粟七升米為.' 師古曰, '食, 飯也.'", "師古曰, '藜, 草似蓬也. 藿, 豆葉也.'"

콩잎국",[190] "기장밥과 콩잎국",[191] 등이라 하여 밥[飯]과 국[羹]이 밥상의 기본 차림을 이루고 있다. 물론 주대 지배층들의 밥상에 채소국만 있는 것이 아니었다. 한대와 마찬가지로 신분에 따라 '고기를 먹는 사람'과 채소와 같은 '콩잎을 먹는 사람'으로 구분되고,[192] 지배층의 밥상에는 각종 육갱肉羹, 육장肉醬, 육회肉膾, 포脯 등도 등장하였다.

당시 밥[飯]을 짓는 데 사용된 곡물을 보면, 사료 중에는 대개 여량糲粱, 자려粢糲와 같은 기장, 좁쌀밥[脫粟之飯][193] 등의 조[粟]가 중심을 이루고 있다. 산동 고청高靑 진장陳莊에서 출토된 서주 시대의 농작물의 점유율을 보면 조[粟]가 94%, 기장[黍]이 5.5%이며, 대두大豆는 겨우 농작물의 0.2%를 차지하고 있는 것도[194] 당시 밥[飯]의 주된 소재가 무엇이었는지를 알 수 있다. 한대가 되면 사료 속에 보리밥[麥飯]이 자주 등장하며, 도량미稻粱米도 보인다. 맥반麥飯의 경우, 밀은 껍질이 단단하여 직접 삶아 밥을 짓기에 용이하지 못하기 때문에 보리를 주로 이용했을 것이다. "보리밥에 콩잎국"[195]이 한대 들판 농부의 일반적인 식사였던 것을 보면, 한대가 되면 기장과 조와 더불어 보리도 밥의 주된 반열에 올라섰던 것이 아닌가 한다.[196] 그리고 간혹 등장하는 쌀[稻粱米]은 능묘에 올리는 제물로 사용되어 한대 서민들이 소비하기

190 『사기』卷70「張儀列傳」, "韓地險惡山居, 五穀所生, 非菽而麥, 民之食大抵菽[飯]藿羹. 一歲不收, 收不饜糟糠.";『戰國策』卷26「張儀為秦連橫說韓王」.

191 『사기』卷87「李斯列傳」, "粢糲之食, 藜藿之羹"의 색은(索隱)에는 "粢者, 稷也. 糲者, 麁粟飯也." 것으로 보아 직(稷)과 속(粟)으로 지은 밥임을 알 수 있다.

192 『후한서』卷36「鄭範陳賈張列傳」, "肉食者已慮之矣, 藿食者尚何預焉."

193 『송본모시주소부교감기(宋本毛詩注疏附校勘記)』「國風・召南鵲巢詁訓傳」, "(正義曰)趙盾食魚飧公孫弘脫粟之飯.";『한서』卷58「公孫弘卜兒寬傳」, "元始中, 修功臣後, 下詔曰:漢興以來, 股肱在位, 身行儉約, 輕財重義, 未有若公孫弘者也. 位在宰相封侯, 而為布被脫粟之飯, 奉祿以給故人賓客, 無有所餘.";『후한서』卷3「肅宗孝章帝」, "動務省約, 但患不能脫粟瓢飲耳."의 주석에 "晏子相齊, 食脫粟之飯. 孔子曰, 顏回一瓢飲."라고 한다.

194 靳桂云[靳桂云] 등 6인,「山東高靑陳莊遺址炭化種子果實研究」『南方文物』2012年 1期, pp.149-151. 서주 후기가 되면 대두가 농작물의 점유률이 1.1%로 상승하고, 출토 확률도 높아지기는 하지만 여전히 비중이 낮았음을 확인할 수 있다.

195 한(漢) 사유(史游),『급취편(急就篇)』, "麥飯豆羹, 皆野人農夫之食耳."

196 최덕경,「戰國・秦漢 시대 음식물의 材料」『考古歷史學志』第11・12合輯, 1996.

는 쉽지 않았던 것 같다.[197]

탈곡한 곡물로는 그대로 밥을 짓지 않고, 일정 정도 도정을 거친 후에 취사하였다. 주대周代의 도정 실태는 사료의 한계로 구체적으로 알 수 없지만, 다만 도정률에 따라 미米의 차등이 있었다. 전국 후기의 운몽 수호지『진간秦簡』「창율倉律」에 의하면, 곡물은 도정률에 따라 여미糲米, 착미鑿米, 훼미毇米, 패미粺米[198] 등으로 불리었으며, 이러한 현상은『구장산술』「속미粟米」편이나『설문해자』에도 보인다. 도정이 많이 될수록 쌀은 부드러워 패미[粺米; 훼미毇米]는 주로 고급 관리들에게 지급된 반면, 거친 여미糲米는 종자從者나 노비에게 지급되었다.『구장산술』「속미粟米」편에서는 이런 도정미로 지은 밥[飯]을 '여반糲飯', '패반粺飯', '착반鑿飯', '어반御飯' 등으로 부르고 있다.[199]

한대까지도 서민들의 밥의 형태가 '여량糲粱', '자려粢糲', '여지반糲之飯',[200] '강미반粇米飯'[201] 등으로 거친 '여糲', '강粇'의 모습으로 표현되고 있는 것을 보면 밥은 조나 기장의 껍질만 대충 벗겨 만든 거친 '탈속반脫粟飯'이었던 것 같다. 검소한 관리들 역시 서민들의 방식대로 항상 거친 '추반麤飯'[202]을 먹었다고 하는 것이 바로 이것을 가리키는 것이다. 이런

---

197 『후한서』「皇后紀第十上」, "自非供陵廟, 稻粱米不得導擇, 稻粱米不得導擇, 朝夕一肉飯而已.";『진서(晉書)』卷28「五行中」, "王恭鎮京口, 擧兵誅王國寶. 百姓謠云, 昔年食白飯, 今年食麥麮." 여기서의 '도량미(稻粱米)'와 '백반(白飯)'은 쌀로서 지은 밥인 듯하다.

198 『설문해자』"粺 毇也", "米一斛舂爲八斗也"

199 반면『시경』「大雅·召旻」의 鄭玄箋에 "米之率, 糲十, 粺九, 鑿八, 侍御七."로 되어 도정의 순서가 서로 맞지 않고 있다.『구장산술(九章算術)』「均輸」篇에도 "術日, 列直糲米三十, 粺米二十七, 鑿米二十四, 而反衰之."라고 하여 속미(粟米)를 도정률에 따라 여미(糲米)→패미(粺米)→착미(鑿米)→어미(御米)의 순으로 고급 쌀로 나아간다. 이는『진간(秦簡)』의 여미(糲米), 착미(鑿米), 훼미(毇米)의 명칭과는 다소 차이가 있다.

200 『문선(文選)』「曹子建七啓八首序」, "玄微子曰, 予甘藜藿, 未暇此食也."에 대해 "韓子曰, 糲之飯, 藜藿之羹也."라고 한다.

201 『진서(晉書)』卷4「孝惠帝」, "潁與帝單車走洛陽, 服御分散, 倉卒上下無齎, 侍中黃門被囊中齎私錢三千, 詔貸用. 所在買飯以供, 宮人止食于道中客舍. 宮人有持升餘粇米飯, 及㸑蒜鹽豉以進帝, 帝噉之, 御中黃門布被. 次獲嘉, 市粗米飯, 盛以瓦盆, 帝噉兩盂."

202 『후한서』권5「孝安帝紀」, "六月丙戌, 太尉司馬苞薨."에 대해 "謝承書曰, 苞爲太尉, 常食麤飯, 著布衣, 妻子不歷官舍."라고 한다.

거친 밥 때문에 식사할 때 국[羹] 또한 자연스럽게 필요했을 것이다.

밥[飯]을 짓는 방식은 "곡식을 쪄서 밥을 짓거나", "쌀죽[粒糒] 또한 한대인들은 밥"이라고 한 것을 볼 때,[203] 대개 곡물을 쪄서 짓거나 죽과 같은 형태였던 것으로 보인다. 물론 행군하는 군대의 식량을 위해 "볶은 쌀과 볶은 대두", "밀 볶음", "곡식을 볶은 가루" 등과 같이 대두나 밀을 볶아서 식량으로 하거나 볶은 것을 갈아 미숫가루로 만든 건반乾飯도 존재했다.[204] 하지만 대두의 경우, 생콩[生豆]을 그대로 섭취할 수는 없었다. 『제민요술』에는 말이 생콩을 먹고 배에 가스가 차서 부풀어 죽기 직전에 이른 것을 치료하는 방법이 제시되어 있다. 이것만 보아도[205] 비린내 나는 생콩은 인축人畜 모두 소화가 곤란하고 가스를 배출하여 식용하기에는 용이하지 않았던 것으로 보인다.

당시 식사량은 『장자莊子』 「천하天下」 편의 "하루에 다섯 되의 밥이면 만족할 것이다."라는 문장에 대해 소疏에는 1일의 식사량이 5되[升][206] 정도였으니[207] 한 달이면 1.5석石이 되는 셈이다. 그런데 전국시대 『진간』 「창률倉律」에서 예신첩隸臣妾과 관노비의 식량 지급량을 보면 대개 연령, 신체 및 노동의 경중에 따라 차이를 두고, 하루 두 끼를 식사하며, 성인의 경우 월 식사량이 1.5-2.5석이었던 것을 보면,[208] 1.5

---

203 『논형(論衡)』 「幸偶第五」, "蒸穀爲飯, 釀飯爲酒, 酒之成也."; 『송본상서주소부교감기(宋本尚書注疏附挍勘記)』 「虞書」, "正義曰, 說文云, 粒糒今人謂飯."

204 『송본상서주소부교감기(宋本尚書注疏附挍勘記)』 「周書」, "正義曰峙, 具也. 預貯米粟謂之儲峙, 鄭眾云, 糗熬大豆及米也. 說文云糗擣熬穀也. 鄭玄云糗擣熬穀也. 謂熬米麥. 使熟又擣之以為粉也. 糒乾飯也. 糗糒是行軍之糧.";『후한서』 권13 「隗囂公孫述列傳」, "九年春, 囂病且餓, 出城餐糗糒."에 대해 "鄭康成注周禮曰, 糗, 熬大豆與米也. 說文曰, 糒, 乾飯也."라고 주석하고 있다.

205 『제민요술』 권6 「養牛馬驢騾第五十六」.

206 동주와 진한시대 1승의 용적은 200ml로서 오늘날의 약 1/10에 해당하여 5승(升)의 양은 5합(合) 정도이다. 최덕경, 「중국 고농서 상에 반영된 도량형의 변천과 수용」 『동양사학연구』 제165집, 2023, pp.96-98의 〈표1〉 참조.

207 『장자집석(莊子集釋)』 「天下第三十三」, "請欲固置五升之飯足矣"에 대해 疏: "宋尹稱黔首為先生, 自謂為弟子, 先物後己故也. 坦然之, 意在勤儉, 置五升之飯, 為一日之食, 唯恐百姓之飢, 不慮己身之餓"라고 하고 있다.

208 이에 대한 구체적인 내용은 최덕경, 『中國古代農業史研究』, 백산서당, 1994을 참조.

석의 양은 당시 민인의 평균 식사량이었던 것 같다.

이때 지급된 그 양식은 『진간』「전식률傳食律」과 『이년율령二年律令』
「전식률傳食律」에 의하면, 관리는 물론이고 관부의 노비와 종자從者에
게도 패미粺米나 려미糲米를 지급하였다.[209] 전한 소제昭帝 때의 기록인
「노비름식속출입부奴婢廩食粟出入簿」에서는 사노비들에게[210] '출속出粟',
'속소석粟小石', '용속대석用粟大石'과 같이 조[粟]가 지급되었으며,[211] 『현
천한간懸泉漢簡』에서도 하급 관리나 종자에게 지위 고하를 막론하고
'출속出粟' 또는 '출미出米: 小米'를 지급했다. 이는 『거연한간居延漢簡』에서
도 마찬가지였는데, 종자와 이졸吏卒들에게 '출속出粟', '한 달간의 조
[月食粟]'를 지급하거나, '용곡用穀', '출맥出麥', '출직맥出稷麥', '출광맥出穬
麥'과 '한 달간의 맥[月食麥]' 등의 양식을 지급한 사례가 보인다.[212] 하
지만 간독 자료에서 관부의 이졸이나 노비에게 콩을 양식으로 공급한
사례는 거의 찾아볼 수 없다. 이런 사실은 한대까지도 평상시에는 노비
라고 할지라도 대두를 일상식으로 하지 않았음을 단적으로 말해준다.

이때 밥의 재료 중 주의를 요하는 것은 한대 『동약僮約』에서 노비
가 "콩밥에 물을 먹었다."[213]거나 『송사宋史』「도학道學」에서 "집이 가난
하여 콩밥에 명아주국을 먹었다."[214]와 같은 콩밥[豆飯]에 관한 것으

---

209 최덕경, 앞의 논문, 「大豆의 기원과 醬·豉 및 豆腐의 보급에 대한 재검토: 중국고대 文獻과 그 出土
　　자료를 중심으로」 pp.41-45.
210 이들 노비를 위전보[于振波]는 관노비라고 했는데, 이성규 교수는 사노비로 보고 있다. 이성규(李成
　　珪), 「前漢의 大土地 經營과 奴婢 勞動: 香港中文大學文物館所藏 簡牘 「奴婢廩食粟出入簿」의 分
　　析을 中心으로」『中國古中世史硏究』第20輯, 2008 참조.
211 천쑹장[陳松長] 편저, 『홍콩중문대학문물관장간독(香港中文大學文物館藏簡牘)』, 香港中文大學
　　文物館, 2001.
212 『돈황한간(敦煌漢簡)』에도 조와 맥을 이졸(吏卒)이나 종자(從者)에게 지급했다. 특히 6월에서 11월
　　사이에 '식대맥(食大麥)', '식맥(食麥)' 등 맥이 양식으로 지급된 사료를 자주 볼 수 있으며, 『거연한간
　　석문합교(居延漢簡釋文合校)』, p.548 "凡吏十一人, 用麥百七十石"(387·15)에도 맥의 지급이 보인다.
213 『동약(僮約)』 "奴但得餔豆飮水"; 「예문류취(藝文類聚)」 奴部의 "飯豆飮水"에도 보인다.
214 『송사(宋史)』 卷429 「道學三」, "家故貧, 少依父友劉子羽, 寓建之崇安, 後徙建陽之考亭, 簞瓢屢空,
　　晏如也. 諸生之自遠而至者, 豆飯藜羹, 率與子共, 往往稱貸於人以給用, 而非其道義則一介不取也."

로, 평범한 서민들의 일용식이 아니고 노비나 극히 가난한 서민이 구걸하는 여건 속에서 콩밥[豆飯]을 먹었다는 의미이다. 비록 한대 이후로 대두가 부식으로서의 활용도가 높았음에도 불구하고, 『동약』노비의 사례와 같이 여전히 콩밥은 존재했음을 의미한다. 하지만 일용식으로 그다지 환영을 받지는 못한 듯하다. 사실 생콩은 독성과 비린내가 강하다. 이중 비린내와 독성을 없애기 위해서 열을 가해 볶거나 삶아야 하는데, 그 경우도 찰기가 없고 소화흡수율이 그다지 높지 않다.[215] 게다가 콩류는 껍질이 단단하기 때문에 삶기 전에 적어도 6-7시간 이상 물에 담가두어야 하는데, 매일 그렇게 하는 것은 현실적으로도 매우 곤란했을 것이다. 이런 제한 때문에 전국시대 이후 대두를 밥이 아닌 다른 식품으로 가공하거나 발효시켜 부식으로 만들었을 가능성이 크다.[216]

콩밥[豆飯]의 근거로 많이 인용되고 있는 『사기』「장의열전張儀列傳」의 문장을 다시 검토해 보자. 즉 한韓의 험한 산지에는 오곡의 생산이, 맥麥이 아닌 숙菽을 재배하여 백성들은 대부분 콩밥[菽飯]에 콩잎국을 먹었다는 내용이다. 이에 대해 혹자는 콩밥을 강조하기 위해 "비맥이두非麥而豆"를 "비맥즉두非麥卽豆"라고 고쳐 원문의 잘못을 지적하기도 했다.[217] 원문이 사실이라면 한지韓地의 험한 산간 지역에서는 두반豆飯에 콩잎국[菽藿羹]을 주식으로 한 것이 되어, 맥반에 콩잎국을 먹는 다른 지역에 비해 해당 지역의 특수한 사정을 말한 것이 된다.

---

215 대두의 소화율은 볶았을 경우 소화율은 60%이고, 삶은 대두는 70% 정도이다. 콩가루는 83%이다. 된장이나 청국장은 80% 이상, 두부는 95% 이상 소화율을 보인다고 한다.

216 그렇지 않으면 『한서』卷31「陳勝項籍傳」, "臣瓚曰士卒食蔬菜以菽雜半之."에서 사졸들과 같이 숙에 채소와 섞어 죽을 만들어 식용한 듯하다.

217 『전국책(戰國策)』卷26「張儀爲秦連橫說韓王」, "韓地險惡山居, 五穀所生, 非麥而豆. 民之所食, 大抵豆飯藿羹."을 주석하여 "鮑本藿, 菽之少者. 補曰, 按此非麥卽豆也, 麥少又以豆飯.", "姚本續云, 古語只稱菽, 漢以後方呼豆. 史記, 飯菽. 後語. 菽飯."이라고 하고 있다.

이처럼 고대 중국의 국[羹]의 주된 소재는 명아주와 콩잎[菽藿]이 중심을 이루었다. 대표적으로『시경』「소아·소명」편은 소[蕭: 여藜]와 숙菽을 세율운막歲聿云莫에 수확하는 장면을 볼 수 있다.[218] 여기서 "세율운막歲聿云莫"을 기존의 해석처럼 '한 해의 세모歲暮'로 해석하면, 결국 연말에 여藜의 마른 잎과 열매는 떨어져 버리고 없는 콩대[豆其]를 수확한다는 것이 되어 논리상 맞지 않게 된다. 따라서 전술한 바와 같이 여藜, 숙菽의 잎의 수확을 중시했다면 "한 해를 마무리하면서 명아주[蕭]를 채집하고 숙菽을 수확했다."라고 해석하는 것이 좋을 듯하다. 이때 수확한 숙菽은 식용과 함께 콩대는 통째로 사료용 또는 화목으로 사용했을 가능성이 크다.

여곽藜藿을『한서』의 사고주師古注에서 "여藜는 쑥과 같은 풀이다. 곽은 콩잎이다."라고[219] 주석하는 것을 보면, 여곽藜藿은 나물이나 국[羹: 혹은 탕湯]을 끓이는 재료로 사용했음을 알 수 있다.[220] 특히『예기』「내칙內則」에는 국[羹]의 재료가 제후에서부터 서민에 이르기까지 큰 차등이 없었다는 것을 보면,[221] 숙菽이 서주西周 이후에도 국거리용 채소로서 계속 재배되었던 것이 아닌가 한다. 실제 전국 말 출장 가는 고급 관리와 종자에게 모두 지급한 공통된 양식이 패미粺米와 채갱菜羹이었다는 사실이 이를 잘 말해준다.[222] 게다가 최근 발굴된 하남 등봉시登封市 남와南洼 유적은 이리두二里頭 시기에서 한대까지 걸쳐있는

---

218 『시경』「소아(小雅)·소명(小明)」, "歲聿云莫 采蕭獲菽"
219 『한서』「司馬遷傳」, 師古注, "藜, 草似蓬也. 藿, 豆葉也."
220 여(藜)는 Baidu 사전에서는 일년생 초본으로 줄기는 곧게 자라며, 연한 잎은 먹을 수 있다고 한다. 『說文』에서 "藜, 藜草也"라고 하고, 『대대례기(大戴禮記)』에는 "曾子制言, 聚橡栗藜藿而食之"라고 하며, 『사기』「太史公自序」에서는 "藜藿之羹"했던 것을 보면 여(藜)는 채집하여 국거리나 나물용 채소로 사용된 듯하다. 다만 이 여(藜)가 쑥(蓬)과 같은 종류인지는 의문이다. Naver 사전에는 이를 명아주라고 하며, 1년생 초본으로 봄에 나는 어린잎과 줄기는 데쳐서 나물로 먹는다고 한다.
221 『예기(禮記)』「內則」, "羹食, 自諸侯以下至於庶人無等."
222 『진간(秦簡)』「傳食律」.

데, 이곳에서 비농작물 종자 중 콩과[豆科]가 37.96%, 명아주과[藜科]가 45.37%를 차지하고 있다. 이것은 콩과와 명아주과[藜科]는 이리두 시기부터 한대까지 다른 농작물에 못지않게 그 잎(혹은 열매)[223]과 줄기를 적극적으로 이용했음을 말해준다.[224] 원거리 노역 징발 등으로 농지가 황폐화되고, 가족의 노동력이 부족할 경우에는 '여곽藜藿'마저 공급이 충분하지 못하였다.[225] 하지만 일반 서민들의 "거친 조밥과 여곽 국"과 같은 식사 형태는 지속되어, 가난하고 소박한 살림살이를 "반소사飯疏食" 혹은 "살림이 어려워 쑥으로 지붕을 엮고 야채국으로 연명한다."[226] 등으로 불리어졌던 것이다.

이런 의미에서 앞서 제시한 『시경』 「생민」 편의 "재배한 임숙荏菽이 무성하게 잘 자랐다."라는 사료는 숙菽의 재배에 관한 최초의 문헌 기록이지만, 이는 열매보다 잎의 수확에 대한 기대를 표현한 것으로 해석될 수도 있다. 아울러 『시경』 「소아·채숙」 편에서는 "콩잎을 따서 각진 광주리에 담을까요? 둥근 광주리에 담을까요?"[227]라고 하여 마치 나물을 캐듯 야생 혹은 반야생의 숙엽菽葉을 부지런하게 따서 광주리에 담는 모습을 묘사하고 있는 것도 이를 말해주며, 군주마저 이런 상황을 유의하여 살피고 있었다.[228] 당시에는 아직 두유豆油와 같은 식

---

223 천웨이웨이[陳微微] 등 3인, 「河南新密古城寨城址出土植物遺存分析」, 『華夏考古』 2012年 第1期, pp.55-59의 용산과 은허 시기의 유적에서도 곡물과 함께 여(藜) 종자가 다수 출토되는데, 그 잎과 미성숙한 줄기는 채소나 가축의 사료로 이용하며, 그 열매도 볶거나 갈아서 식용했다고 한다.

224 우원완[吳文婉] 등 3인, 앞의 논문, 「河南登封南洼遺址二里頭到漢代聚落農業의 植物考古證據」, pp.111-115 〈表3-5〉 참조.; 진구이윈[靳桂云] 등 6인, 「山東高靑陳莊遺址炭化種子果實研究」, 『南方文物』 2012年 1期, pp.149-150에서도 서주 시대의 경우 여(藜) 종자가 서아과종자(黍亞科種子), 초목서속(草木犀屬)에 이어, 비농산물의 12.6%(野大豆는 0.3%)를 차지했다고 한다.

225 『후한서』 卷36 「鄭范陳賈張列傳」, "方春歲首, 而動發遠役, 藜藿不充, 田荒不耕, 穀價騰躍, 斛至數千."

226 『후한서』 卷23 「竇融列傳」, "居貧, 蓬戶蔬食"이에 대한 주석에는 "莊子原憲編蓬為戶, 論語顏回飯蔬食, 顏回飯蔬食, 按: 今論語作飯蔬食, 而不云顏回, 校補謂蔬疏古通作, 惟注以為顏回則誤也."라고 하였다.

227 『시경(詩經)』 「小雅·采菽」, "采菽采菽, 筐之筥之." 『동로왕씨농서(東魯王氏農書)』 「農器圖譜」에 의하면 광거(筐筥)는 모두 대로 엮어 만든 광주리로 광(筐)은 입구가 네모지고 거(筥)는 둥글다고 한다.

228 『시경』 「小雅·采菽」, "采菽采菽, 筐之筥之', 君子来朝, 何錫予之."

용유가 등장하지 않았기 때문에, 야채나 고기를 기름에 볶거나 튀기기보다 수확한 콩잎을 1차적으로 삶고 데치고, 무치거나 국을 끓여 식용하는 것이 일반적이었다. 이러한 콩잎국 중심의 화북지역의 식사 형태는 비슷한 시기의 남방의 초와 월지역이 '쌀밥과 생선국' 중심이었던 것과는[229] 확연하게 구분된다.

소결

대두의 기원지에 대한 다양한 견해가 있지만, 대두의 기원을 결정하는 것은 단순히 유물의 출토 시기에 국한된 것은 아니다. 보다 주목해야 할 것은 야생콩이 순화 재배될 수 있는 자연조건에 부합하느냐의 여부이다. 본고를 통해 많은 연구자들이 이런 자연 선택의 조건을 가장 잘 갖춘 지역이 중국의 동북 지역이라고 했으며, 이보다 진일보한 곳이 한반도였고 여기에서 야생콩, 중간형콩, 재배콩이 한 곳에서 자라고 있다는 것을 생태적인 관점에서 입증했다.

춘추시대 환공이 이전부터 대륙 내지에 숙菽이 존재했음에도 동북 지역에서 융숙을 재차 도입하여 천하에 전파시킨 것은 바로 융숙이 지닌 독특한 식품으로서의 가치 때문이었다. 융숙이 도입되면서 1차 식품에 머물렀던 숙이 발효, 가공식품으로 발전하는 데 크게 기여한 것을 보면, 대두의 진가가 비로소 여기에서 시작된 것임을 알 수 있다. 그런 점에서 진정한 대두의 기원은 융숙의 도입에서 그 시원을 찾아야 한다. 따라서 기원전 7세기경 융숙과 그것의 발원지를 검토하

---

229 『사기』 卷129 「貨殖列傳」.

는 것은 바로 대두의 출현과 그 기원의 문제를 해결하는 데 매우 중요하다.

본고는 융숙 도입 이전의『시경』속의 숙, 임숙과의 차이를 통해 대두 기원을 재검토하였다. 기존의 중국 연구자에 의하면, 용산 시기 이후 재배되어 온 대두는 크기가 점차 증대되어 주대에 이르렀으며, 이것이 곧『시경』의 숙이고, 대두라고 하여 그 기원을 황하 중류로 보고 있다. 비록 이들과 기원지를 달리하는 연구자일지라도『시경』의 숙을 근거로 하여 기원지를 규명하고 있다는 점은 동일하다.

최근 발굴된 서주 이전의 숙류菽類는 순화를 거치면서 비록 크기는 커졌지만 장폭비[長寬比]를 보면 오히려 하상대夏商代 이전보다 커긴 타원형을 띠고 있어 원형에 가까운 오늘날의 대두와는 더욱 멀어지고 있음을 볼 수 있다. 이것은 화북지역 대두의 특징이거나 여전히 야생성을 많이 함유한 숙菽이라고 볼 수 있다. 이러한 야성의 콩은 대개 크기가 작고 흑색 또는 갈색을 띠며, 콩깍지가 쉽게 터져 수확이 용이하지 않을 뿐만 아니라 줄기도 대두처럼 곧게 자라지 않고, 덩굴로 감고 올라가는 성질도 있어, 진화의 정도가 인간이 이를 가공하기에는 적합하지 않았다.[230]

때문에『시경』에 등장하는 임숙의 용도는 "콩밥과 콩잎국"[231]에서처럼 '숙반菽飯'이 등장하지만, 기장과 조와는 달리 일상적인 밥[飯]으로는 적합하지 않았던 것으로 보인다. 게다가 숙류가 지닌 본래의 비린내와 독성 때문에 비록 이를 없애기 위해 불을 가할지라도 숙반菽飯은 소화가 용이하지 않고, 많이 먹을 경우 배에 가스가 차 거북해진다. 따라서 콩밥[豆飯]은 주로 빈천한 사람들이나 취사용 곡류가 재배

---

230 우위메이[武玉妹],「大豆的起源與擴散」『生物进化』2009年 3期, p.19.
231 『사기』卷70「張儀列傳」, "菽飯藿羹"

되지 않았던 일부 산간 지역과 유사시 사졸들의 허기 충족이나 구황식으로 사용되었으며, 일상식으로는 거의 활용되지 않았다.

반면 콩잎인 곽藿은 명아주[藜]와 더불어 신석기시대 이래 국이나 채소의 주된 소재로 이용되어 주대 밥, 국 중심의 '상차림'의 중추를 형성하면서 숙류菽類 재배의 수요를 증가시켰다. 특히 전국시대 이전에는 돌갈판[石磨盤] 등과 같은 제분기의 보급이 본격화되지 않아 임숙荏菽의 줄기나 잎은 채소로 이용되거나 가축들의 사료로 이용되고, 간혹 볶은 콩을 갈아 그 가루를 잎과 함께 섞어 죽을 만들기도 하였다.[232] 이것은 주대 숙류菽類의 재배는 기장과 조와 같이 일상의 밥으로 식용하기 위해 재배한 것이 아니었음을 말해준다. 이러한 현상은 『제민요술』의 시대에도 지속되었는데, 「대두」편에는 대두大豆의 파종, 재배 및 수확 과정을 상술하고 있는 데 반해, 그 밖의 편에는 숙菽이 가축의 목초 또는 삶아서 먹이로써 활용된 것을 도처에서 발견할 수 있다. 이것은 대두가 출현한 이후, 기존의 숙菽의 위치와 용도가 어떻게 변화되었는지를 잘 말해주고 있다.

한편 기원전 7세기 만주 지역에서 중원으로 유입된 융숙은 그 알이 충실하고 크며, 원형을 띠고 있고 맛도 좋아『여씨춘추』「변토辨土」에서는 대숙大菽이라 불렸으며, 전국시대부터 5곡 중의 하나로 자리잡으면서 곡물로서의 용도와 수요가 크게 확대되었다. 그 배경에는 물론 가공 공구의 발달로 대두가 다양하게 가공되기 시작하면서 주, 부식의 역할이 증대되었던 것도 중요한 작용을 했을 것이다.[233] 그 대표적인 것이 두장豆醬과 두시豆豉로서 전국戰國 말에 편찬된『오십이병방五十二病方』중에는 처음으로 '숙장菽醬'이 출현한다. 그리고『진간』「전식

---

232 최덕경, 「漢唐期 大豆 가공기술의 발달과 製粉業」『中國史硏究』第69輯, 2010, pp.32-35.
233 최덕경, 위의 논문, 「漢唐期 大豆 가공기술의 발달과 製粉業」, pp.21-28.

律傳食律」에서는 출장 가는 관리들에게 배당된 식량 중 장醬이 지급된 것으로 볼 때, 어장魚醬과 함께 대두 가공식품으로서의 두장豆醬의 위치를 확인할 수 있다.

이 숙장의 원료가 바로 제 환공이 만주 지역에서 가져다 천하에 공급한 융숙이었다. 그것은 후술하는 바와 같이 한반도에서 순화, 재배된 메주콩으로서 단백질과 지방이 많고 발효과정에서 아미노산이 풍부하게 생성되어[234] 한반도와 만주 주민들이 고래로 장시醬豉를 만드는 데 애용해 왔다. 전국·진한시대로 접어들면서, 이전의 야성이 강한 숙菽은 점차 양식으로서의 지위를 상실하고, 주로 가축의 사료로 이용되었다. 특히 진한시대 이후 사서에 숙菽의 출현 빈도가 줄어들고 대신 두豆가 증가했다거나, 한대漢代의 주석가들이 양자를 동일시한 것은 두豆가 곧 숙菽의 의미를 포괄했음을 입증한다. 이처럼 '대숙', '두', '대두' 같은 용어가 숙을 대체한 것은 융숙과 같은 메주콩의 역할이 증대되면서 기존 숙의 의미가 축소된 것과도 유관할 것이다.

융숙의 근원을 보다 구체적으로 살피기 위해 『제민요술』「대두」편의 서두에 볼 수 있는 고려두高麗豆와 어떤 관련이 있으며, 그것은 한반도의 대두와 어떤 상관관계가 있는지를 살펴보아야 할 것이다.

---

234 대두의 주성분은 단백질 40%, 지방 18%, 탄수화물 30-33%로서 북위 35-40도가 가장 단백질 함량이 근접하다고 한다. 이는 한반도가 최적지임을 보여주고 있다. 대두의 아미노산이 소두에 비해 거의 1.5-2배나 많다.

제2장

한반도의 콩 출토 유물과
대두 재배

고구려는 기원전부터 만주와 한반도 북부에 위치하며, 방대한 농업 기반을 가진 국가였다. 고구려는 이러한 농업자원을 바탕으로 4-5세기경 막강한 세력으로 성장하여, 삼국 중 가장 강력한 힘을 지닐 수 있었다. 그들의 농업적 토대는 무엇이었을까? 선사시대부터 동북 지역에서 재배된 조, 기장과 대두에 주목하여 보면 그 생산력이 고조선은 물론 고구려 성장의 중요한 경제적 토대가 되었으며,[1] 그 재배 기술과 경작 방식은 한반도의 곡물 재배에도 적지 않은 영향을 끼쳤음을 알 수 있다.

그러나 기록의 부재로 현재까지 고구려를 비롯한 삼국시대의 농업 방식을 구체적으로 확인할 수는 없다. 다만 고려 후기나 조선 초·중기 농경에 참고했던 『농상집요農桑輯要』가 6세기 중엽의 『제민요술』을 원본으로 저작되었기 때문에, 조선 중기까지 한반도의 농업기술은 6세기 중국 농업기술의 직접적인 영향을 받았다고 볼 수 있다.

『제민요술』은 주로 황하 중하류나 화북지역의 농업을 중심으로 기록되어 있으며, 아울러 주변 민족의 농업 상황도 적지 않게 살필 수 있다. 그 중 고구려와 관련된 대두 관련 자료로는 '융숙戎叔'과 '고려두高麗豆'가 있다. 이들은 모두 재배 지역을 가늠할 수 있는 자료로 양자의 관계를 규명하여 대두 기원의 뿌리를 확인하고자 한다. 그래서 우선 동북 지역의 고고학적인 출토 유물과 더불어 동시대의 중국 자료인 『제민요술』에 등장하는 농업자료를 통하여 1차적인 접근을 시도하고, 나아가 한반도의 농서에 남아있는 화북華北지역의 경작법을 통해 중국 동북 지역 및 고구려의 고대 한전 농법과의 관련성을 살펴볼 것이다. 무엇보다 고구려의 콩인 '고려두'를 통해 고구려 경제적 기반의

---

[1] 최덕경, 「遼東犁를 통해 본 고대 동북 지역의 농업환경과 경작방식: 고구려 성장 기반에 대한 농업사적 시론」, 『북방사논총』 8호, 고구려연구재단, 2005, pp.43-44.

한 축을 이해함은 물론, 한반도 대두의 출토 유물과 경작 방식을 통하여 한반도에서의 초기 콩 재배의 실태와 순화 정도를 살핌으로써 고려두와 그 이전의 융숙의 출현을 살피는 데에도 도움을 얻을 수 있을 것으로 생각된다.

I. 한반도 초기 문헌의 콩 재배와 고려두高麗豆

1. 한반도 초기 문헌상의 대두

문헌상 초기 한반도 대두의 역사는 남만주의 융숙과 관련되어 있다. 따라서 대두의 기원을 해결하기 위해서는 북방의 고려두와 융숙의 상호관계 규명이 관건이다. 고대 융戎족은 대개 서방과 서북방의 견융犬戎, 북방의 북융北戎과 산융山戎이 있었다.[2] "숙菽은 북방에서 생산된다."라는 생태조건과 관련하여 볼 때, 북융의 위치는 『좌전左傳』에서 제齊, 정鄭, 허국許國의 주변에 위치하며, 산융은 "지금의 선비鮮卑로서 연을 괴롭혔기 때문에 벌했다."[3]라는 기록에 의거하면 선비의 근거지인 동북 지역에 위치했던 것을 알 수 있다. 이런 측면에서 보면 『제민요술』 첫머리에 실린 『이아爾雅』의 '융숙'은 만주 지역 융족戎族의 숙으로 판단되며, 대두가 중국 천하에 보급되었다. 가사협賈思勰에 의하면 당시까지 전해지고 있는 대두에는 백, 흑과 장초長梢와 우천牛踐의 이름이 있으며,[4] 황고려두, 흑고려두는 대두로서 출토지를 확인할 수 있

---

2   톈지저우[田繼周], 『선진민족사(先秦民族史)』, 四川民族出版社, 1996, p.350.
3   『국어(國語)』 권6 「제어(齊語)」 桓公帥諸侯而朝天子, "今之鮮卑 以其病燕 故伐之."
4   최덕경 역주, 『齊民要術譯注(I)』, 세창출판사, 2018, p.221, "今世大豆, 有白黑二種, 及長梢牛踐之名."

는 대표적인 콩이다. 융숙이 보급되기 전, 대륙의 콩은 주로 숙 또는 임숙 등으로 불렸다.

그리고 대두의 색은 대개 백, 흑, 황색이고 소두의 경우 주로 녹, 적, 백색을 띠었다. 그 외 『제민요술』 이전 대두의 품종으로는, 예컨대 『시경』 「노송魯頌·비궁閟宮」 편의 "성숙이 늦고 이른 기장과 조, 선종과 후종의 숙菽과 맥"이 등장한다.[5] 모전毛傳에서는 이에 대해 "먼저 심은 것을 직稙이라 하고, 나중에 심은 것은 치稺라고 한 것"을 보면 파종 시기가 다른 두 종류의 숙이 존재했음을 알 수 있다.

그런가 하면 『관자』 「지원地員」 편에서는 "숙의 종자는 큰 콩과 작은 콩이며, 대부분 콩알이 희다."[6]라거나 『여씨춘추』 「심시」 편의 "대숙은 둥글고, 소숙은 방에 뭉쳐 타원형으로 각져 있다."라는[7] 문장을 보면 '대숙'이라는 명칭의 등장과 함께 그 크기, 형태 및 색에 있어 소숙과는 차이가 있었음을 밝히고 있다.

이상의 중국 측 기록과는 달리, 한반도의 문헌에는 중국처럼 콩에 대한 기록이 많이 남아있지 않다. 사료상 최초로 등장하는 숙은 『삼국사기』 「백제본기」 기루왕己婁王 23년(99)에 "서리가 내려서 숙菽이 죽었다."와 「신라본기」 일성이사금 6년(139?) 7월에 "서리가 내려 숙이 죽었다."라는 것과 3세기 초의 "우박으로 숙과 맥이 상했다."라는 기록 등이다.[8] 이들은 적어도 한반도 남부지방에서 1세기경에 이미 숙이 재배되었음을 말해준다. 물론 만주 지역에서 발견된 대두 유물자료를 유추해 보면 북쪽 고구려나 부여지역은 이보다 훨씬 빠른 기원전부터

---

5 『詩經』 「魯頌·閟宮」, "黍稷重穋, 稙穉菽麥."
6 『관자(管子)』 「地員」, "其種, 大菽細菽, 多白實."
7 『여씨춘추』 「審時」, "大菽則圓, 小菽則搏以芳."
8 『삼국사기』 권1 「新羅本紀·逸聖尼師今」, "六年 秋七月, 隕霜殺菽. 八月, 靺鞨襲長嶺, 虜掠民口. 冬 十, 又來, 雷甚乃退"; 『삼국사기』 권2 「新羅本紀·奈解尼師今」, "二十七年(222), 夏四月, 雹傷菽麥. 南新縣人死, 歷月復活."

대두를 재배했을 것임을 쉽게 짐작할 수 있으며, 이것은 한반도의 경우도 마찬가지이다.

또 752년 이전의 문서로 추정되는 정창원正倉院 좌파리가반佐波理加盤 부속 신라문서에 의하면 파천촌巴川村에서 정월과 2월 초하루에 대두 4두斗 8도刀: 升를 관부에 상납하고 있었다.⁹ 그것이 관부의 전조田租든 공물이든지에 관계없이, 이 양은 왕실에서 제사 의례로 사용하기에는 턱없이 부족하다. 이 때문에 분명 다른 촌에서도 함께 징수했을 것으로 짐작할 수 있다. 이러한 사실에서 보면 신라통일을 전후하여 한반도 남부 신라의 촌락 도처에 적지 않은 대두가 재배되었을 것으로 짐작된다.

고려시대로 접어들면 "미두米豆 50석, 포 2백 50필을 내린다.", "미두 50석, 포 500필을 내린다.", "미두 100석을 내려 그 아들에게 지급한다.", "해마다 콩 1곡을 공물로 거둔다.", "미두 각 10석을 준다."라고 하여¹⁰ "미두米豆"가 마치 곡물의 대명사인 것처럼 지칭하고 있다. 사여할 때 "미두米豆"는 같은 양[石]으로 지급된 데 반해, 포布의 양은 콩[豆]보다 5-10배 정도 많이 지급된 것에서 "미·두·포"의 상호관계를 확인할 수 있다.¹¹ 이때 콩은 관리, 장군 및 공훈자에게 사여하는 중요한 곡물로 자리 잡고 있다. 공양왕 3년(1391)의 기록에도 수전에는 쌀을, 한전에는 황두黃豆를 납세한 것을 보면¹² 당시 황대두가 한반도의 가

9 『정창원좌파리가반부속신라문서(正倉院佐波理加盤附屬新羅文書)』 앞면, "巴川村正月一日上米四斗一刀大豆二斗四刀, 二月一日上米四斗一刀大豆二斗四刀, 三月米四斗"

10 『고려사(高麗史)』 권40 「世家·恭民王」, "賜米豆五十石布二百五十匹"; 권109 「列傳·李兆年」, "賜米豆五十石布五百匹"; 권119 「列傳·鄭道傳」, "賜米豆百石給其子"; 권121 「列傳·金之錫」, "歲貢豆一斛"; 권135 「列傳·辛禑」, "與米豆各十石".

11 『고려사』에 등장하는 곡가에 관련된 사료는 "(辛禑4年)京城饑布一匹直米三四升", "(恭愍王21年) 布一匹直米一斗五升"(以上 五行志), "(忠烈王3年) 銀幣一斤直米五十餘石", "(恭愍王11年) 米四斗直布一匹…金一錠米當五六石"(以上 食貨志), "銀一斤直米二斛"(高宗) 등이 있으며, 이를 통해 미, 포간의 가치를 다소 짐작할 수 있다.

12 『고려사』 卷78 「食貨一·田制」, "凡有田者, 皆納稅, 水田一結, 白米二斗, 旱田一結, 黃豆二斗, 舊京畿, 納料物庫, 新京畿及外方, 分納豐儲·廣興倉."

장 대표적인 밭작물이었는 듯하다.

고려판본이 존재했다고 하는 원대의 『농상집요農桑輯要』에도 대두, 소두를 주된 화곡禾穀으로 제시한 것을 보면 고려시대 대·소두의 재배 정황과 그 위치를 짐작할 수 있다.[13] 특히 고려 고종 23년(1236) 경에 간행된 『향약구급방鄕藥救急方』에는 각종 질병의 치료제로 두류 작물이 이용되었는데, 이때 등장하는 콩의 종류는 크기와 색깔에 따라 대·소두를 비롯하여 적소두, 녹두, 흑두, 황대두, 완두 등이 있다. 조선 초 『농사직설』에도 동일하게 「종대두소두녹두種大豆小豆菉豆」 항목이 있는데, 비록 지역의 여건으로 파종 시기는 일치하지 않지만, 대소두에는 모두 조종早種과 만종晩種이 있었다. 이른 품종은 춘경하고, 늦은 품종은 근경根耕 한다고 했다. 근경[그루갈이]은 양맥兩麥을 수확한 후에 그 뿌리를 갈아 파종하는 것을 뜻한다. 『제민요술』과 『농상집요』와는 달리, 밭이 부족할 경우를 대비하여 양맥의 이삭이 패기 전에 이랑 사이를 얕게 갈아, 콩을 간작間作하는 방식도 소개하고 있다는 점이 주목된다.[14] 16세기 『제민요술』과 『범승지서』를 기반하여 간행된 『농서집요農書輯要』에도 "대소두·녹두" 항목을 맥과 도稻 다음에 위치시켜, 춘종春種과 양맥 수확 후의 만종과 김매기를 강조하고 있다.

이상과 같이 삼국시대와 고려시대에는 대·소두가 곡물 중에서 중요한 비중을 점하였다. 대두의 종류가 다양해지고, 그 효능과 역할이 증대되면서 삼국시대의 조[粟] 이상으로 가치가 상승했던 것을 알 수 있다. 이것은 바로 대두가 독자적이고 중심적인 작물로서 자리 잡았

---

13 농서 상에 배열된 대·소두의 위치를 보면 『제민요술』에는 서제(黍穄) 다음에 대·소두가 위치하여 마(麻), 대소맥이나 도(稻)보다 앞에 배열되어 있다. 그런데 『농상집요』 단계에 이르면 곡(穀), 대소맥, 도, 서제 다음에 대·소두와 메밀이 위치한다. 그런가 하면 조선의 『농사직설』에는 마, 도, 서속(黍粟) 다음에 대·소두·녹두가 위치하고 이어서 대소맥, 호마(胡麻) 순으로 이어지고 있다. 16세기 초 『농서집요』에 이르면 대·소맥, 수한도(水旱稻), 서제양출(黍穄粱秫) 다음에 대·소두·녹두를 위치시키고 있다. 이성우(李盛雨), 『한국식경대전(韓國食經大典)』, 鄕文社, 1981, pp.137-139.
14 『농사직설(農事直說)』 「種大豆小豆菉豆」.

음을 뜻한다.[15] 그럼에도 불구하고 조선시대 이전에 콩[豆] 가공식품
을 확인할 수 있는 자료는 그다지 많지 않다.

우선 『책부원구冊府元龜』에는 고구려 보장왕 4년(645) 당 태종이 고
구려를 공격하자 성중 부로父老 승니僧尼가 지방의 토산품인 이락夷酪,
곤포昆布, 미병米餠, 무이蕪黃와 시豉 등을 받쳤는데,[16] 그 중에 시豉가
들어 있다. 또한 『삼국사기』「신라본기」에는 신문왕이 왕이 되어 부인
을 맞이할 때(683년 2월)의 납채품納采品이 기재되어 있는데, 그중에 "쌀,
술, 기름, 꿀, 장, 메주, 포, 젓갈"이라고 하여 생필품 중에 대두와 관련
된 것으로 장醬, 메주[豉]가 함께 포함되어 있다. 그리고 신라 원성왕
(785-798년) 때에는 호랑이에게 물린 사람들에게 흥륜사興輪寺의 장醬을
발라 치료하기도 했다.[17] 그런가 하면 당唐에 보낸 문무왕의 답서에도
"웅진의 길이 끊어져 염시도 끊겼다."라고 하여, "염시鹽豉"가 등장하
고 있다. 이런 사료를 대두 재배가 보편화된 것과 관련하여 볼 때, 장
醬, 메주[豉]는 삼국시대에 귀천을 불문하고 가장 일상적 조미료로서
가정에 없어서는 안 될 식품이었음을 짐작할 수 있다. 물론 장에는 두
장豆醬 이외 어장魚醬도 있다. 하지만 시豉와 붙어 한 단어처럼 사용되
고 있고, 후대의 『산림경제』에서 보듯 상처 치료에 된장이나 장을 이
용했던 것을 보면, 여기에서의 장도 대두를 이용하여 가공한 두장일
가능성이 높다.

장시醬豉와 염시鹽豉는 비록 대두의 직접적인 사료는 아니지만, 대
두를 발효하여 만든 식품이라는 점에서, 대두의 보급 정도를 살피
기에 충분하다. 중국 측 기록을 통해 재차 한국 고대사에서의 대두

---

15   최덕경, 앞의 논문, 「『齊民要術』의 高麗豆 普及과 韓半島의 農作法에 대한 一考察」, pp. 119-120.

16   『책부원구(冊府元龜)』 권126 「帝王部·納降」, "(太宗貞觀十九年) 任其所往城中父老僧尼, 貢夷酪昆
布米餠, 蕪黃豉等, 帝悉為少受, 而賜之以帛. 高麗喜甚, 皆仰天下拜曰:「聖天子之恩, 非所望也」.

17   『삼국유사(三國遺事)』 권5 「感通第七·金現感虎」.

의 존재를 검토해 보자. 우선 주목되는 것이 『삼국지·위서』「동이전東 夷傳·고구려高句麗」조에는 "그(고구려) 사람들은 스스로 청결한 것을 좋 아하고, 항아리에 빚어 저장하는 것을 좋아한다."[18]라고 하여, 고구려 인의 식품 발효와 저장의 기질을 지적하고 있다. 그중에 그들은 "(발효식 품을) 항아리에 빚어 저장하는 것을 잘했다."라는[19] 문장은 바로 항아리 를 이용하여 술, 장 및 젓갈 등의 식품을 발효시키는 것에 능했다는 것 을 의미한다. 특히 고구려 지역은 전술하였듯이 콩의 기원지였고, 이후 장과 시가 조선인의 기본 맛이었던 점으로 미루어 여기서의 발효식품 은 대두를 이용한 장醬·시豉였음을 쉽게 짐작할 수 있다. 이런 측면에서 보면, 만주 지역에서 순화된 고려두와 그 선행 형태인 융숙은 발효에 효 과적인 대두, 즉 메주콩이었을 것으로 생각된다. 식품을 가공하여 항아 리에 장기 저장하기 위해서는 무엇보다 소금이 필수적이다. 이 지역 소 금과 어물의 공급은 이미 『삼국지·위서』「동이전·고구려」조와 「동이전· 옥저」조에 등장한다. 따라서 이들 지역은 콩과 생선을 발효시켜 두장 豆醬과 어장魚醬[20]을 제조할 수 있는 조건이 잘 갖춰졌음을 알 수 있다.

게다가 서진의 『박물지』에서는 대두를 이용하여 만든 시법豉法이 본래 "나라 밖의 산물"[21]이라고 한 것을 보면 중원에 전파된 작시법 作豉法이 국외에서 유입된 것임을 알 수 있다.[22] 그렇다면 대두의 생태

---

18 『삼국지(三國志)·위서(魏書)』「烏桓鮮卑東夷傳·高句麗」, "其人潔淸自喜, 善藏釀."

19 최덕경, 「제민요술 塗甕처리를 통해 본 중국 陶器의 특징: 한반도 陶質의 甕과 관련하여」 『중국사연 구』 제123집, 2019, p.43.

20 『제민요술』「작장법(作醬法)」의 '작축이법(作鯫鮧法)'은 한 무제 때 동이 정복 과정에서 발견한 '축이 (鯫鮧)'라는 내장 젓갈인데, 이 역시 옹기에 생선 내장과 소금을 넣어 땅에 묻어 발효시킨 방식이다.

21 『석명(釋名)』의 '시(豉)'의 주석에는 『박물지(博物志)』를 인용하여 '시(豉) 제조법은 국외에서 비롯되 었다.[外國有豉法.]'라고 한다. 『북당서초(北堂書鈔)』에서도 진(晉)의 『박물지(博物志)』를 인용하여, "外國有豆豉法, 以苦酒浸豆, 暴令極燥, 以麻油蒸訖, 復暴三過乃止."라고 하여 그 제조법을 소개하 고 있다. 이시진(李時珍)이 이르길 '도설강백시법(陶說康伯豉法)'은 『박물지』에 보이며, 원래 국외에 서 나온 것이며 중국에서는 전래한 사람의 이름을 따서 강백(康伯)이라고 했다고 한다.

22 『본초강목』「穀之三」, "時珍曰, 陶說康伯豉法, 見博物志, 云原出外國, 中國謂之康伯, 乃傳此法之 姓名耳."

조건이 북쪽에 적합하며, 야생 및 재배 대두가 서역보다 동쪽에서 많이 출토되었던 것을 감안하면, 이 외국은 대두의 원산지였던 동북의 만주와 고구려 지역이었을 것이다. 특히 중국인이 시豉의 냄새를 '고려취高麗臭'라고 했던 것을 보면 발효 식품의 명산지였던 고조선이나 고구려 땅에서 유입되었을 것이다.[23] 이러한 인식이 명대 『본초강목』까지 지속되고 있다. 실제 AD.200년에서 400년 사이 한반도 중남부에서 출토된 덩어리 형태의 콩 탄화물을 도처에서 확인하였다. 이를 검경檢鏡 분석과 탄화 실험을 한 결과, 대두를 삶아 으깨 메주나 된장을 제조한 잔존물이었음을 발견하였다. 실험의 결과 대두 낱알은 탄화된다고 하여 덩어리 형태로 변하지 않았으며, 찧어서 덩어리로 된 메주가 알메주보다 내부 성분을 추출하기에 용이하다. 이는 당시에 대두를 으깨어 지금과 같은 메주를 만들었다는 직접적인 증거가 되며,[24] 콩 탄화물보다 훨씬 이전 시기부터 대두를 찧어 으깬 덩어리 메주를 만드는 법이 존재했음을 말해준다. 이러한 사실은 콩[豆]의 기원지와 관련하여, 콩과 관련된 발효식품도 한반도를 포함한 만주 지역에서 동·서 방향으로 확산되었을 가능성을 보여준다. 이것은 후술하는 바의 중국 육장肉醬 기술이 중원에서 동·남 지역으로 확산된 것과는 차이가 있다.[25]

이를 근거할 수 있는 또 다른 자료를 『신당서新唐書』「발해전渤海傳」에서 볼 수 있다. 여기에는 고려두의 생산 지점인 발해의 동경인 용천

---

23 이성우(李盛雨), 『한국식품문화사(韓國食品文化史)』, 敎文社, 1992, p.146. 하지만 이 기록이 어디에 근거한 것인지는 알 수가 없다.

24 김민구·류아라, 앞의 논문, 「탄화물 분석을 통한 삼국시대 대두 이용 방법 고찰」, pp.180-181에는 전남 장흥, 광주 강원 홍천과 춘천 등 5개 지구에서 출토된 덩어리 형태의 탄화 대두가 출토되었으며, 이를 분석하고 실험한 결과 대두와는 달리 메주를 탄화시킬 경우 메주 상태의 덩어리가 형태를 유지한 채로 탄화되었다고 한다.

25 최덕경, 「고대 한반도의 젓갈의 출현과 보급: 제민요술과 관련하여」 『중국사연구』 제137집, 2022, 참조

부룡원부龍原府의 특산물로 '책성지시柵城之鼓'를 지명하고 있는데,[26] 조선시대
『해동역사海東繹史』에도 이곳을 '시鼓'의 명산지라고 소개하고 있다. 일
찍이 『삼국사기』 「고구려본기」에 의하면 태조왕 46년에 왕이 책성부柵
城府를 순시하고, 사냥과 연음宴飮을 베풀고 관리를 위무했으며, 바위
에 공적을 새기고 돌아왔다고 한다. 이처럼 고구려는 정치, 문화적으
로 책성과 밀접한 교류를 맺고 있었다.[27] 이후 발해는 이곳을 동경으
로 삼고 4개의 주州를 설치하여 통치했던 것을 보면, 이곳이 정치, 경
제의 중심지였으며, 이곳을 중심으로 대두를 이용하여 장醬, 메주[鼓]
를 생산하여 천하에 명성을 얻었던 사실을 알 수 있다.[28]

이 밖에 한반도 콩 가공식품의 흔적은 두부의 제조공정이 일본으
로 전해진 시기를 통해서도 살필 수 있다. 두부의 발명 시기는 논란이
많지만 일본의 두부는 당대唐代의 고승 감진鑒眞(688-763)이 천평天平 승
보勝寶 5년(753)에 바다를 건너 전파했으며, 일본은 지금도 그를 비조鼻
祖로 삼고 있다고 한다.[29] 이것은 두부가 당대에 동아시아에 전파되었
음을 말해준다. 기록상 두부가 처음 등장한 것은 오대『청이록清異錄』
에서 비롯되며, 당시 읍인邑人들은 두부를 '소재양小宰羊'이라 불렸다고
한다. 중고기는 불교의 중흥기로서 한중 간 승려들의 교류가 잦았던
시기였다. 분명 한반도에도 두부는 존재했을 것으로 본다. 게다가 한

26 『신당서(新唐書)』 권144 「北狄·渤海」 "柵城之鼓".
27 『삼국사기(三國史記)』 권15 「高句麗本紀·太祖王」.
28 박유미, 「우리나라 장 문화의 발달과 추이 고찰」 『한국 음식문화사』, 동북아역사재단, 2023, pp.319-
    320에서 책성부 중 염주(鹽州)를 연해주의 크라스키노로 비정하고, 이 유적에 고구려계 발해문화층
    이 강하고 대두의 출토 비중이 높으며, 소금 획득이 유리하다고 한다.
29 왕상뎬[王尙殿] 편, 『중국식품공업발전간사(中國食品工業發展簡史)』, 山西科學教育出版社, 1987,
    p.428. 최남선은 『조선상식(朝鮮常識)』에서 일본의 두부는 임진왜란 중에 적의 병량 담당관이었던 오
    카베 지로[岡部治郎]가 배워갔다고 한다. 그런가 하면 아사쿠라 하루히코[朝倉治彦] 외 3인 공편,
    『사물기원사전(事物起源辭典)』 『의식주(衣食住)』, 東京堂出版, 1977, p.273, 372에 의하면 연대는 명
    확하지 않지만 두부가 중국으로부터 무로마치[室町]시대에 전해졌으며, 처음에는 승가(僧家)의 일용
    식품이었으나 점차 일반에게 보급되었으며, 메주[鼓]의 경우는 감진이 전래했다고 한다.

반도와 고구려는 대두의 주생산지였고, 이를 이용해 일찍부터 장시가 제조되고 있었다. 초기 두부의 명칭이 두유豆乳 또는 소재양이라고 했던 것을 보면, 두부 공정 중에 나타나는 형상이 마치 우유와 같다고 느낀 것으로, 이는 유제품을 많이 소비한 북방 주민과 관련성이 있다. 환언하면 대두 생산이 많고 동시에 유제품을 많이 소비한 지역은 바로 동북의 인구 밀집 지역이다. 이곳에서 유부[乳腐(酪)]가 출현했을 가능성을 전혀 배제할 수 없다.

비슷한 사례는 701년 제정된 일본의 『대보율령大寶律令』의 '대선직大膳職'에서도 '장시醬豉'의 본고장이 고구려 지역이었음을 확인할 수 있다. 8세기에 편찬된 『양노령養老令』과 이에 대한 주석서인 『영의해令義解』(833년 찬)의 '대선직'에도 육장, 장시醬豉와 미장未醬 등의 명칭이 등장한다. 이 '미장'에 대해 헤이안 시대에 천황가의 요구로 편찬(931-938년)된 『왜명류취초倭名類聚抄』에 의하면, '미장'은 고구려장[高麗醬]으로 대두를 삶아 찧은 장을 의미한다고 하며, 여기서 '미未'는 '말末' 자가 와전된 것이라고 한다.[30] 일본의 미장은 고구려 말장에서 유래되었음을 시인한 것이다. 그리고 정창원 문서 천평天平 11년(739) 정세장正稅帳에도 말장이라는 말이 등장한다.[31] 이들은 이미 7세기 전에 당시 고구려의 말장이 일본으로 건너갔으며, 이 장을 '고려장'이라 적어 놓고 그 나라 방언으로 '미소'라고 불렀다는 것이다. 이런 측면에서 볼 때 융숙이나 고려두의 기원지였던 한반도와 만주 지역에서는 일찍부터 말장이 제조되었음을 다시 한번 확인할 수 있으며, 책성시가 천하에 이름을 알린 것에서 그 존재와 역사성을 말해준다. 이는 일찍이 한반도 북부에

---

30 『왜명류취초(倭名類聚抄)』권16「飲食部」제24, "末醬, 楊氏漢語抄云高麗醬. 美蘇, 今案辨色立成說同, 但本意未詳. 俗用味醬二字味宜作末何. 則通俗文楡英醬, 末者搗末之義也. 而末訛爲未末轉爲味."
31 이성우, 『한국식품문화사』, 교문사, 1992, 150-152에서 고구려 시대의 말장은 본래 장을 가리켰으나 조선의 『이두고(吏頭考)』에는 '말장' '며조' 즉 '훈조(燻造)'라고 했다고 한다.

서 콩을 삶아 찧어 발효시켜 말장과 시 등을 제조했으며, 그것이 중원
과 일본 등으로 확산되었음을 의미한다.

2. 북방의 숙菽과 『제민요술』의 고려두

전술한 내용은 농서를 통해서도 추적할 수 있다. 중국 최고의 농
서인 『제민요술』「대두大豆」편의 첫머리에는 『이아爾雅』의 '융숙戎菽'과
함께 당시의 대두를 '황고려두·흑고려두'라 하여, '고려두高麗豆' 즉 고
구려의 지역 이름을 딴 두豆를 대두의 대명사로 지칭하고 있다. 그런
가 하면 『일주서逸周書』 직방해職方解에서는 "숙菽은 북방에서 난다."[32]
라고 하여 그 기원을 북방에서 찾고 있으며, 『회남자淮南子』「추형훈墜形
訓」에서도 북방이 숙菽의 재배에 적합한 지역임을 밝히고 있다.[33] 이들
내용에서 공통되는 동북 지역은 바로 대두 재배의 생태조건을 잘 갖
추고 있는 공간임을 말해준다. 다만 문제가 되는 것은 '융'과 '고려두'
에 관한 것이다.

이 무렵 대두의 종류를 『제민요술』「대두」편에서는 색깔에 따라
흑과 백으로 구분하고, 형태에 따라 큰 키의 '장초長梢'와 땅에 붙은
'우천牛踐'으로 나누고 있으며, 소두小豆의 종류 역시 색깔에 따라 녹
菉, 적赤, 백白으로 구분하고 있다. 주목할 만한 것은 대두를 세분하여
황고려두黃高麗豆, 흑고려두黑高麗豆, 제비콩[藊豆], 비두豍豆로 구분하고,
완두, 강두江豆, 노두蓥豆를 소두류라고 하여 형태와 색깔뿐 아니라 생
산 지역에 이르기까지 다양하게 구분하고 있다는 점이다.

형태와 용도가 보다 세분화된 것은 서진西晉 곽의공郭義恭의 『광지

---

32 『일주서(逸周書)』「職方解」의 "禾麥居東方·黍居南方, 稻居中央, 粟居西方, 菽居北方."
33 『회남자(淮南子)』「墜形訓」에도 "北方……其地宜菽."

『廣志』에서도 볼 수 있다. "건녕의 대두에는 황락두黃落豆가 있다. 어두御豆도 있는데 꼬투리가 길고, 양두揚豆는 그 잎을 먹을 수 있다."[34]라는 문장이 그것으로, 건녕建寧[35]이 남방지역인 것을 감안하면 대두의 보급 상황과 다양성을 볼 수 있다. 황고려두, 흑고려두는 황색 또는 흑색의 고려두라는 의미로서 이미 색깔뿐 아니라 『광지』에서와 같이 유형에 따라 다양해지고 있음을 확인할 수 있다.[36] 보다 주목할 점은 전술한 융숙과 같이 지역 명칭이 붙은 대두, 즉 고려두가 등장한다는 점이다.

당시 고려는 『수서隋書』「동이전東夷傳·고려조」와 같이 고구려를 의미하며, 국가단계의 고구려(BC.37-AD.668년)가 등장한 것은 산융山戎의 출현 시대보다 훨씬 늦다. 주지하듯 동북 지역은 고래로 다수의 민족이 각축했지만, 청동기시대 이후 비파형 동검의 분포가 말해주듯 그곳은 고조선이 중심을 점하였다. 기원전 2세기 이후 한 제국의 동북 지역에 대한 관심이 확대되면서, 민족 간의 충돌이 잦았고, 한의 공간적 영역이 동북 지역으로 확대되면서 세력이 재편되었다. 당시의 기록에 의하면, 『후한서』「동이열전·고구려」에는 "한 무제가 조선을 멸하고 고구려를 현縣으로 삼았다." 『양서』「고구려열전」에는 "한 무제 원봉 4년 조선을 멸하고 현도군을 설치해 고구려를 현으로 삼고 여기에 속하게 했다.", 『후한서』「동이열전東夷列傳·예濊」에는 "예와 옥저 및 구려는 본래 모두 조선의 땅이다."라고 하였다. 이들의 기록에 의하면 고조선과 고

---

34 곽의공(郭義恭)의 『광지(廣志)』, "建寧大豆有黃落豆, 有御豆, 豆角長, 有揚豆, 葉可食."라고 한다.

35 Baidu 사전에 의하면 건영(建寧)의 지명은 두 곳이다. 양한 시대 건영군의 전신은 운남의 익주군이고, 건영현은 삼국 시기에는 호남성 상담현 북부에 위치했지만, 이후 복건성 서부에도 위치한다.

36 귀원타오[郭文韜] 편저, 『중국대두재배사(中國大豆栽培史)』, 河海大學出版社, 1993, pp.19-20. 청대의 요녕성 각부주현방지(各府州縣方志)에 관련 대두의 품종을 보면, 주로 황두와 흑두 두 종류가 주류를 이루었으며, 청말 민국 연간에 동북 삼성의 대두 품종이 6종에서 30종으로 증가했다고 한다. 아울러 민국 13년(1924) 만철(滿鐵) 공주령(公主嶺) 농사시험장에서 일본학자 나카모토 야스오조 [中本保三]의 대두 분류를 보면 크게 유모종(有毛種)과 무모종(無毛種)으로 구분되나 무모종은 아직 발견되지 않았다고 한다. 유모종은 콩 낱알[豆粒]의 형태에 따라 풍원종(豊圓種)과 편평종(扁平種)으로 구분되나 풍원종이 대다수를 점한다고 한다. 이러한 모습은 한반도 남부 현재의 모습과도 일치한다.

구려의 관계가 나름 분명하다. 그것은 고조선 멸망 전에 고구려가 그 강역 속에 존재했으며, 조선의 일부였다는 점이다.[37] 특히 현縣 단위로 묶어 관리했던 것을 보면 결속력이 강하고 규모도 적지 않고 독립된 문화가 기원전 2세기 전부터 존재했음을 알 수 있다.

전술한 바와 같이 『제민요술』이 편찬될 당시에는 고구려가 동북 지역을 근거하여 존재했으며, '고려의 두'라는 명칭을 사용한 것을 보면, 일찍부터 콩을 특산물로 보유한 국가 내지 강한 종족의 결속체가 해당 지역에 존재했었던 것 같다. 마치 '안남미安南米'와 같은 지역 특산물이 존재했음을 보여준다. 게다가 대두에 지역적 명칭을 부여한 것으로 미루어, 고구려가 대두의 주된 원산지였거나 가장 많은 대두의 생산지나 소비지였거나, 아니면 품질이 우수한 특유의 대두가 생산된 지역이었음을 짐작할 수 있다.[38] 다시 말해 '황고려두·흑고려두'라는 의미는 적어도 바로 황대두黃大豆와 흑대두黑大豆가 고구려만의 특산품이었음을 뜻한다.[39] 이것을 다르게 표현하면 오래전 고조선의 고구려 영역에 대두 특산품이 재배되었음을 말하며, 그 대두에 의한 가공식품의 효과는 고조선 전역에 영향을 끼쳤을 것이다.

통화지역의 만발발자萬發撥子 유적은 고조선 핵심지역에서 벗어나

---

37 박선미, 「고조선 고구려사 속의 통화 만발발자 유적」, 『고조선과 고구려의 만남』, 동북아역사재단, 2021, pp.36-39.

38 후대의 동북 지역에서 성장한 여진, 거란 및 말갈 등의 지도자 이름에 만두(萬豆), 오두(烏豆), 고두(高豆), 군두(群豆), 이오불두(尼烏弗豆) 등 "두(豆)" 자가 무수히 많이 등장하는 것도 이 지역이 대두의 주된 생산 지역이라는 특수성이 반영된 것이 아닌가 한다(『高麗史』 世家 참조).

39 최덕경, 「『齊民要術』의 高麗豆 普及과 韓半島의 農作法에 대한 一考察」 『東洋史學研究』 第78輯, 2002, p.96. 그리고 『삼국유사』 권5 「神呪6·惠通降龍」, "時唐室有公主疾病, 高宗請救於三藏, 擧(惠)通自代. 通受教別處, 以白豆一斗呪銀器中, 變白甲神兵, 逐崇不克. 又以黑豆一斗呪金器中, 變黑甲神兵, 令二色合逐之, 忽有蛟龍走出, 疾遂瘳." 여기서 당 고종(高宗)이 공주의 병을 치유하기 위해 삼장(三藏)에게 부탁하니 삼장은 신라의 혜통(惠通)을 천거하고 있다. 혜통은 "白豆一豆"와 "黑豆一豆"를 이용하여 교룡(蛟龍)을 몰아내 병을 치료한 사실을 전한다. 이는 백대두가 한반도에 재배되고 있었으며, 후대에는 그 실체가 분명 하지만, 초기에는 황대두와 동일하게 취급되기도 하였다. 이 사실은 혜통이 이미 백대두와 황대두에 대한 효능에 정통했음을 의미한다. 즉 백대두와 흑대두의 독특한 약리(藥理)작용이 당시(문무왕 5년: 665년)를 전후하여 한반도에서 널리 알려졌음을 알 수 있다. 그렇지 않으면 굳이 당인(唐人)이 아닌 신라인을 천거하지 않았을 것이다.

있고, 고구려 초기 유적이 집중되어 있는 환인과 집안에 가깝다. 하지만 만발발자 유물에는 고조선과 고구려 문화 요소를 모두 보여준다. 이것은 비록 사료로 입증하기는 곤란할지라도 고구려인들이 고조선을 계승했다는 증거가 될 수 있을 것이다.[40] 그런 점에서 고려두는 이전의 융숙과 같은 속성을 가진 콩이었을 것으로 짐작할 수 있다.

특히 고려두는 가장 크고 둥근 대두로서, 기타의 대두 품종인 알이 납작하고 제비부리 모양을 한 제비콩[鷰豆]이나 희고 납작한 콩[白扁豆]인 비두稗豆와는 모양도 다르며, 용도 면에서 차이도 적지 않았던 것 같다. 이런 고려두가 널리 일반화되어, 명明 서광계徐光啓의 『농정전서農政全書』에도 이러한 내용이 그대로 전해지고 있으며,[41] 이런 황·흑의 고려두는 오랫동안 시豉, 장醬과 두부, 콩기름[豆油] 등 가공식품의 주된 원료로 사용된 것은 주지의 사실이다. 앞서 지적한 '융숙' 역시 중국 동북의 만주 지역의 대두였다는 점에서도, 동북 지역이 다른 지역에 비해 진화된 대두의 생산과 그를 이용한 가공품이 많았음을 말해주며,[42] 이것은 이 지역의 농업 환경의 특수성 때문이었을 것이다.

문헌상 대두의 재배 지역에 대해, 『우공禹貢』의 지역과 『주례周禮』「하관夏官·직방씨職方氏」의 재배작물을 결합시켜 보면, 중국 고대 구주九州의 지역별 농작물의 분포 상태를 살필 수 있다. 여기에는 다음과 같

---

40 박선미 편, 『고조선과 고구려의 만남』, 동북아역사재단, 2021, pp.40–41에서는 고조선이 약화되자 지역 내 유력집단을 중심으로 정치체가 형성되어 이것을 고구려로 불리기 시작했다는 견해도 소개하고 있다. 그런가 하면 pp.172–173에서는 초기 고구려의 세형동검 문화 역시 고조선의 네트워크 안에 포함되었을 가능성도 지적하기도 한다.

41 『농정전서교주(農政全書校注)』 권26 「수예(樹藝)·곡부하(穀部下)」, "今世大豆, 有黑白二種. 及長稍牛踐之名. 又有黑高麗豆鷰豆稗豆大豆類也."가 그것이다. 여기서 주목할 점은 명대의 대두로는 흑·백(황) 두 종류와 더불어 제비콩[鷰豆] 비두(稗豆: 白扁豆) 등이 있는데, 대두의 가공품인 시(豉), 장(醬)과 두부의 원료였던 것은 바로 제비콩, 비두가 아니라 흑, 황대두이며, 이들은 모두 고구려 특산이었던 것이다.

42 『천공개물(天工開物)』「乃粒·菽」, "一種大豆有黑黃二色, … 凡爲豉爲醬爲腐, 皆大豆中取質焉." 여기서의 표현 방식이 그대로 고려두의 모습과 동일하다.

은 사실을 확인할 수 있다.[43]

1) 東南曰揚州(안휘, 강소, 절강, 강서)…其穀宜稻.

2) 正南曰荊州(호남, 호북)…其穀宜稻.

3) 河南曰豫州(하남, 호북북부)…其穀宜五種.(鄭玄注: "五種 黍, 稷, 菽, 麥, 稻")

4) 正東曰靑州(산동동부)…其穀宜稻麥.

5) 河東曰兗州(산동서북,하남동남)…其穀宜四種.(鄭玄注: "四種 黍, 稷, 稻, 麥")

6) 正西曰雍州(섬서중북, 감숙서부)…其穀宜稷黍.

7) 東北曰幽州(하북, 산동연해)…其穀宜三種(鄭玄注: "三種 黍, 稷, 稻")

8) 河內曰冀州(하북서북, 산서, 하남북부)…其穀宜黍稷.

9) 正北曰幷州(산서서북, 하북북부)…其穀宜五種.(鄭玄注: "五種 黍, 稷, 菽, 麥, 稻")

이처럼 오곡 중 숙菽의 재배가 가장 적당한 지역은 9)의 하북 북부의 병주幷州와 3)의 하남 예주豫州 지역이다. 그런데 『일주서』 「직방해職方解」에서는 "조와 맥[禾麥]은 동방에서 나고 기장[黍]은 남방에서 자라고, 벼[稻]는 중앙에서 나며, 조[粟]는 서방에서 생산되고, 숙菽은 북방에서 난다."[44]라고 한다. 이들을 보면 춘추 전국시대 이래 숙의 재배 조건이 북방에 적합함을 인식하고 있었고, 대두가 북방에 적합한 곡물이었음을 말하고 있다. 이 지역은 전술한 융숙의 재배 지역인 산융 지역과도 근접한다. 그 외 『황제내경黃帝內經』 「소문素問·금궤진언론金匱眞

---

43   최덕경(崔德卿), 「中國古代의 自然環境과 地域別 農業條件」, 『釜大史學』第18輯, 1996.
44   『일주서(逸周書)』 「職方解」, "禾麥居東方·黍居南方. 稻居中央. 粟居西方. 菽居北方."

言論」에서도 두료는 북방의 곡물임을 전하고, 『회남자淮南子』「추형훈墜形訓」에도 "북방…그 땅에 숙菽이 적합하다."라고 하여 북방이 자연 생태적인 특성상 숙이 적합하다고 전해지고 있다.[45] 다만 전술한 『마수농언馬首農言』에서 산서 지역의 경우 숙菽의 자생과 원생은 없었으며, 타지에서 유입된 것으로 인식하고 있다. 따라서 이 북방은 바로 산융과 고려두를 감안할 때 동북 지역을 뜻한다고 볼 수 있다. 이들 사실로 미루어 원시두를 제외하고 재배 대두의 출토 유물은 동북 지역이 가장 빨라 신석기시대 후기부터 등장하며, 화북 황하 유역의 대두는 주로 전국시대에서 한대에 출현하고, 호남, 호북 등 장강 유역은 대략 한대에 등장한다.[46] 이것은 시대가 흐름에 따라 대두가 전국적으로 확산되고 있는 모습을 보여주는 것이며, 그 결과 생활상에서 점차 대두가 『맹자』의 지적과 같이 "콩과 조는 물, 불과 같다."라는 존재로 발전하게 되었다.

이같이 고려두가 만주 지역의 오랜 특산물이었다면, 당시 고구려의 농업기술은 상당한 수준이었을 것이다. 게다가 대두는 기장과 같은 기존 주곡 작물에 비해 상당히 높은 수준의 재배 기술과 다양한 경작 방식을 요한다. 『제민요술』에는 대·소두의 기록이 조와 기장 다음에 위치하고, 삼[麻], 대·소맥이나 벼보다 앞서 배열되어 있고, 그 내용도 상세하다. 이것은 『여씨춘추』「심시審時」 편에서 숙菽이 조, 기장, 벼, 마麻 다음에 위치한 것과는 대조적으로, 대·소두의 용도가 증대되면서 주곡의 위치도 변화되고 있음을 말해준다.[47] 고구려는 이러한 대

---

45 귀원타오[郭文韜] 편저, 『중국대두재배사(中國大豆栽培史)』, 河海大學出版社, 1993, pp.4-8에서는 동북 지역의 재배 대두는 춘추 이전에 등장한다고 한다.
46 귀원타오[郭文韜] 편저, 위의 책, 『중국대두재배사(中國大豆栽培史)』, p.10, 12.
47 『광지(廣志)』에서도 "위(魏) 문제가 요동에서 생산된 붉은 기장[赤粱]으로 죽을 쑤기도 했다고 한다. '양(粱)'은 혹자는 좋은 조라고 해석하고, 근래의 어떤 지역에서는 좁쌀을 '황량(黃粱)', '백량(白粱)'이라고 칭하고 있지만, 오늘날의 '고량(高粱)'은 아니다. 진한시대의 사서에는 확실히 '고량'이라고 말할 수 있는 기록은 보이지 않는다고 한다. 샤웨이잉[夏緯瑛], 『시경 중 농사 장구의 해석[詩經中有關農事章句的解釋]』, 農業出版社, 1981. pp.70-71 참조.

두의 농업적 생산을 기반으로, 강력한 국가의 초석을 마련했을 것이다. 문제는 융숙과 고려두와 같은 북방 대두와 한반도 남부지역에서 출토된 대두 간의 상관관계의 문제이다. 이 부분은 고고학적 영역이기에 장을 바꾸어 후술하기로 한다.

II. 중국 동북 지역과 한반도의 콩 출토 유물

동북 지역이 중국 대두의 원산지 중 하나였던 것은 이미 문헌 사료를 통해 지적한 바와 같다. 만주 지역의 대두에 주목하고자 하는 것은 바로 한반도와 만주가 인접하고 있으며, 고대 한국사의 일부였던 고조선과 고구려의 중심지였기 때문이다. 특히 시베리아나 만주 지역은 선사시대부터 한반도와 상호 교류가 많은 지역이었기 때문에 대두의 기원과 전파경로를 밝히는 데 매우 유용하다.

이들 지역은 대두 관련 문헌이 거의 발견되지 않았던 것과 달리 출토 유물은 적지 않다. 만주 지역의 대두 유물은 선사시대부터 출토되고 있다. 흑룡강 영안현寧安縣 대모단둔大牡丹屯, 우장牛場 유적, 길림 영길현永吉縣 오랍가烏拉街에서는 지금부터 3천 년 전후의 탄화된 10알의 대두가 출토된 바 있다.[48] 특히 길림 영길의 서단산西團山에는 탄화된 대두 중 야생 대두, 반半야생 대두 및 재배 대두가 함께 출토되고 있다. 이것으로 보아 오래전부터 이 지역을 중심으로 대두의 진화가 이루어졌음을 확인할 수 있다. 그리고 길림성 영길현 대해맹大海猛 유적

---

48 이바오중[衣保中], 『중국동북농업사(中國東北農業史)』, 吉林文史出版社, 1995, pp.34~35에 의하면 청동기시대 이후 동북 지역에 출토된 농작물은 조[粟]와 대두가 가장 많지만, 대두는 이미 2, 3천 년 전에 상당히 보편화되었다고 한다.

의 탄화된 대두의 탄소 측정연대는 지금부터 2,655±120년 전 춘추시대로 비정된다. 영길현의 경우 탄화된 대두가 돌도끼[石斧], 돌대패[石鏟], 돌호미[石鋤], 돌솥[石鍋] 등의 생산 도구, 조[粟], 야생 기장의 탄화물, 돌갈판[石磨盤], 돌방망이[石棒], 연마기研磨器 등과 농작물과 생활자료 및 돼지 뼈 등이 동시에 출토되었는데, 이것은 이 지역에서 정착생활과 농경이 행해졌음을 입증한다.[49]

이들 동북 지역의 대두 유물은 전술한 중국 대륙의 다른 출토 유물보다 질량 면에서 앞서 있다는 점에서 고고학적 측면으로 볼 때도 그 원산지로서 주목할 만하다. 게다가 한반도 북부에 위치한 함경북도 회령군 오동五洞 주거지에서 청동기시대 BC.2,000년 전기-BC.1,000년 초기 경 현재의 크기와 비슷한 대·소두와 조[粟]가 돌도끼[石斧], 갈돌[磨石]과 뒤지개[掘棒] 등의 농구와 함께 출토되고 있다.[50] 그리고 평양 남경유적(기원전 2,000년 말-기원전 1,000년 초) 36호 주거지에서도 C14로 절대연대를 측정한 결과 BC.999±72(T1/2=5,570년)의 대두가 벼[稻], 조[粟], 기장[黍], 촉서蜀黍와 돌도끼[石斧] 및 돌칼[石庖丁] 등의 농구와 함께 출토되었다.[51] 이는 한반도의 대두가 만주 지역보다 일찍 순화 재배되었을 가능성을 말해준다. 환언하면 한반도의 대두가 만주 지역으로 확산되었음을 말해주는 것이다.

물론 중원지역에서도 일찍부터 대두의 흔적이 발견되었다. 즉, 〈표 1〉에서 보는 바와 같이 신석기 초중기 배리강裴李崗 문화기의 가호賈

---

49   류스민[劉世民] 외 2인, 「吉林永吉出土大豆炭化種子的初步鑒定」, 「考古」 1987-4, pp.365-369.
50   「회령 오동원시 유적발굴보고(會寧五洞原始遺蹟發掘報告)」 遺蹟發掘報告 第7輯, 科學院出版社, 1960, p.58; 「조선유적유물도감」 편찬위원회, 「조선유적유물도감(원시편)」(1), 동광출판사, 1990, pp.185-194에서 3시기의 문화층 중 1 문화층은 기원전 2000년기 전반, 2 문화층은 기원전 2000년기 후반기, 그리고 3 문화층은 기원전 1000년기 초로 비정하고 있다.
51   김용간 외저, 「남경유적에 관한 연구」, 과학백과사전출판사, 1984, p.108, pp.182-183, p.191; 「조선유적유물도감」 편찬위원회, 앞의 책, 「조선유적유물도감(원시편)」(1), pp.170-174; 야마자키 모리마사(山崎守正], 「農業全書」, 朝倉書店, 1954.

湖 및 반촌班村 유지 중에도 야생 대두가 발견되었다고 하며, 산동 등 주시滕州市에서는 용산龍山 문화 중후기인 4,000년 전의 타원형의 야생 대두 표본 수십 개가 발견되었다. 특히 후자의 경우 길이가 2.8-3.2mm, 폭2-2.5mm, 두께 1.5-2mm이고,[52] 지금도 산동 황하 삼각주 습지 보호구역에 야생 대두가 생장하고 있다는 점에서 자생 야생두였을 가능성이 있다. 그것은 일반적인 재배 대두보다 작고 형태면에서도 차이가 있다. 그 후 1980년대에도 섬서성 부풍현扶風縣 안판案板 유지에서 지금부터 4620±135년 전의 두류 유물이 출토되었다. 이 유물은 도관陶罐 속에서 완전히 칼슘화된 콩류[菽類] 과립 상태로 발견되어[53] 구체적인 실체를 알 수 없다. 다만 안판은 관중 서부의 위하渭河에 위치하고, 그 강 양변의 논과 도관 속에 도류稻類도 발견되고 있는 점으로 미루어 볼 때, 당시 콩류[菽類]를 채집했거나 재배하였을 가능성도 없지 않다. 하지만 이들 유적의 대부분은 동북 및 한반도 지역보다 시기가 떨어지며, 산서성에서 발견된 유물 역시 측정연대가 지금부터 2,300년 전의 전국 후기로 비정된다. 또 앞서 말했던 호남성 장사長沙 마왕퇴馬王堆 한묘에서 발굴된 한대 부장품에도 대두가 있다.

    콩은 대개 용산문화 초기부터 도관에 넣어 식량으로 보관하였다. 〈표1〉에서 보면 오히려 길림 영길이나 마왕퇴 한묘漢墓의 출토 유물에서 비로소 반야생두와 재배 대두의 모습을 찾을 수 있다.

---

52 쿵자오천[孔昭宸] 외 2인, 「山東滕州市莊里西遺址植物遺存及其在環境考古學上的意義」『考古』 1999-7, p.60. 배꼽[臍] 위치로 보면 부분이 야생 대두처럼 보인다. 크기도 너무 작고, 형태도 장타원형으로 야생두로 의심된다.

53 셰웨이[謝偉], 「案板遺址灰土中所見到的農作物-兼論灰像法的改進」『考古與文物』1988-5.6, pp.210-213에 의하면 용산문화 초기에 섬서 관중 지구 위하(渭河) 지류 위하(湋河)와 미양하(美陽河)의 교차 지점에서 조, 기장, 벼와 콩류가 재배되었다고 한다.

〈표1〉 한·중 출토 대두의 외형과 크기

출토지역	시기	종류	수량	길이(mm)	너비(mm)	두께(mm)	장폭비(長寬比)	특징	근거
裴李崗賈湖유지	신석기 초중기	野大豆						豆粒 (구체적인 근거없음)	考古 1999-7
河南舞陽賈湖遺址	신석기	炭化豆粒	大量					炭化稻粒, 稻殼, 山楂核, 葡萄核, 炭化櫟果 출토. 대량의 석재생산공구와 魚類, 魚鱉類骨骼출토	華夏考古 2002-2
裴李崗班村유지	신석기 초중기	野大豆						豆粒 (구체적인 근거없음)	″
山東滕州市莊里西遺址	4,000년 전	야생 대두 (Clycine soja Sieb)	數十粒	2,8-3,2	2-2,5	1,5-2	현재 山東 黃河三角洲 습지 보호구에도 野生大豆 존재	扁形 배꼽[臍]이 복부중앙. 타원형. 현대야생두보다 작다.	″
陝西扶風案板유지	龍山초기 4620±135년	탄화 대두 (완전 Ca화된 豆類顆粒)						칼슘화된 豆類과립이 대량 발견. 陶罐 속에서 발견	考古與文物 1988-5,6
山東日照兩城鎭遺址의 浮選유물	龍山文化 시기	豆科	早(2) 中期(38)					浮選 시 다양한 작물도 함께 등장	考古 2004-9
周原遺址(王家嘴地点)의 浮選유물	龍山시기	탄화대두	122	20粒의 평균 4.56	20粒의 평균 3.31		야생대두보다 크다.	五穀이 함께 등장	文物 2004-10
	先周시기	재배대두	37						
吉林永吉烏拉街公社楊屯유지	청동기 시대	탄화대두	10여개					기원전 천 년 전에 이미 粟, 大豆, 高粱 등이 종식	農業考古 1983-2

출토 지역	시기	종류	수량	길이 (mm)	너비 (mm)	두께 (mm)	장폭비 (長寬比)	특징	근거
夏代 (二里頭 文化期)	夏代 早中晚期	野生 大豆	早(30) 中期 (3)					夏代 早中晚期는 야생 대두 晚期는 재배	農業 考古 2005- 1
		大豆	출토 (수량불명)						
吉林 永吉 大海猛	2590 ±70년 전 (春秋 시기)	炭化大豆后 종자 (Glycine max(L) Merrill		5.81 (6.73- 5.84)	4.83 (5.14- 4.25)	3.46 (4.55- 3.87)	1.32	長橢圓形小粒 (小粒形大豆나 半野生大豆와 유사)	考古 1987- 4
甘肅敦 煌懸 泉置 遺址 (해발 1700m)	한대	豆						大麥, 粟, 麋, 苜蓿, 大蒜 등과 철제농구 및 가축 骨骼출토	文物 2000- 5
馬王堆 1號墓	한대			6.52 ±0.59	5.02 ±0.4		1.29	타원형	
馬王堆 2號墓	한대			4.65 ±0.60	3.43 ±0.23		1.36	장타원형	
충북 淸原 宮坪里 1, 2호 가마터 유적	청동기 시대 (BC. 1000년경)	탄화 재배대두	2	4.5/ 3.5	3.7/ 3.1			야생콩처럼 작지만 재배종. 벼, 小豆, 피도 발견 (혼합농경)	淸原 宮坪里 青銅器 遺蹟, 1996
		탄화 소두	2	5.1/ 5.0	3.8/ 3.4				
忠北 保寧 평라리 IV지구 집터	청동기	탄화콩 (屬) 재배야생 중간형	완전 립2개 반조각 11개	4.0- 5.9	2.9- 4.0	3.0- 3.1		현대 재배콩보다 크기가 작고, 야생 보다 크다. (재배 야생의 중간형) 그 외 보리, 밀, 귀리 출토	평라리 선사 유적, 1 996
		탄화팥(屬)	1개	4.0	3.0	3.2			
		탄화동부	2개	5.3- 6.7	3.3				
晉州大 坪玉房 1.9 地區	청동기 (無文) 시대	원시 대두 (경작 초기 단계)	10여개			크기가 작아 경작초기 단계품종 (돌콩)으로 식용 목적으로 재배 (채집)		저장공에서 발견. 橢圓形. 그 외 稻, 大小麥, 기장, 조, 들깨도 발견됨.	『晉州 大坪 玉房 1.9 地區 無文 時代 集落』 2002.

출토지역	시기	종류	수량	길이(mm)	너비(mm)	두께(mm)	장폭비(長寬比)	특징	근거
울산茶雲洞7號住居址유적	청동기전기	원시대두					綠豆, 小豆도 출현	橢圓形 크기와 형태가 옥방 출토 콩과 동일	울산광역시사, 역사편
慶北浦項院洞제3지구 주거지 10號	靑銅器시대 전기	炭化小豆	1개	3.62 (현존: 3.42)	2.59 (현존:2.55)	2.55 (현존: 2.52)	1.4 (현존:2.52)	野生小豆와 유사. 콩껍질이 두텁고 탄수화물이 주성분	浦項院洞제3지구, 2003
		野生大豆: 재배와 야생의 중간콩 (Clycine soja)	5개	4.75 (4.19-5.32)	3.69 (3.27-4.12)	3.44 (1.48-3.66)	1.29 (1.24-1.30)	야생과 재배종의 중간형	
慶北浦項院洞제3지구 주거지 10號	靑銅器시대 전기	탄화대두 (순화과정중)	약1800개내외 (이중大粒:99개를 조사)	평균 7.4-7.15 (분포:5.3-9.1내외)	평균 5.37 5.6이 최다 (4.7소립과 6.5 대립도 등장)	평균 4.72 4.9가 최다	1.34	상중하의 크기가 동시존재: 馴化과정을 보여줌 길이 6.2내외의 小粒종군과 길이 8.6 內外大粒種도 일부 등장	浦項院洞제3지구, 2003
全北金堤深浦里주거지유적	원삼국시대	토기에 담긴 두류 (小豆추정)	소두탄화물 80盌內 小豆 50	평균 4.6 (2.9-6.3) (3.5-5.4)	평균 2.9 (2.0-4.0) (2.4-3.6)			小豆로 추정 형태 비교적 균일. 소두 진화과정 확인가능	扶安海岸一帶遺蹟地表調査報告, 1999
京畿坡州舟月里 7호 주거지	원삼국시대	콩속 (야생과 재배의 중간형)	200여개 이상 (100개를 선별분석)	평균 4.1 (2.9-5.0)	평균 3.3 (2.8-4.0)	평균 2.9 (2.5-3.2)		전체적으로 未熟粒이 많아 야생콩 또는 야생과 재배의 中間인 준재배콩일 가능성.	坡州舟月里遺蹟, 1999

출토지역	시기	종류	수량	길이 (mm)	너비 (mm)	두께 (mm)	장폭비 (長寬比)	특징	근거
江原道襄陽柯坪里2호	철기시대	콩?	13	평균 5.7 (6.6-5.0)	평균 4.2 (4.6-3.9)	평균 3.4 (4.0-2.9)	1.2	배꼽으로 보아 콩 추정	양양 가평리, 1999
		팥?	13	평균 5.9 (6.7-5.1)	평균 3.5 (4.0-3.0)	평균 3.0 (3.3-2.5)	1.3-1.5	세장형으로 모서리 각이 없는 것으로 보아 小豆類와 유사	
大邱漆谷3宅地 문화 유적 (주거지와溝)	통일신라	小粒大豆	14개	평균 3.52-3.55	평균 2.94-3.10			小粒 완전립을 골라 개체수산정	大邱漆谷3宅地報告書, 2000
大邱漆谷3宅地 문화 유적 (주거지와溝)	통일신라	大粒大豆	14개	평균 5.98-6.20	평균 5.20-5.40		1.15-1.20	大粒 둥근형	大邱漆谷3宅地報告書, 2000
		야생대두 (소립: Glycine soja)	60개	평균 3.21-2.85	평균 2.68-2.45		1.20-1.16	〃	
		小豆	381개	평균 5.23-5.72	평균 3.56-3.97		1.26-1.54	大粒: 현재와 비슷한 크기	
				4.21-4.91	3.12-3.44		1.38-1.48	〃 소립	
		綠豆	63개	3.80-4.69	3.07-3.64		1.20-1.38	〃 소두보다 다소 둥근형	
忠南論山院北里나-2호	백제	탄화된 새팥 (산녹두) (Phaselous nipponensis OHWI)	15개를 선별 측정	평균 3.79 (3.0-4.15)	평균 2.59 (2.38-2.85)	평균 2.84 (1.26-1.57)		타원형으로 표면이 쪼글쪼글한 상태. 야생 대두와 비슷한 크기. 食用 외 약재 용도로도 사용	論山院北里遺蹟, 2001

그 외 하남, 호남, 호북, 광서, 감숙 등 전국 각지의 한묘에서도 대

두 유물이 발견된다.[54] 이것은 한대에 이르러 대두가 이미 전국에 보편적으로 재배되었음을 뜻한다. 이런 측면에서 보면 중원지역에도 야생 대두가 자생했으며, 뿐만 아니라 동북 지역과 비슷한 시기에 대두가 재배되었을 것 같은 유적이 발견되기도 하였다. 따라서 출토 유물의 고고학적 시기 분석만으로는 어느 쪽이 대두의 원산지인지 확인하기가 용이하지 않다. 게다가 발굴 조사의 빈도수나 집중도에서 양 지역은 차이가 있을 수 있다.

그렇다면 동북 지역과 인접하고 있는 한반도의 중남부 지역의 대두 재배 상황은 어떠했을까? 한반도의 경우 기원전의 문자 자료가 많지 않아 문헌으로 대두 재배의 실태를 밝히기는 쉽지 않다. 하지만 대두의 출토 유물은 중국 대륙 못지않다. 고고 자료에 의하면 청동기시대인 기원전 3000-1000년을 전후하여 한반도의 각지에서 다양한 대두가 재배되고 있는 것은 물론이고, 한반도 도처에서 잡초에 가까운 야생 돌콩과 재배콩이 함께 식용화되고 있었다는 점이다. 그리고 〈표2〉와 같이 길림 영길永吉 출토 동주시기 대두 탄화 종자에는 재배종의 중간단계인 대, 소립의 대두도 함께 등장하고 있는 것을 보면,[55] 이곳에서도 대두가 순화되어 재배종으로 발전하였음을 알 수 있다. 이러한 사실은 앞서 지적한 북위 35-45도 사이에서 대두가 가장 빨리 순화되고, 특히 북방의 환경조건이 생장에 보다 적합하며, 수분이 많은 지역이 유리하다는 이론과 결부하여 보면, 한반도가 중국 대륙보다 대두의 기원지로서 좋은 자연조건을 갖추었음을 알 수 있다.

---

54 천원화[陳文華], 『농업고고(農業考古)』, 江西教育出版社, 1990, p.55.
55 류스민[劉世民] 외 2인, 「吉林永吉出土大豆炭化種子的初步鑑定」 『考古』 1987-4, pp.365-366. 시기는 지금부터 2590±70년 전의 동주(東周) 시기이다.

〈표2〉 탄화 전후의 종자유형 비교(劉世民 외2, 考古87-4: p.366)

종자유형	탄화 전 종자(mm)			탄화 후 종자(mm)			長寬厚比	종자형태
	길이(長)	너비(寬)	두께(厚)	길이(長)	너비(寬)	두께(厚)		
大粒재배대두	8.10	7.33	6.50	7.48	5.80	4.85	1.2:1.1:1.0	圓形
小粒재배대두	6.72	5.41	4.55	6.06	4.55	4.06	1.5:1.2:1.0	長橢圓形
半야생대두	5.84	4.25	3.18	5.25	3.43	2.85	1.9:1.3:1.0	장타원형
야생대두	4.01(?)	2.93	2.75	4.08	2.89	2.64	1.4:1.1:1.0	장타원형
赤小豆	3.87	2.65	2.52	–	–	–	–	장타원형
출토탄화대두	–	–	–	5.81	4.38	3.46	1.7:1.2:1.0	장타원형

한반도 청동기시대의 두류 유적으로는 기원전 1500년의 황해도 송림松林 석탄리石灘里 39호 주거지에서 소두의 발견을 비롯하여,[56] 충북 청원淸原 궁평리宮坪里 유적에서는 기원전 1000년경의 대·소두가 벼[稻], 피[稗]와 함께 출토되었으며, 보령군 평라리平羅里 청동기시대의 주거지에서도 대·소두가 대·소맥과 함께 출토되었다. 그리고 충남 천안 백석동白石洞 주거지 역시 대두류가 출토되어, 지금까지 한반도 전역에서 청동기시대에 대·소두가 발굴된 것만 하더라도 13곳에 이르고 있다.[57] 1972년에는 한반도 중부지역인 팔당八堂 수몰지의 양평면楊平面 양근리楊根里에서 기원전 4-5세기 것으로 추정되는 무문토기의 밑부분에서 대두 알갱이를 찍어낸 무늬가 발견된 바 있다.[58] 이것은 이미 한강 유역에 무문토기 시대의 전기에 대두가 재배되었고, 적어도 청동기시대에는 한반도 전역을 중심으로 오곡과 함께 대두가 널리 재배되

---

56 송림 석탄리 유적의 연대는 북한에서는 기원전 4,000-2,000년 전후로 보고 있지만, 남한에서는 기원전 1,500-1,200년경으로 보고 있다.
57 안승모(安承模), 앞의 논문, 「豆類栽培 起源에 대한 考古學的 考察」, p.26 「表1」 참조.
58 문화재관리국, 『팔당 소양댐 수몰지구유적 발굴 종합조사보고(八堂 昭陽댐 水沒地區遺蹟 發掘 綜合調査報告)』, 1974, p.140.

었음을 의미한다. 즉 한반도의 청동기시대에 순화된 재배 대·소두는 조[粟], 기장[黍]와 더불어 주곡으로서 중심적인 위치를 점했으며, 그 시기가 중국 대륙보다 빠르고 집중적으로 재배되었음을 의미한다.

이런 대두 유물은 한반도 남부지역에도 이어져, 합천 봉계리鳳溪里에서는 기원전 10-8세기의 대두 압문壓紋이 밑바닥[底面]에 찍힌 무문토기가 출토된 바 있다.[59] 서남부에 위치한 경남 진주의 상촌리上村里와 울산 다운동茶雲洞의 청동기 주거지에서도 콩류가 발굴되었다. 특히 진주 대평리大坪里 옥방玉房의 청동기시대 밭과 주거지 유적에서는 오곡과 더불어 대두Glycine max의 경작 초기 단계에 속하는 야생 돌콩 Glycine soja과 소두Vigna angularis 등의 실물이 대량으로 발견되고 있다.[60] 밭의 이랑과 고랑 형태가 뚜렷하여 청동기시대부터 이미 콩류의 재배가 적지 않았음을 말해주며, 아울러 한반도의 한전旱田 농업에서 대·소두의 위치를 가늠해 주는 좋은 증거가 되고 있다.[61] 무엇보다 한반도 각지에서 출토된 대두의 외형 크기를 정리한 앞의 〈표1〉에서 보면 충북 청원, 보령 및 경북 포항 등 한반도 중남부 지역과 울산, 진주 등 남부지역에서도 청동기시대에 이미 야생 및 야생과 재배 중간단계의 순화된 콩이 발견되고 있음을 알 수 있다.

이들은 현재의 재배종보다 작아 야생종으로 보이기도 하지만, 이것들은 당시에 이미 재배되었거나 적어도 식용을 목적으로 채집되었을 가능성이 크다.[62] 그런가 하면 포항시 원동院洞의 주거지에서는 청동기

59 「합천봉계리유적(陜川鳳溪里遺蹟)」, 동아대, 1989.
60 이경아, G.W. Crawford, 「玉房 1, 9地區 출토 식물유체 분석보고」『晉州 大坪 玉房 1, 9地區 無文時代 集落』(本文·圖面), 慶南考古學硏究所, 2002.11, pp.447-452에 의하면 작물로는 쌀, 밀, 기장, 조, 콩, 팥과 들깨가 출토되었는데, 대두(大豆)는 원형보다 타원형에 가깝지만 크기가 작아 경작 초기 단계의 품종으로 여겨지며, 식물 유체의 수량이 조, 기장 다음을 차지하고 있다고 한다.
61 최덕경, 「古代韓國의 旱田 耕作法과 農作法에 對한 一考察」『韓國上古史學報』第37號, 2002, p.21.
62 이경아 외 1, 「대평 어은 1지구 유적과 출토 식물유체」『남강댐 水沒地區의 發掘成果』, 제7회 영남고고학회학술발표회, 1998, pp.103-104.

시대 전기의 탄화된 야생 소두, 야생종과 재배종의 중간형인 반야생콩 Glycine gracilis과 더불어 현생 대두와 거의 유사한 순화된 콩이 다양하게 발견되고 있다. 이처럼 대두는 청동기시대에 이미 한반도 전역에 분포되어 있었으며,[63] 그 크기도 다양했다. 특히 청주 봉명동의 삼국시대 유적[64]과 대구 칠곡漆谷의 통일신라유적에서까지 야생종에 가까운 콩류도 출토되고 있는 것을 보면, 콩류가 긴 시간을 두고 순화된 것을 알 수 있으며, 재배종으로 발전하기 전후에는 다양한 형태의 야생종이 존재했을 것으로 짐작된다. 실제 한반도 남부지역 청동기시대 유적에서 야생이 재배종으로 발전해 가는 중간단계의 순화 대두가 대량으로 발견되고 있다.[65] 그 때문에 한반도 대두의 식용화는 신석기시대까지 소급할 수 있다.[66]

한반도 최남단인 부산 동삼동東三洞 패총의 주거지에서 BC.3,360년 (BP 4590±100)의 식물유체인 조[粟]와 기장[黍]이 발견되었다.[67] 뿐만 아

---

63 안승모(安承模), 「豆類栽培 起源에 대한 考古學的 考察」『韓國콩研究會誌』 vol9. no2, 2002, pp.26-27에는 함경북도, 황해도 및 평양 등과 같은 한반도 북쪽은 물론이고 경기도, 충청북도, 충청남도, 경상남도 등의 각처에도 청동기시대에 이미 대두가 출토되었음을 소개하고 있다. 그리고 이영호·박태식, 「출토유물과 유전적 다양성으로 본 한반도 두류 재배 기원」『농업사연구』 제5권 1호, 한국농업사학회, 2006, pp.3-4에 의하면 고대 한반도의 콩류는 청동기시대(BC.1500-BC.300) 유적에서 15곳, 초기 철기시대(BC.300-0)의 유적에서 8곳, 원삼국시대(0-300)의 유적에서 10곳, 삼국시대(300-668) 유적에서 14곳이 출토되고 있다고 한다. 김민구·류아라, 앞의 논문, 「탄화물 분석을 통한 삼국시대 대두 이용 방법 고찰」, p.170에는 이를 수정하여 신석기, 청동기 초기 철기시대의 콩 출토 유적이 25개, 원삼국과 삼국시대가 35개소, 그 이후의 유적이 5개소라고 한다.

64 이영호·박태식, 위의 논문, 「출토유물과 유전적 다양성으로 본 한반도 두류 재배 기원」, p.9에서 청주 봉명동 유적에서 출토된 소립콩은 길이 4.3mm, 너비 3.1mm, 장폭비 1.38로서 야생콩에 가깝다고 한다.

65 박태식 외 1인, 「포항 원동 3지구(IV구역) 청동기시대 주거지 출토 탄화곡물 분석」『浦項 院洞 第3地區-文化遺蹟 發掘調査 報告書-』, 韓國文化財保護財團, 2003, pp.275-283. 반야생콩은 평균 길이가 4.75mm, 너비 3.69mm, 두께 3.44mm이고, 평균 장폭비는 1.29이다. 그리고 탄화 대두는 평균 길이는 7.15-7.7mm, 너비는 5.6mm, 두께는 4.9mm이었으며, 장폭비로 보면 원형과 장타원형도 존재하는 평균치는 1.34로 대부분 타원형이다. 안승모(安承模), 위의 논문, 「豆類栽培 起源에 대한 考古學的 考察」, p.28에서도 경기도 파주 주월리 7호 집터에서 발견된 100알을 채취한 대두의 평균 길이 4.1mm, 너비 3.3mm, 두께 2.9mm인 점을 볼 때 이 역시 야생종과 재배종의 중간일 가능성이 크다고 보고 있다.

66 다만 〈표1〉에서 보는 바와 같이 경기 주월리, 대구 구암동, 김제 심포리, 논산 원북리 등지에는 원삼국시대 이후에도 크기 면에서 야생 대두 단계의 콩이 출토되고 있는 것을 보면 야생 대두는 재배두와 함께 오랫동안 식용으로 이용되었음을 알 수 있다.

67 하인수(河仁秀), 「東三洞貝塚 一號住居址 出土 植物遺體」『韓國新石器研究』 第2號, 韓國新石器研究會, 2001에 의하면 조[粟]의 평균 크기는 1.1×1.0×0.9mm이며, 기장[黍]의 평균 크기는 1.8×1.5×1.3mm였다고 한다.

니라 충북 옥천沃川 대천리大川里 주거지 유적(북위 36°17′, 해발 108m) 에서도 BC.3,500-BC.3,000년 [BP 5550(+406, -342)] 사이의 벼[稻], 대·소맥, 조[粟], 삼씨[麻] 등의 탄화된 오곡이 출토되었다. 이것은 이미 신석기 시대 중기부터 한반도 최남단과 중부지역에 벼농사와 더불어 잡곡의 재배가 폭넓게 이루어졌음을 확인해 주는 것이다. 사실 대두는 생장 에서 특별한 토양을 요구하지는 않는다.[68] 그러나 발아, 개화 및 콩깍 지가 맺히는 시기에 수분을 필요로 하기 때문에[69] 같은 위도라면 화 북이나 동북보다 강우량이 많은 한반도 중·남부지역이 훨씬 적합했을 것이다.

앞의 대천리 유적에서도 콩류가 출토되었다고 보고된 바 있지만, 현재로서는 논란의 여지가 없지 않고,[70] 콩류[豆類]라고 판단된 실물의 크기(5mm×2.5mm)도 요즘 것보다 작아서 야생종일 가능성이 제기되고 있다. 선사시대 재배 대두의 크기는, 기원전 1000년 무렵의 청원 궁평 리 유적의 경우, 크기에 있어 야생종과 큰 차이가 없다.[71] 그리고 시기

68 『범자계연(范子計然)』, "高而陽者多豆"；『농포편람(農圃便覽)』, "種黃豆白豆赤豆米豆大黑豆 俱喜 高地.…種黑豆茶豆於窪地." 그 외 『주례』『天官·冢宰』；『상서(尙書)』『禹貢』；『관자』 등이나 그 교석에 서 다양한 토양에 잘 적응했음을 보여준다.
69 『범승지서』, "三月楡莢時 有雨 高田可種大豆."
70 최덕경, 「大豆栽培의 起源論과 韓半島」『中國史硏究』 제31집, 2004, pp.91-95. 그리고 하인수(河 仁秀), 앞의 논문, 「東三洞貝塚 一號住居址 出土 植物遺體」에 의하면, 최근 한반도 최남단인 부 산 동삼동 패총의 주거지에서 기원전 3,360년(BP 4590±100)의 식물유체인 조[粟]과 기장[黍]가 발 견되었고, 충북 옥천 대천리 주거지 유적(북위 36° 17′, 해발 108m)에서도 기원전 3,500-3,000년[BP 5550(+406, -342)] 사이의 벼[稻], 대·소맥, 조[粟], 마[麻]와 콩류 등 탄화된 오곡이 출토된 것을 보 면 대두도 재배되었을 가능성이 크다. 실제 한창균(韓昌均) 외 5인, 「沃川 大川里遺蹟의 新石器時代 집자리 發掘成果」『韓國新石器硏究』, 韓國新石器硏究會, 2002, p.64에서는 콩류가 출토되었다고 하고 있지만, 이듬해 출판된 許文會, 「신석기시대 집자리 출토 곡물분석」『옥천 대천리 신석기유적』, 한남대 중앙박물관, 2003, pp.125-128에서는 이미 발표된 논문과는 달리 벼, 보리, 밀, 조, 삼[麻子] 은 있지만, 콩은 빠져있다. 여기서는 그 전의 콩류를 알 수 없는 열매로 분류하고 있다. 확인 결과 연구 자 간의 견해차를 좁히지 못하여 일단 보류한 것에 불과하다. 그렇지만 오곡과 더불어 대·소두가 청동기 시대에 전국적으로 폭넓게 재배된 것으로 미루어 이 시기 콩류의 출토도 시간문제일 것으로 판단된다.
71 기원전 10세기의 청원 궁평리 유적에서 출토된 소두 2알(5.1·5.2×3.8·3.4mm), 대두 2알(4.5·3.5× 3.7·3.1mm)과 같은 것이 청동기시대의 청원군 평라리 주거지에서 대두 13알(4-5.9mm×2.9-4mm), 소두 1알(4×3mm), 동부[東背] 2알(5.3-6.7×3.3mm)이 출토되었다. 그리고 파주시 주월리(舟月里) 주거지의 원삼국시대의 대두 100알을 계측한 결과 평균 4.1×3.3×2.9mm로서 대두 크기로 보아 재배 종과 야생종의 중간단계로 보고 있다. 최근 대구 칠곡군 구암동(九岩洞) 택지 구역에서 출토된 통일

적으로 이보다 늦은 옥방 유적에서도 대두Glycine max, 야생 돌콩Glycine soja 등 다양한 크기의 콩류가 출현한 것을 보면 재배 초기 단계의 대두는 크기가 다양했음을 알 수 있다.[72] 그 때문에 출토된 대두의 크기만으로 진화가 덜 된 품종이거나 야생종으로 단정하는 것은 곤란하다. 이런 현상은 줄곧 이어져 전술한 BC.2000~BC.1000년 경의 평양 남경유적에서는 벼, 대두 및 잡곡이 함께 출토되며, 이는 최근까지 기본적으로 이어져 내려오고 있다. 이것은 우리의 풍토가 벼, 맥 농사에만 치중한 것이 아니라 다양한 잡곡을 함께 재배했음을 의미한다. 우리 민족은 쌀과 잡곡, 대소두와 쌀, 보리[麥]를 섞어 밥을 짓고, 떡을 하고 술을 빚었으며, 대두의 생육조건에 맞게 콩만으로 고유의 시장豉醬 류의 발효식품을 일찍부터 개발하였다. 주곡과 잡곡을 이용한 소비와 가공이 곧 우리의 식생활 문화를 형성한 근간이었던 것이다.

이러한 유물들에 근거하여 볼 때, 아직은 더 많은 연구와 시료를 채취해야 분명하게 알 수 있겠지만, 중국 동북 지역의 경우 절대연대를 확인할 수 있는 길림 대해맹大海猛 유적의 탄화된 대두는 지금부터 2655±120년 전의 춘추시대의 유물이고, 가장 빠르다고 하는 낙양 남교南郊의 이리두 문화 유지의 대두 유물이 지금으로부터 3,500년 전후였다고 감안하더라도, 도리어 한반도의 대두 재배 시기가 동북 지역보다 빨랐음을 부인할 수 없다. 한반도에는 기원전 3,500년 전부터 오곡이 재배되었으며, 콩 식용의 최초 기록은 진주 평거동의 콩 탄화물 탄소연대가 4200±40bp년 (BC.2900~BC.2834)으로 기원전 3000년까지 소

신라 수혈유구에서 14알의 대두가 출토되었다. 이 대두 중 작은 알의 평균은 3.53×2.97mm이며, 큰 알은 6×5.3mm였던 점을 감안하면 대천리의 콩류도 대두였을 가능성이 충분하다. 안승모(安承模), 「豆類栽培 起源에 대한 考古學的 考察」『韓國콩硏究會誌』Vol.19 No2, 2002 참조.

72 중국의 선진시대에도 대두에는 대, 소의 종류가 있었다. 샤웨이잉[夏緯瑛]은 『여씨춘추』, 「審時」 편을 교석(校釋)하여 "대숙·소숙은 대두의 두 품종의 이름이며,『관자』, 「지원(地員)」 편에 등장하는 대숙, 세숙(細菽) 역시 대두의 일종이다."라고 하였다.

급된다. 기원전 2000년대 후반-기원전 1000년대 초 무렵부터는 한반
도 전역에 다양한 재배 대두의 유물이 출토되고 있는 것을 보면, 대두
가 이미 주곡의 위치를 차지한 듯하다.[73] 게다가 1965년 북한에서 중
간종中間種 대두가 출토되고, 1971년에는 서울 근교에서도 중간종과
그 변종이 발견되었음이 보고되고 있다. 이러한 사실들은 한반도 중·
남부지역이 대두의 중요한 원산지였음을 입증하는 것이다. 이것은 한
반도가 대두의 생물학 내지 화학적인 분석 결과뿐 아니라 대두의 자
연 선택에 가장 적합한, 위도가 북위 35-40 도라는 논증과도 일치된
다.[74] 이상을 근거로 볼 때 만주 지역의 융숙과 고려두의 원류는 한반
도 중남부의 메주콩에 그 기원이 있었음을 알 수 있다.

이상과 같이 대두가 한반도에서 북쪽으로 이동한 반면, 중원에서
만주를 거쳐 한반도로 선진 농업기술과 철제농구가 보급되면서 농업
은 새로운 국면을 맞게 된다.

III. 고구려의 남하와 농업기술의 전파

1. 농서와 농업기술

고구려가 건국하기 이전 부여나 고조선은 인접한 춘추전국시대의
조趙, 제齊, 노魯, 연燕과 같은 중국 동, 북 지역의 여러 국가와 외교적

---

73 이런 측면에서 보면 중국이 신농이나 황제(黃帝)를 합리적으로 해석하여 역사화 했듯이, 한반도의
    건국 신화인 단군신화에 등장하는 『삼국유사』 권1 「기이(紀異)·고조선조(古朝鮮條)」, "雄率徒三千
    降於太伯山頂. 神壇樹下謂之神市, 是謂桓雄天王也. 將風伯雨師雲師, 而主穀主命主病主刑主善
    惡, 凡主人間三百六十餘事, 在世理化."와 같이 곡식을 주관하고 교화했다면, 당시 곡물 중에는 출
    토 유물에서 볼 수 있는 바와 같은 조[粟], 기장[黍], 피[稗]나 콩 등이 포함되었을 것으로 짐작된다.
    張智鉉, 『韓國傳來豆類栽培史硏究』, 聖心女子大學校出版部, 1993, p.38.
74 좡빙창[莊炳昌] 주편, 『중국야생대두생물학연구(中國野生大豆生物學硏究)』, 科學出版社, 1999.

관계를 맺고 있었으며, 그 흔적은 요녕성과 요하 지역에서 출토된 전국시대의 명도전, 반량전 등에서 확인할 수 있다. 특히 한 무제의 동방 정책으로 정치적 관계가 재편되면서 개간, 농경, 수렵 활동, 토목건축 및 전쟁과 같은 특수목적을 위한 다양한 한대의 철기와 진한시대 도량형기가 출토되어 중원지역과의 관계를 살필 수 있다.[75] 이후 대체적으로 450년 이전까지 고구려 장수왕(413-491년)은 북방의 연과 북위를 둘러싸고 요동 문제에 주력하여, 북위와 근친 우호 관계를 맺고 남조와의 적극적인 외교관계를 펼치면서 화북은 물론 강남江南지역과도 소통하였다.

당대『속고승전續高僧傳』에 의하면, 북위의 사찰에 "고려상高驪像·상국상相國像·호국상胡國像·여국상女國像·오국상吳國像·곤륜산崑崙山·대경상岱京像 등 일곱 개의 금동으로 된 상이 법당에 진열되어 있었다."[76]는 기록이 전한다. 이 사료에 등장하는 '고려高驪'는 '고구려'를 의미하며, '고려상高麗像'은 바로 고구려 특유의 불상을 의미한다고 볼 수 있다. 이는 곧 500년 전후에 고구려와 각 지역의 특색을 지닌 불교문화가 중원에도 영향을 주고 있었음을 알 수 있다. 5세기 초에는 고구려인의 이민으로 요하遼河 유역과 중원 내지에 정치세력이 형성되어 각종의 고구려 문화가 전파되거나[77] 상호 융합되기도 했다.

특히 4세기 이후에는 고구려가 낙랑군을 축출하고 대동강 유역을 차지하면서, 한반도 남하정책에 관심을 갖기 시작했다. 4세기에서 6세기까지 고구려와 백제 간의 전쟁 횟수가 37차례에 달한 것은 이를 대

---

75 최덕경, 「고대 요동지역의 농구와 농업기술」『중국사연구』 제49집, 2007, pp.31-41.

76 『속고승전(續高僧傳)』 권25 『魏太山郎公谷山寺·釋僧意傳』 21, "元魏中, 住太山郎公谷山寺. 聚徒教授. 迄於暮齒, 精誠不倦. 寺有高驪像·相國像·胡國像·女國像·吳國像·崑崙山·岱京像. 如此七像並是金銅. 俱陳寺堂."

77 장페이페이[蔣非非]·왕샤오푸[王小甫] 등 저, 『중한관계사(中韓關系史)』(古代卷), 社會科學文獻出版社, 1998, pp.54-55.

변하고 있다.[78] 4세기 말 광개토왕(391-412년)이 즉위하고, 475년에는 한성漢城이 함락되기까지 했다. 광개토왕비의 기록에는 대왕의 군대가 396년 한강 북쪽의 58성 700촌을 공략하여 약탈하고 백제의 왕제王弟와 대신大臣 및 남녀 1천명을 잡아 왔다고 한다. 400년에는 광개토왕의 군대가 신라와 연계하여 낙동강으로 진출하여, 낙동강 하구 지역이 신라의 세력권이 되었다. 427년 장수왕 때, 고구려는 평양으로 수도를 옮기면서 한반도 남부지역으로 적극적인 팽창 의지를 보였다. 고구려의 남진 정책은 450년 이후 본격화되었다. 454년 고구려는 신라의 북변을 침입했고 468년 실직주悉直州를 공격해 빼앗았다.[79] 5세기 중·후반 중원지역에 고구려비가 건립된 점이나, 6세기 초까지 한강 유역에서 여전히 고구려 세력이 우세했던 점으로 보아, 고구려의 영향력이 한강 이남으로 상당히 내려왔을 것으로 추정된다. 실제 한강 유역의 몽촌토성, 구의동 및 아차산 일대에서 보루와 같은 유적과 고구려의 토기 및 철기와 같은 유물이 출토되고 있다.[80] 고구려의 남하는 단순한 정치, 군사적 행위뿐 아니라 상호 간의 농업기술과 문화적 교류도 촉진시켰을 것이다. 『삼국사기』에 숙菽, 『고려사』에서는 두豆라고 일컫는 콩이 등장하여 쌀[米], 베[布]와 더불어 사여의 대상이 된 것을 보면, 이전보다 생산량이 늘고 가치가 상승했음을 볼 수 있는데,[81] 그것은 재배 기술과 가공식품의 발전이 뒷받침되었기 때문일 것이다.

6세기 이전 화북지역의 농법을 총결집한 『제민요술』이 언제 어떤 경로를 통하여 한반도에 전해졌는지는 현재로는 정확히 알 수 없다.

78 최종택(崔鍾澤), 「考古學上으로 본 高句麗의 漢江流域進出과 百濟」, 『百濟研究』 28, 1998, pp.136-140.
79 『삼국사기』 권18 「高句麗本紀」, 장수왕(長壽王) 42년조, 56년조, 63년조.
80 최종택(崔鍾澤), 앞의 논문, 「考古學上으로 본 高句麗의 漢江流域進出과 百濟」, pp.136-140.
81 『고려사(高麗史)』에는 대두를 숙(菽)으로 칭한 횟수는 적고, 주로 소두(小豆), 토두(土豆), 두(豆) 등으로 불리었다. 이것은 대두의 효용가치가 고려시대 이후 크게 증대되었음을 의미하는 것이다.

다만 대두와 같은 각종 한전 작물이 한반도를 거쳐 일본으로 건너갔다는 지적이 적지 않으며,[82] 특히 9세기 말의 후지와라노 스케요藤原佐世의『일본국견재서목日本國見在書目』에『제민요술』10권이 보이는 것을 보면 한반도에도 이미 9세기 이전에 필사본이 전래되었을 가능성은 충분하다. 그리고 고려시대 이규보의『동국이상국집』에『제민요술』에서 인용한『광지』의 구절들이 보이는 것을 보면,[83] 관련 식자층을 중심으로 유포되었을 수도 있을 것이다.[84]

조선 전기(1517년)의『농서집요農書輯要』는 원대元代의『농상집요農桑輯要』의 내용을 발췌하고 거기에 이두 해석을 붙인 농서이다. 주지하듯이『농상집요』는 6세기 중엽의『제민요술』을 원본으로 하고, 그 외 화북의 각종 고농서의 농법을 인용하여 편집한 종합 농서이다. 이를 1349년 이암李嵓이 원에서 돌아올 때 가지고 와서 1372년 강양江陽(현재 합천)에서 복각했다. 조선 전기의『농서집요農書輯要』도 1차적으로 원대 이전 화북지방의 농업을 참고했고,[85] 이 역시『제민요술』농법과 밀접한 관련을 가진 농서이다. 이런 점에서『농서집요』에 담긴 내용은『범승지서』나『제민요술』농법에서 직접적인 영향을 받았다고 볼 수 있다.

이처럼 원대나 조선시대의 농서도『제민요술』을 토대로 작성된 것

---

82 일본의 나가타 타다오[永田忠男, 1959년]는 대개 기원전 200년 전후의 진대에 중국의 대두가 화북에서 조선을 거쳐 일본으로 건너갔다고 한다. 스옌궈[石彦國]·런리[任莉] 편,『대두제품공예학(大豆製品工藝學)』, 中國輕工業出版社, 1998, p.27.

83 최덕경·이종봉·홍영의 저,『麗元代의 農政과 農桑輯要』, 동강, 2017, pp.220-223.

84 위은숙(魏恩淑),「『元朝正本農桑輯要』의 農業觀과 刊行主體의 性格」,『韓國中世史研究』8, 2000, pp.124-128.

85 최근 발굴된 15세기 중기의 서민들의 농경 생활을 기록한『산가요록(山家要錄)』도 역시 비록『농상집요』와 초록 순서가 다르다거나 양조(釀造) 등 식품 부분이 새로 추가되었다는 것을 제외하면『농상집요』의 내용을 축소하여 초록한 듯하다. 그 외 세종 5년 6월의 경술일 실록이나『농사직설(農事直說)』을 보급한 이후에도 세종 19년 6월 신미일의 실록, 세종 20년 7월 정해일에도『농상집요』나『사시찬요(四時纂要)』를 권농에 참고하라고 전하고 있다. 김영진,「農桑輯要와 山家要錄」,『조선초 과학영농온실복원기념 학술 심포지움』, 2002. 3. 30. 참조.

을 보면 한전 농업의 기초에는 큰 변화가 없었다고 볼 수 있다. 아울러 중국 농서를 도입하여 한반도의 농업에 큰 변경 사항 없이 활용할 수 있었던 것은 양국 간의 농업적 조건과 수준에서 큰 차이가 없었기 때문일 것이다.『농상집요』에 담긴 화북 농법에는『제민요술』,『범승지서』,『한씨직설韓氏直說』등과 같은 한대와 위당魏唐 시대 이후의 농업적 특징을 그대로 인용하여 담고 있다. 즉 기경방식은 한 무제 이후 이랑과 고랑을 바꾸는 경작방식[代田]에서 점차 '술이 길고, 볏이 달린 쟁기[長床有鑱犁]'에 의한 전면 기경으로 발전했으며, 특히『제민요술』단계에 이르면 축력을 이용한 갈이[耕]·평탄·진압[勞] 작업이 전개되었고, 가을갈이[秋耕]를 통해 화북지역 토지의 보습을 보장하였다는[86] 내용을 싣고 있다.

그런데 당시 중국인들의 눈에 비친 고구려는 고이高夷라고 하여, 요동 천리의 "큰 산 깊은 골짜기가 많은 곳"에 거주하며, 양전良田이 없었다고[87] 한다. 그런 측면에서 보면 화북지역과는 달리 고구려의 농업은 산간 지역에서 화전火田을 했을 가능성도 없지 않다.[88] 하지만 화전의 연원을 고대 기록에서 찾기는 쉽지 않다. 다만 한반도 청동기의 유적에서 목제 농구가 큰 비중을 점했다는 것은 농업기술 상 토지 활용 방식이 중기 휴경단계로서 화전이 있었음을 추정할 수 있다.[89] 실제 고려시대의 전제田制에 나타나는 불역전不易田, 3년마다 경작하는

---

86 니시야마 타케이치[西山武一],『アジア的農法と農業社會』, 東京大學出版會, 1969, p.78.『왕정농서(王禎農書) 단계에는『제민요술』의 농법을 더욱 구체화하여『犁一擺六"라는 경(耕)-파(耙)-로(勞)의 방식을 확립하였다.

87 『삼국지(三國志)』권30,「魏書·高句麗傳」, "高句麗在遼東之東千里… 多大山深谷, 無原澤. 隨山谷以爲居, 食澗水. 無良田, 雖力佃作, 不足以實口腹."; 전효수(田曉岫),『중화민족발전사(中華民族發展史)』, 華夏出版社, 2001, p.207.

88 코이주미 쇼헤이[小泉昇平],「火田民生活狀況に關する調査」,『朝鮮彙報』大正 6年 2月號, p.165. 화전농법은 원시림에 불을 지른 해에 작물을 경작하는 방법으로, 선정된 산림은 토양이 깊고 낙엽과 부토가 많으며, 서남향 또는 동남향인 곳으로서 침엽수보다 활엽수가 많은 곳을 선호했다고 한다.

89 이현혜(李賢惠),『韓國古代의 生産과 交易』, 一潮閣, 1998, pp.17-18.

재역전再易田, 격년에 한 번 경작하는 일역전一易田 등 역전易田 중에는 산간 지역의 경우 재역 화전이라 하여 화전을 포함하기도 한다.[90] 1926년에 조사한 전국 화전민의 분포를 보면 경상도 남부지역을 제외한 전국의 산간 지역을 중심으로 남아 있으며, 1970년까지도 그 잔재가 남아 있었던 것을 보면 이전의 상황을 어느 정도 짐작할 수 있다.

문제는 고구려가 어떻게 경제적으로 성장했으며, 그 영향이 한반도에 얼마나 미쳤을까 하는 점이다. 아쉽게도 현재 한반도 중·남부지역에 고구려나 화북지역의 작물 재배 방식과 같은 농업 경제적인 흔적을 직접 확인할 수 있는 자료가 많지 않다. 다만 토지가 기름져 오곡 생산에 적합한 동옥저東沃沮의 식생활이 고구려와 인접했다는 점에서[91] 고구려 초기의 농업생산 정도를 다소 짐작할 수 있다.

그리고 단편적이지만 경남 창원의 다호리茶戶里 유적이나 삼천포 늑도勒島 유적에서 중국에서 직수입된 유물이나 고구려의 철제 농·공구과 같은 교역의 흔적이 적지 않게 발견된다. 게다가 초기 고구려의 경제적 영향은 황해도 안악군 용순면龍順面 유순리柳順里의 안악 3호 고분에서도 찾을 수 있다. 이 고분은 고구려로 망명한 요동인 동수冬壽의 묘로서 357년에 축조한 것인데,[92] 4세기 무렵의 고구려 농가를 살피는 데 좋은 자료가 된다. 벽화의 내용을 보면 한 여인이 맷돌과 디딜방아로 방아를 찧고 있고 또 한 여인은 키질을 하고 있다. 맷돌, 디딜방아 및 키는 현재 남부지역의 농가에서 흔히 볼 수 있는 농구이다. 그리고 코뚜레를 한 검정소, 누렁소, 얼룩소 3마리가 우사牛舍에서 여물을 먹고 있는 광경도 보인다. 마구간이나 우사의 전체적인 모습이

90   이춘녕(李春寧), 앞의 책,「韓國農學史」, p.31.
91   「후한서(後漢書)」권85「東夷傳·東沃沮」.
92   채병서(蔡秉瑞),「安岳地方의 壁畵古墳」,「白山學報」第2輯, 1967, p.51.

현재 한국 남부지역의 농촌과 큰 차이가 없다. 차고에는 소가 끄는 수레가 있는데 이것 역시 최근까지 농가에서 사용한 것과 매우 흡사하다. 고구려 벽화 속에 우거牛車가 유달리 많은 것은 소의 동력이 다양하게 활용되었음을 말해준다. 이 같은 양상은 고구려가 산간 지역뿐만 아니라 평지에서의 농업도 상당히 발달했음을 알려준다.

2. 우경과 철제농구

최근의 연구에 따르면 고구려는 중국으로부터 '술이 달린 쟁기[有床犁]'를 받아들여 주로 파종에 이용했다고 한다. 미사리 근처 서울 구의동에서 길이 44.4cm, 폭 34.4cm, 두께 0.8-0.9cm 전후의 대형 술이 달린 쟁기[有床犁]와 술이 없는 쟁기[無床犁]의 보습[鏵]이 모두 발견되었는데, 이것은 평양시 상원군祥原郡 상원 2호분의 보습[鏵]과 비슷하다.[93] 이러한 쟁기는 농민이 보습을 어떻게 작동하느냐에 따라 볏[鐴]의 번토 기능을 보완할 수도 있다. 이렇게 보면 『범승지서』에서 보는 바와 같은 볏은 없지만 토지를 모두 갈아엎는 농법이 고구려를 통해 한강 유역의 일부 지역으로 전해졌음을 알 수 있다.

다만 중국과의 풍토 차이로 인해 한반도의 고랑은 작무作畝 방식을 볼 때, '농경문 청동기'의 경작 방식에서처럼 고랑과 이랑을 만들었으며,[94] 이들은 단순한 파종구의 역할만이 아니라 배수구나 작업로의 기능도 했을 것임을 4-6세기 한강의 미사리 유적과 진주 대평리 옥방의 삼국시대 유적에서 발견할 수 있다.[95] 흥미로운 점은 한반도 중남

93 곽종철(郭鍾喆), 「韓國과 日本의 古代 農業技術」, 『韓國古代史論叢』 4, 1992, p.107.
94 최덕경, 「고대 한국의 한전 경작법과 농작법에 대한 일고찰」, 『한국상고사학보』 제37호, 2002, pp.2-3.
95 「진주 대평리 옥방 3지구 선사유적(晉州 大坪里 玉房 3地區 先史遺蹟)」, 慶尙大學校博物館, 2001; 김기흥(金基興), 「渼沙里 三國時期 田地遺構의 農業」, 『歷史學報』 제146집, 1995.

부의 밭 유적은 청동기시대부터 고랑과 이랑의 폭이 40-70cm의 광무廣畝 형식을 하고 있다는 것이다. 게다가『제민요술』「경전」편에서 최식崔寔의『정론政論』을 인용한 요동리遼東犂 또한 40cm 이상의 대형 보습을 부착한 쟁기로서, 이를 작무에 이용하였다면 40cm 이상의 광무였을 것이다.[96] 양자는 우연의 일치라기보다는 비록 생산수단은 다를지라도 한반도 남부의 청동기시대 농경 방식이 대두와 함께 요동 지역의 농업에까지 영향을 주었으며, 그 후 철제를 장착한 농구는 역으로 다시 한반도에 영향을 주었을 것으로 보인다. 이런 점에서 동북 지역은 단순히 중원의 문물을 외방으로 전달한 역할만 한 것이 아니라, 이처럼 한반도의 문화를 수용하여 자신의 것으로 만들기도 했으며, 융숙처럼 중원으로 신문물을 전달하는 역할도 했다.

한전의 중경제초中耕除草에 필수적이었던 한반도의 호미[鋤] 역시 북쪽의 영향을 적지 않게 받은 듯하다. 해방 전 한국의 호미를 살펴보면 풀을 깎는 호미는 서양의 괭이hoe나 만주의 서두鋤頭와 거의 같은 형상과 기능을 갖고 있다. 대개 한강의 북부지역의 호미는 (대칭 또는 비대칭의) 양날형[兩刀型]이지만 남부지역의 경우는 왼쪽 날만 있는 편도형片刀型이 대부분이다.[97] 호미의 자루는 함경도, 평안도 및 황해도 지역을 제외하면 대부분 짧아, 앉아서 작업하기 편하게 되어 있다. 실제 서울 구의동에서 발굴된 5-6세기 고구려의 호미와 논산 표정리表井里 고분의 백제의 호미를 보면 ㄱ자형의 긴 자루를 연결하여 사용했으며, 8세기 안압지에서 출토된 신라의 호미는 자루가 길고 날이 넓은 호미와 날이 좁은 낫형이다. 이들은 생활유적에서 출토되고 있는 점

---

96 최덕경,「요동리를 통해 본 고대 동북 지역의 농업환경과 경작방식: 고구려 성장기반에 대한 농업사적 시론」『북방사논총』8호, 고구려 연구재단, 2005, pp.39-43.
97 카와구치 키요토시[川口淸利],『朝鮮農學會誌』1卷 1號, 1940, p.113; 이춘영(李春寧),『韓國農學史』, 民音社, 1989, pp.48-54.

으로 볼 때 상당히 실용화된 듯하다. 이들은 주로 작물 사이를 긁어 김을 매는 데 사용했는데, 오늘날처럼 짧은 호미가 아니라 날이 삽鍤형의 손잡이가 긴 호미였다. 현재 호미 형태와 가장 유사한 것은 안압지의 낫형 호미였다.

이들 삼국시대의 호미는 길림성 집안의 것과 같은 유형이며, 화북의 한전 농법과 밀접하게 관련되어 있다.[98] 한전의 호미로 주목되는 것은 『여씨춘추』「임지任地」편의 '손잡이가 짧은 호미[耨]'이다. '누耨'의 형태와 용도를 보면, "손잡이는 1척이라 (고랑 넓이에 적합하고), 날의 폭은 6촌이기 때문에 (김매거나 솎아주면 자연) 곡물 간의 간격이 되기도 한다."[99]는 것을 보면 이것은 박鎛[100]에서 분화된 것으로 몸을 웅크리거나 쪼그리고 앉아서 이랑의 모종과 모종 사이로 가면서 제초하는 '자루가 짧고 날이 넓은 호미'였음을 알 수 있다. 실제 곽박郭璞도 『이아爾雅』「석기釋器」에서 이를 '서속鉏屬'이라고 주석하고 있다. 호미류[鉏類]의 사용은 잡초가 많은 지역의 경우 정밀한 잡초 제거에 적합하지만, 그렇지 않은 지역의 경우 잡초와 함께 복토까지 할 수 있는 손잡이가 긴 호미류가 효과적이었다.[101] 이러한 호미는 대개 지역적 여건에 따라 자연발생적으로 출현하지만, 만주 및 한반도 북부지역은 중국 화북지역과 일정한 교류가 있었음도 부인할 수 없다.

---

98 박호석·안승모, 『한국의 농기구』, 語文閣, 2001, pp.54-55; 최덕경, 『중국고대농업사연구(中國古代農業史研究)』, 白山書堂, 1994, p.297 『鉏의 지역별 특징과 제원』 참조.

99 『여씨춘추(呂氏春秋)』「任地」, "耨柄尺, 其耨(博)六寸, 所以間稼也."

100 『왕정농서(王禎農書)』「農器圖譜集之四」에 의하면 박(鎛)은 호미[鉏]라고도 하며 혹자는 서속(鉏屬)이라고 한다. 이것은 땅을 눌러 잡초를 제거하는 도구로서, 『이아(爾雅)』의 소(疏)에서는 누(耨)와 동일한 농구라고도 한다. 주로 강우량이 많은 강남지역에서는 잡초가 많아서인지 누구나 이런 농구에 익숙했다고 한다.

101 전(錢)과 박(鎛)은 모두 김매는 농구이지만, 『왕정농서(王禎農書)』「農器圖譜集之四」의 『찬문(纂文)』에 의하면 "작물을 재배할 때 서(鉏)는 누(耨)를 쓰는 것만 못하고, 누(耨)는 산(鏟)을 쓰는 것만 못하다."라고 한다. 산(鏟)은 손잡이가 수 척(尺)이고 날의 폭이 4촌 정도로서 양손으로 자루를 잡고 앞으로 밀고 나가면서 이랑 위의 잡초를 제거하면서 뿌리를 복토하는 농구이다.

동북 지역의 우경 방식 역시 중국의 영향을 많이 받았으며, 그러한 영향이 일찍부터 한반도에도 적지 않은 작용을 했다. 『제민요술』「경전耕田」 편에 우경 관련 다음과 같은 기록이 있다. "최식崔寔의 『정론政論』에 이르기를 한 무제는 조과趙過를 채용해서 수속도위搜粟都尉로 삼아 백성들에게 밭 갈고 곡물을 파종하는 법을 가르쳤다. 그의 방법은 소 한 마리에 3개의 보습이 달린 쟁기를 써서 한 사람이 조종하고, 파종할 때는 누거[耬]를 끌어 사용했다. 모두 갖춰지면 하루에 1경頃을 갈았다. 지금(후한 말)도 삼보三輔 지역에서는 그와 같은 방법을 쓰고 있다.

반면 요동 지역에서 땅을 갈 때 사용하는 쟁기는 끌채[轅]의 길이가 4척이나 되어 회전하거나 방향을 바꿀 때 상호 방해를 받아 불편하다. 소 두 마리를 두 사람이 이끌고, 한 사람은 쟁기를 조정하여 땅을 갈며, 한 사람은 파종하고, 두 사람은 누거耬車를 끈다. 무릇 소 두 마리에 여섯 사람이 동원되어 하루에 겨우 25무를 파종하니 차이가 이처럼 실로 크다."[102]

이것은 후한 요동 태수를 지낸 최식이 직접 관찰한 내용을 기록한 것이다. 비록 요동 지방의 우경 방식은 삼보 지역과 동일하지는 않지만, 경작 방식에서 유사한 점이 적지 않다. 이처럼 후한 때 요동 지역에도 이미 우경이 행해졌음을 알 수 있는데, 전한 무제 때부터 이들 지역에 군현이 설치되었던 것을 보면 같은 시기 고구려에서도 철제 보습[鐵犁鏵]을 이용한 우경이 농업생산에 이용되었을 것으로 추측할 수 있다.[103]

동북 지역에서 출토된 전한의 각종 철제 농구에서도 중원과의 관

---

102 최덕경 역주, 『제민요술 역주(I)』「耕田」, 세창출판사, 2018, pp.96-98.
103 전덕재, 「4-6세기 농업생산력의 발달과 사회변동」, 『역사와 현실4』, 한국역사연구회, 1990, p.25.

련을 살필 수 있다.[104] 요동군의 군치소로서 동북의 정치, 경제의 중심지였던 요양遼陽 삼도호三道壕에서 전한 대의 철제 보습[鐵鏵]이 출토되었다. 이 철제 보습은 대·중·소로 구분되는데, 대형은 길이 40cm, 넓이 42cm, 높이 13cm이며, 중형은 길이 15cm, 넓이 28cm의 V자형이다. 그리고 소형은 길이 20cm, 넓이 9cm이다. 이 중 대형은 확실히 가축의 힘을 이용하여 전지의 이랑과 고랑[壟畎]을 만들거나 심경 또는 개간에 이용되었을 것으로 짐작된다.[105] 또 요녕 능원현淩源縣 안장자安杖子에서 길이 48.2cm, 넓이 49cm, 높이 14.7cm인 삼각형의 한대 대형 철제 보습이 출토되었으며,[106] 길림성에서 발견된 대형의 한대 철제 보습은 길이 49.5cm, 넓이가 48cm의 양 측면이 뾰족한 보습이었다.[107] 이러한 대형 철제 보습의 사용을 통해 당시 동북 지역의 독특한 우경 방식과 농업적 상황을 짐작할 수 있다. 즉 토양의 강한 점토성과 동토로 인하여 농구에 토압을 많이 받아 화북과 같은 쟁기로 파종기에 입토와 발토를 하기에 곤란했을 것이다. 더구나 대형 보습의 형태도 단순한 기경용인 화鏵보다는 생토와 개간에 적합한 참鑱이었다. 이것은 도랑을 파거나 점성 토양에 효과적이었고, 높고 넓은 이랑은 동토의 지온을 높이는 데에도 유리했다.[108]

이런 모습은 4세기 전반기의 고구려 유물에서도 살필 수 있다. 고구려의 우경 자료에 따르면, 4세기경 무순撫順의 고이산성古爾山城에

104 최덕경, 「요동리를 통해 본 고대 동북 지역의 농업환경과 경작방식: 고구려 성장기반에 대한 농업사적 시론」 「북방사논총」 8호, 고구려 연구재단, 2005; 최덕경, 「고대 요동지역의 농구와 농업기술」 「중국사 연구」 제49집, 2007에는 고대 중원과 요동 지역의 농구와 농업기술의 상호관계를 언급하고 있다.
105 리덴푸[李殿福], 「從東北地區出土的戰國兩漢鐵器看漢代東北農業的發展」 「農業考古」 1983-2, pp.180-181.
106 리위펑[李宇峰], 「遼寧漢晉時期農業考古綜述」 「農業考古」 1989-1, p.105.
107 팡즈궈[龐志國]·왕귀판[王國范], 「吉林省漢代農業考古概述」 「農業考古」 1983-2, p.184.
108 최덕경, 「요동리를 통해 본 고대 동북 지역의 농업환경과 경작방식: 고구려 성장기반에 대한 농업사적 시론」 「북방사논총」 8호, 고구려 연구재단, 2005, p.27, 35-41.

서 길이 34.5cm, 넓이 32cm, 높이 7cm의 주조鑄造 보습이 출토되고,[109] 평양시 일대의 상원군 고구려 적석총에는 길이 35cm, 넓이 30cm의 보습이 발견되었다.[110] 그리고 집안의 태왕릉 서쪽에서 척장脊長이 44.8cm, 밑면 길이[底長] 50.4cm, 넓이 46cm인 삼각형의 철제 쟁기 보습이 발견되었는데, 이것은 양변에 날이 있고 중간에 기척起脊이 있어 나무를 끼워 사용할 수 있다. 이들 철제 쟁기 보습은 산동 등현滕縣 출토의 철제 보습이나 하북 만성滿城 중산정왕中山靖王 유승劉勝의 부인 두관묘寶綰墓의 묘도墓道에서 발견된 철제 보습과 모양이 거의 동일한 전형적인 한대의 농기구이다.[111] 이 같은 철제 보습은 사람이 끄는 쟁기[犁]에다 쓸 수 없을 정도의 대형으로서, 소에다 쟁기를 채워 밭을 갈고 고랑을 내거나 개간지의 확대에 이용된 듯하다. 이러한 쟁기 보습은 그 후 발해에서도 볼 수 있다. 1963년 상경용천부 유적에서 발견된 철제 보습은 부등변 삼각형을 띠고 있으며, 변의 길이는 36.32cm, 넓이 27cm, 두께 1cm이며, 중량이 9시근市斤으로 목제 쟁기[犁具]를 끼워 사용할 수 있도록 되어 있다.[112] 특히 이 철제 보습은 사용한 흔적도 있고, 형태는 고구려나 후대의 요·금의 것과도 비슷하다.[113]

이 같은 우경이 등장하면서 고구려 지역에서도 심경과 더불어 개간을 통해 보다 많은 토지를 확보할 수 있었으며, 수노동보다 노동력

---

109 사회과학원 역사연구소(社會科學院 歷史研究所), 『조선전사(朝鮮全史)』3, 科學, 百科事典出版社, 1979, pp.96~97.
110 사회과학원 고고학연구소(社會科學院 考古學研究所), 「平壤市 祥原郡一帶의 高句麗墓 調査發掘報告」, 『朝鮮考古研究』 第3號, 1986.
111 리뎬푸[李殿福], 「從東北地區出土的戰國兩漢鐵器看漢代東北農業的發展」, 『農業考古』 1983-2, p.181; 경테화[耿鐵華], 「集安高句麗農業考古概述」, 『農業考古』 1989-1, p.99.
112 이바오중[衣保中], 「渤海國農牧業初探」, 『農業考古』 1995-1, p.272.
113 그러나 이러한 철제 쟁기 보습은 점차 규모가 작아졌던 것 같다. 정샤오쭝[鄭紹宗], 「遼王朝農業發展簡論」, 『農業考古』 1990-2, p.178에 따르면 고구려와 같은 지역에서 성장한 요의 철제 보습[鐵犁鏵]을 보면 길이가 27-30cm로 줄어들고 있다.

을 절감하고 땅의 지력을 전부 끌어내어 생산량의 증대를 도모할 수 있었다. 특히 집안集安에서 발견된 40cm 이상의 대형 쟁기의 철제 보습은 동북의 지역적 특색을 잘 반영하고 있다. 그 형태와 크기로 미루어 전간에 이용되었다기보다 경지의 배수와 개간에 주로 사용되었을 것으로 짐작된다. 만약 이것을 전간의 작무에 이용했다면 요동 지역에는 한대부터 광무廣畝가 행해졌을 것이다. 흥미롭게도 그 형식은 한반도 남부지역의 청동기시대의 밭자리 유적과도 흡사했을 것이다.

그리고 고구려 지역에서 출토된 수확 농구인 철제 낫 역시 주목된다. 철제의 길이가 23cm, 넓이 3cm의 반월형 평면으로서 말단에 손잡이를 고정하는 방형의 구멍이 있어 작업에 효과적이었다.[114] 연변지역 도문강 유역에 위치했던 동옥저의 경우, "비옥하고 산을 등지고 바다를 향해 있는 토지에서 오곡을 키우고 경작에 최선을 다했으며,"[115] 『후한서』「고구려」전에 보이는 바와 같이 압록강 유역의 통화通化지역에서 적극적으로 개간하여 자급할 수 있었던 것도[116] 바로 이런 낫과 같은 철제 농구의 사용과 밀접한 관련이 있었을 것이다.

1세기 태조왕 이후, 고구려는 사방으로 대외 발전을 꾀하면서 보다 많은 농경지를 확보하고, 또한 중국 군현과의 경쟁을 통해 직접 문명을 접하면서 화북 농법과 철제농구를 수용하고, 적극적인 개간을 통해 식량 생산을 더욱 제고할 수 있었다. 그래서 고구려의 집마다 부경桴京이라는 작은 창고가 존재했으며, 이는 집안의 동구 고묘군洞溝古墓群 우산묘구禹山墓區의 적석묘나 동태자東台子 유적의 도창陶

114 팡즈궈[龐志國]·왕궈판[王國范], 「吉林省漢代農業考古槪述」『農業考古』 1983-2, p.184.
115 『후한서』「동이전·동옥저전」, "東沃沮…其土地肥美, 背山向海, 宜五穀, 善田種."; 「삼국지」 권30 「위서·동옥저전」.
116 『후한서』 권85 「동이전·고구려」, "多大山深谷, 人隨而爲居. 少田業, 力作不足以自資. 故其俗節於飮食, 而好修宮室."

倉에서도 확인할 수 있다.[117] 마선麻線 1호묘 남측실南側室에 그려진 창고[倉廩] 벽화는 일반 가호의 작은 창고[小倉]와는 비교할 수 없는 거대한 규모였다. '지면에서 띄워서 세운[干欄式] 창고'에는 많은 식량을 비축했을 것으로 생각된다. 이런 창고의 출현은 양식생산이 증가하여 잉여 식량이 존재했음을 뜻한다.[118] 그리고 이 양식의 상당한 부분은 전술한 바와 같은 고구려의 특산물인 대두였을 것으로 판단된다.

아울러 우경의 보급으로 인해 생산력의 증대에 따른 사유의 확대와 토지 겸병이 출현하면서, 농민층이 양극화되는 계층분화 현상도 등장하였다. 이런 여건 속에서 고구려는『수서隋書』「동이전·고려조」에서 보듯이 국가권력의 직접 통제를 받는 농민층에게 조세, 역역, 군역을 부가했음을 확인할 수 있다. 이를 토대로 국가는 강력한 정치, 군사적 기반을 확충하여 고구려의 성장에 토대로 삼았던 것이다. 이러한 고구려가 남하정책을 펴면서 그들의 농업기술과 경작법이 한반도 중·남부지역의 기존 한전 농법에 적지 않은 영향을 주었던 것이다. 이러한 연출을 이끈 중심 지역이 바로 만주 지역이었으며, 특히 그 지역에서 성장한 고구려가 남쪽으로 확대 발전을 꾀하면서 진일보한 경작법을 소개함으로써 이후 한반도 한전 농작법을 체계화하는 데 적지 않은 영향을 끼쳤던 것이다.

---

117 경테화[耿鐵華]·린즈더[林至德],「集安出土高句麗陶器的初步研究」,『文物』1984-1.
118 경테화[耿鐵華],「高句麗壁畵中的社會經濟」,『北方文物』1986-3.

IV. 한반도의 대두 재배와 농작법

1. 한반도 중고기[119]의 대두 재배 실태

초기 화북지역의 한전旱田작물은 높은 수준의 재배 기술이 필요하지 않은 기장, 조가 중심이었으나 춘추전국시대로 접어들어 콩, 조로 대체되면서 콩이 새로이 중심 작물로 부각되었다. 그 후 한대에는 콩[豆]이 보리[麥]와 더불어 양식의 주된 지위를 점하였다.[120] 특히 『제민요술』 시기를 전후하여 대두大豆가 주곡은 물론 2차 가공을 통한 부식으로 이용되면서 효용성이 크게 증대되었고, 그로 인해 재배 면적도 확대되었다.

고대 한반도에서도 역시 대두가 조[粟], 맥麥과 더불어 5곡의 중심이었다.[121] 대두는 생태 상 발아기와 꽃이 피고 열매가 맺히는 시기에 많은 물을 필요로 하기 때문에, 한반도 중남부에서 재배에 용이했다. 삼국시대 초기, 조에 못지않게 대두와 맥이 주요 농산물을 구성하고 있다는 사실은 그 당시 자연재해로 피해를 입은 농작물이 대부분 콩[菽]이나 맥이었다는 사실에서도 확인된다.

『삼국사기』에는 봄 3월, 여름 4월과 가을 7·8월에 우박, 서리의 피해를 입고, 봄 3월, 여름 4월에 피해를 입은 곡식은 콩[菽]과 맥麥뿐이었다. 이 중에서 콩은 여름 4월에 우박, 가을 7·8월에는 기후의 이상異常 현상으로 인하여 또 서리의 피해를 입고 있다. 그리고 7·8월에 유독

---

119 한반도 중고기는 편의상 삼국시대에서 고려시대까지를 주로하고, 사료상 조선 초기의 내용도 일부 언급하였음을 밝혀둔다.
120 최덕경, 「戰國·秦漢時代 음식물의 材料」, 『考古歷史學志』 第11·12合輯, 1996, pp.109-113.
121 『중국농업백과전서(中國農業百科全書)』(農作物), 農業出版社, 1991, p.62 대두는 수수(需水)가 비교적 많은 작물이다. 개화 전 모수량(耗水量)이 전 생육기 수수량의 10%를 점하고 꽃 피고 열매 맺는 시기에 60-70%, 고립기(鼓粒期)는 20-30%가 필요하다. 대개 물질 1g을 형성하는데 500g이 요구된다.

해충[蝗蟲], 서리, 우박의 피해를 입었던 곡식이 대부분 콩[菽], 곡穀이었다는 점에서도 그 재배의 정도를 짐작할 수 있다.

물론 『삼국사기』에 등장하는 2-3세기 간의 대두 관련 기록만으로는 그 곡물의 파종 시기를 전부 알 수는 없다. 분명한 것은 '춘 3월', '하 4월', '추 7월-8월'의 내용으로 보아 이 시점에 아직도 수확하지 않은 상태로 여전히 밭에 남아 있었다는 사실이다. 봄콩[春大豆]의 파종 시기가 『제민요술』에는 2월 중순에서 4월 상순이고, 여름콩[夏大豆]의 파종이 6월이었던 것을 보면 남아 있는 대두는 봄대두, 여름 대두였을 가능성이 있다.

주목할 점은 가을 7, 8월에 이상기온으로 서리가 내려 콩[菽]이 죽었다는 점이다. 이 시점은 봄콩[春豆]은 수확 직전이고, 여름콩[夏豆]의 경우 연약한 줄기가 생겨나는 시기이다. 그런데 사료상 7, 8월에 "상숙傷菽"이 아니라 "살숙殺菽"이라고 표현하고 있는 것으로 보아, 당시 전지田地에 그대로 남아 있는 숙은 분명 초여름에 파종한 여름 대두[夏大豆]였을 가능성이 높다. 비슷한 기록은 『고려사』의 공민왕 15년(1365) 8월에 "서리가 내려 콩[菽]이 죽었다."라는 기록이 있고, 17년 윤 7월의 기록에도 "서리가 내려 콩이 죽었다."라는 같은 내용이 보인다. 이것은 적어도 A.D. 1세기 무렵부터 백제와 신라가 위치한 한반도 중·남부 지역에서는 주로 여름 대두[夏大豆]가 재배되었음을 보여준다.

여기서 잠시 초기 한반도의 곡물 재배 상황을 보자. 『삼국사기』에 가장 많이 등장하는 '곡穀'의 실체가 곡물의 총칭인지, 또는 조를 의미하는지, 혹은 다른 어떤 곡물을 의미하는 것인지가 분명하지 않다.[122] 다만 「신라본기」에는 "가을 7월, 메뚜기 피해를 입었다. '곡'의

---

122 최덕경, 「戰國·秦漢時代 음식물의 材料」, 『考古歷史學志』 第11·12合輯, 1996, pp.99-101.

수확이 좋지 않았다."[123]라고 하여 곡穀을 가을에 수확했으며, 고구려의 경우 "9월에 서리와 우박이 내려 '곡'을 해쳤다."[124]라는 기록으로 보면, 앞의 '곡'이 메뚜기와 밀접하게 관련된 것으로 보아 화곡류였을 가능성도 있다. 당시 한반도 남부와 북부에서 모두 재배되었기에 벼는 곤란하고, 맥도 수확시기가 아니다. 따라서 서리가 내리는 9월에 수확했던 점으로 볼 때 만조였거나 가을 7, 8월까지 콩[菽]이 밭에 존재했던 것으로 보아 대두였을 것으로 생각된다. 게다가 메뚜기가 콩을 해친 사례는 기록에서도 발견된다.[125]

그런데 「고구려본기」의 '오곡五穀'이나 「신라본기」 및 「백제본기」의 "곡식이 귀하다[穀貴]", "곡식의 수확이 좋지 않다.['穀不熟' 또는 '穀不成']"에서의 곡은 단일작물이 아닌 곡물 전체의 의미로 사용하고 있다. 아울러 『고려사』의 곳곳에 등장하는 '화곡禾穀', '미곡米穀', '전곡錢穀', '창곡倉穀', '백곡帛穀', '오곡五穀', '백곡百穀', '곡전穀田', '도곡稻穀', '잡곡雜穀', '구곡九穀', '포곡布穀', '은곡銀穀', '재곡財穀', '기곡祈穀', "곡이 귀하면 술을 금지한다." 등의 문장에서 사용된 곡도 단일작물을 뜻하지는 않는다.[126] 더구나 '곡속穀粟'이 병칭되거나[127] 조[粟]가 단독 작물로 등장하고 있는 사실을 보면, 곡이 반드시 조를 의미하지는 않은 듯하다.

또 "곡穀" 이외에 『삼국사기』에서는 콩[菽]과 맥麥이, 『고려사』에서

---

123 『삼국사기』「신라본기」3 내물니사금 34년, "秋七月 蝗. 穀不登."
124 『삼국사기』「고구려본기」5 봉상왕(烽上王) 7년, "秋九月 霜雹殺穀."
125 『진서(晉書)』권102 「劉聰傳」, "河東大蝗, 唯不食黍豆. 斬準率部人收而埋之, 哭聲聞於十餘里, 後乃鑽土飛出, 復食黍豆. 平陽饑甚, 司隸部人奔于冀州二十萬戶, 石越招之故也."에 보면 황충이 기장과 콩을 먹었다는 사실을 볼 수 있다.
126 간혹 『고려사』권113 「열전·최영(崔瑩)」, "出穀八十碩以補之"; 卷114 「열전·나세(羅世)」, "轉穀于其船"; 권17 「세가·인종」, "賜李資謙諸子穀六百石." 등의 사료도 보이지만 이들 역시 단일작물로 보기는 곤란하다.
127 『고려사』권78 「食貨·田制·祿科田」; 권85 「형법·금령」.

는 그 밖의 조[粟, 稷], 기장, 벼, 쌀[米], 콩[豆] 등과 같은 작물의 명칭
도 함께 등장한다.[128] 게다가 피해를 입은 지역이 「신라본기」에서 보듯
이 대부분 남쪽이고, 메뚜기가 끼친 피해[蝗害]가 많았다는 표현으로
보아 곡 중에는 조도 포함되었다는 것을 알 수 있다. 그런가 하면 삼
국시대 각국은 춘궁기에 "곡식 3곡斛을 내린다.", "곡식 1천 석을 하사
한다."와 같이 하사하는 곡물을 곡으로 표현하고 있다.[129] 이와 관련하
여 『삼국사기』 본기의 도처에서 관리에게 조[粟] 수백~수천 석을 하사
하거나 수만 석의 조로 진휼한 사례나[130] 『주서周書』 「고려전高麗傳」에서
견포絹布와 조를 부세로 징수했다는 점을 보면,[131] 삼국시대에 가장 널
리 재배되고 소비되었던 곡물은 조였음을 알 수 있다. 그런 점에서 당
시 조를 곡물의 총칭으로 불렀을 가능성도 없지 않다.[132] 그렇지만 한
반도 내 다양한 곡물이 존재했고, 『삼국사기』 곡의 사례를 볼 때, 곡
은 조, 벼, 콩[菽] 등을 포괄하는 곡물의 총칭으로 보는 것이 좋을 듯
하다.

전술에서 삼국시대의 피해 작물 중 유독 콩[菽], 조 및 맥의 명칭
이 많이 등장하고 있는 것은 한반도 내에서 이들 작물이 이미 독자적
인 위치를 차지했기 때문이라고 볼 수 있다. 콩은 일찍이 무문토기 시
대부터 평양, 양평陽平, 청원清原 및 남쪽의 경남 합천에서도 발견되며,
철기시대에는 전라도 광주에도 등장하며, 삼국시대에는 폭넓은 지역

---

128 그러나 『고려사』에는 기장과 조는 점차 중요성이 약화 되고, 보리, 콩과 벼[稻]의 역할은 점차 증대되
    고 있음을 살필 수 있다. 특히 강남미(江南米)를 도입하여 진대하고 있는 것도 주목된다.
129 「삼국사기」 「신라본기」3 내물이사금 2년, "賜穀三斛";「신라본기」8 성덕왕 11년, "賜穀一千石."
130 「삼국사기」 「신라본기」6 문무왕 8년조, 10년조;「삼국사기」 「신라본기」10 원성왕 2년조 참조.
131 『주서(周書)』 권49 「고려전」, "賦稅則絹布及粟, 隨其所有, 量貧富差等輸之."
132 『제민요술(齊民要術)』 「種穀」, '종곡(種穀)'에 대해 "穀, 稷也. 名屬穀者, 五穀之總稱, 非止謂粟也.
    然今人專以稷爲穀望. 俗名之耳."라고 하여 곡(穀)은 직(稷)이다. 속(粟)을 곡(穀)이라고 한 것은 모
    든 곡류의 총칭이기 때문이고, 조[粟]만을 칭하는 것은 아니다. 그런데 남북조시대 황하 유역의 사람
    들은 직(稷)을 곡류의 대표로 인식했으며, 습관적으로 속(粟)을 곡(穀)이라고 칭했다고 한다. 스성한
    [石聲漢] 교석, 『제민요술교석(齊民要術校釋)』, 科學出版社, 1957, p.56.

으로 분포되고 있었다.[133] 특히 752년 이전의 문서로 추정되는 정창원正倉院 좌파리가반佐波理加盤 부속 신라문서에 의하면 파천촌巴川村 같은 촌락에서 적지 않은 대두가 생산되었음을 알 수 있다.

비슷한 사실은 『고려사』에서도 발견되는데, 공민왕 11년 날씨가 온 난하여 봄날 같아 11월에도 "밭 가운데 떨어진 콩에서 잎이 났다."라고 한 사실에서 콩 재배의 정도를 알 수 있다. 대두는 대개 파종에서 수확까지 걸리는 시간이 약 150일 정도 되기 때문에 당시 5-6월을 전후하여 파종했음을 알 수 있다.[134] 지금도 한반도 남부지역의 경우 이 시점에 여름콩[夏豆] 재배가 일반적인 것은 이를 잘 입증해 준다. 그렇다고 한반도에 봄콩[春大豆]의 재배가 없었던 것은 아니다. 『고려사』 신우辛禑 8년(1381) 2월에 비가 내렸는데, "곡식으론 검은 기장, 팥, 메밀과 기장이 있었다."란 기록은 음력 2월에 콩류를 비롯해 각종 곡물을 재배되고 있음을 말해준다.

조선 초 『농사직설農事直說』 「종대두소두녹두편種大豆小豆菉豆篇」에서는 "대·소두 모두 조종早種과 만종晚種이 있으며, 조종은 향명이 춘경春耕이라 하는데 3월 중순에서 4월 중순까지 파종하고, 만종인 여름콩은 근경根耕 한다고 하여 대·소맥을 수확한 이후에 파종하였다."라고 한다. 만종인 여름 대두의 파종은 『농가집성農家集成』 「종대두소두녹두편」에 의하면 6월 삼묘일三卯日을 가장 상시上時로 보고 있다.[135] 다만 춘경을 위해서는 겨울철 휴경이 불가피했을 것이며, 봄대두를 재배했

---

133 이홍종(李弘鍾), 「韓國 古代의 生業과 食生活」, 『韓國古代史研究』 12, 1997, pp.20-24.
134 만숙종(晚熟種)의 대두는 대개 150일이 지나면 수확한다고 한다. 『전상고삼대진한삼국육조문(全上古三代秦漢三國六朝文)』 권1의 「신농서(神農書)」 「八穀生長」, "大豆…凡一百五十日成"라고 한다. 이 중 영양생장기는 90일이며, 개화하여 성숙까지의 기간은 60일에 해당한다. 한편 권신한(權臣漢), 송희섭(宋禧燮) 外2名, 「在來 대두의 主要 形質特性」 『育種誌(Breeding)』 Vol.6, No.1, 1974, p.69에 의하면 대두의 숙기(熟期)는 161일부터 114일 사이이며 그 평균은 144일이라고 한다.
135 『농가집성』 「種大豆小豆菉豆篇」, "種豆吉日甲子乙丑壬申丙子戊寅壬午壬寅六月三卯種豆爲上."

다는 것은 다른 작물과의 교대를 염두에 두었음을 의미한다. 이것은 신우 8년 고려 말기의 상황이며, 조선 전기의『농사직설』(1429년)에서는 후작물과의 관련성까지 고려하여 조·만종으로 구분한 것을 보면 지역의 기후와 농업 여건에 따라 봄콩[春豆]과 여름콩의 파종을 자연스럽게 선택했음을 말해준다.[136] 특히 여름 대두의 재배 방식을『농사직설』에서 근경根耕이라고 표현한 것은 수확 후 보리·밀과의 작물 교대방식을 잘 보여주고 있다.

그러면 삼국시대 대두의 재배 방식은 어떠했을까?『삼국사기』「신라본기」 내해이사금奈解尼師今조에서는 하夏 4월에 숙·맥이 함께 '우박雹傷'의 피해를 입었다는 기록이 있고, 지마이사금祇麻尼師今 3년 춘 3월에도 "우박이 내려 맥의 싹이 상했으며", 원성왕元聖王 2년 하 4월에는 "나라의 동쪽 지방에 우박이 내려 뽕나무와 맥이 모두 피해를 입었다."라는 말이 있다. 「고구려본기」 서천왕西川王 3년 하 4월에 "서리가 내려 맥이 피해를 입었으며,"「백제본기」 온조왕溫祚王 28년 하 4월의 기록에도 같은 문장이 있으며, 동성왕東城王 23년 3월에는 "서리가 내려 맥이 피해를 입었다."라는 사료 등에서 7, 8월에 피해 입은 콩[菽]과는 달리 3, 4월에도 또한 맥麥이 이상기온으로 피해를 입었다는 점이 주목된다.

보다 구체적으로 접근하기 위해 당시 숙菽·맥麥의 생육시기를 살펴보자. 보리와 밀의 파종 시기에 대해『농가집성』「종대두소두녹두편」에서는 8-9월에 파종하는 가을맥[秋麥]을 상술하고 있으나 수확시기는 구체적으로 제시하고 있지 않다. 가을맥의 수확시기에 대해『사민월령』에 따르면 황하 유역의 밀은 8월에 파종하여 이듬해 5-7월에

---

136 최덕경,「『齊民要術』의 고려두 普及과 韓半島의 農作法에 대한 一考察」『東洋史學研究』第78輯, 2002, pp.117-123.

수확했으며, 보리는 8월에 파종하여 이듬해 4-5월에 수확했다고 한다.[137] 조선시대의 만종인 여름콩은 근경根耕에 이용되었기 때문에 대소맥을 수확한 직후 그 뿌리에 파종했을 것이다. 다시 말해 문헌상 적어도 여말선초의 한전旱田에는 맥麥과 콩[豆]이 근경 윤작되었음을 말해준다. 아울러 신라, 백제시대의 한반도 중남부 지역의 전지田地에서 재배된 작물은 주로 겨울맥과 여름콩[夏菽]이었음을 알 수 있으며, 이들을 상호 교대로 경작했을 가능성도 적지 않다.

7, 8월에 유독 여름콩[夏菽]만 이상기온의 영향으로 수확 직전에 피해를 입었다는 것은 이 시점의 전지田地에 겨울맥[冬麥]을 재배하지 않았거나 아직 파종하지 않았음을 의미한다. 물론 지역에 따라 봄콩의 재배가 활성화되면서 맥과의 근경도 조정되었을 것이다. 이때 봄콩은 월동이 곤란한 한반도 최북단의 고전高田에서 주로 재배되었을 것이다. 실제 오늘날 내몽고를 비롯한 중국 동북 지역의 경우 황회黃淮 지역과는 달리 봄콩이 중심이다.[138] 이런 점을 고려해보면 만주 지역을 포함한 한반도 북부 역시 대두 재배 여건이 동일하지 않았을까 한다.

콩의 작물 재배가 확대된 것은 그 효용성이 점차 확대되었기 때문이라고 볼 수 있다. 고구려의 남하 이후 일정 시기를 거쳐 고려시대로 접어들면 대두는 "미두米豆 50석 포布 2백 50필을 내린다.", "미두 50석 포 50필을 내린다.", "미두 100석을 내려 그 아들에게 지급한다.", "해마다 콩 1곡을 공물로 거둔다.", "미두 각 10석을 준다." 등과 같이 콩[豆]은 쌀[米], 베[布]와 더불어 관리 또는 장군에게 사여하는 중요한 곡물로 자리 잡게 된다.[139] 이러한 대두의 역할은 마치 삼국시

---

137 중국농업과학원·중국농업유산연구실편, 『중국농학사(中國農學史)』(上), 科學出版社, 1984, p.226.
138 길림성농업과학원 편, 『대두육종화량종번육(大豆育種和良種繁育)』, 農業出版社, 1976, pp.12-16.
139 『고려사』 권40, 「世家·恭愍王」, "賜米豆五十石布二百五十匹."; 권109 「列傳·李兆年」, "賜米豆五十石布五百匹."; 권119 「列傳·鄭道傳」, "賜米豆百石給其子."; 권121 「列傳·金之錫」, "歲貢豆一斛."; 권135 「열전·신우(辛禑)」, "與米豆各十石."

대의 조와 같은 것으로, 효용성과 가치가 상대적으로 상승했음을 알 수 있다. 이것은 바로 대두가 삼국시대에도 중요한 위치를 차지했으며, 고려시대를 거치면서 중심적인 작물로서 자리 잡았음을 뜻한다. 최근 발견된 태안반도 마도馬島 근처의 출수出水 유물에서도 한반도 남쪽 지역에서 개경으로 배송된 고려의 화물 중 어장[生鮑醢]과 말장末醬이 다수 등장한다. 그리고 조선 초기의 농서인『산가요록山家要錄』에는 대두로 제조한 '콩가루', '전시全豉', '말장末醬', '콩죽', '간장艮醬' 및 '청장淸醬' 등 다양한 콩 제품이 나온다. 이를 보면 조선에 이르기까지 콩류[豆類]를 이용한 가공식품의 수요가 지속되었음을 확인할 수 있다.

그러면 대두 경작법이 도입됨으로써 작물에는 어떤 변화가 있었는지를 고대 화북의 한전 농법의 지침서인『제민요술』과 함께 살펴보자. 이에 대한 사료 부족으로 직접적인 규명은 어렵다. 때문에 비록 후대의 기록이지만, 조선시대의 농서에 나타난 대두의 경작 방식을 통해 화북 농법과의 관련성과 함께 숙菽이 고대 한전 농법에서 어떤 작용을 했는가를 알아보자. 대개 농서의 토대는 국가의 강제가 아닌 이상 전통적인 농법이나 해당 지역의 농업적 현실을 근간으로 하고 있다. 그 때문에 과거의 연속성을 상당 부분 후대의 농서를 통해 이해할 수 있다.

대개 조선시대 농법의 기초는『농사직설』과『농가집성』에서 찾을 수 있다. 1655년에 편찬된『농가집성』의 내용은 15세기 중반의『농사직설』의 내용을 증보하였기 때문에「종대두소두녹두種大豆小豆菉豆」편의 내용은 양자가 거의 동일하다. 따라서『농사직설』에 등장하는 조선시대의 대두 경작법에서 한반도 한전 농법을 이해하는 근간을 찾을 수 있다.

우선『삼국사기』의 기록을 통해 대두 농작법의 실마리를 찾아보자.『삼국사기』에 의하며 주로 7-8월에 콩[菽]의 서리의 피해가 심각했다고 한다. 그렇다면 7-8월은 콩의 성장 과정에서 볼 때 어느 정도의 시기였을까? 화북지역 대두의 수확시기에 대해『동약僮約』에는 "10월 콩을 거두어들인다."라고 했으며,『제민요술』대두편에는 9월 중에 마른 잎이 황색으로 변해 땅에 떨어지려 할 때, 신속히 수확했다고 한다. 지역 간의 차이는 다소 있겠지만 대개 9-10월 이전에 대두를 수확한 것으로 짐작된다. 그렇다면 삼국시대의 콩은 전술한 바와 같이 수확 직전에 우박이나 서리의 피해를 입었음을 의미한다.

그렇다면 3-4월에 함께 피해를 입은 맥麥과 콩[菽]은 상호 어떤 관계에 있을까? 맥麥의 파종 시기를『농사직설』「종대소맥種大小麥」편에서는 "거친 박전薄田은 백로절에, 보통의 밭은 추분에, 기름진 밭은 추분 후 10일에 파종하는데, 너무 이르면 좋지 않다."[140]라고 하며,『농가집성』「종대소맥」편에는 "밀의 파종은 8월 상순의 무戊 일이 가장 좋고 중순 무일은 보통이며, (8월) 하순 무 일은 가장 좋지 않다. 보리는 8월 중순의 무 일에서 추사[秋社[141]] 이전에 파종하는 것이 가장 좋고, 하순의 무 일까지는 중간이며, 무사일 후 (8월 말에서) 9월 중의 파종은 가장 좋지 않다."[142]고 하여 8월 중순 전에 파종하는 가을맥[秋麥]에 대해 보다 구체적으로 명시하고 있다.『사민월령』에 따르면 후한 황하 유역의 밀은 대개 8월에 파종하여 이듬해 5-7월에 수확했으며, 보리는 8월에 파종하여 이듬해 4월-6월에 수확했다고 한다. 이것은 지역

---

140 『농사직설』「種大小麥」, "薄田白露節, 中田秋分時, 美田後十日, 可種大早又不可."

141 추사(秋社)는 입추 후 다섯 번째의 무일(戊日)로서『진부농서(陳旉農書)』「六種之宜篇」에는 맥은 춘사(春社)와 추사(秋社)가 지나면 수확이 배가 되고 열매도 견실해진다고 한다. 최덕경,『제민요술 역주(1)』, 세창출판사. 2018, pp.265-266.

142 『농가집성』「種大小麥」 "種小麥八月上戊爲上, 中戊爲中, 下戊爲下, 種大麥八月中戊社前爲上, 下戊爲中, 九月下." 이 내용은『제민요술』「大小麥」에서 인용했지만『농가집성』에는 단계별 파종량을 생략하고, 시기 구획도 다소 불명확하다.

에 따라 콩을 수확한 직후에 가을맥을 파종했음을 의미하며, 『삼국사기』에 콩만 7월에 서리의 피해를 입은 것은 이 때문이다. 당시 가을맥의 재배가 널리 행해졌다는 사실은 맥麥이 서리, 우박 등의 피해를 입은 시기가 대부분 3월에서 4월이었다는 것에서도 입증된다.

물론 『삼국사기』의 맥麥은 가을맥[秋麥]만 파종한 것은 아닌 듯하다. 「신라본기」에서는 "춘 3월 우박으로 맥의 싹이 상했다."[143]라고 하여 "3월의 맥의 싹[麥苗]"이라는 사실은 분명 봄에 맥麥이 싹 상태로 존재했음을 뜻한다. 고려시대에도 윤이월에 맥의 싹이 등장하는데,[144] 봄에 파종한 맥이거나 월동한 맥일 수도 있다. 어느 것도 가능하다는 것은 봄맥을 파종하는 지역도 적지 않았음을 말하는 것이다.

대개 고대 작물 중 기장과 조는 『범승지서』와 『제민요술』을 보면 봄에 파종하는 것이 기본이고, 대소맥의 경우 『범승지서』에 춘맥[旋麥]도 보이지만 기본은 동맥[宿麥]이다. 이것은 『제민요술』도 마찬가지였다.[145] 한반도에서 곡물을 춘파春播한 흔적은 기원전 4세기 한반도 중남부에서 수집된 「농경문청동기農耕文靑銅器」에서도 드러난다.[146] 이것은 고대 한반도의 수확과 춘경春耕의 모습을 묘사한 장면인데, 수확하고 있는 장면의 우측에 파종구를 지어 춘파를 준비하고 있는 장면이 있

---

143 『삼국사기』 권1, 「신라본기」 2 지마이사금(祗摩尼師今).

144 『고려사』 권55, 「五行·土」, "慶尙道高靈郡饑棄兒滿路飢死者不可勝計. 八年閏二月無麥苗." 이 사료는 고령군의 기아로 봄보리[春麥]를 파종조차 할 수 없었거나 어린 싹[春苗] 남아나지 못했음을 의미한다.

145 『제민요술』 「耕田」 편에는 추경이 춘경 못지않게 확대되고 있고, 이미 『범승지서』에도 추맥이 중심이며, 이는 『제민요술』 단계에도 마찬가지이다. 최덕경, 「魏唐시기 畓田의 農作과 耕作法: 齊民要術과 四時纂要를 중심으로」 『東洋史學硏究』 제144집, 2018. pp.62-66 참조. 궈원타오[郭文韜] 편저, 『中國大豆栽培史』, 河海大學出版社, 1993, pp.109-111에는 대개 금원(金元)시대의 농서로 판단되는 『한씨직설(韓氏直說)』의 "凡地除種麥外, 幷宜秋耕."에 의하면 추경(秋耕)이 중심이고 춘경(春耕)이 보조이다. 한반도의 경우도 큰 차이가 없었을 것이다.

146 최덕경, 『中國古代農業史硏究』, 白山書堂, 1994, pp.100-105. 철제농구가 보급되기 이전 단계에 춘파를 위해서는 전년의 수확 후에 1차로 제전(除田) 했다가 이듬해 해동 이후 다시 2차 정지하여 파종했다. 하지만 철제농구의 사용이 일반화되면 춘파 직전에 넓게 깔린 뿌리[陳根] 제거, 기경 및 복토를 동시에 할 수 있다.

다. 시기적으로 보아 이 작물은 기장이나 조였을 것으로 판단된다. 이 런 상황은 이후 고구려와 백제의 경우도 마찬가지였을 것으로 생각되 는데,[147] 특히 이른 봄에도 적시에 파종과 복토를 가능하게 한 철제농 구의 보급은 춘파를 가능하게 한 요인이었을 것이다. 한반도의 대·소 맥도 중국 고대『범승지서』와 같이 지역의 여건에 따라 춘맥이 존재했 을 것으로 보인다.

15세기『농사직설』「종대소맥」편의 후반부에도 "보리[麰]는 2월 사 이에 양기가 돌고 온화한 날에 기경할 것이며, 2월에는 다 끝낸다."[148] 라고 하여 날씨가 풀리면서 봄보리[麰, 春大麥]를 2월에 파종할 것을 소 개하고 있다. 하지만『농사직설』단계의 맥은 춘맥이 아니라 가을맥[秋 麥]이었다. 봄보리가 오히려 예외적이었다. 하지만 조선 초에까지 춘맥 이 존재했음을 말해 준다. 맥麥의 지위가 상승하고 월동작물인 겨울 맥[冬麥]이 보편화되면서 작물의 복종復種 지수나 토지 이용도가 더욱 증가되었던 것이다.

2. 콩 경작과 농작법

대·소두의 파종 시기는 맥麥과는 달리 조종早種은 대개 3월 중순에 서 4월 중순까지 파종하며, 만종晚種의 파종 시기는 구체적이지 않지 만『제민요술』「대두」편에 따르면 하지 후 20일까지는 파종이 가능하 다고 한다. 그리고 봄에 곡물을 파종할 때는 대개 "비가 온 후 파종 하는 것이 가장 좋으며", "봄에는 깊게, 여름 파종은 흩뿌린다."[149]라

---

147 전덕재, 「4-6세기 농업생산력의 발달과 사회변동」, 『역사와 현실 4』, 한국역사연구회, 1990, pp.29-30.
148 『농사직설(農事直說)』「種大小麥」, "春牟二月間陽氣溫和日可耕, 盡二月止."
149 『제민요술』「종곡(種穀)」.

고 하여 춘파에 초점을 맞추고 있다. 사실 파종 시기는 줄기의 성장과 그 결실과 밀접하게 관련되며, 적시에 파종하면 파종량도 적게 소요 되며, 생산된 대두의 중량도 무겁고 맛과 향기가 좋으며 벌레도 접근 하지 못한다고[150] 한다. 조선 전기『농사직설』대두의 파종 시기와 가 장 유사한 당시 중국의 기록은『범승지서』의 "3월에 느릅나무의 꼬투 리가 달릴 때"와『사민월령』의 "3월에 … 대두를 파종하며, 이때가 상 시上時이다." 등인데, 후자의 경우 대두의 파종 시기를 2월에서 4월까 지로 다소 폭넓게 설정하고 있다. 그런가 하면『제민요술』은 2월 중순 을 상시라고 하고, 5, 6월도 가능하다고 하여 파종 시기의 폭이 더욱 넓다. 현재 중국의 경우 흑룡강, 길림, 요녕, 내몽고, 영하寧夏, 하북, 산 서성의 경우 대개 봄대두를 파종하고, 섬서, 산동, 하남 이남 지역은 여름콩을, 기후조건이 온난한 절강, 강서, 호남북 이남 지역에서는 가 을콩을 재배하고 있다. 이런 점에서 보면 고대 동북 지역의 대두는 오 늘날과 같은 봄콩이 일반적이었음을 알 수 있다.[151]

1) 기경과 파종

우선 토지의 기경起耕 방식을 살펴보자. 대두의 기경 방식에는 춘 경春耕, 추경秋耕 및 근경根耕이 있다.『농사직설』「경지耕地」편에 따르면, 기경은 천천히 해야 흙이 부드러워지고 소[牛]도 피곤을 느끼지 않는 다. 이때 춘하경春夏耕은 때에 따라 얕게 갈고, 추경秋耕은 흙빛이 마르 기를 기다렸다가 깊게 가는 것이 좋다. 다만 7-8월 추경의 경우, 초벌

---

150 「여씨춘추」「審時」, "得時之菽, 長莖而短足, 其莢二七以爲族, 多枝數節, 竟葉蕃實, 大菽則圓, 小菽 則摶以芳, 稱之重, 食之息以香. 如此者不虫. 先時者, 必長以蔓, 浮葉疏節, 小莢不實. 後時者, 短 莖疏節, 本虛不實."

151 길림성농업과학원편(吉林省農業科學院編),「대두육종화양종번육[大豆育種和良種繁育]」, 農業出 版社, 1976, pp.12-16.

갈이[初耕]는 깊게, 두벌갈이[再耕]는 얕게 한다. 그 이유를『제민요술』「경전」편에서는 초벌갈이를 깊게 하지 않으면 숙토熟土를 만들 수 없고, 두벌갈이를 얕게 하지 않으면 생땅이 나오게 된다고 한다. 화북의 경우 봄철에 바람이 세차 춘경 즉시 보습保濕을 위해 노勞로서 마평摩平 작업을 하지만, 조선의 경우 춘경 이후 "밭을 갈이 한 후 평평하게 써레질한다."라고 한 것이 다르다. 이「경전」편의 추경법은 이미『제민요술』단계에 형성된 기경법으로, 깊게 갈아 푸른 풀을 땅속에 묻고, 이후 마평 작업은 땅을 비옥하게 하고 습기를 보존하는 기능을 동시에 하기 위함이었다.[152]『농사직설』「종대두소두녹두」편에도 가을 수확 이후, 다음 해를 생각하여 추경을 하였는데, 이는『제민요술』의 기경 방식과 동일하다.『농사직설』에 그대로 수록된 것을 보면 이미 이전부터 채용했을 가능성도 없지 않다.

파종방식은『농사직설』「종대두소두녹두」편이나『한정록閑情錄』「습검習儉」편에 따르면, 이랑 위에 파종을 하고, 이랑 사이에는 간종했다고 한다. 그런가 하면 입추 전후에 대두나 교맥蕎麥을 파종할 때는 만종漫種, 점종點種 혹은 구종법區種法을 사용하고, 싹이 나오거든 김을 매면서 고르게 솎아 자리를 잡도록 한다.『한정록閑情錄』(1610-1617년)「습검習儉」편에 의하면 이때 인분[大糞]을 많이 사용하도록 권장하고 있다. 이 같은 대두의 시비법은 전한 말『범승지서』의 구전법區田法과 닮아 있다. 그러나『제민요술』「대두」편에는 "평탄, 정지한 이후, 누거樓車로서 파종하면 누각樓脚으로 인해 파종처가 만들어지고, 곡식은 그 고랑 안에서 자란다."는 내용이 있다. 특히『제민요술』에서 누거를 이용한 파종을 위해서는 그 전에 기경 쟁기로 땅을 전부 평평하게 써레질

---

152 『농사직설』「種大豆小豆菉豆」.

하는 작업이 전제되지 않으면 안 된다. 기경 후 누거에 의한 조파條播 방식이[153] 당시 화북지역에서 채용된 이유는 바로 대두는 뿌리를 깊게 내리는 특성이 있기 때문이다. 뿌리가 깊어야 넘어지지 않고 지하층의 수분을 흡수하기가 용이하다. 반면『농사직설』은 초경, 재경할 것 없이 바로 기경 쟁기로써 이랑[畝]과 고랑[畎]을 만들고, 파종은 고랑이 아닌 이랑 위에 하게 되어 있다.

조선의 씨 뿌리는 법은 구릉지대나 겨울 보리 파종을 제외하고, 한전 작물은 모두 이랑 위에 파종하였다고 박지원의『과농소초課農小抄』「경간耕墾」편에 잘 나타나 있다.[154] 실학자들이 말하는 광무만종廣畝漫種이라는 방법도 이와 같다. 다만 갈이 과정에서 누거와 쟁기의 기능을 보면, 중국의 누거는 파종 고랑을 만드는 기능과 중경기中耕器의 기능밖에 없다. 반면 '술이 긴 쟁기[長床犁]'는 작조作條의 기능만 있을 뿐 갈아엎는 공능은 없다. 이에 반해 조선 쟁기[朝鮮犁]는 갈이하고 파종하는 구분이 따로 없는 대신, 작업 중에 사람이 쟁기를 적절하게 조종하여 갈이와 번토의 역할을 동시에 수행하였다.[155]

작물의 파종량에 대해 고대 농서인『여씨춘추』「변토辯土」편에 의하면 "파종할 때는 신중하게 하여 너무 촘촘하게도 너무 성기게도 하지 말라."[156]고 한다. 뿐만 아니라 파종량의 다소는 토양의 비척과 관련되었다. 즉 비옥한 토지에는 촘촘하게 파종하는 것이 좋으며, 척박한 토지에는 성기게 파종하는 것이 좋다. 그러나『범승지서』에는 "대두는 모름지기 고르고 또한 성기게 파종한다."라고 하여 균일하면

---

153 그러나 스성한[石聲漢] 교석, 『제민요술금석(齊民要術今釋)』, 科學出版社, 1957, p.79에는 "地不求熟"에 대해 가을 수확 후 소의 힘을 이용해 얕게 갈아 잡풀을 없애고 직접 드물게 점파했다고 한다.
154 『과농소초(課農小抄)』「耕墾」, p.66, "近世東俗, 唯宿麥外, 皆棄畎而用畝, … 然而今之爲農者, 只知種苗處爲畝, 則亦安知一畝三畎之爲何說也哉."
155 민성기, 『朝鮮農業史硏究』, 一潮閣, 1988, pp.42~43.
156 『여씨춘추』「辯土」, "愼其種 勿使數 亦無使疏."

서도 듬성듬성하게 파종하도록 강조하고 있다. 또한 정지整地 상태가 "흙이 부드럽고 흙덩이가 생기지 않은 토지는" 무 당 5승을 파종하며, "흙이 부드럽지 아니"한 곳은 파종량을 늘린다고 했다. 이러한 파종 원칙은 『사민월령』의 "좋은 밭에는 성기게 파종하고 척박한 밭에는 빽빽하게 파종한다."라는 것과 유사하다. 『농사직설』도 이런 원칙에 따라 기름기고 비옥한 토지에는 드물게 파종하고, 척박한 경지에는 조밀하게 대두를 파종할 것을 권하고 있다. 게다가 『제민요술』에서는 파종 시기에 따라 파종량을 달리하고 있는데, 즉 "2월 중순에 파종하면 1무당 8승, 3월 상순에 파종하면 1무당 1두, 4월 상순에 파종하면 1무당 1두 2승을 사용하며 늦어질수록 종자가 많이 소요된다."라고 하여 파종 시기를 매우 중시하고 있다.[157]

그리고 대두 파종 때의 정지 작업에 대해 『농사직설』에서는 "파종할 때 전지田地를 너무 많이 갈고 흙덩이를 부숴 지나치게 부드럽게 다스릴 필요는 없다."라고 한다. 이는 지나치게 부드러운 땅은 잎만 무성하고 결실이 적다고 한 『제민요술』의 원리를 채용한 것이다.[158] 게다가 파종할 때 그루 당 종자 3, 4개를 넘지 않게 듬성듬성하게 파종하라는 지적은 『범승지서』의 한 구덩이[坎]에 대두 3개를 넣는다는 원칙과도 유사하다. 이처럼 파종의 원칙이 정립되고 파종 시기의 융통성이 커진 것은 이전과는 달리 성숙기가 다른 대두의 품종이 존재했거나 지역차로 인한 기후풍토가 다르고, 또는 다른 작물과의 교대 등의 이유 때문이었을 것이다. 어떤 이유이든 대두의 파종 시기가 다양해지면서 농작법에 새로운 변화가 초래되었다.

---

157 최덕경 역주, 『마수농언 역주』, 세창출판사, 2020, p.294에는 평원과 습지에서 무당 3.5승을 파종하지만, 전자는 3촌(寸) 깊이, 후자는 2촌 깊이로 갈이했다고 한다. 깊게 갈이하면 비록 가뭄에는 잘 견딜지라도 발아가 적고, 반대이면 가뭄에 견디는 힘이 약하다고 한다.

158 『제민요술』「대두」.

파종 후의 복토·마평 작업에 대해 구체적으로 알 수는 없지만,『범승지서』에 보이는 밭 전체를 가는 방식이 삼국시대의 한강 유역에 보이는 것을 보면, 이미 일부 생산 조건이 양호하고 토질이 부드러운 강가 주변 지역에서는 이런 방식을 통해 숙성토를 만드는 작업이 이루어졌을 것으로 짐작된다.『제민요술』「대두」편에서는 기경 후(혹은 쟁기로 좁은 고랑을 만들어[159]), 대두를 흩어 뿌린 후, 나무와 끈으로 엮어 만든 니트 해로Knit-harrow라는 이빨이 없는 써레인 노勞를 가축에 채워 반드시 마평 작업을 했다.[160] 그러나 "쇠 이빨 달린 써레[鐵齒耙]"의 등장으로 쟁기로 갈아엎은 이후에는 써레질[耙]과 평탄[摩] 작업을 함으로써 "경-파-마耕·耙·摩의 삼위일체" 경작 체계를 완성하게 된다.

반면『농사직설』의 초경은 땅을 갈아엎는 것만을 지시하고, 파종을 위해 재경할 때에는 얕게 갈아 생땅이 일어나지 않게 숙토를 만들 것을 지시하고 있다. 그러나 「종도種稻」편에는 '목작木斫', '소흘라所訖羅(써레)'와 '철치파鐵齒耙' 등이 등장하고 있다. 이것은『제민요술』의 정지법을 의식했기 때문인 듯하지만, 용도는 다소 차이가 있다. 조선의 목작木斫으로는 평탄작업과 흙을 부수는 것은 되지만 노勞처럼 마평을 하는 것은 곤란하다. 이는 파종시 보습保濕을 중시한 화북의 농법과는 다른 점이라 볼 수 있다.

2) 토지 이용법

『농사직설』에는 대두와 다른 작물과의 작부체계도 보인다. 대두

---

159 『제민요술』「대두」, "리세천열(犁細淺畦)"의 의미는 볏을 부착하지 않은 작은 보습으로 얕게 일군다는 의미이다. 최덕경 역주,『제민요술 역주(Ⅰ)』, 세창출판사, 2018, p.224 참조.

160 『제민요술』「종곡」편에는 "묘가 이랑에서 나온 후, 비가 내려 지표면이 희게 마를 때 번번이 철치파(鐵齒耙)로서 종횡으로 고무래질하고 노(勞)를 이용해서 마평(麼平)한다."라고 하여 철치파의 이용과 마평 작업을 소개하고 있다.

만종의 경우, 우선 밀과 보리를 수확한 후 그 뿌리를 갈이하여 파종하는 근경根耕 방식을 들 수 있다. 대두의 근경은 대개 다른 밭작물의 파종과 동일하지만 그루 당 종자 4, 5개를 파종하도록 지시하고 있다.[161] 또 다른 방법으로 토지가 적은 사람의 경우 양맥의 이삭이 나오기 전에 이랑 사이[畝間]를 얕게 갈아 대두를 간작했다가 양맥을 수확한 후, 보리 뿌리를 갈아엎어 콩 뿌리에 배토培土하는 것이다. 콩밭 사이에 가을보리 파종이나 보리밭 사이에 조를 파종하는 것도 모두 이와 같은 방법으로 한다.[162]

이것은 간종의 방식으로 보리밭의 이랑 사이에 콩을 파종하거나, 콩밭에 가을보리를 간작하는 경우가 그것이다. 전술한『삼국사기』에 "우박으로 콩과 맥이 상했다."와 같이 콩과 보리[麥]가 여름 4월에 함께 피해를 본 것을 지적한 바 있다. 이것은 적어도 여름 4월에 콩과 보리가 윤경輪耕되었거나, 아니면 수확기를 앞둔 가을보리밭에 콩을 간작했음을 의미한다. 일성이사금逸聖尼師今 6년(139?)과 지증마립간智證麻立干 10년(509년) 가을 7월에는 "서리가 내려 콩이 죽었다."와 같이 유독 콩만 피해를 입고 있다. 이것은 7월 전에 이미 봄 맥[春麥]을 수확하고 후작한 콩만 남아 있었기 때문일 것으로 생각된다. 일반적으로 봄보리는 대두와 더불어 2-3개월의 차를 두고 파종과 수확이 이루어진다.[163] 그렇다면 이미 고대국가 초기부터 대두와 대소맥은 상호 간작하거나, 아니면 일정 시차를 두고 다른 포장圃場에 병경幷耕하였음을 의미한다. 특히 인구의 증가와 함께 생산 도구가 발달하여 더 많은 생

---

161 『농사직설』「種大豆小豆菉豆」편의 근경(根耕)도 맥(麥)과 같으나 다만 종자를 보리 뿌리[麥根]에 흩뿌리고 갈아엎어 한 번 김매는 것으로 그친다. 『제민요술』「종곡」편에는 김매기 원칙에 대해 "凡五穀, 唯小鋤爲良"라고 하는데, 이에 대한 주석에는 "小鋤者, 非直省功, 穀亦倍勝. 大鋤者, 草根繁茂, 用功多而收益少."라고 하고 하여 모종이 어릴 때 호미질하는 것이 수고를 줄이고 수확도 많다고 한다. 최덕경 역주, 앞의 책, 『제민요술 역주(I)』, pp.128-129 참조.

162 『농사직설』「種大豆小豆菉豆」.

163 후한 때 황하 유역의 곡물의 파종과 수확시기를 보면 대두는 대개 2-4월에 파종하여 9-10월에 수확한

산을 필요하게 되면서, 이미 대두의 속성을 알고 있던 노농老農들이 자연스럽게 간작을 도모함으로써, 지력 보강은 물론이고 복종復種 지수를 높여 생산량의 증대를 도모했을 듯하다.

흔히 간종법間種法은 토지 부족으로 개발한 것이라고 하지만, 본래는 작물 재배 과정에서 자연스럽게 습득한 듯하다. 한대의 『회남자』 「추형훈墜形訓」에 의하면, "콩은 여름에 나서 겨울에 죽고, 맥은 가을에 나서 여름에 죽는다."[164]와 같이 작물의 생리현상을 경험적으로 체득하고 있었다. 후대의 자료이긴 하지만 민국 연간에 요녕성 일부 지역에는 '맥구두麥溝豆'가 성행하였다. 요녕 『해성현지海城縣志』(민국 26년)에 따르면, "하서河西에는 대부분 '맥구두麥溝豆'를 파종한다."라고 했다. 이는 맥이 아직 익기 전에 먼저 콩을 고랑 안에 파종하는 방식으로, 맥을 수확한 이후 콩 싹이 자라 무당 3, 4석을 수확하였다. 요녕 『개원현지開原縣志』(민국 18년)에는 "농민이 봄에는 대부분 보리와 밀을 100무 중에 약 3, 40무를 파종하고, 아울러 맥의 이랑 아래[麥壟下]에 콩을 협종夾種 하면 거름할 필요 없어 수확이 배가 된다."라고 하였다. 또 요녕 『반산현지盤山縣志』에서는 "밀은 청명을 전후하여 파종하고 대서大暑가 되어 성숙하면 가히 무당 3, 4석을 수확할 수 있다. 밀을 수확한 후, 콩 싹이 점차 자라 가을에 무당 2, 3석을 수확한다."라고 하였다. 이런 사실들로 미루어 맥과 콩의 간종은 요녕성에 폭넓게 전파되어 있었으며, 이것은 이미 한대 이후부터 동북 지역의 대두 재배와 밀접하게 관련되어 나타난 경작 방식이라고 볼 수 있다.

그렇다면 토지이용의 정도는 어떠했을까? 『제민요술』 「수도조水稻條」에서는 "벼는 어떠한 특수 조건 없이, 다만 매년 세역歲易: 換田 하는

데 반해, 봄보리는 1~2월에 파종하여 7월경에 수확하였다. 중국농업과학원 중국농업유산연구실(中國農業科學院 中國農業遺産研究室) 편, 『중국농학사(中國農學史)(上)』, 科學出版社, 1984, p.226.

164 『회남자』 「墜形訓」, "豆夏生冬死, 麥秋生夏死."

것이 좋다."라고 하였다. 그 소주小注에는 "땅이 좋고 나쁜 것을 막론하고 물이 많으면 잘 자란다."라는 지형적 조건과 「경전耕田」편의 "수분이 빠져나간 포전脯田과 석전腊田과 같은 토지는 모두 해를 입게 된다. (이 경우) 2년 동안 작물이 잘 자라지 못해 한 해 동안 쉬게 하지 않을 수 없다."[165]라는 사료들로 미루어 세역의 이유가 토지 때문이었음을 알 수 있다.

세역은 토지의 휴한과 환전을 통해 재배 조건을 개선한 것이다. 흥미로운 것은 조선 초『농서집요』「수도水稻」조에서는 위의『제민요술』「수도」의 내용을 인용하면서 다음과 같이 해석을 덧붙이고 있다는 점이다. 즉 "연이어 있는 전지田地라면 또한 전田이든 답畓이든 서로 바꾸어 경작하는 것이 좋다. 토질의 등급[地品]을 헤아려 전지의 조건을 한결같이 하는 것이 좋다. 매년 돌아가며[回換] 수도를 경작한다. 3월 내에 경종耕種하는 것이 좋은데, 부득이하면 4월 상·중순에 하더라고 경종 시기를 어기는 것은 아니다."라고[166] 하여 역易을 전과 답을 돌아가며 바꾸는 것[回換]으로 해석하고 있다. 이것은 당시 조선의 강가 연안에서는 화북지역과는 달리 수·한전水旱田을 회환하며 수도를 경작했거나『수서隋書』의 신라 사례에서 보듯 토지가 비옥하여 논농사와 밭농사를 겸하여 경작하는 방식을 채용했음을 의미한다. 그리고 이러한 윤환 농법은 삼국시대의 논 유적에서도 보인다고 한다.[167]

---

165 『제민요술』「水稻」, "稻, 無所緣, 唯歲易爲良. 選地, 欲近上流. 三月種者, 爲上時, 四月上旬爲中時, 中旬爲下時." 그 외 휴한한 기록은『제민요술』「耕田」, "田, 二歲不起稼, 則一歲休之."라고 하여 전지는 2년 연달아 재배하면 농작물이 무성하지 않기 때문에 1년 휴한하는 것이 좋다고 한 것에도 볼 수 있다.

166 『농서집요(農書輯要)』「水稻」, "色吐連處田地, 亦或田或畓, 互相耕作爲良. 量地品一樣田地乙良. 每年回換水稻畊作爲乎矣. 三月內畊種不得爲去等, 四月中乙亦, 不違畊種." 이 문장의 접미사에 '을랑', '하거등', '중순을' 같은 지방관리가 사용했던 이두가 포함되어 있다.

167 『수서(隋書)』권81「東夷傳·新羅」, "田甚良沃, 水陸兼種, 其五穀果菜鳥獸物産, 略如華同."; 곽종철, 「우리 나라의 선사-고대 논밭 유구」, 『제25회 한국 고고학 전국대회 한국 농경문화의 형성』, 韓國考古學會, 2001, pp.36-40.

물론 대전법代田法 이전의 전국시대에서도 불역전不易田이나 개천맥
開阡陌을 중심으로 토지연종제土地連種制가 존재했으며, 한대에는 화禾·
맥麥과 대두의 윤작복종제輪作復種制가 이루어졌다는 사실은 주지하는
바이다.[168] 『제민요술』「종곡」편에서는 동일 토지에서 작물의 윤작을 위
해 앞 작물로 녹두, 소두, 대두 등의 콩류와 삼, 기장, 참깨, 순무[蕪菁]
등을 권장하고 있다. 그리고 「서제黍穄」편에서는 "신개간지에는 특히 기
장과 검은 기장[黍穄]의 전작물로서 대두 파종을 적극 장려"하고 있다.
이처럼 콩류 작물을 심는 것은 '땅을 기름지게 하는 방법'[169]이며, 한전
의 곡류를 윤작하기 위해 가장 유용한 방법으로 주목하고 있다.

그런가 하면 『제민요술』「종곡種穀」편에서는 잡초 제거와 수확량
증대를 위해 "조를 심은 밭은 반드시 해마다 바꾸어야 한다."라고 하
였다.[170] 마찬가지로 「잡설雜說」에서도 "가령 소 한 마리로 소무小畝 3경
을 경작할 수 있다. 제나라는 대무제를 사용하여, 소무 1경은 대두 35무
에 해당한다. 매년 한 차례에 걸쳐 윤작을 하되, 반드시 연속적으로 재
배해서는 안 된다. 잡곡을 재배한 땅에는, 이듬해 주곡을 재배하는 것이
좋다."[171]라고 하여 역전易田을 강조하고 있다. 전자는 토지를 바꾸는
것이고 후자의 경우는 동일 포장圃場 내 주곡과 잡곡을 돌아가며 서
로 바꾸라는 것이다. 이것은 『제민요술』 단계에서도 경지의 지역적 여
건과 작물의 종류에 따라 윤환의 방식에 차이가 있었음을 의미한다.

이렇게 작물을 윤작하는 이유에 대해 남송의 『진부농서陳旉農書』

---

168 최덕경(崔德卿), 앞의 책, 『中國古代農業史硏究』, 第4章 참고; 궈원타오[郭文韜], 『중국고대적농작
제화경작법(中國古代的農作制和耕作法)』, 農業出版社, 1981, pp.5-8.
169 『제민요술』「耕田」, "美田之法."
170 『제민요술』「種穀」, "穀田必須歲易." 세역의 이유를 전년에 떨어진 종자가 발아하면 강아지풀이 많아져
수확이 줄어들기 때문이라고 한다. 곡전(穀田)을 이 '강아지풀' 때문에 '조를 심은 밭'으로 해석했다.
171 『제민요술』「雜說」, "假如一具牛, 總營得小畝三頃 據齊地, 大畝一頃三十五畝也. 每年一易, 必莫頻
種. 其雜田地, 卽是來年穀資."

「경누지의편耕耨之宜篇」에서는 "무릇 갈이, 김매기 순서와 속도는 작물에 따라 차이가 있다. 조전早田의 경우, (벼) 수확을 마치면 즉시 밭을 갈아 햇볕에 말리고 거름을 주고 북을 돋우어 콩, 맥이나 채소류를 파종한다. 그러면 토양은 부드럽고 비옥하게 되어 이듬해 노동력을 줄이고, 또한 수확도 많아진다."[172]고 하였다. 이것은 곧 벼[稻]를 수확한 후 동일 포장에 콩, 맥麥, 채소류를 수전 구역에 윤작輪作했음을 보여준다. 이런 송대와는 달리 『범승지서』에서는 당년의 수확을 보증하고 흉년을 대비하는데 대두가 적합함을 제시한 바 있다.[173]

이상에서 파종에서 수확에 이르기까지 『농사직설』의 경작법은 기본적으로 진한시대의 화북 농법이나 『제민요술』에 기초하고 있지만, 기경이나 작무에서는 방식을 달리했음을 발견할 수 있다. 이러한 차이는 화북지역과 한반도의 기온, 강수량 및 토양의 차이 때문에 생겨났을 것이다. 주지하듯 조선은 화북보다 겨울철에 눈이 많이 와 해동 후의 경종耕種 때에 토양습도 유지에 유리하다. 그래서 화북의 경우 누거耬車에 의한 신속한 파종법을 통해 땅속 수분 증발을 방지하여 발아를 보장하지만, 조선은 봄에도 토양이 비교적 습하여 누거와 같은 기기에 의존할 만큼 긴박하지는 않았다. 이처럼 『제민요술』이 보습保濕을 중시했던 농법이었다면, 『농사직설』은 오히려 물이 새는 것[洩水]에 주목하였다. 그리고 조선시대 농법은 단순히 『농사직설』 단계에서 중국의 것을 수용한 것이 아니라, 이미 고래로 대두를 이용한 윤작과 복종의 방식에서 터득한 경험을 농서를 편찬하면서 지역적 특수성을 감안하여 이를 편입시킨 것으로 보인다.[174]

---

172 최덕경 역주, 『진부농서 역주』, 세창출판사, 2016, pp.42-44 참조.
173 『제민요술』 「대두」, "大豆保歲易爲, 宜古之所以備凶年也."
174 사실 중국과 조선은 풍토나 농업적 여건이 다름에도 불구하고, 『고려사』 권50 「宣明曆上」, 「授時曆經上」에 의하면 절기에 따른 물후(物候)의 변화를 중국 고대 『일주서』나 『수서』 「율력법(律曆志下)」의 72후(候) 내용을 그대로 채용하고 있다.

나아가 중국의 고대 농서를 초하여 농서를 편찬하고 한반도에 바로 적용할 수 있었던 것은 그만큼 양자 간에 농업 기술상의 차이가 크지 않았다는 것을 뜻한다.[175] 조선시대에『제민요술』이나 그 이전의 농서를 도입하여 바로 활용할 수 있었던 것은 이전부터 점진적으로 대륙의 농업기술을 수용했음을 의미한다. 만약 전통적인 경작법이 중국과 유사하지 않았다면 비록 국가의 강제라고 할지라도 쉽게 기존의 방식을 포기하고 외래기술을 수용할 수는 없었을 것이다. 그리고 이런 경작법이 대두의 재배법상에 그대로 드러나고 있는 것을 보면 일찍이 고려두와 같은 재배법이 고대 한반도 한전 농업기술에도 중요한 영향을 끼쳤다고 볼 수 있다. 특히 벼禾-맥麥, 맥麥-콩豆과 야채들을 상호 윤작하는 방식은 토지 이용도를 증대시켜 수확량을 높임으로서[176] 산이 많고 땅이 적은 조선의 현실을 타개하는 데 결정적인 기여를 했을 것이다. 이때 고구려는 대륙의 기술을 상호 연결하는 교량적인 역할을 했던 것이다.

소결

필자는 본고를 통해 대두의 원산지는 문헌학적, 고고학적이나 생태학적인 측면에서 기존의 논의와는 달리 만주 지역과 한반도가 대두 재배에 가장 적합한 조건을 지닌 지역이었음을 확인할 수 있었다.

우선 중국의 문헌상에 춘추시대 중국 대두의 보편화를 알리고 있는 융숙이 바로 고려두의 전신으로 동북 지역에서 기원했으며,『박물

---

175 최덕경(崔德卿),「韓國的農書與農業技術-以朝鮮時代的農書和農法爲中心-」『中國農史』2001年 4期.
176 리창녠[李長年],「中國文獻上的大豆栽培和利用」『農業遺産研究集刊』(第1冊), 中華書局, 1958, pp.92-95.

지』나 『본초경』 등에서는 시법豉法을 '외국' 산으로 인정하고 있다는 것은 장시醬豉의 발생지가 중국 대륙이 아니고 한반도가 재배 대두의 발상지였음을 스스로 인정하는 것이다. 게다가 이를 뒷받침하는 것은 콩류를 이용한 가공식품의 이용 시기와 발효 기술 및 식품 보관 용기의 보편화 정도도 한반도가 중원지역 못지않게 오랜 역사를 지녔으며, 오늘날까지 다양한 콩 발효식품과 가공식품이 전래되고 있는 점도 이를 증명한다. 이런 측면에서 볼 때, 숙菽이란 원시두가 신석기 초·중기 배리강 시대부터 존재했음에도 춘추시대 제齊가 재차 융숙을 천하에 공급할 수밖에 없었던 것은 융숙이 보다 순화되고 실용성이 높았기 때문이었을 것이다. 이 융숙이 바로 한반도의 대두인 메주콩으로 장시醬豉의 주된 원료였으며, 고구려에서는 이를 고려두라고 표현하였다.[177]

이를 뒷받침하는 것이 한반도 대두의 고고학적 출토 유물이다. 재배 대두의 출토 지역을 보면 동북 지역이 현 중국영토 내에서도 가장 빠르다. 하지만 한반도 중·남부지역에서는 탄소연대 측정 결과 기원전 3,000년 전후에 오곡과 함께 대두가 재배되었음이 신석기 주거지 유적에서 확인되었다. 그리고 기원전 2000년대 후기-기원전 1000년대 초의 청동기시대에는 대두의 재배가 이미 한반도 전역에 걸쳐 확인되며, 그 절대연대는 중국의 용산문화기에 해당하며, 이는 낙양 남교의 이리두 문화 유지나 길림 대해맹大海猛 유적의 탄화 대두보다 앞선다. 이 같은 출토 유물은 한반도의 대두 기원에 관한 문헌상의 한계를 보완하기에 충분하다.

---

177 월남 후려조(後黎朝)의 려귀돈(黎貴惇)이 1773년에 간행한 『운대류어(芸臺類語)』 권9 「品物九」, "管子齊桓伐山戎, 出戎菽冬蔥布之天下. 郭璞曰, 戎菽, 大豆也, 卽黃豆也, 作腐造醬之類. 本草云,… 大豆有黃黑二種, 菽與綠豆異, 綠豆青豆也."에도 융숙이 대두로서 두부와 장의 재료로 사용되었으며, 황, 흑 두 종류가 있었다고 한다.

이상에서 볼 때, 대두가 중원 또는 동북 지역에서 기원하여 한반도 남부로 전파되었다는 기존의 견해와는 달리, 한반도에서 기원한 대두가 중국 동북 지역을 거쳐 융숙의 이름으로 중원지역으로 전파되었을 가능성이 높다. 쟝빙창[莊炳昌]의 지적처럼 위도상으로 볼 때도 강우량이 풍부한 한반도가 만주보다 대두 재배의 최적지라는 측면이 이를 뒷받침해 주고 있다. 이러한 점들에서 보면 대두가 중국에서 기원했으며, 그로 인해 중화민족이 세계인들에 대한 공헌도가 심대했다고[178] 하는 주장은 성급하다고 여겨진다. 이후 보다 구체적인 검증을 위해 한반도의 각종 대두 관련 자료에 대해 적극적인 관심과 함께 과학적인 조사도 이루어져야 할 것이다. 그리고 보다 합리적인 결론에 도달하기 위해서는 그릇된 세계관과 선민의식을 지양하고,[179] 인접 국가에서 출토된 유물이나 과학적인 연구 성과에도 귀 기울이는 자세도 요구된다. 그런 점에서 대두의 기원은 지금부터 본격적인 논의가 전개되어야 한다.

주지하듯 동북 지역은 고조선의 고토로서 이를 계승한 부여와 고구려는 오랜 한반도와의 관계 속에서 화북의 한전 농업기술을 한반도에 이식하는 데 교량적인 역할을 했다. 『고려사』 도처에 등장하는 '대두의 사여'나 '쌀과 함께 중시'되었던 기사는 대두의 생산량의 증대와 지위 상승을 직접적으로 웅변하고 있다. 그리고 대두는 『제민요술』에서의 지적과 같이 맥麥의 전前 작물로서 이용되어 토양의 질을 높이는 것은 물론 지력을 보증하는 데에도 유리했다. 게다가 성장이 용이하

---

178 궈원타오[郭文韜] 편, 『중국대두재배사(中國大豆栽培史)』, 河海大學出版社, 1993의 前言; 후다오징 [胡道靜](와타나베 타케시[渡部武] 역, 앞의 책, 『중국고대농업박물관지고(中國古代農業博物館誌 考)』, p.86에는 중국농민이 대두를 창조하고 품질을 개선하여 각국에 전파했으며, 또 세계 최대의 대두 생산량을 자랑한다고 소개하고 있다.

179 『맹자』 「고자(告子)」 장구하(章句下)에 "孟子曰, 子之道, 貉道也…曰夫貉, 五穀不生, 惟黍生之."라고 한 표현은 융숙과 고려두의 측면에서 보면 맹자 자신의 세계관과 화이관의 한계를 그대로 드러낸 것이라고 할 수 있다.

여 흉년을 대비하는 구황 작물로서도 널리 보급되었다.

아울러 한반도의 환경은 화북지역과는 달리 강우량이 많아 보습 농법에 적합하지는 않았다. 때문에 정지한 토지에 누거耬車를 이용하여 파종하고 평탄하여 보습을 유지한 화북 농법과는 달리, 「농사직설」에서는 보리나 밀을 수확한 땅에 그루갈이[根耕]하여 대두를 파종하거나 맥麥 이삭이 패기 전에 그 이랑 사이에 간종하고, 이후 맥을 수확한 후에 그루갈이 하여 대두에 배토하였다. 즉 중국과 다른 간작법이 자연스럽게 정착하였으며, 대두를 통한 조선 한전 농법의 특징을 도출해 내었던 것이다.

처음 『관자管子』에 등장하는 융숙은 춘추시대 이래 다양한 채널을 통해 중국 내지로 소개되었을 것이며, 『범승지서』나 『제민요술』로 재차 정리된 대두의 경작법이 새로운 경작 기술과 함께 고려나 조선의 한전 농법에 영향을 주었다고 볼 때, 조선의 한전 작물의 재배법은 고구려의 남하와 대두 재배 기술이 견인차 역할을 했다고 말할 수도 있을 것이다.

그리고 융숙이 일찍이 천하로 확산될 수 있었던 것은 단순한 주곡 작물의 수요 때문이라기보다는 다양한 부식으로 가공되면서 그 효용성이 증대되었기 때문이다. 현재까지도 대두의 발원지인 한반도는 콩잎을 이용한 반찬이나 대두를 이용한 각종 가공, 발효식품이 세계에서 가장 많이 존재한 국가 중 하나이고, 된장, 간장은 한국인의 입맛을 좌우하는 필수식품이라는 점도 이러한 사실을 간접적으로 입증한다.

콩

가공기술과

식품의 발달

제3장

콩 이용 방식과
가공수단의 발달

본장에서는 중국 고대 대두大豆의 조리와 가공 도구의 발달에 따른 대두의 이용 정도를 살핀다. 대두 가공 기술의 변화는 생산성을 높일 뿐 아니라 제품의 품질 개선과 식생활의 변화를 유도하기도 하며, 자원을 효과적으로 이용할 수 있음은 물론이고, 새로운 수요층을 자극하여 더 많은 생산을 이끌어내기도 한다.

　　선진시대에는 가공 기술의 미발달로 채집한 숙菽을 섭취하는 방식 역시 일차원적이었다. 점차 해당 작물을 재배하고 그에 걸맞은 가공 도구가 발명되고 조리 기술이 발달하면서, 찌거나 껍질을 벗겨서 가공하는 1차적인 단계를 넘어, 빻거나 분말을 만들어 재가공하게 된다. 하지만 갈돌을 이용한 단계에서는 도정하고 마쇄한 양이 한정되어, 식생활의 변화나 그로 인한 재배작물의 수요를 충분히 이끌지는 못하였다.

　　한당漢唐 시대로 접어들면 화북지역에서 절구를 비롯하여 맷돌, 디딜방아 및 연자방아 등 가공 도구가 적지 않게 발견되며, 그 동력도 인력에서 축력이나 수력으로 변화되었다. 이것은 중고기中古期에 곡물이 적극적으로 가공될 수 있는 사회경제적 여건이 성숙되었음을 의미한다. 이런 생산수단이 식물食物의 발효 기술과 결합되면서 시豉[1], 장醬을 생산했으며, 종국에는 두부豆腐와 같은 식품을 발명하여 다양한 식생활의 변화를 야기하고 대두의 잔여물까지 다각도로 활용하게 된다.

　　뿐만 아니라 대도시가 발달하여 농업에 직접 종사하지 않는 사람들의 수가 늘어나고 다양한 소비 계층이 등장하면서 그들의 식생활은 도시 생활에 맞게 변하게 되었다. 특히 장안, 낙양과 같은 대도시의 경우, 바쁘게 움직이는 도시인들의 생활에 맞게 빨리 섭취하면서 쉽게 소화할 수 있는 음식물도 요구되었다. 이러한 식물食物의 수요는 새로

---

[1]　시(豉)를 흔히 우리의 된장이나 메주로 번역해서는 곤란하다. 우리의 메주는 콩을 삶아 으깨 곰팡이 발효시킨 형태이지만, 중국 시는 콩을 발효한 알갱이로 콩의 형태가 그대로 남아 있다. 이러한 시를 '알메주'라고 이름한다.

운 생산수단과 가공 기술의 발달이 전제되었기에 가능했다.

하지만 밀, 콩 등은 진한시대 이래 주곡으로 생산량이 줄곧 증가되었지만, 곡물의 특성상 삶아도 잘 익지 않고 취사가 힘들며, 소화도 쉽지 않았다. 중고기에 가공 도구의 발명과 분식이나 면식麵食의 수요가 확대된 것은 이런 사회경제적 필요가 있었기 때문이다. 갈돌보다 진일보한 맷돌, 연자방아 등의 제분기의 등장으로 딱딱한 겉껍질이 제거되고, 제분을 통해 분말을 이용하게 되면서 다양한 음식물을 가공할수 있게 된다. 그 결과 콩류, 맥류의 수요가 확대되어 중심 작물의 위치를 점하게 된다. 다양한 부식품의 개발은 식생활에 새로운 장을 열게 되었으며, 콩은 바로 그러한 대표적인 곡물 중 하나이다. 진한시대에 이미 대두로 만든 장을 출장 가는 하급 관리와 종자들에게까지 지급했던 것은 장이 생필품으로 이용되었음을 뜻한다.[2]

현재까지 곡물 가공 기술에 관한 연구는 그다지 많지 않았다. 고전적인 연구로서, 니시지마 사다오[西嶋定生]는 당대 화북지역에서 수력을 이용하여 연자방아를 돌려 장원의 제분업이 성행하게 되면서 기존의 조 중심의 농업 방식이 밀 중심의 2년 3모작의 재배 체제로 변화하였다고 파악하였다.[3] 이에 대해 중국의 왕리화王利華는 화북지역에서 수력水力을 이용한 곡물 가공은 이미 한대부터 시작되었으며, 중당中唐 이후에는 화북의 수력을 이용한 제분업과 도전稻田과의 모순이 노골화되었다고 한다. 게다가 제분업이 쇠퇴하게 된 근본적 원인은 환경 악화로 관중의 수자원이 날로 부족해지고, 번진의 할거로 중앙 정부 역시 연자방아를 파괴할 힘이 없었기 때문이라고[4] 한다. 이처럼 당시 제분업은 식생

2 　최덕경, 「大豆의 기원과 醬·豉 및 豆腐의 보급에 대한 재검토: 중국고대 文獻과 그 出土자료를 중심으로」, 『역사민속학』 30, 2009.

3 　니시지마 사다오[西嶋定生], 「碾磑の彼方: 華北農業における二年三毛作の成立」, 『中國經濟史研究』, 東京大出版會, 1966.

4 　왕리화(王利華), 「古代華北水力加工興衰的水環境背景」 『中國經濟史研究』 2005-1.

활과 농업의 체질을 변화시키는 데에도 크게 기여했음을 밝히고 있다.

본고에서는 이런 기존 연구를 토대로 절구→맷돌→디딜방아→연자방아로 발전한 제분기의 물질 자료와 문헌 사료를 분석하여 콩이 어떻게 가공, 조리되어 어떤 용도로 식용되었는지를 살피고, 그로 인해 나타난 사회경제적인 영향은 어떠했는지를 검토해 보고자 한다.

I. 콩 재배의 확대와 주식主食으로서의 대두

1. 고대 대두 생산지의 확대

전국시대 후기의 저작인 『여씨춘추呂氏春秋』 「심시審時」 편에서는 주요 곡물로 조[禾], 기장, 벼, 삼[麻], 콩[菽], 맥류[麥]를 제시하면서 직稷 대신 화禾가 들어가고, 「임지任地」 편에는 보리[大麥]가 추가되어 있다. 한대 거연居延 지역에서 직접 재배했던 농작물 자료를 보면 주된 작물은 조[稷], 차조[秫]⁵, 밀[麥], 보리[大麥], 귀리[穬麥], 기장[黍], 호두胡豆, 삼麻 등이다.⁶ 이들을 보면 전국시대 이후 한대까지의 주곡 작물은 거의 변함이 없었으며, 여기서도 대두[菽]는 중심 작물로 취급되어왔음을 알 수 있다.⁷ 게다가 한대 "오곡五穀"에 대한 주석을 보면 대개 조[禾

---

5 출(秫)은 『설문(說文)』에서는 "稷之粘者"라고 한다. 리위팡[李毓芳], 「淺談我國高粱的栽培時代」, 『農業考古』 1986-1, pp.268-269에서 9곡(穀)에 대한 정사농(鄭司農)과 정현(鄭玄)의 차이를 검토하면서 출(秫)과 양(粱: 고량)은 동물이명(同物異名)이라 하고, 왕위후[王毓瑚]는 양(粱)은 우량 곡물의 고유명사이며, 출(秫)은 서(黍)자에서 비롯되었다고 한다.

6 허샹쥐안[何雙全], 「居延漢簡所見漢代農作物小考」, 『農業考古』 1986-2, pp. 252-254.

7 춘추·전국시대에는 『시경(詩經)』, 『서경(書經)』의 "백곡(百穀)"이라는 표현과는 달리 대표적인 곡물을 흔히 5곡, 6곡, 9곡 등으로 칭해 왔다. 여기서 9곡은 『주례(周禮)』 「天官·大宰」, "一曰三農, 生九穀"의 주석에서 정사농(鄭司農)과 정현(鄭玄)이 각기 견해를 달리하고 있다. 전자는 서(黍), 직(稷), 출(秫), 도(稻), 마(麻), 대·소두(大小豆), 대·소맥(大小麥)이라고 하며, 후자는 서, 직, 도, 마, 대·소두, 소맥, 양(粱), 고(苽: 菰) 등이라고 주석하고 있다. 이 양자 중에서 공통되는 것은 서, 직, 도, 마, 대·소두, 소맥 등 7개이며, 다른 것은 출, 대맥, 량, 고(苽: 菰)이다. 그런가 하면 『주례(周禮)』 「天官·食醫」篇에도 "육식(六食)"이 등장하는데, 정현의 주석에는 도(稌), 서, 직, 량, 맥, 고(苽)라고 한다.

粟=稷], 기장[黍], 벼[稻], 삼[麻], 콩[菽], 맥류[麥]로 주석가들 사이에 생산 지역에 따른 출입은 있지만 큰 차이는 없다. 주목되는 것은 한당 시대의 오곡으로 당시에는 맥麥과 두豆가 필수적으로 포함되어 있으며, 특히 당대에는 대소맥과 대·소두를 중시했던 것이 특징이다.[8] 이는 한당 시기 중심 작물은 대·소맥류와 콩이었음을 알 수 있다.

물론 이 작물들을 지역마다 모두 재배한 것은 아니었다. 『주례』 「하관夏官·직방씨職方氏」에 따르면 동남의 양주揚州 지역과 남쪽의 형주荊州에는 벼[稻]가 가장 적합하며, 하남의 예주豫州에는 기장[黍], 조[稷], 콩[菽], 맥류[麥], 벼[稻]가, 동쪽의 청주靑州에는 벼, 맥류가, 하동의 연주兗州에는 기장, 조, 벼, 맥류가, 서쪽의 옹주雍州에는 조, 기장이, 동북의 유주幽州에는 기장, 조, 벼가, 하내河內의 기주冀州에는 기장, 조가, 북쪽의 병주幷州에는 기장, 조, 콩, 맥류, 벼가 적합하다고 하여 지역의 풍토에 따라 산물도 차이가 있다. 그리고 『회남자淮南子』에는 지역을 넘어 강江의 특성에 따라 대두의 적합성을 밝히면서, "하수河水는 탁하여 콩을 재배하기에 적합한 지역이다." 반면 "분수汾水는 탁하기는 하지만 마麻에 적합"하고, "황하 유역의 토질은 콩[菽]에 적합"하다고[9] 한다. 『관자』 「지원地員」 편에서도 토양의 성질에 따른 작물과의 관계를 밝히고 있는데, 염기성의 척치토斥埴土에 대두와 맥이 적합하다고 한다. 지역적으로 주로 북부가 콩 생산에 유리했음을 말해준다.

---

8   오곡에 대한 해석은 다양하다. 『周禮』 「天官·疾醫」, "以五味、五穀、五藥養其病." 鄭玄註: "五穀, 麻、黍、稷、麥、豆也."; 『孟子』 「滕文公上」, "樹藝五穀, 五穀熟而民人育." 趙歧註: "五穀謂稻、黍、稷、麥、菽也."; 『楚辭』 「大招」, "五穀六仞." 王逸註: "五穀, 稻、稷、麥、豆、麻也."; 『黃帝內經』 「素問·藏氣法時論」, "五穀爲養." 王冰註: "謂粳米、小豆、麥、大豆、黃黍也."; 『蘇悉地羯羅經』 卷中, "五穀謂大麥、小麥、稻穀、大豆、胡麻."라고 하여 각기 차이가 있다. 앞의 3인은 후한인이고, 뒤의 2인은 당대인이다.

9   『회남자(淮南子)』 「墜形訓」, "是故白水宜玉、黑水宜砥、青水宜碧、赤水宜丹、黃水宜金、清水宜龜、汾水蒙濁而宜麻、泲水通和而宜麥、河水中濁而宜菽、雒水輕利而宜禾、渭水多力而宜黍、漢水重安而宜竹、江水肥仁而宜稻."; 『후한서』 권28하, 「馮衍傳」, "循四時之代謝兮…軼范蠡之絶迹"의 주석에서 "周禮五土, 一曰山林, 二曰川瀆, 三曰丘陵, 四曰墳衍, 五曰原隰.…淮南子曰, 汾水濁宜麻, 濟水和宜麥, 河水調宜菽, 洛水輕利宜禾, 渭水多力宜黍, 江水肥宜稻."

기원후 2세기의『사민월령四民月令』단계로 접어들면서 다시 완두콩 [豌豆], 누에콩[胡豆], 비두[豍豆, 봄보리[春麥], 광맥穬麥, 개자리[牧宿: 苜蓿], 차조기[蘇] 등의 곡물이 더해진다. 선진시대에는 숙菽이 콩류를 대변했지만,『여씨춘추』「심시審時」편에서는 소숙, 대숙으로 구분되어 나타난다. 한대로 접어들면서 점차 맥두麥豆류가 대소의 형태로 다양해지고,[10] 그 비중 또한 증가한다.『동관한기東觀漢記』「세조광무황제世祖光武皇帝」편에 "삼[麻]과 콩이 특히 성하였다."라는 것이[11] 이를 말함이다.

후한말 동탁董卓 때 낙양의 인구는 장안 등지에서 이주하여 100만에 이르렀다고 한다.[12] 이쯤 되면 식량 공급의 측면에서 곤란한 문제가 발생했을 것이며, 새로운 식품의 활로도 개척되었을 것이다. 실제 낙양의 금곡원촌金谷園村과 오녀총五女冢에서 출토된 도기陶器의 표면에 "조[粟] 만석萬石", "맥麥 만석萬石", "대두 만석"이나 '시豉', '장醬' 등의 글자가 쓰여진 것을 볼 수 있다. 도기의 크기가 숫자만큼의 용량이 아니기 때문에 이런 표시는 "봄에 한 알을 심으면 가을에 만 알을 수확한다."라는 조, 콩, 맥류 등의 대량 생산을 염원했고, 이들로 만든 시豉, 장醬의 가공식품 수요가 증가되었음을 말해준다.[13] 6세기 이전의 각종 식품을 정리한『제민요술』에도 다양한 대두 발효, 가공식품이 등장하고 있는 것은 곡물의 수요와 이를 이용한 가공식품이 어떤 면모를 띠었는지를 잘 말해준다.

그러다가 6세기『제민요술』단계로 접어들면 기장[粱], 차조[秫], 검은 메기장[穄], 벼[稻], 깨[胡麻], 청과靑稞, 확맥瞿麥, 들깨[荏] 등의 곡물

---

10 『범승지서(氾勝之書)』에도 도(稻), 좁쌀[米], 기장[黍], 마(麻), 차조[秫], 밀[小麥], 보리[大麥], 소두(小豆), 대두(大豆) 등 9곡에서 맥두(麥豆)의 비중이 증가되고 있다.
11 『동관한기(東觀漢記)』권1「世祖光武皇帝」, "天下野穀旅生, 麻菽尤盛."
12 『후한서(後漢書)』「董卓傳」.
13 최덕경(崔德卿),「『大豆의 기원과 醬·豉 및 豆腐의 보급에 대한 재검토: 중국고대 文獻과 그 出土자료를 중심으로」, pp.382-383.

이 또 더해진다.[14] 이들은 벼[稻]를 제외한 대부분이 밭작물로서 당시 농업경제 중심권이 화북華北이었음을 말해준다.[15] 이처럼 중고기로 접어들면서 콩, 맥류의 비중이 증가되고 있는 점은 주목된다. 당시 콩, 맥류의 비중이 증가된 것은 그만큼 수요가 많았음을 의미하며, 그러한 수요는 도시의 발달 못지않게 가공 및 조리 방식이 발달하여 다양한 가공식품이 개발되었기 때문일 것이다.

중고기中古期는 대두 재배와 보급을 알 수 있는 문헌자료가 적지 않다.[16] 선진先秦시대의 『시경詩經』에서 보듯 민인이 임숙荏菽이나 숙을 재배 내지 채집했고,[17] 진한시대를 거치면서 장시醬豉의 가공이 용이한 콩 재배가 일반화되면서 이를 통한 다양한 가공식품의 제조가 가능했고, 『제민요술』에서는 이들 식품을 집약하고 있다. 『제민요술』에 의하면 북방에서 재배하는 콩[大豆] 품종이 11종, 팥[小豆]도 10종이며,[18] 이들은 대개 중국 동북이나 서역 지역으로부터 유입되고 있다.

이런 상황은 당대唐代까지 이어지고 있다.[19] 『신당서新唐書』에는 콩[菽]이 맥과 함께 나란히 등장한다. 예컨대 만약 "콩과 맥을 재배할 때 시기를 놓치거나", "콩과 조가 수확이 많지 않게 되면" 백성들의 생계가 매우 곤란하였으며,[20] 심지어 북부 변경 지역에서는 사졸들에게도

---

14   왕위후[王毓瑚], 「我國自古以來的重要農作物」『農業考古』1981-1, pp.81-82.

15   이상은 최덕경, 「戰國秦漢시대 음식물의 材料」『考古歷史學志』第11·12合輯, 1996, pp.95-102를 참조하였다.

16   대두의 기원에 관해서는 이미 살핀 바가 있다. 최덕경(崔德卿), 「『齊民要術』의 高麗豆 普及과 韓半島의 農作法에 대한 一考察」, 『東洋史學研究』제78집, 2002; 최덕경, 「大豆栽培의 起源論과 韓半島」, 『中國史研究』31, 2004.

17   『시경(詩經)』「國風·齊·南山」, 正義曰, "此云蓺麻后稷生民云蓺之荏菽"; 같은 책, 「小雅·節南山之什·小宛」, "中原有菽. 庶民采之"

18   왕리화(王利華) 주편, 『중국농업사통사(中國農業史通史) (위진남북조권)(魏晉南北朝卷)』, 中國農業出版社, 2009, p.105.

19   『진서(晉書)』권75「王湛·承族子蟜列傳」, "蟜獨曰 中原有菽, 庶人採之. 百姓不足, 君孰與足 若禁人樵伐, 未知其可"; 『송서(宋書)』권61「武三王·廬陵孝獻王義真列傳」, "前吉陽令堂邑張約之上疏諫曰, 臣聞仁義之在天下, 若中原之有菽, 理感之被萬物, 故不繫於貴賤. 是以平叔反"; 『신당서(新唐書)』권202「文藝中·蘇源明列傳」, "詩曰 中原有菽, 庶民采之. 彼思明, 楚元, 皆采菽之人也."

20   『신당서(新唐書)』권165「高郢列傳」, "比八月雨不潤下, 菽麥失時, 黔首狼顧, 憂在艱食, 若遂不給,

토지를 개간하여 조와 콩을 생산하게 하였다.[21] 이런 모습들은 중고기
中古期에도 콩, 맥류가 중심 작물이었음을 보여주는데, 송대에는 북부
변경의 여진 지역에서도 콩[菽]을 재배하였다.[22]

한당 시대에 대두가 가장 널리 재배된 곳은 하남, 섬서, 산서지역
이었다. 한대에는 주로 하남, 산서지역에 집중되고, 그 외 감숙 및 호
남북 등지에서도 재배되었으며, 남북조시대 이후에는 신강 등지에도
흑두黑豆가 등장하고 있다.[23] 『전국책戰國策』 「한韓·장의위진연횡설한왕
張儀爲秦連橫說韓王」편을 보면, 중국 고대 한국韓國은 지세가 험하여 사람
들은 산에서 살면서 대두를 생산하여 밥을 짓고, 그 잎으로 국을 끓
여 먹었다고 한다.[24] 삼보三輔 지역 역시 전술한 낙양과 더불어 전통적
인 콩, 맥류의 생산지였다. 『후한서後漢書』 「효헌제기孝獻帝紀」에는 장안
지역에 가뭄이 들어 "당시 조[穀] 한 석이 5십만, 콩과 맥 한 석이 2십
만이었다. 사람들은 서로 잡아먹어 백골이 쌓였다."[25]라는 사실에서
이들 지역이 대두 생산지였으며, 조[穀=粟]가 콩[豆], 맥류[麥]의 가격보
다 2배 이상 비싸[26] 식인食人을 하거나 굶어 죽는 사람이 엄청났음을
지적하고 있다. 이러한 현상은 『구당서舊唐書』 「고계보 열전高季輔列傳」에

將何以救之": 『요사(遼史)』 권103 「文學上·蕭韓家奴」, "況渤海, 女直, 高麗合從連衡, 不時征討. 富
   者從軍, 貧者偵候. 加之水旱, 菽粟不登, 民以日困. 蓋勢使之然也."
21 『신당서(新唐書)』 권156 「李元諒列傳」, "更節度隴右, 治良原庾. 良原隍堞湮圯, 旁皆平林薦草, 虜入
   寇, 常牧馬休徒於此. 元諒培高浚淵, 身執苦與士卒均, 菑翳榛莽, 闢美田數十里, 勸士墾藝, 歲入
   粟菽數十萬斛, 什具畢給."
22 『금사(金史)』 권27 「河渠·漕渠」, "承安五年, 邊河倉州縣, 可令折納菽二十萬石, 漕以入京"; 『금사(金
   史)』 권47 「食貨·田制」, "女直人徙居奚地者, 菽粟得收穫否 左丞守道對曰 聞皆自耕, 歲用亦足."
23 최덕경, 『中國古代農業史硏究』, 백산서당, 1994, p.311 〈부록-표2〉 참조; 천원화[陳文華], 「中國古代
   農業考古資料索引」, 『農業考古』 87-1; 웨이쓰[韋斯], 「西域農業考古資料索引」 『農業考古』 2004-3.
24 『전국책(戰國策)』 「韓·張儀爲秦連橫說韓王」, "韓地險惡, 山居, 五穀所生, 非麥而豆. 民之所食, 大
   抵豆飯藿羹."
25 『후한서(後漢書)』 권9 「孝獻帝紀」, "時長安中盜賊不禁…時穀一斛五十萬, 豆麥二十萬, 人相食啖,
   白骨委積, 臭穢滿路."
26 후한 말 조가 값이 비싼 이유가 가공이 간단하고 밥맛이 좋아 여전히 주식으로 선호했기 때문인지 아
   니면 생산량이 콩, 맥보다 적었기 때문인지 사료만으로는 알 수가 없다.

따르면 나라의 근본인 기내畿內 지역은 땅은 좁고 인구는 많지만, 경작지는 많지 않았다. 콩, 조의 가격은 비싸지는 않지만, 많이 비축할 수 없었던 것을 보면[27] 조와 콩은 소비가 일상화된 작물이었음을 알 수 있다.[28]

하지만 당시 강남江南 지역에는 국가가 비록 다양한 곡물의 재배를 권장했음에도 불구하고 민간에서는 벼 이외에는 크게 주목하지 않아, 섬서의 여러 주로부터 콩과 조[菽粟]를 황하를 따라 운송하거나[29] 회북淮北에서 재배한 콩을 공급받았다. 이것을 보면 한당 시대 강남 지역에는 대두 재배가 일반화되지 않았음을 알 수 있다.[30]

오곡五穀은 대개 소금기가 많은 토양을 제외하고는[31] 재배에 큰 문제가 없다. 중고기의 콩 재배 지역을 보면, 화북지역 이외 서북 변경 지역에도 폭넓게 분포하고 있다. 『위서魏書』「서역전西域傳」의 언기국焉耆國에 대한 설명에 따르면, "곡식에는 벼, 조, 콩, 맥이 있다."라고 하

27 『구당서(舊唐書)』권78「高季輔列傳」, "今畿內數州, 實惟邦本, 地狹人稠, 耕植不博, 菽粟雖賤, 儲蓄未多, 特宜優矜, 令得休息."

28 그 후, 『금사(金史)』권121「王維翰列傳」에 나타난 하남의 벼농사 지역도 가뭄이나 황재가 들면 숙, 맥을 재배하도록 백성을 유도하고 있다는 점은 주목된다. 이러한 여건은 명청시대에도 이어져 『명사(明史)』「陳龍正列傳」에는 남인을 이용하여 중원지역의 황무지를 개간하여 기보(畿輔), 하남, 산동 지역의 콩, 조 생산을 늘려 변군의 식량도 해결하도록 건의하고 있다. 실제 군대의 식량이 부족하면 산동, 하남 등지에서 생산된 쌀, 콩을 구입하여 천진으로 운송하기도 하였다. 게다가 명대의 하남, 산서지역에는 매년 3월에 부·주·현에서 식량이 부족한 하호들에게 숙출(菽秫)-서맥(黍麥)-도(稻)의 순으로 양식을 지급하고 있다. 그리고 『청사고(清史稿)』「尹會一子嘉銓」에도 "하남지역의 민은 맥식(麥食)을 가장 좋아하고 고량, 메밀, 콩을 다음으로 좋아했다."(『청사고(清史稿)』권308「列傳九十五」)고 한 것을 보면 중원지역은 대두의 주요 생산지로서 그 소비량도 여전히 적지 않았음을 알 수 있다.

29 『송사(宋史)』권175「食貨上·漕運」, "江南淮南兩浙荊湖路租糴, 於真揚楚泗州置倉受納, 分調舟船泝流入汴, 以達京師, 置發運使領之. 諸州錢帛雜物軍器上供亦如之. 陝西諸州菽粟, 自黃河三門沿流入汴, 以達京師, 亦置發運可領之.···. 先是, 諸口漕數歲久益增, 景德四年, 定汴河歲額六百萬石, 天聖四年, 荊湖江淮州縣和糴上供, 小民闕食, 自五年後權減五十萬石. 慶曆中, 又減廣濟河二十萬石, 後黃河歲漕益減耗, 纔運菽三十萬石, 歲創漕船, 市材木, 役牙前, 勞費甚廣; 嘉祐四年, 罷所運菽, 減漕船三百艘. 自是歲漕三河而已."

30 『송사(宋史)』권173「食貨上·農田·農田之制」, "言者謂江北之民雜植諸穀, 江南專種稻, 雖土風各有所宜, 至於參植以防水旱, 亦古之制. 於是詔江南兩浙荊湖嶺南福建諸州長吏, 勸民益種諸穀, 民乏粟麥黍豆種者, 於淮北州郡給之."

31 『후한서(後漢書)』권86「西南夷列傳」, "又土地剛鹵, 不生穀粟麻菽."

며,[32] 『신당서』 「토욕혼전吐谷渾傳」에는 이곳은 본래 수렵을 좋아하여 고기와 우유를 양식으로 했지만, 일찍이 『위서魏書』 「토욕혼열전吐谷渾列傳」에는 밭에 보리[大麥], 조[粟], 콩[豆]도 파종했다고 한다. 이들 지역은 비록 기후는 한랭하지만 맥류, 콩, 조, 순무 등의 작물을 재배하였다.[33] 마찬가지로 『수서隋書』 「서역전西域傳」의 「구자열전龜玆列傳」이나 「조국열전漕國列傳」에서도 콩[豆], 맥류[麥]가 언급되었던 것을 보면 서북 지역에서도 폭넓게 대두가 재배되었음을 확인할 수 있다. 그리고 이들 지역에 콩과 맥류가 일찍부터 재배된 또 다른 증거는 바로 신석기시대부터 한당대漢唐代에 이르기까지 갈돌[石磨], 갈돌판[石磨盤]과 저구杵臼[절구공이와 절구통] 등의 가공 도구가 도처에서 출토되고 있다는 점이다.[34]

그 외 『수서隋書』 「동이전東夷傳」과 「류구국열전流求國列傳」의 기록을 보면 이 지역에도 적두赤豆, 흑두黑豆, 두豆 등이 생산되고 있으며,[35] 당대唐代 서남만西南蠻 지역에는 벼농사와 더불어 콩, 조, 기장[粱]이 재배되었고,[36] 남만의 가릉訶陵에도 벼, 맥류, 마麻, 콩이 생산된 것을 볼 수 있다.[37] 이것은 수당 시대가 되면서 콩류 작물이 전 지역으로 점차 전파되고 있음을 보여준다. 『송사宋史』에는 절浙, 강江, 회淮 지역에 조, 마, 콩을, 양절兩浙, 복건 등지에는 조, 맥류, 기장, 콩을, 양절 지역에는 말의 사육을 위해 잡콩을 재배하기도 한 것을 보면 당대를 전후하여 점차 강남지역으로 콩류가 확산된 것을 확인할 수 있다.

---

32 『위서(魏書)』 권102 「西域傳」, "穀有稻粟菽麥."; 『주서(周書)』 권50 「列傳第四十二」에도 보인다.

33 『위서(魏書)』 권101 「吐谷渾列傳」, "至于婚, 貧不能備財者, 輒盜女去. 死者亦皆埋殯. 其服制, 葬訖則除之. 性貪婪, 忍於殺害. 好射獵, 以肉酪為糧. 赤知種田, 大麥粟豆, 然其北界氣候多寒, 唯得蕪菁, 大麥, 故其俗貧多富少. 青海周回千餘里, 海內有小山, 每冬冰合後, 以良牝馬置此山, 至來春收之, 馬皆有孕, 所生得駒, 號為龍種, 必多駿異."; 『신당서(新唐書)』 권221 「西域上·吐谷渾」.

34 웨이쓰[韋斯], 앞의 논문, 「西域農業考古資料索引」, pp.226-230.

35 『수서(隋書)』 권81 「東夷·流求國列傳」.

36 『구당서(舊唐書)』 권197 「南蠻·西南蠻·驃國」, "其堂宇皆錯以金銀, 塗以丹彩....其俗好生惡殺. 其土宜菽粟稻粱, 無麻麥."

37 『신당서(新唐書)』 권220 「南蠻下·訶陵列傳」.

송대에 있어 5곡 중 대두의 위치와 보급을 살피기 위해 그 곡가를 보자. 宋송 초 하동로河東路의 곡가 중 쌀이 두斗당 30전, 속粟이 16전, 대두가 22전이었다.[38] 이것을 보면 콩값은 쌀값보다는 낮고 좁쌀보다는 높았음을 알 수 있다. 영종英宗 때 장안의 물가를 보면 쌀과 밀은 두斗당 100전이었지만 조와 콩은 그 절반이었다.[39] 여기서도 당시 주곡으로서의 대두의 가치를 짐작할 수 있다. 그런가 하면 원우元祐 6년 (1091년), 회남淮南과 양절兩浙에 자연재해가 발생하여 유민들이 영주靈州에 들어가려고 하자, 관부에서는 곡물을 구입하여 구제하는 청원을 준비하였다.[40] 당시 한 말당 갱미粳米는 80전, 밀은 60전, 녹두 55전, 좁쌀은 90전, 완두는 60전이었다. 녹두의 가격이 가장 낮고 그다음이 완두와 밀이었다. 대개 콩 가격은 곡물의 중하위권이며, 일반적으로 가난한 사람들도 구입할 수 있는 여력이 있었다.[41] 송대 강남지역은 콩의 생산량도 많고 공급량도 풍부했다는 점을 알 수 있다.

2. 주식으로서의 대두

1) 서민의 양식

한당시대 각지에서 생산된 대두는 주로 어떤 용도로 이용되었을까? 대두를 식용한 구체적인 사례는 이미 『시경』에서 볼 수 있었다. 중원지역의 서민들이 대추와 대두를 따서 먹거나 콩잎을 따서 먹었다는 기록이 전해진다.[42] 콩이 서민의 주식이었고, 하호下戶, 군인들의 식

38　『속자치통감장편(續資治通鑑長編)』 권400 원우(元祐) 2년 5월 을묘 주.
39　『속자치통감장편(續資治通鑑長編)』 권516 원우 2년 윤 9월 갑술 주.
40　소식(蘇軾) 찬, 『소식문집(蘇軾文集)』 권33 「乞賜度牒羅斛斗準備賑濟淮浙流民狀」.
41　청민성[程民生], 「宋代菽豆的地位及功用」『中國農史』 2023-2, p.7.
42　『시경(詩經)』 「國風·豳·七月」, "正義日此鬱薁言食則葵菽及棗皆食之也"; 『시경(詩經)』 「小雅·節南山之什·小宛」, "中原有菽庶民采之, 中原中也菽藿也力采者則得之, 箋云藿生原中非有主也."

x

량으로도 활용되었다는 점이나 폭넓은 지역에서 생산된 것을 보면 다
양하게 활용되었음을 짐작할 수 있다.

그럼 콩은 어떤 방식으로 섭취했을까? 『사기』 「장의열전張儀列傳」에
수록된 "콩으로 밥을 짓고 콩잎으로 국을 끓인다."란 기록을 통해 콩
을 채취하여 삶아 밥을 짓고 콩잎으로는 국을 끓여 먹었음을 알 수
있다.[43] 이러한 서민들의 모습은 『한서』 「화식전貨殖傳」에도 잘 나타나
있는데, "부자들은 무늬 있는 비단옷을 입고 그 개와 말도 고기와 조
밥을 먹는 데 반해, 가난한 이들은 남루한 삼베옷도 걸치지 못하고
'콩을 먹고 물을 마시기'를 일삼았다."라고[44] 하니 중국 고대 빈자들
의 기본적인 삶의 모습이 어떠했는가를 어슴푸레 알 수 있다.

즉, 당시 콩과 조는 서민들의 주식 중 하나였으며, 이것마저 부족
하면 서민들은 굶주릴 수밖에 없었던 것 같다.[45] 진시황 때 아방궁 축
조에 요역으로 참여한 사람들이 함양으로 몰려들면서 300리 안에서
는 식량을 구할 수 없어서 모두 자기 군현에서 스스로의 식량을 가져
왔다. 이때 가져온 것이 대개 콩과 조였다는 사실도 당시 서민들이 무
엇을 섭취했는지를 말해준다.[46]

이런 사실로 미루어 볼 때 콩은 당시 서민들 식량의 최후 보루였
던 것 같다. 『후한서』 「진번열전陳蕃列傳」에서는 청주靑州, 서주徐州 지역
에 가뭄이 들어 오곡의 피해를 입게 되자 백성들은 대두조차 부족했
으며, 수재와 한재로 인해 콩과 조의 수확이 좋지 않게 되자 백성들의

---

43 『사기(史記)』 권70 「張儀列傳」, "張儀去楚, 因遂之韓, 說韓王曰, 韓地險惡山居, 五穀所生, 非菽而
    麥, 民之食大抵菽飯藿羹."
44 『한서』 권91 「貨殖傳」, "富者木土被文錦, 犬馬餘肉粟, 而貧者裋褐不完, 啥菽飲水. 其爲編戶齊民."
45 『묵자한고(墨子閒詁)』 권9 「非命」下, "管子重令篇云, 菽粟不足, 末生不禁, 民必有飢餓之色."
46 『사기』 권6 「秦始皇本紀」, "四月 … 復作阿房宮. 外撫四夷, 如始皇計. 盡徵其材士五萬人為屯衛咸
    陽, 令教射狗馬禽獸. 當食者多, 度不足, 下調郡縣轉輸菽粟芻, 皆令自齎糧食, 咸陽三百里內不得
    食其穀. 用法益刻深."

삶이 날로 곤궁해졌다고[47] 한다. 그리고 『진서晉書』 「유총전劉聰傳」에서
는 하동河東지역에 황충의 피해가 심각해지자 사람들이 그들을 잡아
땅에 매장했는데, 이내 땅을 뚫고 날아들어 다시 기장, 콩을 먹어버
려 기아가 심각했다고[48] 하는 사실들은 서민에게 있어 대두가 어떤 위
치를 점했는지 잘 보여준다.[49]

이런 서민들의 식생활은 이후에도 지속된 듯하다. 남북조시대에
검소하게 생활하면서 백성들의 음식인 콩과 맥에 소금 절인 채소를
먹었던 하북河北의 군수가 이민吏民들의 사랑을 받았던 것이나[50] 청대
하남민河南民은 맥식麥食을 최상으로 여기고 고량, 메밀[蕎麥], 콩을 그
다음으로 여겼다는 기록도 이런 사실을 입증해 준다.[51]

이러한 이유 때문인지 콩은 최후의 보루로 재해 때에 재난 대비나
구휼 작물로도 이용되었다. 송대 진강鎭江에서 재해로 인해 굶주린 사
람들이 겨우 콩과 조를 빌렸다는[52] 내용이나 늙고 병든 자들이나 걸
인들에게 쌀과 콩을 지급한 사실에서도[53] 구황작물로서 대두의 용도
를 엿볼 수 있다. 이것은 『한서』 「식화지」에 재해를 대비하기 위해 5곡
을 섞어 심는 것과 같은 논리로, 이때 주로 대두가 활용된 듯하다.

전한 말에는 흉년과 지력 유지를 위해 가구 수를 계산하여 대두

---

47 『요사(遼史)』 권103 「文學上·蕭韓家奴」, "況渤海、女直、高麗合從連衡, 不時征討. 富者從軍, 貧者
     偵候. 加之水旱, 菽粟不登, 民以日困. 蓋勢使之然也."

48 『진서(晉書)』 권102 「劉聰傳」, "河東大蝗, 唯不食黍豆. 靳準率部人收而埋之, 哭聲聞於十餘里, 後
     乃鑽土飛出, 復食黍豆. 平陽饑甚, 司隸部人奔于襄州二十萬戶, 石越招之故也."

49 『후한서(後漢書)』 권66 「陳王列傳(陳蕃)」, "又青徐炎旱, 五穀損傷, 民物流遷, 茹菽不足."

50 『주서(周書)』 권35 「裴俠列傳」, "除河北郡守. 俠躬履儉素, 愛民如子, 所食唯菽麥鹽菜而已. 吏民莫
     不懷之."

51 『청사고(清史稿)』 권308 「尹會一子嘉銓」, "河南民食麥為上, 高粱蕎麥豆次之."

52 『송사(宋史)』 권396 「王淮列傳」, "天長水害七十餘家, 或謂不必以聞, 淮曰, 昔人謂人主不可一日不
     聞水旱盜賊, 記曰, 四方有敗, 必先知之. 豈可不以聞? 鎮江饑民彊借菽粟, 執政請痛懲之."

53 『송사(宋史)』 권178 「食貨上·振恤」, "九年, 知太原韓絳言, 在法, 諸老疾自十一月一日州給米豆, 至
     次年三月終. 河東地寒, 乞自十月一日起支, 至次年二月終止; 如有餘, 即至三月終. 從之. 凡鰥寡孤
     獨癃老疾廢貧乏不能自存應居養者, 以戶絕屋居之. 無, 則居以官屋, 以戶絕財産充其費, 不限月.
     依乞丐法給米豆."

를 파종하게 했는데,『범승지서』에서 옛 사례를 들어 1인당 5무畝 정
도 대두를 재배하게 한 것도[54] 이런 이유와 관련된 듯하다. 하지만 1인
당 5무를 재배하게 한 것은,『한서』「식화지」에서 조조晁錯의 지적처럼
5인 가족이 100무[小畝]의 토지를 경작했다고 친다면, 전체의 25%에
해당하는 큰 면적이며,『범승지서』의 5무를 만약 240보 1무로 환산한
것이라면 그 크기는 소무 면적의 절반을 넘게 된다.[55] 이렇게 생산된
콩이 대부분 서민의 식량이나 흉년 대비용으로 소비된 셈이다.『전국
책戰國策』「한책韓策」에 험지에 거주하는 "백성들의 식량은 대개 콩밥과
콩잎 국이었다."라고[56] 한 상황이 이를 말해준다. 따라서『범승지서』에
서와 같은 대두의 재배는 그 타당성 여부를 떠나, 전한 말 구황작물
이 불가피했던 시대적 상황과 함께 가공식품이 늘어나면서 소농가에
까지 대두의 중요성이 증가된 것을 상징적으로 보여주는 것이 아닌가
한다.

콩을 섭취할 때는 다른 곡물과는 달리 상당한 주의를 요한다. 날
것을 그대로 섭취할 경우 비린내가 나고 소화도 잘 되지 않는다. 그리
고 많이 먹을 경우에는 위장장애를 일으키기도 쉽다. 그럼에도 대두
가 주식으로서의 지위를 유지했던 것은 대두의 재배에 특별한 조건
이 필요치 않았고, 재난 속에서도 높은 생산량과 안정적인 식량원의
지위를 지녔기 때문이다. 그리고 간작으로 인한 지력 보전과 화곡禾穀
작물과의 윤작으로 효율적인 토지 이용도 가능했다. 무엇보다 1차적
인 소비에 머물렀던 콩 식품이 진한시대 이후 가공 기술의 발달로 인

---

54 『제민요술(齊民要術)』「大豆」, "『氾勝之書』曰, 大豆保歲易為, 宜古之所以備凶年也. 謹計家口數, 種
大豆, 率人五畝, 此田之本也."
55 완궈딩[萬國鼎] 집석,『범승지서집석(氾勝之書輯釋)』, 農業出版社, 1980, p.136에서 이 사료는 진실
여부를 떠나 당시 인민의 음식물 중 콩의 중요성을 말해주는 것이라고 한다.
56 『전국책(戰國策)』「韓策」, "韓地險惡山居 五穀所生 非麥而豆. 民之所食, 大抵豆飯藿羹"

해 다양한 발효, 가공식품으로 제조되어 소비할 수 있었던 점도 대두
가 주된 양식 작물의 위치를 유지할 수 있었던 요인이었던 것 같다.

2) 병사의 식량

대두는 중국 고대 서민층의 구황작물이나 양식으로 이용된 것 못
지않게 군량으로도 사용되었다. 우선 『사기』 「진시황본기」에 함양咸陽
을 지키는 5만의 군대가 식량이 부족하여 군현에서 콩, 조와 꿀[蒭]을
운반해 왔으며,[57] 「항우본기」에 진秦과 장기간 대치하면서 그 해 식량
사정이 좋지 않자 사졸들에게 토란과 콩을 먹였다거나 「진승항적전陳
勝項籍傳」에서는 이마저 부족하여 콩과 채소를 섞어 먹기까지 했다고
한다.[58] 이러한 상황은 초楚가 진秦을 공격할 때 양식이 떨어지자 사졸
들에게 콩을 나누어 먹게 한 사실에서도 알 수 있다.[59] 그리고 후한의
등홍鄧弘이 적미赤眉와 화음華陰에서 싸울 때, 적미가 짐수레에 흙을 싣
고 그 위에 콩을 덮어 유인하자 배고픈 병사들이 다투어 그것을 취하면
서 적미가 등홍의 군대를 물리치는 장면에서도 콩이 등장한다.[60]

『삼국지三國志』 「환이진서위로전桓二陳徐衛盧傳」에서는 위 태조가 촉蜀
을 정벌하는 과정에서 양평陽平에서 장로張魯를 쳐서 콩과 맥을 거두

---

57 『사기(史記)』 권6 「秦始皇本紀」, "外撫四夷, 如始皇計. 盡徵其材士五萬人爲屯衛咸陽, 令教射狗馬
    禽獸. 當食者多, 度不足, 下調郡縣轉輸菽粟芻藁, 皆令自齎糧食, 咸陽三百里內不得食其穀. 用法
    益刻深."

58 『사기(史記)』 권7 「項羽本紀」, "乃遣其子宋襄相齊, 身送之至無鹽 … 天寒大雨, 士卒凍飢. 項羽曰,
    將戮力而攻秦, 久留不行. 今歲饑民貧, 士卒食芋菽, 軍無見糧."; 『漢書』 卷31 「陳勝項籍傳」 "今歲飢
    民貧, 卒食半菽"에 대해 신찬(臣瓚)은 "士卒食蔬菜以菽雜半之"라고 주석하여 군사들이 콩을 채소
    와 섞어 먹었다고 한다.

59 『예문류취(藝文類聚)』 「武部·將帥」, "列女傳曰. 楚反攻秦軍. 絶糧. 使人請於王. 因問其母. 母問
    使者曰. 士卒無恙乎. 使者曰. 士卒分菽粒而食之. … 分而食之. 甘不踰嗌而戰自十也. 今士卒分菽
    粒而食之. 子獨朝夕芻豢何也. 漢書曰. 韓信亡."

60 『후한서』 권17 「馮岑賈列傳」, "異與赤眉遇於華陰, 相拒六十餘日, 戰數十合, 降其將劉始、王宣等
    [一]五千餘人. 三年春, 遣使者即拜異為征西大將軍. 會鄧禹率車騎將軍鄧弘等引歸, 與異相遇, 禹
    弘要異共攻赤眉. … 弘遂大戰移日, 赤眉陽敗, 棄輜重走. 車皆載土, 以豆覆其上, 兵士飢, 爭取之.
    赤眉引還擊弘, 弘軍潰亂. 異與禹合兵救之, 赤眉小卻."

어 군량으로 충당하였다고[61] 하며, 『위서魏書』「진군전陳群傳」에서는 "콩과 보리를 많이 거둬 군량이 늘어났다."고 기록되어 있다.[62] 위 말엽 토벌 전쟁 때도 회북淮北에서 곡식을 취해서 군사들에게 1인당 대두 3되를 지급하고 있다.[63] 『진서晉書』에서는 배 1만 척을 거느리고 강과 바다를 항해하며 안악성安樂城에서 조와 콩 1, 100만 곡斛을 운반하여 군대에 조달하고 있다.[64] 이처럼 줄곧 콩을 군량으로도 사용된 사례를 볼 수 있으며, 이런 상황은 남북조시대에도 큰 차이가 없다.

남조 역시 송대 이후 세금은 이전보다 늘고 국고는 줄어들었다. 게다가 전쟁이 자주 일어나 수역戍役의 장정들은 집에 절반의 콩도 비축하지 못했는데, 반면 귀족들은 사치를 다투고 있는 대목에서도 군역 장병의 식량은 콩이었음을 알 수 있다.[65] 더구나 『양서梁書』, 『남사南史』 및 『수서隋書』 등에서는 사졸들에게 콩마저 절반밖에 지급하지 못해 기아에 시달렸다는[66] 기록이 도처에 등장한다.

그런가 하면 『구당서舊唐書』「이원량열전李元諒列傳」에 따르면 북방의 요새를 정비하고, 산림을 직접 개간하여 미전美田을 조성하여 군사들이 경작하게 하였고, 해마다 조와 콩 수십 만곡斛을 생산하여 식량으

---

61 『삼국지(三國志)』권22「魏書·桓二陳徐衛盧傳」, "太祖昔到陽平攻張魯, 多收豆麥以益軍糧, 魯末下而食猶乏."

62 『심국지(三國志)』권22「魏書·陳群傳」, "多收豆麥 以益軍糧"

63 『통전(通典)』권161「兵十四」, "魏末.…今當多方以亂之, 備其越逸, 此勝計也. 因命合圍, 分遣羸疾就穀淮北, 廩軍士大豆, 人三升. 欽聞之, 果喜.";『진서(晉書)』「太祖文帝昭」, "軍士大豆 人三升."

64 『진서(晉書)』권106「載記第六·石季龍上」, "合鄴城舊軍滿五十萬, 具船萬艘, 自河通海, 運穀豆千一百萬斛于安樂城, 以備征軍之調. 徙遼西、北平, 漁陽萬戶于克豫雍洛四州之地."

65 『남제서(南齊書)』권54「高逸·顧歡列傳」, "宋自大明以來, 漸見凋弊, 徵賦有增於往, 天府尤貧於昔. 兼軍警屢興, 傷夷不復, 戍役殘丁, 儲無半菽, 小民噉噉, 無樂生之色. 貴勢之流, 貨室之族, 車服伎樂, 爭相奢麗, 亭池第宅, 競趣高華."

66 『양서(梁書)』권29「高祖三王·邵陵攜王綸」, "吾所以間關險道, 出自東川, 政謂上游諸藩, 必連師狎至, 庶以殘命, 預在行間, 及到九江, 安北兄遂沂泝流更上, 全由饋饌懸絶, 卒食半菽, 阻以菜色.";『남사(南史)』권80「賊臣·侯景列傳」, "連攻巴陵, 銳氣盡於堅城, 士卒飢於半菽, 此下策也.";『수서(隋書)』권43「河間王弘子慶列傳」, "又江都荒涸, 流宕忘歸, 內外崩離, 人神怨憤. 上江米船, 皆被抄截, 士卒飢餒, 半菽不充, 事切析骸, 義均煮弩."

로 비축했다고 한다.[67] 그리고 군인들에게 소달구지를 동원하여 향촌에 들어가 백성들로부터 콩과 조를 거두어 군대에 공급하자 민간에는 식량부족으로 향촌을 떠나는 자들까지 생기게 되었다고[68] 한다. 이것은 당대에도 군민이 모두 콩을 식량으로 삼았음을 말해준다.

그 외에 『신당서新唐書』「구사량열전仇士良列傳」에서는 금군禁軍에게 꿀, 콩과 비단[縑]의 지급을 줄일 것을 선언한 구절이 있는데, 이 또한 꿀과 콩이 가축 또는 군인의 양식으로 사용되었음을 확인할 수 있다.[69] 당唐의 두아杜亞 역시 정원貞元 중에 군軍의 유휴노동력, 군대의 군탕전軍帑錢과 전인甸人을 이용하여 경작해 가을에 콩과 조를 거두어 들여 이자를 갚고 이를 군중에 실어 보낸 것을 보면,[70] 군대에서 콩의 소비가 적지 않았음을 짐작할 수 있다.

다만 당시 대두를 어떻게 섭취했는지는 구체적으로 제시되고 있지 않다. 대두는 전술한 바와 같이 날 것을 섭취할 수 없을 뿐 아니라 알곡은 취사에 적지 않은 시간이 소요되고 소화가 쉽지 않았던 점을 보면, 전시 상황에서 그대로 삶아 밥으로 먹는 것은 곤란했을 것이다. 그리고 전시의 군량으로 사용하기 위해서는 조리가 간단하고 영양가가 높아야 한다. 그래서 대두를 쌀[米]과 함께 볶아 가루로 만들어 휴대용 식품으로 사용하거나,[71] 두죽豆粥이나 두장豆漿의 형태로 섭취했

---

67 『구당서(舊唐書)』 권144「李元諒列傳」, "四年春, 加隴右節度支度營田觀察臨洮軍使, 移鎮良原. 良原古城多摧圮, 隴東要地, 虜入寇, 常牧馬休兵於此. 元諒遠烽堠, 培城補堞, 身率軍士, 與同勞逸, 艾林薙草, 斬荊榛, 俟乾, 盡焚之, 方數十里, 皆為美田. 勸軍士樹藝, 歲收粟菽數十萬斛, 生植之業, 陶冶必備."
68 『구당서(舊唐書)』 권146「杜亞列傳」, "先為留司中官及軍人等開墾已盡. 亞計急, 乃取軍中雜錢舉息與畿內百姓, 每至田收之際, 多令軍人車牛散入村鄕, 收斂百姓所得菽粟將還軍. 民家略盡, 無可輸稅, 人多艱食, 由是大致流散."
69 『신당서(新唐書)』 권207「宦者上·仇士良列傳」, "士良宣言, 宰相作敕書, 減禁軍縑糧芻菽."
70 『신당서(新唐書)』 권172「杜亞列傳」, "先是, 苑地可耕者, 皆留司中人及屯士占假. 亞計窘, 更舉軍帑錢與甸人, 至秋取菽粟償息輸軍中, 貧不能償者發困窖略盡, 流亡過半."
71 『주례주소(周禮注疏)』 권5, "鄭司農云, 糗, 熬大豆與米也. 粉, 豆屑也."

을 가능성도 배제할 수 없다.

콩은 식물성 단백질 식품으로 영향가가 높아 구황식품이나 전투식량으로 이용할 경우 적은 양이라도 배를 든든하게 채울 수 있다는 장점이 있다. 이미 『박물지』나[72] 『황제내경 소문黃帝內經素問』에서도 확인되기 때문에 전시용 식품으로 적합하다고 판단했을 것이다. 특히 한 초부터 "요즘 민들이 가난하고 굶주리며, 사졸들도 토란[芋]과 콩[菽]을 먹는다."[73]고 했던 것을 보면, 기근이 들면 사졸들이 보리나 조 대신 토란으로 대신하고 있지만 대두는 여전히 그들의 구황작물로 이용되고 있다. 이처럼 전국시대 이후 대두의 수요가 확산된 것은 전시식량이나 구황작물로서뿐 아니라 다양한 발효, 가공식품이 가능하게 되면서 대두의 효용성이 더욱 급증했기 때문은 아니었을까 생각된다. 어쨌든 당대 이후에도 군대와 서민의 식량으로 지속적으로 공급된 것을 보면, 대두가 긴급 비상식량으로 얼마나 중요했는가를 짐작할 수 있다.[74]

이 밖에 대두의 각종 가공식품과 이를 제조하는 과정에서 생성된 부산물들은 대두의 줄기와 잎과 함께 가축의 사료로 이용되었다. 이러한 내용은 주제를 달리하여 뒤에서 서술하고자 한다.

---

72 『박물지』「食忌」, "人啖豆三年, 則身重行步難."
73 『사기』권7 「항우본기」, "今歲饑民貧 士卒食芋菽."
74 『송사(宋史)』「식화지」에는 하북의 변경 지역에 조, 콩과 꼴[芻]의 생산량이 증가하자 이를 구입하거나 조세로 징수할 것을 건의하는 내용까지 등장한다. 그 외에도 황제가 기내(畿內) 지역의 콩과 조를 보고 병사의 식량을 언급하며 조세로 거둘 것을 지적하고 있는가 하면, 군대 식량이 부족하여 군사들은 콩과 조와 더불어 콩잎을 먹이기도 하였다. 이런 현상은 원명(元明) 시기에도 나타난다. 원대에는 군사에게 꼴과 콩을 나누어 지급했으며, 명대 역시 둔량(屯糧)이 부족하면 민간의 식량으로 보충하거나 민운(民運)을 통해 맥, 쌀, 콩, 풀, 베[布], 지폐[鈔], 화융(花絨) 등을 수졸에게 지급하기도 하였다. 게다가 섬에 머물고 있는 십여만의 병사와 민간인의 보급품으로 병기, 우마, 쌀과 콩 20여만 석이 존재했다.

II. 콩 식품의 변천

중국 고대 대두의 조리 방식은 난이도와 가공 도구의 발달에 따라 대개 몇 단계로 구분된다. 첫 번째 단계는 선진시대와 같이 생산된 콩을 볶거나 삶아 밥을 짓거나 콩잎으로 국을 끓여 섭취하는 1차적 방식이고, 두 번째는 콩을 2차 가공, 즉 볶거나 삶아 제분하여 죽을 끓이거나 즙이나 떡을 만드는 단계이고, 그다음은 이것을 발효하여 된장, 간장을 만드는 단계로 이어진다. 마지막으로는 두부와 같은 전혀 다른 형체로 가공하는 것이다. 본 장에서는 한당 시기에 대두가 어떤 방식으로 조리되었는지를 살펴보자.

1. 콩밥·콩잎국 단계

콩을 채취하여 섭취하는 방식은 다양하다. 우선 콩잎이 아직 푸를 때 콩깍지 채로 거두어 통채로 삶아 깍지를 까서 알맹이를 먹는 경우이다. 이것은 특별한 상황에서 일부만 수확하여 섭취하는 방식으로 일반적인 것은 아니다. 대개는 익은 콩을 수확하여 우선 햇볕에 말려 건조시킨 후에 보관한다.[75] 이렇게 하면 쉬이 싹이 트거나 부패를 방지할 수 있다.

이렇게 준비된 대두를 고대 사회에 가장 흔하게 조리하는 방식은 밥을 짓는 것이다. 이른바 콩밥이다. 『한서』「적방진열전翟方進列傳」에서는 왕망 때 항상 가뭄이 들어 벼를 재배할 수 없고 기장과 조의 수확

---

75 『한서(漢書)』 권87「揚雄傳下」, "三旬有餘, 其麾至矣, 而功不圖, 恐不識者, 外之則以為娛樂之遊, 內之則不以為乾豆之事, 豈為民乎哉" 師古曰, "乾豆, 三驅之一也. 乾豆者, 言為脯羞以充實豆, 薦宗廟."

이 곤란해지자 콩밥을 먹고 토란국을 끓여 먹었다고 하며,[76] 『예문류취藝文類聚』에서는 노비들은 고작 콩으로 지은 밥에 물을 마셨다고[77] 한다. 이러한 방식은 숙류菽類를 채집하기 시작하면서부터 시작되어 한대에도 지속되었음을 말해준다.

실체 "콩밥에 콩잎국[藿羹]을 먹었다."라는 사실은 전국시대 서민들 사이에는 흔히 볼 수 있었던 일이었다.[78] 또 한 초에는 콩잎으로 국을 끓이거나 콩을 삶아 두즙豆汁[79]을 만들기도 하고, 콩대는 아궁이의 땔감으로 사용하는 등 민간의 생활에서 대두를 소중하게 활용하였다.[80] 그런가 하면 콩밥은 전쟁, 재난과 같은 특수 상황에서 주로 서민, 군인들의 주식으로 사용되었기 때문에 콩과 그 잎으로 끓인 국의 의미 속에는 보잘것없는 식사라는 뜻도 포함되어 있다.[81] 하지만 사료에 보이듯이 당시 조와 콩은 천하를 통치할 때 물과 불과 같이 소중하여 이것이 부족하면 백성들은 굶주릴 수밖에 없었다고[82] 하여 콩이 전국시대 하층민의 주식 중 하나였음을 말해주고 있다.

두류를 조리할 때는 콩밥과 콩잎국에서와 같이 기본적으로 열을

76　『한서(漢書)』권84「翟方進列傳」, "王莽時常枯旱, 郡中追怨方進, 童謠曰, 壞陂誰 翟子威. 飯我豆食 羹芋魁." 이에 대해 師古曰, "言田無漑灌, 不生秔稻, 又無黍稷, 但有豆及芋也. 豆食者, 豆爲飯也. 羹芋魁者, 以芋根爲羹也."라고 한다.

77　『예문류취(藝文類聚)』제35권「人部十九·奴」, "夜半盆. 舍中有客. 提壺行酤. 汲水作餔. 奴但當飯豆 飮水. 不得嗜酒."

78　『사기(史記)』권70「張儀列傳」.

79　두즙(豆汁)의 용도는 분명하지 않지만 「설문」에는 콩 삶은 물[漮]을 두즙이라고 한다. 『청사고(淸史稿)』권303「孫嘉淦列傳」, "民焦韜被誣坐邪教, 株連者數百人, 嘉淦白其枉. 民紀懷讓食料豆汁染 衣, 會村有賊殺人, 偵者以爲血, 誣服."으로 미루어 보면 두즙은 옷의 염료로 사용되기도 하였다.

80　『세설신어(世說新語)』상권「文學」, "文帝嘗令東阿王七步中作詩, 不成者行大法. 應聲便爲詩曰, 煮 豆持作羹, 漉菽以爲汁. 其在釜下然, 豆在釜中泣. 本自同根生, 相煎何太急, 帝深有慚色."

81　『양서(梁書)』卷3「武帝本紀」, "日止一食, 膳無鮮腴, 惟豆羹糲食而已."；『宋史』卷458「隱逸中 南安 翁列傳」, "南安翁者……人物不類農家子. 翁進豆羹享客, 不復共談, 邏明別去.";『주자어류(朱子語類)』권61「孟子盡心下·好名之人章」, "苟非真能讓之人, 則簞食豆羹, 反見於色." 비슷한 현상은 오늘날에도 이어져 콩밥은 영양가는 있지만 거친 음식으로 인식되고 있다.

82　『관자』「重令」, "菽粟不足, 末生不禁, 民必有饑餓之色.";「맹자」「진심상(盡心上)」, "聖人治天下, 使有 菽粟如水火. 菽粟如水火, 而民焉有不仁者乎."

가하였다. 이것은 유독 사람에게만 적용되는 것은 아니었다. 『제민요술』에는 양을 기를 때 추운 달에 새끼를 낳으면 주변에 불을 피워주어야 하며, 특히 밤에 불을 피우지 않으면 반드시 얼어 죽게 되므로 이때 또 콩을 삶아 먹이도록 권하고 있다.[83] 이처럼 가축에게 콩을 먹일 때도 생콩을 먹이지 않았던 것이다. 이는 경험적으로 생콩이 지닌 독소를 알고 있었기 때문에 삶거나 데쳐 1차 조리를 하여 먹였음을 알 수 있다.

그 외에도 대두는 또 찌거나 삶는 방식 외에 볶아서 건반乾飯으로 섭취하기도 하였다. 『후한서後漢書』 「외효열전隗囂列傳」에 건반은 대두大豆와 쌀米을 볶아 만들었다는 기록이 전한다.[84] 그리고 『통전』에 콩을 볶아 미숫가루로 만들었다는 기록을 보면[85] 한당 시대에도 여전히 콩을 볶거나 삶아 미숫가루로 만들어 섭취했음을 알 수 있다.

2. 콩죽과 콩떡[豆餠] 단계

대두를 2차적으로 조리하는 방법은 콩을 갈아 콩죽과 콩떡[86]을 만드는 방식이다. 콩죽과 같은 음식을 조리하기 위해서는 우선 대두를 볶아 빻거나 물에 불려 맷돌에 갈아 분말을 만드는 공정이 필요하다. 물론 제분하여 어떻게 두죽으로 만들었는지 분명하게 제시한 사료는 없다. 하지만 두죽은 신분과 계층을 불문하고 긴급할 때 폭넓게

---

83 『제민요술(齊民要術)』 권6 「養羊」, "並附 寒月生者, 須燃火於其邊. 夜不燃火, 必致凍死. 凡初産者, 宜煮穀豆飼之."

84 『후한서(後漢書)』 권13 「隗囂公孫述列傳」, "鄭康成注周禮曰, 糗, 熬大豆與米也." 說文曰, "糒, 乾飯也"라고 한다.

85 『통전(通典)』 권86 「禮典·凶禮八·喪制之四·遣奠·周」, "糗, 以豆糗粉餌."

86 『묵자(墨子)』 「耕柱」, "見人之作餠, 則還然竊之."에서도 병식(餠食)이 등장한다. 이 병이 두병(豆餠)인가 맥병(麥餠)인가 알 수는 없다. 그리고 두병은 콩떡과 콩깻묵으로도 번역된다. 콩깻묵은 대개 두유의 생산이 일반화된 송대 이후에 흔히 볼 수 있었다는 점에서 그 이전의 것은 콩떡으로 해석하는 것이 좋을 듯하다.

이용된 듯하다. 『후한서』「풍이열전馮異列傳」에 의하면, 광무제가 적에게 쫓겨 계현薊縣의 동쪽에서 남쪽으로 급히 행군을 했는데, 밤에 야외에서 노숙을 하며 요양饒陽 무루정無蔞亭에 도달했다. 당시 날씨가 혹한이라 무리들이 모두 배가 고프고 피로가 누적되어 있었는데, 이때 풍이馮異가 유수劉秀에게 콩죽을 올렸다. 이튿날 새벽 광무제가 여러 장군들에게 말하기를 "어제 공손公孫: 馮異이 제공한 두죽을 먹고 나니 배고픔과 추위가 모두 해소되었다"라고[87] 하였다. 후한 말 유희劉熙가 찬술한 『석명』「석음식釋飲食」 편에는 미糜, 죽粥, 장漿과 같은 제조법이 등장한다. 그런가 하면 『남사南史』「요형하열전遙兄遐列傳」에서는 그가 의흥태수義興太守로 있을 때 그 해 흉년이 들어 백성이 유랑하자 사사로이 쌀과 콩으로 죽을 끓여 3,000명을 구제했다는[88] 기록도 보인다.

이런 점을 보면 전쟁이나 기근같이 곤란한 상황에 처했을 때, 서민이나 군인들이 많이 섭취했던 콩 가공식품은 바로 콩가루를 끓이거나 물에 타서 만든 죽 종류의 두미豆糜, 두죽豆粥, 두장豆漿과 콩가루를 반죽하여 재가공하여 만든 증병蒸餠: 饅頭, 포자包子, 국수, 면병麵餠, 훈툰[餛飩], 호병胡餠 등의 떡과 국수류가 아니었을까 생각된다.[89] 이들 음식은 두류나 맥류를 제분한 후 그 가루를 이용하여 조리한 음식들이다.

후한 영제靈帝 때에는 호복胡服, 호장胡帳, 호상胡床, 호반胡飯, 호좌胡坐, 호공후胡空侯, 호적胡笛, 호무胡舞 등 서역풍이 유행했으며 경도京都

---

87 『후한서(後漢書)』 권17 「馮岑賈列傳·馮異」, "及王郞起, 光武自薊東南馳, 晨夜草舍, 至饒陽無蔞亭. 時天寒烈, 衆皆飢疲, 異上豆粥. 明旦, 光武謂諸將曰, 昨得公孫豆粥, 飢寒俱解."; 『후한서(後漢書)』 「志第二十·郡國二·冀州·安平」; 『동관한기(東觀漢記)』 권9 「馮異傳」.

88 『남사(南史)』 권59 「任昉父遙·遙兄遐」, "武帝踐阼, 歷給事黃門侍郞, 吏部郞. 出為義興太守. 歲荒民散, 以私奉米豆為粥, 活三千餘人."

89 량중샤오[梁中效], 「試論中國古代糧食加工業的形成」 『中國農史』 1992-1, p.81에서 위진남북조시기에 양식가공업이 형성되어 주식의 기본 위에 입식(粒食) 단계에서 분식과 입식을 병용하는 과도기 단계로 발전했다고 한다.

의 귀척들은 다투어 이를 행하였다고[90] 한다. 이때 서역의 먹거리로 호병胡餅을 좋아했고, 경사京師에서는 황제 이하 모두가 호병을 먹을 정도였다고[91] 한다. 호병은 밀가루를 반죽하여 합쳐 만든 것으로, 후한 유희劉熙『석명』「석음식釋飲食」편에는 필원畢沅이 호병胡餅에 대해, 『주례』의 "갑만호甲蠻胡'에 대한 정주鄭注의 내용을 인용하여, 이것은 서역 호병의 형상에서 이름을 취한 것이라고 한다. 적어도 한대에는 유입되어,[92] 후한 때에는 서역의 호병이 이미 지배층과 경사인들에게 널리 보급되었던 것이다. 『제민요술』「병법餅法」편에는 곡물가루를 반죽하여 백병白餅, 소병燒餅, 수병髓餅, 분병粉餅 등 다양한 방식의 병법이 소개되어 있다. 그 외에도 「병법餅法」에는 수인水引 같은 칼국수를 뽑는 방식까지 등장한다. 이것은 한당 시대에는 이미 밀가루를 반죽하여 만든 병류餅類가 귀족에서 민가에 이르기까지 모두 좋아하는 주식이 었음을 말해준다.[93]

당시 콩죽의 보급 역시 단순하지는 않았던 것 같다. 서진西晉 석숭石崇의 예에서 보듯 갑작스럽게 삶아 손님에게 콩죽을 끓여 대접하기가 곤란했기 때문에, 미리 콩을 삶아 가루를 만들어 두었다가 갑자기 손님이 오면 흰죽에 그것을 타서 죽을 만들어 대접했다는 사실이 이를 말해준다.[94] 그리고 관부에는 『수서隋書』「북제 관제北齊官制」에서 보듯 콩이나 밀을 제분하는 것을 관장하는 관료가 별도로 있었던 듯하

---

90 『후한서(後漢書)』「五行志一」, "靈帝好胡服·胡帳·胡床·胡坐·胡飯·胡空侯·胡笛·胡舞, 京都貴戚皆競為之."

91 『태평어람(太平御覽)』권860『續漢書云』, "靈帝好胡餅, 京師皆食胡餅."

92 장춘슈[張春秀], 「敦煌變文名物硏究」, 남경사범대학 박사학위논문, 2013, p.75에는 병(餅)은 전국시대에 기원하며, 호병은 후한 말에 존재했다고 한다.

93 왕순위[王順宇], 「饟胡餅之歷史演變」『今古文創』제22집, 2023, p.125.

94 『진서(晉書)』권33「石苞子喬·子崇列傳」, "崇為客作豆粥, 咄嗟便辦.....崇牛迅若飛禽, 愷絕不能及. 愷每以此三事為恨, 乃密貨崇帳下問其所以. 答云, 豆至難煮, 豫作熟末, 客來, 但作白粥以投之耳." 여기 등장하는 두는 소두(小豆)였을 가능성이 없지 않다.

다.[95] 오늘날 중국인들의 일상품으로 되어 있는 두장豆漿 역시 전한 문제 때 회남왕淮南王 유안劉安이 발명했다고 한다. 이 두장豆漿은 콩을 삶아 갈아 찌꺼기를 분리한 액체를 끓여 만든 음료로서 쉽게 조리할 수 있어 아주 편리한 음식이었다.[96] 그 외에도 대두를 제분하여 물에 반죽하여 두병豆餅을 만들거나[97] 콩죽을 쑤어 풀로 사용하기도 했다. 이때 제분 과정에서 생긴 콩 찌꺼기는 훗날의 기록에 의하면, 겨[穀糠], 기장의 겨[黍穀] 등과 더불어 육축의 사료로 이용되기도 하였다.[98] 이런 점에서 보면 한에서 당대 까지에는 콩의 입식粒食과 더불어 분식粉食과 면식麵食이 병용되면서 곡물가루를 반죽하여 만든 분식의 보급이 본격화되었던 시기가 아니었던가 한다.

3. 두시豆豉, 간장 및 두부 단계

콩은 선진시대부터 오곡의 하나로 주목되었다. 그러나 고대 작물과 그 가공식품을 집대성한 『제민요술』 대두, 소두 편에서는 두류 작물의 재배법을 소개하면서 이전의 콩밥豆飯과 같은 기록은 보이지 않고, 주로 두시豆豉, 콩장[豆醬]과 같은 가공식품에 집중하고 있다. 즉 조, 밀과 벼는 여전히 주곡 작물로 이용되었지만 대두는 식량보다는 주로 가공식품의 원료로 소개되고 있다.

95　『수서(隋書)』 권27 「百官中·北齊官制」, "中山署, 又別有麵豆局丞."
96　두장(豆漿)은 영양가가 높고 소화 흡수가 쉬워 비장과 위를 튼튼히 하고, 허기를 보하며, 오한과 이뇨를 치료하고 피부를 보습하는데 효능이 있다. 게다가 고지혈증, 고혈압, 지방 경화증, 빈혈, 천식 등의 질병을 예방하고 치료하는 데에도 이상적인 식품이라고 한다.
97　『북제서(北齊書)』 권20 「列傳第十二·慕容儼膼舍樂·范舍樂·厙狄伏連」, "伏連家口有百數, 盛夏之日, 料以倉米二升, 不給鹽菜, 常有饑色. 冬至之日, 親表稱賀, 其妻為設豆餅. 伏連問此豆因何而得, 妻對向於食馬豆中分減充用. 伏連大怒, 典馬·掌食之人並加杖罰."
98　『청사고(淸史稿)』 권303 「孫嘉淦列傳」, "若燒酒則用高粱, 佐以豆皮黍穀穀糠, 麴以大麥為之, 本非朝夕所食, 而豆皮·黍穀·穀糠之屬, 原屬棄物, 雜而成酒, 可以得價, 其糟可飼六畜."

콩을 발효하여 두장豆醬을 제조한 기원은 기원전 3세기『오십이병방五十二病方』의 숙장菽醬에서 찾을 수 있다. 그리고 시豉는 한대『급취편急就篇』에 시장豉醬이란 말이 처음 등장하며, 당唐대의 안사고顏師古는 주석을 통해 "시는 콩을 유폐幽閉시켜 만들며, 장은 콩을 (다른 것과) 섞어 만든다."라고 하여 제조법을 소개하고 있다. 하지만 혹자는 시의 기원에 대해 전국시대『초사楚辭』「초혼招魂」편에 보이는 "대고大苦"를 시豉라고 주석한 왕일王逸에까지 소급하기도 한다. 아무튼 시장豉醬의 기원이 전국시대 이전으로 소급되지 않는 것이 흥미롭다.

후한대의『사민월령四民月令』「일월一月」에 이르면 청장淸醬, 제장諸醬, 육장肉醬 등의 장류가 나타나며, "5월에 장을 담그는데 상순에 콩을 볶아서 말렸다가 중순의 경일庚日에 삶았다가 부수어 말도末都를 담근다."라는[99] 구절을 보면 한대에 대두가 본격적으로 식용의 장시醬豉 재료로 사용되고 있음을 볼 수 있다. 후한의『석명』「석음식釋飮食」편에도 시豉의 제조법이 등장하며, 서북 변방에서 출토된『거연한간居延漢簡』에 까지 "적시糴豉 1두斗"란 기록이 출현한다. 시가 전국시대에 출현하여 한대에는 보급이 변방에까지 확산되고 있는 것을 확인할 수 있다. 이렇게 만든 장은 이미 전국 말 운몽 수호지에서 출토된『진간』과 한 초의『이년율령二年律令』의 죽간 자료에도 등장하여, 하급 관리에게까지 출장 갈 때 장醬을 지급한 것을 보아 적어도 진한시대에는 시와 장이 조미료 또는 부식으로 상당히 보급되었음을 알 수 있다.

실제 한대 대도시에서 2할 이상의 이윤을 올리는 상품의 물목 속에 시豉가 포함되어 있어, 전한에는 시가 널리 제조되어 시장에 유통되었음을 알 수 있다. 이때 시는 서주 시대와 같이 채집한 숙류를 단순

---

99 『제민요술(齊民要術)』권8「作醬法」, "崔寔曰, 正月可作諸醬, 肉醬淸醬. 四月立夏後, 䱐魚作醬. 五月可為醬. 上旬䅶楚狡切豆, 中庚煮之. 以碎豆作末都.. 至六月七月之交, 分以藏瓜. 可作魚醬." 여기서의 말도는 후술하는 바와 같이 한반도의 된장을 의미한다.

히 삶거나 갈아 죽을 끓이는 것이 아닌 새로운 차원으로 발효시킨 식품이다. 이로써 반찬을 만들거나 요리를 만들 때 빠져서는 안 되는 조미료로 사용하였다. 그 가공법과 기술이 전국시대 이후 출현한 것은 전술한 바와 같이 제 환공이 동북 지역의 정벌에서 전리품으로 가지고 와서 천하에 공급한 융숙의 쓰임새와 밀접한 관련이 있었을 것이다.

그리고 후한 환제桓帝 때 찬술되었다고 하는 『태평경太平經』100 「대수계大壽誡」에는 물에 소금을 타서 맛을 조절하고, 콩으로 시豉를 만들고 또 소금물과 섞어 맛을 더하여 양을 자유롭게 조절하였다. 채소와 같이 먹을 수 있는 것은 모두 백성들에게 먹게 한 것을101 보면 후한 이후 두시는 서민에게도 중요한 식품이 되었음을 알 수 있다. 북주의 『주서周書』「우근열전于謹列傳」에는 고조高祖가 삼로를 초청하여 잔치를 베풀 때, 유관 관리들은 음식을 내고 황제가 친히 소매를 걷고 무릎을 꿇은 채 두장豆醬 접시를 배열하는 모습이 등장한다.102 이것은 두장이 이미 남북조시대에는 신분의 고하에 관계없이 애용한 식품이었음을 말해준다. 이를 작시와 작장법으로 체계화한 것은 6세기 『제민요술』이다.103 이런 기술이 연출될 수 있었던 것은 장시용 대두의 보급과 더불어 출토자료에서 보듯 절구, 맷돌, 디딜방아와 연자방아 같은 대두 가공용 도구의 발전과 발효제조 기술 등이 유입되어 효과적으로 융합되면서부터이다.

---

100 양지린[楊寄林] 역주, 『태평경금주금역(太平經今注今譯)』, 河北人民出版社, 2002, p.7에는 『태평경(太平經)』의 성서연대를 연희(延熹) 8년(165)년으로 보고 있다.

101 『태평경합교(太平經合校)』 권114 「庚部之十二·大壽誡」, "其花實以給身口, 助其穀糧, 使有酸鹹醋淡自在. 化水為鹽, 使調諸味. 以豆為豉, 助醬為味. 薄厚自恣, 菜茹衆物, 當入口者, 皆令民食之. 用其溫飽, 長大形容, 子孫相承."

102 『주서(周書)』 권15 「于謹列傳」, "有司進饌, 皇帝跪設醬豆, 親自袒割. 三老食訖, 皇帝又親跪授爵以酳, 有司撤會. 皇帝北面立而訪道.";『북사(北史)』 권23 「于栗磾子洛拔·天恩玄孫謹」, "大司寇、楚國公寧升階, 正舄. 皇帝升, 立於斧扆之前, 西面. 有司進饌, 皇帝跪設醬豆, 親自袒割. 三老食訖, 皇帝又親跪授爵以酳, 有司撤會. 皇帝北面立訪道. 三老乃起立於席."

103 이상의 내용은 최덕경(崔德卿), 「大豆의 기원과 醬·豉 및 豆腐의 보급에 대한 재검토: 중국고대 文獻과 그 出土자료를 중심으로」, 『역사민속학』 30, 2009, 참조.

장醬과 시豉와는 또 다른 대두의 가공 방식으로 두부豆腐가 있다. 두부에 대한 구체적인 내용은 다음 장에서 "두부의 발명과 전파"라는 제목으로 구체적으로 언급한다. 다만 중국 역사상 두부의 발명이 회남왕 유안이라는 전설적인 내용 이외, 실제적으로 두부가 사료상에 등장하는 시기는 송대이다. 두부 제조를 위해서는 반드시 먼저 콩을 삶아 즙을 추출한 두장豆漿의 단계를 거쳐야 한다. 혹자는 이 시점을 두부의 출발 시점이라고 논증하기도 하기도 한다. 연구에 의하면 두장은 남송 중기에 식물食物로 자리 잡았으며, 원대에 보편화되어 문인들이 주목하기 시작했다고 한다. 이것을 보면 두장의 식용은 송원 시대로 보는 것이 합리적이다.[104] 이에 대한 구체적인 접근은 장을 바꾸어 후술하겠다.

아무튼 이상과 같이 대두의 가공법이 발달하여 가공식품이 다양해지면서 그에 따라 콩의 수요도 증가하고, 그 가치도 나날이 상승하면서 시장과 국가의 주목을 받게 된다. 『후한서後漢書』「동탁열전」에는 당시 장안에 도적이 끊이지 않아 대낮에도 도적질을 일삼고 백성들을 침탈하였다. 동탁이 죽고 나서 장안은 다시 내분으로 전쟁터가 되었는데, 당시 조[穀: 粟] 1곡斛은 50만 전이고, 콩[豆], 맥麥은 각 20만 전으로 급등하여 서로 사람을 잡아먹고, 백골이 쌓여 쓰레기와 함께 악취가 길에 가득했다고 한다. 그래서 황제는 시어사侍御史로 하여금 태창太倉의 쌀과 콩을 풀어 배고픈 자에게 죽을 쑤어 먹도록 했다. 하지만 죽는 자가 줄어들지 않아 그 허실을 조사하였다는[105] 사실에서 당

---

104 루쯔멍[盧子蒙], 「中國古代飮用豆漿的起源與推廣」『農業考古』2022-4, pp.194-198.
105 『후한서(後漢書)』 권72 「董卓列傳」, "時長安中盜賊不禁, 白日虜掠, 催, 汜, 稠乃參分城內, 各備其界, 猶不能制, 而其子弟縱橫, 侵暴百姓. 是時穀一斛五十萬, 豆麥二十萬, 人相食啖, 白骨委積, 臭穢滿路. 帝使侍御史侯汶出太倉米豆為飢人作糜, 經日而死者無降. 帝疑賦衂有虛, 乃親於御前自加臨檢. 旣知不實, 使侍中劉艾出讓有司. 於是尙書令以下皆詣省閣謝, 奏收侯汶考實.";『진서(晉書)』 권26 「志第十六·食貨」, "及董卓尋戈, 火焚宮室, 乃劫鸞駕, 西幸長安…及卓誅死, 李催, 郭汜自相攻伐, 於長安城中以為戰地. 是時穀一斛五十萬, 豆麥二十萬, 人相食啖, 白骨盈積, 殘骸餘肉, 臭穢道路. 帝使侍御史侯汶出太倉米豆, 為饑民作糜, 經日頒布而死者愈多. 帝於是始疑有司盜其糧廩, 乃親於御前自加臨給, 饑者人皆泣曰, 今始得耳. 帝東歸也."

시 대두가 어떤 용도로 사용되었는지를 짐작할 수 있다. 비슷한 상황은 삼보 지역에 가뭄이 들었을 때도 마찬가지였으며, 이때에도 콩, 밀 1곡斛의 가격이 20만 전이었다.[106]

그런가 하면 후한 때 적미의 난으로 백성들이 기아에 허덕여 사람들이 서로 잡아먹고, 병사들은 도로가 끊겨 식량을 공급받지 못해 야생 과일을 식량으로 할 때, 콩 5승升을 황금 1근斤과 교환하기까지 했다.[107] 당시 『한서』「식화지」에 금 1근이 1만 전이었으니 콩 다섯 되가 되는 셈이다. 이처럼 기근이나 재난이 들 때는 대두 가격이 1석에 수천 전에서 수십만 전으로 폭등하지만, 평상시의 모습은 분명 그렇지는 않았다.[108]

물가는 본래 지역과 시기에 따라 차이가 있다. 비교적 안정기의 물가를 보면 『거연한간』에는 "조 2석의 값은 390전이고", "기장쌀 2석의 값은 30전이다."이었다. 『구장산술』의 예시문에는 "맥 1두는 4전"이고, "콩 1두는 3전"이었다고 한다. 이들 역시 한 지역 한 시점의 물가이지 한대의 일반적인 물가로 보기는 곤란하다. 특히 후한 이후 끊임없는 내외의 혼란과 연속되는 재난으로 콩값이 폭등했을 것임은 분명하다. 그러나 오곡을 비교할 때 벼와 기장은 맛은 달고 기름지지만, 콩과 밀은 비록 도정을 하더라도 여전히 허기지고 맛이 없었다는 사실을 보면,[109] 콩은 서민과 사졸의 주식이거나 전시나 재해 때의 구휼 양식으로 이용

---

106 『후한서(後漢書)』 권9 「孝獻帝紀」, "三輔大旱, 自四月至于是月. 帝避正殿請雨, 遣使者洗囚徒, 原輕繫. 是時穀一斛五十萬, 豆麥一斛二十萬, 人相食啖, 白骨委積."

107 『후한서(後漢書)』 권47 「馮岑賈列傳第七·馮異」, "時赤眉雖降, 衆寇猶盛....異遣復漢將軍鄧曄, 輔漢將軍于匡要擊岑, 大破之, 降其將蘇臣等八千餘人. 岑遂自武關走南陽. 時百姓飢餓, 人相食, 黃金一斤易豆五升. 道路斷隔, 委輸不至, 軍士悉以果實為糧."

108 이런 점은 한푸즈[韓復智], 「한사논집(漢史論集)」, 文史哲出版社, 1980의 전한의 물가 변동의 연구에서도 콩에 대한 평가의 가격에 대한 특별한 언급이 없다.

109 『논형(論衡)』 「藝增第二十七」, "五穀之於人也, 食之皆飽. 稻粱之味, 甘而多腴. 豆麥雖糲, 亦能愈飢. 食豆麥者, 皆謂糲而不甘, 莫謂腹空無所食."

된 것을 제외하고는 주식보다 부식 재료로 많이 활용한 듯하다.

대두의 발효, 가공식품의 증가는 수요의 확산으로 이어지며, 이는 곧 재배의 확대로 연결되고 수취 대상이 된 것은 자연스러운 일이다. 구체적인 모습은 당대唐代에 잘 드러난다. 조용조의 조調에 필두蓽豆와 숙菽이 포함되었으며, 양세법 시기가 되면 콩 종류[豆類]에 관한 기사가 많이 등장한다. 예컨대『책부원구冊府元龜』「방계부 평적邦計部平糴」에 의하면, 정원貞元 3년(787)에는 하남河南, 하중부河中府 등에 하세夏稅를 콩[豆]과 맥麥으로 징수할 것을 상주하였다.[110] 「방계부견복邦計部蠲復」 편에는 원화元和 6년(811)에 기내畿內에 가뭄이 들자 백성에게 조[粟]와 대두大豆의 미납분을 면세하고, 원화 9년(814) 역시 경기京畿지방의 가뭄 때 하세로 거둘 대맥, 잡숙雜菽 13만 석을 면제해 주었다는 것이 그것이다.[111] 또 후당後唐 동광同光 3년(925)에서는 소두小豆, 녹두세菉豆稅를 무당 3승升 감액했으며, 화북지역의 징세 품목으로 각종 두류가 제시되어 있다.[112]

이런 현상은 송대에도 이어져『송사宋史』「식화지」 둔전조屯田條의 소흥紹興 2년 덕안부德安府, 복주復州, 한양군 진무사漢陽軍鎭撫使에서는 군사들에게 둔전을 경작하게 하여 식량을 조달했으며, 백성들에게는 수전의 경우 쌀 한 말[斗]을, 육전陸田은 여름과 가을에 콩과 밀 각 5되씩 바치게 하였다고[113] 한다. 그런가 하면 황제는 기내지역의 콩과 조 재배를 보고 병사의 식량을 언급하며, 조세를 거둘 것을 지적하기도

---

110 『책부원구(冊府元龜)』권502「邦計部·平糴」, "三年閏五月, 度支奏, 河南河中府及同華晉糸逕碼進環壞, … 請量取三十萬貫, 折糴豆麥等貯納, 仍委和糴使兵部郎中姚南仲勾當. 從之."
111 『책부원구』권491「邦計部·蠲複第三」, "五月癸酉, 以京畿旱, 免今年夏稅大麥雜菽合十三萬石, 並隨地青苗錢五萬貫."
112 오사와 마사아키[大澤正昭],「唐代華北の主穀生産と經營」,『史林』64-2, 1981, pp.154-156.
113 『송사(宋史)』권176「食貨上四·屯田」, "(紹興)二年, 德安府復州漢陽軍鎭撫使陳規放古屯田, 凡軍士. 相險隘, 立堡砦, 且守且耕, 耕必給費, 斂復給糧, 依鋤田法, 餘並入官. 凡民, 水田畝賦米一斗, 陸田豆麥夏秋各五升, 滿二年無欠, 給為永業."

하였다[114] 이들 내용은 이미 당대 이후 화북지역에 콩의 수요가 늘어나 널리 재배되면서 주요 납세의 대상이 되었음을 말해준다.

III. 가공도구의 발달과 그 영향

당대 화북의 곡물 재배에 대해 니시지마[西嶋定生]는 전술한 논문에서 당대 이전 화북 농업의 근간은 조 재배이며, 조가 납세의 주된 대상이었고, 조용조 상의 조[租]는 조[粟]를 의미한다고 했다. 때문에 당대 이전의 맥의 경작 규모는 비교적 작았다고 한다. 하지만 대도시의 형성에 따라 시장이 발달하면서 혼툰[餛飩], 수제비[餺飥]와 같은 간단하고 빠른 시간에 요리할 수 있는 분식이 유행하고, 이를 위해 제분의 필요성이 제기되었다.

한대『방언方言』중의 "병餠은 탁飥이라 이르며, "『석명釋名』「석음식」편 속에 '병餠', '미죽糜粥', '장漿' 등이 보이고,『사민월령』5월 조에는 입추가 지나면 밀가루를 반죽해서 만든 "자병煮餅과 수수병水溲餅: 水引餅"을 먹지 않았다고 하는 등, 사료 속에 이미 미죽糜粥, 탁飥이나 각종 병餠이란 말이 등장하고 있다. 이는 맥류나 콩류의 재배가 확대되면서 제분업 또한 본격화되었음을 말해준다. 그리고 당 중기 양세법兩稅法의 실시는 정부가 조 재배 중심의 조용조 체제를 포기하고 새로운 맥작麥作 중심의 농업으로의 전환을 의미하며, 맥류-콩류-조를 2년 3작 하는 윤작 형태로 발전한 것으로 보기도 한다.[115] 이것은 사

---

114 『송사(宋史)』권173「食貨上一·農田」, "太宗太平興國中....初, 農時, 太宗嘗令取畿內靑苗觀之, 聽政之次, 出示近臣. 是歲, 畿內菽粟苗皆長數尺. 帝顧謂左右曰, 朕每念耕稼之勤, 苟非兵食所資, 固當盡復其租稅."

115 니시지마 사다오[西嶋定生],「碾磑の彼方-華北農業における二年三毛作の成立」,『中國經濟史硏究』, 東京大出版會, 1966, pp.246-249.

실의 인정 여부를 떠나 제분업의 발달과 관련하여 주목할 만한 지적으로 여겨진다.

콩 역시 밀과 비슷한 길을 걸었을 것이다. 하지만 대두의 제분에 대한 언급은 거의 없다. 콩은 이미 밀보다 앞서 전국 말부터 두죽[豆粥]이나 장醬, 시豉와 같은 식품으로 개발되었지만 초기에는 제분보다 삶아 찧거나 맷돌에 갈아 가공하는 방식을 취했다. 하지만 도시를 중심으로 상품화가 진행되고 제분의 필요성이 제기되면서 제분 도구의 발달을 앞당기는 견인 역할을 했다. 이런 사실을 규명하기 위해서는 당대 이전 가공 도구의 발달에 따라 밀과 대두의 이용이 어떻게 변화되었는지부터 살펴봐야 할 것 같다.

1. 절구와 도정

『역경』계사系辭에는 절구 공이[杵]와 절구[臼]의 발명은 황제黃帝 시대의 공적이며, 미식美食을 추구하는 인간의 욕구가 이런 도구를 만들었다고 한다.[116] 『설문說文』에는 옛날에는 땅을 파서 절구[臼]로 삼았는데, 후에는 나무나 돌을 파서 만들었으며, 주로 겉껍질이 달린 곡물의 껍질을 제거하거나 거칠게 부술 때 도구로 사용했다고 한다. 이처럼 절구의 역사는 거의 농업의 시작과 궤를 같이하며, 그 구체적인 제작 방법까지 『설문』에서 제시한 것을 보면 생활의 필수품이었음을 알 수 있다. 후한의 『논형論衡』「양지量知」편에는 조를 익혀 "절구에서 찧는"[117]

---

116 『통전(通典)』「職官」에 의하면, 방아를 찧은 일은 주대부터 존재했으며, 진한시대에는 소부(少府)의 령(令), 승(丞)이 관장하다가 한대에 대사농에 기속했다가 당대에는 령승(令丞)의 인원이 3배나 보강되어 맥분(麥粉)과 유촉(油燭)의 일을 관장하였다. 남북조시대와 당대 이후에도 이름을 달리하지만 물과 연자방아를 관리하는 관리가 존재했다고 한다.
117 『논형(論衡)』「量知」, "穀之始熟曰粟, 春之於臼."

장면이 등장하며, 절구가 곧 곡물을 찧는 도구였음을 알 수 있다.

사용 방법은 절구공이를 가지고 절구에 들어있는 곡물을 찧는데, 절구질은 땅을 진동하듯 친다고 한다.[118] 절구는 맷돌과 같이 돌을 구하기 힘든 지역에서는 큰 나무를 파서 만들고 곧은 나무로는 공이를 만들고서, 이삭이 달린 채 절구에 넣어 절구질하고 탈곡하여 하루 식량을 준비했으며, 남녀가 함께 작업하였다고 한다.[119] 관청에는 주대 이래 절구질을 하는 용인舂人이 있었고, 진한시대에는 소부少府의 영令, 승丞이 이를 주관하여 어미御米를 찧었으며, 당대唐代의 경우 역시 영令 2인, 승丞 4인이 도정과 제분을 담당하였다.[120]

절구질하는 대상은 거의 전 곡물, 즉 조, 맥, 기장, 벼, 대두, 귀리는 물론이고 곡물의 이삭이나 고기[肉]까지도 해당된다. 『열자列子』 「역명力命」편에서 맹강孟康은 조, 맥을 거칠게 찧어 기장떡을 만들었는가 하면,[121] 조를 이삭 채 찧어 (걸러내어) 밥을 짓기도 하였다.[122] 곡물은 찧는 정도에 따라 도정의 비율이 달라지는데, 운몽수호지 『진간』 창률倉律에 의하면, 조는 도정의 정도에 따라 속粟→여미糲米→착미鑿米 →훼미毇[粺]米의 차례로 도정 비율이 커지는데, 여미는 속粟을 60% 되게 찧은 것이며, 착미는 속의 54%, 훼미는 48%로 도정한 것이라고 한다. 가장 많이 도정한 훼미의 경우는 원곡의 절반도 안 되는 비율로 줄어들어 비록 식감은 부드러울지라도 곡물의 소비량이 지나치게 많

---

118 『논형(論衡)』 「量知」 "舂之於臼"; 『논형(論衡)』 「論衡佚文」, "舂者以杵擣臼, 杵臼鼓動地."
119 『중수대만부지(重修臺灣府志)』 권16 「風俗四·番語·番社通考」, "番無碾米之具, 以大木為臼, 直木為杵; 帶穗舂, 令脫粟, 計足供一日之食, 男女同作, 率以為常."
120 『통전(通典)』 권26 「職官八·司農卿·導官署」, "導官署: 導, 擇. 周有舂人. 秦漢有令丞, 屬少府. 漢東京令, 丞主舂御米及作乾糒, 屬大司農. 歷代皆有之. 大唐置令二人, 丞四人, 掌舂碾米麵油燭之事."
121 『열자(列子)』 「力命篇·孟康云」, "麥糠中不破者是也. 蓋謂粗舂麥麥為粢餅食之."
122 『신죽현지초고(新竹縣志初稿)』 권5 「風俗·番俗」, "每年所登埔早, 連穗儲積. 舂粟備飯, 雜以薯芋或兼用黍稷, 日用三餐."

아 진다.[123]

그리고 곡물에 따라 찧은 방식도 달랐는데, 예컨대 검은 기장[穄]
의 경우 증기에 찌지 않으면 찧기도 어렵고 찧어도 봄까지 흙냄새가
난다. 하지만 찌게 되면 빻기도 쉽고 쌀이 단단해지며, 여름까지 향기
가 난다고[124] 한다. 기장은 대개 찰기는 있으나 수확량이 적고, 검은
기장은 맛은 좋지만 소출이 적고 찧기도 어렵다.[125] 그래서 기장은 찐
후 햇볕에 말려 찧고서 누룩과 섞어 술의 원료로 사용하였다.[126]

귀리[瞿麥]의 경우도 낱알을 쪄서 말린 후 절구로 찧어 껍질을 벗겨
내면 쌀이 온전하여 부서지지 않는다고[127] 하며, 흑대두黑大豆의 경우
『제민요술』「작장법作醬法」을 보면 시豉를 만들기 위해 콩 껍질을 벗기
려 할 때 큰 시루에 쪄서 김을 낸 다음에 하루 동안 볕에 말린 후에
다음날 키질하고 선별하면, 절구에 넣고 찧어도 부서지지 않는다고[128]
한다. 두장豆醬과 두시豆豉가 전국시대부터 존재했던 것을 보면, 이때부
터 절구와 맷돌이 발효식품을 제조하기 위해 적절하게 활용되었음을
알 수 있다.

보리를 찧을 때는 기장과는 달리 완전히 껍질을 벗기지 않는다. 그
래서 보리쌀과 껍질이 반반 있는 것을 "일조一糙"라고 한다. 『광아廣雅』
「석언釋言」에는 "조糙"는 곧 "초草"이며, "조糙"의 의미로서 잘 도정되
지 않은 알곡을 의미한다고 한다. 『농사유문農事幼聞』에는 보리를 깨끗

---

123 최덕경, 「中國古代 地域別 農作物 分布와 加工」, 『慶尙史學』 10, 1994, pp.141-142.
124 『제민요술(齊民要術)』「黍穄」, "穄, 踐訖即蒸而裛. 不蒸者難舂, 米碎, 至春又土臭. 蒸則易舂, 米堅,
     香氣經夏不歇也."
125 『제민요술』「黍穄」, "凡黍, 黏者收薄, 穄, 味美者, 亦收薄, 難舂."
126 「묘율현지(苗栗縣志)」 권7「風俗考·番俗」, "又以黍蒸熟置罌缶中, 俟發變, 曬乾舂為麴拌之, 復藏數
     日投以水, 再蒸其液為酒."
127 『제민요술』「大小麥」, "種瞿麥法. 以伏爲時. 一名地麵. 良地一畝, 用子五升, 薄田三四升. 畝收十石.
     渾蒸, 曝乾, 舂皆不碎, 米全不碎."
128 『제민요술』「作醬等法」, "臨欲舂去皮, 更裝入甑中蒸, 令氣餾則下, 一日曝之. 明旦起, 淨簸擇, 滿臼
     舂之而不碎."

하게 찧는 것을 "쌍조雙糙"라고 하고, 더욱 정미하는 것을 "삼조三糙", "사조四糙"라고 한다. 그리고 거칠게 한번 찧은 것은 "일조一糙"라고 한다. 따라서 『옥편玉篇』에 등장하는 '조造', '조糙', '주䊆', '서瑞' 등은 모두 도정의 정도에 따른 용어인 것이다. 사실 보리의 외피外皮는 도정하기가 쉽지 않다. 하지만 외피가 있으면 초醋를 빚을 때에는 유리한 측면도 있다. 그 때문에 찧는다는 것은 결코 단지 곡물을 껍질을 벗기거나 하나같이 가루를 낸다는 것은 아닌 듯하다.

한편 벼의 도정은 『제민요술』 「수도水稻」 편에 잘 나타나 있다. 벼를 찧을 때는 반드시 겨울철에 하되,[129] 미리 여러 날 햇볕에 잘 말렸다면 하룻밤 서리나 이슬을 맞혔다가 찧는 것이 좋다.[130] 이슬을 맞히고 나서 벼 껍질이 촉촉할 때 살을 찧으면 쉽게 껍질이 벗겨져서 흰쌀을 얻을 수 있고 쌀도 부스러지지 않고 힘도 덜 수 있다. 만약 이슬을 맞추지 않거나 햇볕에 말리지 않으면, 찧을 때 쌀이 쉽게 부서진다. 특히 겨울에 잘 말리지 않으면 수분이 많아 찧은 후 저장 과정에 열을 받아 눅눅해져 청적색의 곰팡이가 생기기 쉽다. 하지만 흰색 점성도의 경우 껍질이 얇아 찧기가 용이하다.[131]

절구와 비슷한 도정 기능을 하는 공구로 매통[礱]이 있다. 『천공개물天工開物』 「수정粹精·공도조攻稻」 조에 의하면 맷돌같이 종사치縱斜齒를 새긴 판 속에 잘 말린 곡식을 넣어 이를 돌려 곡물의 껍질을 벗기는 도구로서, 나무매[木礱]와 대바구니에 흙을 채워 만든 흙매[土礱]가 있

129 겨울철에 벼를 도정하는 이유는 농한기라서가 아니라 봄기운이 일기 시작하면 쌀의 싹이 트기 시작하기에 쌀이 견실하지 않아, 이때 찧으면 부스러져 싸라기가 생기기 쉽기 때문이다. 최덕경, 『제민요술 역주(I)』, 세창출판사. 2018, pp.293-294 참조.

130 『제민요술(齊民要術)』 「水稻」, "春稻必須冬時積日燥曝, 一夜置霜露中, 卽春. (若冬春不乾, 卽米青赤脈起. 不經霜, 不燥曝, 則米碎矣)"에 대한 먀오치위[繆啓愉] 교석, 『제민요술교석(齊民要術校釋)』(제2판), 中國農業出版社, 1998, p.141 참조.

131 『대만통지(臺灣通志)』 권2 「物産·五穀類·稻之屬·附考」에 의하면 송 진종(眞宗)이 점성도가 내한성이 높다는 것을 듣고 강회, 양절 지역으로 보급했다고 한다.

다.[132] 이 작업이 끝나면 절구에 넣고 찧는다.

절구질을 하는 시기는 명대 육용陸容의 『숙원잡기菽園雜記』에 의하면, 봄은 휴면기가 지나 생명의 기운이 소생하는 시기이기 때문에 쌀눈이 일어나 쌀알이 견고하지 않다. 만약 이때 찧게 되면 대부분 부서져 싸라기가 많이 생겨 손실이 많아진다. 그래서 주로 겨울에 찧는데, 겨울에 찧어 저장한 것을 "동용미冬舂米"라고 한다. 이처럼 절구로 찧을 때에는 대개 곡식을 그대로 절구에 넣어 도정하지만, 곡물에 따라 어떤 것은 삶은 후에 도정하고 어떤 것은 햇볕에 말리거나 이슬을 맞게 하여 도정하는 등 곡물의 성질에 따라 그 양상을 달리하였다.

절구질은 대개 부녀婦女 노동이 일반적이었다. 『동관한기東觀漢記』 명덕마황후明德馬皇后의 교주校注에는 한 명의 부인과 8명의 첩이 쌀을 찧어 종묘의 제사에 올렸다는[133] 사실이 있는가 하면, 다른 노동력을 고용하여 쌀을 찧기도 하였다. 산동성 미산현微山縣의 한대 포주庖廚 화상석에는 두 명의 여성이 각각 공이를 잡고 실제 방아를 찧고 있는 모습이 등장할 정도로[134] 여성 노동이 절구질의 중심을 이루고 있다.

그리고 관부의 도정은 노역형을 받은 용舂이라는 노비가 전담하였다. 용舂은 부인婦人으로 바깥 노역에는 참여하지 않고 쌀을 찧는 데에만 사역되었으며, 한 초 육형이 폐지된 이후에는 형기刑期 4년의 형도刑徒로 바뀌게 된다. 찧은 쌀은 또 다른 여성 형도인 백찬白粲이 불

---

132 『천공개물(天工開物)』「粹精」 攻稻條.

133 『동관한기(東觀漢記)』 卷6 「明德馬皇后」의 교주에 의하면, "夫人八妾所舂米之臧以奉宗廟者也"에 대해 顏師古注云, "一娶九女, 正嫡一人, 餘者妾也, 故云八妾."라고 한 점으로 보아 집안의 부인과 첩이 방아를 찧었던 것 같다.

134 중국농업박물관(中國農業博物館) 편, 『한대농업화상전석(漢代農業畵像磚石)』, 中國農業出版社, 1996, p.121.

순물을 가려내는 노역에 가담하였다.[135] 물론 사노私奴가 밤낮으로 방아를 찧었다[春]는 것처럼 남자 노예도 동원되기도 하지만,[136] 그 수는 많지 않았던 것 같다. 그리고 장례식을 지낼 때는 3일간 문밖을 나가지 않고, 집에서 방아를 찧거나 노래를 부르지 않았다고 한다.[137] 이것은 비록 청말 대만의 묘율현苗栗縣의 풍습이지만, 중고기 중국의 남부 지역에도 충분히 있을 수 있는 내용인 듯하다.

2. 맷돌과 제분

고대 맷돌 역시 곡물의 가공이 요구한 사회경제적 산물이다. 이미 신석기 말기부터 연마반研磨盤이 등장하였고, 철기가 출현하면서 석재의 가공이 용이해져 맷돌의 사용도 확대되었다. 단단한 돌로 만들어진 맷돌은 상하의 석판 사이에 곡물을 넣어 원심력을 이용하여 갈아 분말을 배출하게 하는 도구이다. 이것은 도정한 맥류麥類나 곡물을 분말로 만들거나 물에 불린 콩을 갈아 걸쭉한 용액을 만드는 데 주로 사용된다. 맷돌을 사용할 때는 대개 1인 노동으로 작업하지만, 크기에 따라 2인이 참여하거나 한당 시대에는 수력이나 축력을 이용하여 생산성을 높이기도 하였다.

『설문해자』에서는 마磨는 "마䃺" 또는 "애磑"라고 한다. 두 돌의 합치한 부분에 이빨을 만들어 그 속에 곡물을 넣고 가는 것을 애磑라고

---

135 『통전(通典)』권163 「刑制上·漢」, "春者, 婦人不參外徭, 但春作米. 皆四歲刑也. 今皆就鬼薪, 白粲. 鬼薪, 已具上. 白粲, 坐擇米, 使正白為粲. 皆三歲刑也.";『한서』권36 「楚元王傳」, "衣之赭衣, 使杵臼推春於市."

136 『예문류취(藝文類聚)』제35권 「人部十九·奴」, "奴老力索. 種莧織席. 事訖欲休. 當春一石. 夜半無事. 浣衣當白. 若有私錢. 主急賓客. 奴不得有姦私. 事事當開. 初學記作關, 白. 奴不聽教. 當笞一百."

137 『묘율현지(苗栗縣志)』권7 「風俗考(番俗附)·番俗」, "其喪祭也. 內山番死, 男女老幼皆裸體, 用鹿皮包裹; 親屬四人异至山上, 用鹿皮展鋪如席, 以平生衣服覆之, 用土掩埋. 服尚白. 既葬, 家人及异喪者三日不出戶, 不春, 不歌, 所親供給飯食. 一月後, 赴園耕種. 通社亦三日不赴園, 以社有不吉事也."

하며, 강남에서는 마磨라고 불리었던[138] 곡물의 제분기이다. 전국시대 부터 등장한 맷돌을 보면, 그 기본적인 구조는 상판, 하판의 두 돌이 중심의 철심에 연결되어 있고, 상판의 윗쪽 가운데에 곡물을 넣는 홈 이 있고 상판의 가장자리에는 손잡이를 끼울 수 있는 홈도 있다.

리파린[李發林]의 조사에 의하면 한·당시기 맷돌의 출토량을 보 면 전국 1점, 전한 7, 후한 38, 삼국 5, 남북조 3, 수 1, 당 1점이었다. 그 리고 맷돌의 출토 지역을 보면, 섬서 7점, 산서 1, 북경 3, 하북 3, 감 숙 1, 영하 1, 하남 17, 산동 7, 강소 8, 호북 4, 호남 1, 안휘 3으로 주로 화북지역에 집중하고 있다. 그리고 후한 영원永元 5년(93)에 서북 변방 의『거연한간』에 "솥[釜] 1구口, 애磑 2합合"이라는 기록이 나타나는 것 으로 미루어[139] 변방에서조차 양식 가공에 석마石磨는 필요불가결한 도구였다. 서역西域에서는 이미 신석기시대부터 석마반石磨盤, 석저구 石杵臼가 출토되었으며, 한·당 시대에도 석마石磨와 석연石碾이 적지 않 게 출토되고 있음을 확인할 수 있다.[140] 게다가 장강 유역의 호북(후한2 점, 삼국2점)과 강소성에도 후한 이후 줄곧 맷돌이 발견되고 있으며, 강 남의 호남(당1점), 남경(삼국 오1점)지역에도 당대 이후 출현하고 있는 것 으로 보아 남북조시대 이후 점차 강남지역으로 맷돌이 확산되었음을 확인할 수 있다.[141]

리파린이 수집한 75개의 맷돌 중에서 돌로 된 것이 21점이고, 도기 로 만들어진 모형 명기明器가 54점이 달한다. 〈표1〉에서 보는 바와 같 이 이 중 도제 명기는 다양한 형태로 등장하며, 그중에는 대야나 기

---

138 원, 대동(戴侗),『육서고(六書故)』, "合兩石, 琢其中爲齒, 相切以磨物曰磑";『일절경음의(一切經音 義)』, "磑, 北土名也. 江南呼磨也."
139 라오간[勞幹],『거연한간고석(居延漢簡考釋)』卷3.
140 웨이쓰[韋斯],「西域農業考古資料索引(續)」,『農業考古』2005-3, pp.226-230.
141 리파린[李發林],「古代旋轉磨試探」,『農業考古』1986-2.

대器臺가 있기도 하고, 액체가 빠져나가는 홈이 있다. 이는 단순히 가루를 내기 위한 것이라기보다는 물을 넣어 곡물을 갈아 즙을 내는 용도로도 활용된 듯하다. 이러한 사실은 맷돌에서 빠져나가는 구멍과 곡물 진입구가 존재한다는 사실에서도 이를 입증할 수 있다.

맷돌은 비록 시대마다 발견된 숫자는 다르지만 전국시대부터 당대까지 줄곧 등장하며, 지금까지 지속되고 있는 것을 보면 맷돌이 농가에서 중요한 작용을 한 것은 사실이다. 특히 한·당시대에 맷돌이 무덤의 부장품으로 사용되었다는 사실은 현실 세계에서 뿐만 아니라 지하 세계에서도 반드시 필요한 물품으로 인식되었던 것 같다. 이는 한·당 시대를 거치면서 제분을 통한 가공식품이 상당한 정도로 보급되었음을 말해준다. 그리고 부장품이 출토된 묘의 상당수가 화상석묘畵像石墓인 것으로 미루어 한대의 맷돌은 서민은 물론 경제적 여유가 있는 지주층에까지 다양하게 활용되었음을 알 수 있다.

실제 사용된 맷돌의 크기를 보면 약간의 차이는 있지만, 전국 후기 이래 맷돌의 직경은 50-55cm 전후이며, 두께는 산서 양분襄汾 조강공사趙康公社 고성故城유지의 맷돌을 보면 윗부분이 9cm, 아랫부분이 10cm이었다. 이러한 크기는 현재 남아 있는 맷돌과 큰 차이가 없다.

맷돌은 대개 손잡이를 상판 가장자리에 부착하여 이것을 잡고 직접 곡물을 넣으면서 상판을 돌려 제분하였다. 강소 사홍현泗洪縣 중강향重崗鄕 전한 말 화상석에 등장하는 맷돌은 맷돌 밑에 기대器臺가 있으며, 맷돌 상판에 ㄱ 字 형의 나무를 끼우고 반대쪽 끝에 횡목橫木을 설치한 것으로 보아 한 농부가 이 횡목을 두 손으로 잡고 서서 맷돌을 돌리면서 제분한 듯하다.[142]

문제는 맷돌의 기능이다. 맷돌은 크기도 중요하지만 상, 하판의 마

---

142 유전야오[尤振堯]·저우샤오루[周曉陸], 「泗洪重崗漢代農業畵像石刻硏究」, 『農業考古』 1984-2, p.73.

찰에 의해 곡물이 얼마나 잘 갈리는가에 달려있다. 전국시대와 전한에는 대개 상, 하판에 대추씨 모양, 원형 또는 장방형, 마름모꼴[菱形], 삼각형 등의 홈을 파서 맷돌의 이빨을 만들었다. 전한 시대에는 또 수레의 바퀴살 모양의 복사문輻射紋이 등장한다. 맷돌은 한대에는 거의 보편화되어 전국적으로 발견되고 있으며, 구조상 더욱 발전하고 있었다. 즉 보다 부드럽게 갈 수 있도록 가는 이빨[磨齒]이 복사형輻射型 또는 분구 사선형分區斜線型으로 구체화되었다.[143] 이 같은 이빨을 만들지 않으면 중간에 들어간 곡물이 서로 마찰이 생기지 않고 잘 갈리지도 않아 작업의 효율이 떨어진다. 그리고 간 곡물은 원심력을 이용하여 양변으로 흘러내리도록 제작된 것이 특징이다. 후한대가 되어 이런 양식이 대종을 이루었던 것을 보면 앞 시대의 성능을 크게 개선했던 것으로 판단된다.

후한대에는 상·하면의 무늬가 복사형輻射型 또는 구분사선형區分斜線型으로 다원화된다. 즉 곡물을 가는 상하의 면을 4구區 또는 8구(삼국시대 호북에는 6구區도 등장)로 나누어 사선斜線 모양을 설치함으로써 보다 효과적으로 제분할 수 있도록 설계된 것이다. 후한 안휘성의 수현, 강소성 서주, 하남 기현淇縣에는 팔구 사선상八區斜線狀의 맷돌이 등장하며, 당대의 호남 상음묘湘陰墓에서도 같은 문양이 보이는 것을 보면, 그 후에도 지속적으로 활용되었음을 알 수 있다. 그 외에도 후한의 산동 능현陵縣에는 사구 사선상四區斜線狀이 등장하고, 삼국시대의 호북 악성鄂城에는 육구 사선상六區斜線狀의 이빨이 등장하며, 섬서 서안에서는 북조 시대의 것으로 삼구 사선상三區斜線狀의 맷돌도 보

---

143 중국 고대의 전마(轉磨)는 3단계로 발전한다. 우선 전국 전한 시대에는 맷돌 잇빨[磨齒]이 기본적으로 요갱(凹坑) 형식이다. 그리고 동한 삼국시대가 되면 마치는 주로 복사형(輻射型)과 분구 사선형(分區斜線型)으로 구분된다. 그러다가 진조(晉朝) 이후에는 마치가 크고 모두 팔구사선상(八區斜線狀)으로 발전한다. 리파린[李發林], 「古代旋轉磨試探」, 『農業考古』 1986-2.

인다.

이처럼 맷돌 상하면의 이빨은 지역에 따라 그 형태가 다르게 나타나고 있지만, 그 형태와 사용된 곡물과의 관계는 분명하지 않다. 다만 구수區數가 많을수록 제작 과정이 어렵고 크기도 컸을 것으로 판단되며, 후대까지 계속해서 많이 이용되었던 것을 보면 구분 사선형區分 斜線型이 복사형輻射型보다는 성능이 훨씬 좋았을 것으로 여겨진다. 이것은 대두와 같이 껍질이 단단한 곡물의 수요가 증대되었음을 의미하며, 이런 도구가 산동이나 중국의 동북 지역에서 많이 출토되고 있다.[144] 특히 요녕 조양朝陽 당묘唐墓에서 출토된 진흙 맷돌[泥磑]을 보면 가장자리에 배출구[輪道]가 있을 뿐 아니라 중간에 두 개의 방형方型의 구멍은[145] 손잡이를 끼우고, 다른 하나는 대두 등을 넣는 공간일 것이 분명하다. 동북의 만주 지역은 전술한 바와 같이 대두의 주요 생산 지역이기 때문에 대두의 가공과 이를 이용한 식품이 그만큼 많았을 것이다. 그것은 그만큼 이 지역에서 대두의 다양한 수요와 효용성이 증대되었음을 의미하기도 하다.

다만 맷돌 작업은 주로 부녀노동으로 이루어지며, 한 사람이 돌리기 때문에 맷돌의 크기를 무한정으로 키울 수 없어 생산량이 한정될 수밖에 없었던 것이 문제였다. 이런 현상은 새로운 기술의 출현을 요구했다.

위에서와 같이 한·당대 맷돌이 출토되는 지역을 보면, 대개 화북지역에 집중되고, 점차 후한 이후 장강 유역으로 확대되고 있으며, 남북조시대 이후에는 강남지역으로 전파되고 있는 것을 보면 대개 콩, 맥 재배 지역을 중심으로 맷돌이 사용되었음을 알 수 있다. 알다시피 벼나

---

144 천원화[陳文華], 「中國農業考古資料索引(十五)」, 『農業考古』 1995-3 참조.
145 양톈난[楊鐵男], 「遼寧朝陽唐墓出土農業文物」, 『農業考古』 1995-1, p.51.

기장과 조 종류는 껍질만 벗기면 먹을 수 있지만, 콩과 맥류는 껍질을 벗긴다고 해도 바로 먹을 수 없다. 이들은 껍질을 벗겨 삶아서 찧거나 제분하지 않으면 먹기에 불편하며 소화도 쉽지 않다. 따라서 콩과 맥의 효율적인 이용과 식품 가공을 위해 맷돌이 등장했던 것이다.

전국시대 이후 맷돌이 등장하여 제분이 가능하게 되면서, 콩과 맥의 알곡을 취사하여 섭취하던 방식에서 죽이나 면식麵食과 병식餠食은 물론 장시醬豉, 두부豆腐와 같은 가공식품이 출현할 수 있는 기술상의 어려움이 없어진 것이다.

이상과 같이 가공 도구와 작물과의 관계를 보면 동북쪽에서 유입되어 천하에 보급된 콩이 장시 등의 부식으로 이용되면서, 그때 사용된 가공 도구가 서쪽의 맥류를 중원에 쉽게 정착시키는 데 견인 역할을 했다고 볼 수 있다.『사기』,『한서』,『위서』,『북사』,『제민요술』과『사시찬요』등에 등장하는 고膏, 유油, 지脂 등 기름의 명칭은 이미 고대에 유료油料작물을 제분하여 압착한 명백한 증거이고,[146] 여기서 진일보하여 대두를 압착하여 콩기름을 착유하기도 했다.

3. 물레방아·연자방아의 출현과 경제상의 변화

1) 방아[碓]와 물레방아[水碓]

방아[碓]는 손으로 찧던 절구가 개량되어 발이나 물의 힘을 이용하여 곡물을 찧거나 도정하는 도구로서 절구보다 힘이 덜 들고 노동 효율도 높다. 대개 2-3인이 노동 단위가 된다. 1-2인은 지렛대의 원리를 이용하여 방아공이의 한쪽 끝을 발로 눌러 들어 올리고 내리면서 방

---

146 최덕경,「중국고대 기름[油脂]과 착유법」『동양사학연구』제148집, 2019, p.32.

아를 찧고, 나머지 1인은 절구통에 곡물을 고르게 뒤섞어 주는 작업을 한다. 공이는 주로 나무로 제작되며, 절구통은 단단한 돌로 만든다. 디딜방아는 절구보다 장치가 복잡하고, 공이의 무게도 무거워 생산 효율이 높다.

『급취편急就篇』에는 "방아[碓]"가 곧 디딜방아[踐碓]라고 했으며,『한서』「초원왕전楚元王傳」에서 당대의 안사고는 "(과거에는) 목공이를 만들어 손으로 찧었는데, 오늘날 발로 찧는다는 것은 절구에 공이질 하는 것은 아니다."라고[147] 한 것에서 절구의 변화를 잘 알 수 있다. 후한 환담桓譚의 『신론新論』에는 디딜방아의 노동력은 절구보다 10배나 줄어들며,[148] 소와 말이나 수력을 이용하면 100배의 이익이 있었다고 한다.[149] 그 때문인지 한대 사천성 팽현彭縣 태평향太平鄕과 공형성邛峽縣 양안향羊安鄕에서 수집한 화상석에는 당시 부녀자들이 곡물창고 앞에서 디딜방아를 찧고 있는 모습을 사실적으로 묘사하고 있다.[150]

디딜방아의 유물은 한대(44.8%), 당대(15%), 위(北魏: 11%) 순으로 출토되며, 지역적으로는 황하 중하류의 하남(47%), 하북과 호북이 각각 9.6% 순으로 약 66% 이상을 차지하며, 출토물 중 절반 가까이가 무덤의 명기明器였다.[151] 이런 상황은 맷돌과 큰 차이가 없다. 명기를 만들어 부장품으로 매장하던 시대에 맷돌은 저승에까지 가지고 가고 싶은 물건으로 당시 농가에서 부의 상징이었음을 알 수 있다.

---

147 『한서(漢書)』 권36「楚元王傳」師古曰, "爲木杵而手舂, 即今所謂步臼者耳, 非碓臼也."
148 『천공개물(天工開物)』「粹精第卷4·攻稻條」에도 "攻稻之法 省人力十倍 人樂爲之"라 하여 그 성능은 변함이 없다.
149 『신론(新論)』「離事第11」, "宓犧之制杵臼, 萬民以濟, 及后人加巧, 因延力借身重以踐碓, 而利十倍杵臼. 又復設機關, 用驢贏牛馬及役水而舂, 其利乃且百倍.";『태평어람(太平御覽)』, 中華書局, 1960, p.3699.
150 중국농업박물관(中國農業博物館) 편, 『한대농업화상전석(漢代農業畫像磚石)』, 中國農業出版社, 1996, pp.48~49.
151 김광언, 『디딜방아연구』, 지식산업사, 2002, pp.233~236.

후조後趙 석호石虎(322-349년) 때, 중어사中御史 해비解飛 등이 '용거春車'와 '마거磨車'를 발명했다. 용거는 마차 위에서 목인木人이 방아를 찧는 도구인데, 차가 움직이면 목인이 디딜방아를 밟아 10리를 이동할 때마다 1곡斛을 방아 찧을 수 있었다. 마거는 마차 위에 석마石磨를 설치한 것으로 10리 갈 때 맥麥 1곡을 갈았다고 한다.[152] 이들은 자동화된 양식 가공용의 마차로서 이동 중에도 시간을 벌기 위해 고안한 장치이며, 이것을 통해 당시 곡물 제분의 필요성과 수요를 다소나마 짐작할 수 있다.

디딜방아의 등장과 함께 출현한 것이 바로 수용水舂, 즉 물레방아[水碓]이다. 『통전通典』 「서융西戎」 편의 후한 순제順帝 영건永建 4년(129)의 상소 중에 "지금 상군上郡 은천銀川 지역에 물레방아[水碓]를 가동하려면, 동력으로 물이 필요하다. 산하山河를 막아 수로를 좁게 만들어 물을 흘려보내면 방아를 찧을 수 있다. 그리고 그 하천을 통해 물자를 이동시키면 노동력이 절감되고 군량은 풍족해질 것"이라고[153] 했다. 효무제孝武帝와 광무제光武帝가 삭방朔方을 쌓고 서하西河를 개통하여 상군上郡을 설치한 이유도 모두 이 때문이다.[154]

후한의 『신론新論』에도 소와 말, 나귀 등의 축력과 수력을 이용하여 찧을 경우 그 효과는 100배였다는 기록으로 보아, 후한 때 이미 물레방아를 이용하여 도정과 제분을 행하면서 그 효능을 충분히 인지했음을 알 수 있다. 이런 이유로 축력과 수력을 이용한 물레방아의 출현 시기는 전한까지 소급할 수 있을 것 같다.[155] 실제 전한 때 하남성

---

152 량중샤오[梁中效], 앞의 논문 「試論中國古代糧食加工業的形成」, p.80.
153 『통전(通典)』 권189 「邊防五·西戎一·羌無弋」, "順帝永建四年……在今上郡銀川之間. 水草豐美, 土宜產牧. 北阻山河, 乘阨據險. 因渠以漑, 水舂河漕, 水舂即水碓也. 河漕, 通船運也. 用功省少, 而軍糧饒足."
154 『후한서(後漢書)』 권87 「西戎傳」.
155 량중샤오[梁中效], 앞의 논문, 「試論中國古代糧食加工業的形成」, p.79.

제원濟源과 우현禹縣에서 도기로 만들어진 디딜방아[陶碓]가 보이며, 강소성 의정儀征과 한강邗江에서는 목제 디딜방아[木碓]도 등장한다. 하지만 디딜방아의 출토 수량을 보면 후한대에 집중하고 있어,[156] 이 시기부터 디딜방아의 수요가 크게 증가되었음을 알 수 있다.

그런가 하면 위魏 태조[曹操] 때에는 민을 이주하여 하북을 채웠는데도 농서隴西, 천수天水, 남안南安군의 백성이 두려워하고 불안해하여 과세를 면제하고 집을 짓게 하며, 물레방아를 설치하게 하자 백성들이 비로소 안심하였다고[157] 한다. 여기서 물레방아는 노동생산성과 생산의 이익을 보정해 줄 뿐 아니라 생활의 안정을 이루는 데도 중요한 작용을 했음을 알 수 있다.[158]

진대晉代에는 이미 물레방아가 상당히 유행하여, 석숭石崇은 물레방아[水碓]가 30대에 이르렀으며, 서진 말기 낙양은 물레방아가 곡물 가공의 필수 시설이었다고 한다. 서진 태안太安 2년, 8왕의 난이 일어났을 때 장방張方이 방죽 천금알千金堨을 무너트려 물레방아[水碓]에 물이 공급되지 못하자 식량 공급이 곤란해졌다. 이때 조정에서는 왕공 노비를 징발하여 손으로 방아를 찧게 하여 병사들에게 공급했는데, 종군하지 않은 1품 이하와 13세 이상의 남자는 전부 노역했다고 한다.[159] 이런 사실을 보면 물레방아의 생산 효율이 상당히 높으며, 식량 공급과 밀접하게 연결되어 있는 것을 알 수 있다.

그러나 진대晉代에 이르면 점차 물레방아로 인한 피해가 속출한다.

---

156 천원화[陳文華], 「中國農業考古資料索引」, 『農業考古』 1983-2, pp.334-341; 『農業考古』 1989-1, pp.419-427; 『農業考古』 1995-3, pp.303-311.

157 『삼국지(三國志)』 「魏書・張旣」, "是時, 太祖徙民以充河北, 隴西、天水、南安民相恐動, 擾擾不安, 旣假三郡人爲將吏者休課, 使治屋宅, 作水碓, 民心遂安."

158 류샤오핑[劉小平], 「水磑與中古水權管理制度述論」, 『歷史敎學』 2009-4, p.38.

159 『진서(晉書)』 권4 「惠帝紀」, "十一月辛巳, 星晝隕, 聲如雷. 師王攻方壘, 不利. 方決千金堨, 水碓皆涸. 乃發王公奴婢手舂給兵稟, 一品已下不從征者男子十三以上皆從役."

귀족, 심지어 공주들까지 물레방아를 설치하여 물의 흐름을 막음으로써 기존 농가에 피해가 돌아가자 방아를 파괴하도록 지시하여 백성들의 이익을 침해하지 못하게 하였다.[160]

물레방아는 원래 산중의 물가 근처 사람이 고안한 것으로,[161] 물의 낙차를 이용하여 동력을 유도했기 때문에 이를 설치한 위치는 대개 산림 계곡이나 강가 및 늪지대였다.[162] 낙양 주변이나 하동河東 및 관중 서쪽 지역에 집중하고 있는 것은 지형적으로 물의 낙차 이용이 용이했기 때문이다. 반면 동부의 황회해黃淮海 평원 지역은 물은 풍부하지만, 수력 가공 기구가 보이지 않는 것은 지형적인 특성과도 유관하다.[163] 당시로는 아직 큰 강물을 통제하여 물레방아를 돌릴 수 있는 기술력이 부족했던 것이다. 하지만 『남제서南齊書』「조충지열전祖沖之列傳」에 의하면, 악유원樂遊苑에 물레방아를 설치하여 제齊의 무제武帝가 친히 임하여 살폈다거나,[164] 남조 양梁의 소자개蕭子開가 찬술한 『건안기建安記』에는 강서성 동부의 무이산武夷山 바위 사이에 물레방아, 맷돌, 키[簸箕]와 대젓가락 등이 있었다거나,[165] 양梁의 후경侯景은 대형 방아[舂碓]를 설치하여 범법자의 처형 도구로 사용한 것[166] 등을 보면, 남조南朝의 강남

---

160 『진서(晉書)』권46「劉頌列傳」, "武帝踐阼…郡界多公主水碓, 遏塞流水, 轉為浸害, 頌表罷之, 百姓獲其便利."

161 『천공개물(天工開物)』「粹精·攻稻」, "凡水碓, 山國之人居河濱者之所爲也."

162 『송서(宋書)』권67「謝靈運列傳」, "金谷, 石季倫之別廬, 在河南界, 有山川林木池沼水碓. 其鎮下邳時, 過遊賦詩, 一代盛集. 謂二地雖珍麗.";『주자어류(朱子語類)』권124「육씨(陸氏)」"盛言山上有田可耕, 有圃可蔬, 池塘碾磑."

163 왕리화(王利華), 앞의 논문,「古代華北水力加工興衰的水環境背景」, p.32.

164 『남제서(南齊書)』권52「祖沖之列傳」, "以諸葛亮有木牛流馬, 乃造一器, 不因風水, 施機自運, 不勞人力. 又造千里船, 於新亭江試之, 日行百餘里. 於樂游苑造水碓磨, 世祖親自臨視.";『남사(南史)』권72「祖沖之列傳」, "沖之解鍾律博塞....於樂游苑造水碓磨, 武帝親自臨視."

165 『태평어람(太平御覽)』권47에서 인용한 소자개(蕭子開)의 『건안기(建安記)』, "建安記曰, 武夷山高五百仞, 岩石悉紅紫二色, 望之若朝霞. 有石壁峭拔數百仞於煙嵐之中. 其石間, 有水碓礱簸箕籮竹箸等物."이다.

166 『양서(梁書)』권56「侯景列傳」, "景長不滿七尺, 而眉目疏秀. 性猜忍, 好殺戮. 刑人或先斬手足, 割舌鼻劓, 經日方死. 曾於石頭立大舂碓, 有犯法者, 皆擣殺之, 其慘虐如此."

지역에도 점차 물레방아가 보급되고 있었음을 확인할 수 있다.

하지만 디딜방아를 이용하여 콩, 밀을 빻아 가루를 내고자 하면 공력만큼 능률은 오르지 않았던 것 같다. 절구나 맷돌만큼 사람의 손이 직접 미치지 못했기 때문이다. 그러나 벼의 껍질을 벗기는 도정 능률은 탁월했다. 그 결과 물레방아는 점차 벼 생산 지역으로 들어가고, 콩, 밀의 제분과 분식의 보급이 확대되면서 보다 우수한 생산수단이 필요했고, 물레방아의 빈자리는 성능이 좋고 생산량도 높은 연자방아[碾磑]가 점했던 것으로 보인다.

2) 연자방아[碾磑]의 가동

연자방아는 절구나 맷돌을 진일보 개진하여 도정보다 곡물의 파쇄나 제분에 특화된 가공 도구이다. 연자방아가 어떤 공구인지에 대한 견해는 일정하지 않다. 혹자는 연자방아는 맷돌로서 이를 구성하는 두 부분으로 이해하여 연碾은 상단, 애磑는 하단이라고 하는가 하면,[167] 연碾은 탈곡기구, 애磑는 제분 기구라는 견해도 있다. 혹자는 쌀을 도정하는 것을 연碾, 밀을 도정하는 것을 애磑라고 설명하여 일치된 견해가 없다. 일본의 니시지마[西嶋定生]는 연자방아는 남북조시대 이후 수력을 이용하여 곡물을 제분하는 맷돌로서 앞의 물레방아와 비교할 때, 물레방아(와 디딜방아)는 수직 운동을 통해 공물을 가공하는 도구인 데 비해 연자방아는 수평 운동을 통해 가공하는 공구라고 하였다.[168]

『장자집석莊子集釋』「외편外篇·달생達生」편에 의하면 관동인關東人의

---

167 『당률소의(唐律疏義)』권4「名例條」, "碾, 磨上轉石也. 磑, 磨下定石也."
168 니시지마 사다오[西嶋定生], 앞의 논문, 「碾磑の彼方-華北農業における二年三毛作の成立」, pp.236-242.

애磑는 마磨를 의미하며, 바퀴를 굴린다는 의미로 보고 있다.[169] 『방언 方言』에서는 애는 견고하다는 뜻이며, 『낙양가람기洛陽伽藍記』 「경명사景 明寺」에서는 애는 물을 이용했다고[170] 한다. 그리고 『제민요술』 「작초법 作酢法」에 등장하는 "석애자石磑子"는 석마石磨 즉 곡물을 가는 공구이 다. 곡물은 양에 따라 갈리는 정도가 다르기 때문에 되풀이함으로써 탈곡과 함께 점점 고운 입자가 된다고[171] 한다. 또한 『북제서北齊書』 「고 륭지열전高隆之列傳」에서는 '조치수연애造治水碾磑'를 물로 돌리는 연자방 아[水碾磑]로 보고 있다.[172] 그리고 『천공개물天工開物』 수정편粹精篇에는 축력을 이용한 마磨도 등장한다.

이런 사실들은 종합해 보면 연자방아는 수력이나 축력을 이용하 여 돌을 돌려서 제분하는 공구임을 알 수 있다. 아마 대형 방아[碾子] 나 맷돌에 가까운 공구였을 것이다. 기대 위 움직이는 방앗돌의 무게 가 무거웠기 때문에 물이나 가축의 동력을 이용했으며, 그 무게에 눌 린 곡물은 단순히 도정만 아니라 파쇄되거나 연속동작을 통해 제분 된 것이다. 본고에서 문제로 삼은 것은 수력 연자방아이며, 그 때문에 연자방아를 수마水磨, 수애水碾라고 불렀다.

『낙양가람기』에서는 수마는 물로 돌리는 것으로, 육마陸磨에 비해 수 배의 효과가 있으며, 수연水碾 역시 물로써 돌리며 육연陸碾보다 효 율이 배가 넘는다고 한다.[173] 『북제서』 「고륭지열전高隆之列傳」에서는 실

---

169 『장자집석(莊子集釋)』 권77 「外篇·達生第十九」, "疏; 湍沸旋入, 如磑心之轉者, 齊也. 回復騰漫而 反出者, 汨也. 既與水相宜, 事符天命, 故出入齊汨, 曾不介懷. 郭注云磨翁而入者, 關東人喚磑為 磨, 磨翁而入, 是磑釭轉也."
170 『낙양가람기(洛陽伽藍記)』 권3 「城南·景明寺」, "磑春簸, 皆用水功."
171 먀오치위[繆啓愉] 교석, 앞의 책, 『제민요술교석(齊民要術校釋)』 권8 「作酢法」, 中國農業出版社, 1998, pp.554-557.
172 『북제서(北齊書)』 권18 「高隆之列傳」, "造治水碾磑, 諸本無水字…可知造治的必是水碾磑."
173 소나 말을 이용하여 제분하는 연자방아의 생산성은 일소 한 마리가 하루에 밀 2섬[石]을 제분하고, 당나귀 그 반을, 힘센 사람은 2말[斗], 약한 사람은 그 절반을 제분한다고 한다. 하지만 수력을 이용 할 경우는 소의 3배가 된다고 한다. 『천공개물(天工開物)』 「粹精·攻麥條」 참조.

제 장수漳水를 성 근처로 끌어들여 성곽 주위를 흐르게 하여 연자방앗간을 조성하여 이익을 올렸으며,[174] 『북사北史』「최량전崔亮傳」에서는 북위의 백성들에게 연磑을 가르쳤고, 계곡물을 막아 수연水碾 수십 구區를 설치했다고[175] 한다. 이런 사료들로 미루어 보면 연자방아는 북조시대부터 활성화되고 있다. 이를 설치하기 위해서는 제방을 쌓아 물을 끌어들여야 하기 때문에 설치 지역이 한정될 수밖에 없었을 것이며, 시설을 위해 적지 않은 인적, 물적 자원이 필요했기 때문에 소유계층도 제한되었을 것이다.

연자방앗간이 이렇게 재부와 이윤을 가져다준 수단이 될 수 있었던 것은 바로 제분의 수요 증대에 따른 곡물의 대량 가공에 있다. 연자방앗간이 주로 화북지역에 설치되었고, 화북지역의 주된 재배작물은 당시 조, 콩, 밀[麥]이었다. 니시지마[西嶋定生]는 당대 양세법의 실시(780년)를 기점으로 조 중심에서 밀 중심의 재배로 바뀐다고 하며, 이때 곡전穀田과 소맥전小麥田이 결합되고 콩류 재배가 더해지면서 2년 3모작의 작부체계가 형성된다고 한다. 이 견해는 이미 『제민요술』 혹은 그 이전부터 산동 지역을 중심으로 밀[麥]-콩-기장[黍稷: 或穀]의 2년 3모작의 윤작輪作이 형성되었다는 견해[176]와는 차이가 있다.

실제 전국시대 『관자』「부국富國」 편에 의하면, "한 해에 2번 거둔다."라고 하고, 「치국治國」 편에서는 "4번 심어 5번 거둔다."라고[177] 하여 연 2작을, 『여씨춘추』「임지任地」 편에서는 "금년에는 조가 무성하고, 내년에는 맥이 무성할 것이다."라고[178] 하여 이미 전국시대 말에 조[禾:

---

174 『북제서(北齊書)』 권18 「高隆之傳」.
175 『낙양가람기(洛陽伽藍記)』 권3 「城南·景明寺」.
176 리창녠[李長年], 「中國文獻上的大豆栽培和利用」, 『農業遺産研究集刊』(第1冊), 中華書局, 1958, pp.93-94.
177 『관자』「富國」, "一歲而再獲之."; 「治國」, "四種五獲."
178 『여씨춘추』「任地」, "今玆美禾 來玆美麥."

粟]와 맥의 윤작이 시행되고 있다. 한대에는 조[禾]를 수확한 후 밀[麥]을 재배한다고 하였으며,[179]『제민요술』에는 2월의 봄콩은 조[早穀: 粟] 다음에 파종하며, 소두小豆는 밀[麥] 다음에 파종한다고[180] 하여 조, 밀, 콩의 윤작이 광범하게 행해지고 있었다. 아울러 조와 콩, 콩과 채소, 뽕나무 사이의 콩의 간작, 혼작과 사이짓기 역시 매우 보편화되고 있다.[181] 또 당대 변방의 투르판[吐魯番] 출토 문서에도 무주武周 시기의 하전夏田에 밀과 과瓜를, 추전秋田에 조를 구분해서 파종하고 있는 것이 확인된다.[182] 주목되는 것은 한·당시기 조와 밀의 재배에 대·소두가 중간에서 견인차 역할을 했다는 것이다.

남북조시대에 연자방아의 수가 확대된 것은 바로 분식이 확대되면서 밀 제분의 필요성을 느꼈기 때문이다. 그 외에도『제민요술』「분국병주笨麴並酒」 편에는『사민월령四民月令』의 기록을 인용하여 밀을 빻아 누룩을 만들었으며, 경성京城 서북 지역에서는 풍수灃水를 막아 연자방아를 설치하고, 오륜五輪을 돌려 하루에 밀 300곡斛을 제분했다고[183] 한다.

맥류麥類를 제분할 때『천공개물』「수정粹精·공맥攻麥」 조에 의하면, 제분한 이후에도 몇 차례 체로 쳐야 하며, 부지런한 사람은 되풀이하는 것을 싫증 내지 않았다고 한다. 당시 가공식품이 부드럽고 고운 분말을 원했다는 의미이다.

---

179 『주례』「地官·稻人」, "凡稼澤夏以水殄草而芟夷之"에 대한 한대 정사농은 "今時謂禾下麥為黃下麥 言芟刈其禾於下種麥也"라고 하여 '이하맥(黃下麥)'은 조[禾]를 수확한 후 그 자리에 밀을 파종한 것으로 주석하고 있다. 최덕경,「中國古代 農業技術의 발달과 作畝法: 農業考古學의 성과를 중심으로」,『釜山史學』13, 1987, pp.65~66 참조.

180 『제민요술』「大豆」, "春大豆, 次植穀之後."; 『제민요술』「小豆」, "小豆, 大率用麥底"

181 왕리화(王利華) 주편, 앞의 책,『중국농업사통사(中國農業史通史)』, p.105.

182 슈토오 요시유키[周藤吉之],「吐魯番出土の佃人文書研究」,『唐宋社會經濟史研究』, 東京大出版會, 1965.

183 『구당서(舊唐書)』권184「宦官·高力士列傳」, "力士資產殷厚, 非王侯能擬, 於來庭坊造寶壽佛寺, 興寧坊造華封道士觀, 寶殿珍臺, 侔於國力. 於京城西北截灃水作碾, 並轉五輪, 日碾麥三百斛."

하지만 한·당 시대의 경우, 콩은 밀에 비해 연자방아를 이용하여 제분하는 사례가 그다지 많지 않았던 것 같다. 소농민의 가정에서는 물에 불린 콩을 가루로 만들 때는 주로 맷돌을 이용하고, 삶은 콩으로 메주를 만들 때는 대개 절구나 디딜방아로서도 충분했기 때문이다. 다만 볶은 콩이나 삶아 말린 콩을 가루로 만들 때나 전쟁의 보급 식량을 확보하기 위해서는 전술한 바와 같이 연자방아 노동을 통해 제분했을 것으로 판단된다.[184]

당시 연자방아는 수력이나 축력을 이용하고, 취급하는 곡물이나 생산량도 적지 않아, 맷돌이나 절구처럼 여성 노동에 적합한 도구는 아니었을 것이다. 노동자의 품삯[傭賃]에 대한 내용은 분명한 기록은 없지만 간접적으로 알 수 있다. 절도죄의 장물을 임금으로 환산할 때 범죄 당시의 물가에 비추어 보면, 1인당 1일 명주[絹] 3척尺에 해당한다. 선박, 상점이나 연자방아 노동의 경우 노임은 비록 많지만 그 가격을 제대로 쳐주지 않았다는 사실로 미루어 보아[185] 권귀權貴 세력들이 어떤 방식으로 노동을 착취하고 축재했는지를 알 수 있다.

본래 서아시아 지중해 기후의 월동작물이었던 밀은 겨울과 봄에 비와 눈이 부족한 황하 유역에 적합하지 못했으며, 남방의 벼농사 지역도 물이 항상 고여있는 환경 때문에 맥작에 적합하지 못했다. 하지만 이런 밀이 가뭄을 막고, 습기를 보존하는 기술과 연자방아 기술의 개발을 통해 당송시대에는 화북 최대의 농작물로 자리 잡게 되었으며, 그 결과 중국의 식생활도 전통적인 입식粒食을 분식으로 바꾸게 된 계기를 마련했다.[186]

---

184 무엇보다 송대 이후와 같이 콩을 볶아 제분하여 착유할 때 적극적으로 제분했을 것이다.
185 『통전(通典)』 권165 『刑法三·刑制下·大唐』, "若計傭賃為贓者, 亦勿徵. 諸平贓者, 皆據犯處當時物價及上絹估. 平功傭者, 計人日為絹三尺. 牛馬駝驢車亦同. 其船及碾磑邸店之類, 亦依生時價值. 傭賃雖多, 各不得過其本價."
186 리건판[李根蟠], 『중국농업사(中國農業史)』, 文津出版社, 1997, pp.239-240.

3) 연자방아와 농업경영

그렇다면 당시 수력을 이용하여 연자방앗간 설치에 적극적인 관심을 가진 자는 누구였을까? 면식麵食의 수요가 급증하면서 권력을 가졌거나 부를 지닌 사람들은 연자방앗간을 건립하여 제분업에 뛰어들었다. 『구당서』「왕방익열전王方翼列傳」에 의하면 방익이 숙주자사肅州刺史로 있을 때, 군사를 동원하여 제방을 쌓아 약수를 끌어들여 해자를 축조하고, 사재를 털어 물레방아를 설치하여 그 이익으로 굶주린 자를 부양했다고[187] 한다. 이것은 관료가 연자방앗간을 건립한 사례이며, 실제 관료가 수연水磑을 개인적으로 보유한 경우도 있다.[188] 예컨대 수대의 대신 양소楊素 역시 임종에 임하여 그동안 모은 재산 중 저점邸店, 수연水磑 및 세를 징수하는 전택田宅 수가 천백을 헤아렸다고 한 것을 보면, 권력을 이용하여 재산을 축적하고, 연자방앗간 경영을 통해 이윤을 더욱 늘려갔음을 알 수 있다.[189]

『구당서』「이원굉열전李元紘列傳」에서는 당대 초기에 태평공주가 승사僧寺[190]와 더불어 연자방앗간을 두고 다투었다고 한다. 공주가 황제의 은혜를 업고 제멋대로 처리하자, 원굉이 독단으로 사원에 돌려주도록 명했던 것이다. 또 왕공 귀족들이 삼보에 건립된 수로를 따라 연자방아를 설치하여 이익을 다투고, 백성들의 수전 관개를 해치자 원굉이 관리를 동원하여 철폐를 명하고, 그 이익을 백성들에게 돌려주라고[191]

---

187 『구당서(舊唐書)』권185「良吏上·王方翼」, "永徽中累授安定令, 誅大姓皇甫氏, 盜賊止息, 號為善政. 五遷肅州刺史. 時州城荒毀, 又無壕塹, 數為寇賊所乘. 方翼發卒潛築, 引多樂水環城為壕. 又出私財造水碾磑, 稅其利以養飢餒.";『신당서(新唐書)』권111「王方翼列傳」.

188 『신당서(新唐書)』권124「姚崇列傳」, "比見達宦之裔多貧困, 至銖尺是競, 無論曲直, 均受嗤詆. 田宅水磑既共有之."

189 『수서(隋書)』권48「楊素列傳」, "素負冒財貨, 營求產業, 東西二京, 居宅侈麗, 朝毀夕復, 營繕無已, 爰及諸方都會處, 邸店, 水磑并利田宅以千百數, 時議以此鄙之."

190 『신당서(新唐書)』권126「李元紘列傳」에는 민으로 표현되고 있다.

191 『구당서(舊唐書)』권98「李元紘列傳」, "元紘少謹厚. 初為涇州司兵, 累遷雍州司戶. 時太平公主與僧寺爭碾磑, 公主方承恩用事, 百司皆希其旨意, 元紘遂斷還僧寺. 竇懷貞為雍州長史, 大懼太平勢,

---

명하기도 하였다.

그리고 대종代宗 대력大曆 13년(778)에 이르면, 백거白渠의 지류에 설치된 연자방앗간 때문에 백성의 논에 관개를 할 수 없다는 이유로 철거를 명하고 있다. 하지만 대종의 4녀 승평공주昇平公主와 중신 곽자의郭子儀는 각각 2대의 연자방아를 돌려 제분하면서 아직 철거하지 않았었다. 승평공주가 대종을 만나 이를 호소하자 대종은 공주에게 "내가이 조칙을 내린 것은 백성을 위한 것이다. 어찌 내 마음을 모르고 먼저 나서는 것인가?" 하자 공주는 그날로 철거를 명했으며, 권문세족의 연자방앗간 80곳도 모두 철거했다고[192] 한다. 이 사실에서 연자방앗간 경영을 반대한 것은 백성의 관개수를 차단했기 때문이며, 조칙을 내렸지만 공주와 중신이 개인 연자방아를 철거하지 않았던 것은 공주와 특권 계층들이 연자방앗간 경영을 통한 이윤을 포기하지 못하여, 이를 반대하고 저항했기 때문임을 알 수 있다.

또 대력 13년(778)에 여간黎幹은 경조윤京兆尹이 된 후 정거鄭渠, 백지거白支渠를 개통하여 진한시대의 고도故道를 복원하여 민전에 관개하도록 하고, 설치된 연자방앗간 80곳을 철폐하도록 청하였다.[193] 그리고 대력 말에는 기내畿內: 畿內 민이 경수涇水를 막아 연자방아를 설치

促令元紘改斷, 元紘大署判後日, 南山或可改移, 此判終無搖動. 竟執正不撓, 懷貞不能奪之. 俄轉好時季, 遷潤州司馬, 所歷咸有聲績. 開元初, 三遷萬年縣令, 賦役平允, 不嚴而理. 俄擢為京兆尹, 尋有詔令元紘疏決三輔. 諸王公權要之家, 皆緣渠立磑, 以害水田, 元紘令吏人一切毀之, 百姓大獲其利.";『신당서(新唐書)』卷126「李元紘列傳」, "元紘早修謹, 仕為雍州司戶參軍. 時太平公主勢震天下, 百司順望風指, 嘗與民競碾磑, 元紘還之民…開元初, 為萬年令, 賦役稱平, 擢京兆少尹, 詔決三輔渠, 時王主權家皆旁渠立磑, 瀦竭爭利, 元紘敕吏盡毀之, 分溉渠下田, 民賴其恩."

192 『구당서(舊唐書)』권120「郭子儀列傳」, "曖, 子儀第六子. 年十餘歲, 尚代宗第四女昇平公主, 時昇平年亦與曖相類. 大曆中, 恩寵冠於戚里, 歲時錫賚珍玩, 不可勝紀. 大曆十三年, 有詔毀除白渠水支流碾磑, 以妨民溉田. 昇平有脂粉磑兩輪, 郭子儀私磑兩輪, 所司未敢毀徹. 公主見代宗訴之, 帝謂公主曰, '吾用此詔, 蓋為蒼生, 爾豈不識我意耶 可為衆率先.' 公主即日命毀. 由是勢門碾磑八十餘所, 皆毀之.";『구당서(舊唐書)』권11「代宗李豫·大曆十三年」, "十三年春正月戊申朔. 辛酉, 壞白渠碾磑八十餘所, 以奪農溉田也."

193 『신당서(新唐書)』권145「黎幹列傳」, "大曆八年, 復召為京兆尹. 時大旱, 幹造土龍, 自與巫覡對舞, 彌月不應. 又禱孔子廟, 帝笑曰, 丘之禱久矣. 使毀土龍, 帝減膳節用, 既而大雨. 十三年, 涇水擁隔, 請開鄭白支渠, 復秦漢故道以溉民田, 廢碾磑八十餘所."

하여 논에 관개를 할 수 없다고 소송하자 여간이 황제에게 청한 결과, 조칙을 내려 방아[碓]를 철거하고 물을 백성에게 돌려주도록 했는데, 이때 공주와 곽애郭曖의 집에는 모두 연자방아가 있었다.[194] 연자방앗 간을 해체하는 또 다른 방식으로 경조부와 봉상부에 조칙을 내려 범법 자의 주택, 장원 및 연자방앗간을 적몰하도록 한 것도 주목된다.[195]

실제 연자방앗간의 설치로 인하여 논이 황폐화된 사례로, 영휘永徽 6년(655) 옹주장사雍州長史 장손상長孫祥이 상주하기를 지난날에는 정거 鄭渠, 백거白渠를 설치하여 4만 경에 관개했는데, 지금은 부상 대고들 이 다투어 연자방앗간을 설치하고 제방을 막아 물을 사용하면서 수 로의 물이 잘 흐르지 못해 겨우 1만 경의 논에만 관개하고 있다. 이에 수로를 수리하여 수전을 회복하여 백성들에게 이익이 돌아가게 할 것 을 주청하였다. 이에 사자를 파견하여 수로 상의 연자방앗간을 조사 하여 모두 철거하도록 하였다. 하지만 대력大曆(766-755년) 중에는 수전 의 관개가 겨우 6, 200여 경밖에 이루어지지 않았던 것을 보면,[196] 철 거가 제대로 이루어지지 않았음을 알 수 있다.

사원경제 역시 연자방앗간을 경영했는데,[197] 『속고승전續高僧傳』에 따르면, 당시 사원에는 이전부터 전래된 연자방아나 원애圜碓 등이 있 었으며, 그 이외에 새로 설치하기도 하였다.[198] 『구당서舊唐書』 「적인걸열 전狄仁傑列傳」에서는 당시 사원의 사치가 궁궐보다 심하였고, 수애水碓

---

194 『신당서(新唐書)』 권83 「諸帝公主·代宗十八女·靈仙公主等」, "齊國昭懿公主, 崔貴妃所生. 始封升 平. 下嫁郭曖. 大曆末, 寰內民訴涇水爲碓壅不得漑田, 京兆尹黎幹以請, 詔撤碓以水與民. 時主及 曖家皆有碓."

195 『구오대사(舊五代史)』 권111 「周書二·太祖本紀二·廣順元年」, "丁丑, 詔京兆、鳳翔府, 應諸色犯事 人第宅莊園店碓已經籍沒者, 並給付罪人骨肉."

196 『통전(通典)』 권2 「食貨二·水利田·大唐」, "永徽六年, 雍州長史長孫祥奏言, '往日鄭白渠漑田四萬 餘頃, 今爲富商大賈競造碾磑, 壅遏費水, 渠流梗澀, 止漑一萬許頃. 請修營此渠, 以便百姓. 至於 鹹鹵, 亦堪爲水田.' ……於是遣祥等分檢渠上碾磑, 皆毀之. 至大曆中, 水田纔得六千二百餘頃."

197 류샤오핑[劉小平], 「唐代寺院的水碾磑經營」, 『中國農史』 2005-4가 참고할 만하다.

198 량중샤오[梁忠效], 「唐代的碾磑業」, 『中國史研究』 1987-2, p.131.

가 설치된 장원의 수가 적지 않았으며, 죄를 피해 도망쳐 법문에 모인 자들이 몇만에 이르고, 놀고먹으면서 남의 재산을 가로채기도 했다고[199] 한다. 그리고 8세기 재상 이길보李吉甫는 경성의 모든 승려들이 장원에 연자방앗간을 경영하여 얻은 수입을 면세하려 하자 허락하지 말 것을 건의하고 있다.[200]

이상에서 볼 때, 당대 연자방앗간을 경영하여 이익을 누린 자는 황실, 관부官府, 귀족관료, 부상대고 및 사원 등 유력자였음을 알 수 있다. 연자방아를 두고 국가권력과 맞섰던 것을 보면 제분의 수요가 증대되면서 그 수입 역시 상당했음을 알 수 있다. 이처럼 기계를 운영하여 부를 축적한 것은 고대 역사에서 보기 드문 특이한 경우이다. 특히 그 수도 적지 않았던 것을 보면 분식粉食의 수요가 상당했음을 짐작할 수 있다. 하지만 연자방앗간의 수가 늘어나면서 농업 관개수가 부족해지자 농민들의 저항에 직면하게 되었고, 조정은 농민의 경제위기가 더 중요하다는 판단하에, 황제가 그 시설의 철거를 명했던 것이다. 이처럼 연자방앗간 설치로 인하여 국가와 귀족이 충돌한 것은 주로 당 초·중기이며, 충돌 원인은 물의 양이 부족해지면서 백성들의 논에 관개를 위태롭게 했기 때문이었다.

이때 전지의 주요 재배작물은 벼[水稻]였다.[201] 이에 대해 니시지마는 조와 밀을 재배하는 한전에서도 관개가 필요했던 것은 황토 속의 탈염과 니토泥土 공급을 통한 거름 작용 때문이라고 하고, 양자 간의 충돌 이유가 화북의 도전稻田 때문임을 부정했다. 하지만『구오대사舊五

---

199 『구당서(舊唐書)』권89「狄仁傑列傳」.

200 『구당서(舊唐書)』권148「李吉甫列傳」, "及再入相, 請減省職員幷諸色出身胥吏等, 及量定中外官僚料, 時以爲當. 京城諸僧有以莊磑免稅者, 吉甫奏曰, '磑米所徵, 素有定額, 寬緖徒有餘之力, 配貧下無告之民, 必不可許.' 憲宗乃止."

201 왕리화(王利華), 앞의 논문,「古代華北水力加工興衰的水環境背景」, p.35.

代史』「명종본기明宗本紀」의 내용을 보면 도전稻田의 수입이 떨어진 것이 민간의 수로에 연자방아를 설치한 때문이라는 것을 보면 반드시 한 쪽 주장만을 따를 수 없을 듯하다.[202]

어쨌든 갈등이 생긴 주된 이유는 바로 연자방아의 동력이 물이었기 때문이다.[203] 물의 분배 때문에 관개전과 연자방앗간 경영 사이에 문제가 발생하고, 연자방앗간 경영을 통해 이윤을 노린 측은 하거河渠를 통제할 정도의 권력과 재력을 지닌 특권 세력이었기 때문에, 결국 농민의 뜻을 대변하고 있었던 국가와 유력자 간에 연자방앗간의 존폐를 놓고 충돌이 생길 수밖에 없었던 것이다.

그 외 일부 농촌의 자경농이나 소지주들이 연자방앗간을 소유한 것도『통전通典』「식화전食貨傳」을 통해 확인할 수 있다. 그리고 서민 중 집이 가난하여 장례치를 비용이 없으면 영업전의 매매를 허락했는데, 유이민에게도 이 법을 적용했다. 흔쾌히 관향으로 옮긴 자에게는 구분전, 점포, 주택 및 연자방앗간[碾磑] 등을 팔 수 있도록 했으며, 비록 부득이하여 옮긴 자일지라도 개인적으로 매매를 허락했다. 이것은 서민들도 개인 또는 공동의 연자방아를 보유하고 있었음을 알 수 있다.[204]

또『북사北史』「최량전崔亮傳」에 의하면 최량이 옹주雍州에 있을 때 「두예전杜預傳」을 읽고서 8마磨를 보게 되었는데, 이는 가축의 동력과 톱니바퀴 원리를 이용하여 8마가 동시에 가동하도록 설계된 것으로 인력과 축력을 절약할 수 있었다. 그것이 제齊에서 사용된 것을 기뻐

---

202 『구오대사(舊五代史)』 권42 「明宗本紀九」, "(長興三年)又詔罷城南稻田務, 以其費多而所收少, 欲復其水利, 資於民間碾磑故也."

203 연자방앗간 경영으로 물 부족 현상이 생겨 관개가 곤란했기 때문에 화북의 주된 곡물이 수도(水稻)라고 인식했으며, 게다가 연자방앗간은 세차게 물이 흐르는 곳에 설치될 수밖에 없었기 때문에 화북 지역이라도 관개 지역이나 강 근처로 한정될 수밖에 없었을 것이다. 이것은 연자방앗간이 설치된 화북의 한정된 수전 재배 지역에서만 가능하다는 말이 된다. 따라서 유력자와 국가 간의 연자방앗간 경영을 통한 갈등도 그 수량과 분배에 따라 이완될 수밖에 없었을 것이다.

204 『통전(通典)』 「食貨二·田制下·大唐」, "諸庶人有身死家貧無以供葬者, 聽賣永業田, 即流移者亦如之. 樂遷就寬鄉者, 并聽賣口分. 賣充住宅, 邸店, 碾磑者, 雖非樂遷, 亦聽私賣."

하며, 마침내 사람들에게 연애硏를 가르쳤다. 복사僕射란 관직을 맡으면서 강에 보[堰]를 만들고 연자방아 수십구를 설치하여 10배의 이익을 올려 국용에 편리하게 했던 것도[205] 서민들의 연자방아 이용과 유관하다. 하지만 당대 홍원興元 원년(784)에서 정원貞元 20년(804)까지 연자방앗간 경영에서 거둔 이익을 조세로 거두었는데, 거둔 조세액이 52만 전에 달했다. 당시 조세액이 무거워 가난한 집은 거두지 못했다고 한 것을 보면 자경농은 영속적으로 연자방아를 보유하기도 곤란했던 것 같다.[206]

주목되는 것은 연자방앗간 경영에 대한 양자 간의 갈등이 당대 전 시기에 걸쳐 나타나지는 않았다는 점이다. 예컨대『위서魏書』「효정제 원선견기孝靜帝元善見紀」에는 북제北帝 문선제文宣帝가 효정제孝靜帝 원선견元善見을 중산왕中山王에 봉하고, 왕의 여러 아들을 현공縣公으로 봉할 때, 봉읍, 전원田園, 노비와 더불어 '수연水硏 일구一具'를 하사하고 있으며,[207] 이는 북제北齊 때도 마찬가지이다.[208]

당 고종은 술, 연자방아 및 지묵 등을 만들 것을 요청하기도 했으며,[209] 현종은 이임보李林甫에게 사택, 전원과 수애水磑를 하사하기도 하였다.[210] 이것은 남북조와 당 초까지만 하여도 연자방앗간 경영으로

---

205 『북사(北史)』권44「崔亮列傳」, "亮在雍州, 讀杜預傳, 見其為八磨, 嘉其有濟時用, 遂教人為碾. 及為僕射, 奏於張方橋東堰穀水, 造碾磨數十區, 其利十倍, 國用便之."; 량중샤오[梁中效], 앞의 논문,「試論中國古代糧食加工業的形成」, pp.80-81에서 서진과 남북조 정부가 연자방앗간을 경영하여 양식을 가공해서 백성들의 양식 가공 문제를 해결해 주었다고 한다.

206 량중샤오[梁忠效], 앞의 논문,「唐代的碾磑業」, p.132.

207 『위서(魏書)』권12「帝紀·孝靜帝元善見」, "齊天保元年五月己未, 封帝為中山王, 邑一萬戶. 上書不稱臣, 答不稱詔, 載天子旌旗, 行魏正朔, 乘五時副車, 封王諸子為縣公, 邑各一千戶. 奉絹三萬匹, 錢一千萬, 粟二萬石, 奴婢三百人, 水磑一具, 田百頃, 園一所."

208 『북제서(北齊書)』권4「帝紀·文宣帝.

209 『구당서(舊唐書)』권196上「列傳第146上·吐蕃上」;『신당서(新唐書)』권216「列傳第141上·吐蕃上」

210 『신당서(新唐書)』권223上「列傳第148上·姦臣上·李林甫」, "嘗詔百僚閱歲貢於尚書省, 既而舉貢物悉賜林甫, 輦致其家. 從幸華清宮, 給御馬武士百人女樂二部. 薛王別墅勝麗甲京師, 以賜林甫, 它邸第田園水磑皆便好上腴. 車馬衣服侈靡, 尤好聲伎."

인한 수자원 문제로 국가와의 대립각이 심각하지 않았음을 의미한다. 그리고 당 후기 원화元和 8년(813)에 이르면 당 초·중기의 연자방앗간 파괴를 둘러싼 특권 계층들과의 대립 양상과는 달리, 조서를 내려 왕공王公, 공주, 백관 등에게 장택莊宅, 연자방앗간, 점포, 차방車坊, 원림園林 등을 하사한 점도[211] 주목된다.

그렇다면 연자방앗간 경영을 두고 대립한 것은 당 초·중기에 한정된다는 결론이다. 그 이유에 대해 니시지마는 도시 소비생활의 발달에 따른 제분업의 수요가 확산되자 조 재배나 벼 재배보다 밀 재배가 중심을 이루었으며, 양세법의 실시는 당 정부가 이러한 시대적 요청을 자각했기 때문에 더 이상 연자방앗간 경영에 대한 금압 정책을 지속할 수 없었다고 판단하였고, 그래서 이후에는 오히려 연자방앗간 경영을 보호하게 되었다고[212] 한다. 이에 대해 왕리화王利華는 만당晚唐 이후 장안 주변의 수자원이 줄어들면서[213] 관개 조건이 날로 악화되어 더 이상 수도水稻 생산으로 국가수익을 도모할 수 없게 되었기 때문이라고 한다. 따라서 관중의 밀 재배는 날로 늘어나 연자방앗간 경영을 용인할 수밖에 없었다고 한다. 게다가 당 후기 이후에는 번진藩鎭 세력의 할거로 인해 중앙 권력이 약해지면서 연자방앗간을 파괴할 힘도 없었던 것이 연자방앗간 철거를 포기하게 된 원인이라고 한다.[214] 당 중기에 연자방앗간의 경영을 보호하게 된 것은 도시의 면麵 식생활의 변화 때문이 아니라 관중 수자원의 악화로 인해 수도 생산이 급감하고 밀 재배가 급증하면서 취한 불가피한 조치였다는 것이다.

---

211 『구당서(舊唐書)』 권15 「本紀·憲宗下·元和八年」, "十二月庚辰朔, 以京兆尹李鋯為鄜坊觀察使, 以代裴武入為京兆尹. 辛巳, 勅應賜王公公主百官等莊宅碾磑店鋪車坊園林等, 一任貼典貨賣, 其所緣稅役, 便令府縣收管."
212 니시지마 사다오[西嶋定生], 「碾磑의 彼方: 華北農業における二年三毛作の成立」, pp.250-254.
213 왕서우춘[王守春], 「漢唐長安城的水文環境」, 『中國歷史地理論叢』 1999-12.
214 왕리화(王利華), 앞의 책, 「古代華北水力加工興衰的水環境背景」, pp.35-38.

그런데 돈황에서 출토된 개원開元 25년(737)의 "수부식水部式" 잔권殘卷의 규정에 의하면, 보통 8월 30일에서 정월 1일까지는 물 사용에 큰 문제가 없어 수자원의 합리적 사용권을 보증하여, 연자방앗간 경영도 허락하고 있다.[215] 이렇게 보면 연자방앗간의 존폐 문제로 갈등한 것은 당 초·중기의 계절적 용수 문제 때문으로 볼 수도 있다. 그렇다면 연자방아의 철폐는 완전한 시설의 철거를 의미하는 것이 아니라, 시기와 권한을 제한한다는 계절적인 금령의 의미를 담고 있다고 볼 수 있다.

당 후기에 다시 연자방앗간 경영을 지원하게 된 것에는 분명 당 중기를 기점으로 제분업의 발달이나 수자원와 수력자원 환경 변화 및 남북조시대 이후 기후 한랭화로 인한 소맥 재배의 확대와 같은 기본적인 조건의 변화가 있었던 것 같다. 국가가 더 이상 관개전에 집착하지 않았거나 제분업이 새로운 식생활의 변화를 이끌었기 때문일 것이다. 당시 콩과 맥에 수취가 시작된 것은 이를 암시해 준다. 더구나 송대 이후가 되면 중국 음식문화의 또 다른 변화를 야기한 콩기름[豆油]의 보급이 확산된다. 콩기름을 압착하기 위해서는 콩의 제분이 불가피했고, 연자방아의 필요성도 증대되었다.[216] 이 문제는 3부에서 서술한다.

소결

전국시대에 처음 등장한 숙장菽醬은 약재로 겸용되고, 시豉는 '대고大苦'의 이름으로 등장한 것을 보면, 장시醬豉는 일부 지역을 중심으

---

215 류샤오핑[劉小平], 앞의 논문, 「水碾與中古水權管理制度述論」, pp.40-41.

216 최덕경, 「송원대 식물성 기름[유지]의 생산과 생활상의 변화」 『중국사연구』 제121집, 2019 참조.

로 제조된 듯하다. 그러나 한대에는 낙양洛陽 등의 대도시를 중심으로 다양한 농·공산품이 거래되었으며,『사기』「화식열전」에는 2할 이상의 수익율 물목에 '장醬, 시豉'가 포함되기도 했다. 즉 이미 진한시대부터 대두를 가공하여 부식품을 만들었으며, 이때 사용된 가공 공구는 아마 절구와 맷돌이었을 것이다. 이런 도구들과『제민요술』의 작장법作醬法, 작시법作豉法을 미루어 볼 때, 장醬, 시豉는 삶거나 불리어 찧거나 맷돌에 갈아 가공했을 것으로 짐작된다.

이런 가공 도구와 기술의 발달에 따라 콩은 알곡을 섭취하는 식품에서 콩죽이나 콩떡[豆餅]을 먹는 단계로 나아갔으며, 진일보하여 발효식품 단계로 발전하였다. 이런 측면에서 보면 한당 시기 가공 도구의 발전과 조리 방식의 변천을 견인한 곡물이 바로 대두였으며, 밀은 그 길을 걸으며 분식이라는 새로운 식문화를 창조하기에 이른다.

대두는『주례』의 구곡九穀 중의 하나였으며,『여씨춘추』에서는 6종 중의 하나였고, 한대 정현鄭玄은 오곡 중에 콩[菽]을 포함시키고 있다. 이것은 대두가 일찍부터 화북의 대표적인 곡물 중 하나였음을 말해준다. 대두는 곡물로서뿐 아니라 일찍부터 후작물의 지력을 보완해주는 녹비 작물로도 주목되었다. 전국시대 이후 콩과식물은 간작과 혼종 또는 여름작물과 겨울 작물을 조합하는 역할도 했다. 한대를 거치면서 자연스럽게 조성된 2년 3작의 경작 방식도 콩과식물이 견인했다고 볼 수 있다.

대두가 당시 사회경제적으로 기여한 또 다른 점은 재난 상황을 잘 극복할 수 있게 도와 준 곡물이었다는 것이다. 대두는 재해나 기근 때 오랫동안 구휼 곡물로 사용되었으며, 또 전투 상황에서 군인들의 양식으로 사용된 것을 보면, 대두가 영향가 있는 단백질 식품으로 고통받는 사람들의 삶과 함께 한 작물이었음을 말해준다.

게다가 한대 낙양, 장안 같은 대도시가 발달하고 시장이 활성화되면서 도시풍에 알맞은 식품이 개발되기 시작하였다. 한대 낙양 주변에서 장, 시 등의 조미료가 다수 출토된 것은 이런 사실을 잘 말해준다. 게다가 도시와 상업의 발달로 바쁜 시장 상인이나 고객들을 위해 빨리 조리하여 신속하게 먹을 수 있는 두장豆漿이나 콩죽 같은 음식과 더불어 증병蒸餠, 국수, 면병麵餠, 혼툰餛飩 등의 면식麵食도 개발되었다.

후한 대에 맷돌과 디딜방아의 성능이 향상되고 그 수가 급증하고 있는 것은 이런 가공식품이 많아졌음을 말해주며, 후한 이후 수력을 이용한 방아나 연자방아가 갑자기 등장한 것은 그 수요가 더욱 늘어났음을 의미한다. 더구나 남북조시대 이후 부상 대고나 특권 세력들이 연자방아를 활용한 제분업을 통해 적극적으로 이윤을 도모한 것을 보면 분식용 가공식품이 크게 늘어났음을 알 수 있다. 아무튼 연자방아의 등장이 중고기 식생활의 변화에 밀접하게 관련되었다는 점은 새롭게 주목되어야 할 것이다.

고대 사회에서 농업경영을 통해 유력자와 국가가 충돌한 것은 매우 특이한 현상이다. 당시 연자방앗간 경영은 강의 흐름을 막아 제분소를 설치했기 때문에 적지 않은 물력과 인력이 요구되었다. 게다가 물의 흐름에 낙차가 있어야만 연자방아의 설치가 가능했기 때문에, 이런 조건을 갖춘 지역도 화북의 일부 지역에 한정될 수밖에 없었던 것이다. 때문에 힘이 있는 특권층이 아니면 연자방앗간을 설치하여 운용하는 것은 곤란했다. 무엇보다 물을 막음으로써 관개전에 물이 공급되지 못하자 백성들이 반발하기 시작했는데, 그들 뒤에서 중농주의를 표방하는 국가권력이 있어 연자방아를 설치한 특권층과 정면으로 충돌하기도 하였다. 이러한 충돌은 당대 초·중기에 현저하게 나타난다. 그 이유는 하나로 규정할 수 없지만 물 부족으로 발생한 사건이었기 때문에 양자간의 충돌은 지속적이지 않고 단속적이었다. 남북조 시대에는 연자방아를 이용하여 적극적으로 이윤을 도모했는가 하면, 당 중기 이전에는 연자방아의 존폐를 두고 충돌을 벌이다가, 만당 시기에는 국가가 오히려 연자방아를 제공하거나 지원하기도 하였다.

이들 양자 간의 충돌 현상을 보면, 당시의 수자원의 환경 변화, 면麵 식품 수요의 증가와 밀 중심 경작, 중앙 권력의 약화 및 이민족 문화의 유입 등의 문제와 일정 정도 관련이 있었던 것으로 생각된다. 실제 돈황에서 출토된 개원 연간(737년)의 『수부식水部式』의 규정을 보면, 8월 30일-1월 1일까지 농전農田에 물이 충분했을 때는 연자방아의 작동에 전혀 문제없었다는 점을 보면, 당대 초 중기 국가의 연자방앗간 경영에 대한 강제도 계절적이고, 절대적인 것이 아니었음을 알 수 있다. 분식 수요의 증가에 따른 연자방아의 출현과 밀, 대두 생산의 증가, 그리고 이 이윤을 노리는 유력자들의 방앗간 운영은 자연스런 사회경제적 발원이었다고 보인다.

〈표1〉 지역별 시기별 맷돌의 유형과 특징 (李發林, 1986에 근거하여 보충 재편집함)

번호	시기	출토지점	재료/맷돌上·下단유무	용도/이빨형태	크기(cm)	특징(용도)	근거
1	戰國후기	섬서 臨潼 秦 武屯公社 故都 櫟陽유지	砂巖下	실용. 대추씨 紋홈	55.5 (直徑) ×下 扇(厚)8	하단부는 찍은 점모양의 홈(2.5×2). 편원형. 중앙에 3cm方竪孔. 철심	文66-1
2	前漢	산동제남	石上下	실용. 대추씨 紋홈 동심원홈		하단부는 점모양. 상단부가 凸홈이며, 하단은 凹홈.가운데 부분은 반월형의 進料口 두 개. 상단부 바깥에 손잡이 설치	簡明中國歷史圖冊4

번호	시기	출토지점	재료/맷돌 上·下단 유무	용도/이빨 형태	크기 (cm)	특징(용도)	근거
3	전한	하북 만성왕능 유승묘	석 상하	실용 원형홈	54(直) × 18 (厚: 上下)	위와 유사. 홈 2(cm) 상부에 장방형 출입구 없음. 하단 銅漏斗	만성한묘 발굴보고
4	전한	산서 襄汾 趙康公社 故城유지	석 상하	실용. 원형홈	9(후:상) 10(후:하)	위와 유사. 상면이 2와 유사. 進料漏斗(깔대기) 깊이 9cm 상단부에 손잡이 흔적	考78-2
5	전한	섬서 長武縣 彭公鄉 양가하촌/ 고가파촌	석	실용	50(직) × 8 (후:單扇)	磨眼과 鐵堤窩는 모두 2cm	中國農史 92-1
6	後漢 초 중기	낙양 하남 현성유적 302호 糧倉	石 上	실용. 장방형 홈	50(直) ×7(邊厚) ×11(通高)	뚜껑. 磨棍眼이 3개 배부에 두 개의 반월형 깔대기. 후한 화폐 출토	考學 56-4
7	후한 초 중기	상동, 317호 양창	石 下	상동 장방형 홈	49(직) ×6(邊厚) ×8(中厚)	하단부 중심에 철편 있음. 후한 화폐 출토	考學 56-4
8	후한 초 중기	상동, 305호 양창	석	실용 장방형 홈		형태 상동. 후한 화폐 출토	考學 56-4
9	후한 초 중기	상동 320호 양창	석	실용 장방형 홈		형태 상동. 후한 화폐 출토	考學 56-4
10	후한 초	감숙 고량현 진가하태자	석 하	실용 菱形凹紋 (대추씨 紋과 유사)		한단부가 편원형 후한 건무11년 대사농 平斛 출토	文物參 考資料 54-2
11	후한 (혹 전한)	하남 琪縣城 토산공사	白沙巖 상하	실용 八區斜線狀 (음각)	55(直) ×19.5 (通高) ×13.5 (하단부厚)	상단부에 반원형 進料口 2개. 손잡이 구멍. 깔대기 아래 구멍 직경 3cm/ 2cm. 鐵軸	考83-10 河南淇 縣發現 西漢石磨

번호	시기	출토지점	재료/ 맷돌 上·下단 유무	용도/ 이빨 형태	크기 (cm)	특징(용도)	근거
12	전한	하남 낙양 燒溝 M58	석 상하	明器 散亂斜 線狀	12.5(直) ×7(高)	상단꼭지에 반원형 진사구. 불규칙적인 斜線形磨齒. 바닥에 장방형 漏孔	洛陽燒 溝漢墓
13	전한 후기	강소 강도현 목곽묘	석 상하	명기 磨齒風化	12.5(직) ×6 (상단부高)	윗면 장방형 磨眼 두 개. 하단부 아래 방형의 좌대(길이 17cm)	考通 56-1
14	新莽- 후한 초	강소 양주동 풍전와창 묘2 (목곽묘)	석 상	명기 불명		상단에 원형의 양식을 담는 진료구. 구멍 바닥은 평평하고 漏孔이 있다.	考80-5
15	상동	강소 양주동 풍전와창 묘6 (목곽묘)	석 상	명기 불명		상단에 원형의 진료구 하단부 마찰면에는 어떤 磨齒도 보이지 않음	考80-5
16	후한	낙양 소구묘 113	석	명기 散亂斜 線狀	19(徑) ×11.5(高)	상단부의 꼭지 부분에 두 개의 반월형 진료구 상하면이 모두 사선형 磨齒. 바닥공은 타원형상 鐵軸. 손잡이 장치흔적	洛陽燒 溝漢墓
17	후한	낙양 소구묘 1009B	석	상동	14.5(徑) ×7.5(高)	맷돌 사진이 미발표	상동
18	후한	호북 수현 塔兒灣 한묘	홍사암	명기 輻射狀 (수레바퀴살)	18.4(直) ×10.8 (通高)	맷돌축에 부식된 철이 보임. 반원형의 深槽. 槽아래 장방형 누공.	考66-3
19	후한	강소 의징석 비촌한묘2	砂石 상하	명기 磨齒風化	16(직) ×6.5 (통고)	상단부가 마찰되어 비교적 凹형. 하단부 마찰면 중심에 圓孔	考66-1
20	후한 후기	북경 평곡현서 백점한묘	석 하	明器 輻射紋		네발이 달린 지지대 위에 설치. 기대 가운데 원형의 갈대기. 맷돌은 十字 架上에 설치	考62-5

번호	시기	출토지점	재료/맷돌上·下단유무	용도/이빨형태	크기(cm)	특징(용도)	근거
21	三國	호북鄂城西山東吳묘	석상하	명기복사문	13(직경)×10(磨支架高)횡목: 17cm竪木: 16cm	지지대가 圓角方鼎 위에 설치하고, 아래에 漏孔이 있음. 곡식을 다져 넣는 막대도 보인다.상단부는 얇고 장방형진사구는 보이지않음	考78-8
22	북조	산동제남시동교동위최령자묘	滑石상하	명기無磨齒	13(직경)×6(통고)	상단부 꼭지에 반원형의漏斗[갈대기; 진료구]손잡이[磨棍]부착 흔적	文66-4;洛南市東郊發現東魏墓
23	서한(武帝前)	산동임기은작산서한묘4	陶상하	명기無磨齒	9.2(직경)×4.2(고). 5.8(좌대높이)	하단은 좌대와 함께 연결안됨. 전체가 원통형손잡이 부착 흔적	考75-6
24	전한	하남당하석회요촌한화상석묘	도상하	명기輻射狀溝槽	맷돌통고: 14	상하 맷돌이 環狀의 槽가 달린 대야[盤]에 하단부가 연결, 상단부 위에 두 개의 반월형 進料口손잡이이홈.바닥에 구명.3개 발이 달린底盤구연부는 위로 돌출	文82-5
25	후한	안휘수현마가고퇴묘1	灰陶하	명기輻射狀溝槽		좌대가 있고 발이 4개기대 속에 맷돌설치. 기대사방구연부가 돌출	考66-3
26	후한	안휘수현마가고퇴묘3	도하	명기八區科線紋		하단에는 원반이 있고, 그 속에 장고형 맷돌 설치.중심을 향해 8區방사상(輻射紋八區科線狀).	考66-3
27	후한	하남필양한묘4	도상	명기불명		상단부의 꼭대기에 두 개의 반원형 진료구	考學58-4
28	후한	하남우현백사한묘(陶磨 17건)	도	명기凹凸紋		輻射式과 分區斜線式	考學59-1

번호	시기	출토지점	재료/ 맷돌 上·下단 유무	용도/ 이빨 형태	크기 (cm)	특징(용도)	근거
29	후한	강소 서주십리 포한화 상석묘	도 상하	명기 八區科 線狀	13.5 (직경)	상단위에 원형의 홈으로 진료구. 하단부와 좌대가 하나로 연결. 小漏孔	考66-2
30	후한 후기	상동	도 상하	명기 無磨齒	21(직경) 37(盤徑)	상동	考66-2
31	三國	호북 수현롱가 만고묘	도 상하	명기 輻射紋		상단 윗부분에 반월형 깔대기. 가에는 손잡이 바닥에 누공. 손잡이 흔적	考66-2
32	후한	산동 등현시호 점묘24	도 상하	명기 불명		하단부는 대야[盤]와 연결. 盤의 環狀槽壁에 아래 누공이 보임	考63-8
33	후한	산동 등현시호 점41	도 상	명기 불명		상단부만 존재. 구체적인 안내 없음	考63-8
34	후한	하남 동백현만 강한묘5	도 상	명기 불명		상단 위에 반월형 진료구. 표면 장방형 소홈 3곳의 둥근 盤 중앙에 맷돌 설치. 環狀槽가 달린 盤은 구연부돌출	考64-8
35	후한	하남 동백만 강묘9	도 상하	명기 불명		상단 중앙에 반월형 進料口. 環狀의 槽가 달린 반중에 설치. 盤에 다리 없음	考64-8
36	후한	하북 이현연하 도고맥촌 한묘38	도 상	명기 불명	9.8(직경) ×2.2(고)	상단의 위 중앙에 두 개의 반월형 깔대기(漏斗)	考65-11
37	후한	북경 순의임하 촌한묘	綠釉陶 上下	명기 불명		상단 중앙에 두 개의 반월형 進料口(漏斗) 바닥에 누공은 없음. 상하를 결합하는 돌출부.	考77-6

번호	시기	출토지점	재료/맷돌 上·下단 유무	용도/이빨 형태	크기 (cm)	특징(용도)	근거
38	후한	하남 남양군 장영한화 상석묘	陶 上下	明器 無磨齒		상하와 環狀 槽가 달린 대야가 하나로 붙어있는 모양. 구체적이지 않음	考與文 82-1
39	후한말	하북 운몽 痲痲墩묘1	도 상하	명기 불명	9.8(직경) ×10.2(고) 盤徑: 24.5	상단부에 두 개의 반월형 진료구. 측면에 손잡이 구멍. 하단부는 盤과 연결. 底盤에는 圈足 있음	考84-7
40	후한	하남 남양영 장한화 상석묘	도 상하	명기 輻射錐 点紋	10.8(직경)	상단 표면 麻点紋. 윗부분에는 반월형 진료구. 하단부는 盤과 연결되어 있다. 3발과 環狀槽가 있는 盤은 위로 돌출	文84-3
41	후한	영하 오충현 관마호 한묘29	도 상하	명기 凹圓点紋	4.4(직경) ×2.3(통고)	상하가 모두 원병형. 상단에 두 개의 반월형 진료구. 손잡이 홈	考與文 84-3
42	후한	하남 방성현성 관한화 상석묘	도 상하	명기 표면 無磨齒	11.2(직경) ×13.4(통고) 盤徑: 28.	상단 중앙 두 개 반월형 진료구. 손잡이. 하단은 3족의 盤과 연결	文84-3
43	후한	하남 영보장만 한묘3	도 상하	명기 불명	16(通高)	井字형의 4족의 탁자형 지지대 위에 외연으로 뻗은 4각의 그릇(斗) 속에 맷돌 설치. 방형 깔대기	文75-11
44	후한	섬서 한성지천 진한묘	도 상하	명기 불명	10(통고) 盤徑: 22.5	윗부분에 반월형 進料口. 반저에 圓孔. 상하가 반에 연결. 대야에는 3족이 있다.	考61-8
45	후한	산동 陵縣신두 공사한묘	도 상하	명기 四區斜 線狀		맷돌 잇빨이 四區斜線式	陵縣 문화관 보관

번호	시기	출토지점	재료/맷돌 上·下단 유무	용도/이빨 형태	크기 (cm)	특징(용도)	근거
46	후한	산동 평원현왕 봉누공사 한묘	도 상하	명기 旋窩狀 (동심원형)		깔대기와 지지대 있고, 4발 달린 지지대 위에 그릇[斗]을 설치하고 상하맷돌 안치.	해당 縣문화관에 보관
47	후한	섬서동 관적교 양씨묘1	도	명기 불명		建寧 원년의 朱書 陶罐 발견	文61-1
48	후한	섬서동 관적교 楊氏묘5	도 하	명기 輻射紋		디딜방아[碓]와 더불어 함께 설치	文61-1
49	후한	섬서 동관적 교양씨묘6	도 상하	명기 불명			文61-1
50	후한	안휘 정원현 패왕장 한묘	도	명기 불명		구체적인 모습을 안내하지 않았음.	文59-12
51	삼국 (東吳 初)	호북 鄂城현 西山 철광고화 상석묘	도 상하	명기 六區斜 線狀	18(직경) ×5(高)	상단에 반월형 깔대기 하단부는 대야(盤)과 서로 연결 대야 중심에 맷돌 설치. 環狀槽.	考82-3
52	삼국 (東吳)	강소 고순현 고묘	도 상하	명기 불명		상부에 두 개의 반월형 진료구. 하단부는 盤과 서로 연결. 環狀槽.	考84-6
53	삼국 (東吳)	강소 남경감가 항고장묘1	도 상하	명기 복사상	9(직경) ×1.1(厚)	상부 두껑중앙에 원형의 진료구. 바닥에는 2개의 漏孔 하단부는 3개의 발을 지닌 盤과 서로 연결됨	考63-6
54	六朝 초기 (혹 후한 말)	강소 남경남교	도 상하	명기	12.5(직경) ×6.3(통고)	맷돌 상하와 3족반이 연결 상부의 중앙에 원형 진료구. 盤의 끝이 돌출되어 環狀槽	考63-6

번호	시기	출토지점	재료/맷돌上·下단유무	용도/이빨형태	크기(cm)	특징(용도)	근거
55	西晉초	북경 순의현대 영촌(4건)	도 상하	명기 불명		圓餅形. 상단부 중앙의 진과구에는 凸起없지만 반월형은 보임	文83-10
56	北朝	섬서 서안 草廠坡 북위묘	도 상하	명기 三區斜線狀		하단부는 4개의 발이 달린 方形기대 위에 설치. 하단부가 기대와 연결. 하단부 磨齒	文物參考資料 54-10
57	隋	섬서 삼원현 쌍성촌 李和묘	陶 上下	명기 불명	5(직경) ×7(고)	상·하와 盤이 모두 하나로 연결됨. 진료구는 두 개의 반월형	文66-1
58	唐	호남 상음묘	도 상하	명기 八區斜線狀	7(직경)	사방형의 기대에 설치. 가운데 깔대기. 기대 중앙을 十字로 하여 그 위에 맷돌 설치 진료구는 불명	文72-11

*참고: 근거 부분에서 文: 文物, 考: 考古, 考與文: 考古與文物, 考通: 考古通訊, 考學: 考古學報으로 약칭함.

제4장

고대
콩 가공식품의 이용

미래 최고의 건강식품으로 불리고 있는 콩은 일찍부터 한반도에서 재배되었으며, 오랜 기간 우리의 식생활과 밀접한 관계를 가져왔다. 특히 최근 수입 곡물과 가공식품의 안정성이 문제가 되면서 더 큰 관심을 보이고 있다. 콩은 대표적인 식물성 단백질 식품이며, 콩으로 만든 장류나 두부는 세계적으로 널리 공인된 건강식품으로 주목을 받고 있다.

주지하듯 콩은 선진시대에는 숙菽으로 불리었지만, 점차 두豆, 대두大豆가 숙菽을 대신하였다. 콩의 기원지에 대해 상술하였듯이 중국 학회에서는 동북 지역에서부터 장강 유역과 그 이남 지역에 이르기까지 모든 지역에서 발견된다는 점을 들어 다기원설을 주장하기도 한다.[1] 본서에서는 '융숙戎菽'이 콩의 기원지를 밝히는 단서가 되며, 임숙이 이전부터 존재했음에도 그것이 천하에 재차 전파될 수 있게 된 것은 바로 가공식품의 보급, 즉 장시醬豉의 보급과 밀접하게 관련되었음을 밝힌 바 있다.

물론 고대 사료상에는 콩에 대한 분류가 아직 자세하지 못하고, 종류별 용도 또한 구체적이지 않다. 특히 가공식품에 가장 많이 사용하는 콩과 여타의 콩에 대한 검토도 필요하다. 이것은 향후 출토 유물에 따라 그 원산지가 달라질 수 있음을 의미한다.[2] 때문인지 오늘

1   N.I. Vavilov(동위천[董玉琛] 역, 『주요재배식물의 세계기원중심(主要栽培植物的世界起源中心)』, 農業出版社, 1982; Y. Fukuda(福田), "Cytogenetical Studies on the Wild and Cultivated Manchurian Soybeans(Glycine, L.)" *Japanese Journal of Botany*, 1933.6.; 허빙티[何炳棣], 「中國農業的本土起源」 『農業考古』1984-2·1985-1.; 왕진링[王金陵], 「大豆性狀之演化」『農報』1945; 여세림(呂世霖), 「關于我國栽培大豆的原産地問題的探討」『中國農業科學』1978-4; 쉬바오[徐豹] 등, 「大豆起源地的三個新論据」『大豆科學』1986; 왕롄정[王連錚], 「大豆的起源演化和傳播」『大豆科學』1985-4; 창루전[常汝鎭] 외, 「大豆遺傳育種學家王金陵教授的學術成就」『大豆科學』第21卷 第1期, 2002.

2   귀원타오[郭文韜] 편저, 『중국대두재배사(中國大豆栽培史)』, 河海大學出版社, 1993에서 후직(后稷)이 파종했다는 임숙은 황하 중하류에 기원했다고 하지만 아직 그것에 걸맞은 유물이 출토되지 않았다고 한다. 이에 반해 중국 동북 지역에서 출토된 탄화 대두는 3천 년 전의 산읍숙의 실증적 유물이며, 당시까지 발굴된 대두 유물 중 가장 이른 시기의 것이다. 그는 이것을 야생 대두에서 재배 대두로 진화되는 과도기의 것으로 보고, 동북 지역을 대두의 기원지로서 인정하고 있다. 하지만 〈표1〉에서 볼 수 있는 것처럼 최근 대류에서 선주(先周) 이전 시기의 대두가 적지 않게 출토되고 있어 기원에 대한 논의는 새로운 국면을 맞고 있다.

날 대두 연구는 기존의 연구 성과를 반복적으로 정리하는 수준에 머물거나 역사적인 접근보다 콩의 영양학적 가치나 그 식품의 세계화를 위한 방향으로 눈을 돌리고 있다. 본장에서는 역사학적인 관점에서 고대 콩 가공식품의 제조와 그 용도를 살펴보고자 한다.

콩의 용도에 대해 일찍이 농서를 집대성한 명대의『농정전서農政全書』「수예樹藝·곡부하穀部下·대두大豆」에서는 "대두 중 검은 것은 먹어서 허기를 채우고, 흉년을 대비한다. 풍년에는 소와 말의 사료로도 쓸 수 있다. 누런 콩[黃豆]은 두부를 만들고, 장의 원료로 쓰인다. 흰콩[白豆]은 죽이나 밥을 짓거나 섞어 먹을 수 있다. 희고, 검고, 누런 이 세 가지 콩은 색이 서로 다른 만큼 용도 또한 다른데 모두 세상을 구제하는 곡식이다."라고 하였다. 이처럼 콩의 용도가 그 색과 형태에 따라 차이가 있다고 인식했으며, 무엇보다 콩을 재난과 세상을 구제할 수 있는 식품으로 여겼던 것이 주목된다.

콩으로 만든 가공식품, 그중에서 장, 된장과 두부 등은 오늘날 우리의 식탁은 물론 동아시아인의 일상에서 없어서는 안 되는 존재로 자리 잡고 있으며, 인류 역사상 이같은 발효기법은 다양하고 긴 역사를 가졌다. 동아시아 고대 역시 술, 우유의 발효에서부터 젓갈, 심지어는 퇴비의 숙성에 이르기까지 다양한 발효법이 있었으며, 초와 장류도 그 연속선상에 등장한다. 이러한 콩 식품의 중요성과는 달리 아직 대두와 가공식품은 그 기원과 유래조차 밝히지 못하고 있다.

대두의 출현과는 달리 장은 왜 전국시대 이후부터 등장했으며, 함께 존재하는 육장과의 관계는 어떠했고, 두장이 주도적인 위치를 점한 것은 무엇 때문인지에 대한 분석은 거의 없었다. 두부 기원에 대한 논쟁도 마찬가지이다. 최근 하남성 타호정打虎亭 후한 화상석에서 이른바 두부 공정도가 출토되면서 전설상 한대 유안劉安의 두부 발명설이 탄력을 받고 있지만, 반대론 또한 만만치 않다. 이 또한 출토자료를 재차 천착해 볼 필요가 있다.

사실 한반도는 고려두와 융숙의 발원지이며, 중국과 지역적으로 가깝고, 각종 대두 가공식품을 향유한 시기도 비슷하다. 그런 측면에서 한반도에 남아 있는 대두와 관련된 사료 역시 그 가공식품의 기원과 실체에 접근하는 데 유용하게 이용될 수 있을 것이다. 본고는 기존의 식품 연구자들이 아직 활용하지 못한 자료들을 사용하여 대두 가공식품에 관한 새로운 해석을 시도해 보고자 한다.

I. 장醬과 시豉의 출현과 가공법

1. 육장肉醬과 두장豆醬의 출현

『예기』「곡례曲禮」에 의하면, "무릇 음식을 상에 올릴 때는 밥은 사람의 왼쪽에 놓고 국은 오른쪽에 놓는다. 회膾와 구운 고기[炙]는 밖에 놓고 혜장醯醬은 안에 놓는다."라고[3] 하여 밥상에 장이 등장한다. 하지만 이 장이 어떤 성격의 장인지는 사료만으로 알 수가 없다.

그런데 후한의 『설문해자』에 의하면 "장醬은 젓갈[醢]"[4]이며, 해醢는 '육장肉醬'인데, "젓갈은 고기[肉]를 쓰지 않은 것이 없다."라고 한 것을 보면, 한대 장의 중심은 육젓이었음을 알 수 있다.[5] 『주례』「천관天官」에서도 6곡六穀과 더불어 장을 식용했음을 볼 수 있다. 즉 "왕에게

---

3   『예기』「曲禮上」, "凡進食之禮 左殽右胾 食居人之左 羹居人之右 膾炙處外 醯醬處內."
4   『설문해자(說文解字)』 장(醬), "醬醢也. 從肉從酉 酒以龢醬也."
5   청(淸) 단옥재주(段玉裁注) 『설문해자주(說文解字注)』, 上海古籍出版社, 1981.

제공되는 음식에 120 항아리의 장이 사용"되고 있는데,[6] 한대 정현鄭玄은 이 장을 '초[醯]'와 '젓갈[醢]'이라고 주석했으며, 이에 대해 당대 고공언賈公諺은 장醬은 총칭이며, '초와 젓갈'을 포함한다고 한다. 이러한 해석으로 미루어 볼 때, 적어도 한대 이전의 문헌에 등장하는 장은 과일이나 야채로 만든 초[醯]를 포함할 수도 있지만, 대개 동물성 원료로 만든 장을 지칭한 것으로 볼 수 있다.[7]

더구나『논어』「향당鄕黨」편의 "장이 없으면 먹지 않았다."[8]는 표현을 보면, 당시 식사할 때 장의 중요성을 알 수 있다. 이 장에 대해 후한의 마융馬融은 "생선회[魚膾]와 육회는 겨자장[芥醬]이 없으면 먹지 않았다."라고 한다. 겨자장이 육장에 겨자를 가미한 것인지, 겨자를 발효시켜 만든 장인지는 분명하지 않다. 하지만 전술한 문장으로 미루어 전자가 합당한 듯하다. 그렇다면 생선과 육회 특유의 맛과 냄새를 제거하기 위해 겨자장을 사용했던 것이 된다. 그리고 적어도 전국시대에는 함께 하는 식품에 따라 장의 종류가 달랐음을 알 수 있다. 이처럼 장은 초[醯]와 더불어 이미 선진시대부터 조미료로서 주목된 것이다.[9]

전국시대 후반기에 접어들면 장의 수요가 확대된다.『진간秦簡』에 의하면 외부로 출장 갈 경우 5급 이상은 작爵의 규정에 따라 식품이 지급되었는데, 그 속에 패미粺米, 장, 나물국[菜羹]과 부추, 파 등이 있으며, 곡식과 장은 작위 등급에 따라 지급량에서 차이가 있었다. 예컨대

6 『주례』「天官·冢宰·膳夫」, "膳夫掌王之食飮膳羞 以養王及后世子. 凡王之饋 食用六穀 膳用六牲 飮用六淸 羞用百有二十品 珍用八物 醬用百有二十甕."
7 후대의『제민요술』「作醬等法」편에서 육장과 어장법에 대해 자세하게 소개하고 있다.
8 『논어』「鄕黨」, "割不正, 不食. 不得其醬, 不食."
9 이는 이미『주례』「천관·총재」의 "혜인(醯人)"을 통해서 (장의 일부분이었던) 초의 중요성을 알 수 있으며, 전국 말에는『수호지진묘죽간(睡虎地秦墓竹簡)』「日書甲種」"鼠, 入人醯·醬·漓·將(漿)中, 求而去之, 則已矣."의 사료에서도 생활 속으로 보급된 정도를 살필 수 있다.

어사御史의 졸인卒人에게는 장을 1/4승升 지급한 데 반해, 4급-3급의 유작자인 경우 1/2승을 지급하였다.[10] 관리가 출장을 갈 경우 고하를 막론하고 장을 지급했던 사실에서, 당시 간단한 음식물의 조리에도 장은 조미료로서 필수적이었음을 말해준다.[11]

『진간』의 성서 시기가 기원전 3세기였다는 것을 감안하면 당시의 장도 어·육장이 중심이었을 것이다. 『제민요술』「작장등법作醬等法」에 의하면 육장의 주된 재료는 소, 양, 노루, 사슴, 토끼와 생선이었으며, 이들에 술, 누룩과 황증 가루와 소금 등을 섞어 한 달간 발효시켜 만들었다[12]고 한다. 이런 장을 선진시대에 널리 공급하기 위해서는 중원에 각종 수축獸畜의 수급이 원활해야만 한다. 물론 진한시대에는 아직 유목적 속성이 많이 남아 있고, 또 『사기』「화식열전」에서 보는 바와 같이 못, 양식장[魚陂]에서 물고기를 기르고 가축을 사육하여 수익을 올리기도 했기 때문에[13] 수급은 원활했을 듯하다.[14]

장에 대한 구체적인 기록은 그 후 6세기 『제민요술』에 등장하는데, 여기에는 육장과 어장법魚醬法뿐만 아니라 콩, 맥 등의 곡물로 장을 담그는 방법을 제시하고 있다. 『제민요술』이 6세기 이전의 기록을 정리한 것으로 볼 때, 이미 이전부터 곡물로 장을 담갔음을 말해준다. 실제

---

10 『수호지진묘죽간(睡虎地秦墓竹簡)』「傳食律」, p.101, "御史卒人使者, 食粺米半斗, 醬駟(四)分升一, 采(菜)羹, 給之韭葱. 其有爵者, 自官士大夫以上, 爵食之. 使者之從者, 食糲(糲)米半斗. 僕, 少半斗."; 같은 책, p.102, "不更以下到謀人, 粺米一斗, 醬半升, 采(菜)羹, 芻稾各半石, ●宦奄如不更." 여기서 어사(御史)는 군(郡)을 감시하는 자이고, 불경(不更)은 4등급의 작이고, 모인(謀人)은 3등급의 작이다.

11 『수호지진묘죽간』「傳食律」, p.102, 정리소조(整理小組)의 주에 의하면 이 장을 『급취편(急就篇)』의 안주(顏注)에 근거하여 두장일 것이라고 하지만 근거를 제시한 견해는 아니다.

12 『제민요술』「作醬等法」, "作卒成肉醬法. 牛羊麞鹿兔生魚, 皆得作. 細剉肉一斗, 好酒一斗, 麴末五升, 黃蒸末一升, 白鹽一升."

13 『사기(史記)』 권129 「화식열전」, "澤中千足彘, 水居千石魚陂, 山居千章之材."

14 이런 측면에서 보면 어장(魚醬)문화와 쌀농사 문화가 결부되어 나타난다는 기존의 견해는 인도차이나지역이나 중국 남부 해안지역에서는 적용될지 모르지만, 중국의 북부지역에서는 합당하지 못하다는 것을 알 수 있다.

진한시대에는 육장이란 단어 이외, '판장瓣醬', '숙장菽醬', '작장爵醬', '마장馬醬', '장醬' 등도 보인다.

전술에서 한대 이후 두豆가 점차 숙菽의 명칭을 대신하였음을 살핀 바 있다. 이와 결부하여 당시 다양한 형태의 장과 더불어 숙장이 등장했던 것은 대두의 생산이 증가하면서 용도가 다양해진 것과 일정한 상관관계가 있었던 것으로 생각된다. 하지만 한대 이전에는 아직 콩으로 장을 담갔다는 명확한 기록이 발견되지 않는다.[15]

한대의 두장에 관련된 사료로 흔히 거론되고 있은 것으로 전한 사유史游의 『급취편急就篇』의 "느릅나무 열매, 소금, 메주, 초, 장"[16]이 있다. 당唐 안사고는 이 장醬에 대해 "콩을 (다른 것과) 섞어 만든 것이다."라고 주석하고 있다. 『급취편』이 당시 문자 교육용 책으로서 그 내용은 대개 일상적인 것을 기억하기 쉽게 성명, 의복, 음식, 기명 등으로 분류하여 편성한 것으로 볼 때, 이 장은 일상에서 흔히 볼 수 있었던 것이 아니었던가 한다. 이 사료에서 주목되는 것은 바로 "염시鹽豉"와 "장醬"이 함께 등장한다는 사실이다. 두시豆豉는 주로 흑두黑豆, 황두黃豆 등을 원료로 하여 삶아 곰팡이를 발효시켜 만든 독특한 식품으로,[17] 그 명칭으로 보아 이 장은 두시豆豉로 담근 장이었을 가능성이 크다.

이를 통해 볼 때, 두장豆醬 역시 전한 시대에 이미 존재했음을 알 수 있다. 『급취편』의 저자 사유史游가 활동했던 시기가 한 원제元帝 (기원전 48-33년) 때였다고 하는데, 기원전 1세기 중엽에는 이미 두장

15　양젠[楊堅], 「我國古代的大豆製醬技術」 『中國農史』 2000年 4期(19卷), pp.76-77에서 선진시기에는 두장(豆醬) 관련 근거는 발견되지 않지만, 그 기원은 한대 이전으로 볼 수 있다고 하면서 1년 후에 발표된 양젠[楊堅], 「我國古代大豆醬油生産初探」 『中國農史』 2001年 3期(20卷), pp.83-84에서는 한대의 「사민월령」의 청장(淸醬)은 맥장(麥醬)이며, 두장(豆醬)은 아니라고 한다.

16　전한 사유(史游), 「급취편(急就篇)」, "蕪黃鹽豉醯醋醬."

17　두시(豆豉)의 형태는 우리의 덩어리 메주와 달리 '알메주' 형태이다. 콩을 발효하는 방법도 콩을 삶아 으깨어 메주를 만들어 황의가 붙게 하는 방법과 삶아 짚을 넣어 세균을 배양하여 청국장 용도로 사용하는 메주가 있다.

豆醬이 제조되었음을 의미한다. 그런가 하면 『사기』「화식열전」에는 교통이 발달한 대도시에서 이윤이 많이 남는 식품으로 초[醯], 장醬, 누룩[糱麴]과 염시鹽豉 등을 들고 있다.[18] 이것 역시 적어도 『사기』가 편찬된 무제 때 이미 두장이 제조되었으며, 이에 대한 도시민들의 수요 역시 적지 않았음을 말해준다.[19]

두장豆醬의 기원과 관련하여 주목되는 또 다른 자료는 마왕퇴한묘백서馬王堆漢墓帛書의 『오십이병방五十二病方』이다. 마왕퇴 한묘의 묘주는 전한 초 장사국長沙國 승상 이창利倉 부인으로, 사망 시기는 대략 기원전 168-160년이다. 당시 질병의 처방서인 『오십이병방五十二病方』은 선진先秦시대 "의방집본醫方集本"을 기초로 썼다고 한다.[20] 『오십이병방』의 초사 시기에 대해, 백서의 문자가 소전小篆이 아닌 진 통일 이전의 진명문秦銘文과 닮아있고, 그 글자체가 백서帛書 『노자老子』의 성립 연대인 한 초 또는 한 고조 때보다 빠르며, 그리고 목록 중의 서筮자가 전국 초국楚國의 문자와 유사하다는 점 등에 근거할 때 기원전 3세기 말로 보고 있다.[21] 이것은 『오십이병방』의 처방전 내용이 적어도 기원전 3세기 때의 것이라는 말이다.

이 『오십이병방』에는 장醬과 관련하여 장관醬灌, 장방醬方, 미장美醬, 마장馬醬 등이 보인다. 특히 주목되는 것이 바로 '숙장菽醬'[22]이다. 앞에서 숙은 진한 시기의 두豆와 같은 의미였다는 사실을 살핀 바 있

---

18 『사기』권129「화식열전」, "通邑大都 酤一歲千釀 醯醬千瓨…糱麴鹽豉千荅…此亦比千乘之家."

19 양젠[楊堅], 「我國古代大豆醬油生産初探」『中國農史』2001年 3期(20卷), p.83에서 후한 낙양 일대에서 장유(醬油)를 생산했다고 하는 것은 결코 믿을 수 없다고 한다.

20 『마왕퇴백서』의 『오십이병방(五十二病方)』은 선진시대 원시 중의 치료학 『오십이병방』을 토대로 초사한 것으로 이해하고 있다. 옌젠민[嚴健民] 편저, 『오십이병방주보석(五十二病方注補釋)』, 中醫古籍出版社, 2005. 참조.

21 마왕퇴한묘백서정리소조편(馬王堆漢墓帛書整理小組編), 『오십이병방』, 文物出版社, 1979, pp.180-182.

22 옌젠민[嚴健民] 편저, 앞의 책, 『오십이병방주보석』 모질(牡痔), "菽醬之滓半"(簡242); 엄건민(嚴健民) 편저, 앞의 책, 『오십이병방주보석』, "入八完(丸) 叔(菽) 醬中, 以食."

다.[23] 그렇다면 '숙장'은 바로 콩으로 만든 장이 되는 셈이다. 그리고 사료 중 "초[醯]가 적당한 온도가 되면"이라는 문장에서 '초[醯]'도 주석에서 '흑숙黑菽으로 만든 것'이라고 하여,[24] 당시 숙의 용도가 다양했음을 알수 있다. 이렇게 볼 때, 숙으로 장을 담근 시기도 최소한 기원전 3세기까지 소급할 수 있다. 이러한 결론은 기존의 연구에서 선진시대에는 아직 대두장의 출현을 확인할 수 없다는 주장과 완전히 배치되는 것이다.[25]

다만 『오십이병방』이 의학서였기 때문에 사료 속에 등장하는 숙장은 모두 식용이 아닌 질병의 처방을 위한 약재로 소개된 것이다. 상당수의 식품이 그러하듯 처음에는 대개 약용으로 겸용하다가 일정한 시간이 지나면서 식용으로만 발전하게 되게 된다.

그러면 숙장은 언제부터 식품으로 활용되었으며, 그리고 화북지방에는 두장이 언제 육장을 대체했을까? 이에 대한 사료도 분명하지 않다. 왜냐하면 낙양에서 출토된 저장 용기[陶倉]의 도문陶文에는 육장이란 글자가 적지 않게 등장하며, 마왕퇴 유적이 축조되던 시기에도 여전히 숙장이 약품으로 겸용되고 있었기 때문이다.

마왕퇴와 비슷한 시기의 것으로 파악되고 있는 호남성 원릉沅陵 호계산虎溪山의 1호 한묘의 『식방食方』에는 한대 조미료의 상황을 잘 보여준다.[26] 여기에는 동, 식물성의 음식 재료와 더불어 소금, 술, 미주美酒,

---

23 백서 『오십이병방』에는 대, 소두의 명칭을 적답(赤荅: 簡3), 흑숙(黑菽: 簡161, 簡259), 대숙(大菽: 簡286), 진숙(陳菽: 簡362), 오숙(熬菽: 簡341), 자숙(煮菽: 簡451), 숙즙(菽汁: 簡453), 양숙(良菽: 簡456) 등으로 표현하고 있다.

24 옌젠민[嚴健民] 편저, 『오십이병방주보석』, 癃, "醯寒溫適 入中杯飮"(簡163)

25 양젠[楊堅], 「我國古代的大豆製醬技術」, 『中國農史』 2000年 4期, p.76; 자오더안[趙德安], 「中國豆豉」, 『중국양조(中國釀造)』 4기, 2003에서도 호남 장사 마왕퇴 1호 묘에서 출토된 두시강(豆豉薑)을 근거로 두시는 한나라 초기에 생산이 발달했다고 보고, 그 기원은 전국시대로 본다.

26 후난성문물고고연구소(湖南省文物考古硏究所), 「沅陵虎溪山一號漢墓發掘簡報」, 『文物』 2003-1에 의하면 원릉 호계산 1호 한묘는 장사왕 오신(吳臣)의 아들인 제1대 원릉후(沅陵侯)의 것으로 묘주는 고후(高后) 원년(기원전 187)에 수봉(受封)하여, 문제(文帝) 후원(后元) 2년(기원전 162)에 사망하였다. 이 묘는 전한 시대의 이성열후(異姓列侯)의 묘장제를 연구하는데, 좋은 참고 자료가 된다.

혹 羔酒, 백주白酒, 육장즙肉醬汁, 숙장즙菽醬汁, 생강, 목란木蘭, 수유茱萸, 초[醯酸] 등의 각종 조미료가 등장하며, 요리의 명칭과 원료는 기본적으로 마왕퇴 1호 한묘의 것과 일치한다. 여기에 등장하는 육장즙과 숙장즙을 육장과 두장豆醬이라 해도 큰 차이가 없다면, 한초에 이미 육장과 더불어 두장豆醬이 이용되었음을 알 수 있다.[27] 비슷한 상황은 돈황『현천치한간懸泉置漢簡』에서도 볼 수 있다. 즉, "알메주 1석 2두를 내서 장과 섞어 시형사施刑士에게 제공한다."[28]의 메주[豉]와 장의 결합으로 보아, 분명 이 장은 두장이었을 것이다. 이와 인근한 지역의 자료인『무위한간武威漢簡』「갑본소뢰甲本少牢」에서도 "장이 있는데, 이 또한 와두瓦豆를 쓴다."[29]에서의 장 역시 콩[豆]으로 빚은 두장豆醬이었음을 알 수 있다. 이렇게 보면 한 초의 두장은 약용은 물론 식용으로도 사용되었으며, 호남에서 서북의 돈황 지역에 이르기까지 폭넓은 지역에서 두장豆醬이 이용되었음을 한간을 통해 확인할 수 있다.

이렇게 보면 두장豆醬은 전국시대 후기를 기점으로 점차 육장과 함께 보급되었음을 살필 수 있다. 그것은 철제농구의 보급으로 인해 농경이 어로와 수렵을 대신하고, 산림수택이 일부 계층에 의해 독점적으로 운영되면서 육장의 원료 확보가 용이하지 않고 안정되지 못했기 때문이었을 것이다. 반면 대두의 경우 맷돌과 절구 같은 가공 공구와 기술이 발전하고 재배와 수요가 확대되면서 안정적인 공급이 가능했다. 실제『범승지서』의 지적처럼 이전부터 흉년의 대비를 위해 대두를 인

---

27 최덕경, 「고대 한반도의 젓갈의 출현과 보급: 제민요술과 관련하여」『중국사연구』제137집, 2022, p.49 에서 원롱 호계산『식방(食方)』의 젓갈은 장강 중류에서 보편화된 어장이 진통일을 전후하여 화북지역으로 전파되었다고 한다.

28 『돈황현천치한간석수(敦煌懸泉漢簡釋粹)』213「過長羅侯費用簿」"出豉一石二斗, 以和醬食施刑士. 入酒二石, 受縣. 出酒十八石, 以過軍吏廿, 斥候五人, 凡七十人.(72-74簡)"

29 『무위한간』「甲本少牢」, "上佐食羞載兩瓦豆, 有醬, 亦用瓦豆, 設于薦豆之北. 尸有食, 食載上. 佐食舉一魚. 尸受, 振祭, 嚌之."[簡27B(중국간독집성편집위원회편(中國簡牘集成編輯委員會編),『중국간독집성(中國簡牘集成)』제4책 甘肅省 卷下, 敦煌文藝出版社, 2001, p.97.

당 5무를 파종하도록 한 것이 농가의 기본 경영이었다. 더구나 대두를 이용한 장, 콩 음료[豆漿]와 약품 등이 다양하게 개발되면서 그 활용도가 높아졌던 것도 육장이 상대적으로 점차 후퇴하게 된 원인이 되었을 것이다. 아울러 알메주[豆豉]는 영양이 풍부할 뿐만 아니라 생선, 고기 못지않게 단백질과 지방을 다수 함유하고 있다.[30] 게다가 두장은 향이 짙고 부드럽고 독특한 풍미가 있는 데 반해, 육장은 제조 과정이 비릿하고 비위생적이라 귀족이나 지배계층이 두장을 더욱 선호했을 가능성이 높다.[31] 물론 그렇더라도 입맛을 단번에 바꿀 수는 없었을 것이다. 6세기 『제민요술』에 민물과 바다 생선으로 담은 다양한 어장과 맥장麥醬 및 유자장榆子醬 등이 등장하고 있는 것을 보면, 육장이 사라진 것이 아니라 지역적인 생산물의 특색에 따라 다양해졌음을 살필 수 있다.

2. 시豉의 출현과 보급

1) 두시의 출현과 저장 용기

이미 대두는 춘추전국시대와 진한시대의 각종 문헌, 즉 『맹자』, 『관자』, 『순자荀子』, 『묵자墨子』, 『전국책』, 『예기禮記』, 『회남자淮南子』, 『사기』, 『동약僮約』 및 『논형論衡』 등에서 주곡으로 이용되었음을 밝혔다.[32] 『맹자』에 "콩[菽]과 조[粟]는 물, 불과 같다."라든가 『관자』에는 "콩과 조가 부족하면 백성은 반드시 굶주리게 된다."라고 한 것을 보면 춘추전국시대 민간의 식량 중 콩류[菽類]는 일상에서 중요한 지위를 차지

---

30 알메주[豆豉] 100g 중에는 단백질 20g, 지방 7.1g, 당류 21.4g, 인 198mg 등이 포함되어 있다.

31 양젠[楊堅], 「我國古代豆豉的加工研究」『古今農業』1991-1, p.86에 의하면 당송시대의 지배계층이 두장(豆醬)에 많은 찬미를 하고 있다.

32 『맹자(孟子)』「진심상(盡心上)」, "菽粟如水火, 而民焉有不仁者乎"; 『관자』「重令」, "菽粟不足, 末生不禁, 民必有饑餓之色"; 『순자』「王制」, "工賈不耕田而足乎菽粟"; 『묵자』「尙賢」, "耕稼樹藝, 聚菽粟, 是以菽粟多而民乎食."; 『전국책』「韓卷」, "韓地險惡山居, 五穀所生, 非麥而豆, 民之所食, 大抵豆

했음을 알 수 있다.

혹자는 한대에 콩[豆]의 생산량이 높지 않고, 특히 『범승지서』에는 또 "정부丁夫 한 명이 5무를 경작한다."라고 해도 가족 수가 감소한 한대에는 전국시대보다 가구당 재배 면적이 크게 감소했다고 한다.[33] 그러나 『염철론』 「본의편本議篇」에서 "민은 식량[콩과 조]과 재화가 충실하기를 원한다."와 같이 '콩과 조'는 여전히 중시되었다. 그리고 『한서』 「소제기昭帝紀」 원봉元封 2년에는 "콩과 조를 부세로 내게 했다."라고 하여, 삼보三輔, 태상군太常郡에 대해 콩과 조를 당 년의 부세로 내게 한 것이나 『위서魏書』 「양습전梁習傳」의 "콩과 조를 경작함으로써 사람과 소의 비용을 댈 수 있었다."라고[34] 하는 것을 보면 한대 이후 대두의 재배 정도를 짐작할 수 있다. 그런가 하면 당대에 찬술된 『진서陳書』 「세조기世祖紀」에서는 "콩과 조의 귀중함은 주옥만큼이나 중하다."[35]라는 표현까지 사용할 정도로 콩의 용도가 다양해졌음을 알 수 있다.

이는 동북 지역의 경우도 마찬가지였다. 춘추전국에서 진한시대까지 흑룡강 지구의 음식물을 확인할 수 있는 동강東康 2호 거주지의 옹기 속 탄화 곡물을 분석한 결과 조와 기장도 발견되지만 대두가 가장 흔히 보인다.[36] 이것은 숙신·읍루계의 음식물이 대두를 중심으로 형성

飯藿羹.": 『전국책(戰國策)』 「齊卷」 제4, "君之廏馬百乘, 無不被綉衣而食菽粟者.": 『예기』 「檀弓下」, "孔子曰, 啜菽飲水, 盡其歡, 斯之謂孝.": 『순자』 「天論」, "君子啜菽飲水, 非愚也. 是節然也.": 『회남자』 「齊俗訓」, "貧人…含菽飲水以充腸": 『회남자』 「主術訓」, "民有糟糠菽粟不接口者": 『사기』 권70 「장의열전」, "韓地險惡山居, 五穀所生, 非菽而麥, 民之食, 大抵飯菽藿羹, 一歲不收. 民不厭糟糠.": 『동약(僮約)』, "奴但得飯豆飲水, 不得嗜酒": 『논형』 「藝增」, "五穀之于人也, 食之皆飽, 稻梁之味, 甘而多腴, 豆麥雖糲, 亦能愈饑. 食豆麥者, 皆謂糲而不甘, 無謂腹空無所食.": 『위서』 「梁習傳」, "耕種菽粟, 以給人牛之費"

33 중국농업과학원(中國農業科學院) 등 편저, 『중국농학사(中國農學史)』(上), 科學出版社, 1984, pp.131-132에서 전국시대에는 8인 가족으로 대두 경작이 토지 면적의 40%를 점했으나 5인 가족으로 바뀌면서 25%로 축소되었다고 한다.

34 『위서(魏書)』 「梁習傳」, "耕種菽粟, 以給人牛之費."

35 『진서(陳書)』 「世祖紀」, "菽粟之貴, 重于珠玉."

36 리옌티에[李硯鐵], 「黑龍江地區古代飲食文化」, 리스징[李士靖] 주편, 『中華食苑』 4集, 中國社會科學出版社, 1996, p.81.

되었음을 알 수 있게 하는 대목이다. 그리고 『동관한기東觀漢記』에서 중국 북쪽의 산서지역의 태원인太原人들이 콩밥을 즐겨 먹었다는 기록도 주목된다.[37]

이처럼 대두가 적극적으로 활용되기 시작한 것은 가공 도구의 발달로 인해 다양한 부식이 개발되면서부터였다. 집안의 고구려 유적에서 곡물을 탈곡하는 공구인 돌갈판과 곡물을 가공하는 돌공이가 적지 않게 발견되고 있는 것은 이런 사실을 잘 말해준다.[38] 그리고 이러한 절구, 갈판, 돌공이나 맷돌, 디딜방아 등은 주로 껍질이 단단한 곡물을 가루로 만들거나 음식물을 1차 가공하는 데 사용한다. 즉 낱알이 작은 곡물을 탈각하고 파쇄하는 도구로 식품 가공의 용도로 사용했음을 볼 수 있다. 특히 콩과 맥류는 껍질을 벗긴다고 해도 바로 먹을 수 없다. 삶아서 찧거나 제분하지 않으면 먹기에 불편하며 소화도 쉽지 않다. 처음에는 돌그릇과 돌방망이가 한 쌍으로 되어 소규모로 종자나 곡식을 갈았지만, 이것이 발달하게 되면 절구나 맷돌이 된다.

대두의 가공 기술이 발달하면서 부단히 대두를 부식품으로 가공하는 방법을 모색하였다. 예컨대 두시豆豉는 두장豆醬의 원료로서 그 성질과 상태를 결정짓는다는 점에서 매우 중요하다. 시豉가 처음 문헌에 등장하는 것은 전국에서 한대에 걸쳐 편찬된 『초사』에서이다. 이 책의 「초혼」에 보이는 "대고大苦는 초[酸]와 같고 매운맛과 단맛이 적다."[39]라는 말에 대해 후한 왕일王逸이 "대고는 알메주[豉]이다."라고 주석했다. 이를 근거로 전국시대에 이미 시豉의 존재를 밝히고 있지만, 지역적으로 한정되고 맛도 흔히 접할 수 있는 것과 괴리되어, 이에 대

---

37 『동관한기(東觀漢記)』, "閔仲叔 太原人. 與周黨相友 黨每過仲叔 共含菽飮水 無菜茹."
38 경테화[耿鐵華], 「集安高句麗農業考古槪述」, 『農業考古』 1989-1, p.99.
39 초사(楚辭)』 「招魂」, "大苦咸酸 辛甘行些."

한 반대 견해도 적지 않다.[40]

한대 사유史游의 『급취편急就篇』에서는 '두시'를 제작할 때 '염시鹽豉', 혹은 "알메주[豉]는 콩을 그윽한 곳에 넣어 만든다."라는 기록을 볼 수 있다. 이때 시豉는 (삶은 콩을 따뜻한 곳에) 밀폐시켜 띄워 만든 것이라고 짧게 적고 있다. 이런 점으로 볼 때 적어도 『급취편』이 만들어진 전한 원제 무렵에는 시豉가 존재했음을 알 수 있다. 그리고 콩장이 오늘날처럼 알메주로 만들었다면 시[豉]는 콩장[豆醬]과 그 기원이 같을 것이다. 그리고 후한 유희劉熙의 『석명釋名』「석음식釋飮食」의 '두시豆豉'에 대한 해석에서도 "'시豉'는 즐긴다는 의미이다. 다섯 가지 맛이 조화되어 이루어지며, 이내 단맛을 즐길 수 있다. 그 때문에 제나라 사람들은 '시豉'라고 했으며, 음은 '시嗜'와 같다."라고[41] 하여 두시의 가공을 살필 수 있다. 그런가 하면 한대 교통이 발달한 대도시에서 2할 이상의 이윤을 올리는 식품 중에도 "1천 항아리[荅][42]의 누룩, 소금, 시豉"[43] 등이 포함되어 있다. 이를 통해 적어도 무제 이전부터 시豉는 항아리에 보관되어 판매되고 있었음을 알 수 있다. 실제 『한서』「화식전貨殖傳」에는 장안에 시번豉樊이란 전문적인 두시豆豉 판매업자가 등장하고 있는데, 이것을 보면[44] 전한 때부터 두시가 제조되어 상품화되

---

40 양젠[楊堅], 「我國古代豆豉的加工研究」『古今農業』1991년 1기, p.80에서 사유(史游) 『급취편(急就篇)』에는 염시(鹽豉)는 진한 이후의 현상으로 왕일의 견해가 잘못이라고 했다. 이외 홍선주(洪先祖)는 『초사』 초혼의 보주(補注)에서 "대고(大苦)"가 어떤 것인지 아직 모른다고 했다. 심지어 "초혼"에 대해 사마천은 굴원(屈原, 기원전 339-278)의 작품이라고 하지만 왕일은 굴원의 제자인 송옥(宋玉)의 것이라고 한다.

41 유희(劉熙), 『석명(釋名)』「釋飮食」, "豉 嗜也. 五味調和, 須之而成, 乃可甘嗜也. 故齊人謂豉 聲如嗜也."

42 『사기』 권129 『貨殖列傳』의 집해(集解)에는 서광(徐廣)의 말을 인용하여 답(荅)은 작은 독[瓵]이며 그 용량은 1두 6승이라고 한 데 반해, 『한서』 권91 「화식전」에는 동일한 사료에 대해 답 대신 합(合)을 사용하고 전자와 다른 의미로 해석하기도 한다.

43 『사기』 권129 「화식열전」, "通邑大都…蘖麹鹽豉千荅"

44 『한서』 권91 「貨殖傳」, "長安中王君房 豉樊少翁、王孫大卿 為天下高訾."에서 師古曰:「王君房賣丹, 樊少翁及王孫大卿賣豉, 亦致高訾. 訾讀與貲同. 高訾謂多貲財.」라고 하여 번소옹과 왕손 대경은 장안에서 시(豉)를 판매했다고 한다.

고 있었음을 알 수 있다.

두시의 수요가 이처럼 급증하게 된 것은 기존의 조미료나 약재의 원료로 사용된 것 이외에도 두시豆豉는 영양이 풍부하고 단백질과 지방질이 많아 허기를 달랠 수 있었으며, 발효되면서 향이 진하고 좋아 독특한 풍미가 있었기 때문일 것이다.

실제 생산과 보급 정도를 확인해 주는 것으로 1966년 발굴된 낙양 오녀총五女冢 신망묘新莽墓를 들 수 있다. 이 묘에서 도문陶文이 새겨져 있는 도기 70여 건이 출토되었다. 이들 중 저장 용기의 경우, 배 부분에 "대두만석大豆萬石", "대맥만석大麥萬石" 등이 쓰여 있으며, 또 도관陶罐의 배 부분에는 '육장肉醬', '판장瓣醬', '혜醯'와 더불어 '시豉'자도 등장한다.[45] 이러한 모습은 한 초부터 보이는데, 낙양 우전국郵電局 372호 전한묘前漢墓에 의하면 작은 단지[小壺]의 배 부분에 '시豉', 도창陶倉에는 "속만석粟萬石", "대두만석大豆萬石", "도미만석稻米萬石" 등과 같은 곡물 이름의 명문[陶文]이 등장한다.[46] 이런 도문은 낙양 금곡원촌金谷園村의 한묘와 서교한묘西郊漢墓에서도 발견된다.[47]

이 도기와 그곳에 새겨진 도문을 보면 우선 곡물은 주로 원통형의

---

45 뤄양시제이문물공작대(洛陽市第二文物工作隊),「洛陽五女冢267號新莽墓發掘簡報」『文物』1996-7, p.45, 47; 낙양시제이문물공작대(洛陽市第二文物工作隊),「洛陽吳女冢新莽墓發掘簡報」『文物』1995-11 참조.

46 뤄양시제이문물공작대(洛陽市第李文物工作隊),「洛陽郵電局372號西漢墓」『文物』1994-7, p.31에 의하면, 도기의 크기는 다르지만 솥[鼎], 창(倉), 병(壺), 소호(小壺), 돈(敦) 등에 조[粟], 마(麻), 대두(大豆), 백미(白米), 전(錢), 쌀[米] 등의 곡식에 만석이란 말이 붙어있으며, 시(豉), 밥[飯] 등의 도문도 보인다.

47 황스빈[黃士斌],「洛陽金谷園村漢墓中出土有文字的陶器」『考古通訊』1958-1; 중국과학원고고연구소낙양발굴대(中國科學院考古研究所洛陽發掘隊),「洛陽西郊漢墓發掘報告」『考古學報』1963-2에서도 다양한 도기에 각종 곡물을 표기한 도문을 볼 수 있다. 특히 후자의 경우, 도창에는 대부분 곡물에 관련된 문자로서 소두만석(小豆萬石), 대두만석(大豆萬石), 대맥만석(大麥萬石), 속만석(粟萬石), 미만석(米萬石), 서만석(黍萬石), 맥만석(麥萬石), 두만석(豆萬石), 소맥만석(小麥萬石), 백미만석(白米萬石), 서미만석(黍米萬石), 마만석(麻萬石), 도미만석(稻米萬石) 등이 등장하며, 그 속에 실물이 들어있는 경우도 적지 않다. 그런가 하면 항아리[陶壺]에는 백미, 서미(黍米) 등의 글자도 보이지만 대개 곡물 이외의 소금[鹽], 주만석(酒萬石), 황금(黃金), 술만석(術萬石), 일주백석(日酒百石), 주일기(酒一器) 등의 문자가 보인다. 이것은 내용물에 따라 담는 그릇이 달랐음을 말해준다.

저장 용기[陶倉]에 보관했던 것에 반해 소금[鹽], 장醬, 시豉는 그릇의 주둥이가 배 부분보다 작은 도관陶罐이나 도호陶壺에 담아 저장했음을 알 수 있다. 그리고 도문은 대개 "대두만석大豆萬石"과 같이 "○만석○萬石"의 형태로 쓰여 있지만, 이것을 실제로 도창陶倉에 저장된 곡물의 수량으로 보기도 곤란하다. 왜냐하면 〈표1〉에서 볼 수 있는 바와 같이 도창은 그 크기가 대개 높이 30-45cm, 입구 지름[口徑] 10.8cm 전후, 배 부분은 직경 22-25cm, 밑바닥의 직경은 19-21cm 정도로서 오늘날의 1두 정도의 용량에 불과하기 때문이다. 이런 점으로 볼 때 "만석萬石"의 의미는 실제 용기의 용량이라기 보다 파종 후 보다 많은 곡물의 수확을 염원하거나 만석의 부자가 되기를 기원하는 표시로 용기에 써둔 것이 아닌가 한다. 사실 곡물을 담은 도기마다 "○만석○萬石"이라고 표기한 것만 보아도 이 숫자가 수확량이 아님을 단번에 알 수 있다. 그리고 "전만석錢萬石", '황금黃金' 등의 붉은색[朱色]의 길어吉語와 관련시켜 볼 때, 전한 때의 넉넉한 생활이나 장생불사를 염원했던 노장 사상도 배어 있다고 볼 수 있다.[48]

게다가 〈표1〉에서 보는 바와 같이 장과 시豉를 저장한 용기 또한 크지 않다. 이는 당시 장, 시豉의 생산량과도 관련이 있는 것이지만, 상술한 낙양과 그 근교의 묘군에는 이러한 용기 십수 개가 다양한 도기와 동기, 철기 등과 함께 동시에 발견되고 있다. 이런 점은 적어도 대도시인 낙양 근교의 지배층에서는 장, 시豉의 이용이 일반화되었음을 말해 준다. 서북 변방의 거연 지역에서도 염시鹽豉가 매매되고 있었던 것을 보면,[49] 한대의 민간에서도 시豉와 장은 전국적으로 수요가 많은 조미

---

48   낙양시제이문물공작대(洛陽市第二文物工作隊), 앞의 논문, 「洛陽郵電局372號西漢墓」, p.33.

49   시(豉)의 가격은 『거연한간(居延漢簡)』 314.4, "出錢廿五, 糴豉一斗."; 『漢地皇三年(22年) 居然勞邊使者過界中費冊』 "鹽豉各一斗, 直卅."으로 미루어 시(豉) 1두 가격은 25-30전이었다.

료였음을 알 수 있다. 이 때문에『사기』「화식열전」에서 볼 수 있는 것처럼 대도시에서 2할 이상의 이윤을 올린건지도 모르겠다.

〈표1〉 한대 도문(陶文)에 새겨진 식품용기와 그 크기

구분 ( )수량	출토지점 및 용도		通高(cm)	口徑(cm)	腹徑(cm)	底徑(cm)	근거
	지역 및 시기	용도및陶文					
陶罐 (8)	洛陽五女冢 267號 王莽시기	"肉醬"	20.2	12.2	22.6	12	文物 96-7
陶罐		"豉"	17.5	8.5	15	6	文物 96-7
〃	〃	"醢?"	16.6	12	23	12	〃
〃	〃	"辮醬"	21.6	12.8	23	12.8	〃
〃	〃	"鹽"	18.4	13.5	18.3	7.8	〃
〃	〃	"肉醬"	20.2	12.2	22.6	12	〃
陶倉 (10)	〃	"粟萬石"	44.4	10.8	24	21	〃
〃	〃	"大豆萬石"	45	10.8	24	21	〃
〃	〃	"小麥萬石"	44	10.2	24	19.2	〃
〃	〃	"大麥萬石"	45	10.8	24	21	〃
〃	〃	"稻穀"	27.7	6.4	15.6	12.8	〃
小陶壺 (10)	洛陽郵電局 372號 漢初	"豉"	23.7	9	14.8	10	文物 94-7
〃	〃	"水器"	23	9.2	15	9.6	〃
陶壺(15)	〃	장식문양 및 墨書	40.6 46.5 46.8 50	13.8 16.8 16.4 16.5	28.6 30.4 32 31	16 17.6 18.2 18	〃
〃	〃		23	9.2	15	9.6	〃
陶倉 (18)	〃	"□□萬石"	31		18.2		〃

2부 • 콩 가공기술과 식품의 발달

242

구분 ( )수량	출토지점 및 용도		通高(cm)	口徑(cm)	腹徑(cm)	底徑(cm)	근거
	지역 및 시기	용도및陶文					
〃	〃	"大豆萬石"	38		20		〃
〃	〃	"粟萬石"	41		12.6		〃
陶倉 (31)	洛陽金谷 園村漢墓	"大豆/小豆 等 萬石"	27	4.3	직경10		考古通訊 58-1
〃	〃	"鹽/小豆 等 萬石"	32.5	5.9	肩徑16.8	13.4	〃
〃	〃	"小豆/大豆 等 萬石"	32.5	5.6	肩徑17.5	14.5 足高2.5	〃
〃	〃	"大豆/小豆 等 萬石"	43.2	6.6	肩徑21	17.8	〃
陶壺 (15)	〃	"鹽?/醢(?) 等 萬石"	27.3	10.9	17	9.3	〃
陶罐 (14)	洛陽五女 冢新莽墓 王莽시기 (7-14년)	"豆□□"	19.5		18.8		文物 95-11
陶倉 (9)	〃	稻, 穀, 粟과 褐色과립 곡물	52.2		24.6		〃
陶瓮 (4)	〃	"酒一石"	53.3		51.7		〃
〃	〃	3개 小水斗	37.8		41.5 (最大腹徑)		〃
陶壺 (8)	〃	"水"	47.3		33		〃
陶壺	洛陽西郊漢墓 (金谷園村, 七里河村) 前漢중엽- 後漢후기		50/38/20 (大/中/小)				考古學報 63-2
陶鼎	〃	涼萬石 始祠雜					〃

구분 ( )수량	출토지점 및 용도		通高(cm)	口徑(cm)	腹徑(cm)	底徑(cm)	근거
	지역 및 시기	용도및陶文					
陶倉	〃	穀物外殼	50/20 (대/소)				〃
陶罐	〃		30.8	15.5	23	11.3	〃
陶罐	〃		28.5	9	31	15	〃

2) 두시 제조법

『제민요술』에는 별도의 장을 만들어 두시豆豉 제작법을 구체적으로 제시하고 있다. 여기에는 저장 구덩이, 적정 시기, 온도측정, 콩의 종류는 물론이고 곰팡이가 생기는 정도와 찐 메주콩을 뒤집는 방식 등을 자세하게 설명하고 있다. 그 방식은 대개 묵은콩→깨끗하게 키질→문드러지게 삶기→건져내기→그늘에 식히기→움집에 퇴적→뒤집기→(흰곰팡이 발생) 수레바퀴처럼 뭉치기→뒤집고 고무래질→(누런 곰팡이)→물에 헹구기→구덩이에 넣고 다지기→(10-15일)발효→숙성(이후 말려둠)의 순서로서 오늘날과 큰 차이가 없다. 이 두시 역시 제작 과정으로 미루어 알메주로 제작했음을 알 수 있다.

『제민요술』「작시법作豉法」에서는 이외에 『식경食經』에서 설명하는 작시법도 안내하고 있다. 이것은 『제민요술』이 편찬되기 전부터 작시법이 존재했음을 말해준다. 그 방식은 『제민요술』과는 다소 차이가 있지만, 우선 원료 대두를 씻어 담가두었다가→찐다→자리에 깔아 냉각→푸른 띠풀로 덮음→3일 후 누른 곰팡이가 생기면→얇게 헤쳐 밭고랑처럼 만든다→콩 삶은 물에 누룩, 소금 등을 넣고 섞어 즙을 만든다→항아리에 넣어 밀봉(발효)→(27일 후 꺼내) 건조 후 삶기를 3회→완성의 순이다. 그 외 『제민요술』에는 이와 비슷한 작시 방식으로 '가리식시법家理食豉法'도 소개하고 있다. 이들 작시법은 비록 간단하고 짧게 기술하고 있지만, 큰 틀에서는 『제민요술』과 방법의 차이가 없다.

다만 『제민요술』의 작시법은 콩만으로 제조한 것에 비해 『식경食經』의 두시와 맥시법麥豉法에는 차좁쌀의 여국女麴이나 밀가루를 가미하여 제조했다는 점이다. 이런 방식은 작장作醬법이 대두를 쪄 소금, 황증黃蒸, 초국, 맥국麥麴 등을 가미하여 제조한 것과도 비교된다. 이처럼 두시는 비록 대두만으로 만든 것이지만, "잘 만들기 어렵고 상하기도 쉬워 조심스럽고 예민한 사람이 해야 하며, 하루에도 몸소 두 차례정도 살펴야 한다. 특히 냉온의 온도를 적당하게 유지한다는 것이 매우 어렵다."라고 한다. 그 외에도 겨울에는 지면을 따뜻하게 해야 하고 깨끗하게 청소도 해야 하며, 매번 뒤집어 주어야 하고, 출입시 열기가 새지 않도록 주의해야 한다고 한다.[50]

그리고 『제민요술』의 작시법에서는 저장 공간이 큰 것을 볼 때, 대가족이 함께 소비하거나 상품화를 염두에 두고 제조한 것으로 판단되어 시豉의 보급이 이전보다 일반화되었음을 알 수 있다. 후술하는 바와 같이 북위 송소조묘宋紹祖墓의 명기문자銘記文字에서는 대규모로 염시鹽豉를 제조하는 과정을 볼 수 있다. 이들은 분명 북위 이전부터 전해 내려온 전통적인 방식이지만, 한대 이전에는 어떤 방식이 사용되었는지는 알 수가 없다. 다만 대두와 시, 장이 함께 자주 등장하고 있는 것을 보면 두시豆豉가 일반적이었을 가능성은 크다.

『제민요술』의 작시作豉에서 주목되는 것은 누른 곰팡이가 핀 알메주[豉]를 "잘 씻지 않으면 쓰다."라는 대목이다. 이 부분과 관련해서 연상되는 것이 앞서 제시한 『초사』 「초혼」 편의 "대고는 모두 초[酸]이다."란 문장이다. 이에 대해 왕일은 '대고大苦'를 '시豉'라고 주석하고

---

50   최덕경 역주, 『제민요술 역주(IV)』, 세창출판사, 2018, pp.114-116.

있다. 혹자는 시豉자가 한대에 처음으로 등장하는 점에 근거하여 두시豆豉의 기원을 진한대로 잡고 있지만,[51] 숙장菽醬을 오늘날과 같이 두시로 만들었다고 하면, 그 기원은 두장豆醬과 마찬가지로 적어도 기원전 3세기까지 소급할 수 있을 것이다. 게다가 '대고大苦'의 쓴맛이 당시 작시作豉의 처리 과정에서 생긴 기술과 경험 부족이었다면 작시의 출현 시기는 전국시대「초혼」시기까지 소급될 수도 있게 되는 것이다. 두시의 맛이 쓴 현상은 대개 원료인 콩의 저장 시간이 길거나 알메주를 만든 후 이를 깨끗하게 씻지 않고 발효했거나 콩 단백질의 분해가 충분하지 않을 때 발생한다고 한다.[52] 이때 쓴맛은 다소 쓰게 느껴지는 정도이지만,『석명』의 지적과 같이 약간의 쓴맛을 거친 후 오미가 조화되면서 단맛으로 바뀐다는 것을 보면 시를 만드는 과정에서 흔히 일어날 수 있는 현상임을 알 수 있다.

이처럼 시豉는 전한 때부터 이미 일반화된 식품이었으며, 당시 시豉를 먹는 것[食豉]은 소금을 먹는 것[食鹽]과 같이 중히 여겼으며, 이를 합하여 '염시鹽豉'라고 불리기도 했다.[53] 당시 염시의 가격은 시대와 지역에 따라 다르고, 같은 시대라 하더라도 사회 안정이나 공급량에 따라 가격 차가 적지 않았다는 것은 다른 물품과 대차 없다. 이런 상황을 감안하여 당시 대강의 염시 값을 살펴보자.

『거연한간居延漢簡』에는 "25전으로 시豉 1두를 사들였다."라고[54] 한 것을 보면, 거연 지역의 시豉 1두가 25전이었음을 알 수 있으며, 또 "3월의 녹祿으로 소금[鹽] 19곡 5두를 받았는데, 이는 450여 전에 해당

---

51   왕상뎬[王尙殿] 편저,『중국식품공업발전간사(中國食品工業發展簡史)』, 山西科學教育出版社, 1987, p.467. 특히 홍션주[洪先祖]는『초사』 초혼의 보주(補注)에서 시(豉)는 진한시대 이전에는 없는 글자로서, 왕일이 "대고"를 시라고 주석한 것은 잘못된 것이라고 한다.

52   양젠[楊堅],「我國古代豆豉的加工硏究」『古今農業』1991-1, p.80.

53 『사기』권129「화식열전」;『한서』권91「화식전」;『진서(晉書)』권4「효혜제(孝惠帝)」.

54 『거연한간』314.4, "出錢卄五, 糴豉一斗."

되는 양이다."[55]고 한다. 이것은 소금 1두가 약 2.3전으로 시豉보다는 쌌음을 알 수 있다. 그것은 아마도 거연성居延城 주변에서 쉽게 차생염함성次生鹽鹹性[56] 덩어리를 볼 수 있을 정도로 소금이 흔했던 것에 그 원인이 있었던 것이 아닌가 한다.[57] 게다가 『한지황漢地皇 3년(22) 거연로변사자과계중비책居延勞邊使者過界中費冊』에 따르면 "소금·시豉 각 1두가 30전이었다."라고[58] 한다. 이는 소금과 알메주[豉]가 각 30전이었는지, 그 합이 30전이었는지가 불명하다. 전자의 경우는 앞의 사례와 가격 차가 크지만, 후자의 경우는 염시의 합이 약 27.3전(25+2.3)이었다는 위의 사실과 큰 차이가 없다. 이것은 거연 지역의 경우 시豉의 가격이 소금의 약 10배 이상이었음을 말해준다. 전국과 진한시대의 조[粟] 1석의 가격이 적게는 10전(『구장산술』)에서 30전[59], 많게는 100전(『거연한간』)이었던 것을 감안한다면[60] 소금과 시豉의 상대적인 값의 대강은 짐작할 수 있을 것이다.

대두의 가공식품을 논할 때 주목되는 것은 재배 대두의 기원지역인 만주 지역의 장醬, 시豉 관련 문제이다. 『신당서新唐書』 「발해전渤海傳」에는 융숙과 (그 인근) 고려두高麗豆의 생산지인 발해 용원부龍原府 동경東京: 柵城의 특산물로 '시豉'를 지목하고 있으며,[61] 『해동역사海東繹史』에도 이곳을 '시'의 명산지라고 한다. 고구려와 책성과의 관계는 전술한 바 있으며, 『양서梁書』나 『남사南史』의 「동이전東夷傳·고구려高句麗」조에서

---

55 「거연한간」 154.10, 154.11, "三月祿月鹽十九斛五斗, 錢四百五十□."
56 이것은 합리적이지 못한 경작과 관개로 말미암아 경작 토양의 염지화(鹽漬化)가 생긴 것이다.
57 하라 모토코[原宗子], 「環境信息轉達上存在的問題: 以居延地方農地灌漑鹽類集積沙漠化爲例」(류추이룽[劉翠溶], 『自然與人爲互動』), 臺灣: 中央硏究員, 2008, pp.215-218.
58 「한지황삼년(22년)[漢地皇三年(22年) 거연노변사자과계중비책[居然勞邊使者過界中費冊]」, "鹽豉各一斗, 直卅."
59 「한서」 권24 「식화지상」; 「후한서」 권2 「명제기(明帝紀)」.
60 최덕경, 「中國古代農業史硏究」, 백산서당, 1994, pp.246-247.
61 「신당서」 권144 「北狄·渤海」, "柵城之豉."

도 고구려인의 기질을 "술(또는 초 등의 발효식품을) 항아리에 빚어 저장하는 것을 잘했다."라고 표현하고 있다. 이들 기록은 비록 후대의 것이지만 고구려와 그 주변 지역이 항아리를 이용하여 식품을 발효시키고 저장하는 데에 오랜 전통을 지녔음을 짐작할 수 있다. 이런 사실로 미루어 볼 때, 비록 명확한 기록은 남아 있지 않을지라도 재배 대두의 기원지인 만주 지역에는 중원지역에까지 알려진 독특한 시가 존재했음을 알 수 있다. 그 지역에 일찍부터 장醬, 시豉가 제조되었음을 간접적으로 말해준다.[62]

3. 청장淸醬과 말도末都

1) 『사민월령』의 청장과 조선 청장의 특징

두장豆醬과 시豉가 제조되어 한대에는 낙양과 같은 대도시를 중심으로 적지 않게 유통되었음도 알았다. 그렇다면 당시의 두장豆醬과 두시豆豉는 구체적으로 어떤 형태였는지에 대해 알아보자.

『제민요술』보다 먼저 편찬된『식경食經』에 두장과는 다른 맥장법이 간단하게 소개되어 있다. 일찍부터 맥장麥醬이 존재한 것은 사실이지만[63] 구체적이지 않은 것으로 미루어 크게 주목받지 못하여, 한대 이후 점차 두장豆醬에 의해 밀려났던 것으로 판단된다.[64] 그렇지만 한대의 두장이『제민요술』과 같은 방식으로 제조되었는지는 어디에서도

---

62 최덕경(崔德卿), 앞의 논문, 『齊民要術』의 高麗豆 普及과 韓半島의 農作法에 대한 一考察」, p.115; 그리고 이성우(李盛雨), 『한국식품문화사(韓國食品文化史)』, 敎文社, 1992, p.146에서는 중국인이 시(豉)의 냄새를 고려취(高麗臭)라고 한 것을 보면 시(豉)의 발명이 대두의 기원지인 만주 지역인 고구려나 고조선에서 비롯되었을 가능성도 부인할 수 없다고 한다.

63 북위 최호(崔浩, ?~450) 등의 작품이라고 알려져 있는『식경』은 요리 중 상당 부분이 남방적 색채가 강해 남조인(南朝人)이 편찬한 것이 아닌가 의심하기도 한다. 먀오치위[繆啓愉] 교석, 『제민요술교석(齊民要術校釋)』(제2판), 中國農業出版社, 1998, p.222.

64 양(梁) 도홍경(陶弘景), 『본초경집주(本草經集注)』, "醬多以豆作, 純麥者少."

확인할 수 없다.

후한 왕충王充의『논형論衡』「사휘四諱」 중에 "작두장作豆醬"[65]이란 말은 등장하지만, 그 제조 방식은 제시하지 않고 있다. 다만 최식崔寔의『사민월령』에서 그 이후의 장속醬屬의 변화를 엿볼 수 있다. 즉 "정월에 각종 장을 담그는데, 상순에 콩을 볶고, 중순에는 이를 삶는다. 콩을 으깨 말도末都를 만들고 6, 7월의 교차기에 외[瓜]를 잘라 그 속에 파묻는다. 어장魚醬, 육장肉醬, 청장淸醬을 만들 수 있다."라는[66] 것이다. 여기서 주목되는 점은 후한 대에도『제민요술』과 비슷한 다양한 제장법이 존재했다는 사실이다. 그리고『사민월령』의 청장이 어장, 육장과 나란히 제시되어 있다는 점에서 서로 다른 장임을 확인할 수 있다. 이를『제민요술』의 것과 단순 비교하면, 청장은 두장, 맥장麥醬, 유자장楡子醬 중의 하나였을 것으로 판단된다. 혹자는『사민월령』의 청장은 맥장이란 주장을 하기도 한다. 맥장의 특징은 "즙이 맑고 달며, 단시간에 만들 수 있고, 공정이 복잡하지 않다."는 것이다. 그러나 신선한 맛이 부족하기 때문에『사민월령』에서 청장을 말도, 어장, 육장의 뒤에 배열했다고 한다.[67]

고대 장 만드는 법이 구체적으로 기록된 것은 훨씬 후대의 6세기 30-40년 대의『제민요술』이다.『제민요술』「작장등법作醬等法」에 기술된 순서나 내용의 분량으로 보아 당시 가장 중시된 것은 콩장을 담그는 법이었음을 쉽게 알 수 있다. 이는 한대 이후 꾸준히 대두의 효용성이 증대되었음을 뜻한다.『제민요술』에 전해지는 각종 콩 제품은 북위와 고구려와의 관계를 고려할 때, 동북 이민족 지역의 풍습을 적지 않게

---

65 『논형(論衡)』「四諱」, "世諱作豆醬惡聞雷, 一人不食."
66 『사민월령』「정월(正月)」, "可作諸醬. 上旬熬豆, 中旬煮之, 以碎豆作末都, 至六月之交, 分以藏瓜. 可以作魚醬肉醬淸醬."
67 양젠[楊堅],「我國古代大豆醬油生産初探」『中國農史』2001年 3期(20卷), p.84.

모범했을 것으로 판단된다.

　장 담는 절차를 보면 당대『사시찬요四時纂要』의 "십일장법十日醬法"
은 전술한『제민요술』보다 진일보하며, 그 제조 방식은 후술하는 것과
같이 현재까지도 그대로 남아 있다. 다만 현재 한반도의 장법과 차이
점은 당시에는 황두를 삶아 쪄서 밀가루를 입히고 지면에 깔아 닥나
무 잎으로 덮어서 3-4일 지나 곰팡이가 두루 생기면 햇볕에 말려 거
두어 장을 담았다는 것이다. 이 때 콩은『제민요술』처럼 가볍게 찧은
것이 아닌 알메주[豉]를 이용하였음을 알 수 있다.

　장을 제조하는 시기는『제민요술』의 어장, 육장은 12월에 담근 데
반해,[68] 맥장이나 유자장은 담그는 시기를 구체적으로 제시하고 있지
않다. 아마 시기가 크게 중요치 않았던 것 같다. 하지만 두장豆醬은 12
월과 정월을 상시上時로 하며, 시기상으로 보면 정월에 담그는『사민
월령』의 청장淸醬과 일치한다. 그리고 장을 만들 때 콩을 볶고 삶아서
으깨 말도末都를 만들었다는 점에서도, 이 말도는 두장과의 관련성이
크다 하겠다. 다시 말하면 후한『사민월령』에서의 말도는 대두를 삶아
으깨 만들었고,『제민요술』에서는 대두를 찌고 부수어 작장作醬에 이용
했는가 하면,『사시찬요』의 "십일장법十日醬法"은 황두를 쪄서 알메주를
이용하였다. 환언하면 후한『사민월령』의 말도 방식은 오늘날 우리의
제장법과 흡사했지만, 그 후 작장법의 변화가 있었음을 말해준다.

　아라이 하쿠세키[新井白石]의 연구에 따르면 일본의 장은 "고려의
장醬인 말장末醬이 들어온 것이며, 이를 고려장 또는 '미소味噌'라고"[69]
하여 고구려와 관련시키고 있다. 그 근거로 12세기 초 고려에 사행했
던 송宋 손목孫穆의『계림유사鷄林類事』에 "장은 밀조蜜組"라고 하는 이

68　『제민요술』「작장법」, "凡作魚醬肉醬, 皆以十二月作之, 則經夏無蟲."
69　이성우(李盛雨),『韓國食品文化史』, 敎文社, 1992, p.17; 카나자와소오 사부로오[金澤莊三郎],「鹽
　　と味噌」,『朝鮮學報』第9輯, 1956.

두 표기까지 들고 있다. 청장과 말장의 방식이 현재까지도 전해지며, 특히 고구려의 말장은 『사민월령』의 말도와 서로 관련되어 있다. 이런 말장, 말도와 청장은 두장의 제조 방식과 갈래 및 전파를 이해하는 데 중요하다.

청장에 대해 먀오치위[繆啓愉]는 『제민요술』 중에 보이는 '두장청豆醬清', '장청醬清'은 두장豆醬에서 취한 맑은 즙[清汁]으로 『제민요술』의 두즙豆汁은 단순히 콩을 삶은 물이 아니고 두장과 유사한 조미품이라고 한다.[70] 혹자는 간장[醬油]은 장에서 발전되어 온 것으로 『사민월령』의 청장은 오늘날의 간장에 해당하며, 청대에는 간장을 청장이라 불렀다고 하는 주장도[71] 있다. 이처럼 청장에 대한 견해가 일정하지 않다.

그런데 중국과는 달리 후대 조선의 기록에는 청장의 기록이 다양하게 남아 있다. 15세기 조선 『산가요록』의 장류에는 청장清醬과 간장艮醬이 기타 장과 함께 등장한다. 당시 간장은 삶은 콩을 소금, 물과 함께 항아리에 넣어 봉해서 합장하지만, 쓸 때는 한 번 끓여 거품을 제거하고 사용하고, 콩은 말려 콩자반으로 만든다. 이와 더불어 청장의 제조법도 3가지나 제시하고 있다. 『산가요록』 「전시全豉」에 보이는 청장은 검은콩, 소금 및 누룩을 항아리에 넣고 콩이 잠길 정도로 물을 넣어 진흙으로 밀봉하여 말똥 속에 묻어둔다. 14일이 지난 뒤 개봉하여 걸러내고 햇볕에 말렸다가 사용한다. 이때 그 즙을 빼내 소금을 더 넣

---

70 먀오치위[繆啓愉] 교석, 『제민요술교석(齊民要術校釋)』(제2판), 中國農業出版社, 1998, p.545; 먀오치위[繆啓愉] 집석, 『사민월령집석(四民月令輯釋)』 農業出版社, 1981, p.24에서도 청장(清醬)에 대해 글자의 의미로 보아 장유(醬油)와 유사하지만 청조(清朝)에 등장하는 장유는 아니고, 어육을 원료로 하지 않은 일반 두장(豆醬)을 가리킨다고 한다. 청민성[程民生], 「宋代菽豆的地位及功用」 「中國農史」 2023-2, p.12에 의하면 장유(醬油)는 전대의 장청(醬清), 시즙(豉汁) 등을 기초로 송대에 재차 새롭게 추출했으며, 남송의 『산가청공(山家清供)』에 처음 등장한다고 한다.

71 왕상뎬[王尚殿] 편저, 『중국식품공업발전간사(中國食品工業發展簡史)』, 山西科學教育出版社, 1987, p.468.

고 끓이면 청장이 된다고 한다.[72] 물론 즙을 빼고 남은 것은 자연 된 장[豉]이 될 것이다.

또 다른 두 방식은 「청장」의 항목에 보이는데, 감장[甘醬][73]을 볕에 쪼여 말리고, 쑥 한 겹에 장[醬: 묵은 된장] 한 겹을 사이사이 깔고 쪄서 물을 부어 청장을 만드는데,[74] 같은 방식으로 물을 붓고 세 번 말리고 소금을 더 넣어서 사용한다. 그렇지 않으면 맛이 떨어진다고 한다. 같은 항목에 실린 다른 방식은 콩[太]을 삶아 찧어 햇볕에 말려 체에 거른 후에, 물과 소금을 섞어서 항아리에 넣어 말똥에 21일간 묻어둔다. 여기서 청장을 제조하려면, 찌꺼기까지 사용하여 처음과 같은 물의 양에 절반의 소금을 다시 첨가하여, 처음과 같이 묻어두었다가 훈기를 쏘인 뒤에 사용한다고 한다.[75]

이들 사료에 근거하면 청장은 대개 덩어리 메주가 아닌 알메주를 발효시켜 두즙에 다시 소금물을 가미하여 만들었다는 점에서 오늘날 한반도 간장[豆醬]의 제조 방식과는 다르다. 그런가 하면 『증보산림경제』의 '취청장법取淸醬法'에는 "장이 충분히 익기를 기다려 손으로 장의 가운데를 파서 우물 모양으로 만들고, 놋국자鍮曲匙로 매일 청장을 떠내어 따로 보관했다가 햇볕을 쪼인다. 따로 끓은 물을 마련하여 소금을 알맞게 타고 항아리에 부으면 청장이 만들어진다."라고 한다.[76]

---

72 『산가요록』「全豉」의 내용은 마지막 청장을 만드는 방식만 제외하면 16세기 『수운잡방(需雲雜方)』「全豉」의 내용과 거의 동일하다.

73 조선시대 감장(甘醬)의 실체가 뚜렷하지 못하다. 혹자는 감장을 5년 이상 묵을 간장[陳醬]이라고 하는가 하면, 『산가요록』, 농촌진흥청, 2004, p.92에는 '메주'로 번역하고, 한복려 엮음, 『다시 보고 배우는 산가요록』, 궁중음식연구원, 2011, p.85쪽에서도 "청장을 만들기 위한 메주"로 해석하고 있다. 분명한 것은 『산가요록』에서는 감장을 원료로 하여 청장(淸醬)을 제조했으며, 그 과정에 말린 쑥을 감장 사이에 깔았던 것을 보면, 감장은 고체나 반액체 상태의 장(醬)이었을 알 수 있다. 또 『승정원일기』 정조 때의 기록에 의하면 "淸醬一升價錢五分, 或甘醬一升價錢一分式"라고 하여 청장의 값이 감장보다 5배나 비쌌다고 한 것을 보면, 감장 역시 장의 일종으로, '묵은 된장'이라고 여겨진다.

74 『산가요록(山家要錄)』의 '艮醬'과 '淸醬'

75 『산가요록(山家要錄)』「淸醬」.

76 『규합총서(閨閤叢書)』에는 50년 전의 『증보산림경제』의 청장법을 그대로 이어받으면서 '용수'를 사용하거나 '가운데 구멍을 정히 뚫고'라는 기법으로 청장을 취하고 있다.

이처럼 조선에는 다양한 방식의 청장법이 존재했음을 알 수 있다.

앞의『산가요록』의 청장은 발효한 두즙에 공통적으로 처음보다 물을 소금의 양보다 많이 넣고 재차 가공하여 묽게 했다는 점이 특징이다. 두즙을 2차 가공했다는 점이나 '급조청장법急造清醬法'[77]도 등장했다는 점에서 확실히『제민요술』의 작장법에서는 볼 수 없는 방식이다. 어쩌면 제장법이 달랐던 것처럼『사민월령』의 청장법은『제민요술』의 방식과는 같지 않았을 것으로 여겨진다. 더구나『증보산림경제』에서는『산가요록』과 달리 숙성된 간장을 거르기 전에 메주 가운데를 파서 즙액을 떠내어, 이것을 햇볕에 쬔 후 소금과 물을 가미하여 청장을 만들고 있다. 양자가 모두 진장에 소금과 물을 가미하여 재가공했다는 점은 동일하다. 이처럼 중국과는 달리 조선에서는 다양한 기술이 존재할 정도로 청장이 보편화되었음은 특기할 만하다.

2) 말장과 메주

청장과 함께 등장하는 전술한『사민월령』말도末都의 실체는 무엇일까?『사민월령』에 처음 등장하는 말도의 주석에 의하면 "말도는 일종의 장이다."[78]라고 할 뿐 명확한 설명은 없다. 이것은 당시 말도에 대한 지식이 정확하지 않다는 것과 더불어 이 명칭이 널리 통용된 용어는 아니었던 것 같다. 전후 상황으로 미루어 볼 때, 콩을 볶고 삶아 찧어서 만든 장이었고, 적어도 메주[豉]는 아니었음을 유추할 수 있다. 혹자는 말도가 일종의 선식旋食으로,[79] 오랫동안 밀봉하여 저장하지 않고 수시로 꺼내어 먹을 수 있는 두장으로 해석하기도 한다. 그리

---

77 『증보산림경제』의 '급조청장법'은 묵은 맛 간장 3홉에 볶은 소금과 밀가루를 서로 합쳐 물 6사발을 붓고서 4사발이 될 때까지 졸여 만든다고 한다.

78 먀오치위[繆啓愉] 집석, 위의 책,『사민월령집석(四民月令輯釋)』, "末都者, 醬屬也." p.3.

79 먀오치위 집석, 위의 책,『사민월령집석(四民月令輯釋)』, p.23. '선식'은 일종의 특정 음식물이나 음식 습관이다. 혹은 특정 지방의 음식이나 독특한 풍미의 음식을 뜻하기도 한다.

고 6월과 7월 교차기에는 그 장 속에 외[瓜]를 갈라 저장해 두었다는 것을 보면 메주보다는 오늘날 한반도의 된장과 같은 장은 아니었을까 한다. 당시 최식의 직접 관찰 지역이 아닌 다른 지역에는 그 말도라는 용어가 무엇인지 잘 몰랐던 것 같다. 그래서 묘치위는 집석에서 말도는 미도未都의 잘못된 표기로 인식하고 있다.[80] 실제『제민요술』과 이후 어떤 기록에도 '말도'라는 용어가 더 이상 등장하지 않는다. 이는 한국과 일본과는 달리 말도[된장]의 형태가 중국에서는 더 이상 전승되지 못했음을 알 수 있다.

이처럼 말도란 용어가 낯설었다는 것은 당시 중원지역에 통용된 말이 아니었음을 뜻한다. 어쩌면 동북 지역에서 융숙戎菽이 유입될 때 해당 지역의 장시 제조법이 동시에 보급되면서 등장한 용어가 아니었을까? 도입될 때에는 당시 중원의 용어인 시豉로 지칭되어, 장시, 염시 등으로 불리었을 것이다.『사민월령』의 기록에 말도란 용어가 등장한다는 것은 후한 대 일부 지역에는 오늘날 한반도의 된장과 같은 존재가 있었을 것이며, 정월에 어장, 육장 및 청장淸醬도 제조했던 것 같다. 하지만 말도와 같은 장은 기존의 알메주의 습관에 밀려 자리 잡지 못해 계승되지 못한 듯하다.

이런 중국과는 달리 한반도의 기록에는 말도未都와 흡사한 말장末醬의 기록을 도처에서 찾을 수 있다.『고려사』에는 물론이고 조선의 경우『조선왕조실록』을 비롯하여『승정원일기』,『비변사등록』,『묵재일기』,『육조조례』와『탁지지』등에 폭넓게 등장한다. 특히 12세기에서 13세기 초 태안반도 끝 마도馬島 해역의 수몰 선박에서 고려시대의 목간이 출토되었는데, 11개의 목간에서 반도의 남쪽 전북 고창高敞 등지에서 개경으로 탁송했다는 말장의 물목이 발견되었다. 이 중 흥미로

80 묘오치위 집석, 위의 책,『사민월령집석(四民月令輯釋)』, p.10.

운 기록은 무진년(1208) 2월 19일 탁송한 말장 2섬[石]이다.[81]

『제민요술』「작장법作醬法」에 의하면 작장作醬의 최적 시기는 12월과 정월이며, 2월은 보통이고 3월이 가장 좋지 않은 시기라고 한다. 숙성기간은 12월에 장을 담글 경우에는 35일, 정월과 2월에는 28일, 3월에는 21일이면 가능하다. 반면 「작시법作豉法」에서 작시에 좋은 시기는 4-5월이고, 7-8월이 중간 시기이며, 그 외 나머지 달에도 제조가 가능하다고 한다. 보통 수확한 콩을 쪄 겨울에는 한 달 정도면 숙성되고, 이것을 물과 소금을 넣어 담가 발효시키면 20일이 지나면 먹을 수 있다. 겨울에 장을 담그는 이유는 날씨가 무더워지면 악취가 나고 부패 되기 때문이라고 한다.

따라서 앞의 목간에서 2월에 탁송했던 말장은 대개 12월과 정월에 담근 장이었을 것이다. 따라서 이 말장은 시기로 미루어 장을 담근 이후 간장[豉汁]을 뽑기 전의 것이거나 된장이었을 가능성이 크다. 일부 연구자의 지적처럼 말장이 메주라면 굳이 찬바람과 위험을 무릅쓰고 2월에 배를 띄워 1년 묵은 메주를 배달할 필요는 없었을 것이다. 그리고 만약 2월에 1년 묵은 메주를 남쪽에서 탁송하더라도 수령은 3월에 하게 되어 작장 시기도 놓치기 십상이다.

이를 입증할 수 있는 또 다른 사료는 바로 말장의 용량을 표시한 목간이다. 즉 말장 1-2석을 탁송할 때는 대개 15말 또는 20두 단위로 포장했다.[82]라는 내용이다. 단위가 무게 단위가 아닌 석두石斗와 같은 용량 단위를 사용하고 있는 것은 말장이 일정 정도 파쇄한 메주였거나 아니면 반액체 상태였음을 말해준다. 순전히 계량을 위해 메주를

---

81 태안 마도: 0810-G16 목간, "戊辰二月十九日□□□□□崔光□宅上□□□□□各田出粟拾石木麥/「∨ 參石末醬貳石各入拾伍斗印」/ (椋)□竹山縣□□□尹 押.

82 태안 마도, 위의 사료: 0810-G16 목간; 태안 마도: 1026-좌외판4-2 죽간, "∨ 軍白□戶付竹山縣田出末醬一石入卄斗."; 태안 마도2-22, "□□同正李(作均)宅上田出末醬壹石各入拾伍斗."

파쇄했다면 처음부터 덩어리 메주를 만들어 장을 담글 필요가 없다. 사실 이들 지역은 이미 삼국시대 초기부터 대두를 삶아 으깨 덩어리 메주를 만들었음이 고고학적 유물로도 입증된다.[83] 때문에 당시의 말장은 된장의 형태였을 것으로 본다. 고려 문종 때 '말장곡末醬斛'의 양기量器를 별도로 제작한 것도 다른 곡물의 양기로 계량하여 비교하기 곤란했기 때문이었을 것이다.

이를 구체적으로 접근하기 위해 일본의 말장을 보자. 8세기 일본의 『대보율령大寶律令』과 『왜명류취초倭名類聚抄』에서 보이는 미장末醬은 곧 '미소[味噌]'로서 콩을 삶아 찧어 만든 장醬이다. 이것은 고구려의 말장에서 유래되었던 것을 보면,[84] 고대 동북 지역의 말장이 초기에는 된장의 형태였음을 말해준다. 이 말장이 중원으로 전파되어 『사민월령』의 말도末都로 나타났고, 일본으로 건너가 '미소'가 된 것이다. 당시 중원지역은 작시作豉 이후에 두시를 재차 사용하기 위해 알메주로 발효시킴으로써 형태상 동북 지역의 말장[末都]과는 차이가 있었다.

고려의 말장은 고구려의 말장을 계승한 것으로 된장에 가까운 장이었을 것이다. 당시 장의 보급에 대해 고려 초 최승로의 시무책(982년)을 보면 왕이 시豉와 장醬을 길가는 자에게 시여하는 장면이 있다.[85] 그리고 현종 9년(1018)에는 전쟁으로 황폐해져 추위와 굶주림을 겪고

---

83 김민구·류아라, 「탄화물 분석을 통한 삼국시대 대두 이용 방법 고찰」, 『한국상고사학보』100, 2018.

84 이성우(李盛雨), 『韓國食品文化史』, 敎文社, 1994, p.17; 카나자와 쇼자부로[金澤莊三郎], 「鹽と味噌」, 『朝鮮學報』 제9집, 1956에는 아라이 하쿠세키[新井白石]의 견해에 의거 하여, 일본의 대두가 "고구려의 장인 말장(末醬)이 들어와 이를 고려장 또는 '미소(味噌)'라고" 했다고 한다. 한편 아다치 이와오[安達 巖]은 고구려의 사신이 일본에 온 것이 천지 천황 2년(666)이니 이때 말장을 만드는 방법도 전해졌을 것으로 추정하였다. 그 근거로 12세기 초 고려에 사행했던 송 손목(孫穆)의 『계림유사(鷄林類事)』에서 "장(醬)은 밀조(蜜組)"이라고 하는 이두 표기를 들고 있다. 이것은 대두의 전파와 관련하여 주목할 필요가 있다. 최덕경(崔德卿), 앞의 논문, 『齊民要術』의 高麗豆 普及과 韓半島의 農作法에 대한 一考察, p.115 참조. 최근 박유미 역시 이 말장을 10세기에 간행된 『왜명류취초(倭名類聚抄)』 중의 미장(末醬)은 고구려장에서 유래했다고 하며, 이것이 일본으로 건너가 미장 또는 미소(美蘇; 末噌)이 되었다고 하여 말장을 기원을 고구려의 미장에서 찾고 있다. 박유미, 「우리나라 장문화의 발달과 추이 고찰」, 『한국 음식문화사』, 동북아역사재단, 2023, pp.329~330.

85 『高麗史節要』 권2 「成宗文懿大王」, "伏望, 遵太祖之法, 但留驍勇者, 餘悉罷遣, 則人無嗟怨, 國有儲積. 一, 聖上以漿酒豉羹, 施與行路."

있는 흥화진興化鎭 백성들에게 면포, 소금, 장醬을 지급하고 있다.[86] 그런가 하면 우왕禑王 때에는 물에 장醬을 풀어 소에게 먹이는 장면도 있다. 이들은 당시 장, 시와 말장이 이전부터 민간의 일상에 어느 정도 보급되었는가를 간접적으로 알 수 있다.

이 같은 말장의 사례에서 보듯 고려두의 발상지였던 고구려는 바로 대두를 실용적으로 활용한 말장의 생산지였으며, 고구려 말장은 바로 고조선 고구려현의 말장이었을 것이다. 기원전 7세기 중엽에 제환공이 융숙에 주목한 것은 바로 단순히 대두만을 공급하기 위한 것이 아니라 바로 이 같은 장시를 중원에 보급하기 위함이었다. 한반도에는 마도 유적에서 살핀 것과 같이 고려 중기에는 이러한 말장의 소비가 민간에까지 널리 보편화되고 있었음을 알 수 있다.

후대 조선의 『이두고吏頭考』에서는 '말장'을 며조 즉 '훈조燻造'라고 했으며, 조선 초 『산가요록』에서는 「말장훈조末醬薰造」의 제조법이 등장한다. 그 제조법을 보면 콩을 삶아 찧어 덩어리를 단단히 만들어 볏짚을 갈아 말렸는데, 7-15일이 지나 훈증하면 희어진다. 오래지나 냄새가 나면 꺼내 반으로 쪼개 햇볕에 말리는 것을 볼 수 있다. 이것은 된장도 장도 아닌 오늘날의 덩어리 메주 제조법과 동일하다. 문제는 '말장훈조'의 의미에 있다. "말장[된장]을 위한 훈조[메주]"의 의미인지 "말장이 곧 훈조"인지에 대한 검토가 필요하다. 만약 '말장이 훈조'의 의미라면 동일한 명칭을 두 번 반복하여 사용할 필요가 있었을까? 물론 사전적 의미로는 『이두고吏頭考』에서와 같이 말장은 며조이며, 이는 훈조라고 할 수 있다.

하지만 '말장훈조'라고 쓴 것은 말장≠훈조였기 때문일 것이다. 왜냐하면 『산가요록』의 '청근장菁根醬'과 '상실장橡實醬'의 제법에는 말장에 소금을 섞어 합장하거나 말장과 상수리 가루를 거듭 깔아 합장하

---

[86] 『高麗史節要』권3 「顯宗元文大王」, "以興化鎭比因兵荒民多寒餓, 給綿布鹽醬."

고 있다. 만약 말장이 메주라면 전자에는 물이 가미되지 않았고, 후자의 경우 물과 소금도 첨가되지 않은 상태에서 장을 만든다는 것이 된다. 하지만 반고체나 시즙豉汁을 뽑지 않은 상태[된장]라면 달라진다. 따라서 조선 초까지는 말장이 반고체 상태의 된장과 메주와 같은 존재로도 사용되었던 것으로 보인다. 게다가 15세기 『성종실록成宗實錄』에는 미리 인구수를 헤아려 메주[燻造]를 쑤게 하여 말장을 진휼용으로 나누어주기를 상소하고 있는데,[87] 동일한 문장에 '훈조'와 '말장'이 동시에 등장하는 것을 보면 이때까지도 양자의 의미가 통합되지 않고 서로 분화된 상태였음을 말해준다.

그런데 18세기 『증보산림경제』 「치선상治膳上·장제품醬諸品」의 '조시造豉' 조의 소주小注에 "민간에서는 말장이라 부르고, 또 훈조燻造라고 하는데 지금의 '며조'이다."라고 한다. 오래전부터 민간에서는 며조를 말장 또는 훈조라고 불러왔음을 의미하다. 한글로 '며조'라고 칭한 것을 보면 조선시대의 중후기 어느 시점에서 '말장훈조'의 의미가 비로소 한 단어인 '메주'로 통일되었음을 말해준다. 그 근원은 16세기 초기에 쓰여진 『수운잡방需雲雜方』의 청근장菁根醬의 조장법에서 볼 수 있는데, "말장 한 말을 가루 내어 소금과 같이 찧어서"[88]라는 문장이 등장한다. 이때 말장은 이미 액체 성분이 아닌 고체상태 메주의 의미를 담고 있다. 다시 말해 조선 중기의 각종 사회경제적 환경이나 지역 간의 장법醬法이 정비되면서 명칭에 변화가 생긴 것으로 여겨진다.[89]

---

87 『성종실록』 권180 16년(1485) 6월 임진조(壬辰條); 6월 을미조(乙未條), "其四日: 末醬預先計口燻造, 分給賑恤."; 성종실록 180권, 성종 16년 6월 16일 을미조, "乙未/戶曹判書李德良等來啓曰: "京畿觀察使啓請計人口造末醬救荒. 然若是, 則雖盡京畿黃豆, 猶爲不足. 請勿計口, 量宜燻造."
88 『수운잡방(需雲雜方)』 『菁根醬」, "菁根去鬚皮淨洗, 一盆爛烹, 末醬一斗細末, 鹽一斗和合熟搗納瓮."
89 이철호, 『한국식품사연구』, 신안연, 2021, pp.219-220에서 조선시대에는 조장술(造醬術)이 다양하게 발달하여 이미 조선 초기에 된장, 간장이 따로 만들어졌으며, 메주가 등장하면서 특수 장류로서 즙장, 전국장, 담수장류 등이 보편화 되었고, 특히 고추장과 같은 새로운 조장술이 등장했다고 한다. 이처럼 메주가 중시된 것도 용어 변화의 원인 중 하나가 아니었을까 한다.

이상에서 보듯 한반도에는 중국과 달리 말장의 기록이 연속적으로 많이 남아 있고, 그 제조법이 뚜렷하며, 메주와 된장이 지금도 널리 제조되고 있는 것 등으로 보아 말장 역시 대두와 시豉의 명산지였던 한반도 및 고구려 지역에서 출현하여 중국의 말도 및 일본의 미소라는 이름으로 전파된 것이 아닌가 한다.[90]

II. 고대 콩 가공과 장 이용의 확대

1.『제민요술』의 발효법과 작장作醬

『제민요술』에는 다양한 색깔의 대·소두와 곡물이 소개되어 있지만, 이를 이용한 대표적인 발효식품은 어·육장, 초酢와 장시醬豉가 있다. 먼저 젓갈의 형태인 어·육장魚肉醬은 모두 11가지를 소개하고 있다. 어·육장은 대개 누룩[麥麴]이나 황증黃蒸을 넣어 발효시키는 데 반해, 어자魚鮓는 좁쌀, 고두밥[糝] 등 전분을 이용하고 있다.[91] 이처럼 젓갈의 제조과정에 누룩가루나 전분을 넣었던 이유는 발효 중 어육魚肉이 자가 분해하면서 생긴 효소(미생물)가 단백질을 아미노산[글루탐산 혹은 글리신]으로 변화시켜 감칠맛을 내게 하고, 어자魚鮓의 경우 이 효소의 분해작용으로 전분질이 당을 생성하고, 더 분해되면서 산酸이 만들어져 풍미를

---

90 역으로 중국 대륙에서 한반도, 일본으로의 전파도 고려해 볼 수 있지만, 그러기에는 고대 대두의 재배 기록이 늦고 시(豉)의 형태가 단조롭고, 말도(말장) 등의 기록이 거의 없으며 이국적이다. 더구나 시, 장문화의 보편성은 한반도가 훨씬 높다.

91 젓갈[醢]의 재료에는 육지 동물과 물에 사는 어개류(魚介類)가 있다. 혹자는 초(鮓)와의 차이에 대해 해(醢)는 육고기를 절이는 것이고, 자(鮓)는 생선을 절이는 것이라고도 한다. 한반도에서는 초기에는 해(醢)라고 단어가 많이 등장하다가 조선시대에는 자(鮓)라는 명칭이 많이 출현한다. 모두 절인 음식의 의미로 큰 구별은 하지 않았다.

더하고 부패를 방지하여[92] 보존성을 높여주기 때문이다.[93]

그리고 작초作酢법에는 대초大酢, 신초神酢, 속성고주법 등 모두 23가지가 등장한다. 초의 종류는 넣는 재료에 따라 각기 다르지만 주된 재료는 관련 곡류[전분]과 보리누룩, 물이 중심이 된다. 전분은 초의 종류에 따라 다르며, 곡물을 넣거나 고두밥 형태로 함께 항아리에 넣어 숙성했다. 숙성 시간도 차이가 있지만 대개는 한 달이면 완성되고, 그 후 몇 년을 보관하기도 했다. 주된 발효 작용은 누룩 속의 곰팡이가 전분을 분해하고, 분해된 전분은 누룩 속의 효모가 엿당을 에탄올로 바꿔준다. 이를 일정한 온도에 보관하면 초산[식초]이 된다. 특징적인 것은 물을 중시했으며, 차조의 초처럼 뜨물을 사용한 경우도 있지만 정화수를 사용한 경우가 많으며, 만드는 시기도 7월 7일을 중시했던 점도 흥미롭다. 술의 발효법은 초의 제조 단계와 같이 기본적인 주성분이 누룩, 곡물의 고두밥과 물을 섞어 삭히면 술이 만들어진다는 점에서는 동일하다.

본장에서 언급하는 장시醬豉의 제조법은 대개 대두를 삶아 미생물을 키워 콩 속의 단백질을 분해하여 아미노산을 만들고, 메주 속의 전분은 분해되면서 당이 된다. 한반도의 장법은 이렇게 띄운 메주를 씻어 말려 일정 시간 소금을 넣은 물속에 담가 두었다가 그 즙은 간장, 그 찌꺼기는 된장으로 가른 뒤에 간장은 달여 사용하고 있는 것이 일반적이다.

이러한 시豉와 장의 가공식품은 진한시대에 본격화되었지만, 그 가공과 발효법에 대한 기록은 6세기 중엽 후위後魏의 『제민요술』에서 구체

---

92 전분[澱粉: 탄수화물로서 당(糖)이 체인 형태로 형성됨]의 단맛은 미생물에 의해 발효되면(효소가 전분의 당 체인을 끊어) 단당(單糖)으로 되어 단맛이 나며, 지속되면 산성화되면서 보존성을 높여주고 맛도 좋다. 즉 산성화가 되어 신맛의 산(아미노산)이 되면 pH가 낮아진다. 산성화는 부패세균을 억제하므로 소금의 소모를 줄여준다. 이처럼 전분은 발효를 돕지만, 만약 밥을 두 배로 넣으면 그만큼 숙성도 빨라진다.

93 최덕경, 「고대 한반도의 젓갈의 출현과 보급: 제민요술과 관련하여」, 『중국사연구』 제137집, 2022, p.56.

적으로 찾을 수 있다. 콩을 이용한 대표적인 발효 가공방식은 작시作豉, 작장作醬과 작초作酢 등이 있다. 우선 전술했던『제민요술』'알메주[豉]'의 가공 방식을 다시 간술해 보면, 먼저 콩을 삶아 익혀서 그대로 어두운 방에 재우면 콩의 낱알에 백의[白衣(흰 누룩곰팡이의 균사)]가 덮이고, 다시 3일쯤 지나면 황의黃衣(누런 곰팡이의 균사)를 입게 된다. 이 곰팡이는 황국균黃麴菌aspergillus이다.[94] 이것을 씻어 짚 속에 묻어두면, 여러 곰팡이나 세균이 번식하여 콩의 단백질은 더욱 분해되고 발효된다. 그 이후에 곰팡이를 깨끗하게 걷어내고 물에 헹구어 구덩이에 넣어 익힌다. 이때 햇빛에 건조시킨 것이 담시淡豉이고, 만드는 과정에서 소금을 넣고 햇볕에 말린 것을 다시 쪄서 말린 것을 염시鹽豉라고 하는 것이다.[95]

이처럼 알메주[豉]의 가공 방식은 오늘날과 거의 유사함을 알 수 있다. 여기서 알메주를 만들 때 콩을 삶는 이유는 콩의 단백질을 1차로 변화시켜 미생물의 효소분해를 쉽게 하고, 콩을 삶을 때 가용성 단백질과 아미노산이 분리되어 흘러나오며, 전분 또한 풀 같이 되어 곰팡이 등 미생물의 생장에 좋은 조건을 제공하기 때문이다. 이때 곰팡이[黃衣]는 콩 속의 단백질과 전분을 분해하고, 아미노산과 당류로 변화시켜 장의 맛난 맛을 내게 한다. 그리고 소금을 넣는 것은 유해한 미생물과 부패균이 침투압이 높아 번식할 수 없도록 막아주는 역할을 하기 때문이었다.[96]

마찬가지로『제민요술』에서는「작시법」에 이어『식경』의 작시법과 '가리식시법家理食豉法'도 함께 등장한다. '가리식시법家理食豉法'은 전술한『식경』의 방식과는 달리 하룻밤 담가둔 콩을 삶아 노란 곰팡이가 피면, 곰팡이를 제거하고 물에 담가 물렁 해지면 항아리에 넣어 뜨거

---

94 이것을 누룩곰팡이라고도 하며, 아밀라아제, 말테이스 따위의 효소를 갖고 있어 녹말을 포도당으로 변화시키는 구실을 하기 때문에 양조(釀造)에 널리 쓰인다.
95 『제민요술』「作豉法」; 이성우(李盛雨),『동아시아속의 고대 한국 식생활사 연구』, 鄕文社, 1992, p.418.
96 리스징[李士靖] 주편,『중화식원(中華食苑)』5집, 中國社會科學出版社, 1996, pp.236~237.

운 구덩이 속에 넣어 밀봉하여 10일이 지나 꺼내 햇볕에 반쯤 말려 또 쪄서 말리기를 세 차례 반복하여 완성했다.[97] 이처럼 당시에는 다양한 작시법이 존재했으며, 별도로 맥시법麥豉法, 유자장법榆子醬法도 소개하면서 향기와 맛도 두시 못지 않게 주목한 것을 보면 지역마다 각기 다른 작시법이 존재했음을 알 수 있다.

『제민요술』에는 작장作醬법 역시 구체적으로 명시하고 있다. 즉 봄에 심은 대두[烏豆]를 시루에 넣고 찐 후, 그 속살인 누런 콩[豆黃]의 색이 검게 변하면 꺼내 볕에 말린다. 키질하여 절구에 가득 넣고 찧되 부스러지지 않게 한다. 체질하여 부서진 것은 골라내고, 콩을 잠시 뜨거운 물에 담가두었다가 씻어서 후에 껍질을 벗겨낸다. 재차 찐 후 꺼내서 자리 위에 펴서 아주 차게 식힌다. 그리고 미리 말려 준비해 둔 맥국麥麴, 황증黃蒸, 초귤자草橘子, 흰 소금 등을 고루 섞어 독에 가득 채워 넣어 자배기로 덮어서 진흙을 발라 단단히 밀봉한다. 익어 곰팡이가 피면 꺼내 주물러 덩어리를 부수고, 정화수를 붓고 소금을 녹인다. 그것이 맑아지면 즙을 짜서, 찌꺼기는 버리고 다시 소금물과 합해 항아리에 붓는다. 항아리를 열어 햇볕을 쬐고 30일간 자주 젓는다. 다 저은 후 20일이면 먹을 수 있지만, 100일이 차야만 완전히 숙성된다.[98] 이 과정을 간단히 정리하면 원료 콩→찌고 삶기→꺼내 햇볕에 말림→다시 찌기→키질하여 부서지지 않게 찧기→씻어 껍질 제거→걸러내 재차 찌기→서늘한 곳에서 말리기→맥국麥麴, 황증黃蒸, 초귤자草橘子, 흰 소금 넣어 밀봉→누룩곰팡이가 피면 주물러 덩어리를 부수고[99]→소금물에 황증을 넣고 즙을 걸러 항아리에 저장→뚜껑 열어 햇볕 쬐기→숙성 단

---

97 『제민요술』「作豉法」.
98 『제민요술』「作醬法」.
99 이 부분의 원문은 『제민요술』 권8 「作醬等法」, "當縱橫裂, 周迴離甕, 徹底生衣, 悉貯出, 搦破塊, 兩甕分爲三甕."으로, 이때의 메주는 덩어리가 아니고 알메주도 아니다. 당시의 콩의 형태는 가루가 되지 않을 정도로 찧은 부서진 형태의 콩이다.

계를 거친다고 볼 수 있다. 이 숙성 과정은 오늘날과 큰 차이가 없다. 특히 두장은 어장魚醬이나 어자魚鮓 등과는 달리 『제민요술』에 '장醬'으로만 표기한 것을 보면, 당시 두장이 장류의 대표였음을 확인할 수 있다.

『제민요술』 제장법의 특징은 현 한반도의 제조법과 비교할 때 덩어리 메주를 만들어 띄워 사용한 것이 아닌 시豉(알메주)를 만들어 제조하고 있으며, 중간에 황의와는 별도로 누룩[麥麴]과 황증黃蒸가루를 넣었다는 점이다. 제장법에서 우리와의 가장 큰 차이점은 우리는 대두만 사용하여 메주를 발효시키는 것에 비해 중국은 대두와 누룩 및 황증黃蒸을 가미한다는 것이다. 비슷한 사례는 젓갈에서도 볼 수 있는데, 어육장을 만들 때 누룩이나 황증을 넣고, 어자魚鮓에 좁쌀, 고두밥[糝] 등의 전분을 넣고 있다.[100] 누룩을 넣은 것은 단백질 분해를 돕는 균 증식을 효율적으로 하기 위함인 듯하다.

그런데 전술에서 장시법이 동북의 융숙과 고려두에서 기원했다고 언급했는데, 그렇다면 왜 『제민요술』에는 한반도와 상이한 제장법이 등장했을까? 『제민요술』의 각종 요리에 사용한 시즙豉汁은 제장의 결과 나온 일종의 두장으로서, 남은 시豉에는 오미가 조화되어 있다. 걸러낸 찌꺼기가 된장의 형태가 아닌 알메주로, 이것을 여러 용도, 즉 조미료, 염시, 시주豉酒, 시갱豉羹 및 약재로 활용하거나 판매했던 것 같다. 실제 『사기』 「화식열전貨殖列傳」에서는 교통이 발달한 대도시에서 30% 이상의 이윤을 올리는 물품 중에 "천 항아리[瓨]의 식초와 장[醯醬], … 천답千荅의 소금, 시豉"가 등장하며,[101] 『한서』 「화식전貨殖傳」에서도 전한

---

100 평안(平安)시대 「연희식(延喜式)」의 공어장료(供御醬料)를 보면, "大豆三石, 米一斗五升(酵料), 糯米四升三合三勺二撮, 小麥酒各一斗五升, 鹽一石三斗."라고 하여 제장(製醬)에 대두 이외 쌀, 찹쌀, 밀, 술 등을 가미하고 있다. 장지현(張智鉉), 『한국전래 발효식품사 연구』, 修學社, 1996, p.60에서 이 같은 현상은 장의 불완전성을 극복하기 위해 그간 많은 시행착오의 결과라고 한다.

101 『사기』 권129 「화식열전(貨殖列傳)」, "通邑大都, 酤一歲千釀, 醯醬千瓨 … 酤一歲千釀, 醯醬千瓨 … 糱麴鹽豉千荅." 여기서 『사기집해(史記集解)』에 인용된 서광(徐廣)의 말에 의하면, 1답(荅)은 작은 독으로서 용량은 1두 6승을 담는 양이라고 하고, 혹자는 답(荅)을 관(罐)으로 해석하기도 한다.

말 장안長安의 부자 중에는 그곳에서 "두시豆豉를 판매했던 번소옹樊少翁"[102]의 재산이 5천만이었다는 것에서도 매매 정도를 알 수 있다.

작장법에 의하면 장을 담그는 시기와 조건도 제시하고 있다. 적합한 시기는 겨울인 12월과 정월이 가장 좋고, 2월은 중시이며, 3월은 하시下時라고 한다. 옹기甕器의 위치는 해가 뜨는 높은 곳의 돌 위에 놓아 여름이 되어 비가 와도 독 바닥이 물에 잠기지 않도록 조심한다. 그리고 장을 만들 때에는 소금의 사용에 주의하고 있다. 그 이유는 흰 소금이 아닌 누런 소금을 사용하면 장에 쓴맛이 나며, 넣는 소금양이 적으면 장이 시어지고 나중에 소금을 더 넣어도 맛이 돌아오지 않기 때문이라고 한다. 간혹 누룩가루를 쓰는 이유는 삭히는 힘이 크기 때문이다. 아울러 햇볕 쬐기[曝晒] 단계를 거친 후 물이 들어가면 벌레가 생기므로 항상 주의해야 한다고 가르치고 있다.

그 외에도 『제민요술』에는 각종 술 및 조미료, 장, 시豉, 초酢 가공법과 저장 기술을 과학적으로 설명하고 있다. 특히 국외 유입 물산에 대한 구체적인 정보를 소개하고 있는데, 이것은 호한胡漢이 융합되면서 나타난 다양한 물산을 효과적으로 정리, 파악할 필요를 느낀 동북의 선비 정권과 유관한 듯하다. 『제민요술』에서 작시, 작장법을 특별히 주목한 것은 혹 그들과 일정한 관련이 있었기 때문은 아니었을까? 한다. 유사한 근거로 13세기 원元 우문무소宇文懋昭가 찬한 『금국지金國志』 「음식飮食」 편에서도 "음식이 심히 비루하니 콩으로써 장을 만든다."[103]라고 하여 북방 정권의 지역적 특색을 잘 보여주고 있다.[104] 반

---

102 『한서』 권91 「貨殖傳」, "關中富商大賈, 大氏盡諸田, 田嗇田蘭. 韋家栗氏安陵杜氏亦鉅萬. 前富者既衰, 自元成訖王莽, 京師富人杜陵樊嘉, 茂陵摯網, 平陵如氏苜氏, 長安丹王君房, 豉樊少翁王孫大卿, 爲天下高訾. 樊嘉五千萬, 其餘皆鉅萬矣."

103 『금국지(金國志)』 「飮食」, "飮食甚鄙陋 以豆爲醬."

104 그 외 『사고전서(四庫全書)』의 "이두위장(以豆爲醬)"이 『흠정만주원류고(欽定滿洲源流考)』 권20과 『삼조북맹회편(三朝北盟會編)』 권3에도 등장하는 것은 우연이 아닐 것이다.

면 명대『본초강목』의 대두장법大豆醬法의 재료는 밀가루[麯]와 볶은 콩가루를 섞어 사용하여[105] 북방 정권과는 다소 차이를 보인다.

이상과 같은 작장 기술은 전술한 전한 말『급취편』에서도 '시장豉醬'이란 단어가 잠시 등장하지만,[106] 『제민요술』과는 큰 차이를 보인다. 특히『제민요술』의「작장등법作醬等法」편에서는 육장, 어장, 맥장麥醬, 유자장楡子醬도 같이 등장하지만,[107] 첫머리에 두장豆醬을 제시하고 있다. 이는 두장豆醬이 이 시점에 이르러 장의 대표격이 되었으며, 대두로 만들어진 시豉, 장醬의 조미료와 부식이 효용가치가 가장 컸음을 의미한다. 시豉와 장醬의 효용가치는『제민요술』에 등장하는 요리 속에서의 사용 빈도를 통해서도 알 수 있다. 두시와 시즙豉汁이 조미료로 사용된 경우는 80여 회인 데 반해, 장청醬淸과 시청豉淸이 조미료로 사용된 것은 단지 7회뿐이다. 이것은 후술하는 바와 같이 시즙이 두장과 같은 역할을 대신했기 때문이다.

당초唐初에 이르면 대두장의 생산이 크게 고조된다.[108] 당대唐代 대두장의 공정을『사시찬요四時纂要』「칠월七月·십일장법조十日醬法條」에서 이르길, 노란콩 선택→찌기→밀가루 섞기→재차 찌기→두황을 펴서 덮어 황색 곰팡이 생성→햇볕 쬐기→염탕에 두황 담그기→밀봉 발효→숙성 단계라고 한다. 숙성까지 10일 만에 완성하도록 하여[109]『제민

---

105 『본초강목(本草綱目)』「穀部·醬條」의 집해에 "大豆醬法, 用豆炒磨成粉, 一斗入麵三斗和勻, 切片罨黃, 晒之. 每十斤入鹽五斤, 井水淹過, 曬成收之."

106 이를 당(唐)대의 안사고(顏師古)는 주석을 통해 "시(豉)는 콩을 유폐(幽閉)시켜 만들며, 장(醬)은 콩에 밀가루를 섞어 만든다."라고 했다.

107 리건판[李根蟠],「從『齊民要術』看少數民族對中國科技文化發展的貢獻:『齊民要術』硏究的一個新視角」「中國農史」2001-2에는『제민요술』에는 유락(乳酪) 제품을 제외하고 시장류(豉醬類)와 같은 발효식품에 대한 언급은 전혀 없다. 이것은 작장(作醬)이나 두시(豆豉) 등의 제조 방식이 유목민족과는 전혀 무관한 중국 고대의 노동 인민이 창조한 것이라고 한다.

108 양젠(楊堅), 위의 논문,「我國古代的大豆制醬技術」, p.80에는 콩기름[豆油]이 보편화되는 명대(明代) 이전까지에는 주된 조미료로 활용되었다고 한다.

109 『사시찬요(四時纂要)』「추령(秋令)·칠월·십일장법조」.

요술』당시의 방식보다 간소해졌고 진일보하였다. 이를 통해 시간과 노동량을 줄여 실패 위험이 줄어들었을 뿐만 아니라 품질을 더욱 보증할 수 있게 되었다.

이처럼 대두는 양식 작물로서뿐 아니라 시, 장과 같은 조미료로도 중시되었음을 『제민요술』을 통해 확인할 수 있다. 발효과정을 통해 탄생한 이러한 가공식품은 각종 요리의 조미료나 부식으로 사용되면서 중국 음식문화의 발전에 크게 기여했다. 게다가 서진西晉의 『박물지』「식기食忌」의 기록에는 3년간 대두를 복용하면 건강 상태가 좋아진다고 한 것과 같이[110] 건강식품으로서의 기능을 한 것도 당시 대두의 수요를 증가시킨 원인이 되었을 것이다. 이같이 『제민요술』은 이전의 각지에 산재한 콩 가공 기술을 체계화시키고, 그것을 다시 각국으로 전파하는 데 기여했다. 『제민요술』단계의 초와 육장 및 시, 장 가공 기술이 오늘날의 동아시아 각국의 기술과 대차없는 것은 그런 사실을 대변한다고 하겠다.

2. 고대 숙菽 명칭의 변화와 두효 보급의 확대

『시경』등 선진시기의 사료에서 보았듯이 대두는 임숙, 융숙과 같이 숙菽으로 표현되고 있다. 특히 전국시대 이전의 자료에는 '두豆'라는 명칭은 거의 찾아볼 수 없다. 『예기』와 『전국책』에 비로소 '소두小豆'와 두라는 명칭이 등장하지만,[111] 비슷한 시기의 『관자』나 『여씨춘추』에는 '대숙大菽', '소숙小菽' 및 '세숙細菽'과 같이 여전히 숙으로 표현하

---

110 『박물지(博物志)』「食忌」, "人噉豆三年 則身重行止難."
111 『예기(禮記)』「投壺」, "壺中置小豆焉 爲其矢躍出也";『戰國策』「韓策」, "韓地險惡山居 五穀所生 非麥而豆. 民之所食, 大抵豆飯藿羹"

고 있다.[112] 그리고 전국 말에 편찬된『여씨춘추』「청언廳言」편에도 '대
두大豆'라는 명칭이 등장하지만 그 의미는 콩이 아닌 인명이다.[113]

　하지만 전국시대가 되면 점차 숙菽을 크기에 따라 대·소와 세細로
구분 짓고 있다. 그래서 혹자는 이를 대·소두라고 이해하는가 하면,
샤웨이잉[夏緯瑛]은 이들을 모두 대두라고 규정하기도 한다.[114] 그런가
하면 운몽현 수호지『진간』에는 한 문장 속에 곡물 간의 도정량을 계
산하거나 무畝당 파종량을 제시하면서 대두는 숙菽, 소두는 답荅으로
기술하고 있다.[115] 이런 현상은 한대의 간독인『돈황현천치한간敦煌懸
泉置漢簡』이나 마왕퇴 한간에 있어서도 예외는 아니다. 주목되는 것은
한대 마왕퇴 백서帛書에는 대숙, 흑숙黑菽, 촉숙蜀菽, 파숙巴菽, 적답赤荅
과 같이 숙의 크기와 색깔 및 생산 지역에 따라 그 종류를 구분하고
있다는 점이다. 이것은 한대 숙의 재배 지역이 확대됨에 따라 그 형태
나 용도가 달라졌음을 의미한다. 특히 마왕퇴 한묘 백서『오십이병방
五十二病方』에서 콩의 출토지와 양태에 따라 그 약효와 처방이 다르다고
한 것을 보면, 지역에 따라 대두의 효용성도 다양해졌음을 알 수 있
다. 이처럼 선진시대에도 두나 소두의 명칭은 간혹 등장하지만, 진한
대의 문헌,『한비집석漢碑集釋』이나 간독 자료 등에도 두豆만이 아니라
숙의 명칭이 여전히 존재하고 있음을 볼 수 있다.

---

112 『관자(管子)』「地員」, "五穀之狀, 婁婁然, 不忍水旱, 其種, 大菽細菽, 多白實.";『呂氏春秋』審時 "得
　　時之菽, 長莖而短足, 其莢二七以爲族, 多枝數節, 競葉蕃實, 大菽則圓, 小菽則摶以芳, 稱之重, 食
　　之息以香. 如此者不蟲."
113 『여씨춘추』「有始覽·廳言」, "造父始習於大豆, 蜂門始習於甘蠅, 御大豆, 射甘蠅, 而不徙人以爲性
　　者也." 여기서의 '대두(大豆)'를 혹자는 '태두(泰豆)'라고도 한다.
114 샤웨이잉[夏緯瑛] 교석,『여씨춘추상농등사편교석(呂氏春秋上農等四篇校釋)』, 農業出版社, 1979,
　　p.106에는 대숙, 소숙은 대두의 두 품종의 이름으로 이해하고 있으며,『관자』「지원」편의 대숙과 세숙
　　역시 마찬가지라고 한다.
115 『진간(秦簡)』「倉律」, p.45, "爲粟廿斗, 舂爲米十斗; 十斗粲, 毀(毇)米六斗大半斗. 麥十斗, 爲麴三斗. 叔
　　(菽), 荅, 麻十五斗爲一石. ●粟毀(毇)粺者, 以十斗爲石.";『진간』「倉律」, p.43, "種: 稻, 麻畝用二斗大
　　半斗, 禾, 麥畝一斗, 黍, 荅畝大半斗, 叔(菽)畝半斗. 利田疇, 其有不盡此數者, 可殹(也). 其有本者,"

물론 한 초『회남자淮南子』「설림훈說林訓」에는 "대두가 갖추어지지 않았다."[116]라는 사료도 등장하고 하지만, 숙을 '두豆'가 대체된 것은 전한 중후기로 접어들면서 점차 이루어졌음을 알 수 있다. 예컨대 후한 촉군蜀郡 왕포王褒의『동약僮約』에는 "10월에 두豆를 수확"했다고 하며,[117]『논형』「예증藝增」에는 "콩[豆]과 맥을 먹는 사람은 모두 그것이 거칠고 달다고는 하지 않을지라도 허기졌다는 사람은 없었다."[118]라고 하는 것을 보면 대두가 대체 곡물로서 자리 잡았음을 말해준다. 그 외『한서』「양운전楊惲傳」의 "1경頃의 두를 파종했다."[119]거나『후한서』「풍이전馮異傳」에서 "수레에 흙을 싣고 콩[豆]으로 그 위를 덮었다."[120]라는 사실은 한대에 '두豆'의 명칭이 '숙菽'을 대체하고 있음은 물론이고, 생산량도 적지 않았음을 짐작할 수 있다.

이같이 선진시대에는 숙菽으로 지칭해왔던 것을『관자』나『여씨춘추』이후 점차 숙이 대숙, 소숙으로 구분되거나 숙菽. 답荅으로 칭해지다가 점차 대두, 소두로 구분된 이유는 어디에 있을까? 주목되는 것은 그 시점이 전국시대 이후라는 점이다. 이 시기는 융숙戎菽이 천하에 보급되어 재배가 이루어져 숙장菽醬이 출현하기 시작한 시점이다. 따라서 생활상 용도가 다양해진 융숙을 기존의 숙과 구분할 필요가 있었을 것이고, 여기에는 그에 걸맞은 이름이 필요했던 것이다. 그래서 등장한 것이 두豆라고 여겨진다. 처음에는 두와 숙이 동시에 불리다가 점차 대두, 소두의 이름으로 변하였다. 물론 벽지의 사료에는 여전히 숙이란 명칭이 등장하는 것을 보면 습관적이었거나 이런 변화의 정보

116 『회남자』「說林訓」, "大豆不具."
117 왕포(王褒),『동약(僮約)』, "十月獲豆".
118 『논형』「藝增」, "食豆麥者, 皆謂糲而不甘, 莫謂腹空無所食."
119 『한서(漢書)』「楊惲傳」, "種一頃豆."
120 『후한서』권17「馮異傳」, "弘遂大戰移日, 赤眉陽敗, 棄輜重走. 車皆載土, 以豆覆其上, 兵士飢, 爭取之."

에 익숙하지 못했던 경우도 있었던 것으로 보인다.

두가 대·소로 명확히 구분되어 있는 것은 전한 말 농서인『범승지
서』에서이다.『범승지서』에서 대두, 소두를 구분하고 있을 뿐만 아니
라 조[禾], 기장, 맥, 벼 다음에 별도의 대두와 소두 항목을 설치하여
서술하고 있는 것을 보면, 대·소두의 명칭과 구분이 이미 구체화되었
던 것이 아닌가 한다. 대·소두 명칭이 정착되어 가는 시점이 바로 장시
醬豉의 보급이 본격화되는 시점이기도 하였다.

그렇다면 진한시대에 대두는 어느 정도 보급되었을까? 우선 하남,
산동의 황회黃淮 평원에서 대·소두가 재배된 것을 후한 최식崔寔의『사
민월령』을 통해 확인할 수 있다. 그리고『한서』「적방진전翟方進傳」에서
성제成帝 때 관개되지 않은 수전水田에 대두와 토란[芋]을 파종할 것을
건의하고 있는[121] 것을 보면 한전은 물론이고, 관개되지 않은 수전 지
역에까지 대두 재배가 확대되고 있는 것을 알 수 있다.

〈그림 1〉낙양서교도문(洛陽西郊陶文)(考古學報: 63-2)

---

121 『한서』권84「翟方進傳」, "童謠曰, 壞陂誰, 翟子威.. 飯我豆食羹芋魁. 反乎覆, 陂當復. 誰云者. 兩
黃鵠." 이에 대해 "師古曰, 言田無漑灌, 不生秔稻, 又無黍稷, 但有豆及芋也. 豆食者, 豆爲飯也. 羹
芋魁者 以芋根爲羹也. 飯音扶晚反. 食音飤."라고 했다.

특히 전술한 바와 같이 1956년에 발굴된 낙양 금곡원촌金谷園村의 한묘 중에 출토된 질그릇으로 만든 저장 용기[陶倉]의 표면에는 〈그림 1〉과 같이 "백미속만석白米粟萬石", "대두백석" 등의 문자가 쓰여 있으며,[122] 1996년 발굴된 낙양 오녀총五女冢 267호 신망묘新莽墓에서는 단지[壺], 항아리[罐], 창고[倉], 독[甕] 등의 도기 70여 건이 출토되었는데, 〈그림3〉과 같이 도관에 새겨진 도문에는 염, 육장肉醬, 판장瓣醬, 혜醯(식초) 등이 있으며, 그 중의 항아리 배 부분에는 시豉자도 등장하여 대두를 발효하여 저장했던 것을 확인할 수 있다. 그리고 저장 용기에는 〈그림2〉처럼 저장 용기에 "대두만석", "대맥만석" 등의 문자가 표기되어 있으며, 저장 용기는 짐승 모양의 발이 세 개 달리고, 어깨는 둥글고 옆면은 곧은 형태의 주발과 같은 뚜껑이 덮여 있다. 다양한 용기에 곡식과 장류를 저장한 것을 보면[123] 용도에 따라 저장 용기를 달리했으며, 도문陶文은 곡물 생산의 제고와 안전한 보관을 염원했던 것으로 볼 수 있다.

〈그림 2〉 도창(陶倉): 대두만석·대맥만석
(문물96-7)

〈그림 3〉 도관(陶罐): 변장(辮醬)과 시(豉)
(문물96-7)

뿐만 아니라 『진서晉書』 「혜제기惠帝紀」에서는 서진 낙양 동교東郊 부

122 황스빈[黃士斌], 「洛陽金谷園村漢墓中出土有文字的陶器」 『考古通訊』 1958-1.
123 낙양시제이문물공작대(洛陽市第二文物工作隊), 「洛陽五女冢267號新莽墓發掘簡報」 『文物』 1996-7, pp.44-49; 뤄양시제이문물공작대(洛陽市第二文物工作隊), 「洛陽五女冢新莽墓發掘簡報」 『文物』 1995-11 참조.

근을 '콩밭[豆田]'[124]이라고 한 것이나 회북淮北지역에서 대두를 군량으로 거두었던[125] 점 등을 보면 당시 낙양부근에 대두가 적지 않게 재배되었으며, 〈그림3〉의 시와 장(육장과 숙장)은 당시의 중요한 조미품이었음을 알 수 있다.

한대의 이러한 대두의 보급은 이미 제 환공의 고사에서도 확인했듯이, 그것은 산서山西 후마侯馬의 전국시대 유지에서 외형상 현재의 대두와 유사한 실물이 출토되고 있는 점에서도 확인된다.[126] 뿐만 아니라 『주례』「하관夏官·직방씨職方氏」에서도 구주九州 중 예주豫州와 병주幷州에서 생산되는 '오종五種' 중에 정현은 숙을 포함시키고 있다. 그리고 한지韓地의 산지에는 대두를 재배하여 주식으로 삼았음이 『전국책』「한책韓策」에 잘 전해지고 있다.[127] 그런가 하면 산동은 제나라 사람들이 비단옷을 입고 '콩과 조'를 먹지 않는 자가 없었다고[128] 할 정도로 중요한 대두의 산지였다. 이런 점으로 미루어 전국시대의 황하 중·하류 지역에는 대두의 재배가 상당히 확산되었음을 알 수 있다. 특히 제 환공이 유입한 동북의 융숙에 주목하는 것은 이 대두가 바로 전국시대 이후 천하에 장醬·시豉의 보급을 유발한 메주콩이었기 때문이다.

한대에는 점차 보다 넓은 지역에서 대두의 재배가 확인된다. 즉 장강 중류의 마왕퇴나 호북 강릉 봉황산鳳凰山에서 대두의 실물이 출토되는가 하면, 장강 상류의 촉한蜀漢에서도 전술한 『동약』에서와 같이 대두 수확을 확인할 수 있고, 나아가 광서廣西 귀현貴縣 나박만羅泊灣의 한묘나 서북 지역의 감숙 돈황 마권만馬圈灣 한묘 등지에서도 대두가

---

124 『진서(晉書)』 권4 「惠帝紀」, "丁亥, 幸偃師, 辛卯, 舍于豆田."
125 『진서』 권2 「文帝紀」, "因命合圍, 分遣羸疾就穀淮北, 廩軍士大豆, 人三升."
126 천원화[陳文華], 『논농업고고(論農業考古)』, 江西教育出版社, 1990, p.38.
127 『전국책』「韓策」, "韓地險惡山居 五穀所生 非麥而豆. 民之所食, 大抵豆飯藿羹"
128 『전국책』「齊策」, "耕稼樹藝聚菽粟 是以菽粟多而民足乎食."

발견된다.[129]

그 외 대두의 대량 생산지인 동북은 물론이고, 신강, 청해, 운남, 대만 등 주변 지역에서도 대두가 소량이나마 재배되었다. 『한서』 「소제기昭帝紀」에는 두 차례나 걸쳐 관중 인민에게 "콩과 조로 부세를 낼 수 있도록" 했으며,[130] 「양운전楊惲傳」에는 화음華陰의 대족 양운이 관직을 파한 후 농장을 경영하며, "1경에 뿌린 콩, 콩은 떨어져 콩깍지만 남았네."라고 읊은 시에서도 대두 재배의 상황을 짐작할 수 있다.[131] 그런가 하면 『위서魏書』 「영정지靈征志」에는 북위 효문제 대화 3년에 옹주雍州, 삭주朔州와 돈황 등의 서북 지역에 큰 서리가 내려 조와 콩이 모두 죽게 된 일이 발생한 사실 등에서[132] 대두가 전 지역에서 고루 확산되었음을 확인할 수 있다. 특히 위진시대에는 기후가 한랭 건조하여 지표상에 염분이 하강하고 토양이 부드러워지면서 대두의 재배가 점차 늘어났다.[133] 이처럼 진한시대 이래 대두 재배가 확대된 것은 그만큼 당시 사회의 수요가 증가했기 때문일 것이다. 콩의 수요가 늘어난 것은 그 용도가 다양해졌음을 뜻한다.

대개 콩의 섭취는 선진시대의 서민들의 경우 콩으로 밥을 하거나 죽을 끓이거나 콩잎으로 국을 끓여 먹었다.[134] 이런 고난의 생활을 "콩을 먹고 물을 마신다."[135]라는 말로 일상을 표현했다. 그러던 것이 전국시대에 숙을 물과 불과 같다고 표현한 것은 매우 긴요한 양식 작

---

129 천원화[陳文華], 『농업고고(農業考古)』, 文物出版社, 2002, p.55.
130 『한서』 권7「昭帝紀」, "詔曰: 朕閔百姓未贍 前年減漕三百萬石. 頗省乘輿馬及(菀)[苑] 馬, 以補邊郡 三輔傳馬. 其令郡國毋斂今年馬口錢, 三輔, 太常郡得以叔粟當賦."
131 『한서』 권66「公孫劉田王楊蔡陳鄭傳」, "其詩曰 田彼南山, 蕪穢不治, 種一頃豆, 落而爲其. 人生行樂耳, 須富貴何時"
132 『위서(魏書)』 권112「靈征志」, "高祖太和三年七月, 雍, 朔二州及枹罕, 吐京, 薄骨律, 敦煌, 仇池鎭 並大霜, 禾豆盡死."
133 류판슈[劉磐修], 「兩漢魏晉南北朝時期的大豆生産和地域分布」 『中國農史』 2000-1, p.11.
134 『전국책(戰國策)』 「韓策」, "民之所食, 大抵豆飯藿羹".
135 『예기』 「檀弓下」; 『순자(荀子)』 「天論」, "啜菽飮水."

물이었음을 말해준다.[136] 『묵자』「상현尙賢」 중에서는 콩과 조가 민에게 중요한 식량이며,[137] 만약 대두가 없다면 서민은 굶주림을 면하지 못할 것이라고도 했다.[138] 『논형』에서는 비록 대두가 거친 곡물이기는 하여도 구황작물로 흉년을 대비하는 데 잘 이용되었음을 보여준다.[139] 그리고 한대 이전의 숙菽은 『상서』, 『주례』, 『의례』, 『예기』의 주석에서 보는 바와 같이 쌀, 맥[麥], 기장, 조 등과 마찬가지로 볶아서 섭취하기도 했다.

물론 한·위 시대에는 대두의 선호도가 아직 조, 맥, 벼보다 높지 않았지만, 대두에는 지방과 단백질의 함유량이 많아 흉년 시 콩가루와 야채 및 나뭇잎 등과 섞어서 함께 섭취하면 허기를 채우는 양식이 되기도 했다.[140] 그리고 대두의 잎은 곽藿이라 하여 이전부터 국거리나 민의 일상적인 채소로 이용되었다. 오늘날에도 한반도 남부지역에는 콩잎을 간장에 절여 반찬으로 활용하는 방식이 전해지고 있다. 이 같은 대두의 구황작물로서의 다양한 효용성 때문에 『범승지서』에서는 이전부터 가족 1인당 5무꼴로 대두를 파종하였다고 한다.[141]

대두는 전술한 바와 같이 단순히 콩밥, 콩죽, 콩즙[142]과 떡을 만들고, 잎으로 죽이나 국을 끓이고 메주[豉]와 콩장[菽醬]의 조미품을 만드는 데만 이용된 것은 아니었다. 『마왕퇴한묘백서』「노자갑본老子甲本」에서는 콩과 조를 마구간에서 사육하는 말의 먹이로도 사용하였

---

136 『맹자(孟子)』「盡心上」, "菽粟如水火".

137 『묵자』「尙賢中」, "賢者之治邑也, 蚤出莫入, 聚粟菽, 是以粟菽多而民足乎食."

138 『관자』「重令」, "菽粟不足, 末生不禁, 民必有飢餓之色."

139 『논형』「藝增」, "五穀之於人也, 食之皆飽, 稻粱之味, 甘而多腴. 豆麥雖糲, 亦能愈飢. 食豆麥者, 皆謂糲而不甘, 莫謂腹空無所食.

140 리후[黎虎] 주편, 『한당음식문화사(漢唐飮食文化史)』, 北京師範大學出版社, 1998, p.17.

141 『범승지서』「大豆」, "謹計家口數, 種大豆, 率人五畝, 此田之本也." 완궈딩[萬國鼎] 집석, 앞의 책, 『범승지서집석(氾勝之書輯釋)』, p.134에 의하면 당시 구종법(區種法)으로 대두를 파종할 때 무당 16석을 생산하였는데, 이는 매 시무당 4.62 시석(市石)에 해당된다고 한다. 매 시석의 무게가 150 시근(市斤)이었으니, 1시무(市畝) 당 수확량은 693 시근이 된다. 이것은 지금도 여전히 풍산(豊産)이지만, 조와 맥과 같이 대단하게 여기지는 않은 듯하다.

142 옌젠민[嚴健民] 편저, 앞의 책, 『오십이병방주보석(五十二病方注補釋)』(약칭 『五十二病方注補釋』), p.209, "而洒以叔(菽)汁廿日, 瘳已. 嘗試. 令.(簡453)"

다.[143] 이런 현상은 이미 선진시대부터 있었으며, 주로 개, 돼지, 소의 사료나 양羊의 사료로도 이용하였다.[144] 특히 야생 오리[鳧], 오리[鴨], 닭, 기러기에게 조, 콩을 먹여 비육시켜 많은 알을 낳도록 유도하기도 하였다.[145]

덧붙여 대두의 보급이 증대된 또 다른 요인은 대두가 지닌 비력 때문이다. 뿌리에 풍부하게 서식하는 혹 박테리아가 토질을 비옥하게 하여 후작물의 성장에 유리하게 작용하였다.[146] 그래서 『범승지서』에 서는 콩을 파종하면 지력을 보전할 수 있어 세역歲易하지 않아도 좋다고 하여,[147] 효율적인 토지 이용을 위해 대두를 근경하는 것을 권장하기도 했다. 게다가 대두는 파종하여 떡잎 상태에서 갈아엎어 녹비로 이용함으로써 후작물의 줄기를 강화하고, 바람과 비, 그리고 가뭄에도 잘 견딜 수 있게 하여 생산력을 높이는 데도 기여했다. 하지만 대두를 비료로 사용한다는 것은 매우 비경제적이었으며, 절약의 원칙에도 부합되지 않아 크게 권유하지는 아니했던 것 같다. 대두를 녹비로 사용한 것은 단지 콩값이 쌀 때였을 것이다.

대두나 밀이 식량으로서 지위가 점차 높아진 것은 생산도구와도 관련 있다. 초기에는 숙菽을 직접 볶거나 삶아 밥을 지었지만, 부드럽지 않고 먹기에도 불편했다. 이후 맷돌이나 방아를 이용하여 제분하거나 찧게 되면서 가공과 식용방식이 이전과는 바뀌게 된다. 물론 춘추 이전부터 갈돌판[石磨盤]이나 절구[杵臼]를 이용하여 조나 벼의 껍질

---

143 『마왕퇴한묘백서(일)[馬王堆漢墓帛書(壹)]』「老子甲本卷後古佚書」, "今世主則不然. 巷(圈)馬食叔(菽)粟, 戎馬食苦(枯)稈復庚."

144 『제민요술(齊民要術)』「養羊」.

145 『제민요술』「養鵝鴨」.

146 같은 콩류 작물이지만, 『범승지서』「小豆」에는 "소두는 그해의 수확을 보증할 수 없으며, 좋은 수확도 용이하지 않다."와 같이 소두의 경우는 지력을 보전하는 작용은 없었던 것 같다.

147 『범승지서』「大豆」, "大豆保歲易爲, 宜古之所以備凶年也."

을 벗겨 내거나 간혹 곡물을 곱게 분쇄하여 식용했지만,[148] 대두에 대한 사회적 요구가 증대하면서 진일보한 생산 도구가 등장한 것이다. 전국시대로 접어들어 맷돌[石轉磨]이 등장하게 된 것은 이러한 사회적 요구 때문이다. 전한 말 이후에는 진일보한 물레방아[水磨]와 디딜방아 [踏碓] 같은 효율성 높은 공구로 발전하면서 대량의 제분까지 가능해졌던 것이다.

그 결과 대두나 밀의 딱딱한 껍질을 제거하여 낟알을 통째로 먹었던 입식粒食에서 갈아서 면으로 만들어 먹는 분식[麵食]으로 전환하는 계기가 마련되었다. 이처럼 제분이 가능해지고 맥 음료, 쌀 음료 및 콩 음료와 같은 마실 거리의 가공이 용이해지면서 맥과 대두의 수요는 더욱 확대되었다. 그 결과 중국의 식생활에 근본적인 변화를 가져왔던 것이다.[149] 이때 대두의 수요증대를 이끌었던 것은 바로 발효가공 기술의 발전이었으며, 여기에 대표적인 것이 바로 본서가 주목한 장醬, 시豉와 두부였다.

3. 『진간』에 반영된 장의 이용과 보급

『사기』「화식열전」에는 한대에 이미 장醬과 시豉가 시장에 적지 않게 유통되었음을 확인할 수 있었다. 그렇지만 이들을 이용한 계층은 대개 도시의 지배층이었다. 문헌의 기록만으로는 일반민의 시, 장에 대한 수요가 어떠했는지를 확인하기가 쉽지 않다. 다행히 호북성 운몽수호지 진묘秦墓에서 출토된 죽간 자료를 통해 전국 말의 시, 장의 공급 상황을 다소나마 엿볼 수 있다. 역전驛傳에 식량을 공급한 법률

148 원신[問昕], 「新石器時代的石磨盤石磨棒」 『古今農業』 2000-3, pp.5~6.
149 최덕경, 「戰國·秦漢시대 음식물의 材料」 『考古歷史學志』 第11·12合輯, 1996, p.112.

규정인 「전식률傳食律」에서는 출장 때에 참여했던 하급 관료나 예속민들의 양식을 제시하고 있는데, 이를 열거하면 다음과 같다.

① 어사御史의 졸인卒人이 출장을 가면 도정한 조[粺米]¹⁵⁰ 1/2두斗, 장醬 1/4승升과 나물국[菜羹]을 주고, 아울러 부추·파를 지급한다. 만약 졸인이 유작자일 경우, 작이 대부大夫, 관대부官大夫 이상일 때는 그 작의 규정에 따라 식량을 지급한다. 출장 시 종자에게는 매끼 마다 여미糲米 1/2두를 지급하고, 수레를 모는 복僕에게는 려미 1/3두를 지급한다.¹⁵¹

② 작위가 불경不更 이하에서 모인謀人: 簪裊까지는 매끼 마다 조[粺米] 1두, 장 1/2승 및 나물국[菜羹]을 주고, 아울러 꼴과 건초[藁]를 각각 1/2석을 지급했다. 환관은 불경의 예와 동일하다.¹⁵²

③ 작위가 상조上造 이하 관부에 근무하는 자로서 무작자인 좌佐, 사史와 복卜, 사史, 사어司御, 시侍, 부府 등은 매끼 마다 조[糲米] 1두와 나물국[菜羹]을 주고, 아울러 소금[鹽] 2/22승을 지급한다.¹⁵³

비슷한 규정은 호북성 강릉 장가산張家山 247호 한묘漢墓에서 출토된 『이년율령二年律令』 「전식률傳食律」에서도 찾아볼 수 있다.

④-1 승상, 어사 및 2천석 관의 사인使人이거나 혹은 파견된 이

---

150 『설문(說文)』 "粺, 毇也", "米一斛春爲八斗也."
151 쉬후디진묘죽간정리소조(睡虎地秦墓竹簡整理小組), 『수호지진묘죽간(睡虎地秦墓竹簡)』, 文物出版社, 1978(이후 『진간(秦簡)』이라 칭함) 「전식률(傳食律)」, p.101.
152 『진간』 「傳食律」, p.102.
153 『진간』 「전식률」, p.103.

吏, 새로 관리가 된 자 및 속위屬尉, 좌佐 이상으로 징소된 자나 다른 곳으로 이동할 때, 군리軍吏·현도縣道가 긴급사태를 보고해야 할 때는 모두 전식傳食이 지급된다. 거대부車大夫는 아침저녁으로 패미[粺米] 1/2두와 1/3두를 준다. 종자는 껍질을 벗긴 매조쌀[糲米]을 주는데, 식기도 모두 제공한다. 거대부는 장醬 1/4승을 주고, 소금은 종자에게까지 1인당 1/22승을 지급한다.

④-2 말을 먹이는 것은 율의 규정과 같은데, 말에 사료를 지급하는 것은 승전乘傳하는 경우의 말[馬]에 준한다.

④-3 사자使者이지만 공무가 아닌 경우, 그 현도縣道 경내에서 두 끼를 넘길 수 없다. 공무이더라도 10일 이상 머무를 경우는 쌀[米]을 주어 스스로 지어 먹게 한다. 조칙을 받아 심부름하거나 치전置傳을 이용하는 자는 이 율에 적용되지 않는다. 현縣은 각각 먹은 식량을 기록하는데, 전현前縣이 기록한 것에 따라 계속 음식을 제공한다.

④-4 종자에게 식량을 제공하는 것은, 2천석 관官은 10인을 초과할 수 없고, 천석에서 600석 관은 5인을 넘을 수 없고, 500석 이하에서 200석 관까지는 2인을 초과할 수 없고, 200석관 이하는 1인이다.

④-5 사인使人이지만 이吏가 아닌 경우, 종자에게 식량을 지급하는 것은 경卿 이상은 1,000석 관과 같이하고, 오대부 이하 관대부까지는 500석 관, 대부 이하는 200석 관과 같이한다. 관리일 경우에는 모두 실제 종자 숫자대로 식량을 제공한다.

④-6 마차를 타는 관리 및 황제의 근신近臣이 휴가를 가거나 혹은 파관罷官된 자가 통행증을 가지고 있을 경우에는 현

사縣舍에서 인마人馬에게 식량을 지급하는 것과 같은 규정
에 따른다.[154]

그리고 관부에서 작위나 관위에 따라 양식을 지급하는 규정이 장
가산張家山 『이년율령二年律令』 「사율賜律」에서도 발견된다.

⑤ 이吏가 아니면서 황제의 근신에게 내릴 경우, 관내후關內侯
이상은 2천석에 준하고, 경卿은 천석, 오대부五大夫는 8백석,
공승公乘은 6백석, 공대부公大夫·관대부官大夫는 5백석, 대부
大夫는 3백석, 불경不更은 유질[100석 이상 연사掾史]에, 잠뇨簪裊
는 두식[斗食, 100석 이하 이吏]에, 상조上造·공사公士는 좌사[佐史,
100석 이하 이吏]에 준하여 지급한다. 작爵이 없는 자는 밥[飯] 1
두, 고기[肉] 5근, 술[酒] 2/3두, 장醬 1/3승으로 한다. 사구司
寇·도예徒隸는 밥 1두, 고기 3근, 술 1/3두, 소금 1/20승을 사
여한다.[155]

아울러 사율賜律에는 장과 초 및 술, 고기 등을 하사 하는 경우도
보인다.

⑥-1 이吏에 주식酒食을 내릴 때의 그 비율은 질秩 100석마다
고기[肉] 12근, 술[酒] 1두로 한다. 두식斗食·영사令史는 고기
10근, 좌사佐史는 8근, 술 7승을 사여한다.
⑥-2 2천석의 이吏에 내리는 음식은 약간 정미된 곡물[糳], 잘
정미된 곡물[粲], 찰벼[糯] 각 1성盛[156]과 초[醯]·장醬은 각 2

---

154 『쟝쟈산한묘죽간(張家山漢墓竹簡)』, 文物出版社, 2006, 「전식률(傳食律)」, p.40
155 『장가산한묘죽간』 「賜律」, p.49.
156 장쟈산이사칠호한묘죽간정리소조편(張家山二四七號漢墓竹簡整理小組編), 『장가산한묘죽간(張家

승 및 겨자[芥] 1승이다.

⑥-3 천 석에서 6백 석까지의 이吏에게는 식食 2성盛, 초[醯]와 장은 각 1승을 하사한다.

⑥-4 5백석 이하 이吏에게는 식食 1성盛, 장醬 1/2승을 내린다.

⑥-5 6백석 이상의 이吏에게 내리는 것은 상존上尊(상등의 원료로 빚은 술: 쌀술[稻酒][157])을 내리고, 5백석 이하는 하존下尊: 粟酒을, 작위가 없는 자에게는 혼합주[和酒]를 사여한다.[158]

이상에서 살필 수 있는 것은 우선 『진간』 「전식률」에서 볼 수 있는 바와 같이 출장 가는 어사에 부속된 자[卒人]에게 장醬 1/4승, 20등 작제 중 4등급의 불경과 3급의 잠뇨簪褭에게 장 1/2승을 지급하고 있다. 유작자의 경우 5급의 대부 이상은 규정에 따라 식량을 지급한 것을 보면 이들 역시 분명 장과 소금 등을 지급했을 것으로 보인다. 장가산한간 『이년율령』에 승상, 어사 이하 속위, 좌에 이르기까지 장 1/4승을 지급하고, 종자從者에게는 소금 1/22승을 지급한 것을 보면 이 역시 진대의 유작자나 관료들에게도 비슷한 정도가 지급되었을 것으로 보인다. 다만 진한시대 모두 종자에게는 곡물만 지급하고 있으며, 2급의 상조 이하의 무작자에게는 식량과 함께 장 대신 소금 2/22승도 지급하고 있다. 즉 장은 2급 이상의 유작자와 관료에게 지급되었는데, 반해 소금은 2급 이하의 민이나 예속민들에게 지급하고 있다.

그리고 실제 신분 등급에 따라 장, 소금이 지급되었음을 확인할

山漢墓竹簡)』, 文物出版社, 2006, p.50에 의하면 "성(盛)은 '미 9승(米九升)'이라 해석하고 있다.
157 도미야 이타루[富谷至] 편, 『江陵張家山二四七號墓出土漢律令の硏究』(譯注篇), 朋友書店, 2006, p.200.
158 『장가산한묘죽간』 「賜律」, p.50.

수 있는 흔적이 바로 1/4승, 1/2승, 1/11승, 1/20승, 1/22승 등 다양한 형태의 용량이다. 이러한 용량을 1승의 양기量器로 측량하여 배분하지는 않았을 것이다. 이런 일이 반복적으로 이루어졌을 것으로 보아 이같은 양기가 별도로 존재했을 것이다. 이러한 양기들은 유독 한대 유적에서 출토되며,[159] 선진시대는 물론 위진시대 이후에도 쉽게 발견되지 않는 소형이다. 이것은 장이 보편화되기 이전이나 약용으로 주로 사용되었던 위진 남북조시대 이전의 분위기를 잘 반영한다고 볼 수 있다.

아울러 위의 사료에서 소금과 장이 동시에 지급되지 않은 것을 보면, 그 용도는 동일하게 조미품이었을 것이나 장이 소금보다 고급으로 평가받고 있음을 느낄 수 있다. 그것은 장이 소금보다 생산과정이 복잡할 뿐 아니라 이미 장 속에는 소금 성분이 들어있고, 영양가나 향미도 좋기 때문일 것이다.

문제는 이 장이 육장인지 두장豆醬인지 아니면 맥장麥醬인지 사료상 전혀 알 수 없다는 점이다. 추측할 수 있는 것은 장의 지급이 2급 이하의 무작자와 예속민을 제외한 관작자에게 모두 지급되고 있다는 점이다. 게다가 수호지『진간』과 장가산 한간의 사료 속에는 장 1/2승, 1/4승, 그리고 패미粺米 1/2두 등의 기준이 분명하지 않다. 즉 출장 기간 중의 총지급량인지 아니면 한 끼 또는 하루의 양인지가 분명하지 않다. 당시 출장 가는 관료의 수를 짐작해 볼 때 결코 적은 양은 아니다. 진한시대의 1승의 용량은 200ml로서 오늘날의 1/10에 해당한다. 따라서 1/2승은 1/2합合이고, 패미 1/2두斗는 5합에 해당한다. 진한시대의 1일 식사량이 대개 1일 5승[즉 오늘날의 5합]이었던 것을 보면, 이때

---

159 국가계량총국주편(國家計量總局主編),『중국고대도량형도집(中國古代度量衡圖集)』, 文物出版社, 1984, pp.78-79, 86-87, 90-92; 추광명[丘光明] 편저,『중국역대도량형고(中國歷代度量衡考)』, 科學出版社, 1992, pp.238-243에는 진한시대의 소형 양기인 약(籥), 촬(撮)과 소동량(小銅量)을 많이 소개하고 있다.

의 지급된 장醬도 하루를 기준으로 책정한 듯하다.[160] 특히 진한시대
는 중앙집권적인 군현체제였기 때문에 관료의 수가 많았으며, 노예 사
회가 완전히 사라진 것이 아니기 때문에 관부에 소속된 예속민도 적지
않았는데, 더구나 군공작이나 민작 등에 의한 유작자의 수도 마찬가지
였다. 물론 이들 중 관부에 속하여 공무를 수행하는 사람들의 수가 제
한되기는 했지만, 장을 받을 대상자는 적지 않았을 것이다.

더구나 장가산 『이년율령』의 「사율」에서와 같이 작위나 관직의 여
부에 따라 유사시 국가에서 하사하는 식량, 고기[肉], 술[酒], 장醬, 소
금 등도 적지 않았음을 알 수 있다. 당시 관직자는 말할 것도 없고,
유작자에게는 관질의 등급에 준하여 지급했으며, 무작자에게 밥[飯] 1
두, 고기[肉] 5근, 술[酒] 1/3두, 장醬 1/3승을 지급하고, 사구司寇·도례徒隸
는 밥 1두, 고기 3근, 술 1/3두, 소금 1/20승을 지급하고 있다. 환언하면
무작자에게 고기[肉], 술[酒], 장醬이 지급되고, 예속민에게는 장 대신
소금이 지급된 것이다.[161] 다만 사율의 식량 하사품의 종류와 그 양이
전식률과 다소 차이가 나는 것은 처한 여건이 달랐기 때문일 것이다.

이상에서 볼 때, 진한대 관부의 장의 소비와 유통량은 적지 않았
음을 알 수 있다. 만약 지급된 장이 어·육장이라면 이것을 지속적으
로 공급하기 위해 수렵과 어업을 강화했을까 하는 점이 궁금하다. 더
구나 한대에는 비록 수렵적 기반은 후퇴했지만, 여전히 유목문화에는
친숙했다. 그렇다고 할지라도 소, 양, 노루, 사슴 등을 원료로 한 육장
肉醬을 지속적으로 하층민에게 공급한다는 것은 현실적으로 용이하

---

160 최덕경, 「중국 고농서 상에 반영된 도량형의 변천과 수용」 『동양사학연구』 제165집, 2023, pp.86-89,
96의 〈표1〉 참조.
161 변방의 관졸(官卒)이나 수졸(戍卒)들에게 지급된 1일 지급된 소금의 양도 큰 차이가 없었던 듯하다.
『거연신간(居延新簡)』 4461: E.P.T53:136, "官卒十一人鹽三斗三升"; 『거연한간갑을편(居延漢簡甲乙
編)』 3262: 139.31 "出鹽二石一斗三升, 給食戍卒七十一人二月戊午ㅁㅁㅁ"(甲780)에 의하면 월 1인
당 3승을 지급한 것으로 보면 하루에 1/10승으로 예속민보다는 다소 우대되고 있음을 볼 수 있다.

지 않았을 것이다.

　게다가 대도시의 상인들은 비록 "절인 생선"을 거래하고 있었지만,[162] 건조한 화북의 기후조건 하에서 관부가 수택을 독점적으로 관리하거나 어장魚醬의 본고장인 장강 중류에서 관리를 배치하여[163] 어류자원을 안정적이고 지속적으로 공급하는 것 역시 결코 쉽지 않았을 것이다.

　반면 진한시대에 접어들어 밀과 대두의 재배가 확대되고, 점차 주곡이 조, 기장에서 맥[麥]과 콩[豆]으로 바뀌면서 지속적인 공급이 가능했다. 그 결과 대두를 이용한 가공식품의 용도도 다양해졌다.[164] 그리고 전술했듯이 이미 전국시대부터 시豉, 장이 생산된 것으로 보아 기술 수준도 전혀 문제 되지 않았다. 때문에 관부에서 두장豆醬과 맥장麥醬을 생산하는 것은 그다지 어렵지 않았을 것이다.

　다만 의심스러운 것은 진대 「전식율」에서는 하급 유작자에게 매 끼마다 장 1/2승을 지급한 것에 반해, 한대 전식률에서는 이보다 높은 관직자에게도 1/4승만 지급했으며, 게다가 사율에서는 무작자에게도 장을 1/3승 하사했다. 장의 지급량이 한대가 진대에 비해 반으로 줄어든 것이다. 이것은 장 생산량의 감소 때문이라기보다는 지급받는 관작자의 수가 증가하고, 그리고 사여자에게는 특별한 대우를 하게 되면서 지급량에서 차이가 생긴 것이 아닌가 한다.

　문제는 진한시대의 관부에서 지급된 장은 어떤 종류였냐는 점이다. 주지하듯 맥장은 두장보다 공정이 간단하고 짧은 시간에 완성할 수 있다는 장점은 있지만 영양과 향미에서는 두장보다 못하다. 이런

---

162 『사기』 권129 「화식열전」, "鮐鮆千斤, 鰍千石, 鮑千鈞."
163 최덕경, 「고대 한반도의 젓갈의 출현과 보급: 제민요술과 관련하여」 『중국사연구』 제137집, 2022, pp.47-49.
164 최덕경(崔德卿), 앞의 논문, 「戰國·秦漢 시대 음식물의 材料」, pp.112-113.

사실은 두장이 육장을 대신하면서부터 알려졌던 것 같고, 그래서인지 당시에는 맥장이 그다지 주목할 만한 장은 아니었던 것 같다.

게다가 관작자에게 고하를 불문하고 모두 동일한 장을 지급했던 것도 이상하다. 앞의 사료에서 보듯 작위나 관위에 따라 관부에서 지급되는 식품의 질양은 물론이고, 관직에 따라 종자의 수도 차이를 두고 있다. 특히 4급 불경不更 이하의 민작과 5급 대부 이상의 관작에서 차이가 현저하며, 사율에서는 6백석(8급 공승에 준함) 이상의 이吏에게는 고급술인 도주稻酒를 하사하고, 그 이하에게는 속주粟酒를 하사하여 신분의 차이를 보이고 있다. 같은 논리라면 지급되는 물품의 이름은 같지만 장의 종류는 하사품인지 전식품傳食品 인지의 여부, 또는 신분 등급에 따라 달랐을 것이다. 어쩌면 진대에는 어장과 두장을 신분에 따라 적절하게 배당했을 것으로 보인다.

앞에서 낙양과 같은 대도시의 지배층들은 이미 시장에서 장, 시豉를 구매해서 이용했다는 사실을 설명한 바 있다. 이런 사실들로 미루어 볼 때, 장의 지급도 고위 관작자에게는 새로 출현한 두장豆醬을 지급하고, 그 이하 하급 관작자나 평민에게는 제조가 용이한 맥장이나 이전부터 있어 왔던 어육장을 지급했을 가능성이 크다.

오직 무작자나 평민의 경우, 특별한 공적이 있을 때, 장을 하사하기도 했다. 그나마 예속민은 이 경우 장도 지급받지 못하고 있다. 이런 점에서 보면 진한시대의 장은 여전히 예속민들에게는 매우 귀한 조미품이었으며, 그리고 2급 이하의 평민들도 관부에서 쉽게 받을 수 있는 물품이 아니었음을 알 수 있다.

물론 일반민은 가정에서 직접 장을 생산할 수도 있었겠지만,『한서』「식화지상」에서 "일부一夫의 전지로 다섯 식구를 부양하는데, " 적자재정을 면치 못했던 것을 감안하면 소농민이 장을 만드는 것은 결코 용이하지 않았을 것이다. 북위北魏 태화太和 원년(477)의 송소조묘宋紹祖墓의 기록을 보면, 하루 50명이 참가하여 염시鹽豉를 만드는 대규모 수공업장을 볼 수 있다. 장 만드는 공정에 동원된 노동력이 60일간 연 3,000명에 이르며, 기간 내에 30곡解[3,000승]을 생산하고 있다.[165] 이것은 북위 시대에 접어들면 염시 생산에 대규모의 인원이 동원되었음을 나타내며, 염시의 생산량은 하루 1인당 1승씩 한 셈이 된다. 그리고 2개월이라는 생산 공정으로 보아 이 장은 맥장보다 두장에 가깝다. 생산된 30곡의 염시에 대해 혹자는 공정 기간 중에 사용된 총 염시의 양이라고 하는가 하면, 공정 기간 중에 식용한 염시의 양이라는 견해도 있다. 어떤 것이든 5세기 무렵에는 화북지역의 경우 생산자에게까지 염시와 두장을 널리 이용했음을 알 수 있으며,[166] 이러한 분위기가 6세기『제민요술』의 작장법, 작시법과 같은 대중화된 기술을 가져왔을 것이다.

III. 두부의 출현과 콩나물

1. 두부의 발명과 전파

두부는 제분 기술의 전제 위에 콩이 여러 공정을 거쳐 전혀 새로운 형태로 탄생한 식품이다. 두부 발명의 기원에 대해서는 다양한 견해가 전한다. 순임금 때 숙유菽乳에서 시작되었다는 설, 북방 유목민족의 유락[乳酪: 豆乳]에서 두부가 기원했다는 설과 전한설前漢說 유안劉

---

165 장칭제[張慶捷] 외 1인,「北魏宋紹祖墓兩處銘記析」,『文物』2001-7에는 大同에서 발견된 북위 태화 원년(477년)의 송소조묘(宋紹祖墓)에 새겨진 명문 속에 "太和元年五十人用公三千鹽豉卅斛"라는 말이 전하고 있다.

166 『위서(魏書)』권11「王修傳」, "乃步担乾飯, 兒負鹽豉, 門徒從者千餘人."; 『삼국지(三國志)』권9 「魏書·曹眞傳附恒范傳」, "令致米一百斛, 幷肉脯鹽豉大豆."

安의 발명품이란 설 등이 있다. 전자의 두 설은 만드는 공정 중 두즙이 끓고 엉기는 형상에 근거한 듯하다. 그리고 전한설에 대한 주된 근거는 북위의『낙양가람기』에 회남왕淮南王 유안劉安(BC.179~BC.122)과 그의 빈객이 "콩을 갈아 유지乳脂가 된 것을 이름하여 두부이다."라고 한 것에 있다. 아울러 남송 주희가 노래한 시 중에 두부는 전한 회남왕 유안이 발명했다는 것에 근거를 두고 있다.[167] 북송, 남송의 사료에는 두부라는 명칭이 자주 등장하고, 그 후 확대 재생산되었지만, 유안이 발명했다는 주장은 근거 없이 단순히 전설로서만 받아들여져 왔다.

그런데 최근 하남성 밀현密縣 타호정打虎亭 1호 후한묘 화상석에서 두부 제조 과정과 유사한 장면이 출토됨으로써 이러한 전설적인 근거가 새로운 주목을 받고 있다. 1596년에 새긴『본초강목』에 따르면 두부 제조공정에 대해, "콩을 물에 담가 불리고, 맷돌에 갈고, 찌꺼기를 걸러내고, 끓이고, 소금물이나 명반 혹은 초를 간수로 넣고, 엉기면서 가라앉게 되면 솥에서 건져낸다."라고[168] 하여 주된 공정은 콩을 물에 담그고, 갈고, 여과, 끓임, 간수, 엉김이라 제시하고 있다. 그런데 타호정 1호 한묘 중에도 이와 유사한 장면이 묘사되어 있다. 물론 이 화상석의 내용에 대해 혹자는 양조 과정이라 하고 있지만,[169] 두부 제조공정이라는 견해가 더욱 설득력을 얻고 있다.[170] 만약 타호정 화상석의 내용

---

167 『회암집(晦庵集)』권3, "豆腐 (世傳豆腐本乃淮南王術). 種豆豆苗稀, 力竭心已腐. 早知淮王術, 安坐獲泉布." ( )는 小注; 명(明) 방이지(方以智),『물리소식(物理小識)』, "種豆豆苗稀 力竭心已腐. 早知淮南術 安坐獲泉布."

168 『본초강목(本草綱目)』「穀四·造釀·豆腐」, "集解時珍曰, 豆腐之法 … 造法:水浸磑碎濾去滓煎成以鹽鹵汁或山礬葉或酸漿醋, 澱就釜收之. 又有入缸內, 以石膏末收者. 大抵得鹹苦酸辛之物, 皆可收斂爾."

169 쑨지[孫機],「豆腐問題」,『農業考古』1998-3.

170 최근 발표된 두부의 기원에 대한 연구논문은 다음과 같다. 전한 또는 회남왕 기원설을 주장하는 논문으로는 황전웨[黃展岳],「漢代人的飲食生活」,『農業考古』1982-1; 궈버난[郭伯南],「豆腐的起源與東傳」,『農業考古』1987-2; 리즈환[李治寰],「豆腐製法與道家煉丹有關」,『農業考古』1995-3; 천원화[陳文華],「豆腐起源于何時」,『農業考古』1991-1; 천원화[陳文華],「小葱拌豆腐-關于豆腐問題的答辯」,『農業考古』1998-3; 구어[賈峨],「關于豆腐問題」一文中的問題」,『農業考古』1998-3 등이 있다. 그리고 당송시대 설을 주장하는 학자로는 쑨지[孫機], 앞의 논문,「豆腐問題」로서, 그는 타호정 1호 한묘의 도상을 연회를 위한 양주도(釀酒圖)라고 하고 있다.

이 후한 시대의 두부 공정을 묘사한 것이라면, 그 기원을 전한대 회남왕의 시대까지 소급하는 것은 그다지 어렵지 않을 것이다. 왜냐하면 한대는 대두의 종류와 용도가 다양하고 가공 기술의 발달도 대차가 없었기 때문이다.[171]

주지하듯 두부는 장, 시豉와 더불어 대두의 대표적인 가공식품 중의 하나이다. 한대 회남왕 유안이 발명한 것으로 알려진 두부는 송대 이후 문헌 속에 자주 등장하며, 이후 대부분의 연구자들은 이 설에 따른다.[172] 예컨대 남송 주희朱熹는「두부豆腐」의 시에서 "콩을 심었지만 나오는 싹은 드물기만 하니 힘도 부치고 마음도 이미 지쳐버렸네. 만일 전한의 회남왕 유안의 두부 만드는 법을 일찍이 알았더라면 편안히 앉아서 돈이나 벌걸."이라 노래하고, 스스로 주를 달아 "세상에 전하기를 두부는 본래 회남왕이 만든 것이다."라고 했다. 주희와 동시대인 양만리楊萬里도『두로자유전豆盧子柔傳』에서 두부는 이미 한대에 있었다고 하며, 유안의 발명품임을 시인하고 있다. 이러한 현상은 명청 대까지 이어져, 이시진『본초강목』이나 명대 나기羅頎의『물원物原』에서도 두부가 회남왕 유안의 발명품이라고 인식하였던 것이다. 이런 생각은 이웃 나라의 월남越南과[173] 조선에서도 마찬가지였다. 조선 후기 실학자인 이익李瀷(1681-1763)은『군쇄록群碎錄』에서 두부가 회남왕 유안의 발명품임을 소개하고 있으며, 정약용丁若鏞(1762-1836)은『아언각비雅言覺非』에서 송대『사물기원事物紀原』을 인용하여 회남왕의 전설과 더불어 "우순虞舜 초 어떤 도사가 숙유菽乳:두부 별칭를 즐겨 먹었다."라고 하여 오제五帝 시대까지 소급하고 있지만 유안의 발명에 대해서는 의

---

171 최덕경(崔德卿),「中國古代 地域別 農作物의 分布와 加工」,『慶尙史學』第10輯, 1994, p.139-140; 최덕경(崔德卿),「戰國·秦漢時代 음식물의 材料」,『考古歷史學志』第11·12合輯, 1996, p.106, 112.
172 귀원타오[郭文韜] 편저,『중국대두재배사(中國大豆栽培史)』, 河海大學出版社, 1993, p.69.
173 『운대류어(芸臺類語)』권9「品物九」, "本草豆腐之法, 始於淮南王劉安."

심하지 않고 있다.

그동안 중국에서 두부의 기원을 찾으려는 노력이 적지 않았다. 공자의 시대부터 두부가 존재했다고 하는가 하면[174], 『거연한간居延漢簡』의 '두포豆脯'를 두부의 별칭이라고 생각하기도 하였다.[175] '두포'의 포는 흔히 육포를 지칭하지만, 반드시 그렇다고는 볼 수 없다.[176] 『사기』「회남형산왕열전淮南衡山王列傳」에는 "사자로 하여금 책[書]과 대추포[棗脯]를 내리게 했다."라고[177] 하며, 『동관한기東觀漢記』에도 환관 손정孫程은 "천자가 나에게 대추포를 내리셨다."[178]라는 말이 있고, 한대 문헌에는 호포瓠脯라는 말도 있다.[179] 이 의미는 일찍부터 식물의 열매를 포로 가공했음을 뜻한다. 이것을 보면 두포는 대개 대두를 갈아 만든 떡 종류[餠餌類]의 음식물로서, 두부와 발음은 비슷하지만 동일한 것은 아니었다.[180] 또 왕망 때의 "삶은 초목으로 타락을 만드는" 방법을 두부 제조법과 연관시키기도 했지만, '초목락草木酪'은 먹을 수도 없었으며,[181] 두부와는 무관한 것으로 판명되어 뚜렷한 증거를 찾지 못하였다.

한대 두부 발명설을 의심하는 주된 이유는 한대 이후 오대五代까지 두부에 관한 문헌기록이 전혀 보이지 않고, 더구나 6세기 농업과 음식 가공 기술을 집대성한 『제민요술』에도 보이지 않는다는 점이다. 때문에 1950년 대의 화학자 웬한칭[袁翰靑]은 문헌조사를 통해 두부와

174 청(淸) 왕급(汪伋), 『사물회원(事物會原)』, "腐乃豆之魂 故稱鬼食 孔子不食."
175 『거연신간(居延新簡)』, 文物出版社, 1990, EPT43:33B "揚子任取豆脯直五斛口", p.102)
176 청(淸) 당훈방(唐訓方), 『이어징실(里語徵實)』 권중 "豆脯"條, "漢淮南王造. 稗史: 劉安作豆脯. 俗作腐, 非也, 當作脯, 象其似肉脯也. 故脂麻曰麻脯, 棗肉曰棗脯."라 하고 있다.
177 『사기』 권118 「淮南衡山列傳」, "使使者賜書棗脯."
178 『동관한기(東觀漢記)』 「傳十三·孫程」.
179 청(淸) 당훈방(唐訓方), 『이어징실(里語徵實)』 권중 "豆脯"條, "漢淮南王造. 稗史: 劉安作豆腐 非也 當作脯 象其似肉脯也. 故脂麻曰麻脯 棗肉曰棗脯."라 하고 있다.
180 펑웨이[彭韋], 「漢代食飮雜考」 『中國經濟史論壇』, p.3.
181 『한서』 권99 「王莽傳下」, "分敎民煮草木爲酪, 酪不可食, 重爲煩費."

관련된 말을 찾으려 했지만 찾을 수 없었고, 유안이 편집했다는 『회남자』에조차도 두부가 보이지 않게 되자 유안 발명설에 의문을 품게 되었던 것이다.

현재까지 알려진 두부에 대한 최초의 기록은 오대 도곡^{陶谷}(903-970)의 『청이록^{淸異錄}』「관지문^{官志門}」으로, 이것은 유안의 발명설과는 1천 년 이상의 시간 차가 있다. 집^戩이 당시 안휘성 청량^{靑陽} 현승^{縣丞}이었을 때 몸소 검소하고 정사에 힘썼으며, 고기를 먹지 않고 매일 두부 몇 개를 구입하여 먹었다고 한다. 읍인^{邑人}들은 두부를 '소재양^{小宰羊}'이라고 불렀다[182]는 것이다. 저자 도곡은 오대의 신평[新平, 지금 안휘성 환남^{皖南}] 사람으로 오대의 진^晉, 한^漢, 주^周와 북송 초기에 모두 관직을 역임하고 북송 개봉 연간에 사망했다. 그 후 11세기 송대 구종석^{寇宗奭}이 쓴 『본초연의^{本草衍義}』의 "생대두를 … 맷돌에 갈아 두부로 만들어 먹는다."라는 기록에서 비로소 그 실체를 확인할 수 있다. 청대 진원룡^{陳元龍}이 오대『청이록』의 두부 관련 자료를 활용한 이후,[183] 대부분의 학자들이 이 자료에 기초하여 두부 기원의 하한을 만당오대^{晚唐五代}라고 했다. 연구의 결과 두부의 기원이 한대 유안에서 오대 시기, 즉 9-10세기라고 재설정된 것이다.[184] 1960년대에 일본의 시노다 오사무[篠田統]는 두부의 출현은 『청이록』의 문자 기록보다 대략 100년 전일 것이라고 보고, 당 중기를 그 기원 시점으로 보고 있다.

실제 송대에는 두부 관련 기록을 흔히 볼 수 있다. 두부의 명칭

---

182 도곡(陶谷), 『청이록(淸異錄)』「官志門」, "時戩爲靑陽丞, 潔己勤民, 肉味不給, 日市豆腐數個, 邑人呼豆腐爲小宰羊."

183 청(淸), 『격치경원(格致鏡原)』 권24 「荳腐條」, "謝綽拾遺荳腐之術, 三代前後未聞, 此物至漢淮南王安始傳其術於世. 庶物異名疏菽乳荳腐也. 羮荳爲乳. 淸異錄時戩爲靑陽丞, 潔己勤民, 肉味不給, 日市荳腐數箇, 邑人呼荳腐爲小宰羊."

184 웬한칭[袁翰靑], 「關于生物化學的發展一文的一点意見」 『中國醫史雜志』 1954-1; 웬한칭[袁翰靑], 『중국화학사논문집(中國化學史論文集)』, 三聯書店, 1982년 재록.

도 송대에 명명되었다고 한다. 예컨대 북송『물류상감지物類相感志』에는 "기름에 지진 두부를 좋아하고"라 하고, 남송『이견지夷堅志』에는 효종 때 촌민이 두부를 판매했으며,[185] 항주에서도 '전두부煎豆腐'를 판매하는 민가가 있었다.[186] 또 육유陸游의『노학암필기老學庵筆記』에서는 가흥인들이 두부탕점을 개설하기도 했다. 그리고 두부를 촉蜀에서는 '여기黎祁'라고 하고, 항주杭州 지역에서는 '동파두부東坡豆腐'라고 불러 지역마다 두부의 별칭이 존재했다. 두부의 형상을 보고 "소재양小宰羊"이라고 불렀던 것도 이 중 하나이다. 이들을 보면 송대에는 하남, 안휘성 등 화중 지역을 중심으로 두부가 상당히 보편화되었음을 알 수 있다.

명칭과는 달리 두부 제조법은 오직 명대 이시진의『본초강목』(1596년 새김)에서 찾을 수 있다.『본초강목』의 두부 제조법은 최종단계를 제외하면 한국과 일본 등지에서 실시되었던 전통적인 두부 제조법과 동일하다. 문제는 16세기 말『본초강목』(1552-1578년 찬술)에도 두부를 성

〈그림 4〉 하남 밀현 타호정 1호묘 석각화상(石刻畵像)

---

185 洪邁,『夷堅志·支丁』권2「浮梁二士」.

186 송초(宋初)『소채보(蔬菜譜)』에는 두부를 "啜菽, 菽豆也. 豆腐條切淡煮 蘸以五味"라고 하고, 오자목(吳自牧),『몽량록(夢梁錄)』에서는 "兼賣煎豆腐"라 하여 임안(臨安; 지금 杭州)에서 조린 두부[煎豆腐]를 판매하고 있다. 그리고 소식(蘇軾)은 시에서 두부를 "煮豆爲乳脂爲酥"라고 표현하고 있다.

형하는 마지막 단계인 진압 부분이 빠져 있다는 점이다. 물론 이전에
도 "두부를 졸이다."의 모습에서 엉기는 작업을 통해 두부를 성형했
을 가능성은 있지만, 사료상 제대로 된 성형 공정은 청대에 왕일정汪日
楨『호아湖雅』(1877년 찬술) 권8에 세포細布 또는 상자를 이용한 두부 성형
방식이 소개된 정도이다.[187]

　이상과 같은 상황 속에서 두부 기원론이 다시 활발해진 것은
1959-1960년 하남성 밀현密縣에서 타호정 1호 후한묘가 발굴되면서부
터이다. 〈그림4〉의 문제의 화상석은 동이실東耳室의 남쪽 벽에 새겨져
있는데, 화면은 길이 130cm, 높이 40cm의 크기이다. 동이실의 남쪽 벽
은 모두 두 개의 화상석으로 되어 있다. 동면은 포주도庖廚圖이고, 서
면은 상하로 구분되는데 상면上面은 양주도釀酒圖이고, 문제의 하면
下面이 두부 생산도라고 한다. 천원화[陳文華]가 이 화상석의 하단부가
바로『본초강목』(1596년 새김)의 '두부지법豆腐之法'에서 제시한 두부 제조
법과 동일한 공정이라고 인식하여, 한대 두부 발명설에 대한 논쟁을
야기했던 것이다.

　『본초강목』에 의하면 두부는 흑두, 황두, 백두, 이두泥豆, 완두 및
녹두를 사용하여 만드는데, 이들 중 흑두와 황두가 가장 좋다고 한
다. 그 외 콩들은 각기 단백질 함량이 달라 생산된 두부의 빛깔은 차
이가 있지만 제조는 가능했던 것 같다. 그 공정은 콩을 "물에 담갔다
가 맷돌에 갈고 찌꺼기를 거른다. 큰 솥에 넣고 푹 익힌다. 소금이나
명반잎 혹은 식초를 간수로 넣고, 엉기면 솥에서 건져낸다."[188] 라는
과정을 거친다. 이것을 단순화시키면 "콩 선별→물에 담그기→갈기→

187　양젠[楊堅], 「中國豆腐의 起源與發展」 『農業考古』 2004-1, pp.220-221.
188　『본초강목(本草綱目)』 「穀部·菽豆類·豆腐條」, "凡黑豆黃豆及白豆泥豆豌豆綠豆之類, 皆可爲之.
　　水浸硏(或磨碎), 濾去渣, 入大鍋中燒開, 以鹽鹵汁或山礬葉或酸漿醋, 澱入鍋中收之."; 위샤오핑
　　[兪小平] 등 주편, 『본초강목정석(本草綱目精釋)』, 科學技術文獻出版社, 2005 참조.

여과→끓임→간수-엉김"의 일곱 가지 작업으로 요약된다.

천원화는 후한대 타호정 화상석에 나타난 그림을 두부 제조공정
으로 인식하고, 〈그림 5〉와 같이 그 화면을 (1)물에 담그기→(2)갈기
→(3)여과→(4)점장點漿(간수)→(5)진압하는 공정이라고 파악하고 있으
며, 처음부터 두부를 성형한 공정이 존재했음을 지적하고 있다. 사실
그림만 보면 이 화상석에서 가장 선명한 두부 공정이 바로 마지막 단
계인 진압 부분이다. 이 부분이 오늘날 두부 공정과 극히 닮아있어 그

〈그림 5〉 천원화[陳文華]의 두부공정 모사도(『농업고고』, 1991-1)

런 결론을 내린 듯하다.

화상석의 공정이 두부 제조 과정이라면 2세기경 중원지역에 이미
오늘날과 같은 두부가 보급되었다는 것을 의미한다. 물론 전국시대에
대두의 보급이 보편화되고, 한대에 가공 기술도 갖추어졌고, 두부의
발명 또한 복잡한 공정이 아니었던 것을 보면, 굳이 유안의 발명 여부
는 알 수 없지만 두부가 전한부터 생산되었다고 해도 크게 문제는 되
지 않을 것이다.[189] 그렇게 되면 이 화상석의 두부는 도곡의 『청이록』
의 것보다 7세기 이상 빠른 셈이 된다.

하지만 쑨지[孫機]는 천원화와는 달리 화상석 속의 5개의 공정

---

189 천원화[陳文華], 「豆腐起源于何時」『農業考古』 1991-1, p.247; 홍광주[洪光住], 「中國豆腐文化起源
發展史」『中國烹飪』 1991-1에서는 유안이 두부를 발명했다는 전설이 전혀 허문은 아니라고 한다.

은 양조 과정을 묘사한 것이라는 견해를 제시했다. 그 작업 내용은 "찐 밥을 준비[酘米]→누룩을 부수어 항아리에 넣고[下麴]→[고두밥[酘米]]→발효 숙성된 밥을 눌러 부숨[搦米飯]-뒤섞기[攪拌]→압착"하는 과정으로 이해하여,[190] 두부 제조공정과는 전혀 상관없는 것이라고 함으로써 쌍방 간 치열한 논쟁이 전개되고 있다.

그러면 논쟁과 함께 그림 속에 나타난 의문점을 다시 한번 검토해 보자.

첫째, 천원화가 모사摹寫한 화상석의 객관성 문제이다. 〈그림 5〉와 같이 모사된 화상석을 보면 분명 두부 제조 과정처럼 보인다. 특히 맷돌[石磨]과 압착기의 존재는 이 과정을 두부 제조공정임을 입증하는 가장 중요한 증거가 되고 있다. 문제는 그림의 모사 과정에서 필자의 주관이 반영되었는지의 여부를 따져 보아야 한다. 순지는 천원화가 하단부의 두 번째 공정의 그릇[盆]을 모사 과정에서 맷돌[石磨]로 묘사했다고 한다. 순지는 이것을 맷돌이 아니라 원통 위에 올려놓은 항아리이며, 그 속에 부서진 누룩이 담겨있는 것으로 이해했다. 그러고 보면 선진시대 이래 출토된 맷돌을 보면 대개 앉아서 작업을 할 수 있도록 한 구조인데, 화상석의 경우 서 있는 상태에서 작업을 하고 있으며, 원통형의 작업대 위에 무거운 맷돌을 설치하여 작업하고 있는 것도 어색하다. 물론 당시 맷돌에는 갈린 콩이 한곳으로 모여 흐르도록 하는 장치가 없었기[191] 때문에 이런 원통형의 장치를 설치하여 흘러내리는 콩국물[豆漿]을 받았을 것으로 이해되지만, 그 설비가 어쩐지 낯설다.

둘째, 3단으로 구분된 〈그림 4〉의 화상석 포주庖廚장면 전체를 하

190 쑨지[孫機], 「豆腐問題」『農業考古』 1998-3,
191 뤄양시제이문물공작대(洛陽市第二文物工作隊), 「洛陽五女冢新莽墓發掘簡報」『文物』 1995-11, p.17 에 등장하는 맷돌도 곡물을 갈고 난 후 가루를 받아 한곳으로 모으는 장치가 없다.

나의 작업으로 볼 것인가 아니면 상하 또는 상중하로 구분해서 볼 것인가에 대한 문제이다. 천원화는 양단으로 구분하여 최하단은 두부 제조 장면이고, 상단의 두 단은 주조酒造 장면이라고 했다. 반면 반대쪽에서는 전체를 하나의 작업 장면으로 보고 화상석 상단에 등장하는 각종 독[瓮], 항아리[缸] 등의 용기는 두부가 아닌 술을 담거나 저장하는 용기라고 판단하였다. 따라서 하단의 작업은 이에 연계하여 양조공정이라 이해하였다. 사실 중간 부분의 좌, 우측에 놓인 도기들을 보면 엄격하게 3단으로 구분하기 곤란하며, 게다가 중간층 4인의 동작을 보면 상·하단의 작업을 돕고 있다는 느낌을 준다.

셋째, 하단부 작업공정에 대한 검증이다. 우선 전통적인 술이나 두부 제조공정에서는 여과와 진압을 할 때는 대개 올이 가는 포대를 사용하여 액체를 걸러내는데, 타호정 화상석에서는 이런 작업은 보이지 않고 지렛대의 원리를 이용하고 있다. 여과 작업이라고 하는 세 번째 공정에서 장방형의 판 위에서 뭔가를 문지르는 듯한 행동을 하고 있다. 천원화는 순지의 주장을 일일이 비판하며 양조 과정에는 갈거나 여과하거나 진압하는 용구가 필요 없다고 한다.[192]

그리고 공정의 다섯 번째에 사용된 압착기가 오늘날의 나무틀과 너무 닮아있다는 점이 문제가 된다. 천원화와 구어[賈峨]는 최근 하남 정주나 복건성 복안시福安市 부근, 강서성 응담시鷹潭市 부근의 두부 제조 과정에 이런 압착기를 사용하고 있다는 근거를 그림으로 제시하고 있다. 그리고 이 방식은 단지 포대에 싸서 돌을 눌러두는 전통적인 방식과는 다르며, 이는 한대 장원에서 대규모적인 생산에 사용되었다고 한다. 그리고 압착기의 〈그림 5〉를 보면 항아리를 설치하여 아

---

192 구어[賈峨], 「關于『豆腐問題』一文中的問題」『農業考古』 1998-3; 천원화[陳文華], 「小葱拌豆腐-關于豆腐問題的答辯」『農業考古』 1998-3; 팡인[方股], 「密縣打虎亭漢墓的圖象是製豆腐」『農業考古』 1999-1.

래로 물을 받아 내고 있다. 대개 두부를 압착할 때에는 물이 한꺼번에 밀려 나오기 때문에 그냥 땅으로 흘려보낸다. 그래서 주로 우물가나 배수가 가능한 곳에서 작업한다. 그런데 항아리를 사용하여 흘러 나오는 액체를 아래에서 받고 있는 것을 보면, 이후 활용하려고 한 듯하다. 양조釀造 과정에서는 당연히 여과된 술을 항아리에 받는 작업은 꼭 필요하지만, 두부 공정이라면 버리는 간수를 왜 소중하게 취급하고 있는가 하는 점이 궁금하다.[193] 그리고 두부의 압착은 반드시 물속에서 해야만 두부가 마르지 않는다. 즉 압착 시 필요 이상의 물은 흘려보내지만 일정량의 물은 반드시 통 속에 담겨있어야만 한다는 것이다. 그런데 화상석에서 보는 바와 같이 액체를 빼는 입구가 압착기의 하단에 위치하고 있다는 것은 모든 물을 빼낸다는 의미이다. 만일 화상석에서 묘사하는 바가 두부 공정이라면 두부를 성형할 때 물을 담아두어야 한다는 사실과 서로 모순이 발생한다.

넷째, 화상석 하단의 공정이 두부 공정이라면 왜 끓이는 장면이 생략되었는가 하는 점이다. 대개 화상석에는 부뚜막이나 조리 장면을 보면 불을 때는 모습이 잘 그려져 있고, 같은 타호정 1호묘의 동이실 동벽 석각 화상에도 솥에 불을 붙일 때의 모습과 음식물이 끓어 김이 오르는 모습이 잘 묘사되어 있다.[194] 특히 두부 공정에서 간 콩의 찌꺼기를 걸러내어 콩국물[195]을 끓이거나, 간수를 부을 때도 온도는 매우 중요하다. 실제 전술한 바와 같이 『본초강목』에서도 여과한 후 솥

---

193 한국의 일부 지역에서는 이 간수물을 받아 동상(凍傷) 등을 치료하는 약으로 사용하기도 한다.
194 허난성문물연구소(河南省文物研究所), 『밀현타호정한묘(密縣打虎亭漢墓)』, 文物出版社, 1993, pp.137-138.
195 콩물은 두장(豆漿)과 두즙(豆汁)으로 구분된다. 『설문(說文)』에서는 "灝, 豆汁也"라고 하여 콩 삶은 물, 즉 콩즙[豆汁]이라고 한다. 『제민요술』 권8 「작시법」에는 『식경』을 인용하여 "更煮豆, 取濃汁…以豆汁洒浸之, 令調, 令汁出其間, 以此爲度."했는데, 이때 두즙은 콩을 삶아 얻은 국물임을 알 수 있다. 반면 루쯔밍[盧子蒙], 「中國古代飮用豆漿的起源與推廣」『農業考古』 2022-4, p.198에 의하면 두장(豆漿)은 두즙과 성분은 같지만 삶은 콩을 맷돌에 갈아 찌꺼기와 액체를 분리한 후 그 즙을 끓인 것이라고 한다. 그리고 남방에서는 두장을 두유(豆乳)라고 칭하기도 한다.

에 넣어 끓이면서 온도조절을 통해 간수를 넣는다고 한다. 그런데 문제의 화상석 작업 과정의 어디에도 콩국물을 끓이는 장면은 보이지 않는데, 이를 두부 공정과 동일시하고 있다. 반면 양조 과정은 두부 공정에 비해 다양한 방식이 존재하며, 대개 찐 밥을 미리 준비 해두기 때문에 굳이 가열할 필요는 없다. 그리고 전통적인 양조방식 중에는 대개 곡물을 찌지 않고 발효하는 무증자법無蒸煮法도 있다는 지적은 경청할 만하다.

다섯째, 화상석은 장의葬儀 예술품으로서 천상과 지하 세계에 밀접하게 연관된다. 때문에 이런 신앙 세계와의 접촉을 위해 술이 매개되기 때문에 양조 과정은 포주 화상석에 자주 등장한다. 하지만 두부는 이러한 무덤 장식에서 어떤 작용을 했는지 분명하지 않다. 더구나 천원화[陳文華]의 지적처럼 두부 제작과 같이 5단계로 작업공정을 설정하여 완벽하게 재현한 장면은 다른 화상석에는 찾아볼 수 없다.

양자는 이미 사용 가능한 문헌 및 출토자료를 통해 치열한 공방을 한 적이 있으며, 이젠 더 이상 새로운 자료를 제시하기도 어려운 실정이다. 보다 정확한 해석을 위해서 열린 마음으로 이 그림을 주시할 필요가 있다. 그래서 이 문제의 해결 방향을 모색하기 위해 본고에서는 비슷한 시기의 한반도의 두부 제조 과정을 통해 그 실체에 접근해 보고자 한다.

한반도는 전술했듯이 대두의 기원지 중 하나이며, 『신당서』「발해전」에는 동경東京: 柵城이 '시豉'의 특산지였고, 『양서梁書』나 『남사南史』의 「동이전·고구려」 조에는 "고구려인들은 스스로 청결한 것을 좋아했고 항아리에 빚어 발효, 저장하는 것을 잘했다."라고 하거나 일본에까지 전해진 고구려 된장인 말장[미소]을 만들기도 했다. 이러한 상황을 통해 대두의 기원지인 만주와 한반도에서는 이미 장시를 제조하여 저장할 수 있는 조건이 갖추어졌으며, 이를 외부로 확산시켜 중국과 일본에까지 전파되어 명성이 자자했음을 알 수 있다.

한반도의 문헌에 두부의 기록이 발견되는 것은 고려시대부터이다. 고려말의『양촌집陽村集』에는 끓는 콩국물에 간수를 부으면서 응고된 것을 두부라고 한다.[196] 그리고 1450년 편찬되었다는『산가요록』「가두포假豆泡」조의 두부의 제조 과정은 1552년에 편찬된『수운잡방需雲雜方』의 것과 유사하다. 전자는 엉기면 보자기에 싸서 간수물만 뺀 상태의 '연두부[軟豆泡]'[197]였다면, 100년이 지난 후자의 것은 간수를 천천히 부어 엉기면 베주머니에 넣고 그 위를 고르게 진압하여 두부를 만든 것이 다른 점이다. 이들 모두 지금의 두부와는 달랐던 것 같다.『수운잡방』에서도 너무 급하게 간수를 넣으면 단단해져 좋지 않다고 한 것을 보면 너무 성형화된 경두부를 원하지는 않았던 것 같다. 청대 설가장薛家長의『소식설략素食說略』에도 "포아두부泡兒豆腐"라고 하여 두부 제조과정에서의 특징이 조선과 동일하다는 점이다. 무엇보다『본초강목』이 간행된 시점인 조선시대에는 두부에 관련된 기록이 적지 않다. 조선의 기록을 통해 당시 제조된 두부가 어떤 형상이었나를 살펴보자.

조선시대 두부에 대한 호칭은 두부와 더불어 포泡, 두포豆泡가 가장 많으며,[198] 두부頭腐[199]라는 말도 등장한다. 1819년 정약용이 편찬한『아언각비雅言覺非』「두부조」에 의하면 두부의 이름은 원래 자아순自雅馴인데, 당시 방언으로는 포泡라고 했으며, 거품을 형상화한 것이라고

---

196 『양촌선생문집(陽村先生文集)』권10「두부」(『국역양촌집(國譯陽村集)』Ⅱ, 民族文化推進會, 1978, p.186), "碾破黃雲雪水流, 揚湯沸鼎火初收, 凝脂灉灉開盆面, 截玉紛紛滿案頭, 自幸饔飱猶不廢, 何須藜藿更煩求, 病餘日用唯眼食, 一飽眞堪萬事休."
197 『산가요록』「假豆泡」, "入艮水待凝…裹裸則軟豆泡."
198 『태종실록(太宗實錄)』권31 16년 5월 28일;『세종실록』권49 12년 8월 6일.
199 『세종실록』권66 16년 12월 24일;『연산군일기』권41 7년 9월 17일.

한다. 또 다른 이름은 숙유菽乳이다.[200] 그리고 승원僧院에서 두부를 생산한다고 하여 조포사造泡寺라고 불리기도 하였다. 여기서 우리는 당시 두부의 형상이 오늘날과 같지 않음을 알 수 있다. 특히 숙유라든가 소재양小宰羊이라는 표현은 두장豆漿이 가축의 젖과 유사한 형상이었기 때문에 붙여진 것이 아닌가 한다. 북송 소식蘇軾의 시에서 콩을 삶아 만든 두부를 '유지乳脂' 또는 '수酥'라고 하여 연유처럼 표현한 것도 같은 형상을 두고 한 말이 아닌가 한다. 이것은 간수를 넣은 후 성형을 하지 않은 상태의 연두부를 두고 하는 말이다.

조선의 두부 제조 과정은 16세기 초에 편찬된 『수운잡방』 「취포取泡」 편에서 잘 소개하고 있다. 즉, 먼저 "선택한 콩을 갈아 껍질을 벗겨→ 포대에 넣고 찌꺼기 걸러→솥에다 끓임→(세 번 넘치면 세 번 찬물을 부음) (불기를 끄고)→염수를 냉수에 섞어 천천히 부음→엉기면 보자기에 감싸 진압한다."라고 한다.[201] 두부의 성형까지 제시한 이 방식은 오늘날까지 그대로 전해지고 있다. 17세기 선조 26년(1593)의 기록에 중군中軍부터 군병에 이르기까지 두부 한 접시씩 지급된 것을 보면[202] 당시 소비가 일반화되었음을 알 수 있다.

그러나 15세기에는 두부가 지배층의 제물이나 진상품으로 이용되었으며,[203] 애용하는 계층도 고려 말에서 볼 수 있듯이 사대부 계층이었던 것 같다. 이때 두부의 모습은 16세기 이후와는 달랐을 것이며, 이런 점에서 볼 때, 조선의 경우 16세기 이전에는 두부를 진압하지 않

---

200 최덕경(崔德卿), 「朝鮮時代의 大小豆와 그 加工食品」 『大丘史學』 第72輯, 2003.
201 『수운잡방(需雲雜方)』 「上篇·取泡」, "太一斗磨皮去皮, 又綠豆一升別磨去皮, 沈水待潤緩緩磨, 細布帒漉之須精去滓, 更漉之, 入釜沸之. 若溢則以冷淨水從釜邊暫下, 凡三溢三點水, 則熟矣. 以厚石皮濕之覆火上絶火氣, 鹽水和冷水至淡緩緩入之. 若有忙心, 則泡堅不好, 徐徐入之, 待凝裏裰勻鎭其上."
202 『선조실록』 권34 26년 1월 12일.
203 『태종실록』 권31 16년 5월 28일; 『세종실록』 권9 2년 9월 22일; 『세종실록』 권39 10년 2월 11일; 『세종실록』 권49 12년 8월 6일; 『세종실록』 권66 16년 12월 24일; 『성종실록』 권131 12년 7월 13일.

은 연두부의 형태가 일반적인 모습이 아니었던가 한다. 이런 상황이라면 두부 제조 과정에서 진압 단계는 필요 없거나 그다지 중요하지 않게 된다. 당말오대唐末五代의『청이록』이나 명대『본초강목』의 엉긴 형태의 두부도 15-16세기 초의 조선시대와 비슷한 두부의 형상이 아니었을까 생각된다. 때문에 후한대 타호정 화상석에 등장하는 이른바 두부의 성형 도구는 재검토되어야 할 것이다.

따라서 타호정 화상석의 하단부에 등장하는 그림이 두부 제조공정인지 양조공정인지는 새로운 각도에서 재검토할 필요가 있다. 특히 사람의 모사가 아닌 신기술을 이용한 그림의 패적을 추적할 필요가 있으며, 나아가 인접 국가들의 자료를 적극적으로 수집하고 검토할 때까지 결론은 유보하는 것이 좋을 듯하다.

2. 콩나물의 등장과 이용

콩과 식품 중 중요한 또 다른 것은 콩나물[豆芽]이다. 콩나물은 콩을 이용한 기존의 단백질 식품과는 달리 비타민이 풍부한 야채라는 것이 특징이다. 콩나물은 후한 때 저술된『신농본초경』의 "대두황권大豆黃卷"이나[204] 이를 인용한 남조 도홍경陶弘景의『명의별록名醫別錄』[205]에서 비롯되었다.『신농본초경』은『본초경本草經』또는『본경本經』이라고 칭하는데, 이전부터 대대로 구전되어 온 것을 후한 때 정리한 것이다. 그래서인지 이미 한대의『장사마왕퇴일호한묘長沙馬王堆一號漢墓』의「죽간竹簡」중에도 "황권일석黃卷一石"이라는 말이 등장한다. 황권에 대한

---

204 『신농본초경』(神農本草經), "大豆黃卷, 味甘平無毒. 主濕痺筋攣膝痛. 生大豆, 涂癰腫. 煮汁飲, 殺鬼毒, 止痛."
205 『명의별록(名醫別錄)』「大豆黃卷」, "本經原文：大豆黃卷, 味甘平. 主經痺筋攣膝痛. 生大豆, 塗癰腫, 煮汁飲, 殺鬼毒, 止痛."라고 하여『신농본초경』(神農本草經)과 동일한 내용이 전한다.

주석에는 도홍경이 지적한 5촌(11.6cm) 정도 자란 흑대두의 싹과 뿌리인 '얼아蘗牙'를 말려 사용하는데, 이를 황권黃卷이라 하고 있다. 따라서 콩나물의 원초적인 형태인 황권은 이미 한 초부터 존재했음을 알 수 있다. 그리고 이때 황두나 흑두는 그 콩나물의 크기나 용도로 미루어 융숙과 고려두류의 대두였을 것으로 짐작할 수 있다. 물론 이때의 황권은 햇볕에 말린 콩의 싹과 뿌리였고, 『신농본초경』에 의하면 이것은 풍습風濕과 관절통을 치료하는 약재였다는 것을 보면 식품과 약재를 겸용했던 것 같다.

그런데 북송 소석蘇碩의 『도경본초圖經本草』 중에는, "녹두에서 하얀 싹이 나오는데, 이것은 채소 중에서도 가품佳品이다."206라는 문장에서 녹두 콩을 키운 녹두나물이 훌륭한 채소로 인정되고 있는 것이 주목된다. 그리고 남송 맹원로孟元老의 『동경몽화록東京夢華錄』「제색잡매諸色雜賣」 편에서는 매일 작은 마을에서 '싹이 난 콩'이 판매되고 있었으며,207 녹두, 소두, 밀을 항아리 속에서 물을 주어 기르는 모습도 볼 수 있다.208 게다가 『요지遼志』「세시잡기歲時雜記」에도 화분에 물을 주어 콩나물[豆菜]을 재배하고 있는 정황이 기록되어 있다.

이는 송대에는 콩을 물에 배양하여 약재뿐 아니라 채소로 사용하고 있음을 보여준다. 특히 작은 마을에까지 콩나물이 판매되고 있다는 사실에서 황권이 약재를 넘어 식재료로 널리 보급되고 있었음을 알 수 있다. 이는 단백질 식품의 대두가 비타민 중심의 또 다른 식품으로 변신했음을 의미한다. 이때 주로 사용된 콩은 『도경본초』나 『동경몽화록』에서 보듯 녹두가 일반적이었을 것이다.

206 소석(蘇碩), 『도경본초(圖經本草)』, "綠豆, 生白芽爲蔬中佳品."
207 『동경몽화록(東京夢華錄)』 권3 「諸色雜賣」, "皆小民居止, 每日賣蒸梨棗·黃糕糜·宿蒸餅·發牙豆之類."
208 『동경몽화록』 권8 「是月巷陌雜賣」, "又以綠豆·小豆·小麥, 於磁器內, 以水浸之, 生芽數寸, 以紅籃綵縷束之, 謂之種生."

원대 주밀찬周密撰의 『남송시사기南宋市肆記』의 기록에는 시장에서 콩떡[豆團], 콩나물, 콩죽, 콩찰떡[豆糕] 등을 판매하였는데, 콩을 이용하여 당시 다양한 먹거리를 만들었던 것을 살필 수 있다.[209] 그런데 명대 『본초강목』 「곡穀」 부에서 이시진이 이르길 두아豆芽는 비리고 질기지만 싹이 희고 독특하다. 요즈음은 쉽게 볼 수 있지만 옛사람들은 알지 못했다."라고[210] 하는 것에서 16세기 이전에는 일부 지역을 제외하고는 그다지 흔하게 재배한 것은 아니었음을 알 수 있다. 그리고 그 형태와 냄새로 보아 주로 말려 약재로 사용하거나 삶거나 데쳐 비린내를 없애고 부드럽게 하여 식용한 듯하다. 실제 원대 『거가필용사류전집居家必用事類全集』의 '조두아법造豆芽法'을 보면 오늘날의 콩나물과 달리 단지 1촌(3.2cm) 정도 자라면 이를 식용으로 쓰고 있다. 식용으로 할 때는 녹두의 콩 껍질을 벗기고 물에 데쳐 생강, 초, 기름, 소금 등으로 양념하여 무침을 한 듯하다. 이런 것을 보면 송원 시대의 녹두 콩나물은 채소로도 이용하였지만 주로 한정된 지역에서만 식용하고, 16세기에 다소 보편화되었음을 알 수 있다.

명明 고염高濂의 『준생팔전遵生八箋』 중에서도 '녹두나물'에 물을 주어 키우는 방식이 잘 묘사되어 있다. 『본초강목』 「곡부」의 대두 황권에는 '두아豆芽'이라는 말이 등장하는데, 도홍경의 말을 인용하여, "흑대두를 뿌리와 싹이 터 5촌이 되면 그것을 말리는데, 이것이 황권黃卷이다."라고[211] 하여 이것이 '두아'임을 간접적으로 제시하고 있다. 황권의 효과는 콩과는 차이가 있다. 후한 『금궤요략金匱要略』 등에 나타난 콩의 약효를 보면, 비장과 신장을 튼튼하게 하고 열을 내리며 해독하

---

209 궈원타오[郭文韜], 『중국대두재배사(中國大豆栽培史)』, 河海大學出版社, 1993, p.76.
210 『본초강목(本草綱目)』 「穀之三」, "時珍曰, 諸豆生芽皆腥靭不堪, 惟此豆之芽白美獨異. 今人視爲尋常, 而古人未知者也."
211 『본초강목』 「穀之三」, "黑大豆爲芽, 生五寸長, 便乾之, 名爲黃卷."

며 이뇨와 부종을 가라앉히는 효능이 있었다고 한다. 반면 황권의 복용법은 볶아 먹을 것을 권하면서, 이것은 천연두나 부스럼 치료에 효과가 있으며, 잘게 썰어서 소아의 요회창尿灰瘡에 붙여주면 효험이 있다고 하여, 그 복용과 치료 효과까지 구체적으로 소개하고 있다.[212] 이로 보아 황권은 줄곧 약재로도 사용되었음을 알 수 있다. 더구나 이시진李時珍은『본초강목』「곡부穀部」에서 정화수에 대두를 담가 싹이 나오면 "껍질을 취하여 그늘에 말려 사용한다."라고 하여 싹이 틀 때 생긴 콩 껍질을 취하여 그늘에서 건조하여 사용했다고 한다. 이것은 도홍경이 지적한 흑대두의 싹이 5촌 정도 자라면 이를 통째로 말린 황권 [豆蘗]과는 차이가 있다.

이상의 기록을 보면 명대 이후에도 물을 이용하여 대두를 배양하였으며, 여전히 대두 껍질이나 싹을 약재로 사용했음을 알 수 있다. 콩나물은 약재에 채소의 기능이 추가되면서 함께 발전했지만, 콩의 종류에 따라 대두황권大豆黃卷은 주로 약재로 이용된 데 반하여, 녹두 콩나물은 채소로서 주로 식용에 이용된 듯하다.

그런데『청사고清史稿』「길례吉禮·봉선전奉先殿」에 의하면, '녹두나물[綠豆芽]'이라는 말이 등장하고,[213] 나아가『대만통지臺灣通志』「항춘현지恒春縣志·소지속蔬之屬」에는 "콩나물 중 황두로 만든 것은 거칠고 녹두로 만든 것은 가늘고 희다."[214]라고 하여 콩나물[黃豆芽]과 녹두나물[綠豆芽]의 차이를 설명하고 있다. 청대에도 콩의 종류에 따라 식용과 약재용으로 구분하였는데,『대만통지』에서 보는 바와 같이 황대두 역시

---

212 『본초강목(本草綱目)』「穀部·菽豆類·大豆皮」에서 이시진은 그 용도를 "主治: 生用, 療痘瘡目翳. 嚼爛, 敷小兒尿灰瘡"이라 했다.

213 『청사고(清史稿)』권85「吉禮4·奉先殿」, "十二月蓼芽·綠豆芽·鬼·蟬蝗魚. 其豌豆·大麥·文官果諸鮮品 或廷旨特薦者 隨時內監獻之. 順治十四年 定月薦鮮獻粢盛牲品."

214 『대만통지(臺灣通志)』「恒春縣志·蔬之屬」, "豆芽菜. 黃豆者粗 綠豆者細而白."

비록 거칠기는 하지만 식용 콩나물로도 이용되었음을 확인할 수 있다. 이것은 콩나물의 수요가 증가하면서 각종 콩으로 콩나물을 제조하는 경향이 생겨났거나 양자는 용도에 따라 달리 이용되었을 수도 있으며, 아울러 변방의 경우 지역 생산물의 여건에 맞게 콩나물을 제조했던 것 같다. 그렇다면 융숙과 고려두의 본고장인 한반도와 중국 동북 지역에서는 일찍부터 대두를 이용한 콩나물이 약재와 식재료로 이용되었을 것으로 가정해 볼 수 있다.[215] 이에 대해서는 조선의 콩나물에서 언급하였다. 흥미로운 것은 콩나물의 주된 보급 시기를 보면 전술한 두부의 보편화 과정과 거의 궤를 같이하고 있다는 점이 주목된다.

소결

제 환공齊桓公이 산융山戎을 정벌하고 동북 지역의 융숙戎菽을 가지고 나와 천하에 퍼트렸다는 것은 메주콩이었다. 따라서 기원전 3세기경 『오십이병방』에서 숙장이 등장한 것은 결코 우연이 아니었다. 숙장菽醬은 선진시기 육장과 함께 보급되었으며, 적어도 전국시대까지 소급할 수 있을 것이다. 처음에는 약재와 겸용했지만, 점차 식용화되었을 것으로 생각된다. 이런 장시의 출현은 천하에 융숙[대두]의 공급이 확산되었음을 의미하며, 그로 인해 기존의 숙과 구분하기 위해 초기에는 대숙, 소숙으로 불렸지만, 점차 숙과 두의 형태로 분화된다. 전국에서 진한시대를 걸쳐 숙이 두豆의 명칭으로 전환된 것은 융숙에 의

---

215 한반도의 경우 고려 고종(高宗) 23년경 강화도 피난 시에 간행된 것으로 보이는 『향약구급방(鄕藥救急方)』 「方中鄕藥目草部」에 콩나물[大豆黃]이 문헌상 처음으로 등장한다.

한 장시 보급과 궤를 같이한다고 볼 수 있다.

장醬의 보급은 『진간』과 『이년율령』에서 살핀 바와 같이 출장 시 관리나 유·무작자에게 장을 지급하고 있는 것을 보면, 장이 보편화되었음을 알 수 있다. 당시 장은 어육장과 두장이 존재했지만, 당시 고위 관작자에게는 향미가 좋은 두장豆醬을 지급하고, 그 이하 하급 관작자나 종자에게는 제조가 용이한 맥장麥醬이나 취급이 곤란한 육장 및 어장을 지급했을 가능성이 크다. 하지만 한대에는 평민과 예속민에게까지 장, 시豉의 보급이 보편화되었다고 보기에는 어렵다. 왜냐하면 진한시대 죽간 자료에 의하면 당시 하층민의 조미품으로는 주로 소금이 지급되었으며, 장은 그 이상의 신분이나 주로 하사품의 일부로 지급되었기 때문이다.

하지만 위진시대로 접어들면 염시鹽豉가 대량으로 생산되기 시작하고, 『제민요술』에서는 대두를 이용한 작시作豉나 작장법作醬法을 주목하고 있는 것을 보면 두장이 급속도로 민간에 보급되었음을 알 수 있다. 이러한 발효과정을 통해 탄생한 가공식품은 대두의 수요를 증가시켰으며, 그것이 각종 요리의 조미료나 부식으로 사용되고, 때론 비료로, 때론 토지 이용도를 높이는 수단으로 사용되면서 생산력의 발전을 도모하고 나아가 중국 음식문화의 발전에 크게 기여했다.

이런 상황에서 발해 책성시柵城豉의 명성이 중원지역에까지 알려졌다는 것은 그 지역에서 일찍부터 고려두에 의한 장醬, 시豉가 제조되었음을 간접적으로 말해주는 것이다. 흥미롭게도 한반도에는 중국과 달리 말장末醬과 청장의 기록이 많이 남아 있고 그 제조법이 뚜렷하며, 메주와 된장이 지금도 널리 제조되고 있다. 이런 상황으로 미루어 말장 역시 대두와 시豉의 명산지였던 한반도 및 만주 지역에서 출현하여 중국에는 말도의 형태로, 일본에는 미소라는 장醬의 이름으로 전파된 것이 아닌가 한다. 당시 고구려의 말장은 된장의 형태였으며, 이는 15세기 조선 초기를 지나면서 말장의 의미가 메주와 혼용되다 16세기에는 결국 메주의 의미로 바뀌게 된다.

한편 두부의 기원은 한대설과 당송설로 구분된다. 문헌상으로 보면 송대에 두부의 기록이 집중되고 있지만, 최근 하남성 밀현 타호정 1호묘의 화상석이 발굴되면서, 이것이 두부 공정인가 주조 공정인가에 대해 치열한 논쟁이 계속되고 있다. 모사摹寫된 화상석의 진위 여부, 도상의 배치와 제조공정의 합리성 등이 주된 논란의 대상이 되고 있다. 이런 상황에서 필자는 대두 기원지의 하나인 한반도, 특히 고려와 조선시대 두부의 형상과 그 제조공정을 살펴본 결과, 16세기 이전 조선의 두부는 오늘날과는 달리 연두부軟豆腐에 가까웠고, 『본초강목』의 두부 역시 동일하다는 점을 알게 되었다. 그렇다면 화상석 그림에 등장하는 작업도 두부 공정이 아닐 가능성이 크다. 하지만 이에 대한 성급한 결론보다 이후 보다 많은 사료를 수집할 때까지 결론을 유보하는 것이 좋을 듯하다.

대두를 이용한 가공식품은 시豉, 장醬과 두부에 한정되지 않는다. 이들과는 전혀 다른 비타민 식품인 콩나물도 매우 중요하다. 콩나물은 대두의 싹인 황권에서 비롯되며, 이는 마왕퇴 한묘 죽간에서도 볼수 있다. 황권을 초기에는 주로 약재로 겸용하였지만 송대 이후에는 오늘날과 같이 항아리 속에 물을 뿌려 야채로 재배했으며, 작은 마을에까지 판매가 이루어졌다고 하니 보급의 정도를 짐작할 수 있다. 당시 콩나물은 주로 약재를 겸용했지만, 식용은 연한 녹두 콩나물을 더욱 선호했던 것 같다. 물론 청대에도 비록 거칠기는 하지만 황대두가 식용 콩나물로 이용되기도 하였다. 이것은 콩나물의 용도 및 생산지에 따라 그에 걸맞은 콩나물을 제조했음을 말해준다. 이런 논리라면 융숙과 고려두의 본고장인 한반도에서도 일찍부터 대두를 이용한 콩나물이 약재와 식재료로 이용되었을 것으로 보인다. 콩나물의 보급 시기가 전술한 두부의 보편화 과정과 때를 같이하고 있다는 점도 흥미롭다.

콩 가공식품의 이용은 본장에서 제시한 것 이외에도 떡이나 간식의 재료로 사용되었으며, 두즙豆汁: 豆漿, 콩기름[油]을 추출하고 부산물마저 다양한 용도로 사용된다. 특히 콩기름[豆油]은 식문화의 변화를 예견하며, 짜고 남은 찌꺼기[豆餠]는 가축의 사료나 비료로 사용된다. 이에 대해서는 다음 장에서 설명하고자 한다.

제5장

두유豆油와 콩깻묵

본장은 다양한 콩 가공식품 중에서 늦게 주목을 받았던 콩기름과 콩깻묵[豆餅]에 대해 살핀 것이다. 6세기 『제민요술』에는 식물성 기름으로, 삼씨기름, 참기름, 들깨 기름, 순무[蕪菁] 등이 등장하지만, 두유豆油는 송대에 비로소 사료상에 등장하기 시작하며, 이후 가장 중요한 식용유 중 하나로 자리 잡게 된다. 이것은 기름의 수요가 늘어나면서 다양한 유료작물을 발굴했는데, 대두는 비록 함유량이 부족하지만 생산량이 많고, 압축 기술이 발명되면서 새롭게 주목을 받게 된 것이다.

주지하듯 콩기름의 용도는 단순히 식용유에만 그치지 않았다. 등촉을 밝히고, 방수 등 수공업의 원료로도 이용되어 시대의 변화를 이끄는 데 중요한 작용을 했다. 그 부산물인 콩깻묵은 기름을 짜고 남은 찌꺼기로서 식용하거나, 특별히 명말 청초의 강남지역에서는 가축의 사료나 비료로 이용되어 농업생산력에 적지 않은 작용을 하였다. 당시 강남지역은 콩깻묵의 공급이 부족하면 화북이나 동북 지역으로부터 이를 구입하여 사용했으며, 이런 현상은 20세기까지 지속되어 중요한 산업으로 자리 잡게 된다.

콩은 원래 대표적인 단백질 식품으로서 다양한 음식 소재로 활용되어 왔다. 명대 왕상진王象晉은 『군방보群芳譜』에서 콩을 묘사하기를, "먹을 수도 있고, 장醬, 시豉, 기름油과 두부를 만들 수도 있다. 그 찌꺼기는 돼지에게 먹일 수 있고, 흉년이 들어 굶주리게 되면 주린 배를 채울 수도 있다. 기름을 짜고 남은 찌꺼기는 비료로도 사용되며, 콩대는 연료로 사용되고, 콩잎은 부드러울 때 채소로도 이용하였다."[1]라고 하였다. 이것은 콩이 주식과 부식은 물론 동물 사료와 농작물의 비료로도 이용되었음을 잘 말해주고 있다. 이러한 사실은 일찍부터 콩

1   명대 왕상진(王象晉), 『군방보(群芳譜)』, "(大豆)其豆可食, 可醬, 可豉, 可油, 可腐. 腐之滓可喂豬. 荒年人亦可充饑. 油之滓可糞地. 其可燃火, 葉名藿, 嫩時可爲茹."

이 지닌 효용성을 다방면으로 인식하였기 때문에 가능했을 것이다.

본고에서 주목하고 있는 두유와 콩깻묵도 예외는 아니었다. 두유를 짜고 남은 부산물인 콩깻묵은 콩비지(두부 만들기 전의 콩 찌꺼기)처럼 음식물의 주된 재료로 이용되지는 않았지만, 명청시대의 강남지역에서는 매우 소중한 존재로 인식되었다. 당시 강남지역은 인구 증가와 함께 상업 작물의 재배가 늘어났는가 하면, 고용노동자들의 지주에 대한 요구조건도 강하였다. 게다가 오랫동안 불순한 기후 때문에 토지생산력에 대한 압박도 가중되고 있었다. 당시 강남지역의 주된 비료는 많은 노동력을 동원하여 연중 강바닥에서 건져 올린 남니^{闌泥2}와 분뇨였다는 것은 『심씨농서^{沈氏農書}』「축월사의^{逐月事宜}」에 잘 묘사되어 있다. 이와 같은 명말 청초 강남지역의 변화는 인구 증가가 가속화되면서 기존의 농촌과 농업의 변화를 불가피하게 만들었다. 이런 상황 속에서 새롭게 등장했던 비료가 바로 기름을 짜고 남은 찌꺼기인 병비^{餠肥3}였다.

병비^{餠肥}는 청대 양신^{楊屾}의 『지본제강^{知本提綱}』에 보이는 10분^糞 중 하나로,[4] 병비의 대표적인 비료가 콩깻묵[豆餠]이다. 병비의 존재는 서역에서 유입된 호마^{胡麻}를 착유한 한대까지 소급할 수 있지만, 그것이 비료로 사용된 것은 남송 『진부농서^{陳旉農書}』의 마고^{麻枯5}에서 볼 수 있다. 이는 두유 생산과 그 궤를 같이하며, 당시 화북지역에서는 거의

---

2 '남(闌)'은 일종의 하천 진흙을 건져내는 공구인데, 여기서 '남니(闌泥)'는 건져 올린 하천의 진흙을 말한다. 『보농서(補農書)』에서 경작지에 쓰이는 진흙은 '남전니(闌田泥)'라 하고, 땅에 까는 진흙을 '남지니(闌地泥)'라고 하고 있다.

3 민중덴[閔宗殿], 『중국고대농경사략(中國古代農耕史略)』, 河北科學技術出版社, 1992, p.73에는 명대에는 다모작 재배가 신속히 발달하고 복종지수도 전에 없이 높아 비료에 대한 수요가 크게 증가되었다고 한다. 이때 등장한 것이 병비(餠肥)였다.

4 최덕경, 「『補農書』를 통해본 明末淸初 江南農業의 施肥法」, 『中國史研究』 第74輯, 2011, p.248.

5 『진부농서(陳旉農書)』「善其根苗篇」, "於始春又再耕耙轉, 以糞壅之, 若用麻枯尤善. 但麻枯難使, 須細杵碎, 和火糞窖罨, 如作麴樣."

볼 수 없었던 비료였다. 기존의 비료는 대개 해당 지역의 농업부산물을 활용하여 제조했지만, 콩깻묵은 생산지역과 생산량이 제한되어 대개 농가에서 화폐를 지불하고 구입하였다. 당시 강남지역은 대두의 중심 생산 지역이 아니었기 때문에, 콩깻묵이 필요하다고 하여 해당 지역에서 쉽게 구할 수 있는 것은 아니었다.

이처럼 두유와 콩깨묵은 송대 이후 시대의 변화를 이끈 중요한 산물이었음에도 불구하고, 기존의 연구에서는 간혹 일회적으로 그 중요성을 언급하거나 자본주의 경영을 강조하기 위해 두병의 사용을 언급했을 뿐이다. 현재 우리 학계에는 당시 두유의 착유법과 용도와 보급, 그리고 콩깻묵의 자원을 어떻게 이용되었는지를 역사적으로 검토한 전론은 거의 없었다. 다만, 만주와 강남의 두병 무역에 관한 카토오 시게루[加藤繁]의 연구는 청 중기 이후에도 두병이 중요한 농업자원으로 이용되었음을 보여주고 있어, 두병의 역할이 이후에도 계속되었다는 것을 이해하는 데 적지 않은 도움을 주고 있다.[6]

본고에서는 역사상 두유 생산의 의의와 그것이 끼친 영향뿐 아니라 그 부산물인 콩깻묵마저 외부로부터 현금으로 구입할 수밖에 없었던 명말 청초 강남지역의 여건 변화와 두병의 역할을 밝히려고 하는 것이 목적이다. 우선 두유와 두병이 처음에 어떻게 등장하게 되었는가를 살피고, 어떤 용도로 사용되었으며, 두병은 왜 명말 청초의 강남지역에서 주목되었으며, 이 비료는 기존의 비료와는 어떤 점에서 차이가 있었는가를 파악하려 한다. 그리고 두병의 수급 상태는 어떠했으며, 이것을 구하기 위해 어떠한 노력을 기울였는지 등을 차례로 살펴보고자 한다. 이런 두유와 두병의 생산과 작용을 통해 당시 농업

---

6   카토오 시게루[加藤繁], 「康熙乾隆時代に於ける滿洲と支那本土と通商について」; 「滿洲に於ける大豆豆餅生産の由來に就いて」(『支那經濟史考證(下)』, 東洋文庫, 1974).

과 농민 생활상의 일부를 조명해 보고자 한다.

I. 콩기름[豆油]과 착유법

1. 유지油脂와 콩기름 출현

대두大豆는 오곡의 하나로 일찍부터 생산해 왔으며,[7] 그 기원지에 대해서는 전술한 바와 같이 다양한 견해가 있지만 중국 또한 그중 하나로서, 콩과 콩식품에 대해 오랜 역사를 지니고 있다.[8] 다만 대두는 미독微毒이 있어 날것을 그대로 섭취하기 곤란했기 때문에 선진시대 이래 대두를 숙성한 식품이 다양하게 개발되어 왔다. 즉 두장豆醬, 두시豆豉가 대표적인 것으로,[9] 이미 『사기』 「화식열전」에 따르면 이들을 이용하여 도시에서 많은 수익을 올리기도 하였다. 하지만 당시 이런 대두의 식품 중에서 두유豆油(콩기름)에 관한 언급은 보이지 않는다.

콩기름이 기록에 처음으로 등장한 것은 전한 말 『범승지서』이다. 사료상으로는 '두유고豆有膏'로 표기하고 있다. 즉 "콩에 '고膏'가 있다" 라는 것이다. 이 '고'에 대해 『예기』 「내칙內則」에서는 "지용총脂用葱, 고용해膏用薤"라고 하여 '지脂'와 대비되는 것으로 인식하여 기름의 의미로 보고 있다. 실제 주소에도 "지脂는 기름이 엉긴 것이며, 풀린 것을 고膏라 한다."라고 하여 양자는 기름의 응고 정도에 따른 차이라고 한다.[10]

그런데 『범승지서』의 사료 전체를 보면, 이 내용은 대·소두의 잎과

---

7   최덕경, 「荏菽과 戎菽에 대한 再檢討: 中國 大豆의 起源과 관련하여」 『東洋史學硏究』 128, 2014.
8   최덕경, 「大豆栽培의 起源論과 韓半島」 『中國史硏究』 31, 2004.
9   최덕경, 「大豆의 기원과 醬豉 및 豆腐의 보급에 대한 재검토」, 『歷史民俗學』 30, 2009.
10 『예기주소(禮記註疏)』 권28 「內則」, "脂, 肥凝者, 釋者曰膏."

관련된 내용으로 "콩잎에는 자양분[膏]이 있기 때문에 만일 모든 잎을 따 버리면 자양분을 잃게 되어 콩이 잘 자라지 못하고 수확도 감소한다."[11]라는 의미이다. 이 高膏를 기름으로 해석하는 학자도 있지만, 만약 그렇게 하면 콩잎에 기름이 있다는 말이 된다. 그래서 유슈링[游修齡]은 일찍이 이 '고'를 두류의 근류根瘤라고 했으며,[12] 완궈딩[萬國鼎]은 『범승지서집석』에서 '고膏'를 줄기와 잎에 함유하고 있는 '영양분의 즙액'으로 이해하여,[13] '고膏'의 원천은 뿌리에 있지 잎에 있는 것이 아니라고 하였다. 리건판[李根蟠]은 '두유고豆有膏'의 찰기札記에서 두류의 근류根瘤는 비력肥力을 지녀 수확과 밀접하게 관련된다는 현대 과학의 결과에 근거하여 요쉬우링의 견해를 돕고 있다.[14] 이에 대해 스성한[石聲漢]은 『제민요술금석』에서 '고택膏澤'과 '두유고豆有膏'의 '고'를 모두 '비肥', '비수肥水'로 보았다.[15] 최근 먀오치위[繆啓愉]는 『제민요술』의 역주에서 '고'를 콩잎에 있는 '자양의 액즙'으로 해석하고 있다.[16] 이상의 견해를 보면, '고膏'가 콩기름[豆油]이 아니라 콩잎의 자양분이나 근류根瘤의 비력인 듯하다. 따라서 콩기름이 『범승지서』에서 비롯된 것은 아니라는 것을 알 수 있다.

결국 대·소두를 재배한 것은 이미 선진시대부터 시작되었지만 적어도 한대에는 유료油料로 주목받지 못했음을 알 수 있다. 생각건대 후한 이후 식물성 유료작물이 증가하고 있는 시점에서 콩이 유료작물로

11 가사협(賈思勰)(최덕경 역주), 『제민요술 역주(I)』, 세창출판사, 2018, pp.237-238의 내용을 요약 번역한 것이다.

12 양지궈[楊計國], 「宋代植物油的生産貿易與在飮食中的應用」 『中國農史』 2012-2, p.66 참조. 이후 관이다[管義達] 역주『제민요술금역(齊民要術今譯)』山東齊南出版社, 2000, p.75에도 근류(根瘤)라는 견해를 따르고 있다.

13 완궈딩[萬國鼎], 『氾勝之書輯釋』 農業出版社, 1980, p.138.

14 리건판[李根蟠], 「讀氾勝之書札記」 『中國農史』 1998-4, pp.14-16.

15 스성한[石聲漢] 교석, 『제민요술금석(齊民要術今釋)(上)』 中華書局, 2009, pp.25, 126, 169.

16 먀오치위[繆啓愉]·먀오구이롱[繆桂龍], 『제민요술 역주(齊民要術譯注)』 上海古籍出版社, 2006, p.112.

주목받지 못한 것은 바로 콩이 지닌 함유량에 있을 것이다. 보다 정확하게 말하면 대두가 지닌 함유량은 당시의 착유 기술로는 경제성이 없었다는 것이다. 국립농업과학원의 조사에 의하면 대두의 함유량含有量은 17% 정도인데, 그중에서 착유량은 『천공개물』에서 밝힌 당시 호마, 삼씨[大麻子], 무씨[菜服子][17], 아마亞麻 및 오동 나무씨[桐子]보다 훨씬 낮은 75%에 불과하다.[18] 당대 이전에는 착유기의 미발달로 인해 이 정도의 함유량을 지닌 유료는 착유의 대상에 포함되지 아니했던 것이다.[19]

그런데 송대가 되면 두유豆油가 사료상에 주목받기 시작했으며, 당시 가장 중요한 용도는 식용유였다.[20] 송대에 대두가 유료油料에 포함된 것은 우선 송대 기름의 수요가 늘어나면서 다양한 유료를 발굴했는데, 그중에서도 흔한 곡류 중 대두가 주목되었다. 콩은 곡류 중에서 함유량이 가장 높다. 곡류의 함유량이 귀리 3.7%, 기장 1.9%, 메밀 2.3%, 멥쌀 0.4%, 밀 1.5%, 보리 1.8% 수수 3.1%, 메조 4.2%, 피[稗] 3.7%인 것에 비하면,[21] 대두의 함유율은 매우 높은 편이다.

게다가 송대 착유기의 성능은 당대 이전보다는 개선되었다. 후대 『농정전서』「농사農事·수시授時」에 "타두유打豆油"[22]라고 표현하고 있는

17 채복자(菜服子)는 Baidu 사전에는 십자화과 식물 무의 익은 열매로서 학명은 Raphanus sativus L.라고 한다. 국가표준식물목록[KPNIC]에서는 이를 무라고 명명하고 있다.
18 대두의 출유율(出油率)은 관련 서적마다 차이가 있다. 차이가 나는 이유는 현대 과학에 의한 식품성분 상의 유지 함유율과 착유율이 차이가 있기 때문이다. 예컨대 송위[宋宇], 앞의 논문, 「元明淸時期油脂硏究」, p.149에서는 대두의 함유량이 17%라고 하였는데, 웬젠추[袁劍秋]·허동핑[何東平], 「我國古代的製油工具」『古今農業』 1995-1, p.53에는 『천공개물』에 근거하여 석(石) 당(120근) 출유율을 산출하고 있다. 당시에는 함유량을 알 수 없었을 것이며, 착유량은 그때 착유기의 기술 수준을 반영한다. 그 출유율을 보면, 참깨[胡麻] 33.33%, 삼씨[大麻子] 16.67%, 무씨[菜服子] 22.5%, 아마(亞麻) 16.67%인데 반해, 황두(黃豆)는 7.5%에 불과하다.
19 국립농업과학원, 『2011 표준 식품성분표』(제8개정판)에 의하면, 당시 유료의 함유량은 볶지 않았을 경우 들깨 39.5%, 삼씨 27.9%, 흑호마 49.2%, 백호마 51%, 땅콩 45.1%로 대두보다 훨씬 높다.
20 양지궈[楊計國], 앞의 논문, 「宋代植物油的生産貿易與在飮食中的應用」, p.66; 후뎨[胡蝶], 「宋代膏油硏究」 하남대학 석사논문, 2017, p.20; 쉬하이룽[徐海榮] 주편, 『중국음식사(中國飮食史)』(卷4) 華夏出版社, 1999, p.84.
21 국립농업과학원, 『2011 표준 식품성분표』(제8개정판)에 산출된 곡류의 함유율이다.
22 쉬광치[徐光啟], 『농정전서』 권10, 「農事·授時」, "雜事: 做酒藥. 接雜木. 造農具. 夾笆籬. 澆菜. 伐木. 斫竹. 打豆油."

것을 보면 쐐기를 틀에 박아 압착하여 출유한 듯하다[23] 그러나 이러한 필요와 기술 조건이 갖추어졌음에도 송대 콩기름의 기록은 매우 적다. 예컨대 남송 초 『진부농서』에는 호마胡麻유가 주로 등장하며, 원초의 『농상집요』에서는 소자유蘇子油, 참기름胡麻油, 채유菜油, 들기름[荏油], 홍화유紅花油 등의 존재는 확인할 수 있지만 두유는 보이지 않는다.[24]

그 이유로 우선 생각해볼 수 있는 것은 대두의 함유량 17%에 대해 출유량이 7.5%로서 함유량의 44%만 수유受油한다는 의미이다. 이는 다른 유료작물과 비교할 때 기본 함유량과 출유량이 모두 낮다. 예컨대 백호마白胡麻의 경우 함유량 51%, 출유량이 33.33%로서 65%를 수유한다. 때문에 노력에 비해 경제성이 떨어져 적극적으로 착유하지 않았을 가능성이 있다. 게다가 대두는 호마에 비해 단단하여 마쇄하는 데 드는 노동과 비용도 적지 않았을 것이다.

또한 대두의 수요, 공급의 문제도 주시해 볼 필요가 있다. 주지하듯 대두는 선진시대 이래 민간의 주요 식재료로서 활용되어 두장, 두시豆豉는 필요불가결한 발효 저장식품이었다. 여기에 송대 이후 두부가 상품화되고, 강남지역에 두부갱점豆腐羹店이 개점되면서 대두의 수요가 늘어나게 된다.[25] 무엇보다 남송대에는 대두의 주된 공급지인 북방을 잃고 남천을 하게 되면서 초기에는 대두 공급이 부족하여 두유의 생산이 적극적이지 않았을 것이다. 그래서 당시 남방에 부족한 대두는 주로 회북淮北의 주군州郡에서 공급하였다. 비록 남방의 풍토에

---

23   압유가(壓油家)에 대해서는 최덕경, 「중국 고대의 기름과 搾油法」 『동양사학연구』 제148집, 2019, pp.16-22 참조. 그리고 대두를 마쇄할 때 볶았는지 아니면 생것을 그대로 사용했는지는 분명하지 않다. 모두 가능하지만 볶지 않았을 경우 마쇄할 때 힘이 많이 들고, 착유한 기름도 향기롭지 않았을 것이다.
24   이런 이유 때문인지 시바 요시노부[斯波義信], 『宋代商業史研究』, 風間書房, 1979, pp.186-195에서는 두유(豆油)를 표에는 포함시켰지만 언급하지는 않고 있다.
25   최덕경, 「中國의 大豆 加工食品史에 대한 一考察」, 『中國史研究』 25, 2003, pp.76-77; 崔德卿, 「大豆의 기원과 醬豉 및 豆腐의 보급에 대한 재검토」, pp.410-411.

적합하지는 않았지만 수재와 한재의 대비하기 위해 각지에 대두의 파종을 장려했고, 북송의 대두 재배 기술과 식습관이 남방으로 전해지면서『송사宋史』「식화지食貨志」에서 보듯 절강과 복건 등지에까지 대두 재배가 확산되었을 것이다.[26] 송대 콩기름의 생산이 점차 확대된 것은 재배의 확산과 유관할 것이다. 그것은 무엇보다 원료를 구하기 쉽다는 이점과 두유가 지닌 효용성 때문이었을 것이다.

북송 때 소식蘇軾이 찬술한『물류상감지物類相感志』에 처음으로 두유란 기록이 등장한다. 여기에는 두유와 함께 두부가 등장하는데, 두부를 그냥 먹지 않고 콩기름을 이용하여 지져 먹으면 맛있다고 전한다. 그 외에도 콩기름은 동유桐油와 더불어 '넘선회艙船灰'를 만들었다고 하는데,[27] 의미가 분명하지 않다. 다만 이와 비슷한 내용이 명말『농정전서』에도 등장한다. 즉, "강동岡桐은 일명 동유桐油라고 한다. … 열매가 크고 둥글며, 종자를 취하여 오동기름을 만들어서 옻칠에 주입하며, 기물에 기름칠하고, 배를 수리하는 데에 좋다."에서 '넘艙'은 배를 보수한다는 의미이다. 스성한[石聲漢]은 '넘선艙船'을 동유와 석회를 섞어 배의 틈새를 메운다는 의미로 주석하고 있다.[28] 위의 '넘선회'도 바로 이러한 의미일 것이다. 이 사료에 의하면 두유는 주로 식용으로 음식의 맛을 더하는 조미용으로 사용되었으며, 초기에는 반건성유인 콩기름을 건성유인 동유桐油, 석회를 함께 섞어 선박의 수선에 이용하였지만, 이후에는 동유가 그 역할을 대신한 것 같다.

남송 12세 중엽『신안지新安志』「물산物産·곡속穀粟」에 의하면, 대두

---

26 『송사(宋史)』권173,「食貨志上」, "言者謂江北之民雜植諸谷, 江南專種粳稻, 雖土風各有所宜, 至於參植以防水旱, 亦古之制. 於是詔江南兩浙荊湖嶺南福建諸州長吏, 勸民益種諸谷, 民乏粟麥黍豆種者, 於淮北州郡給之."; 최덕경,「漢唐期 大豆 가공기술의 발달과 製粉業」『中國史研究』제69집, 2010, pp.163-165; 후데[胡蝶], 앞의 논문,「宋代膏油研究」, pp.34-35.

27 소식(蘇軾) 찬,「물류상감지(物類相感志)」, "豆油煎豆腐有味 … 豆油可和桐油作船灰, 妙."

28 서광계(徐光啟)(스성한[石聲漢] 교주,「農政全書校注(中)」(明文書局, 1982), p.1051, "岡桐, 一名油桐 … 實大而圓, 取子作桐油入漆及油器物艙船, 爲時所須."

[荻]와 더불어 저苧와 채자菜子의 기름을 언급하면서 이들은 주로 조명
용으로 사용했으며, 식용은 마유麻油를 많이 했다고 한다.[29] 이들 사료
에서 보면 송대의 두유는 식용에서 조명 및 선박의 수리에 이르기까
지 사용의 폭이 넓었음을 말해준다. 그런가 하면 원대의『음식수지飮
食須知』(1269-1374)에서는 콩기름의 의약적 효과까지 제시하고 있는데, 콩
기름은 "맛이 매콤달콤하며 성질은 차고 약간의 독이 있다. 많이 먹으
면 소화기 기능이 장애를 일으켜 설사를 일으킨다. 효능은 채유菜油와
서로 동일하다."라고 하여[30] 두유에 대한 성질과 맛은 물론 인체에 대
한 영향과 효능까지 제시하고 있다.

다만 위의『물류상감지物類相感志』의 기록처럼 콩기름이 처음부터
주로 식용으로 사용되었는지는 의문이다. 왜냐하면 대두의 성질이 차
고 소화기 장애를 일으키는 성분이 있으며, 아울러 냄새와 맛 역시 참
기름과 같은 향미가 없기 때문이다. 따라서 이를 극복하기 전에는 여
타 기름과 마찬가지로 처음에는 조명용으로 사용했을 가능성도 없지
않다. 송원 시대에는 발효식품으로서의 대두의 효용성 때문에 드러난
두유의 기록이 많지는 않지만, 그 효용과 용도의 다양화는 점차 확대
되어 가고 있음을 반증한다. 송대 두유의 착유 과정에서 주목해야 할
점은 바로 함유량과 출유량이 적음에도 불구하고 이를 생산 보급했
다는 점이다. 이것은 당대 이전보다 기름의 소비가 늘어나고 유료油料
의 종류가 증가하였으며 동시에 착유기의 압축 기술도 더욱 강화되었
음을 의미한다.

앞서 지적하였던 송대 새롭게 등장한 채유菜油, 동유桐油, 도꼬마리
유[蒼耳子油]와 방비자유旁毗子油 중 채유菜油와 동유桐油를 통해 송대 유

---

29 나원(羅愿),『신안지(新安志)』卷2,「物産·穀粟」, "凡荻苧菜草子皆有膏油, 但可照灼, 至服食須麻膏."
30 원(元),『음식수지(飮食須知)』권5,「味類」, "豆油味辛甘, 性冷, 微毒. 多食困脾, 發冷疾, 滑骨髓. 菜
    油功用相同."

지생산 정도를 가늠해 보자.『천공개물』「유품油品」에 의하면, 참깨, 황두黃豆와 더불어 최고의 식용유로 평가받았던 채복자菜菔子, 배추씨[菘菜]의 함유량은 각각 45%, 37%이며, 강남에서 채자菜子라고 불렸던 운대자蕓薹子는 그다음인데, 함유량은 42%이고, 하등인 동유桐油는 조명용이었지만 그 씨의 함유량은 46%에 달한다.[31] 이들 중 출유율이 함유량의 50%를 넘는 것은 채복자菜菔子, 배추씨[菘菜子]와 동유桐油이지만, 채자菜子의 경우 수유율受油率이 29.7%에 불과하다. 함유량의 44%를 수유하는 대두보다 훨씬 못했음에도 채자菜子는 송대 이후 유료油料로 중시되었다.[32]

송 항안세項安世가 찬술한『평암회고平菴悔稿』에는 한수漢水를 지나면서 채화菜花가 가득하고 그 지역 사람은 채자로 기름을 짰다는 시가 전한다.[33] 특히 채자유菜子油는 온주溫州와 항주杭州 등지에서 주로 생산되며,『본초도경本草圖經』에는 조명이 심히 밝고 점등이 빛나고 머리에 바르면 검은 윤기가 났다고 한다.[34] 이는 착유기가 개진되어 압력이 이전보다 증대하여, 동유와 대두같이 비교적 단단한 것도 착유할 수 있었으며, 게다가 송대에는 동유같은 식물유가 새롭게 출현하여 전국적으로 보급된 것과 관련할 때, 송대의 기름 생산량은 이전보다 적극적이었음을 알 수 있다.

특히 남천 이후 면식에서 쌀밥으로 식습관이 변화되어 알곡이 목에 잘 넘어가지 않게 되자, 사람들은 윤기 있는 기름과 배합하여 이

---

31 『천공개물(天工開物)』「油品」에 근거할 때, 이들의 출유율은 채복자(菜菔子), 배추씨[菘菜子]의 경우 각각 22.5%, 25%이며, 채자(菜子: 蕓薹子)는 12.5%, 동유(桐油)는 25.5%에 달한다.

32 예징위안[葉靜淵], 「我國油菜的名實考訂及栽培起源」,「自然科學研究」1989-2에서 油菜의 명칭은 1313년『왕정농서(王禎農書)』에서 처음으로 보인다고 한다.

33 샹안스[項安世], 「平菴悔稿」, "自過漢水, 菜花彌望不絶, 土人以其子爲油." 시바 요시노부[斯波義信], 앞의 책,「宋代商業史研究」, p.190에서 참고.

34 쉬하이롱[徐海榮] 주편,『중국음식사(中國飮食史)』(卷4), 華夏出版社, 1999, pp.84-86; 후데[胡蝶], 앞의 논문,「宋代膏油研究」, p.60.

를 해결했는가 하면, 기름을 이용한 요리의 양이 증가했다는 지적[35]은 흥미롭다. 실제『음선정요』「호무胡麻」편에서 기름은 대변을 잘 나오게 하며, 태반이 잘 내려가게 하고 얼굴에서 광택이 나며, 이를 복용하면 배가 고프지도 않다고 하였다.[36] 원대에 콩기름의 효용이 채유菜油와 동일하다는『음식수지飲食須知』의 지적은 두유가 일정 부분 채유를 대신했음을 말해준다.

명·청 시대에 이르면 적지 않은 문헌에 두유가 보이며, 두류 중에서 황두가 콩기름을 짜는 데에 가장 적합하다고 한다. 예컨대『천공개물』에는 1석에 9근,『물리소식物理小識』에서는 '촉촉한 황두[黃豆潤者]'의 경우 1석에 18근이 생산된다고 한다. 청대가 되면 기름 짜는 기술이 더욱 발달하여 1석당 11근이 산출되었다. 그리고『본초강목』「곡부」에서는 '황대두유'가 치료약으로도 사용되었는데, 열을 내게 하며 '미약한 독'에 좋다고 한다. 콩기름 역시 두부 및 콩나물과 마찬가지로 초기에는 생산량이 많지 않아 주로 단순 약재로 활용되었으며, 이후 효용성과 더불어 보급이 확대되면서 식품으로 자리 잡게 되었다고 보인다. 이런 기름으로 익히거나 조리하면 음식의 냄새가 향기로울 뿐 아니라, 맛이 부드럽게 되어 음식의 품격을 더 일층 높여준다. 주목할 점은 이같은 두유의 재료는 모두 장醬, 시豉와 같은 황대두 즉 메주콩이었다는 점이다.

진미공陳眉公의『치부기서광집致富奇書廣集』「대두大豆」편에 의하면 약리 작용도 더욱 명백해져, "황두는 맛이 달고 성질이 따뜻하여, 중초[37]를 편안하게 하고 기를 내린다."[38]라고 하여, 대장大腸의 종독腫毒

---

35 후데[胡蝶], 위의 논문,「宋代膏油研究」, pp.98-99.

36 『음선정요(飲膳正要)』권3「胡麻」.

37 삼초(三焦)는 6부의 하나로서 상, 중, 하초의 합칭이다. 중초는 심장과 배꼽 사이에 있으며, 소화[脾胃] 기능을 담당한다.

38 진미공(陳眉公),『치부기서광집(致富奇書廣集)』「大豆」, "黃豆甘溫, 寬中下氣."

을 치료하는 데 효과적이었음을 밝히고 있다.[39] 이러한 명·청 시대의 대두 식품에 대한 분위기는 인접한 조선시대에서도 살필 수 있다. 조선의 각종 의궤에는 청말에 보이는 콩가루[豆粉], 콩떡[豆餅], 콩 음료 [豆漿], 두정豆精, 콩국[豆羹] 등의 다양한 식품이 개발되었음을 확인할 수 있다. 조선시대의 경우 양난을 겪으면서 많은 피난민이 대두를 구황식품으로 적극적으로 활용했음이 개인의 일기에 잘 나타나고 있으며, 궁중의 각종 의궤에는 대·소두를 이용한 다양한 식품이 개발된 것을 보면[40] 대두 가공식품의 효용성이 날로 증대되었음을 알 수 있다.[41] 이처럼 대두 가공식품이 명·청 시대는 물론 인근의 조선에까지 다양해지고 폭넓은 계층에까지 보급되었음을 알 수 있다.

2. 착유방식과 두유

콩기름을 짜고 남은 부산물이 콩깨묵[豆餅]이다. 명대 이전의 착유에 대한 이해는 명청시대 두병의 중요성과 수급을 가늠하는 데 매우 중요하다. 문제는 언제부터 유료작물의 씨를 이용하여 기름을 짰는지는 분명하지 않다. 대개 선진, 진한시대에는 동물성 기름인 고膏, 지脂 등의 기름이 많았다. 식물성의 경우 『범승지서』의 표주박 씨로서 불을 밝혔다거나, 『사민월령』에서 저마자苧麻子를 찧어 등불을 만들었다거나 내육萊肉으로 내유萊油를 만들어 비단에 칠했다는 기록 등으로 보아, 전한 말 이후에 식물유의 출현을 볼 수 있다.[42]

곡물을 이용한 착유는 『포박자抱朴子』와 『진서晉書』 「불도징佛圖澄」에

39 구허핑[顧和平], 「中國古代大豆的加工和食用」『中國農史』 1992-1, p.86.
40 『아언각비(雅言覺非)』에는 소식(蘇軾)의 시 중 "煮豆爲乳脂爲酥"라는 것을 인용하여 두부와 기름을 동시에 제시하고 있다.
41 최덕경(崔德卿), 「朝鮮時代의 大·小豆와 그 加工食品」『大丘史學』 第72輯, 2003. 8.
42 최덕경, 「중국 고대의 기름과 搾油法」『동양사학연구』 제148집, 2019, pp.2-3.

'마유麻油'가 기록된 것으로 미루어 보아, 3세기 무렵에는 존재했던 것 같다.[43] 6세기 『제민요술』에는 '삼씨기름', 참기름, 들깨기름, 순무[蕪菁]의 씨 기름 등 다양한 곡물의 열매를 이용하여 기름을 짠 것을 볼 수 있다.

『제민요술』「임료荏蓼」편을 보면, "들깨기름은 참기름[胡麻油]보다는 못하지만 삼씨[麻子]기름보다는 낫다. 모두 떡을 지질 때 사용되지만, 참기름이 가장 좋고, 그다음이 들깨기름이고, 삼씨기름은 다소 비린내가 난다. 들깨기름은 맛이 좋고 향기롭지만 윤기가 없어 머릿기름으로 사용하면 머리칼이 말라버리지만,[44] 갈아서 탕湯을 만들 때는 삼씨보다 훨씬 좋으며, 또한 등촉의 기름으로도 사용하였다. 특히 들깨기름은 점도가 높아 비단에 칠해 방수용으로도 사용된다."[45]고 한다. 이 사실에서 이미 다양한 기름이 착유되었고, 이를 적극적으로 활용하면서 각기의 특성을 이해하고 있었음을 알 수 있다.

당시 이러한 기름은 해당 작물을 생산한 가정에서 직접 짜기보다 전문적인 기름 짜는 집에 의뢰했던 것 같다. 『제민요술』「민청蔓菁」편에, 순무[蔓菁]의 씨를 압유가壓油家에 주면 세 배의 좁쌀[小米]로 바꾸어 주었다는 것이[46] 이를 잘 말해준다. 게다가 이런 집에서 이런 방식으로 기름 짜는 원료를 유치했던 것을 보면, 이미 『제민요술』단계에 기름의 수요가 상당했음을 말해준다.

---

43 『진서(晉書)』 卷95 「藝術·佛圖澄」, "又令一童子潔齋七日, 取麻油合胭脂, 躬自研於掌中, 擧手示童子, 粲然有輝.": 『포박자(抱朴子)』「內篇」, "又稷丘子丹法, 以淸酒麻油百華醴龍膏和, 封以六一泥, 以糠火熅之, 十日成, 服如小豆一丸, 盡劑, 得壽五百歲."

44 『원각농상집요교석(元刻農桑輯要校釋)』 卷5 「荏蓼」, 農業出版社, 1988에서 묘치위[繆啓愉]는 들깨기름은 건성유라서 머리에 바르면 들깨 기름이 산화하기 때문에 머리카락이 굳고 딱딱하게 변하므로 '초인발(焦人髮)'이라고 했다.

45 『제민요술(齊民要術)』 卷3 「荏蓼第二十六」, "荏子秋未成, 可收蓬於醬中藏之. 蓬, 荏角也, 實成則惡. 其多種者, 如種穀法. 雀甚嗜之, 必須近人家種矣. 收子壓取油, 可以煮餅. 荏油色綠可愛, 其氣香美, 煮餅亞胡麻油, 而勝麻子脂膏. 麻子脂膏, 並有腥氣. 然荏油不可澤, 焦人髮, 硏為羹臛, 美於麻子遠矣. 又可以為燭. 良地十石, 多種博穀則倍收, 與諸田不同. 為帛煎油彌佳. 荏油性淳, 塗帛勝麻油.": 『농상집요(農桑輯要)』 卷2 「麻子」蘇子附의 注에도 같은 내용을 그대로 전하고 있다.

46 『제민요술』 卷3 「蔓菁」, "一頃收子二百石, 輸與壓油家, 三量成米, 此為收粟米六百石, 亦勝穀田十頃."

그렇지만『제민요술』단계에는 콩기름을 짰다는 기록은 아직 보이지 않는다. 콩기름의 기록은 전술한 바와 같이 북송 소식蘇軾의『물류상감지物類相感志』중에 "두유豆油로 두부를 지지거나"[47] "두유豆油를 오동나무 기름[桐油]과 섞어 배船의 방수 처리에 이용"했다는 것에 처음 등장하며, 이를 통해 북송대의 두유가 식용뿐 아니라 유칠油漆에도 응용되었음을 알 수 있다. 이것은 북송 이전에 이미 두유豆油가 제조되기 시작했음을 뜻한다.

명청시대가 되면 대두를 압착하여 콩기름을 생산했다는 사료가 적지 않게 등장한다. 송응성宋應星의『천공개물』「고액膏液·유품油品」에는 "무릇 기름을 식용하기에는 참깨, 무씨[萊菔子], 콩[黃豆], 배추씨[菘菜子] 등이 가장 좋으며, …. 그 양은 콩의 경우 석石당 9근斤의 콩기름을 생산한 데 반해, 배추씨는 1석당 30근, 면화씨[棉花子]는 7근, 현채자莧菜子는 30근, 아마亞麻와 대마씨[大麻仁]의 경우 20여 근을 생산하였다."[48]고 한다. 이 사료로 미루어 볼 때 콩기름의 질은 다른 것에 비해 좋지만 단위당 생산량은 그다지 높지 않았음을 알 수 있다.

그리고 같은 두류일지라도 출유율出油率과 기름의 질은 달랐다. 청대 하강덕何剛德의『무군농산고략撫郡農産考略』에는 황두黃豆를 "착유할 경우 출유율이 청두靑豆보다 적으며", 오두烏豆의 경우 "기름을 짜면 황두黃豆 1석에 비해 3-4근이 더 많았다."라고 한다. 그리고 춘두春豆는 "착유할 때 기름이 많이 나오지 않았으며", 니두泥豆는 "착유는 할 수 있지만, 기름은 매우 탁했다."[49]라고 하여 청두→오두→황두→춘두

47 북송 소식(蘇軾), 『물류삼감지(物類相感志)』, "豆油煎豆腐, 有味.", "豆油可和桐油作舡船灰, 妙."
48 『천공개물(天工開物)』「膏液·油品」, "凡油供饌食用者, 胡麻、萊菔子、黃豆、菘菜子爲上. … 黃豆每石得油九斤. 菘菜子每石得油三十斤. 棉花子每石得油七斤. 莧菜子每石得油三十斤. 亞麻、大麻仁每石得油二十餘斤."
49 청(淸), 하강덕(何剛德), 『무군농산고략(撫郡農産考略)』(黃豆), "榨油則出油比靑豆較少", (烏豆)"榨油比黃豆一石多三四斤", (春豆)"榨油則油不多", (泥豆)"可榨油, 油甚油".

→니두의 순으로 출유율이 낮아졌음을 말해주고 있다.

물론 청대는 명대보다 출유량이 크게 증가되어, 방이지方以智의『물리소식物理小識』에는 황두윤자黃豆潤者일 경우 출유율이 석당 18근이 되며, 착목榨木으로 압착할 경우 22근까지 생산되었다고[50] 한다.[51] 이처럼 출유율이 두 배 이상 증가된 것은 당시 착유 기술의 발달로 생긴 결과이며, 이것은 콩기름을 비롯한 식용유가 민간 생활 속에 상당히 보급되었음을 의미한다.[52]

그런데 청대『치부기서광집致富奇書廣集』에는 콩, 참깨 및 채자菜子(유채)의 기름[油]과 병餅과의 관계를 비교하여 밝히면서, "참깨와 유채[菜子]는 기름은 많지만 찌꺼기[餅]는 적고, 콩[大豆]으로 기름을 짜면 양은 적지만 찌꺼기는 많았다. 때문에 유채, 참깨는 기름을 중심[本]으로 하고 찌꺼기는 부수적인 이윤[利]으로 삼았던 반면, 콩기름은 깻묵[餅]을 본으로 하고 기름은 (부수적인) 이윤으로 삼았다."[53]라고 하였다. 청대에는 명대 이전과는 달리 착유한 결과물인 깻묵을 기름 못지않게 중시하였던 것이 주목된다.

이런 현상과 관련하여 산동의 콩기름 수출을 보면, 청초에는 콩기름의 수출이 아주 적었지만, 청 중기에는 크게 증가하였다. 이후 성省내의 소비가 늘어나면서 콩기름의 수출은 감소한 반면, 산동의 땅콩기름[花生油]의 수출은 수직 상승하였다. 하지만 콩깻묵의 생산에는

---

50 청, 방이지(方以智),『물리소식(物理小識)』, (豆油)"黃豆潤者一石取十八斤, 榨木壓之, 可二十二斤."; 왕상뎬[王尙殿] 편, 앞의 책,『중국식품공업발전사(中國食品工業發展簡史)』, p.390에 의하면 대두의 출유율은 다소 차이가 있어 13% 전후이며, 그 나머지는 87%의 병박(餅粕: 찌꺼기)은 사료와 비료로 사용되었다고 한다.

51 명,『천공개물』과 청대『물리소식(物理小識)』의 출유률에 대해 조선에서도 이규경(李圭景)은『오주연문장전산고(五洲衍文長箋散稿)』卷12「豆油辯證說」條, "按天工開物, 黃豆一石壓則出九斤. 物沈[理]小識, 黃豆潤者, 一石取油十八斤云. 與天工所記不仝."라고 하여 그 차이를 설명하고 있다.

52 궈칭위안[郭慶元] 외 2인,「發展大豆生産, 弘揚華夏文明(續一)」『大豆通報』2007年 4期, p.3.

53 청,「치부기서광집(致富奇書廣集)」, "芝麻菜子, 油多餅少. 豆子榨油, 油少餅多. 故云, 菜子芝麻油爲本, 餅爲利. 豆油則餅爲本, 油爲利也."

큰 변동이 없었다. 당시 산동에서 외부로 수출되는 주요 원료에는 콩과 깻묵이 있었다. 청 전기 산동의 농업은 비교적 조방적이었고, 비료의 요구도 높지 않아 생산된 콩깻묵은 대부분 강남으로 수출되었다.[54] 이런 점에서 보면 산동의 콩깻묵 수출은 콩기름과는 달리 이전과 변함이 없었거나 늘어났을 것으로 보인다.

당시 화북의 주된 콩 생산지인 산동성은 주로 콩은 수출하고, 콩기름은 성내에서 소비하였는데, 청 중기 이후부터 착유업이 발달하면서 콩 수출에서 콩기름의 수출로 바뀌게 되었다. 산동성에서 착유업이 가장 발달된 지역은 산동 반도의 내주부萊州府이며, 이 지역이 바로 콩기름과 땅콩기름 수출의 요지였다.『신태현향토지新泰縣鄉土志』에 의하면 콩기름과 땅콩기름은 "육로로 손수레를 이용하여 청구靑口(강소성)로 가서 판매했으며,"[55]『낙릉현향토지樂陵縣鄉土志』의 땅콩기름은 "육운으로 성 밖으로 나가 다시 운하를 이용해 천진에 판매했는데, 해마다 약 5백금百金 정도였다."[56]고 한다. 그리고『제성현향토지諸城縣鄉土志』에서는 콩기름을 "공구貢口, 도락濤雒, 석구소石臼所, 교주膠州 등지에서 수운으로 상해, 오송吳淞, 유하劉河로 운반했으며, 매년 130만 근을 판매했다."라고[57] 한다. 이 사실에서 당시 산동지역 착유업의 정도를 알 수 있으며, 식용유의 판매처는 주로 강남지역이었고, 일부는 천진, 강소 지역이었음을 알 수 있다. 콩깻묵 역시 인구 밀집 농업지대로 흘러 들어갔을 것이다.

---

54 리후이[李慧],「論淸代山東農副産品的外銷」, 山東師範大學碩士學位論文, 2012.4, pp.11-12.
55 청, 탕종천(湯宗千),『신태현향토지(新泰縣鄉土志)』「商務卷」, 濟南國文報館石印本, 光緒34年. "(豆油, 花生油)由陸路用手車運至靑口銷售."
56 청, 서수펑(徐壽彭)·이육가(李毓珂),『낙릉형향토지(樂陵縣鄉土志)』卷6「商務」, (濟南國文報館石印本, 宣統元年). "(花生油)陸運出境由運河行銷天津, 歲約五百金."
57 청, 진관기(陳觀圻),『諸城縣鄉土志』卷下「商務」, "(豆油)由貢口濤雒石臼所膠州等處水運上海吳淞劉河, 每歲銷行百三十萬斤."

콩기름을 생산한 후의 찌꺼기가 콩깻묵이기 때문에 기름을 짜는 방식이 곧 깻묵의 생산방식이기도 하다. 중국의 경우 콩기름을 어떤 방식으로 압착 했을까? 17세기 초에 간행된『천공개물』「법구法具」조에 의하면, 대두의 착유기 중 큰 것은 콩을 1석石, 작은 것은 5두斗 정도 넣을 수 있었다고 하며, 단단한 거목巨木으로 만든 착유기의 구조와 작동 방식을 구체적으로 언급하고 있다. 특히 기름 제조 과정에서 삼이나 유채씨 등을 솥에 넣고 약한 불로 천천히 볶아 향기가 나기 시작하면 소가 끄는 연자방아[碾磑]로 이것을 부수고, 체[篩]에 쳐서 그 가루를 시루에 넣고는 증기를 쐬게 한 후 짚으로 떡과 같이[餠形] 싸서 재빨리 압착기에 넣어 기름을 짰다고[58] 한다. 위진남북조 때에 이미 연자방아[碾磑]가 등장하였으며, 당대唐代에는 귀족들이 수력을 이용한 제분소를 설립하여 경영에 직접 참여하기도 했던 것을 보면 제분 기술이 상당히 발달했음을 알 수 있다.[59] 실제 20세기 초 산동 지역의 기행문을 보면 여전히 연자방아를 이용하여 콩을 갈아 기름을 짜고, 콩깻묵[豆餠]은 거름으로 이용한 것을 볼 수 있다.[60]

그런데 흥미롭게도『천공개물天工開物』「법구法具」조에 의하면, 참깨 [胡麻]의 착유 방법에는 "북경에는 마법磨法이 있고, 조선에는 용법舂法이 있다."라고 하여 북경과 조선의 방법이 서로 달랐음을 제시하고 있다. 그런가 하면 19세기 초 조선의 서유구의『임원경제지』섬용지贍用志 권2「찬지구炊爨之具·착압제품搾壓諸品·유착油榨」조에 의하면, "중국의 착유기에는 남착南榨과 북착北榨이 있고, 옆으로 흘러나오는 틀[臥槽]과 수직으로 흘러내리는 틀[立槽]이 있었다. 반면 동쪽[朝鮮]에는 압착과

---

58   『천공개물』「膏液·法具」.
59   최덕경,「漢唐期 大豆 加工技術의 發達과 製粉業」『中國史硏究』제69집, 2010, pp.197-204.
60   F. H. King(곽민영 옮김),『四千年의 農夫』들녘, 2006, pp.237-238.

선착旋榨(돌려 짜는 틀), 껍질에 싸서 짜는 틀[皮捲榨]이 있었으며, 그 형태는 같지 않았다고 한다. 각 틀의 형태와 상세한 방법은 이용도보利用圖譜를 보고 선택하며,[61] 이용하기 편리한 것은 집에 여러 개를 갖추어 둘 필요가 있다."라고[62] 하여 중국과 조선의 착유기는 그 형태와 사용 방식에서 차이가 있었음을 알 수 있다.

우선 '조선 용법春法'을 이해하기 위해 조선시대 사료에 등장하는 착유법에 천착해 보자.『임원경제지』에 따르면, 백지마白脂麻를 압착하여 참기름을 짤 때는 "깨[芝麻]를 자리에 엷게 펴서 하룻밤 서리와 이슬을 맞게 한 후, 달군 솥[銚]에 넣고 볶아서 꺼내 방아[碓]에 넣고 문드러지게 찧고는 성긴 보자기에 싸서 유착 틀에 넣어 짠다. 다시 볶고 다시 짜서 깻묵이 말라 짤 수 없을 때 그만둔다."[63]라고 하였다. 참기름은 "백지마→서리와 이슬을 맞힘→볶음→찧기→베로 쌈→압착→참기름"의 과정을 되풀이하여 생산하였던 것이다.

그런가 하면 18세기 이규경李圭景(1788-1856),『오주연문장전산고五洲衍文長箋散稿』권12「두유변증설豆油辯證說」의 "콩기름을 짜는 법은 콩을 가루 내어 들깨 기름[荏油]을 짜는 방식과 같다. 이것을 등유로 썼더니 쉽게 소모되었고, 조미료로 사용했더니 맛이 향유와 같았다. 그 찌꺼기는 먹을 수도 있고, 장醬을 담글 수도 있어 일거양득이었다."[64]고 한

---

61 임원경제연구소 옮김,『섬용지1』, 풍석문화재단, 2021, p.345에는 이 '이용도보'를 추가하지 못한 채 집 필이 마무리되었다고 한다.

62 서유구,『임원경제지』贍用志 卷2「炊爨之具·榨壓諸品·油榨」, "打油具也. 華別有南榨北榨. 臥槽立槽之異, 東制亦有壓榨, 旋榨皮捲榨之別. 形制不一. 案各榨形製, 俱祥利用圖譜當擇. 其便利者, 家值數器, 金華耕讀記."

63 서유구,『임원경제지』鼎俎志 卷6「味料之類·油酪·搾脂麻油方」, "取白脂麻, 薄鋪席上, 露置經宿以受霜露入熱銚內, 炒熟, 取出下碓擣爛, 以稀布包裹, 入榨榨之, 更炒更搾, 至麻枳枯燥, 無可搾及已."

64 이규경(李圭景),『오주연문장전산고(五洲衍文長箋散稿)』卷12「服食類·油醬·豆油辯證說」, "搾大豆油法. 取大豆作屑, 倣壓荏油法. 然點燈易耗, 只作調食味如香油. 其滓則可食, 亦可淹醬. 兩得其利也."

다. 이것을 보면 조선의 콩기름 제조법이 앞의 백지마의 착유법과 동일했음을 알 수 있으며, 이러한 방식이 조선에서는 일반적이었던 것 같다.

서유구의 『임원경제지』의 '황·백대두'의 기름 짜는 법은 찧어 시루甑에 넣어 증기로 쪘다는 점에서는 기본적으로 『천공개물』 「법구法具」조와 동일하여, "생콩을 찧어 가루로 내어 시루에 넣고 (물을 뿌려) 약한 불[文武火65]로 쪄서 시루 안의 증기가 물방울로 맺히면 비로소 기름을 짜기 시작한다. 콩은 더운 증기를 쐬지 않으면 기름을 얻을 수 없다. 그 기름은 음식에 넣어도 된다. 그러나 맛은 맵고 성질은 뜨거우며 약한 독이 있다."라고[66] 하여, 생콩을 살짝 찌거나 볶았다는 것은 불의 강약에 따라 콩기름의 성질과 효과가 달랐음을 의미한다.

이상을 보면 '조선 용법春法'은 참기름을 짜는 방식처럼 콩을 볶고 찧어서 착유했음을 알 수 있다. 여기에는 하룻밤 서리와 이슬을 맞혀 솥에서 볶아 방아에 넣고 찧은 후에 보자기에 싸서 착유하는 방식과 생콩을 찧어 시루에 넣고 쪄서 증기를 씌워 착유하는 방식이 있다. 특히 볶아서 갈아 시루에 이슬이 맺힐 정도로 쪄서 이를 떡 모양으로 감싸 착유하는데, 시루에서 꺼낼 때 증기와 함께 기름의 성분이 소실되기 쉽다. 기름이 증기를 통해 생기기 때문에 『천공개물』에서는 재빨리 착유기에 넣을 것을 강조하고 있다.

조선에는 두 방법이 모두 존재했지만, '조선 용법春法'이 '북경 마법磨法'보다 일반화된 이유는, 우선 한꺼번에 5-10斗 정도의 많은 양을

65　『천공개물』 「膏液·油品」에는 "文火慢炒"라고 쓰고 있다.
66　서유구, 『임원경제지』 鼎俎志 卷6 「味料之類·附取油諸種·黃白大豆油」, "取油法, 用生豆, 擣作屑, 盛甑, 以文武火蒸熟令甑內, 露凝淡洽然後, 始可榨油, 蒸不熟則不得油也. 其油可入食料, 但辛熱微毒耳."; 임원경제연구소 옮김, 『정조지3』, 풍석문화재단, 2020, p.229에는 '辛熱'을 '센불'이 아닌 "맛이 맵고 성질은 뜨겁다"로 해석하고 있다.

처리할 필요가 없었으며, 또 '조선 용법舂法'으로 생산된 콩기름은 등유와 향유로도 사용되고, 그 찌꺼기를 식용하거나 장으로 담글 수도 있었기 때문이다. 다만 '조선 용법舂法'의 경우, 출유량이 '북경 마법磨法'보다 적었던 것 같다. 아마 연자방아가 절구보다 미세분말의 처리가 용이하여 출유량이 많았던 것 같다.

이규경李圭景의『오주연문장전산고』에 의하면, "듣자니 관서인關西人도 기름을 짜서 사용했는데, 그 방법은 자세히 알 수 없다. 어떤 사람이 중성[重城: 적성현積城縣]인에게 들었는데, 대두 한 말을 압착해 불과 한 종지[小碗]의 콩기름을 얻었다고 한다. 그 정도 양으로는 단지 음식물을 조미할 정도에 불과했고, 등불을 밝히면 어두워질 무렵이면 모두 소모될 정도이다. 그 착유법도 생콩을 눌러서 했는지 볶아서 착유했는지는 알 수 없다."라고[67] 하였다. 이는 청대에 착유 기술의 발달로 1석당 11근이 산출된 것과 비교된다.

하지만 중국처럼 압착기에 대량으로 콩을 넣어 콩기름을 생산하면, 기름의 질은 떨어지고 향미는 없다 할지라도 그 부산물은 많았다. 이렇게 대량으로 생산된 콩기름은 명청시대 음식물의 조리에 이용되면서 식생활에 큰 변화를 가져왔을 것이다. 명대 후기에 콩기름을 현금대신 임금으로 지불한 것도[68] 바로 콩기름의 수요가 확대되면서 나타난 현상이 아닌가 한다. 다만 '조선 용법'에서는 콩기름을 짜고 남은 찌꺼기까지 적절하게 활용하였다고 하는데, '북경 마법磨法'을 소개하는『천공개물』에서는 짜고 남은 부산물인 '콩깻묵枯餠'의 활용법에

---

67 이규경,『오주연문장전산고』卷12「服食類·油醬·豆油辯證說」, "后聞, 關西人搾用, 而未詳其搾法. 有人傳重城(畿邑積城縣號)人. 或壓取一斗豆, 不過得一小碗. 然只可調和飮膳, 而燃燈則昏時不宜云. 而其搾法, 亦不知生壓炒搾矣."

68 『심씨농서(沈氏農書)』「運田地法」第17段,「補農書校釋」, 農業出版社, 1983, p.70. "今後合與人人吃腐, 不須付與腐錢, 而多與油水, 令工人勤種瓜菜, 以補其不足."

대해서 언급하지 않고 있다. 하지만 이 '콩깻묵枯餅'이 바로 명청시대의 강남지역에서 주목했던 두병豆餅이다. 이처럼 콩은 송대 이후 명·청시대를 거치면서 보다 폭넓게 활용되었으며, 이런 현상은 동북에 위치한 한반도에도 예외는 아니었다.

II. 콩 부산물과 가축사료

1. 콩깨묵과 가축 사료

함유량이 높은 식물의 열매에서 기름을 채취하면서부터 짜고 남은 찌꺼기의 역사는 시작된다. 대개 곡물을 가공한 후 생긴 찌꺼기는 두부와 간장[豆醬]의 예에서도 볼 수 있었던 바와 같이 또 다른 음식물로서 자연스럽게 활용되었다. 하지만 본장에서 다루고 있는 콩기름을 짜고 남은 병류餅類는 이미 삶거나 볶아 여러 차례 기름을 짜낸 찌꺼기이기 때문에 영양가가 급격히 줄어들고 거칠어져 사람이 먹기에는 곤란한 점이 적지 않았을 것이다. 그래서 자연스럽게 다른 용도로 눈을 돌린 듯하다.

곡물의 찌꺼기를 일찍부터 사료로 사용한 예는 당대『사시류요四時類要』[69]와 『사시찬요四時纂要』의 목시牧豕[70] 조에서 볼 수 있다. 즉 "돼지를 거세한 뒤에 상처 부위가 말라 완전히 회복된 이후에는 파두巴豆

---

69 『사시류요(四時類要)』는 언제 누구에 의해 찬술된 것인지 알 수 없다. 이 책은 원대『농상집요(農桑輯要)』에서 주로 많이 인용하고 있는데, 인용된 내용은 조선에서 중각된 당말『사시찬요(四時纂要)』의 내용과 거의 동일하다. 그래서『사시찬요』와 동일한 책이라는 지적이 있으며, 만약 그것이 아니라면 적어도 그 이전에 찬술되었을 것으로 생각된다.

70 『사시찬요』卷4「八月」, '목시(牧豕)' 조의 뒷부분의 "(牧豕)和麻籸糟糠之類飼之, 半日後當大瀉之. 後日見肥大."의 사료는『농상집요』에서 인용된『사시류요』와 기본적으로 일치한다.

2알을 껍질을 벗기고 부드럽게 찧어 깻묵[麻枬]이나 술지게미[酒糟] 및 쌀겨[米糠] 같은 사료와 섞어서 먹이면, 반나절 후에는 반드시 크게 설사를 한다. (하지만) 뒷날 살이 찐 것을 볼 수 있다."라고[71] 하여 깻묵이 사료로, 그것도 비육용으로 사용되고 있음을 살필 수 있다. 돼지의 비육에 관한 비슷한 기록은 『사시찬요』「팔월八月」편의 '비돈법肥豚法' 조에서도 볼 수 있는데, 여기에는 "삼씨[麻子] 3되[升]를 절구에 10여 차례 찧어 소금 한 되와 함께 삶은 후, 겨[糠] 3말과 함께 먹이면 살찐다."라고[72] 하여 도정한 곡물의 찌꺼기인 겨를 사료로 쓰고 있다. 이것은 당시 돼지를 살찌우기 위해 술지게미[酒糟], 겨, 깻묵[麻枬]을 사용하였음을 말해준다. 특히 지게미나 겨는 겨울이나 초봄까지 비축했다가 봄, 여름의 방목 기간에는 매일 별도로 먹일 정도로 사료로서 중시하였으며,[73] 이는 지금도 마찬가지이다. 다만 파두巴豆는 찧어 사료와 혼합하여 관장약으로 사용했다는 점은 특이하다.

비슷한 사례는 『제민요술』「양저養豬」편에서도 볼 수 있다. 즉 "주둥이가 짧은 돼지"를 선종하거나 키울 때는 "작은 우리에서", "암돼지 새끼는 어미돼지와 분리시켜 주고", "물가 근처의 수초를 많이 먹이며", "조와 콩을 먹이거나", "암삼씨[麻子]를 갈아 죽을 쑤어 소금을 넣어 먹였다."라고 한다.[74] 이 기록 중에는 어디에도 깻묵은 보이지 않고 콩을 그대로 사료로 이용하고 있다. 이런 현상은 송대에도 마찬가지였다. 예컨대 송 고종은 어전마원御前馬院에 조칙을 내려 말 매 필당 매일 흑두 2승을 사료로 먹이게 했다.[75] 악비岳飛 역시 두 마리 말이 있었

---

71 『농상집요(農桑輯要)』卷7「孶畜‧豬」, "『사시류요(四時類要)』: 閹豬了, 待瘡口乾平復後, 取巴豆兩粒, 去殼爛擣, 和麻枬糟麵之類飼之. 半日後當大瀉之. 其後日見肥大."

72 『사시찬요』卷4「八月」'肥家法'條, "麻子二升, 擣十餘杵, 鹽一升同煮後, 和糠三斗飼之. 立肥."

73 『농상집요』卷7「孶畜‧豬」.

74 『제민요술』권6「養豬」.

75 서송집(徐松輯), 『송회요집고(宋會要輯稿)』「職官」.

는데, 매일 꼴과 콩[菽] 수 말[斗]을 먹였다고 한다.[76] 그리고 남송 악주
鄂州의 둔전에서도 수확한 곡물 중 소에게는 흑두를 먹이고, 말의 사
료로 보리와 벼를 이용했다고 한다.[77] 민간에서도 오리나 닭을 사육할
때 콩을 이용했던 것을 보면 콩이 가축 사료로서 중시되었음을 알 수
있다. 물론 사료상에는 어떤 콩을 어떻게 먹었는지에 대한 구체적인
기록은 없다.

사실 대두 속에는 유해 물질이 있어 날것을 식용하면 중독되어 소
화 흡수에 혼란을 초래하고, 설사를 유발하고 식욕이 감소하여 사망
하기까지 한다.[78] 실제 닭이 이들을 먹을 경우 계란 낳은 비율이 줄어
들고, 숫돼지는 정자량이 줄고, 젖소는 요소尿素에 중독되어 가계에
큰 피해를 입히기도 했다.[79] 경험 많은 농민들은 곡물의 찌꺼기를 활
용하기 위해 궁리했으며, 결국 콩류의 독소가 열에 약하다는 사실을
감지했다.

이상에서와 같이 곡물의 깻묵은 식물성 기름의 역사와 궤를 같이
한다. 다만 원대『농상집요農桑輯要』에 이르기까지 곡물의 깻묵이 크게
주목받지 못했던 것은 그 양도 적었지만, 바로 이용할 수 없는 번거로
운 문제가 있었던 것 같다.

깻묵이 본격적으로 사료로 활용된 것은 명청시대로 생각된다. 명
만력 연간에 찬술된『편민도찬便民圖纂』에 의하면 삼씨와 콩의 짜고 남
은 깻묵 등이 시비로 등장하며,[80] 명말『심씨농서沈氏農書』시대로 접어

---

76 『송사(宋史)』 권356 「악비전(岳飛傳)」, "飛曰, 臣有二馬, 日啖芻豆數斗, 飲泉一斛, 然非精潔則不受."
77 서송집(徐松輯), 『송회요집고(宋會要輯稿)』「食貨」.
78 대두 속에는 항트립신(antitrypsin), 피토헤마글루티닌(Phytohemagglutinin), 우레아제(urease) 같은
    유해 물질이 있어 생콩이나 생깻묵을 식용하면 중독되어 소화 흡수에 혼란을 초래하고, 혈구가 파괴
    되어 사망하기까지 한다. 이런 이유로 동물이나 새가 콩을 다른 지역으로 옮길 수 없었고, 바람에 역
    시 콩을 멀리 날려 보낼 수 없어 유일하게 사람만이 전파할 수 있었던 것 같다.
79 지전양(冀貞陽), 「未熟製的豆類飼料對畜禽的危害」(https://www.cnki.net).
80 『편민도찬(便民圖纂)』卷2「耕穫類」.

들면서 그 빈도가 증가하고 용도는 더욱 다양해진다. 특히 「잠무蠶務」 편에는 양돈을 통해 이윤을 추구하려는 농가를 자세하게 소개하고 있는데, 이때 사료로 사용된 것에는 시비로도 활용되었던 콩깻묵, 내맥穤麥, 보리와 지게미[糟][81] 등이 등장한다. 이 중에서 콩깻묵이 가장 많은 주목을 받고 있다.

『심씨농서沈氏農書』「운전지법運田地法」에서는 흥미롭게도 가정에서 돼지를 기르면서 그 손익을 제시하고 있는데, 여기에 의하면 "돼지를 사육할 때는 반드시 깻묵[餅]을 구입한다. 하지만 그 값을 매길 수가 없어 어려움이 많다."라고[82] 하여 양돈 수익의 여부가 깻묵의 값에 의해 좌우되는 것처럼 설명하고 있다. 하지만 이 깻묵이 어떤 것인지 구체적으로 명시되지 않았다. 그러나 『심씨농서』에서는 가축 사료용으로서 깻묵 중 "콩깻묵[豆餅]"과 면화병棉花餅: 綿籽餅이 등장하는데, 전자는 돼지 먹이에 자주 이용되고, 후자의 경우는 소먹이로 한 차례 등장한다. 따라서 돼지에게 먹였던 이 깻묵은 콩깻묵[豆餅]이라고 하여도 무리가 없을 듯하다.

콩깻묵으로 돼지를 기르면서 발생하는 구체적인 사례가 「잠무蠶務」 편에 기록되어 있다. 즉 "6마리 돼지를 사육할 때, 1마리당 300근斤의 콩깻묵을 먹이기에 모두 1, 800근이 소요되며, 이것의 정상적인 값은 은銀 12-13냥에 해당한다."라고[83] 하여, 양돈에 콩깻묵이 필수적으로 사용되었음을 말해주고 있다. 그 때문에 만약 "콩깻묵 값이 오르면, 고기값 또한 올라 돼지를 키울수록 값은 떨어진다. 농사일과 돼지사육에서 가장 중요한 것은 깻묵값이 오르는 것을 고려하지 않으면 안

---

81 지게미의 경우 장뤼샹(張履祥) 집보 (陳恒力 교석), 『보농서교석(補農書校釋)』「蠶務」, 第9段, 農業出版社, 1983(『보농서』에 『심씨농서』가 포함됨), p.93. "得糟二千斤, 養豬甚利."에서 보리를 구입 해 지게미[酒糟]를 만드는 것은 술과 돼지 사료를 만들기 위함이라고 한다.
82 『심씨농서(沈氏農書)』「運田地法」, p.62, "若猪, 必須買餅, 容有貴賤不時."
83 『심씨농서』「蠶務」第6段, p.88, "養豬六口, 每口吃豆餅三百斤, 六口計一千八百斤, 常價十二、三兩."

된다."[84]라고 하여 당시 강남지역의 양돈 농가에서 콩깻묵의 수급은 무엇보다 중요한 것이었음을 알 수 있다.

돼지 한 마리가 소비하는 콩깻묵은 대개 하루에 1근 정도였는데, "임신 초기 1-2개월[85] 동안에는 암돼지 한 마리가 콩깻묵豆餠 90편片을 먹고, 3-4개월 사이에는 콩깻묵 120편片을 먹고, 5-6개월이 되면 콩깻묵 180편을 먹는다. 이를 합하면 암돼지 1마리는 1년에 깻묵 800편을 먹는 셈이 되는데, 그 무게는 1, 200근이고 시세 가격은 은 12량兩이다."라고[86] 한다. 그리고 평균 임신한 암돼지는 매일 콩깻묵 3근 2량을 넘게 먹는 셈이 되어 보통의 돼지보다 4배나 많은 양을 먹었다.

하지만 새끼 돼지의 경우 풀어놓고 먹이기 때문에 이와는 달리 계산하여, "1마리당 콩깻묵은 은 1전錢이고, 축사당 원가는 대략 은 4량이 소요된다."라고 하고 있다. 이렇게 비용이 많이 드는 돼지를 키워 손익을 맞추기 위해서 다음과 같은 계산을 제시하고 있다. 즉 "새끼 돼지 6마리를 키울 경우, 한 마리당 원가는 3량 6전"[87]이다. 만약 새끼 돼지를 14마리 출산한다면 그중 8마리를 판 수입(8×3.6=28.8량)으로 앞의 (사료비) 원가를 모두 만회할 수 있다. 남은 6마리 새끼 돼지는 모두 이익으로 남으며, 게다가 매년 돼지 축사에서 퇴비 80담擔도 얻을 수 있었다.[88] 결과적으로 양돈의 수익이 적지 않았음을 의미한다. 이것은

---

84 『심씨농서』「蠶務」第6段, p.88, "然餠價增, 肉價亦增, 隨身長落. 種田養豬, 第一要緊, 不可以餠價盈, 遂不問也."

85 『심씨농서』「蠶務」, p.90의 진항력(陳恒力)의 교석에 의하면, '1, 2월'은 암돼지가 임신한 후의 1개월과 2개월이다. 암돼지는 일반적으로 5, 6개월 간격으로 한 번 새끼 돼지를 출산하기 때문이고, 임신을 한 첫 1, 2개월 동안은 뱃속의 새끼가 작기 때문에 농축 사료를 적게 먹는다. 이후 뱃속의 새끼가 날로 자라면 농축 사료(콩깻묵)도 그에 맞추어 늘려 준다. 암돼지 1마리는 1년에 콩깻묵[豆餠] 1, 200근을 먹으니 매일 평균 콩깻묵 3근 2량 넘게 먹는다고 한다.

86 『심씨농서』「蠶務」第6段, p.88, "養母豬一口, 一、二月吃餠九十片, 三、四月吃餠一百二十片, 五、六月吃餠一百八十片. 總計一歲八百片, 重一千二百斤, 常價十二兩."

87 『심씨농서』「蠶務」第6段, p.88, "小豬本有六個, 約價三兩六錢."

88 『심씨농서』「蠶務」第6段, p.88, "小豬放食, 每個餠銀一錢, 約本每窩四兩. 若得小豬十四個, 將八個賣抵前本, 贏落六個自養. 每年得壅八十担."

외부에서 콩깻묵을 구입하여 양돈을 하더라도 새끼를 잘 치게 되면 수익을 올릴 수 있을 뿐 아니라 퇴비까지 얻을 수 있어 농가에 큰 보탬이 됨을 구체적인 사례를 들어 제시한 것이다.

깻묵류[餠類]는 소를 기를 때도 필요하였다. 당시 "마을에서는 또한 소를 키워 돈을 벌었는데, 여윈 소를 구입하여 아이들에게 끌고 나가 아침에 이슬 머금은 풀을 먹이게 하고, 매일 목화씨 깻묵[棉籽餠]으로 사료에 보충해 주면, 1-2개월 후에 소는 살이 쪄, 살 때보다 값이 배가 증가한다. 소 한 마리로 수금數金의 이익을 거두었다."[89]고 한다. 이것은 기름을 짜고 남은 깻묵류를 돼지와 소에게 먹여 가계의 수입을 높였음을 말해준다. 이런 이유 때문에 당시 강남지역의 농촌에서는 비싼 값을 주고서라도 콩깻묵과 같은 깻묵류를 구입할 수밖에 없었던 것이다. 그 때문에 깻묵의 값은 수급량에 따라 가격변동이 불가피했다.

콩깻묵은 후술하는 바와 같이 강남지역의 각종 농작물의 비료로 이용되면서 수요가 더욱 급증하게 된다. 농민들은 농·목축업의 수지를 맞추기 위해 보다 넓은 시장에서 콩깻묵을 수입할 수밖에 없었던 것 같다. 문제는 현금으로 구입하는 깻묵에 얼마나 적극적으로 투자할 수 있느냐이다.

『보농서補農書』「보농서후補農書後」편을 보면 "가정 내의 노인들은 손자들에게 깻묵을 구입해서 돼지를 사육하는 것보다 물고기 양식을 더 권유하고 있다. 이유는 물고기 양식은 우선 투자가 필요 없고, 하천을 이용할 수도 있기 때문이다. 게다가 돼지고기와 생선의 값은 동일하고, 이들을 길러 논밭에 시비할 거름을 얻는 것도 같으니 어찌 물

---

89 『보농서교석』下卷「補農書後」第21段, p.134, "里亦有以畜牛爲利者, 買瘠牛使童子牽之. 朝食露草, 日飼棉花餠, 養一, 二月則牛肥而價倍. 一牛嘗得數金之息."

고기를 양식하는 데 힘을 쏟지 않을 수 있겠냐?"라는 것이다.[90] 이러한 독려를 보면, 물고기 양식은 투자 비용이 거의 들지 않는 데도 사람들은 돼지사육에 오히려 더 많은 관심을 기울였던 것 같다.

리보중[李伯重]은 돼지사육, 쌀 생산 및 콩깻묵과의 관계를 설명하면서, 강남지역 소농의 경우 성인 남자 한 사람이 보통 10무畝의 땅을 경작했는데,[91] 이것을 돼지가 생산한 질소비료만으로 시비한다면 많은 돼지를 사육하지 않으면 안 되었다고 한다. 물론 청대 강남지역의 인구 증가로 인분人糞 공급 비율이 높아졌지만, 도시와 상공업의 발달과, 은납화로 인한 화폐경제의 농촌 침투는 농민의 계층분화를 가속화했다. 이로 인해 인구 이동과 각종 민란이 증가하며 농업노동력의 이동은 불가피했다.[92] 그 결과 임노동자의 고용조건이 까다로워지면서 현지에서 수급하는 전통적인 비료공급이 줄어들었기 때문에 외지에서 콩깻묵을 대량 수입할 수밖에 없었다.[93]

2. 콩과식물과 가축사료

물론 콩깻묵 이외 콩류도 다양한 가축의 사료로 사용되었다는 사실은 이미 선진先秦 시대부터 여러 사료에서 확인된다. 콩을 삶아 꼴과 함께 가축에게 먹이기도 했지만, 콩깍지[豆莢], 콩깻묵[豆餅]과 여물기 전의 대두를 베어 가축의 사료로 사용하기도 하였다. 『한서』 「적포열전翟酺列傳」에는 장자莊子의 내용을 인용하여 희생용 소에게 꼴과 콩을

90 『보농서교석』下卷「補農書後」第20段, p.132, "嘗于其鄕見一叟戒諸孫曰, 豬買餠以喂, 必須賃本, 魚取草于河, 不須賃本, 然魚肉價常等, 肥壅上地亦等, 奈何畜魚不力乎."

91 『보농서교석』下卷「總論」第6段, p.148, "吾里田地, 上農夫一人止能治十畝.", "且如匹夫匹婦, 男治田地可十畝."

92 오금성(吳金成), 「明淸時代의 國家權力과 紳士」 『講座中國史 Ⅵ』, 知識産業社, 1989, pp.217-221.

93 리보중[李伯重](이화승(李和承) 역), 『中國經濟史 硏究의 새로운 摸索』 冊世上, 2006, p.153.

먹여 태묘太廟로 들어가는 구절이 있다.⁹⁴ 그리고 『세설신어世說新語』에
는 1천 근斤에 달하는 소에 꼴과 콩을 먹여 보통의 소보다 10배나 몸
무게를 불려 이를 사졸들에게 삶아 먹였다는 이야기가 전해진다.⁹⁵ 이
러한 현상은 후대 『명사明史』「장록열전張錄列傳」에까지 보인다. 이곳에
는 소에게 꼴[芻]과 콩[菽]을 먹였으며, 근래에는 과일 등 사람이 먹는
음식까지 먹인다고⁹⁶ 하였다.

　이러한 현상은 말이나 양에서도 볼 수 있다. 특히 말에게 사람들이
먹는 곡식을 제공한 사실은 일찍부터 여러 사료에서 확인된다. 전국시
대 『묵자墨子』의 기록에는 조간자趙簡子의 집에서 수레를 끄는 말[車馬]
수백 필에게 숙菽과 조를 먹였으며,⁹⁷ 『한서』「식화지」에서는 풍년이 들
어 콩과 조의 수확이 많아지자 개, 돼지에게 사람이 먹는 음식을 먹
이기도 했다고 한다.⁹⁸ 또 「왕망전」에서 빈자는 술지게미와 겨도 먹지
못하는데, 부자들의 개와 말은 숙과 조를 먹었다고 전하며,⁹⁹ 『진서晉
書』「고조선제의본기高祖宣帝懿本紀」에서 "둔한 말이 단두短豆를 그리워한
다."란 구절에서도¹⁰⁰ 대두가 말먹이로 이용되었음을 살필 수 있다. 그
증거로서 『회남자淮南子』에는 황제黃帝가 천하를 통치할 때는 개, 돼지

94　『후한서(後漢書)』권48「翟酺列傳」, "莊子謂其使日, 子見夫犧牛乎, 衣以文繡, 食以芻菽. 及其牽而
　　入於太廟, 欲為孤犢, 其可得乎."
95　『세설신어(世說新語)』卷下「輕詆第二十六」, "顧謂四坐日, 諸君頗聞劉景升不? 有大牛重千斤, 噉芻
　　豆十倍於常牛, 負重致遠, 曾不若一羸牸. 魏武入荊州, 烹以饗士卒, 于時莫不稱快."
96　『명사(明史)』권206「張錄列傳」, "西域魯迷貢獅子·西牛方物, 言所貢玉石計費二萬三千餘金, 往來
　　且七年, 邀中國重賞. 錄言, 明王不貴異物. 今二獅日各飼一羊, 是歲用七百餘羊也. 牛食芻菽, 今乃
　　食果餌, 則食人之食矣. 願返其獻, 歸其人, 薄其賞, 以阻希望心. 帝不能用."
97　『묵자(墨子)』「墨子後語上·墨子傳略第一」, "今簡子之家, 飾車數百乘, 馬食菽粟者數百匹, 婦人衣
　　文繡者數百人."
98　『한서(漢書)』권24「食貨志下」, "(應劭日) 養狗彘者使食人之食, 而不知以法度斂之也." 師古日, "孟
　　子, 孟軻之書. 言歲豐孰, 菽粟饒多, 狗彘食人之食, 此時可斂之也."
99　『한서(漢書)』권99「王莽傳中」, "父子夫婦終年耕芸, 所得不足以自存. 故富者犬馬餘菽粟, 驕而為
　　邪; 貧者不厭糟糠, 窮而為姦."
100　『진서(晉書)』권1「帝紀第一·高祖宣帝懿」, "駑馬戀短豆." 이에 대해 무영전본(武英殿本)과 『위지(魏
　　志)』曹爽傳注와 『자치통감(資治通鑑)』권75에는 『진기(晉紀)』를 인용하여 '단두(短豆)'를 '잔두(棧豆)'
　　라고 했지만, 『태평어람(太平御覽)』권895에서는 『진기(晉紀)』를 인용하여 "추두(芻豆)"라고 하였다.

도 길에서 숙菽과 조를 토해내었다는 기록에서도[101] 알 수 있다.

『양서梁書』무제본기武帝本紀에는 빈부의 양극화 속에서 "숙과 조를 먹는 개와 말"이라는 기록이 등장하며,[102] 후대에도 절검을 모르고 사치를 일삼는 왕조에는 백성의 고통은 고려하지 않은 채 개나 말에게 숙과 조를 먹이고[103] 있다. 『진서陳書』「부재열전傅縡列傳」에서도 '폐하는 주색과 사치를 탐닉하고, 후궁들은 수놓은 비단을 휘감고 마구간의 말은 숙과 조를 먹고 있는 데 반해, 생민生民은 초개草芥와 같이 여겨 백성은 흩어져 들판에 시체가 가득하다는 지적'에서도[104] 콩이 지닌 위상을 잘 나타난다.

이처럼 말에게 사람이 먹는 곡식을 먹인 것은 위에서처럼 특별한 경우에만 국한되지는 않았다. 『신당서新唐書』「식화지食貨志」에는 사사로이 기르는 말에게도 꼴과 콩을 먹이고 있다.[105] 심지어 『안자춘추晏子春秋』「안자집어晏子集語」의 기록에는 제齊의 경공景公이 오리와 기러기에게도 숙과 조를 먹이기도 하였다.[106]

그런가 하면 국가가 의도적으로 무사[武藝者]를 선발하는 과정에서 포상의 의미로서 말에게 꼴과 콩을 지급하기도 하였다. 금金나라의 경우 말이 없어 관의 나귀를 빌린 자에게 꼴과 콩을 지급하거나, 말을 사육하기 위한 콩을 납입하도록 했다. 그리고 원대에는 마정馬政의 일

---

101 『회남자(淮南子)』「覽冥訓」, "昔者黃帝治天下, … 鄙旅之人相讓以財, 狗彘吐菽粟于路, 而無仇爭之心."
102 『양서(梁書)』권1「武帝本紀」, "又令曰 夫樹以司牧, 非役物以養生; 視民如傷, 豈肆上以縱虐. 廢主棄常…征賦不一, 苛酷滋章....菽粟犬馬, 徵發閭左, 以充繕築."
103 『남사(南史)』권70「循吏列傳·序言」, "孝武末年, 淸暑方構, 及永初受命, 無所改作, 所居唯稱西殿, 不制嘉名, 文帝因之, 亦有合殿之稱. 及孝武承統, 制度滋長, 犬馬餘菽粟, 土木衣綈繡, 追陋前規, 更造正光·玉燭·紫極諸殿.";『송서(宋書)』卷92 良吏列傳, "及世祖承統, 制度奢廣, 犬馬餘菽粟, 土木衣綈繡, 追陋前規, 更造正光玉燭紫極諸殿."
104 『진서(陳書)』권30「傅縡列傳」, "陛下頃來酒色過度, 不虔郊廟之神, 專媚淫昏之鬼. 小人在側, 宦豎弄權, 惡忠直若仇讎, 視生民若草芥. 後宮曳綺繡, 廐馬餘菽粟, 百姓流離, 殭尸蔽野."
105 『신당서(新唐書)』권55「食貨志」, "私馬則有芻豆."
106 『안자춘추(晏子春秋)』「晏子集語」, "齊景公嘗賞賜及後宮, 文繡被臺榭, 菽粟食鳧鴈, 出而見殣, 謂晏子曰, 此何為死 晏子對曰, 此餒而死. 公曰, 嘻寡人之無德也何甚矣."

환으로 말의 종류에 따라 꼴과 콩을 지급하거나,[107] 부족하면 구입하기도 하는 등의[108] 특별한 경우도 있었다.

이처럼 소와 말[牛馬]에게 대두大豆를 먹였던 것을 보면 소와 말이 존중받았던 것과 함께, 대두 속 양질의 단백질과 지방이 가축에게 이롭다는 사실을 알았던 것 같다. 실제 서진西晉의 『박물지』 「식기食忌」에는 콩이 체중을 불어나게 한다는 사실을 알고 있었다.[109] 이런 사실을 통해 왜 이전부터 가축에게 대두를 제공했는지 그 이유를 알 수 있다. 원대에는 실제 가축에게 콩과 조를 먹여 양과 말의 값을 올리려고 했으며,[110] 꼴과 콩을 먹이지 않아 말과 낙타가 여위었다고 한 것을 보면,[111] 위기의 상황에서 콩이 어떤 목적으로 사용되었는지도 짐작할 수 있다.

다만 이때의 숙류菽類가 어떤 형태의 콩이었느냐는 점이 문제인데, 이것을 구체적으로 알 수 있는 사료는 없다. 다만 생각해 볼 수 있는 것은 신석기시대 이래 야생의 숙과 임숙류稔菽類가 존재했음에도 춘추시대에 융숙戎菽을 재차 천하에 공급하였다는 점, 그리고 전국시대 이

---

107 『금사(金史)』 권15 「本紀第十五·宣宗中」, "(興定三年) 乙未, 以官驢借朝士之無馬者乘之, 仍給芻豆"; 『금사(金史)』 권27 志第八 「河渠·漕渠」, "承安五年, 邊河倉州縣, 可令折納菽二十萬石, 漕以入京, 驗品級養馬於俸內帶支."; 『원사(元史)』 권100 「志第四十八兵三·馬政」, "日飼黑馬乳以奉玉食, 謂之細乳. 每醞都, 牝馬四十. 每牝馬一, 官給芻一束菽八升. 駒一, 給芻一束菽五升. 菽貴, 則其半以小稻充." 심지어 명대에 이르면 말에게 줄 콩을 백관의 봉록 대신 지급해 줄 것을 요청하기도 한다. 『명사(明史)』 권161 「陳壯列傳」, "尙書陳翌請以馬豆代百官俸, 壯言飼馬之物, 不可養士大夫. 事乃寢."

108 『원사(元史)』 권32 「文宗本紀」.

109 최덕경, 「朝鮮時代의 大·小豆와 그 加工食品」, 『大丘史學』 72, 2003, p.23. 콩은 영향이 풍부하여 단백질 40%, 탄수화물 30-33% 그리고 지방이 18%에 달하며, 그 외에도 인체에 필요한 8종의 아미노산이 있고, 흡수도 용이하여 체력 증진에 중요한 작용을 한다. 왕웨이민[王維民], 『중국북방한지농업기술(中國北方旱地農業技術)』, 中國農業出版社, 1994, p.238.

110 『원사(元史)』 권87 「百官三·宣徽院」, "宣徽院, 秩正三品. 掌供玉食......蒙古萬戶, 千戶合納差發, 係官抽分, 牧養孳畜, 歲支芻草粟菽, 羊馬價直, 收受闌遺等事, 與尙食尙藥尙醞三局, 皆隸焉."

111 『원사(元史)』 권175 「張珪列傳」, "闊端赤牧養馬駝, 歲有常法, 分布郡縣, 各有常數, 而宿衛近侍, 委之僕御, 役民放牧. 始至, 即奪其居, 俾飮食之, 殘傷桑果, 百害坐起. 其僕御四出, 無所拘鈐, 私驅芻豆, 瘠損馬駝."; 『명사(明史)』 권157 「劉中敷列傳」, "凡十六日而釋. 瓦剌入貢, 詔問馬駝芻菽數, 不能對."

후에는 이 융숙을 이용한 콩 발효, 가공 음식이 대거 등장하고, 장과 시는 물론 두부, 콩나물과 두유의 재료도 모두 이것으로 만들어졌다는 점이다. 이런 점에서 보면 가축에게 제공했던 콩은 적어도 선진시대의 경우 야생이나 재배 소숙류小菽類의 콩이었을 것이며, 진한시대 이후의 가축 사료에는 이런 숙류와 함께 필요에 따라 융숙류의 대두도 제공되었을 것으로 보인다.

이렇게 보면 앞장에서 지적한 바와 같이 고대의 숙류와 대두는 그 시기와 여건 및 필요에 따라 굶주린 빈자나 노비들의 양식, 부족한 사졸士卒의 식량 대용, 가축의 사료 등의 용도로 폭넓게 사용되었음을 알 수 있다.[112] 그래서 콩밥은 전술한 바와 같이 빈천자貧賤者가 허기를 채우는 데 이용하였거나,[113] 그렇지 않으면 채소와 삶은 숙菽을 으깨 죽을 쑤어 식용했던 것 같다.

하지만 전국시대 이후 황·흑두를 이용한 부식품이 다양해지고, 그 수요가 증대하면서 어느 시점부터 특별한 경우가 아니면 이 대두를 그대로 가축의 사료로 삼는 것은 어렵게 되었을 것이다. 사실 생산량이 부족한 고대사회에서 인간도 충분하게 음식물을 섭취하기 곤란한데 콩을 가축의 사료로 사용했다면, 그 콩은 생산량이 많아 모두 처분하기 곤란했거나 부유한 계층의 가축이었거나, 아니면 가축의 사료로 이용하는 것이 더 효용가치가 높았기 때문이었을 것이다.[114]

문제는 당시 가축의 사료로 이용된 콩류에는 융숙과 고려두의 확산과는 별개로 기존의 크고 작은 야생 혹은 재배된 숙菽류가 여전히

---

112 최덕경, 「漢唐期 大豆 가공 기술의 발달과 製粉業」 『中國史硏究』 第69輯, 2010.
113 「회남자(淮南子)」 「齊俗訓」, "貧人則夏被褐帶索, 含菽飲水以充腸"; 王褒 『僮約』 "奴但得飯豆飲水, 不得嗜酒"
114 전국시대에는 지배층의 가축이나 제사를 위한 희생용 가축에게 사람이 먹는 콩과 조를 사료로 사용하기도 했다. 『한비자(韓非子)』 「外儲說左下」, "韓宣子曰, 吾馬, 菽粟多矣, 甚臞何也. 寡人患之.";『장자(莊子)』 「列御寇」, "莊子應其使曰, 子見夫牺牛乎, 衣以文綉, 食以芻菽."

이용되었다는 점이다. 이들이 어떤 용도로 사용 되어왔는지를 『제민요술』의 「대두大豆」와 「소두小豆」편 밖에 존재하는 숙류菽類를 통해 살펴보자.

『가정법家政法』에 의하면, 4월에 소에게 먹일 저장용 꼴을 베는데, 이 푸른 풀은 푸른 콩대[豆其]인 교두荳豆[115]와 다름이 없다고 할 정도로 효과가 좋았다고 한다.[116] 또 『제민요술』「양양養羊」편에서는 대두를 베어 "청교靑荳"로 만들어 양에게 먹이기도 하였다. 이처럼 숙류菽類를 가축의 사료로 사용한 사례는 이후 대두에까지 영향이 미치고 있다.

『제민요술』「대두」편에서는 맥麥을 수확한 후 사료용 '종교種荳'를 별도로 파종하여, 이를 이용했다고[117] 한다. 스성한[石聲漢]은 이 종교를 사료용 콩과식물이라고 한 데 반해, 먀오치위[繆啓愉]는 대두大豆라고 교석하고 있다. 이들은 모두 콩이 익기 전 8-9월에 콩대[豆其]를 베어 말려 가축의 사료로 사용했다고 한다. 이렇게 콩대를 말려 사료로 이용하는 경우, 가지가 많고 줄기가 연한 소두류小豆類가 적합하고, 대두는 다소 곤란했을 것이다. 왜냐하면 수확시기에 벤 대두의 줄기를 말리게 되면, 굵고 딱딱한 콩대가 마치 나무와 같이 변하기 때문에, 가는 줄기나 깍지를 제외하고는 사료로서 적합하지 못하기 때문이다.[118] 이것은 마치 "벤 풀을 너무 거칠게 자르면, 설령 콩과 곡식을 충분히 준다고 하더라도 살찔 수가 없다. 마디가 없게 잘게 잘라 흙을

---

115 먀오치위[繆啓愉] 교석, 『제민요술교석(齊民要術校釋)』에 의하면, '교두(荳豆)'는 콩이 아직 익기 전에 수확하여 가축의 월동용 건초로 저장했다고 한다.
116 『제민요술』卷6 「養牛馬驢騾第五十六」, "家政法曰, 四月伐荳荳. 四月靑草, 與荳豆不殊, 齊俗不收, 所失大也."
117 『제민요술』卷2 「大豆」, "種荳者, 用麥底. 一畝用子三升."
118 『제민요술』卷6 「養羊第五十七」, "寒月生者, 須燃火於其邊. 夜不燃火, 必致凍死. 凡初產者, 宜煮穀豆飼之."라고 하여 겨울에 태어나는 양은 땔감과 먹이가 동시에 필요하다는 점에서는 수확기의 마른 콩대를 거둬들이는 것도 합당할 듯하다.

털어내어 먹이면 목에 막히지도 않고 절로 살이 쪄 좋아진다."[119]는
내용과도 부합된다.

대규모 목양 농가에서는 직접 콩을 재배하여 양의 사료로 사용하기도 하였다. 『제민요술』「양양養羊」편에서는 콩을 잡곡과 함께 파종하고 풀과 함께 자라게 하여 8-9월에 베어서 청교靑荍로 만들었다. 만약 이때 콩을 파종하지 않는다면, 풀씨가 여물어 떨어지기 전에 베어서 말려야 눅눅해지지 않는다고[120] 한다. 풀은 풀씨가 땅에 떨어지기 전에 베라는 것이다. 만약 위와 같이 콩과 풀이 함께 자랄 경우에도 마찬가지로 풀씨가 떨어지지 않고 콩이 익기 전에 수확하는 것이 좋다. 이때 가축의 사료는 바로 "노두營豆, 호두胡豆[121] 등 야생두가 가장 좋고, 그 다음이 대·소두의 줄기[其]였다."라는 사실이다. 즉 이전부터 숙류菽類는 콩잎 국[藿羹]의 재료뿐 아니라 가축의 사료로 이용되어 왔으며, 특히 목양 농가에서 겨울을 나기 위해서 무엇보다 '교두荍豆'는 필요한 사료였다. 이것은 오래된 습속으로 유목민족이 남하한 이후에도 대규모 목양 농가에서는 사료의 부족을 보충하기 위해 콩과식물을 재배했을 가능성이 크다.

『제민요술』「양양養羊」편의 지적과 같이 새끼 양은 겨울이 되면 어미젖에만 의존하는데 만약 건조한 교두荍豆를 준비하지 않는다면, 어미 양은 물론 아직 물이나 풀을 홀로 먹지 못하는 새끼 양도 모두 굶어 죽게 된다.[122] 때문에 유목민들은 일찍부터 영양가가 풍부한 교두

---

119 『제민요술』卷6「養牛馬驢騾第五十六」, "剉草麤, 雖足豆穀, 亦不肥充. 細剉無節, 簁去土而食之者, 令馬肥, 不咥苦江反, 自然好矣."
120 『제민요술』卷6「養羊第五十七」, "羊一千口者, 三四月中, 種大豆一頃雜穀, 並草留之, 不須鋤治, 八九月中, 刈作青荍. 若不種豆穀者, 初草實成時, 收刈雜草, 薄鋪使乾, 勿令鬱浥. 營豆胡豆蓬藜荊棘為上. 大小豆萁次之. 高麗豆萁, 尤是所便. 蘆·薍二種則不中."
121 먀오치위[繆啓愉] 교석, 『제민요술교석』에 의하면, '노두(營豆)'는 대개 검은 소두를 가리키며, 호두(胡豆)는 다소 설명하기 번잡한데, 『광아(廣雅)』에서는 '강두(豇豆)'라고 한다.
122 『제민요술』卷6「養羊第五十七」.

荳豆를 베어 말려 겨울철 사료로 사용했으며, 겨울에 새끼를 낳은 어미 양에게는 반드시 곡穀과 두豆를 삶아 먹였던 것으로 보인다.[123] 물론 이 두豆가 대두大豆인지 야생 숙류였는지는 분명하지 않다. 하지만 유목민이 대두를 재배한 목적이나 그 기술은 당시 한족과는 다르며, 실제 유목민이 대두를 겨울 건초로 사용했는지? 했다면 언제부터 활용했는지도 분명하지 않다. 그렇지만 목축을 위해 숙菽과 건조한 교두荳豆를 유용하게 사용했음은 분명한 사실이다. 게다가 말처럼 오랫동안 달리는 동물을 튼튼하게 키우거나 종마[種馬: 부마父馬]를 만들기 위해 단백질이 풍부한 곡두穀豆를 먹였다는 것은 이전부터 콩이 지닌 효능을 알았음을 말해주고 있다.[124] 이상을 보면 콩과식물인 숙류菽類는 말[馬], 양羊을 사육한 유목민 뿐만 아니라 농경민의 가축 사육에서도 유용하였음을 말해준다.

또 『제민요술』「양계養雞」 편에서는 닭을 빨리 살찌우는 방법 중의 하나가 호두胡豆 등을 거두어서 먹이는 것이라고 하였다.[125] 오리를 사육할 때도 조와 콩을 충분히 먹여 살찌게 하면 한 마리의 오리가 100개의 알을 낳는다고[126] 하였다. 식용 돼지를 사육할 때도 어미젖을 잘 먹는 새끼를 골라 마찬가지로 조와 콩을 충분히 먹이면 빨리 살이 찐다고[127] 하여 두립豆粒이 가축의 비육에 좋은 곡물이라는 사실을 이미 인식하고 있었다. 이런 측면에서 보면 적어도 중고中古 사회에서 가축 사육과 숙류菽類의 공급은 밀접한 관련이 있었음을 알 수가 있다. 이때 콩은 야생의 숙류는 물론이고 필요에 따라 황두, 흑두와 같은 융

123 『제민요술』 卷6 「養羊第五十七」"寒月生者, 須燃火於其邊. (夜不燃火, 必致凍死.) 凡初產者, 宜煮穀豆飼之." ( )는 소주(小注).
124 『제민요술』 卷6 「養牛馬驢騾第五十六」.
125 『제민요술』 卷6 「養雞第五十九」"養雞令速肥, (…常多收秕稗胡豆之類以養之,")( )는 소주(小注).
126 『제민요술』 卷6 「養鵝鴨第六十」"足其粟豆, 常令肥飽, 一鴨便生百卵."
127 『제민요술』 卷6 「養豬第五十八」.

숙도 그 대상이었음을 알 수 있다.

『황제내경』「소문素問·장기법시론藏氣法時論」이나 「영추靈樞·오미론五味論」에는 오장병五臟病에 대두를 먹으면 정기가 보충된다고 하여, 대두의 의료 작용도 지적하고 있다.[128] 이처럼 대두의 가공식품과 효용성의 증대는 보급 확대의 원동력으로 작용했을 것임은 분명하다. 이와 같은 콩과식물의 효능은 오로지 가축에게만 적용되지는 않았다. 『박물지博物志』에서 "사람이 3년간 콩을 먹으면 몸이 무거워져서 행동하기 어려워진다."라고[129] 하는 것을 보면 두豆가 가축의 비육은 물론 사람에까지 영양가가 있었음을 말해준다. 이런 사실을 볼 때, 낟알이 작은 야생 숙菽과 콩이 고래로 겨울용 건초나 비육용으로도 적극적으로 활용되었음을 알 수 있다. 이것은 콩잎을 채집하여 국을 끓였던 단계를 넘어 새로운 융숙이 도입되면서 장시醬豉, 두부와 같은 부식을 제조하여 환영받았는가 하면, 야생의 숙류와 콩 등은 이후에도 가축 사료로 널리 활용되었음을 알 수 있다.[130]

이처럼 두류는 서민들의 양식으로 재해 때에는 구황작물로, 전쟁 때에는 군인들의 비축 양식은 물론이고, 식생활에 있어 필요불가결한 가공식품으로 사용되었으며, 연한 콩대와 야생 숙류는 가축 사료로 이용되었음을 볼 수 있었다. 특히 명청시대 이후에는 콩을 착유하고 남은 콩깻묵은 가축의 사료는 물론이고 작물의 비료로 활용된다.

---

128 궈원타오[郭文韜] 편저, 『중국대두재배사(中國大豆栽培史)』, 河海大學出版社, 1993, pp.69-70.
129 『제민요술』卷10「豆」, "博物志曰, 人食豆三年, 則身重, 行動難. 恒食小豆, 令人肌燥麤理."
130 류촨차이[劉傳才] 외 3인, 「秦皇島市野大豆保護措施研究」『中國環境管理幹部學院學報』 2014年 第2期, p.27에서도 야생 대두의 가치에 대해 1) 육종 상의 응용 가치 2) 약용가치 3) 식용, 사육용의 가치를 들고 있다.

III. 콩깻묵과 강남江南의 비료

1. 한전 작물과 콩깻묵

전술한 바와 같이 『범승지서』에 의하면 두류 작물은 뿌리에 "두유 고豆有膏", 즉 비료 성분을 지녔다. 그 결과 녹두 등을 녹비綠肥로 사용 했는가 하면, 대두와 화곡 작물을 서로 간작 또는 교대함으로써 지력을 보전하기도 했다. 이는 콩 뿌리의 비료 성분이 식물의 성장을 돕는다는 사실을 알았던 것이다. 콩의 비료 성분은 콩 뿌리에만 있는 것이 아니라 콩을 가공하고 남은 찌꺼기에도 있다. 본절에서는 콩기름을 짜고 남은 깻묵이 강남의 수전에서 어떻게 비료로 사용되었는지를 살펴보고자 한다.

송대 이후 기름을 짜고 남은 곡물의 찌꺼기[渣]가 비료로 사용된 사례는 난화蘭花의 비료가 있는데,[131] 『진부농서』에도 등장하지만 그다지 일반적이지는 않았다.[132] 하지만 명말청초에 이르면, 강남지역을 대표하는 비료로 남니關泥와 분뇨 그리고 곡물의 깻묵[餠肥]을 들 수 있다.[133]

명말 『편민도찬便民圖纂』「하옹下壅·죽지사竹枝詞」에 의하면 벼농사 수확에 분糞과 콩깻묵 및 하니河泥가 필수적이었음을 잘 묘사하고 있다.[134] 이 중 분糞은 고대 이래 가장 일반적인 비료였으며, 남니가 강남지역에서 생산된 독특한 비료라고 한다면, 콩깻묵은 당시의 시대적

---

131 녹정옹(鹿亭翁) 찬, 『난역(蘭易)』 권하 「喜肥而畏浊·范村梅譜(外十二種)」.

132 최덕경, 『동아시아 농업사 상의 똥 생태학』, 세창출판사, 2016, p.100.

133 최덕경, 앞의 논문, 『補農書』를 통해 본 明末淸初 江南農業의 施肥法」, p.254.

134 『편민도찬(便民圖纂)』「下壅·竹枝詞」에 의하면 "稻禾全靠糞澆根, 豆餅河泥下得匀, 要利還須著本做, 多收還是本多人."; 『편민도찬(便民圖纂)』「壅田」조에는 "或河泥, 或麻豆餅, 或灰糞, 各隨其地土所宜."라고 했으며, 「耘稻」조에는 "揚稻後, 將灰糞或麻豆餅屑, 撒入田內."라고 하여 마찬가지로 하니(河泥), 깻묵[麻豆餅], 회분[灰糞]을 수전의 밑거름과 덧거름[追肥]의 대표적인 비료로 활용하고 있다.

산물이라고 할 수 있다. 당시 기름을 짜고 남은 깻묵은 굶주림을 해결하거나 사료로 사용되기도 했으며, 그 기름은 해열과 해독에 사용했는데,『주례周禮』에는 들깨를 파종하여 견토堅土의 비전肥田으로 활용하기도 하였다.[135] 송대『진부농서』에는 '마고麻枯'라는 깻묵의 명칭이 등장하며,[136] 명대 후기에 이르면 깻묵의 사용이 크게 증가되었다.[137]

청대 장뤼샹張履祥은 17세기 중엽『심씨농서沈氏農書』를 보충하여『보농서후補農書後』를 편찬하면서 한전의 병비餠肥에 대해 자세하게 기록하고 있다. 즉, "내가 소흥紹興에 갔을 때, 그곳에서 유채병[菜子餠]을 사용해 비료를 만드는 것을 본 적이 있다. 1무당 깻묵[餠] 10근을 빻아 가루로 만들어 밀[麥]의 싹이 나온 후, 매 그루에 약간씩 뿌려준다. 그러면 비가 내린 후 밀은 아주 빨리 자란다. 우리 고향[桐鄕]에서도 콩깻묵[豆餠]으로 비료를 만들었는데, 비료 기운[肥料氣]이 매우 좋다."라고 하였다. 18세기 중엽의『삼농기三農紀』에도 아마亞麻와 번두番豆: 落花生의 깻묵이 비전의 용도로 사용되었음을 볼 수 있으며, 강남지역에는 다양한 병비餠肥가 작물의 비료로 사용되었다.[138]

깻묵을 시비하는 방법은 "밀 1되 당 콩깻묵 가루 2되를 섞어 밀과 함께 뿌린다. 이때 밀은 씨앗을 물에 불려서 싹이 나게 한 후에 뿌려야만 가장 좋다. 만약 마른 상태에서 뿌리게 되면 콩깻묵이 빨리 부

---

135 『삼농기교석(三農紀校釋)』卷12「油屬」, "(芝麻)本性: 味甘平, 氣溫凉. 黑者久服延年. 白者可取油, 解熱去毒, 渣可救饑, 可喂魚, 周禮堅土用糞, 可肥田." 참깨 깻묵은 그 외에도 '굶주림을 해결'하거나 생선밥[喂魚]으로도 사용되었다는 것이 주목된다.

136 『진부농서(陳旉農書)』"善其根苗篇" "麻枯"는 완궈딩[萬國鼎]의 교주에 의하면, 마고는 깨[胡麻]에 함유된 기름을 다 짜고 남은 깻묵[餠]이라고 한다.

137 최덕경, 위의 논문, 「『補農書』를 통해 본 明末淸初 江南農業의 施肥法」, p.245의 〈표1〉에는 「徐光啓手迹」에 등장하는 107종의 비료 중 17종이 병비(餠肥)이다. 이는 송원 시대에는 단지 2종에 불과했지만, 명대 후기에 가장 큰 비율로 증가되고 있음을 보여주고 있다.

138 민중뎬[閔宗殿], 앞의 책, 「중국고대농경사략(中國古代農耕史略)」, p.73에 의하면, 이때 등장하는 병비(餠肥)는 내자병(萊籽餠), 오구병(烏桕餠), 지마병(芝麻餠), 명자병(棉籽餠), 두병(豆餠), 래복자병(萊菔子餠), 대안동병(大眼桐餠), 사병(楂餠), 저건두병(猪乾豆餠), 마병(麻餠), 대마병(大麻餠) 등 11종류가 있었다고 한다.

패하여 밀[麥]의 종자가 (그 열에) 썩게 된다."[139]라고 하여 늦벼를 수확한 땅에 밀을 파종할 때 깻묵을 시비하고 있는 것을 보여주고 있다. 여기서 주목할 것은 밑거름[基肥]을 할 때 종자에 시비하는 방식[糞種]으로 종자를 물에 불려 싹을 틔운 후에 함께 뿌렸다는 것이다.

대개 기존의 맥전麥田에는 주로 밑거름[基肥]을 했다. 『농상집요農桑輯要』에 의하면 "초장酢漿[140]과 누에똥을 맥류 종자와 함께 자정 전후에 잠시 담가두었다가 새벽이 되면 서둘러 씨를 뿌리고 있다. 이때 초장은 맥류를 가뭄에 견디도록 하고, 누에똥은 추위를 이겨내게 한다."[141]고 한다. 그리고 명 말의 『천공개물』에도 "무릇 맥전麥田에 시비할 때는 파종 이후에 거름을 주어서는 안 된다. 파종 전에 시비할 것을 계획해야 한다."라고[142] 하여 덧거름[追肥]이 아닌 밑거름을 하고 있다.

하지만 청대가 되면, 덧거름 또한 활발히 이루어진다. 10월 동토의 추비[浮糞]는 월동 이후에 속효성 비료나 부숙한 인분뇨人糞尿를 주는 것보다 못하다고 한 것을 보면, 동맥冬麥의 경우 싹이 튼 후 봄 덧거름이 효과적이었음을 보여주고 있다.[143] 『심씨농서』에도 "맥류는 파종할 때 한 번, 봄에 한 번 청수분清水糞을 뿌린다. 거름기가 너무 강하면 오히려 수확이 없게 된다."라고[144] 하여 봄의 맥전麥田에 똥오줌을 뿌려 덧거름하고 있다. 명말 청초가 되면서 봄철의 속효성 덧거름에 깻묵

---

139 『보농서교석(補農書校釋)』下卷「補農書後」, 第6段, p.114, "余至紹興, 見彼中俱壅菜餅. 每畝用餅末十斤, 俟麥出齊, 每科撮少許. 遇雨一次, 長一次. 吾鄉有壅豆餅屑者, 更有力. 每麥子一升入餅屑二升, 法與麥子同撮. 但麥子須浸芽出者爲妙. 若乾麥, 則豆餅速腐而并腐麥子."

140 초장(酢漿)은 전분을 가라앉혀서 발효시켜 만든 일종의 청량음료로서 양조에 사용되는 액체 효모, 또는 산장(酸漿)이다.

141 『농상집요(農桑輯要)』卷2「大小麥」, "薄漬麥種以酢 且故反, 與醋字同. 漿幷蠶矢, 夜半漬, 向晨速投之. 令與白露俱下. 酢漿令麥耐旱, 蠶矢令麥忍寒."

142 『천공개물』乃粒·麥工」, "凡糞麥田, 旣種以後, 糞無可施, 爲計在先也."

143 후시원[胡錫文],「中國小麥栽培技術簡史」,『農業遺産研究集刊(第1冊)』, 中華書局, 1958, pp.68-69.

144 『보농서교석(補農書校釋)』「運田地法」第4段, p.39, "麥要澆子, 菜要澆花. 麥沈下澆一次, 春天澆一次, 太肥反無收."

비료[餅肥]를 사용하였다. 그 양도 종자의 두 배 정도에 불과했던 것을 보면, 다른 비료에 비해 제조 및 운반 과정에 시간과 노력에 있어 상당한 효과를 보았음을 알 수 있다.

이런 깻묵 비료 중 강남지역에서 보편적으로 활용되었던 것은 콩깻묵[豆餅]이었다. 콩깻묵의 이러한 효과 때문에 서광계(徐光啓)를 비롯한 명 중기의 선각자들은 일찍이 속효성 복합비료인 분단(糞丹)을[145] 제조할 때 중요한 재료로 콩찌끼[豆渣], 콩깻묵 및 마병(麻餅)[146] 같은 깻묵 비료[餅肥]를 사용하기도 하였다.[147]

콩깻묵을 비료로 이용한 또 다른 한전 작물로는 잠상(蠶桑)이 있다. 원대 『농상집요』에는 오디를 숙분이나 누에똥과 섞어 파종한다고[148] 하였다. 그런데 명대 서광계의 『농정전서』에 의하면 "뽕나무는 분뇨, 누에똥, 짚 태운 재, 연못의 진흙 등을 시비하여 땅을 기름지게 한다. 처음 심을 때 수초[水藻]나 면화씨 깻묵을 덧거름으로 북돋아 준다. 그 뿌리를 북돋아 주면 온기가 유지되어 쉽게 싹이 트게 된다."라고[149] 하였다. 이처럼 서광계가 뽕나무밭의 거름으로 돼지·양·소·말의 똥은 물론 콩깻묵, 면화 깻묵, 마병(麻餅)도 좋다고 주석하여 덧붙이고 있는 것을 보면, 명대 후기에는 뽕나무밭에 콩깻묵으로도 덧거름한 것을 알 수 있다.

---

145 최덕경, 『동아시아 농업사상의 똥 생태학』, 세창출판사, 2016, p.259.

146 마병(麻餅)은 호마병(胡麻餅) 혹은 대마병(大麻餅)으로도 해석될 수 있기 때문에 원문을 그대로 표기했다.

147 『서광계전집(徐光啓全集)(伍)』, 上海古籍出版社, 2010, pp.446-455에는 서광계를 비롯한 왕감추(王淦火禾), 오운장(吳雲將)의 분단(糞丹) 비법이 소개되어 있는데, 그 특징은 광분, 가축분, 흑두분(黑豆粉)이나 삼씨가루, 병비(餅肥) 및 심지어 동물의 내장까지 고루 섞어 항아리에 넣어 밀봉하여 30-50일 정도 발효시킨 복합비료였다는 점이다.

148 『농상집요』 卷3 「種椹」, "務本新書: 四月種椹. 二月種舊椹亦同. 東西掘畦, 熟糞和土, 樓平, 下水.", "又法, 春月, 先於熟地內, 東西成行, 勻稀種黮, 次將桑椹與蠶沙相和, 或炒黍穀亦可."

149 『농정전서(農政全書)』 卷32 「蠶桑·栽桑法」, "桑之壅也以糞, 以蠶沙, 以稻草之灰, 以溝池之泥, 以肥土. 其初藝之壅也, 以水藻, 以棉花之子. 壅其本, 則煖而易發. 玄扈先生曰, 以豆餅, 以棉餅, 以麻餅, 以猪羊牛馬之糞."

이때 뽕밭에서 콩깻묵과 비슷한 거름효과를 낸 것으로 토분土糞150
을 들 수 있다. 토분은 오랫동안 비가 내리더라도 흙의 기운이 잘 소
통되어서, 진흙탕이 되거나 물이 고여 있지 않게 한다. 또한 오랫동안
가뭄이 들어도 땅이 굳거나 메마르지 않게 하며, 서리와 눈이 많이
내리더라도 땅이 얼어붙지 않아,151 그 성질은 수전에서 토온土溫을 높
이는 콩깻묵의 효과와 비슷하다. 목화밭[棉田]에도 마찬가지로 콩깻묵
을 사용하였다. 즉 청명 전에 분糞, 회灰, 생니生泥와 함께 콩깻묵을 시
비했는데, 이것은 밑거름으로, 이러한 비료의 많고 적음이 토지의 비
척과 수확량을 결정했다고 한다.

흔히 콩깻묵을 시비할 때는 덩어리를 쪼개어 그대로 땅에 묻는 것
이 아니라 잘게 부수어 이랑에 고루 밑거름한다. 비록 밀종密種을 하
는 자일지라도 무당 깻묵 10병餠 이상, 분糞은 10石 이상을 초과하면
안 되었다. 그렇지 않으면 밭이 너무 비옥해져 작물이 웃자라 결실이
좋지 않으며, 열매에 벌레도 생긴다고152 한다. 이것은 깻묵이 아무리
좋은 비료라고 하더라도 거름기가 한 곳에 집중되어서는 안 되며, 필
요 이상을 시비하면 잎만 무성할 뿐 오히려 결실에는 좋지 않다는 것
을 말해주고 있다.

면화와 밀을 사이짓기[套種]하는 양숙면전兩熟棉田의 시비법은『농
정전서』목면의 콩깻묵 시비법과는 조금 달라서, 밑거름하지 않고, 싹

---

150 토분(土糞)에 대해 여러 가지 견해가 있지만 화분(火糞)과 마찬가지로 흙을 쌓아서 초목과 함께 태
운 비료인 듯하다.
151 『진부농서(陳旉農書)』「種桑之法篇第一」, "以肥窖燒過土糞以糞之, 則雖久雨, 亦疎爽不作泥淤沮
洳. 久乾亦不致堅硬磽埆也. 雖甚霜雪, 亦不凝凜凍冱. 治溝壟町畦, 須疎密得宜."
152 『농정전서(農政全書)』卷35「蠶桑廣類·木棉」, "又曰, 凡棉田, 於淸明前先下壅. 或糞或灰或豆餠或
生泥, 多寡量田肥瘠. 剉豆餠, 勿委地, 仍分定畦畛, 均布之. 吾鄕密種者, 不得過十餠以上, 糞不過
十石以上. 懼太肥虛長不實. 實亦生蟲." 서광계는『농정전서』卷35「蠶桑廣類·木棉」에서 병(餠)이나
분(糞)을 너무 많이 시비하면 1) 싹은 자라나 꽃봉오리는 맺지 않고, 꽃은 피지만 열매가 맺지 않는
다. 2) 꽃이 피고 열매는 맺으나 비온 후에 일시에 떨어져 버린다. 3) 뿌리가 약해 바람과 가뭄에 견디
지 못한다. 4) 맺은 열매에 벌레[蛀]가 생긴다고 한다.

이 트면 1차 시비하고 장마기에 싹이 1척 정도 자라면 또 시비했다. 그 방식은 콩깻묵을 모두 부수어 묘종의 그루 사이에 작은 가래[小鍬]로 고랑[甽]을 만들어 그 속에 묻어 준다.[153] 이와 같이 목면 밭에 콩깻묵을 덧거름한 것은 명말 이래 남방에서만 행해졌으며, 이는 청대에도 계속되었다.[154]

물론 처음부터 목면에 병비餠肥를 했던 것은 아니었다. 당대『사시찬요四時纂要』「삼월」조에 등장하는 목면밭의 시비법을 보면, "파종한 후, 소똥으로 복토 하면 나무가 쉽게 자라 열매도 많이 맺는다. 만약 (파종 전에) 먼저 소똥을 시비하고, 그 뒤에 기경을 하게 되면, 그 토지는 2-3년 이내 지력이 다하게 된다."라고[155] 하여 소똥을 이용한 덧거름을 강조하고 있다. 그런가 하면 1273년에 편찬된『농상집요』「목면」조에는 "파종 하루 전에 파 두었던 이랑과 고랑에 세 차례 물을 준다. 물에 씻어 일은 종자를 축축한 땅에 쌓아두고 질그릇[瓦盆]으로 덮어 하룻밤 동안 둔다. 다음날 종자를 꺼내어 재를 약간 섞어서 종자가 엉기지 않게 분리시켜, 물을 뿌린 이랑에 소밀 정도를 참작하여 흩어뿌린다. … 6-7일을 기다려 면화 싹이 일제히 나올 즈음에 날이 가물면 다시 물을 준다."라고[156] 하여 단지 목면의 파종에 '요수澆水', 즉 물만을 주고 있는데, 이 방식은 14세기 초의 원대『왕정농서』「목면」조에서도 그대로 따르고 있다.

그런데 원대『농상의식촬요農桑衣食撮要』「삼월·종목면種木綿」조에서

---

153 장카이[章楷],『중국식면간사(中國植棉簡史)』, 中國三浹出版社, 2007, p.100.
154 카토오 시게루[加藤繁],「滿洲に於ける大豆豆餅生産の由來に就いて」,『支那經濟史考證((下)』, 1953, p.696.
155 『사시찬요(四時纂要)』「三月」, "又種之後, 覆以牛糞, 木易長而多實. 若先以牛糞糞之, 而後耕之, 則厥田二三歲內土虛矣."
156 『농상집요(農桑輯要)』卷2「播種·木綿」, "先一日, 將已成畦畛, 連澆三水. 用水淘過子粒, 堆於濕地上, 瓦盆覆一夜. 次日取出, 用小灰搓得伶俐, 看稀稠撒於澆過畦內. … 待六七日, 苗出齊時, 旱則澆灌."

는 "먼저 종자를 물에 담그고서 재와 고르게 섞어 싹이 나면, 비옥한 토지에 한 자 간격으로 구덩이 하나를 파서 종자 5-7개를 파종한다." 라고[157] 하였다. 즉 구덩이 속에 거름하여 싹이 튼 종자를 파종하는 것으로 앞의 것과 달라진 점을 볼 수 있다.

서광계와 같은 시대를 살았던 장오전張五典의 종면법種棉法을 보면, "청명, 곡우절이 되어 찬 기운이 사라지면, 생토를 갈아 분糞으로 시비하고 갈이 하여 덮은 후에 파종한다. 모종[花苗]이 올라오면 세 차례 김매고, 높이 자라면 모종의 뿌리 곁에 숙분熟糞을 반 되[升] 정도 시비하여 배토한다."라고[158] 하여 분糞을 밑거름과 덧거름으로 시비한 것을 볼 수 있다. 이때 면화 밭의 비료는 소똥, 물, 분糞, 숙분이 주류를 이루었다. 이들 비료 중에서는 싹의 발아와 촉진을 위해 덧거름을 중시하였다. 명말 청초에 면화 밭에 싹이 튼 후 콩깻묵을 시비한 것도 같은 작용을 했기 때문일 것이다.

「보농서후補農書後」에서는 병비餅肥를 수택水澤의 여건이 좋지 못한 담장 주변이나 정원의 백편두白扁豆 파종에도 사용하고 있다. 즉, 편두는 뿌리가 깊이 뻗기 때문에 먼저 깊게 구덩이를 파서 퇴비를 하고 그 위에 병비餅肥를 한 후 파종하였다. 이처럼 퇴비와 깻묵을 섞어 밑거름을 주게 되면 수확할 때까지 더 이상 거름을 주지 않아도 될 정도로[159] 비료의 효과가 컸던 것 같다. 다만 콩깻묵을 시비하기 위해서는 모름지기 고랑을 깊게 파고 흙도 두텁게 덮어 주어야만 까마귀나 참새의 피해를 입지

---

157 「농사의식촬요(農桑衣食撮要)」「種木綿」, "先將種子用水浸, 灰拌勻候生芽, 於糞地內, 每一尺作一穴, 種五七粒."
158 「농정전서(農政全書)」 권35 「農桑廣類·木棉」, "張五典種法曰, 種之時, 在淸明穀雨節, 以霜氣旣止也. 種之方, 或生用用糞, 耕蓋後種. 或花苗到鋤三遍, 高聳, 每根苗邊, 用熟糞半升培植."
159 「보농서교석(補農書校釋)」 下卷 「補農書後」 第18段, p.129, "吾鄕無廣澤, 不遍揷柳, 苦扁豆則環宅垣墻及中庭俱可種也. 法: 取先枯者, 留爲明年之種, 則早結, 其根直下最深. 若先開深潭, 先下垃圾一餅覆其上, 而後下種, 則終歲可以不澆."

않게 되며, 민가 근처의 경우는 닭들에 의한 피해를 막을 수 있었다.[160]

이상과 같이 당시 강남지역 한전에서의 콩깻묵은 주로 밀, 백편두白扁豆, 면화와 뽕나무 등의 비료로 사용되었는데, 이 작물들의 재배 가능면적이 어느 정도였는가가 콩깻묵의 수요를 가늠하는 기준이 될 것이다. 하지만 당시 이미 벼와 밀의 윤작이 발달하고,[161] 양잠과 면업이 주요 산업으로 등장했으며, 울타리 주위나 정원같이 조그만 공간까지 활용하여 편두를 심었던 것을 감안하면 한전旱田에서 필요한 두병의 수요가 적지 않았음을 쉽게 짐작할 수 있다.[162]

주요 작물에 콩깻묵의 비료 수요가 증가한 이유는 바로 『보농서補農書』에서 지적한 것처럼, 명말 청초 고용노동자들의 임금인상, 태업 및 태도 변화 등으로 작업 효율이 낮아졌기 때문이다.[163] "가난해지고 싶다면 6월에 머슴[長工]을 욕해라."라고[164] 하는 것은 고용노동자의 중요성과 사회경제적 환경의 변화에 따라 노동자에 대한 인식 또한 달라졌음을 의미하며, 그동안 노동력에 주로 의존해 왔던 농업생산의 변화 역시 불가피해졌다는 것을 뜻한다. 다시 말해 노동자의 태업으로 인해 많은 노동자를 고용하여 남니闌泥를 채취하고 분뇨를 운송하여 시비하는 것이 곤란해지자,[165] 비교적 운반과 취급이 간편하면서 비료 효과도 좋은 콩깻묵에 눈을 돌렸던 것으로 짐작된다. 실제 「보농서후」에서도 "최근 품삯은 비싼데 게으름 피우는 자가 많고, 똥오줌을 잘

---

160 『보농서교석』下卷「補農書後」第6段, p.114, "但撮餅屑須要潭深而蓋土厚. 否則慮有鳥雀之害. 惟田近民居, 則防雞損. 及種麥秧, 則不得已而用糞耳."

161 최덕경, 「『齊民要術』과 『陳旉農書』에 나타난 糞과 糞田의 성격」, 『中國史研究』 제81집, 2012, pp.107-119.

162 왕용호우[王永厚], 「李彦章知江南催耕課稻編」 『中國農史』 1991-2에서 광동, 광서의 수전 시비로 착유한 깻묵을 제시하면서 참깨[胡麻])와 무[萊菔]의 깻묵을 최고로 들고 있다.

163 최덕경, 앞의 논문, 「『補農書』를 통해 본 明末淸初 江南農業의 施肥法」, pp.275-280.

164 『보농서교석』「運田地法」, 第17段, p.69. "當得窮, 六月裏罵長工."

165 「심씨농서(沈氏農書)」「運田地法」 제10단(段)에는 남니(闌泥)를 건져 올릴 때 6명의 노동력이 필요하다고 한다.

뿌려주지 못하면, (비록 비쌀지라도) 콩깻묵을 사용하여 품삯을 줄이고 비료값을 절약하는 것만 못하다."라고[166] 한 것이 이를 잘 말해준다.

이처럼 명말 청초에 면업, 양잠업 등의 발달과 고용노동자의 환경 변화가 콩깻묵의 수요를 증가시키는 요인으로 작용했다. 리보중[李伯重]은 병비餠肥의 도입을 명 중기 이후 '비료혁명'을 가져온 중요한 요소로 인식했으며, 청대에는 보급이 확대되면서 중기에는 최대의 발전을 가져왔다고[167] 보았다. 탕치위[唐啓宇] 역시 16세기 중엽 이후 수전 기술의 발달은 밑거름과 덧거름의 배합 기술에서 시작되었다고[168] 하니 결국 명말 청초 강남 농업생산력의 발달에는 덧거름 역할을 했던 병비餠肥가 중요한 작용을 했음을 말해준다. 특히 콩깻묵은 청수분淸水糞이나 남니糞泥의 생산과는 달리 우선 인적 고용비가 적고, 퇴비나 분뇨 생산 및 시비에 따른 번거로움과 운반비가 적게 들며, 저장도 용이하다. 무엇보다 적은 양으로도 효율적인 생산이 가능했다는 장점이 있다. 게다가 콩깻묵은 『서광계전집徐光啓全集』에서 보았던 분단糞丹 제조법과는 달리 많은 시간과 공간 및 비용과 노력이 소요되는 번거로움이 없이도 그 자체만으로도 열량, 질소[氮] 및 칼륨[鉀]이 풍부한 속효성 비료였다. 그 때문에 점차 병비餠肥의 수요가 증가되었던 것이다.

2. 수전과 습지 작물의 시비와 콩깻묵

콩깻묵의 시비와 관련하여 주목되는 것은 명대부터 습지 작물의 비료로도 사용되었다는 점이다. 『농정전서』 「수예樹藝·나부蓏部」에 보이

---

166 최덕경 역주, 『보농서 역주(補農書譯註)』, 世昌出版社, 2013, 下卷「補農書後」第6段, p.267, "近年, 人工旣貴, 偸惰複多. 澆糞不得法, 則不若用餠之工費兩省."에 대한 번역 참조.
167 리보중[李伯重], 『강남 농업적 발전[江南農業的發展(1620-1850)]』, 上海古籍出版社, 2007, pp.53-56.
168 탕치위[唐啓宇] 편저, 『중국작물재배사고(中國作物栽培史稿)』, 農業出版社, 1986, p.29.

는 콩깻묵으로 시비한 대표적인 작물로는 검은 토란[烏芋], 연蓮, 가시
연[芡] 등이 있다.

검은 토란의 경우, 종자에 싹을 틔워 항아리 속에 묻어두었다가
2-3월에 수중에 옮겨 심는데, 무성해지면 소서小暑를 전후하여 나누
어 심는다. 이때 사용된 주된 비료가 콩깻묵과 분糞이었다.[169] 물론 이
전부터 토란의 파종에 콩깻묵이 사용된 것은 아니었다. 전한 말『범
승지서氾勝之書』의 토란 파종은 명대와는 달리, "사방 깊이 3자[尺] 크
기의 구덩이를 판 후 콩깍지[豆萁]를 1자 5치[寸] 두께로 깔아 잘 밟아
주고, 그 위에 흙과 분糞을 콩깍지 위에 1자 2치 두께로 깔고 물을 준
후 알토란[芋子]을 파종하는"[170] 식으로 이루어졌다. 이런 방식은 원대
『농상집요』에서도 그대로 이어지고 있다.[171] 이때 콩깍지를 밑거름으
로 사용한 이유는 바로 보온과 보습을 통해 토란의 발아를 촉진하기
위한 것이었다. 콩깍지 역시 효능 면에서는 콩깻묵과 유사하기 때문
이다. 하지만 명대『농정전서』단계에서는 싹을 틔운 토란을 수중으로
이식하면서 콩깻묵을 덧거름으로 사용하면서 파종방식과 시비법이
모두 바뀐 것을 볼 수 있다.

연蓮의 경우, 씨[蓮子]와 뿌리를 이용하여 파종하는 방법이 있는데,
『농상집요』에서는 어떠한 경우에도 특별한 시비를 하지 않았다.[172] 그
러나 명대에 이르러서는 소우小藕를 진흙 채로 취하여 얕은 연못에 옮
겨 심을 때 분糞이나 콩깻묵을 시비하고 있는데, 그 이유는 무성하게

---

169 『농정전서(農政全書)』卷27「樹藝·蓏部·烏芋」, "(烏芋) 種法: 正月留種. 種取大而正者. 待芽生, 埋
　　泥缸內. 二三月間, 復移水田中. 至茂盛, 于小暑前分種. 每科離五尺許. 冬至前後起之. 耘薀與種稻
　　同. 豆餅或糞, 皆可壅之. 玄扈先生曰, 破草鞋壅, 甚盛."
170 『제민요술』卷2「種芋」, "氾勝之書曰, 種芋, 區方深皆三尺. 取豆萁內區中, 足踐之, 厚尺五寸. 取區
　　上濕土與糞和之, 內區中其上, 令厚尺二寸, 以水澆之, 足踐令保澤. 取五芋子置四角及中央, 足踐
　　之. 旱, 數澆之."
171 『농상집요(農桑輯要)』卷5「芋」.
172 『농상집요』卷6「蓮藕」.

자라도록 하기 위함이었다.[173] 당시 삼오三吳 인들에게는 하전下田에 연
뿌리를 심는 것이 일반화되어 있었다. 콩깻묵 속에는 질소가 풍부하
여 대개 밑거름으로 쓰였는데, 강남지역과 같이 따뜻한 기후에서는
덧거름으로도 사용되었다고[174] 한다. 이는 콩깻묵이 밑거름뿐만 아니
라 덧거름으로도 사용되었음을 의미하며, 가시연[芡]의 파종도 이와
마찬가지였다.

『농정전서』에 보이는 가시연[芡]의 파종법을 보면, 가을에 익은 씨
를 부들[蒲]에 싸서 담갔다가 3월에 얕은 물 속에 흩뿌리는데, 자란
잎이 수면에 떠오르면 깊은 물에 옮겨 심었다. 그런데 그 전에 미리 마
병麻餅이나 콩깨묵[豆餅]을 강의 진흙과 고루 섞어 시비한 후 파종하였
다.[175] 가시연 역시 『농상집요』 단계에서는 뿌리면 절로 난다고 할 뿐,
특별한 시비법을 제시하지는 않았다. 이처럼 명대 이후에 연蓮과 가시
연에 외부의 수입산 금비金肥인 병비餅肥를 시비한 것은 가용을 위한
단순 재배가 아니고, 상업적 목적으로 재배되면서 수요가 늘어났기
때문에 생긴 현상이 아닌가 한다.

이들 습지 작물의 공통되는 특징은 물이 많은 지역이라는 점이다.
결국 콩깻묵과 같은 깻묵류[餅類]를 물속에서 자라는 작물에 시비한
것이다. 강남지역은 대개 물이 많아 토양 성분이 차가운데, 여기에 콩
깻묵이나 화분火糞, 석회 등을 시비하게 되면 흙이 따뜻해져 식물의
발아가 촉진된다. 더욱이 병비餅肥 속에는 기름이 함유되어 있어 마른
토양 속에서는 잘 분해되지 않아 비료효과가 늦지만, 수전에서는 물

---

173 『농정전서』卷27 「樹藝·蓏部·蓮」, "『農桑通訣』曰, 蓮子 … 種藕法. 池藕, 二月間取帶泥小藕, 栽池
塘淺水中, 不宜深水. 待茂盛, 深亦不妨. 或糞, 或豆餅壅之, 則益盛. 玄扈先生曰, 深池中種藕, 用今
種盆荷法, 橫種炭簍內, 以繩放下水底. 三吳人用大藕于下田中種之, 最盛. 春分前栽, 則花出葉上."
174 趙伯顯 감수, 『新稿肥料學』 鄕文社, 1969, p.266.
175 『농정전서』卷27 「樹藝·蓏部·芡」, "(芡)種法: 秋間熟時, 收取老子, 以蒲包包之, 浸水中. 三月間, 撒
淺水內. 待葉浮水面, 移栽深水. 每科離五尺許. 先以麻餅或豆餅, 拌勻河泥. 種時以蘆挿記根處,
十餘日後, 每科用河泥三四碗壅之."

이 스며들어 기름을 분해한 뒤에 거름으로 사용되었기 때문에 큰 효과를 볼 수 있다는 점이 주목된다. 앞에서 밀을 파종할 때에도 물에 불려 싹을 틔운 후에 뿌렸던 것도 이러한 이유 때문이었을 것이다.

그렇기 때문에 콩깻묵은 저습지나 하전이 많은 강남지역에 아주 적합했음을 알 수 있다. 특히 콩깻묵은 유채 지게미[油菜粕] 등 다른 병비餅肥에 비해 탄소 성분은 적고 질소와 칼리 성분이 많으며,[176] 질소가 암모니아태 질소로 변하는 것도 기름 지게미[油粕] 중에서 가장 빠르다. 그래서 시비한 후 일주일 정도가 지나면 다량의 암모니아가 발생하여 질소가 증가하면서 알칼리성을 띠게 된다.[177] 병비餅肥는 대개 비료효과가 늦다지만, 콩깻묵은 앞서 말한 특징으로 인해 다른 유박류油粕類에 비하여 속효성 비료에 속한다.[178] 이러한 이유로 콩깻묵은 강남지역에서만 머문 것이 아니라, 남중국으로도 상당 부분 보급되었다. 콩깻묵은 남방의 논이나 면화 재배 지역 및 사탕수수밭의 비료로 사용되었다. 이것은 콩, 콩기름과 함께 상품경제가 비교적 발달하였던 동남 연해 지역에서 많이 요구되었다.

청대『금저전습록金藷傳習錄』에 기술된 사탕수수[藷]의 재배법을 보면, "우경牛耕하여 사탕수수 줄기를 옮겨 심고 … 십여 일이 지나면 소를 이용하여 이랑의 양쪽을 갈아 햇볕을 쬔다. 7-8일이 지나 분糞을 주고 복토 하면 줄기마다 3-4근의 사탕수수를 얻을 수 있다."라고[179] 한다. 파종 후 갈이하여 햇볕을 쬔 것은 토온土溫을 높이기 위한 것이었다. 이후 병비餅肥를 덧거름으로 한 것은 토온 유지와 관계가 있을

---

176 리지[李季]·펑성핑[彭生平],『퇴비공정실용수책(堆肥工程實用手冊)』(第二版), 化學工業出版社, 2011, p.241 〈表13〉 참조.
177 조백현 감수, 앞의 책,『신고 비료학』, p.264에는 콩깻묵은 분해 초기에는 산성반응, 후기에는 알칼리성 반응을 나타내므로 전후를 통해서 보면 약한 염기성 비료라고 한다.
178 마에다 마사오[前田正男] 외,『비료편람(肥料便覽)』農山漁村文化協會, 1975, pp.36-38.
179 『금저전습록(金藷傳習錄)』, "栽莖栽莖使牛耕町 … 十餘日, 町兩旁使牛耕開, 令曬. 又七八日, 以糞壅之, 仍使牛培土, 每莖可得藷三四斤."

것이며, 여기에는 콩깻묵이 다른 어떤 비료보다 효과적이었던 같다.

『청선종실록淸宣宗實錄』에 의하면, 하문廈門, 광동의 상선이 천진에 와서 무역하고, 돌아갈 때 종종 서면西棉, 남면南棉, 삼목도三目島, 우장 牛莊 등 네 곳의 부두에 정박하여 봉천奉天의 황두黃豆를 수매한 후에 남쪽으로 돌아갔다고[180] 한다. 그런데 1881년에 간행된「지나주차영국 영사보고支那駐箚英國領事報告」에 실린 광서 6년(1880)의 우장무역보고牛莊 貿易報告」에는 콩깻묵이 대부분 남방으로 보내져 해항海港 부근의 사탕 수수밭의 비료로 이용되었다고 한다. 이듬해「1881년 우장무역보고牛 莊貿易報告」에는 요녕성 우장에서 떠난 콩깻묵의 9분의 8은 광동성 항 만도시인 산두汕頭에 보내지고, 나머지는 상해, 하문廈門, 복건에 운반 되었으며, 약간은 대만의 사탕수수밭에 판매되었다고 한다. 이것에 의 하면 콩깻묵은 적어도 19세기에는 남중국 사탕수수밭의 비료로 널리 보급되었음을 알 수 있다.[181] 사탕수수는 대개 비가 많이 오고 수분 유지가 잘되는 열대지역의 산물인 것을 미루어 보면, 비록 늪지 작물 은 아니지만 그렇다고 한전 작물은 더욱 아니다. 이런 작물의 비료에 도 동북 지역에서 수입한 황두, 즉 메주콩의 콩깻묵을 이용했음을 말 해준다.

콩깻묵의 비료효과는 강남지역의 수전에도 그대로 적용되었다. 15 세기 말-16세기 초에 찬술된『편민도찬便民圖纂』에는 수도작의 밑거름 으로 하니河泥나 마두병麻豆餠, 회분灰糞을 사용하고, 콩깨묵이나 회분 灰糞 등은 덧거름으로 하여 벼를 김매는 장면이 등장한다.[182] 명대 후 기『심씨농서』시대로 접어들면 이와 같은 상황이 크게 증가한다.『심

---

180 『청선종실록(淸宣宗實錄)』卷314; 이바오중[衣保中],『중국동북농업사(中國東北農業史)』, 吉林文 史出版社, 1995, p.260.
181 카토오 시게루[加藤繁],「滿洲に於ける大豆豆餠生産の由來に就いて」,『支那經濟史考證(下), 東洋 文庫, 1974, pp.696-697.
182 『편민도찬(便民圖纂)』卷2「耕穫類」.

씨농서』의 수전 농법을 전하고 있는 「운전지법運田地法」에 의하면, "옛 관습에 따르면, 모판[苗床] 1무[畝]에 깻묵[餠] 한 덩어리[片]를 시비하는 데, 곱게 찧어 종자와 함께 흩뿌리고 즉시 재로 덮어주면, 그 뿌리가 성글어 뽑기 쉽다."[183]고 한다. 여기서 콩깻묵은 밑거름으로 사용되어 모판의 어린 벼 모종[秧苗]의 성장을 촉진하고 쉽게 모를 뽑을 수 있도록 도와주었을 뿐만 아니라 모 사이의 잡초 제거도 용이하게 해주었다는 것을 알 수 있다.

실제 콩깻묵은 질소 성분에 비해 상대적으로 인산과 칼륨성분이 모자라기 때문에, 석회나 나무 재를 배합하여 시비하면 기름의 분해를 촉진할 뿐 아니라 분해될 때 생기는 유기산을 중화하여 비료의 효과가 커진다고[184] 한다. 이것은 당시 콩깻묵의 시비가 모[苗]의 성장뿐 아니라 모판에서의 노동생산력을 크게 향상시킨다는 사실을 알고 있었다는 것이다. 이것이 오랜 경험의 결과였다면 콩깻묵은 강남의 수전, 적어도 모판에서는 이전부터 비료로 사용되었음을 말해준다.

「운전지법運田地法」에서는 시비법을 통해 콩깻묵이 수전에서 어떻게 이용되었는지를 잘 설명하고 있다. "가령 초니草泥[185]나 돼지우리의 퇴비를 밑거름으로 사용했다면, 소외양간 퇴비는 덧거름으로 하는 것이 좋다. 만약 소외양간의 퇴비를 밑거름으로 했다면 두니豆泥, 콩깻묵으로 덧거름 한다."라고 하여 밑거름과 덧거름의 비료를 달리할 것을 제시하고 있으며, 두병을 덧거름으로 사용할 경우에는 밑거름은 다른 거름을 사용하는 것이 효과적이라고 한다. 이렇게 하면 "논을 심경하여 두 겹으로 갈더라도 토양이 부드럽게 일어나 해롭지 않게 된다."라

---

183 『보농서교석(補農書校釋)』上卷 「運田地法」第16段, p.67, "舊規, 每秧一畝, 壅餠一片, 細舂與種同撒, 卽以灰蓋之, 取其根鬆易拔."
184 농업계전문대학 교재편찬위원회, 『肥料學』, 學文社, 1980, pp.152-153; 조백현(趙伯顯), 『신고 비료학(新稿肥料學)』, 鄕文社, 1969, pp.264-266.
185 '초니(草泥)'는 겨울과 봄에 하천에서 건져낸 하니(河泥)를 잡초나 재배한 녹비와 섞어 썩힌 거름이다.

고 하였다.

한편 퇴비생산이 점차 곤란해지면서 두병과 함께 화초花草 녹비綠肥를 사용하였는데, 이때에도 "1무의 전지에 재배한 화초는 3무의 논에 녹비를 제공할 수 있었다. 지금은 퇴비를 확보하기 어렵기 때문에 녹비를 사용하는 것이 가장 편리한 방책이다."고[186] 한다. 이는 녹비를 앞서 제시한 콩깻묵과 함께 섞어 사용함으로써 지력을 보완했음을 밝히고 있으며, 이때 콩깻묵은 퇴비생산이 부족하였던 당시의 공간을 효과적으로 메워주었음을 알 수 있다.『농정전서』에서도 콩깻묵과 초니草泥를 섞으면 토양의 열기가 크게 완화되면서 비력이 더해진다고[187] 한다.

이처럼『심씨농서沈氏農書』에서는 밑거름이 매우 중요하지만, 어느 한쪽에 치우치면 안 되며, 밑거름과 덧거름의 비료를 달리 할 것을 강조하고 있다. 예컨대 인분은 힘이 왕성하지만, 소똥은 그 힘이 오래 간다.[188] 왜냐하면 소똥의 주요 성분은 섬유질이고, 질소가 비교적 적고 분해가 완만하여 비료효과가 늦게 나타나기 때문이다. 따라서 속효성이고 질소를 풍부하게 함유하고 있는 콩 찌꺼기[豆渣], 콩깻묵을 덧거름으로 시비하면 밑거름을 한 소똥의 결점을 보완할 수 있다. 다만 콩깻묵은 균일하게 시비하지 않으면 발열로 인해 싹이 상하게 될 우려가 있기 때문에 주의해야 한다.[189]

수전에 콩깻묵이 사용된 것은 후대의 기록을 통해 살필 수 있다. 민국 22년(1933)에 중수된『오현지吳縣志』에 의하면, "오吳, 장주長洲, 원

---

186 『보농서교석(補農書校釋)』「運田地法」第14段, p.64, "如草泥、豬壅墊底, 則以牛壅接之. 如牛壅墊底, 則以豆泥、豆餅接之. 然田果能二層起深, 雖過松無害. 花草畝不過三升, 自己收子, 價不甚值. 一畝草可壅三畝田. 今時肥壅艱難, 此項最屬便利."
187 『농정전서』卷35「蠶桑廣類·木棉」.
188 『보농서교석』「運田地法」第13段, p.62, "種田地, 肥壅最爲要緊. 人糞力旺, 牛糞力長, 不可偏廢."
189 『농정전서』卷35「蠶桑廣類·木棉」, "糞因水解, 餅亦勻細. 草壅難勻, 當其多處, 峻熱傷苗, 故有時培收, 有時耗損."

화元和 세 현縣의 토지는 모두 비옥하지 않고, 척박한 토지가 도처에 있기 때문에 초봄에 농부들이 모두 호양[湖瀼: 湖水]의 진흙을 건져서 시비한다. 높은 곳에 위치한 논은 먼저 묵은 흙을 들어내고 신니新泥로써 복토한다. 늦여름이 되면 다시 콩깻묵이나 유채깻묵[菜餅]을 구입하여 시비한다. 그렇지 않으면 수확량이 줄어든다. 이전에는 병비餅肥의 값이 싸 볏짚의 값과 비슷했다. 하지만 지금은 깻묵[餅]의 값이 올라 농민들은 이를 이용하기에 더욱 힘이 든다."라고[190] 하였다. 이는 20세기 초·중기에도 여전히 콩깻묵의 값이 비쌌지만, 콩깻묵이나 유채깻묵[菜餅]을 구입하여 토지에 시비하고 있음을 알 수 있다.[191]

다만 여기서 말하는 토지는 세 현縣의 위치가 소주부蘇州府 동쪽에 위치하고 주변이 호수로 둘러싸인 점으로 미루어 밭보다는 논이었을 가능성이 크다. 게다가 『심씨농서』「축월사의逐月事宜」에서 거의 매달 남니闌泥: 新泥를 강에서 건져 올려 시비한 것을 보아도 토지가 논이었음을 짐작할 수 있다.

주목할 만한 것은 '이전'에는 콩깻묵의 값이 볏짚과 거의 비슷할 정도로 값이 쌌다고 한 점이다. 이것은 주변에서 약간의 수수료만 주고 구입할 수 있었다는 의미이다. 이 시점이 언제인지는 잘 알 수 없다. 다만 『오현지吳縣志』 사료 말미의 '채방고采訪稿'는 민국지民國志 편찬 당시 채방원采訪員이 취조한 기록이기 때문에 적어도 청 말부터 민국기에 소주蘇州 지방의 콩깻묵 값이 크게 올랐음을 말해준다.[192] 그렇다면 '이전'은 최소한 청말 이전이었을 것으로 판단된다. 게다가 이러

---

190 『오현지(吳縣志)』 卷52 風俗部, "吳長元三縣 不皆腴田 瘠田則隨在而有 故春初農人皆闌湖瀼之泥 以壅之. 田高者則先去舊土而壅以新泥. 至夏末復市豆餅或菜餅加焉. 否則收薄. 在昔餅直賤, 計費 與棄直相當, 今餅直增 故農人益苦. 采訪稿."

191 20세기 만주 콩깻묵 생산과 동아시아 각국 간의 교역 관계에 대해서는 호리 가즈오[堀和生], 『동아시아 자본주의사론(東アジア資本主義論)』(Ⅰ·Ⅱ), ミネヴァ書房, 2009에 자세하게 안내하고 있다.

192 카토오 시게루[加藤繁], 앞의 논문, 「滿洲に於ける大豆豆餅生産の由來に就いて」, p.697.

한 가격상승은 콩깻묵의 용도가 증가되어 수입이 본격화되는 청 중기 이후였을 것으로 여겨진다.[193] 하지만 볏짚 정도의 가격은 전술한 가축 사료용 콩깻묵의 가격에서 볼 때, 적어도 명 중기 이전이 아니었을까 판단된다. 그 이후부터 점차 습지 작물, 상전桑田과 수전 등에 콩깻묵의 비료가 사용되면서 수요는 확대되었으나, 공급이 부족하여 더 이상 인근에서 헐값으로 쉽게 구할 수 있는 비료가 아니었음을 말해준다.

그렇게 된 주된 원인은 앞서 제시한 고용노동자의 여건 변화와 더불어 강남의 논과 뽕밭에서 콩깻묵을 비료로 사용했다는 점일 것이다. 또 재황으로 인한 물가 등귀에도 원인이 있었을 것 같다. 실제『보농서補農書』「재황災荒·심씨기황기사沈氏奇荒紀事」에는 명말의 기후 불순 때문에 홍수와 가뭄이 연이어 나타나고 그로 인한 물가 상승으로 인하여 "1전으로 콩깻묵은 단지 7근斤밖에 살 수 없었고, 콩기름은 6-7전이나 하였다. 닭, 오리, 고기[肉], 건어乾魚도 모두 약간씩 값이 올랐고, 뱀장어, 자라, 대합大蛤, 새우도 모두 5-6푼[分] 씩 올랐다고 한다. 오리알은 1개당 20문 전이고, 찹쌀은 1말 당 1,000전에 달하였다. 이런 현상은 그전에 보지도 듣지도 못했다."라고[194] 하는 것을 보면 명말 청초의 재해로 인한 농가의 경제적 어려움을 잘 알 수 있다. 이런 여건 속에서도 수확 전의 늦은 여름에 다시 한 번 콩깻묵을 구입하여 논에 덧거름을 한 것은 그만큼 수확에 대한 기대와 콩깻묵의 비료효과가 컸음을 알 수 있다.

---

193 물론 『오현지(吳縣志)』의 중수(重修) 당시(1933년) 콩깻묵의 가격이 상승한 것은 일본의 만주 침략으로, 중국 본토 간의 무역 상황이 악화되면서 콩깻묵의 수입이 불안해졌기 때문이 아니었을까? 추측된다.

194 『보농서교석(補農書校釋)』「災荒·沈氏奇荒紀事」, p.170, "更有大可異者, 近時物價, 豆餅一錢止買七斤, 油價六七錢, 雞鴨肉羹俱上錢許, 鰻鱉蚌蝦, 俱上五六分. 鴨蛋每個廿文, 糯米每斗千錢, 此皆非但目之所未擊, 亦耳之所未聞也. 故特書以記之, 令後人聞之, 使知稼穡之艱難, 災迭之遞降如此也."

IV. 콩깨묵의 비료 시기와 방법

앞의 수·한전 작물의 콩깻묵 시비를 보면, 대개 뽕나무밭에서는 덧거름으로 사용되었고, 습지작물, 밀 및 볏모[秧苗]의 시비에는 밑거름으로, 수전에서는 주로 덧거름으로 사용하였다. 여기서는 『보농서補農書』에 등장하는 두병을 분석하여 그 파종 시기와 파종량을 좀 더 살펴보자.

『농정전서』에는 수전의 경우 앙전秧田: 모판 작성과 시비에 세심한 주의를 기울이고 있다. 모판에서의 모는 잡초 없이 잘 자라야 하고, 이앙할 때는 무엇보다 모가 잘 뽑혀야 한다. 서광계는 모판의 물이 맑아야 뽑기 쉽고, 종자를 흩뿌릴 때는 물이 탁해야 뿌리가 잘 나온다고만 할 뿐 비슷한 시기의 『심씨농서』「운전지법運田地法」에서와 같이 모판에 깻묵[餠肥]과 재灰를 시비해야 한다는 지적은 없다.

하지만 그는 모를 이앙할 논의 거름으로 하니河泥, 마두병麻豆餠, 회분灰糞 등을 들고 있다. 특히 마두병麻豆餠은 무당 30근을 회분과 섞고, 면병棉餠은 벼를 심기 하루 전에 무당 300근을 쪼개어 시비한 후 고루 논 속에 덮어 주고, 써레질한 후에 모내기[揷禾]를 하는 것이 좋다고[195] 하여 이앙할 수전의 비료로 병비餠肥를 사용할 것을 제시하고 있다. 물론 이때 주의해야 할 것은 『농정전서』「목면木棉」편에서도 언급하고 있듯이 병비餠肥를 한 곳에 집중하여 시비하거나 필요 이상으로 많이 주게 되면 모가 웃자라거나 벌레가 덤벼든다는 사실이다.

---

195 『농정전서』 卷6 「農事·營治上」, p.143, "『農桑輯要』日, 治秧田, 須殘年開墾, 待冰凍過則土酥, 來春易平, 且不生草. 平後, 必曬乾, 入水澄清, 方可撒種, 則種不陷土中, 易出. 玄扈先生日, 落秧, 宜清, 易拔. 落散, 宜濁, 易生根. 壅田, 或河泥, 或麻豆餠, 或灰糞, 各隨其土所宜. 麻豆餠, 畝三十斤, 和灰糞. 棉餠, 畝三百斤. 揷禾前一日, 將棉餠化開, 勻攤田內, 秒然後揷禾. 或草." 이 사료에서 아마노 모토노스케[天野元之助], 『중국농업사연구(中國農業史研究)』 禦茶の水書房, 1979, p.309에서 인용한 내용은 『농상집요』가 아니라 『편민도찬』이라고 하였는데, 실제 『농상집요』의 어디에도 이런 문장은 보이지 않는다.

「운전지법運田地法」에서는 병비餅肥를 수확기 벼의 덧거름으로 사용하기도 한다. 벼에 시비하는 "덧거름은 모름지기 처서處暑[196] 이후, 벼가 이삭이 밸 때나 색깔이 누렇게 될 때 주어야 한다. 벼의 색이 누렇지 않다면, 절대 덧거름을 줘서는 안 된다. 만약 모[苗]의 분얼分蘖이 왕성하다면, 뒷날 힘이 부족할 것을 헤아려야 하며, 이삭이 팬 후에 무당 콩깻묵 3말을 시비하면, 생장 발육이 좋게 된다."라고 한다. 여기서 여러 차례 강조하고 있는 것은 바로 벼의 성장이 좋지 않아 누런 빛깔을 띨 때 덧거름을 주어야지 그렇지도 않은 상태에 콩깻묵을 시비해서는 안 된다는 것이다.[197] 『심씨농서』「축월사의逐月事宜」 7월 조에 의하면, 이달에 덧거름을 주어야 한다는데, 이때가 되면 이미 밑거름의 효과가 다하기 때문에 지속적으로 성장하기 위하여 덧거름을 하였다. 이 때문에 명청시대 강남지역에서는 덧거름을 접력接力이라고[198] 했다.

이것을 보면 깻묵류[餅類]는 밑거름과는 달리 생장하고 있는 작물의 성장을 촉진하거나 영양이 필요할 때 보충해 주는 역할을 했다는 사실을 알 수 있다. 실제 "처음 파종할 때 하니河泥 등으로 밑거름하면 그 힘이 오래가고, 한창 무더울 때 재[灰]나 유채깻묵[菜餅]을 덧거름 해주면 그 힘이 지속되며, 입추가 지나 처서 무렵에 다시 많은 비료를 해주어야 힘이 배가 되어 이삭이 잘 자란다."[199]고 한다. 앞에서 처서 이후 누렇게 변한다는 사실은 입추 무렵이 되면 모가 충분히 자라고

---

196 처서는 양력 8월 22일 무렵인데 『일주서(逸周書)』「時訓解」에 의하면, 이때의 물후로, 서늘한 바람이 불고 백로가 내리며 쓰르라미[寒蟬]가 운다고 한다.

197 『보농서교석(補農書校釋)』「運田地法」第2段 4條, p.35, "下接力, 須在處暑後, 苗做胎時, 在苗色正黃之時. 如苗色不黃, 斷不可下接力. 到底不黃, 到底不可下也. 若苗茂密, 度其力短, 俟抽穗之後, 每畝下餅三門, 自足接其力. 切不可未黃先下. 致好苗而無好稻."

198 리보중[李伯重], 앞의 책, 『江南農業의 發展(1620~1850)』, p.54.

199 서헌충(徐獻忠), 『오흥장고집(吳興掌故集)』, "初種時必以河泥作底, 其力雖慢而長, 伏暑時稍下灰或菜餅, 其力亦慢而不迅疾, 立秋后交處暑, 始下大肥壅, 則其力倍而穗長矣."

땅속 지력도 완전히 흡수되어 벼 줄기가 노쇠해지면서 생기는 현상으로[200] 거름기가 다해 생장이 좋지 않다는 의미이다. 이 경우에 처서 무렵인 8월 말경에 속효성 병비餅肥로 덧거름을 해주면 이삭의 성장이 좋아진다는 것이다. 이처럼 『심씨농서』에는 덧거름을 주는 시기와 상황 및 병비餅肥의 양까지 구체적으로 명시하고 있다는 사실이 주목된다. 이는 앞의 벼 모판에 콩깻묵을 시비한 상황과도 유사하다.

그동안 시비를 할 때, 북방의 경우에는 대개 숙분熟糞을 사용했다. 건분乾糞은 부숙한 연후에야 비로소 사용할 수 있었다. 왜냐하면 거름은 기세가 느슨해져야 비력이 두터워지며 폐해도 적기 때문이다. 하지만 남방지역은 북방과는 다소 차이가 있으며, 사용했던 비료도 수분水糞, 콩깻묵, 썩은 풀[草薉], 생니生泥 등이 중심을 이루고 있다.[201]

『농정전서』의 논과 면화 재배지에서는 이러한 비료 사용에 대해 언급하길, 수분水糞은 반년 이상 쌓아두면 숙분과 같이 되지만 이미 이런 것을 얻기가 쉽지 않다고 한다. 그래서 신분新糞을 사용할지라도 무당 10석石을 초과해서는 안 된다. 초과하게 되면 푸른빛이 지나쳐 거름에서 열이 발생하기 때문에 작물에 좋지 않으며, 또 이로 인해 꽃과 포기[株]가 너무 조밀해져서 오히려 수확량이 떨어지게 된다. 콩깻묵 역시 열이 많은 비료이기 때문에 무당 10병餅을 초과해서 사용해서는 안 된다. 그 이상을 넘으면 분糞을 많이 주었을 때와 같이 병에 걸리게 된다고[202] 한다. 이런 점에서 보면 콩깻묵은 토양 분해력이 약한 북방의 한전 농업에서는 적합하지 않고, 주로 강남지역에서 사용되었

---

200 『심씨농서(沈氏農書)』「運田地法」第2段 4條, p.36, "墊底多, 插下便興旺, 到了立秋, 苗已長足, 壅力已盡, 稈必老, 色必黃. 接力愈多愈好."

201 『농정전서』 卷35「蠶桑廣類·木棉」, "(孟)祺又言 … 北土用熟糞者, 堆積乾糞, 罨覆踰時, 熱烝已過, 然後用之, 勢緩而力厚, 雖多無害. 南土無之, 大都用水糞豆餅草薉生泥四物."

202 『농정전서』 卷35「蠶桑廣類·木棉」, "水糞積過半年以上, 與熟糞同, 此旣難得. 旋用新糞 畝不能過十石, 過則靑酣, 一爲糞性熱, 一爲花科密也. 豆餅亦熱, 畝不能過十餅, 過者與糞多同病."

음을 알 수 있다. 남방에서는 이외에도 전통적으로 남니闌泥와 같은 생니生泥를 그대로 비료로 사용하거나, 인분의 경우에는 물에 타서 청수분淸水糞으로 만들어 시비하였다.[203]

면화 밭의 시비법은 퇴비와 인분을 이용한 뽕밭의 시비법과 대조된다. 「운전지법運田地法」에서는 봄에 뽕밭에 거름하는데, 퇴비는 무당 30-40담擔[204]을 하고,[205] 인분의 시비도 마찬가지였다. 이런 사실은 「운전지법」의 또 다른 사료에서도 보인다. 즉 "소똥을 싣고 돌아와 반드시 이미 만들어 둔 거름 구덩이에 쏟아붓고 물을 부어 부숙시켜서, 조금씩 뿌려준다. 만약 평망진平望鎭에서 마른 똥을 사왔다면 반드시 인분을 몇 담擔 보태 주거나 푸성귀 절인 물[菜鹵]이나 돼지 오줌을 함께 첨가해 주면, 신속하게 부패 숙성된다."라고 한다. 뽕밭에는 주로 퇴비나 분뇨를 시비했으며, 이때 소똥이나 인분은 외부에서 구입하여 우선 저장고에서 부숙시켜 시용하였던 것이 주목된다.

인분의 시비는 『사시찬요四時纂要』에서 보이듯 당대에 구체화 되고, 송대 이후 강남지역에서 인분의 수요가 크게 확대되었다.[206] 이에 따라 지주들의 경우에는 가정에서 생산된 인분만으로는 부족하여 외부에서 구입하지 않으면 안 되었다. 이때 인분이나 소변을 그대로 사용하면 작물에 손상을 입히기 때문에 부숙하여 수시로 모종에 뿌려주었다.[207] 그리고 퇴비를 보관할 때는 분옥糞屋을 만들어 비바람이나 이슬에 노출되지 않게 하고, 또 거름물이 외부로 빠져나가 거름기가 손

---

203 최덕경, 앞의 논문, 「『補農書』를 통해 본 明末淸初 江南農業의 施肥法」, pp.253-264.
204 1담(擔)은 약 100근(1근은 600g), 즉 60kg이며, 40담이면 2,400kg으로 시비량이 상당히 많다.
205 『심씨농서』「運田地法」第8段, p.57, "春天壅地, 垃圾必得三, 四十擔."
206 최덕경, 「『齊民要術』과 『陳旉農書』에 나타난 糞과 糞田의 성격」, 『中國史研究』 제81집, 2012.12.
207 『진부농서(陳旉農書)』「善其根苗篇」, "若不得已而用大糞, 必先以火糞久窖罨乃可用. 多見人用小便生澆灌, 立見損壞."

상되지 않도록 저장하였다.[208]

　당시 분뇨의 시비 방법과 그 양을 보면, 우선 "무당 소똥 40담擔을 물에 희석하여 100담이 되게 한다. 소똥을 뿌릴 때, 처음에는 이랑 옆에 뿌려주고, 다음에는 이랑의 위쪽 모서리에 뿌려준다. 뽕밭의 경우, 시비하는 구덩이[潭][209]는 깊고 커야 하고, 매 구덩이마다 1통桶[210]을 시비하며, 때에 맞추어 덮어 준다. 만약 인분을 시비할 경우에는 곧바로 구덩이를 덮어 주는 것이 좋다."라고 하여 집중적으로 분뇨를 뿌려주는 뽕밭의 시비법을 잘 보여주고 있다.

　이때 "소똥과 인분을 모두 물에 섞어 매우 연하게 해야 한다. 이것은 결코 가벼이 여길 수 없는 것이며, 주인은 반드시 직접 일꾼[工人]을 감독하여 일꾼이 게으름을 피우거나 섞는 물의 양을 직접 지켜보는 것이 매우 중요하다."[211]라고 하였다. 이것은 인분과 가축분의 시비도 작물의 상태에 따라 다르게 이루어졌다는 것으로, 면화 밭에서는 퇴비나 똥의 부숙을 강조한 데 반하여, 뽕밭에서는 묽게 하여 집중적으로 시비하였음을 보여주고 있다.

　이상에서 보면 명청시대 강남지역에는 콩깻묵과 마찬가지로 소똥과 인분마저 외부에서 구입하여 비료로 사용했음을 볼 수 있다. 물론 분뇨를 외부에서 구입할 때는 많은 운송수단과 노동력이 필요하기 때문

208 『진부농서』「糞田之宜篇第七」, "凡農居之側, 必置糞屋, 低為簷楹, 以避風雨飄浸. 且糞露星月, 亦不肥矣. 糞屋之中, 鑿為深池, 甃以磚甓, 勿使滲漏. 凡掃除之土, 燒燃之灰, 簸揚之糠粃, 斷稿落葉, 積而焚之, 沃以糞汁, 積之既久, 不覺其多."

209 장뤼샹(張履詳), 『보농서교석』, 農業出版社, 1983, p.58에 의하면 '담(潭)'은 뽕나무 뿌리 부근의 작은 구덩이를 만드는 것을 가리키며, 이것은 똥을 집중하여 뿌리기에 편하고, 그 똥이 아래로 침투하여 흡수할 수 있게끔 해줄 뿐만 아니라 거름물이 넘쳐흘러 유실되지 않도록 하는 역할도 하였다.

210 『심씨농서(沈氏農書)』「運田地法」제6단, p.46에 의하면, 뽕나무는 무당 200그루를 심는다고 한다. 진항력 교석(陳恒力校釋)에는 1담(擔)은 2통에 해당하며, 한 구덩이[潭]는 곧 한 그루이다. 구덩이마다 1통의 분(糞)이 적합하다고 한다.

211 『심씨농서』「運田地法」第9段, p.58, "牛壅載歸, 必須下潭, 加水作爛, 薄薄澆之. 若平望買來乾糞, 須加人糞幾擔, 或菜鹵, 豬水俱可, 取其肯作爛也. 每畝壅牛糞四十擔, 和薄便有百擔. 其澆時, 初次澆棱旁, 下次澆棱背. 潭要深大, 每潭一桶, 當時卽蓋好. 若澆人糞, 尤要卽刻蓋潭方好. 牛壅要和極薄, 人糞要和極清, 斷不可算工力. 主人必親監督, 不使工人貪懶少和水, 此是極要緊所在."

에 소농민이 실행하기란 쉽지 않았을 것이다. 하지만 콩깻묵의 경우는
이 같은 복잡한 운송 절차를 소비자가 직접 감내할 필요가 없이 중간
운송자가 수입한 비료를 구입했기 때문에 사용하기가 매우 편리했다.

특히 콩깻묵은 개인이 퇴비를 생산하는 데 필요한 시간과 운송할
노동력 및 부숙 과정이 필요 없었기 때문에, 농번기에 시간과 노동력
을 크게 줄일 수 있었다. 그래서 그 노동력과 시간으로 다양한 부업이
나 상업 작물의 재배가 가능했으며, 그 결과 강남의 새로운 농업기술
의 발전도 가져올 수 있었을 것이라고 생각한다.[212] 무엇보다 콩깻묵
은 중량이 가벼워 멀리까지 운송할 수 있고, 처리가 간단하며, 장기간
저장이 가능하다. 그 때문에 가격이 다소 비싸더라도 구입할 수밖에
없었다. 게다가 퇴비생산이 곤란한 상황에서 분뇨와 더불어 밑거름과
덧거름의 조화를 잘 이루었던 것도 콩깻묵의 수요가 증가된 요인이었
을 것이다.

사실 사람과 가축의 분뇨나 콩깻묵은 모두 폐기물이다. 하지만 고
대 중국인들은 이런 자연의 부산물을 다시 농업자원으로 되돌리면서
천지인의 생태 순환관을 실천하였다. 병비餅肥는 그런 점에서 아시아 특
유의 자연생태 비료이면서 최초의 수입산 금비金肥였던 것이다.[213]

---

212 리보중[李伯重], 앞의 책, 『강남농업적발전(江南農業的發展)(1620-1850)』, pp.55-56; 퍼킨스
    [Perkins] 저 (양필승 역), 『중국경제사』, 신서원, 1997, p.105에서 콩깻묵의 출현은 기술이 정체된 상
    황에서 나온 중요한 예외적인 사건으로 인식하고 있다.
213 조선에도 18세기부터 수전에 병비(餅肥)가 시비되었는데, 『천일록(千一錄)』에는 들깨깻묵[荏油滓]과
    목면씨깻묵이 등장하며, 『증보문헌비고(增補文獻備考)』에는 유마사(油麻査)가 보인다. 일본의 경우
    도 토쿠나가 미츠토시[德永光俊], 『일본 농업사 연구(日本農法史研究)』, 農文協, 1997, pp.272-273
    에 의하면, 명치 14년(1881년)에서 소화 11년(1936)까지 유박(油粕), 소주박(燒酒粕), 진분박(眞粉
    粕), 대두박(大豆粕) 중에서 대두박이 점하는 비중이 현대로 갈수록 늘어나는 것이 특징이라고 한다.

VI. 청대 강남지역 콩깻묵의 수급:
맺음말을 대신하여

앞장에서 콩과식물은 고래로 가축의 사료뿐 아니라 콩기름을 짜고 남은 부산물인 콩깻묵은 명 중기 이후, 특히 강남경제의 발전에 중요한 영향을 끼쳤음을 살폈다. 콩깻묵의 영향력이 컸다는 것은 그 필요성이 증대되었다는 것을 말한다. 이것은 송대에 비해 콩기름의 생산이 확대되었다는 것이다. 특히 조명, 윤활유와 공업용 등으로 콩기름의 용도가 다양해지고 각종 음식물을 조리하는 문화에도 영향을 주었다.[214] 오늘날 중국요리에서 식용유를 사용하여 튀기고 볶는 경우가 많은 것은 콩기름의 대량 생산과 불가분의 관계를 지니고 있다.

착유의 부산물인 콩깻묵은 초기에는 식품으로도 이용되었지만, 주로 가축의 사료로 활용되었다. 하지만 콩기름의 폐기물을 처리하는 과정에서 콩깻묵이 식물의 작용을 활성화시킨다는 경험을 얻게 되면서 작물의 비료나 토양의 비력을 높이는 용도로까지 사용하게 된다. 콩기름을 짜고 남은 찌꺼기까지 자원으로 활용했다는 점은 마치 분뇨의 경우와 마찬가지이다. 이는 모든 자연의 부산물이 다시 자연의 자원으로 환원될 때 또 다른 에너지의 원천이 된다는 삼재관三才觀의 일환이라고 볼 수 있다.[215]

흥미롭게도 콩깻묵이 명말 청초에 강남지역에서 집중적으로 이용된 것은 이에 따른 사회경제적인 여건이 성숙하였기 때문이었다. 우선 콩깻묵은 기존의 밑거름과는 달리 작물의 생장을 촉진하는 속효성이

---

214 최덕경, 「중국 고대의 기름과 착유법」『동양사학연구』 제148집, 2019; 최덕경, 「송원대 식물성 기름[油脂]의 생산과 생활상의 변화」『중국사연구』 제121, 2019 참조.

215 최덕경, 「東아시아 糞尿시비의 전통과 生態農業의 屈折: 糞尿의 衛生과 寄生蟲을 중심으로」, 『역사민속학』 제35호, 한국역사민속학회, 2011, pp.258-264.

있음을 발견하게 되면서 덧거름으로 많이 이용되었다. 특히 강남지역의 경우 수전의 발달과 더불어 잠상업이 발달했으며, 그 외에도 수전, 한전에서 다양한 상업 작물을 재배하고 있었다. 그때까지 밑거름으로 가장 손쉽게 획득할 수 있는 비료는 바로 「축월사의逐月事宜」에서 보이는 강가의 남니罱泥나 퇴비였다. 그리고 덧거름으로는 당송대 이후부터 분뇨가 많이 이용되어 왔다.

하지만 명말 청초가 되어 고용노동자의 태업으로 노동조건이 까다로워지면서 노동력의 확보와 이용이 곤란해져, 인력을 동원한 비료생산이 결코 용이하지 않았다. 게다가 퇴비나 분뇨 등은 제조 및 부숙과정에 시간이 많이 소요되고, 외부에서 구입할 때도 취급하기 불편할 뿐만 아니라 많은 운송비와 인력이 소모되었다. 그리고 직접 수전, 한전에 시비할 때도 적지 않은 노동력이 요구되었다. 이런 상황에서 더 이상 기존과 같이 많은 노동력을 투자하여 답분踏糞을 생산하거나 외지에서 분뇨를 입수하기가 쉽지 않게 되자, 시비에 대한 인식의 변화가 불가피했다. 콩깻묵이 짧은 시간에 주목을 받게 된 것은 바로 이러한 여건 변화를 효율적으로 수용하면서 생산력을 높일 수 있었기 때문이었다.

그런 점에서 콩깻묵은 명 중기 이후, 특히 명말 청초 사회 경제발전의 산물이었음을 알 수 있다. 처음에 콩깻묵은 화북華北의 산동, 하남 및 강소성 등지에서 가축의 사료나 면화밭의 비료로 이용되었다. 하지만 강남지역에 면화 재배가 확대되고, 수전과 잠상업의 비료의 요구가 커지면서 콩깻묵이 점차 강남지역으로 유입되었던 것이다. 주지하듯이 콩깻묵은 우선 부피가 작고 가벼우며, 냄새가 없어 수송이나 취급이 편리하다. 그리고 무엇보다 질소 성분이 많고 비효성이 높아 적은 양을 시비하고도 큰 효과를 거두었으며, 보관하기도 간편하였다. 이런 점에서 콩깻묵은 변화하는 강남지역 농촌의 비료로 적합하였다. 그 결과 현금을 지불하고서라도 콩깻묵을 적극 구입하였던 것이다. 특히 콩깻묵은 물이 많은 토지의 온도를 높여 작물의 생장을 촉진했기 때문에, 수전은 물론이고 각종 연蓮, 가시연茨 등의 습지 작물이나 사탕수수의 재배에도 효과적이었다. 때문에 비록 다른 지역에 가서 이것을 화폐로 구입할지라도, 전체적으로 볼 때 결코 손해 보는 것은 아니었다.

콩깻묵의 작물에 대한 수요가 확대되면서 많은 수전, 한전 작물의 밑거름과 덧거름으로 사용되었는데, 이러한 현상은 명대 중기 이전에는 거의 볼 수 없었다. 『사시찬요四時纂要』에 보이듯 당송대에는 덧거름으로 분뇨가 주로 이용되었으나 명청시대가 되면서 콩깻묵이 새롭게 등장했다.

이처럼 명대 중기 이후 금비金肥가 현실화된 것은 무엇보다 송대 이후 지속되어 온 강남지역의 개발로 인한 수전 면적의 확대와 벼, 밀의 복종제復種制의 보급[216] 및 잠상업의 발달로 인한 시비량의 증대와 관련 있다. 게다가 당시 인구 증가로 인해 토지 보유 면적은 10무 단위로 줄어들었지만,[217] 다양한 상품작물에 눈을 돌리면서 토지 이용도가 증가되었기 때문에 강남지역에 알맞은 속효성 덧거름이 필요했고, 그것도 까다로워진 노동조건에 효율적으로 역할을 대신한 것이 바로 콩깻묵이었다.

콩깻묵의 용도가 늘어나면서 기존의 콩기름 생산지였던 산동, 강소 등지의 공급만으로는 한계가 있었다. 그리하여 청초부터는 대두의

---

[216] 최덕경, 「『齊民要術』과 『陳旉農書』에 나타난 糞과 糞田의 性格」 『中國史研究』 第81輯, 2012, p.107.
[217] 『심씨농서』 「運田地法」 第16段, p.67, "凡人家種田十畝, 須下秧十三畝."; 「補農書校釋」 「總論」 第6段, p.148, "吾里田地, 上農夫一人止能治十畝."; 『보농서교석(補農書校釋)』 「總論」 第7段, p.151, "且如匹夫匹婦, 男治田地可十畝."

주된 생산지였던 만주 지역의 콩깻묵에 관심을 갖게 된다. 특히 청 중기 해금령이 풀리면서 본격적으로 사선沙船을 이용하여 만주 지역에서 생산된 콩깻묵을 강남지역으로 운송하였다. 강남의 사회경제적 변화와 더불어 콩깻묵의 용도가 다양해지고 그 수요 또한 증대되면서, 만주 지역에서 생산된 콩깻묵이 자연스럽게 강남지역으로 수입된 것이다.

사실 청초까지 콩깻묵은 콩기름의 생산지인 산동, 하남 또는 강소, 안휘 등지에서 많이 생산되었으며, 이는 목면의 비료로 사용되었다. 특히 산동 지역의 경우, 착유업의 발전과 함께 땅콩[花生]이 광범위하게 재배되어, 착유한 콩기름과 땅콩기름을 대량으로 다른 성에 판매하기 시작했다. 이때 강남지역에서는 점차 목면의 재배가 활발해지면서 착유의 부산물인 콩깻묵에 주목하고,[218] 이를 수입하게 된 것이다.[219] 혹자는 만주의 콩기름도 처음에는 산동의 이민에 의해 제조되었다는 견해가 있었다. 이것은 만주의 콩깻묵이 산동인과 관계가 있음을 시사한 것이다.[220] 만주에서 콩깻묵이 언제부터 제조되었는지는 분명하지 않다. 또 만주의 두병이 해운을 통해 강남으로 유입된 역사는 매우 복잡한데, 이것은 카토오 시게루[加藤繁]의 연구에서 이미 자세하게 밝히고 있다.[221]

연구에 의하면, 청초 만주의 관關 내외의 무역은 육로와 해로의 두 노선이 있었다. 육로는 대부분 산해관을 거치고, 해로는 우장牛莊을 중심으로 요동 반도의 각 항구를 거치는데, 이 중에서도 해로무역이

218 리후이[李慧], 앞의 논문, 『論淸代山東農副産品的外銷』, 2012, pp.11-12.
219 카토오 시게루[加藤繁], 「滿洲に於ける大豆豆餅生産の由來に就いて」, 『支那經濟史考證(下)』, 1953, pp.696-697.
220 카토오 시게루[加藤繁], 위의 논문, 「滿洲に於ける大豆豆餅生産の由來に就いて」, p.698.
221 카토오 시게루[加藤繁], 「康熙乾隆時代に於ける滿洲と支那本土の通商について」, 『支那經濟史考證(下)』, 1953.

아주 왕성했다. 그러나 강희 원년(1662) 천계령遷界令이 선포되면서 해로 무역은 기본적으로 중단되었다.[222] 때문에 해금령이 해제되기까지 강남지역 두병은 주로 산동, 강소 등지에서 대운하를 통해 유입되었다고 볼 수 있다.[223]

상해를 중심으로 사선沙船의 활동이 본격화된 것은 강희 23년 해금령이 해제되면서부터였다. 하지만 건륭 12년에 산동에 흉년이 들었을 때 봉천奉天의 쌀로서 구제하자는 논의가 있었지만, 성사되지 못한 것을 보면 만주의 곡물 이출이 아직 용이하지 않았기 때문이었다. 건륭 14년이 되면 성경장군盛京將軍 아난태阿蘭太의 주청에 의해, 이전에 육로 반출만 허락했던 쌀과 콩을 각 주현에 판매하는 것을 허락하였다. 따라서 여러 해구海口에 입항한 상선이 회항할 때가 되면, 대선大船은 황두黃豆 200석을, 소선은 황두 100석을 가지고 갈 수 있게 하였다.[224] 그리고 건륭 37년에는 황두, 콩깻묵 각 1석마다 세은稅銀 1푼[分] 1리[厘]를 과세하는 것으로 이 제한마저 철폐되었다. 이에 따라 상선은 자유롭게 황두, 콩깻묵을 구입하여 운반할 수 있게 되면서 곡물 해상 이출의 금지는 저절로 해소되었다.[225] 그 결과 건륭, 가경 때에는 상해, 사포乍浦의 두 항구에 5천여 척의 선박이 정박하고, 소주蘇州의 선창船廠에서는 해마다 천여 척이 건조되었다고[226] 한다.

당시 만주에서의 이출품移出品은 황두, 콩깻묵, 참깨, 강미江米 이외에 면화, 마류麻類, 산견山繭, 산주山紬, 잡량襍糧 등이고, 이입품移入品은

---

222 『山海關権政便覽』卷4.

223 민경준(閔耕俊), 「淸代 江南沙船의 北洋貿易」, 『明淸史硏究』 제17집, 2002, pp.144-148.

224 카토오 시게루[加藤繁], 앞의 논문, 「康熙乾隆時代に於ける滿洲と支那本土の通商について」, pp.597-600.

225 카토오 시게루[加藤繁], 앞의 논문, 「滿洲に於ける大豆豆餠生産の由來に就いて」, p.602.

226 야마구치 쇼코[山口迪子], 「淸代の漕運と船商」, 『東洋史硏究』 17-2, 1958; 이바오중[衣保中], 앞의 책, 『중국동북농업사(中國東北農業史)』, p.259.

단자緞子, 주자紬子, 백포白布, 차잎, 사탕砂糖과 다수의 약품 잡질류였다.[227] 하지만 남화南貨를 싣고 온 배는 비어있는 경우가 많았고, 건륭말 이후 만주에서 남쪽으로 회항하는 배에는 관동關東의 황두, 콩깻묵이 대종을 이루었다는 것은 사선沙船 운행의 목적이 바로 콩깻묵을 구입하기 위한 것이었음을 알 수 있다.[228] 당시 콩기름과 콩깻묵의 원료는 바로 메주콩인 황두였다.

이 콩깻묵이 청초 이후 강남지역에 유입되면서 가축의 사료와 각종 농작물의 비료로 활용되어 부업 생산과 농업생산력의 제고에 큰 작용을 했었다. 그 후 20세기까지 동북 지역의 대두와 콩깻묵은 강절江浙, 민광閩廣 지역을 넘어 한국과 일본은 물론 유럽에까지 수출되어 동아시아 자본주의 경제의 성립에도 일정한 역할을 하게 된 것이다.[229]

227 카토오 시게루[加藤繁], 위의 논문,「康熙乾隆時代に於ける滿洲と支那本土の通商について」, p.613.
228 『籌辦夷務始末』同治朝, 1930, 卷7, p.50; 이바오중[衣保中], 앞의 책,『중국동북농업사(中國東北農業史)』, p.260.
229 덩이빙[鄧亦兵],「淸代前期全國商貿罔絡形成」,『浙江學刊』2010年 4期, pp.23-24.; 호리 카즈오[堀和生],『東アジア資本主義史論(Ⅰ·Ⅱ)』, ミネヴァ書房, 2009.

제3부

조선
장 문화의 확산과
콩식품

제6장

한반도 두장의
출현 배경과 그 문화의 확산

두장豆醬은 대두를 발효시켜 만든 식품으로, 동아시아의 독특한 발효 음식을 선도하고 있다. 그 원료가 되는 콩을『관자管子』나『여씨춘추呂氏春秋』에서는 대숙大菽, 소숙小菽으로 칭하고, 그 이전의『시경詩經』에는 숙菽 또는 임숙荏菽으로 기록하고 있다. 그렇다면 이때 숙菽은 어떤 콩이고, 두장의 출현은 왜 전국시대 이후에야 등장하며, 그 기원지는 어디인지 등의 학계 현안 문제를 중심으로 살펴보고자 한다.

기존 한국학계의 식생활사에 관한 연구는 주로 농학이나 식품학자들이 주도해 왔으며, 특히 그 과정에서 중국 식품사와 관련된 문제는 일본 학계의 성과에 힘입은 바 적지 않다.[1] 본 연구는 이 점을 염두에 두고 역사학적인 관점에서 대두의 사료를 수집하고 검토하려고 노력했다.

현재 중국 학계에서 대두의 기원지는 고고학적 자료에 근거하여, 화북설華北說, 장강 중하류설, 운남 고원지대설, 장강 이남설, 중국 동북 지역설 등이 있다.[2] 하지만 이런 기원과 관련하여 주목할 만한 사료는 바로『관자管子』「계戒」 편에서 제齊 환공桓公(BC. 685-643년)이 "북쪽으로 가서 산융을 정벌하고, 동총冬葱과 융숙戎菽을 가지고 와서 천하에 퍼뜨렸다."라고[3] 하는 문장이다. 즉 기원전 7세기 중엽 제 환공이 산융山戎을 정벌하여 그곳에서 융숙을 가져다가 비로소 중국 천하에 보급했다는 사실이다.

"산융이 연燕을 넘어 제齊를 정벌했다."라는[4] 기록을 보면 산융이 연燕의 북쪽에 위치했던 것을 알 수 있다. 게다가 "지금의 선비 지역

---

1   대표적인 연구서는 이성우,『동아시아 속의 고대 한국 식생활사 연구』, 향문사, 1992; 윤서석,『우리나라 색생활 문화의 역사』, 신광출판사, 1999; 이철호,『한국식품사 연구』, 식안연, 2021. 대두의 전문 서적으로는 장지현,『韓國전래 大豆이용 음식의 조리·가공사적 연구』, 수학사, 1993가 주목된다.

2   최덕경(崔德卿),「大豆栽培의 기원론과 한반도」『중국사연구』 제31집, 2004, pp.68-74.

3 『관자(管子)』「戒」, "北伐山戎, 出冬葱與戎菽, 布之天下."

4 『한서(漢書)』 卷94「匈奴傳上」, "山戎越燕而伐齊, 齊釐公與戰于齊郊. 後四十四年, 而山戎伐燕. 燕告急齊 齊桓公北伐山戎, 山戎走."

에 위치하며 연을 괴롭혀 이를 토벌했다."[5]라는 기록 등을 볼 때, 당시 융숙의 생산지였던 산융은 연의 동북, 요녕성 지역에 위치했음을 알 수 있다.[6] 이들 지역은 옛 고조선의 인근 지역이며, 중원과의 위도차가 크지 않아 융숙이 자연스럽게 보급, 확산되는 데에도 큰 어려움이 없었다.

진대晉代의 곽박郭璞(276-324년)은 새로 유입된 이 융숙이 바로 대두라고 인식하여,[7] 기존『시경』속의 숙菽, 임숙荏菽과 달리 파악하고 있다. 기존 숙菽의 용도는 주로 콩죽[豆粥]을 끓이거나 볶아 먹는 데 사용했으며,[8] "두반곽갱豆飯藿羹"이라 하여 삶아 밥으로 먹거나[9] 잎은 국을 끓이는 데에도 이용했다.[10]『예기禮記』에서 공자의 말을 인용하여 "콩국을 먹고 물을 마시다."라고[11] 한 표현은 이를 말해준다.

문제는 당시 중국 대륙에 이같은 숙류菽類가 있었음에도 불구하고 굳이 동북 지역에서 재차 융숙을 도입하여 천하에 보급한 것은 기존의 숙과는 차이가 있었기 때문일 것이다.[12] 출토 유물에서 확인할 수 있는 것은 융숙은 기존 대륙의 숙보다 크고 비율이 원형에 가까워 지

5 『국어(國語)』卷6「齊語」, "桓公帥諸侯而朝天子, 山戎 今之鮮卑 以其病燕 故伐之."

6 최덕경, 「제민요술의 高麗豆 보급과 한반도의 農作法에 대한 일고찰」『동양사학연구』제78집, 2002, pp.88-92; 최덕경, 「大豆의 기원과 醬·豉 및 豆腐의 보급에 대한 재검토: 중국고대 文獻과 그 出土자료를 중심으로」『역사민속학』제30호, 2009; 최덕경, 「荏菽과 戎菽에 대한 再檢討: 중국 大豆 起源과 관련하여」『동양사학연구』제128집, 2014, p.13.

7 『시경(詩經)』「大雅·生民」, "郭璞等以戎胡俱是夷名, 故以戎菽為胡豆也. 后稷種穀, 不應捨中國之種. 而種戎國之豆, 即如郭言齊桓之伐山戎, 始布其豆種, 則后稷之所種者, 何時絕其種乎. 而齊桓復布之禮有戎車, 不可謂之胡車, 明戎菽正大豆是也. 此荏菽重言者, 以藐之之文為下揔目, 於荏菽配之為句, 又分別說其茂之狀, 故重言之."

8 『시경』, 「豳風·七月」, "黍稷重穋, 禾麻菽麥";「晏子」『春秋內篇第三』, "菽粟藏深, 而積怨於百姓";「묵자(墨子)」「尚賢中」, "耕稼樹藝, 聚菽粟, 是以菽粟多而民足乎食." 이상과 같이 춘추시대까지 숙이 서민의 주식이었음을 알 수 있다.

9 『여씨춘추』「士容論·審時」;『史記』卷70「張儀列傳」, "韓地險惡山居, 五穀所生, 非菽而麥, 民之食大抵菽[飯]藿羹."과 같이 한대에도 산악지대의 민이 두반(豆飯)을 애용하고 있다.

10 물론『예기(禮記)』「檀弓下」,『史記』권70「張儀列傳」에서의 밥은 좁쌀밥[小米飯]이었을 것이다. 최덕경, 앞의 논문, 「荏菽과 戎菽에 대한 再檢討」참조.

11 『예기(禮記)』「檀弓下」, "孔子曰, 啜菽飲水盡其歡, 斯之謂孝.";「순자(荀子)」「天論」, "君子啜菽飲水, 非愚也."

12 한국 콩박물관건립추진위원회편, 『콩 스토리텔링』, 식안연, 2017, p.72에는 장류용 콩은 단백질 함량이 높고 대립(백립 중의 무게가 25-40g)이고 흡수율과 무름성이 높아야 하며, 종피 두께도 얇아야 한다고 한다.

금의 대두와 유사했던 것으로 짐작할 수 있다.[13] 특히 융숙의 도입 이후 전국시대가 되면 그 이전 임숙 단계에서 볼 수 없었던 숙장菽醬과 시豉가 등장하기 시작한다. 그리고 생산량이 늘어나면서 기원전 3세기『여씨춘추』에서는 대숙大菽을 6곡穀 중의 하나로 취급하며, 용도도 다양하였다.[14]

앞 장에서는 이러한 동북의 융숙의 도입과 숙장의 등장은 한반도의 메주콩과 밀접한 관계를 가졌으며, 진한시대에는 기존의 숙과 구분하기 위해 두荳라는 명칭이 등장했음을 언급한 바 있다. 본고는 융숙인 대두가 언제부터 두시와 두장으로 제조되고, 이 문화가 어떻게 고구려와 한반도로 연결되었는지를 밝히고자 한다. 이를 위해 앞 장에서 살핀 바와 같이 중국의 기록을 이용하여 합리적으로 해석하였음을 밝혀둔다.

I. 중국 고대 두장의 출현과 보급

1. 숙장菽醬의 출현

대두를 발효시켜 두장荳醬을 처음 만든 시기가 언제인지는 사료를 통해 알기 어렵다. 하지만 중국의 경우,『예기』「곡례曲禮」의 상차림에서 "회膾와 구운 고기[炙]는 밖에 놓고, 혜장醢醬은 안에 놓는다."라

---

13 그리고 대두(大豆) 식물학자들의 견해에 따르면, 대두를 산융(山戎)에서 중원으로 도입하는 것은 가능하지만, 역으로 중원에서 산융 지역으로의 도입은 불가능하다고 한다. 그 이유는 대두의 품종이 위도 4도만큼 북으로 올라가면, 서리가 내리기 전에 정상적으로 수확할 수 없을뿐더러, 또한 대두가 일조량에 민감하기 때문에 남북 간보다 동서 간의 전파가 훨씬 쉽다고 지적하고 있다.

14 『여씨춘추(呂氏春秋)』「士容論·審時」;「史記」卷70「張儀列傳」, "韓地險惡山居, 五穀所生, 非菽而麥, 民之食大抵菽[飯]藿羹." 과 같이 한대에도 산악지대의 민이 두반(豆飯)을 애용하고 있다.

고[15] 하여 밥상 가운데에 장醬이 등장한다. 밥 문화가 정착하면서 자연 간을 맞추고 맛을 부여하는 보조식품이 등장하기 마련이고, 이에 따라 해당 지역에서는 생산 가능한 채소류와 어육을 중심으로 부식이 발달했을 것이다. 대표적인 것이 절인 음식과 장류이다. 하지만 이 장醬이 무엇으로 만든 어떤 형태의 장인지는 알 수가 없다. 그런데 후한의 『설문해자說文解字』에 의하면 "장醬은 젓갈[醢]이다."라고 하며, "젓갈은 육肉과 관련있는 것으로"[16] 주석한 것을 보면, 한대 이전 장은 기본적으로 육장을 포함한 젓갈[醢]이나 어장魚醬이었음을 밝히고 있다.

그런가 하면 『주례周禮』 「천관天官」 편에도 6곡六穀과 더불어 "왕에게 제공되는 음식에 120 항아리의 장醬이 들어 있는데,"[17] 한대 정현鄭玄은 이때 장은 총칭[總名]으로 '초[醢]와 젓갈[醢]'을 포함한다고 하고 있다. 이러한 해석으로 미루어 적어도 한대 이전의 장은 주로 동물성 원료로 만든 육장이 중심이었으며, 음식에 걸맞은 장이 없으면 식사를 하지 않았다고 할 정도로[18] 조미를 위해 중시하였음을 알 수 있다.

반면 두장과 관련하여 주목되는 자료는 『마왕퇴한묘백서馬王堆漢墓帛書』의 『오십이병방五十二病方』이다. 이 문서의 서체를 검토해 본 결과 적어도 기원전 3세기 말의 것이라고 한다.[19] 여기에는 장과 관련하여 장관醬灌, 장방醬方, 미장美醬, 마장馬醬 등의 명칭이 등장하며, 주목되는 것은 바로 '숙장菽醬'[20]이다. '숙장'은 콩류[菽]로 만든 장으로 현존하는

<hr>

15 『예기』「曲禮上」, "凡進食之禮, 左殽右胾, 食居人之左, 羹居人之右, 膾炙處外, 醯醬處內."
16 『설문해자』, "醬 醢也. 從肉從酉, 酒以龢醬也."
17 『주례』「天官冢宰 · 膳夫」, "膳夫掌王之食飲膳羞, 以養王及后世子. 凡王之饋, 食用六穀, 膳用六牲, 飲用六清, 羞用百有二十品, 珍用八物, 醬用百有二十罋."
18 『논어』「鄕黨」, "不得其醬, 不食." 이에 대해 후대의 정의(正義)에는 "어회(魚膾)는 개장(芥醬)이 없으면 먹지 않았다."라고 주소하고 있다.
19 마왕퇴한묘백서정리소조편, 『오십이병방(五十二病方)』, 文物出版社, 1979, pp.180-182.
20 옌젠민[嚴健民], 『오십이병방주보석(五十二病方注補釋)』 牡痔, "菽醬之滓半"(簡242); "入八完 (丸) 叔 (菽)醬中, 以食."

사료상 최초의 콩장[豆醬]인 셈이다.

　문제는 이 숙장이 『오십이병방五十二病方』이라는 의학서에 처음 등장하며, 게다가 마왕퇴 1호 한묘에는 '두시강豆豉薑'이란 말도 등장한다. 이것은 전국시대부터 시豉와 장醬과 같은 가공식품이 등장했으며, 초기에는 약재로 겸용하였음을 말해준다.[21] 그리고 마왕퇴의 사례로 미루어 한 초 이전에 다양한 장, 시가 출현했음을 알 수 있다.

2. 고대 두장의 보급

　최근 두장의 보급과 관련한 흥미로운 자료를 운몽 수호지『진간秦簡』에서 볼 수 있다. 즉 외부로 출장 갈 경우 작爵의 규정에 따라 식품이 지급되었는데, 그 속에 패미粺米, 장醬, 나물국[菜羹]과 부추와 파[韭葱] 등이 있으며, 지급량은 작위 등급에 따라 차이가 있었다. 예컨대 어사御史의 졸인卒人에게는 장醬을 1/4승升, 4급-3급의 유작자인 경우 1/2승을 지급하고 있다.[22] 천인들에게는 식량만 지급하고 대신 하급의 유작자에게까지 장이 지급되고 있다. 이처럼 관리와 유작자들에게 이 같은 양의 장을 지속적으로 공급하기 위해서는 적지 않은 장이 소요되며, 어장魚醬만으로는 부족했을 것이다. 통일제국의 성립 이후에는 인구에 비해 어육 자원의 공급은 한정되고, 유목민과의 교류도 이전 같지 않았다. 반면 춘추시대에 동북 지역에서 융숙이 도입된 이래 대두의 재배는 천하에 확산되었으며, 전국시대에는 숙장까지 등장했다. 진한시대에 장, 시가 다수 등장하는 것을 보면 두장의 제조가 적지

21　후대의 『명의별록(名醫別錄)』이나 『본초구진(本草求眞)』 등의 자료에 의하면 두장의 약효는 뱀, 벌레, 벌, 전갈 등의 독이나 비상(砒霜)의 독, 그리고 개에 물렸거나 화상이나 열탕의 치료에 효과적이라고 한다.

22　『수호지진묘죽간(睡虎地秦墓竹簡)』「傳食律」, p.101, "御史卒人使者, 食粺米半斗, 醬駟(四)分升一, 采(菜)羹, 給之韭葱. 其有爵者, 自官士大夫以上, 爵食之. 使者之從者, 食糲(糲)米半斗, 僕, 少半斗."; 같은 책, p.102, "不更以下到謀人 粺米一斗 醬半升 采(菜)羹 芻稾各半石 ●宦奄如不更."

않았음을 알 수 있다. 그렇다면 육장과 함께 두장 역시 이미 조미료로
서 중요시 되었음을 말해준다.[23]

전한 원제元帝 때 사유史游의 『급취편急就篇』에 "느릅나무 열매[蕪
荑][24], 소금, 메주, 초, 장"[25]이라는 기록이 보인다. 여기서 주목되는 것
은 바로 "염시鹽豉"와 "장醬"이 함께 등장한다는 사실이다. 두시豆豉는
주로 검정콩[黑豆], 누런콩[黃豆] 등을 삶아 띄워 미생물을 발효시켜 만
든 일종의 독특한 조미품으로, 그 제조 방식을 『설문해자』에서 "(콩에
곰팡이가 피면) 은폐된 곳에 소금과 배합하여 넣어둔다."라고 한 것을 보
면 이 장은 두시豆豉로 담근 장이었을 가능성이 크다. 이때 사용된 콩
역시 동북에서 유입된 융숙이며, 그 형태는 누렇거나 검은 대두였을
것이다.

이에 대한 출토자료는 호남성 원릉沅陵 호계산虎溪山의 전한 초 장
사왕長沙王 아들 묘의 죽간으로 한대 장, 시의 실태를 잘 보여준다.[26]
여기에는 백주白酒, 육장즙肉醬汁, 숙장즙菽醬汁, 초[醯酸] 등의 각종 조
미료가 등장하며, 이 가운데 육장즙과 숙장즙은 바로 육장과 두장이
다. 비슷한 내용을 전한 중기의 돈황 『현천치한간懸泉置漢簡』에서도 볼
수 있다. 곧, "시豉 1석 2두를 내서 장醬과 조화시켜 형사刑士에게 베푼

---

23 『수호지진묘죽간』「傳食律」, p.102. 정리소조(整理小組)의 주에 의하면 이 장을 『급취편(急就篇)』의
    안주(顔注)에 근거하여 두장(豆醬)일 것이라고 하지만 근거가 명확한 견해는 아니다. 다만 『오십이병
    방(五十二病方)』에서 이미 두장이 출현했던 것을 보면 가능성은 없지 않다. 게다가 좁쌀밥에 다른 반
    찬이 전부 채소였고, 많은 양의 장을 안정적으로 공급하기 위해서는 가축이나 야생동물의 사냥보다
    두장이 효과적이었을 것이다.
24 '무이(蕪荑)'는 중의약의 이름으로 느릅나무과 느릅나무속 식물의 왕느릅나무[Ulmus macrocarpa
    Hance]의 종자를 가공하여 만든 것이다.
25 『급취편(急就篇)』, "蕪荑鹽豉醯醋醬."
26 후난성문물고고연구소(湖南省文物考古研究所), 「沅陵虎溪山一號漢墓發掘簡報」, 『文物』 2003-1
    에 의하면 원릉(沅陵) 호계산(虎溪山) 1호 한묘는 장사왕 오신(吳臣)의 아들인 제1대 원릉후(沅陵
    侯)의 것으로, 묘주는 고후(高后) 원년(기원전 187년)에 수봉하여, 문제(文帝) 후원(后元) 2년(기원
    전 162)에 사망하였다. 이 묘는 전한 시대의 이성 열후의 묘장제를 연구하는 데에도 좋은 참고 자료가
    된다.

다."²⁷라고 하여 시와 장이 결합되어 있고, 『거연한간居延漢簡』에는 "25
전으로 시豉 한 말을 사들였다."라고²⁸ 하여, 시豉가 변방에서까지 거
래되고 있는 것을 보면 두장의 보급 정도를 알 수 있다. 이런 점에서 전
한 후기의 『무위한간武威漢簡』에서 하늘에 제사 지내기 위해 와두瓦豆에
담아 보관했던 것도 두장豆醬이었을²⁹ 것이다. 이처럼 전한 초·중기의
두장은 식용은 물론 약용으로도 사용되었으며, 호남 및 서북의 돈황 지
역에까지 폭넓게 전파되었음을 진간과 한간을 통해 확인할 수 있다.

후한 『사민월령四民月令』「정월正月」에는 두시의 구체적인 형태를 살
필 수 있다. 곧 콩을 부수어 말도末都³⁰를 만들고 그 속에 외[瓜]를 넣
었고 어장, 육장과 함께 '청장淸醬'을 만들었다는 사실이다.³¹ 말도에
외를 넣어둔 것을 보면 이 말도는 메주가 아니라 전술했던 것과 같이
요즘의 된장과 유사했음을 알 수 있으며, 청장은 그 명칭으로 보아 어
장, 육장과는 다른 두장이었을 것으로 짐작된다.³²

이 말장 제조법은 진한시대 이래 알메주[豉]를 이용하여 장을 담근
방식과는 차이가 있다. 『사민월령』의 말도末都는 이후 중국의 어떤 기

---

27 『현천치한간(懸泉置漢簡)』, "出豉一石二斗, 以和醬食施刑士. 入酒二石, 受縣。出酒十八, 以過軍吏
    廿, 斥候五人, 凡七十人.(72-74簡)"

28 『거연한간(居延漢簡)』314.4, "出錢卄五, 糴豉一斗."

29 『무위한간(武威漢簡)』"甲本少牢釋文』, "上佐食羞藏兩瓦豆, 有醬, 亦用瓦豆, 設于鷹豆之北. 尸有
    食, 食藏. 上佐食舉, 一魚 ; 尸受, 振祭, 嚌之."[簡27-28(背文)](甘肅省博物館, 『武威漢簡』, 文物出
    版社, 1964)

30 '말도(末都)'에 대해 『사민월령(四民月令)』「正月」, "以碎豆作末都."라고 하고, 『제민요술』 권8 「作醬等
    法」에는 "최식(崔寔)이 이르길 정월에는 각종 장, 육장, 청장(淸醬)을 담근다. … 5월에도 장을 담그
    는데, 상순에 콩을 볶아 말렸다가 중순의 경일(庚日)에 삶고 부수어 말도(末都)를 만든다."라고 한다.
    이들 사료만으로는 말도가 두장을 만드는 과정 속에서 이루어진 것인지, 아니면 전혀 별개의 장속(醬
    屬) 인지가 분명하지 않다. 다만 6-7월 사이에 외[瓜]를 저장하거나 어장(魚醬)을 만들 수도 있다고
    한 사실에서 우리의 된장과 유사한 형태인 듯하다.

31 『사민월령(四民月令)』「正月」, "可作諸醬, 上旬熬豆, 中旬煮之, 以碎豆作末都, 至六七月之交, 分以
    藏瓜. 可以作魚醬肉醬淸醬."

32 먀오치위 집석[繆啓愉輯釋], 『사민월령집석(四民月令輯釋)』「正月」, 農業出版社, 1981, p.24에서는
    청장을 간장[醬油]과 같은 것으로 이해하면서 어(魚), 육(肉)을 원료로 하지 않은 두장(豆醬)으로 보
    고 있다.

록에도 등장하지 않는데, 이 같은 된장[末都]의 형태가 중국에서는 더 이상 계승되지 못했음을 알 수 있다. 이것은 대두 기원지인 동북 지역의 제장製醬 방식을 계승하지 못한 것을 의미하며, 한국, 일본 된장과의 차이점이기도 하다. 반면 일본에 건너간 고구려의 말장은 전술한 바와 같이 '미소(된장)'가 된 것이다.

『석명釋名』에 의하면 시豉를 띠우는 방법은[33] 우리와 비슷하지만, 『제민요술』에서 시즙豉汁을 걸러내고 남은 시豉가 알메주 형태로 남아 있는 것은 우리와 다른 점이다. 한국의 장국醬麴은 곰팡이 메주이며, 청국장용인 시국豉麴은 미생물에 의한 끈적끈적한 세균형 메주[豉]인 데 반해, 중국은 주로 곰팡이 메주를 이용했다.[34] 『신당서新唐書』에서 발해의 책성시栅城豉가 중국인에게 주목을 받은 이유가 그곳이 바로 고려두로 제조된 시의 본고장이었거나 제조법이 그들과 달랐기 때문이었을 것이다.

이런 중국 시豉의 보급과 제조 방식은 일본과 다소 차이가 있다. 일본의 경우 처음 고구려의 말장을 도입했지만 이후 헤이안[平安: 794-1185년]시대의 『연희식延熹式』에 보이는 시의 제조 방식을 보면, 대두를 주원료로 하여 그 외 쌀, 찹쌀, 밀 등의 전분을 소금과 혼합하고 제조하였다는 것이 특징이다. 우리와도 차이가 있다. 이러한 일본의 변화는 말도末都가 전래되고서 『사민월령』이래 완전히 사라진 중국과는 대조적이다. 일본의 경우 말장을 도입한 후 그들의 취향대로 전분을 가미했다면, 중국은 말장[말도]이 정착하지 못하고 처음부터 그들의 방식으로 한 것이다. 이는 융숙을 도입할 때 전쟁통이라 제법을 제대로 전수

---

33 『석명(釋名)』「釋飮食」의 "豉嗜也. … 故齊人謂豉聲如嗜也."에 대한 주석에서 그 제작 방식을 소개하여 "配鹽幽尗(菽)"라고 하며, 융숙을 가지고 온 제(齊)의 예를 들어 지적하고 있는 것은 주목된다.
34 장지현(張智鉉), 『한국전래 발효식품사 연구』, 修學社, 1996, p.61; 이철호, 『한국식품사연구』, 도서출판 식안연, 2021, p.216.

하지 못했거나 식자재로 재활용하기 위해 알메주를 선호한 듯하다.

이처럼 한대를 기점으로 두시豆豉에 의한 두장의 수요가 폭넓게 확산된 것은 대두 생산량의 증가에서도 확인할 수 있다. 1956년 낙양 금곡원촌 한묘의 도문陶文에서 두과류 생산에 대한 염원의 표시와[35] 함께 전한 말『범승지서』에서는 가족 1인당 대두 5무畝를 경작하기에 이르렀다. 이런 대두 생산량의 증가에 따라[36] 두장과 두시는 기존 약재의 원료뿐 아니라 단백질과 지방질이 많아 허기를 달랠 수 있는 식품으로 발전했으며, 육장보다 향미가 좋고 가공 방식도 간편했다. 무엇보다 대두의 생산이 늘면서 민간의 보급도 한층 용이하였다.

문제는 전장에서 서술한 바와 같이 갑자기 기원전 3세기를 전후하여 대두에 의한 두장과 두시의 생산과 수요가 급증한 원인은 무엇이었을까?

II. 고려두와 조선 장醬의 출현

1. 고려두와 융숙

두장과 관련하여 주목되는 또 다른 사료는 바로『제민요술』의 '고려두高麗豆'라는 말이다.『제민요술』「대두大豆」편 첫머리에 전해지는 이 기록은 대·소두의 생산 지역과 그 용도를 이해하는 데 요긴하다.『제민요술』이전 시기의『이아爾雅』에서는 융숙戎菽은 대숙大菽이라고

---

35 황스빈[黃士斌],「洛陽金谷園村漢墓中出土有文字的陶器」『考古通訊』1958-1.
36 완궈딩[萬國鼎] 잠석,「범승지서집석(氾勝之書輯釋)」「大豆」, 農業出版社, 1980, "大豆保歲易爲, 宜古之所以備凶年也. 謹計家口數, 種大豆, 率人五畝, 此田之本也." 이를 두고 당시 대두의 재배가 중원경지의 25%-40%에 달했다는 지적도 있다. 쟝무둥[蔣慕東],『이십세기중국대두과기발전연구(二十世紀中國大豆科技發展研究)』, 中國三峽出版社, 2008, p.278.

하며, 『광아廣雅』에는 "대두大豆는 숙菽이다.", "소두小豆는 답荅이다."라고 하여 크기에 주목하여 분류하고 있다. 그런가 하면 『광지廣志』에는 당시 소두가 많이 재배되었고, 주로 먹을 수 있는 두豆에 주목하고 가루로 만들었으며, 대두 중 양두楊豆는 잎도 먹을 수 있었다고 한다. 특히 『순자荀子』 「부국富國」 편에는 "사람들이 살면서 일찍이 가축의 고기, 벼와 기장은 맛보지도 못하고 오직 콩과 콩잎 및 겨[糟糠]에만 목숨을 걸었다."[37]고 한다. 이 말에서 알 수 있듯이 선진시기 융숙이 유입되기 전 중원지역의 숙菽은 주로 자생한 저급한 식물食物이었으며, 숙류의 채집은 주로 소두류였던 것 같다. 그래서인지 산서지역의 『마수농언馬首農言』에는 황하 유역에 식용할 수 있는 두류豆類가 거의 없어 두豆의 존재는 미미했으며, 이후의 숙菽은 다른 곳에서 발견되어 옮겨와 채워진 작물이라고 한다.[38]

기원전 7세기에 제齊가 산융山戎 지역을 정벌하고서 난리통에 이 지역에서 재배하던 융숙을 가져와 중원지역에 전파 시킨 것은 그만한 이유가 있었을 것이다. 그것은 '대숙大菽'으로 우선 크기, 형태와 질량이 중원의 숙菽(또는 임숙)과는 달랐을 것이며, 무엇보다 이들 동북 지역에서 융숙으로 특별한 음식을 가공하여 식용하였음을 뜻한다.[39] 당시 산융 지역의 종족에 대해서는 '하가점 상층문화 구역'이다, '고조선 지역'이다, '고죽국의 후예'라거나 또는 '융족의 거류지'라고들 하지만 명확한 답은 없다. 당시에는 민족의 이동성이 강하고, 사방의 문화가 융합되는 시점이라서 더욱 그러할 것이다. 특히 기원전 6세기 이후에는 동이족 서쪽에서의 문화 유입과 이주민에 직면했으며, 그 대표적인

---

37 『순자(荀子)』 「榮辱」, "使人生而未嘗睹芻豢稻粱也. 惟菽藿糟糠之爲睹, 則以至足爲在此也."
38 청(淸) 기준조(祁寯藻), 최덕경 역주, 『마수농언 역주(馬首農言譯註)』, 세창출판사, 2020, pp.277-278.
39 당시 제(齊)나라 군대는 산융(山戎) 지역에서 융숙(戎菽)뿐 아니라 그것으로 가공한 발효식품도 맛보았을 가능성이 있다. 맛을 본 후 그 맛을 잊을 수 없었던 것이 분명하다.

것이 토광묘였다. 기원전 4-3세기 통화通化지역의 만발발자萬發撥子 유적에서 보듯 동북 지역은 다양한 문화가 융합된다.[40] 그때 이 지역의 대표적인 종족 역시 고조선 혹은 예맥계의 주민이었고, 이들 역시 토광묘제를 수용하였다. 기원전 7세기 산융의 정벌과 융숙이 전리품으로 중원에 전파된 것도 이 무렵에 해당된다. 당시 대두의 가공식품을 맛본 제齊의 군대는 융숙을 중원에 전파할 만한 충분한 매력을 느꼈을 것이다. 이런 점에서 볼 때 융숙은 산융의 서쪽도, 북쪽도 아닌 동쪽 지역과 관련된 산물이었음을 알 수 있다.

이를 근거할 수 있는 것이 이후『제민요술』의「대두」편에 등장하는 동북 지역의 고려두이다. 여기에는 금세今世를 언급하면서, 대두에는 희고 검은 두 종류가 있고, 소두에는 녹, 적, 백색의 3종류가 있었으며, 대두 품종 중 가장 먼저 황고려두黃高麗豆와 흑고려두黑高麗豆를 제시하고 있다.[41] 이 말은 황, 흑색의 고구려의 두豆라는 의미이다. 이미 본서의 1부 2장에서도 상술했듯이 작물의 이름 앞에 국가의 명칭을 단 대두가 등장하는 것은 무엇을 의미하는가? 이것은 고구려가 이런 대두의 기원지이거나 아니면 대두가 가장 많이 생산되고 소비되는 지역이었거나 아니면 가공품이나 품질이 특별히 좋은 대두가 생산된 지역이었음을 짐작할 수 있다.[42] 특히 이 지역은 융숙의 생산지와 위도가 일치하거나 인근하고 있다. 비록 시대에 따라 다른 이름으로 기술되긴 했지만 융숙과 고려두는 동일한 특성을 지닌 대두였을 것이다.

---

40 이종수,「토광묘 집장묘의 계통과 성격」,『고조선과 고구려의 만남』, 동북아역사재단, 2021, pp.150-155
    에서 융합된 문화는 고조선, 연과 흉노 등이 교류하면서 생긴 것이라고 한다.
41 『제민요술』「大豆」, "今世大豆 有白·黑二種 及長梢 牛踐之名. 小豆有菉·赤·白三種. 黃高麗豆黑高
    麗豆蕎豆豍豆, 大豆類也. 豌豆江豆豐豆, 小豆類也."
42 최덕경,「제민요술의 高麗豆 보급과 韓半島의 農作法에 대한 일고찰」,『東洋史學研究』제78집, 2002.

융숙과 마찬가지로 이들 흑고려두와 황고려두가 주목을 받은 것
은 그 콩이 다른 숙류에 비해 단백질과 지방이 풍부하여 삶아 덩어리
메주를 만드는데 용이했으며, 찧어서 메주를 만들면 알메주에 비해
대두의 성분이 충분히 용해되어 효과가 배가 되기 때문이었다. 그리
고 발효시키면 아미노산이 풍부하여 중원에는 없었던 시豉, 장醬과 같
은 가공식품을 만들기에 효과적이었던 것을 경험적으로 체득했던 것
이다.[43]

한반도의 문헌 기록에서 장醬, 시豉가 처음 등장하는 것은 신문왕
3년(683)이다. 하지만 이보다 400년이나 앞선 AD.200-400년 사이에 덩
어리 형태의 콩 탄화물이 한반도 중남부의 도처에서 발굴되고 있다.
이들을 검경檢鏡 분석과 탄화 실험을 한 결과 당시 한반도에서 대두
를 삶아 으깨 메주나 된장을 제조한 유물이었음을 확인하였다. 주목
되는 것은 탄화물이 다른 곡물과 섞이지 않고 오직 대두로만 이루어
져 있다는 점이다. 실험 결과 이 탄화물은 탄화 과정에 생성된 것이
아니었으며, 무엇보다 조직의 구조가 메주를 탄화시킨 경우와 동일했
다. 이 탄화물은 대두가 덩어리 형태로 성형된 후 탄화된 것으로 볼
수 있으며, 이는 오늘과 같은 메주를 만들었다는 직접적인 증거가 된
다.[44] 당시 대두로 메주를 만들었다면, 기존의 입식粒食 위주에서 탈피
하여 가공을 통한 대두의 부식이 한반도에서는 이미 본격화되었음을
의미한다.

이와 결부하여 『신당서新唐書』「발해전渤海傳」에는 고려두의 생산지

---

43 비록 후대의 기록이지만 명대 『본초강목(本草綱目)』「穀之三」에는 "大豆有黑白黃褐青斑數色. 黑者
    名烏豆, 可入藥, 及充食, 作豉. 黃者可作腐, 榨油, 造醬. 余但可作腐及炒食而已."라고 하여 흑대두
    는 약재, 식용과 작시(作豉)에 사용되고, 황대두는 두부, 콩기름과 간장[醬油] 생산에 이용되었음을
    알 수 있다.
44 김민구·류아라, 「탄화물 분석을 통한 삼국시대 대두 이용 방법 고찰」『한국상고사학보』 100, 2018,
    pp.180-181에는 실험 결과 대두와는 달리 메주를 탄화시킬 경우 메주 상태의 덩어리가 형태를 유지한
    채로 탄화되었다고 한다.

인 발해 용원부龍原府 책성柵城: 東京의 '시豉'를 명산물로 지목하고 있으며,[45] 이후『해동역사海東繹史』에도 이런 인식이 계속되고 있다. 중원에까지 그 명성이 알려졌던 것을 보면 중국과는 다른 시가 제조되었거나 대두 본고장의 전통적인 시가 존재했음을 알 수 있다. 그런가 하면『양서梁書』나『남사南史』의「동이전東夷傳·고구려高句麗」에도 고구려인의 기질을 "(술이나 저장식품을) 양조하여 옹기에 잘 저장했다."라고 표현하고 있는데, 이들 기록은 동북의 고구려 지역이 일찍부터 중원과는 다른 대두를 생산하여, 이를 가공하고 발효시켜 시와 장을 생산하였으며, 게다가 이것을 옹기에 넣어 장기 저장하는 데에도 탁월했음을 말해준다. 이런 내용을 여러 차례 중국 사서에 기록한 것을 보면 이들 지역만이 지닌 독특한 문화를 소개하려 했던 것 같다.

제 환공이 산융을 멸하고 전시 상황이었음에도 그곳에서 융숙을 가지고 들어온 것은 바로 동북 지역의 이러한 순화된 대두와 이를 이용하여 장, 시와 같은 가공식품을 제조한 점에 주목한 것이다. 때문에 중국의 대륙에 비록 숙과 임숙 같은 숙류가 존재했음에도 불구하고 재차 융숙을 보급하였는데, 이는 콩의 용도를 전혀 새롭게 인식한 것이다. 이런 측면에서 보면 전술한 바와 같이 동북 지역을 포함한 한반도가 재배 대두와 그 가공식품의 기원지라는 것이다. 그것이 가능했던 것은 전술한 바와 같이 일찍부터 발달한 토기[陶器] 문화와 소금 생산지로 어장 등의 발효 음식이 발달하고 저장법이 뒷받침되었기 때문이다.[46] 특히 기원전 8세기 전후의 것으로 추증되는 함북 나진 지역에서 출토된 고조선시대의 시루와 항아리는 콩을 쪄서 덩어리 메주

---

45 「신당서(新唐書)」권144「北狄·渤海」"柵城之豉."
46 이철호,『한국식품사연구』, 식안연, 2021, pp.66-68에서 한반도 특유의 뚝배기 찌개 문화, 곧 끓임문화는 기원전 6천년 경 보편화된 원시 토기 문화에서 비롯되었다고 하는 것과도 맥을 같이 한다.

를 만드는 데 충분했다. 실제 토기의 취사 실험을 한 결과 직접 불에 닿는 부분은 연질 토기를 사용하고, 그 위에 시루와 같은 도질토기를 결합하면 내구성을 극복하여 안전한 취사가 가능하다고 한다.[47] 이런 관점에서 보면 고조선에서도 증숙하여 장시를 제조할 수 있는 도기의 조건은 갖춰진 것으로 보인다.[48]

더구나 357년에 제작된 고구려 안악安岳 3호분의 벽화 속 우물가에 놓여 있는 대형 옹기와 분盆 등 도기의 존재는 그 실용성을 잘 말해준다.[49] 뿐만 아니라 『박물지博物志』에는 융숙戎菽을 외국 산물로 인식하여 호두胡豆라고 불렀으며,[50] 중국인이 메주[豉] 냄새를 고려취高麗臭라고 한 것에서도 대두를 띄워 만든 시豉의 발명이 옛 고구려 지역에서 비롯되었음을 다시금 입증해 준다.[51]

그동안 숙과 임숙의 시기에는 등장하지 않던 장, 시가 갑자기 기원전 3세기경에 한반도 지역과 비슷한 위도인 화북지역에서 숙장菽醬으로 등장하고, 이후 한대에 중원에 폭넓게 두장이 보급된 것은 바로 동북 및 한반도에서 재배된 대두와 가공 기술의 도입과 무관하지 않았을 것이다.

이러한 대두에 의한 장, 시의 보급으로 인하여, 『제민요술』의 「작장등법作醬等法」 속에는 다양한 종류의 장이 등장하는데, 두장豆醬을 선두에 배열하고 있다. 이것을 보면 진한시대를 거치면서 두장豆醬이 어장

47 오승환(吳承桓) 외, 「炊事形態의 考古學的 硏究」, 『한국고고학 전국대회 발표문』, 2006; 식문화연구회, 『炊事의 考古學』, 서경문화사, 2008; 오승환 외, 「삼국시대의 취사형태 복원을 위한 기초연구: 시루와 장란형토기를 이용한 취사실험」, 『야외고고학』 6, 2009.

48 박유미, 「우리나라 장 문화의 발달과 추이 고찰」, 『한국 음식문화사』, 동북아역사재단, 2023, pp.308-310.

49 도기(陶器)가 우물가에 놓인 것만으로도 액체를 담는 용도로 사용되었음을 말해주며, 형태도 다양하여 주둥이가 작고 배가 부르면서 바닥이 좁은 항아리, 주둥이가 작고, 배와 바닥이 너른 단지, 그리고 주둥이가 크고 바닥이 좁은 분(盆) 등이 놓여 있고, 이를 두고 우물가의 두 여인이 작업을 하고 있다.

50 『박물지(博物志)』「佚文」, "外國得胡麻豆 或曰戎菽."; 『태평어람(太平御覽)』「百穀部五·豆」, "生大豆, 張騫使外國, 得胡麻豆, 或曰戎菽."

51 이성우(李盛雨), 『韓國食品文化史』, 敎文社, 1992, p.146.

魚醬, 육장肉醬보다 우위를 점했음을 알 수 있다. 게다가 두장 제조 과정
에 있어 특징적인 점은 맨 먼저 두장 담그는 시기를, "12월과 정월을 상
시上時로 하고 2월을 중시로 하고, 3월을 하시下時로 했다."라는 사실이다.
그런 후에 햇볕이 잘 드는 돌 위에 옹기를 올려놓을 것을 주문하고 있다.

이것은 작시법의 서두에 그늘진 방을 따뜻하게 하고 2-3척 깊이
의 구덩이를 파는 등 온도와 주변 조건을 중시했던 것과는 대조적이
다. 작장作醬은 계절을 중시하여 어장, 육장은 보통 12월에 담그는 데
반해,[52] 두장은 12월에서 2월을 넘지 않도록 계절을 설정하고, 게다가
작장을 위해 온도와 용기까지 고려한 것은 그동안의 경험과 시행착오
의 결과였을 것이다. 생태조건은 대개 위도와 관련 있다고 볼 때, 화북
지역도 한반도와 마찬가지로 대두 발효식품이 발달할 수 있는 조건을
갖추었다고 볼 수 있다. 하지만 강수량에서 보면 한반도가 대두 재배
의 자연 선택지로 더 적합했음을 알 수 있다.

『제민요술』이 간행되기 직전의 시점인 북위 태화太和 원년(477), 귀
족 송소조묘宋紹祖墓의 명문에는 작장 공정에 동원된 노동력 연 3,000
명이 30곡斛: 3,000승의 염시鹽豉를 생산하고 있다.[53] 이런 작업장을 볼
때 북조 시대 두장의 생산과 보급 정도는 상당했음을 알 수 있다. 실
제 『제민요술』「작장등법作醬等法」에서는 두장 이외에도 육장, 속성육
장, 어장, 마른 갈치장[乾鰷魚醬], 맥장麥醬, 느릅나무씨장[楡子醬][54], 새
우장[蝦醬], 생고기와 익힌 고기 장[燥脡], 생고기 육장[生脡], 내장젓갈
[鱁鮧], 게장[蟹醬]과 겨자장[芥醬] 등 다양한 어魚, 육肉과 곡물을 원료

---

52 『제민요술(齊民要術)』卷8「作醬等法」, "凡作魚醬肉醬, 皆以十二月作之, 則經夏無蟲."

53 장칭제[張慶捷] 외 1人,「北魏宋紹祖墓兩處銘記析」『文物』2001-7에는 대동(大同)에서 발견된 북위
    태화 원년(477년)의 송소조묘에 새겨진 명문 속에 "太和元年五十人用公三千鹽豉卅斛"라는 말이
    있다.

54 위런장[楡仁醬]은 이미 『시민월령(四民月令)』「二月」, "是月也, 楡莢成 及靑收, 乾以爲旨蓄. 色変白,
    將落, 可收爲醬醏."라고 하는데, 왕정(王禎)은 이 '무유(醬醏)'를 유장(楡醬)이라고 한다.

로 하여 저장, 발효식품을 제조했음을 확인할 수 있다.

2. 시즙과 청장

다만『제민요술』에는 가장 중시했던 두장에 관한 구체적인 용어가 없으며, 대신 뒤의 〈표1〉에서 보듯 가장 많이 사용된 조미료로 시즙豉汁이 등장할 뿐이다. '시즙'은 당말『사시찬요四時纂要』에 의하면 메주콩을 띄워 만든 장醬이라고 하고 있으며,「육월六月·함시鹹豉」조에는 흑두黑豆 함시에서 나온 "즙汁을 달여 따로 저장하여 음식에 곁들여 먹으면 좋다."[55]라고 하여 '시의 즙'으로 묘사하고 있다. 이 시즙이 이미『제민요술』각종 요리의 조미료로 사용되고 있었으며, 이 시즙을 거르고 달여 저장했다가 각종 조미료로 사용했다는 점에서 오늘날의 간장[醬油]과 거의 차이가 없다. 이에 반해 〈표1〉에서 보는 바와 같이 '청장淸醬'과 '두장청豆醬淸'이 요리에 사용된 것은 소수에 불과하다.[56] 양자는 모두 콩과 관련되어 있고 시즙과 큰 차이가 없었을 것이다. 그래서인지 기존 연구자들은 이들을 오늘날의 간장[醬油]과 큰 차이가 없다고 인식하였다.[57]

---

55   한악(韓鄂)(최덕경 역주),『四時纂要譯註』, 세창출판사, 2017, p.355.

56 『제민요술(齊民要術)』「작장법(作醬法)」을 포함하여「갱학법(羹臛法)」,「증부법(蒸缹法)」등에 '청장(淸醬)' 1곳, '두청장(豆醬淸)' 5곳이 등장한다.

57   청장(淸醬)에 대해 중국의 양젠(楊堅)은 맥장(麥醬)이라 하지만, 완궈딩[萬國鼎],『사민월령집석(四民月令輯釋)』, 農業出版社, 1981, pp.23-24에서는 청장의 글자해석으로 볼 때 간장[醬油]과 흡사하며, 어육(魚肉)을 원료로 만들지 않은 두장(豆醬)을 가리킨다고 보고 있다. 그리고 '두장청(豆醬淸)'에 대해 먀오치위[繆啓愉] 교석,『제민요술교석(齊民要術校釋)』(제2판), 中國農業出版社, 1998, p.545; 스성한[石聲漢] 교석,『제민요술금석(齊民要術今釋)』(下), 中華書局, 2009, p.749에서 모두 '청(淸)'은 찌꺼기를 걸러낸 용액이며, '두장청(豆醬淸)'은 오늘날 간장[醬油]에 해당한다고 한다. 먀오치위는 이것이 바로『제민요술』에 많이 등장하는 '시즙(豉汁)'이라고 보고 있으며, 스성한은 오늘날에도 북방의 일부 지역에서는 두장청(豆醬淸)을 여전히 청장(淸醬)이라고 부른다고 하여 장청(醬淸)과 동일시하고 있다. 이러한 인식은 일본의 니시야마 타케이치[西山武一] 外 1인,『교정역주 제민요술(校訂譯註 齊民要術)』(下), アジア經濟出版會, 1969, p.80에도 예외는 아니다. 여기서 장청(醬淸)은 두장이 숙성되었을 때 조리를 넣어 걸러낸 것을 취한 것이라고 하며 오늘날 찌꺼기를 짜낸 간장[醬油]의 전신이라고 한다. 이상과 같이 기존 학계에서는 장청은 청장과 동일하고, 이들은 후대 간장과 같으며, 그런 점에서 시즙의 또 다른 이름으로 인식하고 있음을 알 수 있다. 최덕경,「大豆의 기원과 醬豉 및 豆腐의 보급에 대한 재검토」,『역사민속학』제30호, 2009, pp.401-402에도 이런 인식을 공유했다.

문제는 『제민요술』 「갱학법羹臛法」의 "양반장자해羊盤腸雌解"라는 요리 재료 속에 "두장청豆醬淸 한 되, 시즙豉汁 5합[合]"과 같이 '두장청'과 '시즙'이 동시에 등장하고 있다는 점이다.[58] 이것은 양자가 분명 차이가 있었다는 말이다. 그렇다면 '두장청', '청장淸醬'은 무엇이며, 시즙과는 어떻게 달랐던 것인가? 우선 '두장청', '청장'과 시즙이 중국 기록에는 거의 등장하지 않아 상호관계를 규명하기가 쉽지 않아 혼선을 빚고 있다. 이는 사회상 널리 통용된 용어가 아니었다는 말이다. 하지만 흥미롭게도 한국사의 기록물 중, 고려시대는 물론 조선의 법령자료나 조선왕조실록 등에 폭넓게 등장하여,[59] '청장'으로 '진청장陳淸醬'을 만들고,[60] 하사품 또는 상납품으로 이용되기도 했으며, 목면木綿을 물들이기도 하였고, 화상火傷을 치료하는 데도[61] 이용하기도 하여 그 용도가 다양하고 다소 독특하다. 게다가 앞장에서도 지적하였듯이, 15세기 중엽에 간행된 『산가요록山家要錄』에는 장의 재료, 가공법과 관련하여 청장淸醬과 더불어 전시全豉, 말장훈조末醬薰造(메주), 합장법合醬法, 간장艮醬, 난장卵醬, 기화청장其火淸醬, 태각장太殼藏, 청장淸醬, 청근장菁根醬, 상실장橡實醬, 선용장旋用醬, 천리장千里醬, 치장雉醬, 치신장治辛醬 등이 등장하고 있다.

이 중 「전시全豉」조의 첫머리에 '청장'의 제조법이 보인다는 점에 주목하고자 한다. 즉, "7월 무더위에 항아리 속에 흑태黑太, 누룩[麴]과 소금을 섞어서 콩이 잠길 만큼 물을 부어 뚜껑에 진흙을 발라 밀봉하여 말똥 속에 묻어둔다. 14일이 지난 후에 개봉하여 걸러내어, 햇볕을

---

58 『제민요술』권8 「羹臛法·羊盤腸雌解」, "細切羊胳肪二升. 切生薑一斤, 橘皮三葉, 椒末一合, 豆醬淸一升, 豉汁五合, 麵一升五合和米一升作糝."
59 다만 국사편찬위원회의 한국 역사 데이터베이스에는 '장청(醬淸)'이란 단어는 검색되지 않는다.
60 『중경지(中京誌)』卷8 烈女 權氏/朴氏.
61 『전록통고(典錄通考)』「戶典下·雜令·後續錄」; 『육전조례(六典條例)』卷四 「戶典·司饔寺·進供」; 『영조실록(英祖實錄)』18권, 영조(英祖) 4년 6월 7일 丙戌; 『한계유고(韓溪遺稿)』九 「女範下·衣服第五」.

조였다가 사용하는데, 그 즙에 (물과) 소금을 더 넣고 끓이면 '청장淸醬'이 된다."라고 한다. 더구나 이 책에는 「청장淸醬」이란 독립 항목도 보이는데, 제조 방법은 "감장甘醬을 볕에 쪼여 마른 쑥[乾蒿] 한 겹, 장[醬: 묵은 된장] 한 겹을 사이사이에 깔고 쪄서 물 한 동이[盆]를 붓고, 세번 햇볕을 쪼이고 소금을 더 넣으면 좋은 청장이 된다."라고 한다. 또 다른 방법으로 콩을 삶아 찧어 햇볕에 말린 후에, 물과 소금을 섞어 항아리에 넣고, 진흙을 발라서 말똥에 묻어두었다가 21일이 지난 후에 꺼내 쓴다. 청장으로 쓰려면 찌꺼기까지 찧어서, 그 즙에 처음과 같은 물의 양에 소금은 처음의 절반을 넣고 섞어서, 처음과 같이 묻었다가 훈기를 쏘인 뒤 사용하였다고 한다.[62]

이들 사료에서 청장 제조의 공통되는 특징은 기존의 발효된 시즙을 걸러 햇볕을 쬐고, 재차 물과 소금을 넣고 끓여 2차 가공했다는 것이다. 청장을 중국에서는 시즙豉汁이나 장유醬油와 같은 것으로 보았지만, 조선의 청장은 묵은 감장甘醬이나 시즙에 찌꺼기까지 합하여 소금과 물을 더 넣어 2차 가공하여 만든 것이라고[63] 한다. 『증보산림경제』의 '취청장법取淸醬法'에서도 기본적으로 이와 동일한 방식을 취하고 있다. 그리고 청장은 합장과는 달리 덩어리 메주가 아닌 알메주[太혹은 甘醬]를 발효시켜 사용하고 있다. 확실히 중국의 청장과는 제조법에서 달랐으며, 두즙에 물과 소금의 비율에서 볼 때 일반 장보다 물의 비중을 상대적으로 더 많이 넣어 발효시켜 훈기를 쏘인 것을 청장이라고 했다. 향을 유지하되 맑고 덜 짠 장이었던 것이다.

---

62 『산가요록』「청장(淸醬)」에 의하면, 콩 다섯 말을 삶아서 찧을 때 기울[只火] 약간을 섞어서 찧는다. 닥나무 잎을 펴서 덮어 훈기를 쏘인 뒤 내다 햇볕에 말린다. 다시 찧어서 대나무 체로 거른다. 물 3동이[盆]와 소금 세 말을 서로 섞어서 먼저 항아리 속에 체질한 것을 눌러 넣고 단단히 덮어 진흙으로 발라서 말똥에 묻어두었다가 21일이 지나서 꺼내 쓴다. 청장으로 쓰려면 그 찌꺼기까지 찧어서 물 3동이 반에 소금 한 말 다섯 되를 서로 섞어서 처음처럼 훈기를 쏘인 뒤 묻었다가 사용했다고 한다.

63 청민성[程民生], 「宋代菽豆的地位及功用」『中國農史』 2023-2, p.12에서도 장유(醬油)는 전대의 장청(醬淸), 시즙(豉汁) 등을 기초로 송대에 재차 새롭게 추출한 것이라고 한다.

이같은 복잡한 과정과 비용 때문인지 조선시대『승정원일기承政院日記』에는 청장이 감장甘醬보다 5배나 비싸게 거래되고 있다.[64] 만약 조선의 청장이 중국의 것과 같은 데도 이후 중국에서 크게 주목받지 못했다면 공정이 번거로운 것에 비해 용도가 한정되었다거나 시즙만으로도 상당 부분 청장을 대신할 수 있었기 때문이 아니었을까 한다.[65]

대개『제민요술』의 장문화는 만주 지역 및 한반도의 두장류豆醬類와 남방지역 특유의 어장 문화와 소통하면서 발전했을 것이다. 다만 육장과 어장의 경우, 두장, 맥장과는 달리 만들 때 들어가는 재료를 보면 액장液醬 생산이 목적이 아니었기 때문에, 당시 시즙[豉汁: 豆醬]만큼 식품의 가공과 제조에 조미료로서의 역할이 크지 않았던 것 같다. 또한 조선의 기록과는 달리 고대 중국의 기록에 청장이 남아 있지 않다는 것은 이러한 기술이 외부에서 유입되었지만 일반화되지 못했다는 것을 의미한다. 반면 한반도에서는 기록은 물론이고, 그 전통이 지금까지 지속되고 있다는 것은 이 땅에서 뿌리를 내려 전통이 이어져 왔음을 의미한다.

III. 두장과 저장 옹기

두장의 생산과 유통을 거론할 때, 관련해서 주목해야 되는 것이

---

64 『승정원일기』 1484책 (탈초본 81책) 정조 5년 5월 7일 기묘, "禮賓寺貢人以爲, 披庭待令所各處, 淸醬一升價錢五分, 或甘醬一升價錢一分式, 竝爲防給, 內醫院待令所醫官書員, 以本色進排, 而醫女則淸醬甘醬, 竝依披庭例防給云."

65 청장(淸醬)이 거른 시즙에 소금을 더 넣어 2차 가공한 두장(豆醬)이란 설명만 했을 뿐 여전히 장청(醬淸)과 청장(淸醬)이 동일하다는 증거는 없다. 다만 후술하는 표(表)에서 장청(醬淸)을 사용한 경우에는 소금을 가미하지 않은 것을 보면 염도가 강한 청장(淸醬)과 동일했기 때문일 수도 있다. 와타나베 타케시[渡部武], 『사민월령(四民月令): 漢代の歲時と農事』, 平凡社, 1996, p.26에서 청장(淸醬)은 장청(醬淸)이라고 칭하며, 두장 위의 맑은 액체이기에 이른바 '진한 간장'에 상당하다고 한다. 만약 양자가 상호 달랐다면 2차 발효시킨 청장은 염도가 낮아 장기적으로 보관하기 보다는 일상에서 향미 있는 조미료로 사용하기 위해 만들어진 것이 아닌가 한다.

바로 용기容器이다.

전술에서 고조선시대에 출토된 항아리나 시루와 같은 도기陶器도 대두를 증숙하거나 제조한 발효식품을 보관하기에 적합했을 것이라는 지적을 한 바 있다. 실제 한대 이후 장류醬類의 유통이나 『제민요술』의 작장作醬에서도 사용된 용기를 보면 지금과 마찬가지로 항아리[瓮: 甕]였다. 인류가 발명한 용기 중 스며들거나 새지 않고 내용물이 변질되지 않으면서 가장 실용적으로 사용한 용기는 도기이다. 당시 도기는 800-1100℃ 전후에서 소성하여 액체의 침투력이 거의 없고, 대량 생산도 가능하여 두장의 수요를 맞추기가 가장 적합했다. 게다가 옹기의 형태와 뚜껑은 내용물의 온도를 유지하고 보관하는 데 매우 중요한 요소였다. 만약 '작장作醬'할 때 옹기의 뚜껑이 없거나 흠집이 생겨 물이 스며들면 장이 변질되거나 벌레가 생기고, 먼지와 파리 등이 들어가기도 하여, 완전한 발효식품을 재현하지 못하게 된다. 그리고 옹기의 형태와 주둥이의 크기 역시 기후대에 따라 내부의 온도와 발효의 속도를 조절하는 데 중요한 기능을 한다.

도기가 대형화되어 규모가 갖춰진 것은 진대 병마용이나 전한 묘의 명기明器를 통해 볼 수 있는데, 한대의 부장품 중에는 7-80cm 높이의 대형 옹기도 있다. 이와 관련하여 『사기史記』 「화식열전貨殖列傳」에서는 대읍大邑에서 장사를 통해 2할-5할 정도의 이윤이 많이 남는 식품으로 장醬, 술[酤], 초[醯], 장漿과 함께 누룩[蘖麴]과 염시鹽豉 등을 들고 있는데,[66] 이들의 유통과 수요가 증가하면서 이런 액체를 담는 용기의 크기 또한 더욱 다양해졌을 것이다. 실제 1996년 발굴된 낙양 오녀총五女冢 267호 신망묘新莽墓에서는 단지[壺], 항아리[罐], 창고[倉], 독[瓮] 등의 도기 70여 건 출토되었는데, 도관陶罐에 새겨진 명문[文]에는

66　『사기(史記)』 권129 「貨殖列傳」.

육장[肉醬], 판장[瓣醬], 혜醯(식초) 등의 글자가 있으며, 그 중의 항아리[陶罐] 배 부분에는 시豉자도 등장하여, 두장의 수요와 유통의 증가로 인한 다양한 도기 문화를 짐작할 수 있다.

그 구체적인 모습은 『제민요술』에서 양주釀酒, 작장作醬, 어장, 유락乳酪 및 작저作菹 등 발효식품을 제조하고 보관한 옹기에 대해 잘 표현하고 있다. 『제민요술』에는 대옹大甕, 대옹大盆, 대분大盆, 대증大甑 등의 용어에서 보듯, 대형 액체를 담는 도기가 현실 생활에서 적지 않게 사용되었음을 말해준다. 이들의 용도를 보면 대옹에 물을 부어 쌀을 불려 쌀가루를 만드는 데 이용했고,[67] 유즙의 양에 따라 대·소옹에 저장했으며,[68] 술 역시 중간 크기의 항아리나 대옹에 담갔다. 특징적인 것은 당시 『제민요술』 중의 옹기는 '대개 10섬들이 항아리[率十石甕]', '10섬들이[甕受十石者]', '쌀 5섬들이 항아리[甕受五石米者]'와 같이 대형화되고, 또한 도기의 용도가 다양해지면서 액체와 곡물의 부피를 재는 양기量器로도 사용되었다는 점이다.[69]

이처럼 옹기의 용도와 수요가 늘어나면서 옹기제작과 관리에도 깊은 주의가 요구되었다. 『제민요술』의 옹기 관리를 보면, '도옹塗甕' 처리가 필수적이었다. '도옹'이란 항아리 안쪽에 기름을 돌려 먹였다는 것인데, 그 주된 이유는 바로 옹기가 새는 것을 막기 위함이었다. 이것은 도기의 소성 과정에 틈이나 금이 생겨 완성 후 보완 처리를 하지 않으면, 액체가 새거나 스며들어 실용적으로 사용할 수 없었음을 말하는 것이다. 진한시대 이래 생활상 많이 사용된 도기에는 회도灰陶와 한 중기 이후 관중關中 지역에 많이 보급된 연유도鉛釉陶가 중심을

---

67 『제민요술』 권5 「種紅藍花梔子第五十二」.

68 『제민요술』 권6 「養羊第五十七」.

69 최덕경, 「제민요술 塗甕 처리를 통해 본 중국 陶器의 특징: 한반도 陶質의 甕과 관련하여」 『중국사연구』 제123집, 2019, pp.51-54.

이루고 있었는데, 이들은 대개 700~1,000℃의 저온에서 소성한 것으로 실제 관중과 화북지역에는 단지[壺], 옹기[甕], 동이[盆], 동이[罐] 등의 생활 용기가 많이 출토되고 있다.[70] 『제민요술』「양양養羊」편에는 이런 용기에 대해 "물이 스며들지 않는 도기"나 "물이 스며들지 않는 도기에 담다."라는 표현이 자주 등장하며,[71] 아울러 '도옹塗甕' 처리를 반드시 요구했다. 만약 이러한 과정이 없어 그릇에 물이 새게 되면 어떤 물건을 가공해도 온전하거나 원하는 물건을 보관할 수도 없었음을 말해준다.[72] 그래서인지 『제민요술』 권7에서는 농사일과는 다소 무관한 「도옹塗甕」이라는 항목을 별도로 만들어 강조하고 있다. 게다가 동일한 항목이 당 말의 『사시찬요四時纂要』「십월十月·도옹塗甕」 편에서도 그대로 나타나고 있는 것을 보면 당시 도기의 이용은 물론, 제조된 도기의 품질과 이를 보호하기 위한 노력이 어느 정도였는지를 짐작할 수 있다.

『제민요술』에 제시된 '도옹塗甕'의 방식은 옹기를 거꾸로 세워 그 안쪽에 손이 데일 정도까지 열을 가한 연후에, 기름을 녹여 데워진 옹기에 붓고 항아리를 돌리면서 틈새로 두루 스며들게 하는 것이다. 이때 기름은 소, 양, 돼지와 같은 동물성 기름을 사용한다. 동물성 기름은 실온에서는 고체상태인데, 용기가 가열되면 지방산이 녹아 틈새로 잘 스며들며, 식게 되면 틈새에 들어간 기름이 고체상태로 굳어져 누수와 침수를 방지하는 데 매우 효과적이다.[73] 게다가 기름은 소수

---

70 회도(灰陶)의 소성온도는 대개 800~900℃이나 1,100℃까지 이르기도 하였다. 지역에 따라 다소 차이는 있는데, 황하 유역의 경우 900~1,050℃, 장강 중류 지역은 800~900℃ 정도인데, 신석기시대 후반 이래 남북조시대까지 소성온도 면에서는 큰 차이를 느낄 수 없다. 중국규산염학회 편(中國硅酸鹽學會編), 「중국도자사(中國陶瓷史)」, 文物出版社, 1982, p.42. 같은 책, p.107, 114에서 연유도(鉛釉陶)는 상·주 시대에 이미 발명되었지만, 전한 선제(宣帝) 이후에 기술의 진보가 일어나 후한 때에는 화북 전역에 확산되었으며, 당시 연(鉛)의 용제(熔劑)는 대략 700℃ 전후에서 용융이 시작되었다고 한다.

71 『제민요술』 권6「養羊第五十七」, "或不津瓦器亦得.", "夏盛不津器."

72 중국규산염학회 편(中國硅酸鹽學會編), 앞의 책, 「중국도자사(中國陶瓷史)」, pp.170~171에 의하면, 삼국시대부터 남북조 시기까지의 도기는 남북방 모두 한대보다 발전하지 않았다고 한다. 경도(硬陶)가 아닌 소성온도가 낮은 회도(灰陶) 중심으로 질도 떨어지고 수량도 적었다고 한다.

73 쉬광치[徐光啟](스성한[石聲漢] 교주), 「농정전서교주(農政全書校注)(中)」, 明文書局, 1982, p.1209

성疏水性74이 높고, 틈새에서 피막을 형성하며 증발이 잘 되지 않아 도기를 보호하는 역할까지 한다.

하지만 중국 고대의 옹기는 균열로 인하여 도옹塗甕 처리가 불가피했던 것을 강조한 것은 도기 제작 기술에 문제가 있었음을 말해준다. 그것은 바로 소성온도와 소성 방식 및 철과 구리 성분이 많은 태토胎土에 문제가 있었던 것이었다.75 연유도鉛釉陶의 경우 태토에 납이나 구리 성분이 많아 낮은 온도에도 용출되어, 마치 겉모습은 유약 처리한 것처럼 완벽하게 보이지만, 내부에는 도옹 처리를 하지 않으면 곤란했던 것이다. 이런 도옹의 습속이 원대『거가필용사류전집居家必用事類全集』에도 이어져 "깃털 솔을 이용해서 좋은 기름[香油] 속에 담가 잡고서 장면醬面이 닿는 항아리에 바르는" 장면이 보이는데,76 이 역시『제민요술』 "도옹塗甕"의 연장이라 생각된다.77

이와 관련하여 동북 지역의 상황을 보자. 이미 지적한 바와 같이 『삼국지三國志』「위서魏書·오환선비동이전烏桓鮮卑東夷傳」의 고구려조의 '선장양善藏釀', 즉 "양조 발효식품을 옹기에 잘 저장했다."라고 하는 것은 충분히 이 지역의 특색을 살필 수 있으며, 실제 4세기 고구려 안악安岳

에는『제민요술』'도옹(塗甕)'의 내용이 소개되어 있는데, 현호(玄扈: 徐光啟) 선생은 비싸기는 하나 황납(黃蠟)이 좋으며, 송지(松脂)도 좋다고 한다. 황랍의 융점은 82-85℃, 송지는 110-135℃로 높아 외부의 온도가 어느 정도 높아도 도옹한 기름이 녹아내리지 않지만 가격이 비싸다고 한다. 다만 융점이 높으면 손으로 옹기를 회전하면서 기름을 먹이기도 불편하며 옹기가 깨어지기도 쉬웠을 것이다. 루원시[陸文熙],「邛都虫子嘉州蠟: 四川歷史上的一大富源」,『西昌師專學報』1996-3, p.58.
74 '소수성'은 친수성에 대한 반대말로 물에 대해 친하지 않은 성질, 즉 물과 화합되지 않는 성질을 말한다.
75 최덕경,「제민요술 塗甕 처리를 통해 본 중국 陶器의 특징」,『중국사연구』제123집, 2019.12.
76 『거가필요사류전집(居家必用事類全集)』(이후『거가필용(居家必用)』이라 略)「諸醬類·造醬法」, "以蒔蘿撒醬面上, 復以翎蘸好香油持抹醬面及缸."
77 1766년 증보한『증보산림경제(增補山林經濟)』권8「治膳上·醬諸品」의 '塗法'에도『제민요술』'도옹'과 같은 기술이 소개되어 있다. 여기에 사용하는 기름으로 소, 양과 돼지비계, 황랍(黃蠟)과 송진도 좋다고 한다. 그리고『증보산림경제(增補山林經濟)』권16「雜方·補缸罇方」에는 금이 간 항아리를 때우는 방식도 소개하고 있다. 먼저 송진을 불에 녹여 금 간 부분에 채워 바른 뒤 다시 불에 구워 녹이면서 발라주면 물이 새지 않는다고 하여『제민요술』의 도옹(塗甕)과 비슷한 방법을 제시하고 있다. 또 금이 간 항아리에 철가루와 식초를 섞어 그 부위에 발라주면 녹이 생기면서 물이 새지 않는다고 한다. 그 외에도 토란알을 반쯤 익혀 문질러 주기도 했다고 한다. 이것은 후대 저온에서 구운 항아리의 처치방법이 아닌가 한다.

3호분의 벽화 속 우물가에 놓여 있는 대형 옹기류는 당시 옹기 제작 기술이 발효식품을 견인했음을 직접적으로 말해준다. 따라서 고구려의 경우, 『제민요술』과 비교할 때, 4세기 이전에 이미 액체를 담는 실용적인 대형 옹기가 등장했음을 알 수 있다.

당시 한반도 남쪽의 도질토기를 보면, 소성온도가 1200℃에 접근했으며, 이 시점에 솔잎같이 연기 많이 나는 땔감을 잔뜩 넣고, 아궁이와 굴뚝을 닫아 산소를 차단하는 환원염還元焰 소성 방식으로 토기를 제작하였다. 도질토기 장인匠人들의 증언에 의하면,[78] 고온 소성하면 유리질 피막이 형성되면서 도질이 단단해지고, 한편 밀폐된 가마의 연기와 재 그을음이 자연스럽게 표면과 균열 속에 스며들면서[烟薰] 방수防水에 보다 강하고 단단한 도기가 완성된다고 한다. 이러한 차이 때문인지 현재 발굴된 한반도 도질토기의 어디에도 기름을 바른 '도옹' 현상은 보이지 않는다고 한다.[79] 이와 같은 도기의 기술력과 대두 생산지라는 이점을 이용하여 한반도를 포함한 중국의 동북 지역이 도기를 이용하여 두장이나 젓갈 같은 발효식품을 가공하기에 효율적이었다.[80] 그 결과 두류를 이용한 장류 발효식품이 일찍부터 이들 지역에서 발원하여 외부로 확산될 수 있었다.

[78] 장인(匠人)의 증언은 분명 학문적인 검증에는 일정한 한계가 있다. 하지만 가야토기 재현 장인과 옹기 장인의 증언에 의하면, 환원염 소성 과정에 연훈(烟薰) 처리하면 토기의 강도와 자화(瓷化)가 높아진다고 한다. 특히 연훈 처리할 때 연기를 먹이는 과정에 사용된 연료가 소나무, 대나무 및 갈대 인지에 따라 연기의 색깔이 달라지고, 그에 따라 토기에 입히는 빛깔도 달라진다고 한다.

[79] 도기와 옹기의 제작법은 다르다. 한반도 옹기의 도옹(塗甕) 처리는 조선시대의 『증보산림경제』 권8 「治膳上·醬諸品」에 처음 등장하며, 『임원경제지』「贍用志·炊爨之具·釀造諸器」 편에도 『제민요술』과 『농정전서』의 내용을 인용하여 소개하고 있다. 여기에 소개된 것은 조선시대 옹기 내부를 기름칠할 때의 방식이다. 그 이전 단계의 도기에는 적용되지 않았을 것이다.

[80] 중국의 동북 지역에는 두장(豆醬) 이외에도 옹기를 이용한 발효식품을 볼 수 있다. 한 무제 때 동이 정복 과정에서 발견한 '축이(鱁鮧)'라는 내장젓갈이 바로 그것인데, 이 어장은 당시 중원지역에서는 처음 경험한 맛과 냄새였으며, 이 역시 옹기에 넣어 땅에 묻어 발효시키고 있다. 이 방식은 오늘날 한반도에서 널리 애용하고 있는 내장 젓갈의 제조법과 동일하다. 崔德卿, 「東아시아 젓갈의 出現과 베트남의 느억 맘(NuOC MAM): 한국과 베트남의 젓갈 기원과 보급을 중심으로」, 『비교민속학』 제48집, 2012, pp.214-215; 최덕경, 「古代 韓半島의 젓갈의 出現과 普及: 『제민요술』과 관련하여」, 『중국사연구』 제137집, 중국사학회, 2022, pp.79-80참조.

IV. 식물성 장류醬類의 확대와 그 용도

『제민요술』시기의 작장법作醬法의 특징은 두장豆醬을 처음에 제시하고, 기존에 유행했던 육장법은 그 뒤에 배치하고 이어서 어장법魚醬法이 추가되고, 아울러 맥장麥醬, 느릅나무씨장 및 겨자장과 같은 식물장을 배열하고 있다는 점이다.[81] 『사시찬요』에서는 『제민요술』의 내용을 축약하여 이들을 월별로 간단하게 소개하면서 6-7월에는 두시豆豉, 함시鹹豉 및 부시麩豉 등의 메주류를 만들고, 11-1월에는 조장造醬, 어장魚醬, 토장兔醬과 합장合醬과 같이 장류醬類를 만들고 있다. 이것은 『제민요술』에서 화북지역 두장의 제조 시기를 12-2월 이전에 하는 것이 좋다는 지적을 크게 벗어나지 않고 있다. 이러한 방식은 이후에도 큰 변화가 없었을 것으로 보인다.

그러면 이렇게 만들어진 두장이 시대의 흐름에 따라 요리에 어떻게 활용되었는가를 살펴보자. 『제민요술』「작시법作豉法」을 보면, 당시 장의 원료가 된 시豉의 재료가 4종 있는데, 그중 세 종류는 콩을 사용하고 한 종류는 밀가루[麥粉]를 사용하고 있다. 시豉를 띄우는 방식으로는 4종 모두 곰팡이[黃衣]를 이용해 발효시켰는데,[82] 그중 한 종류는 차조로 만든 누룩인 여국女麴을 넣어 발효를 돕게 하고 있다.[83] 이렇게 만든 시豉는 두시豆豉, 가리식시家理食豉, 맥시麥豉, 향시香豉: 蒸豉法, 혼시渾豉: 蒸豉法/脏腊煎消法, 함시鹹豉: 羹臛法, 유시油豉: 素食 등으로 대부분

81　비슷한 현상은 기름[油脂]에서도 마찬가지이다. 즉 동물성 기름 중심에서 점차 식물성 유지가 증가되고 있다는 점이다.

82　이철호, 『한국음식의 역사』, 자유아카데미, 2017, p.201에서 작시(作豉)할 때 중국은 곰팡이를 이용한 데 반해, 우리 것은 주로 미생물로 세균을 이용했다고 하지만, 세균을 이용한 것은 청국장에 국한된 것이 아닌가 한다. 사실 공기나 짚에 함유되어 있는 고초균(藁草菌) 속에는 곰팡이, 세균, 효모 등 잡동사니 균이 혼합되어 발효 작용을 하고 있어 전근대에 이들을 분리해서 이용하는 것은 현실적으로 어려웠을 것이다. 다만 오늘날 일본의 낫토는 고초균만으로 발효시킨다고 한다.

83　위웨이지[俞爲洁], 『중국식료사(中國食料史)』, 上海古籍出版社, 2012, p.189.

콩을 원료로 하고 있다.[84] 그렇다면 이런 시豉를 발효시켜 만든 시즙
豉汁: 豆醬은 어떤 용도로 사용되었을까? 『제민요술』에 등장하는 시즙
을 이용한 요리법을 정리하면 다음의 표와 같다.

〈표 1〉 『제민요술』 권8-9의 음식 요리에 등장하는 시즙(豉汁)과 작용

구분	요리명	장유(醬油)	배합재료 (중심재료)	작용	근거
고기국 (臛)	토란 고기국 [芋子酸臛]	시즙 (豉汁)	猪羊肉, 토란, 생강, 멥쌀, 苦酒, 소금.	香, 着色, 비린내제거, 맛 조절, 소화촉진.	권8, 羹臛法
	오리탕국 [鴨臛]	豉汁	오리, 양고기, 토란, 생강, 귤껍질, 목란.		"
	자라국 [鼈臛]	豉(汁)	자라껍질과 내장, 고기, 메줍쌀, 생강, 소금, 苦酒.		"
	양족발탕 [羊蹄臛]	豉汁	양족발, 양고기, 파, 쌀, 귤껍질.		"
	가물치국 [鱧魚臛]	豉汁	가물치, 생강, 산초가루, 귤껍질, 소금.		"
국(羹)	시큼한 돼지 족발국 [猪蹄酸羹]	豉汁	돼지족발, 파, 苦酒, 소금.	香, 着色, 비린내제거, 맛 조절, 소화촉진.	권8, 羹臛法
	산갱 (酸羹)	豉汁	양내장, 박잎, 엿당, 밀가루, 귤껍질, 생강.		"
	죽순오리국 [笋箸鴨羹]	豉汁	오리, 달래뿌리, 파밑동, 소금.		"
	생선회 순채국 [食膾魚蓴羹]	豉汁	순채, 소금, 白魚, 소금.		"
	절인채소 오리국 [醋菹鵝鴨羹]	豉汁	오리, 쌀즙, 절인채소, 소금.		"

84 ( ) 속의 '~法'의 내용은 『제민요술』 권8, 권9에 등장하는 편명이며, 그 외의 내용은 권8 「작시법(作豉
    法)」에 등장한다.

구분	요리명	장유(醬油)	배합재료 (중심재료)	작용	근거
탕(湯)	가물치탕 [鱧魚湯]	豉汁	생선, 생강, 산초, 귤껍질, 소금.	香, 着色, 비린내제거, 맛 조절, 소화촉진.	권8, 羹臛法
	메기탕 [鮠臛]	豉汁	생선, 파, 생강, 호근, 달래, 식초, 소금.		〃
	양반 장자해 [羊盤腸雌解]	豉汁 두장청 (豆醬清)	羊血, 양체지방, 생강, 산초가루, 쌀, 白酒.		권8, 羹臛法
	선지 내장국 [腤臘]	시청 (豉清)	돼지창자, 쌀즙, 생강, 산초, 달래, 마늘, 소금.		〃
삶고 볶기 [腤膌煎消]	젓갈 끓이기 [腤酢法]	豉汁	젓갈, 계란, 두시.	香, 着色, 비린내제거, 맛 조절, 소화촉진.	〃
	생선 삶기 [純腤魚法]	豉汁	방어, 鹹豉, 파, 생강, 초.		〃
	닭 삶기 [腤雞]	豉汁	鹽豉, 차조기, 닭, 파.		〃
	암백육 (腤白肉)	豉清	소금, 두시, 달래.		〃
	물새 고기볶음 [勒鴨消]	豉汁	생강, 귤껍질, 호근, 달래, 찰기장밥, 소금.		〃
	오리볶기 [鴨煎法]	豉汁	오리, 파밑동, 소금, 산초, 생강가루.		〃
저법 (菹法)	저초법 (菹肖法)	豉汁	돼지·양·사슴고기, 염교, 절인채소.	香, 着色, 비린내제거, 맛 조절, 소화촉진.	권8, 菹綠
	녹육법 (綠肉法)	豉汁	돼지, 닭, 오리고기, 파, 생강, 소금, 식초		〃
	산돈법 (酸豚法)	豉汁	메조밥, 파밑동, 산초, 식초		〃

구분	요리명	장유(醬油)	배합재료 (중심재료)	작용	근거
적법 (炙法)	남적 (腩炙)	豉汁	양·소·노루· 사슴고기, 파밑동, 소금.	香, 着色, 비린내제거, 맛 조절, 소화촉진.	권9, 炙法
	간적 (肝炙)	豉汁	소, 양, 돼지간, 파, 소금.		〃
	양순대 [灌腸法]	豉汁	양의대장, 양고기, 파밑동, 소금, 생강, 산초가루		〃
	양적 백어법 [釀炙白魚法]	豉汁	백어, 오리, 식초, 절인외, 생선젓국, 생강.		〃
	함적법 [脯炙]	豉汁	오리·양·송아지· 노루·돼지고기, 절인외, 절인생강, 산초, 파, 호근, 소금.		〃
절임 [菹]	저소법 [菹消法]	豉汁	양고기, 돼지고기, 菹汁, 菹葉, 파뿌리.	香, 着色, 비린내제거, 맛 조절, 소화촉진.	권9, 菹藏 生菜法
	목이절임 [木耳菹]	豉汁 장청 (醬清)	목이, 초장, 고수풀, 식초, 생강, 산초가루.		〃
찜 [蒸/焦]	손신 (損腎)	豉中(汁)?	소양천엽, 염교잎, 소금.	香, 着色, 비린내제거, 맛 조절, 소화촉진.	권8, 羹臛法
	곰·양· 돼지·거위· 오리찜 [蒸熊羊肫鵝鴨]	豉清 시즙농자 (豉汁濃者)	좁쌀, 생강, 귤껍질.소금.		권8, 蒸焦法
	닭을 찜 [蒸雞法]	豉汁	닭, 소금, 차조기잎, 파밑동		〃
	작은 돼지 삶기 [焦豚法]	豉汁 醬清	작은돼지, 감주, 고두밥, 생강,		〃
	거위를 삶기 [焦鵝法]	豉汁 醬清	거위, 차조쌀밥, 생강, 귤껍질.		〃

구분	요리명	장유(醬油)	배합재료 (중심재료)	작용	근거
찜 [蒸/缹]	양고기 찌기 [蒸羊法]	豉汁	파밑동.	香, 着色, 비린내제거, 맛 조절, 소화촉진.	〃
	현숙 (懸熟)	豉汁	돼지고기, 파밑동, 생강, 귤껍질, 차좁쌀.		〃
	곰·돼지· 거위찌기 [蒸熊豚鵝]	豉汁	차조쌀밥, 염교줄기, 귤껍질, 호근, 달래, 소금.		〃
	생선을 싸서 찌기 [裹蒸生魚]	豉汁	차조쌀밥, 생강,호근, 달래, 소금.		〃
	모증어채 (毛蒸魚菜)	豉汁	생선, 소금, 채소, 호근.		

위의 〈표1〉과 같이 『제민요술』 권8과 권9에 등장하는 각종 요리법을 보면 당시 고기국[臛], 국[羹], 탕湯과 같이 국물을 필요로 한 요리뿐 아니라 찜이나 볶음, 나아가 절임 등 거의 모든 요리에 시즙豉汁인 두장豆醬을 조미료로 사용하고 있다. 시즙은 바로 각종 요리의 조미료로 사용된 것을 보면 대두 음료 또는 두죽류인 두장豆漿, 두즙豆汁, 두유豆乳 등과는 달랐을 것으로 보인다. 즉 당시 발효를 거쳐 가공한 시즙이 맛의 조리사 역할을 했음을 말해주며, 『제민요술』상 출현 빈도로 보아 화북지방의 경우 시즙의 수요가 어떠했는지도 짐작할 수 있다.

당시 시즙은 음식물에 배합되어 향미를 돋우고, 비린내 누린내를 제거하며, 소화 흡수에 불리한 유해 물질도 제거하고 착색에도 효과적이었다. 주목되는 것은 시즙豉汁을 소금과 같이 사용한 경우인데, 이것은 시즙만으로 염도를 조절하는 데에는 부족함이 있었음을 말해준다. 두장만으로 염도를 조절할 경우에는 간혹 '장청醬清'도 함께 사용한 것을 볼 수 있는데, 이 경우에는 소금을 가미하지 않은 것이 흥미롭다. 이것은 장청이 전술한 바와 같이 두즙에 물을 소금보다 두 배 비율로 넣어 발효시켜 염도를 낮춘 조선의 청장淸醬과 관련 있음을 간접적으로 말해주기도 한다. 그런가 하면 간혹 호마갱胡麻羹과 같이 액체 조미료를 사용하지 않거나, 양의 갈비뼈국인 호갱胡羹과 같이 안석류安石榴 즙을 사용하기도 했지만, 시즙이 조미료로 사용되지 않았을 경우에는 대개 시豉나 염시鹽豉에 소금을 넣어 맛을 조절한 것을 보면, 당시 음식 조리 과정에서의 시즙의 위치를 알 수 있다.

이상에서 두장과 관련하여 대두의 용도 변화를 보면, 선진시대의 숙菽은 주로 콩죽이나 좁쌀밥에 넣어 먹거나 콩잎으로 국을 끓이는 용도로 사용되었고, 춘추시대에 대두인 융숙戎菽이 등장하면서 기장[黍], 조[粟], 맥[麥], 벼[稻]와 함께 6곡穀 또는 5곡의 위치에 점했으며, 숙장菽醬이 제조되면서 숙의 용도가 조미료와 약용에까지 확대되었고, 진한대에는 식용 두장의 생산과 보급이 전국으로 확산하면서 대두의 재배가 민간에까지 널리 전파되었던 것이다.[85] 그리하여 남북조시대에 이르면 대두의 가공식품인 장醬, 시豉의 수요가 더욱 증가하고, 시즙豉汁은 음식물의 대표적인 조미품으로 자리 잡게 된다.

수당 이후 제분업의 발달과 면식麵食이 늘어나면서[86] 밀[小麥]이 화북지역의 주식으로 자리 잡게 되면서 대두는 주식에서 부식으로 중심을 이동하는 것을 볼 수 있다.[87] 실제 『사시찬요』에는 '십일장十日醬',[88] '토장兎醬' 등이 새로 등장하기도 하고, 『신당서新唐書』「백관지百官志」에서는 당시 두장의 위치를 새롭게 확인할 수 있다. 즉 궁정의 각종 조

---

85 완궈딩[萬國鼎] 집석, 『범승지서집석(氾勝之書輯釋)』「大豆」.
86 최덕경, 「漢唐期 대두 가공기술의 발달과 製粉業」『중국사연구』 제69집, 2010, p.183.
87 『한서(漢書)』「文帝紀」, 永光元年三月條, 唐 顏師古注, "今俗猶謂麥豆之屬爲雜稼."
88 『사시찬요(四時纂要)』「七月·十日醬法」. 일종의 속성장(速成醬)으로 황두를 이용하여 10일 만에 장을 숙성시키는 방식으로 7월에 제조했다는 것이 특징이다.

미료를 담당하는 기구와 그 인원 편제를 보면, 장장醬匠이 23명으로, 초장酢匠 12명, 시장豉匠 12명, 저혜장菹醯匠 8명, 해장醢匠 10명보다[89] 훨씬 많다. 이것은 당시 두장을 비롯한 장류醬類의 소비 규모가 다른 것보다 컸으며, 동시에 초와 젓갈 등과 더불어 발효 조미료가 중심 지위를 점했음을 말해준다.[90] 북송 소식蘇軾의『격물조담格物粗談』에 이르면 오늘날과 같은 장유醬油라는 명칭이 등장하게 되는데, 이것과 기존의 시즙 또는 청장과 어떤 관계인지는 명확하지 않지만, 상당 부분 시즙과 청장의 위치를 대신했을 것으로 여겨진다.[91]

이후 원대의『거가필요사류전집居家必用事類全集』[92] 단계에 접어들면, 동식물을 이용한 다양한 작장법이 소개되어 있다. 즉 '찐 콩장', '삶은 콩장', '팥장', '밀가루장', '완두장', '느릅나무씨장', '보리장', '육장', '사슴고기젓장' 등이 그것으로,『제민요술』과 차이가 있다면 육장과 어장이 줄어들고 식물 재료를 원료로 한 장류가 늘어나고 있다는 것이다. 그리고 시류豉類의 재료도 대두가 중심을 이루면서 두시에 채과菜瓜를 이용하거나 밀기울로 만든 부시麩豉도 등장하며, 금산사두시金山寺豆豉, 성도부두시成都府豆豉, 함두시醎豆豉와 담두시淡豆豉처럼 제조 지역이나 소금 투입량 등에 따라 종류가 다양해지고 있다.

제조 방식에 있어서도『제민요술』의 작장법은 콩을 삶는 방식이나 이를 찧어 누룩가루 등과 배합하여 소금물에 넣는 과정이 세심하고

---

89 『신당서(新唐書)』志第38「百官三」, "掌醢署 … 掌供醢醯之物, … 有府二人, 史二人, 主醢十人, 醬匠 二十三人, 酢匠十二人, 豉匠十二人, 菹醢匠八人, 掌固四人."

90 쉬하이룽[徐海榮] 주편,『중국음식사(中國飮食史)』(卷3), 杭州出版社, 2014, p.328.

91 장유(醬油)라는 명칭은 당송시대에 등장한다. 예컨대 북송 소식(蘇軾),『격물조담(格物粗談)』"金 箋及扇面誤字, 以醴醋或醬油用新筆蘸洗, 或灯心揩之, 卽去.": 남송 임홍(林洪),『산가청공(山家 淸供)』"韭菜嫩者用姜絲醬油滴醋拌食, 能利小水治淋閉."에 등장한 것을 보면 이때 이전의 장청(醬 淸)이나 시즙(豉汁)의 위치를 상당수 대신한 듯하다. 그리고 원대의『거가필용사류전집』에는 통칭 장 (醬)이란 명칭으로 표기하고 있다.

92 이 책은 원대 무명씨(无名氏)가 편찬한 가정의 일용대전(日用大全)이다.

옹기에 넣을 때는 그 방향까지 주의하였으며, 장을 담근 이후의 조치와 주의 사항도 적기하고 있다. 물론 『거가필용』에도 각 장마다 독특한 제조 방식이 소개되어 있지만, 콩을 쪄서 익혀 곰팡이가 피면 말렸다가 정화수에 소금을 타서 항아리에 부어 햇볕 속에 둔다는 핵심적인 내용만을 담고 있으며,[93] 이것은 현재의 방식과도 큰 차이가 없다. 이런 현상은 각 지역의 장 제조 방식이 시대를 거치면서 민간에 적용되면서 점차 간편화된 듯하다.

이처럼 식물성 장류가 증가된 이유는 어장과 육장은 대개 조미료보다는 일회성 식품으로 사용되고, 그 용도 또한 그다지 다양하지 못했기 때문이다.[94] 무엇보다 동물을 해체하여 제조하는 과정이 비위생적이고 혐오감이 큰데 반해, 식물성의 경우 가격이 비교적 저렴하고 손쉽게 구할 수 있으면서 훨씬 위생적이며, 향미가 좋았다는 장점이 있다. 더구나 대소두大小豆의 경우 재배 기술이 발전하면서 그 공급이 더욱 안정적이었다는 점도 식물성 장류가 늘어나게 된 요인이었을 것이다. 원대元代의 방지方志에 의하면 대두는 청靑, 황黃, 흑黑, 자紫, 갈색褐色으로 나뉘며, 소두 역시 적, 녹, 백, 흑 4종이 있었다고 하고,[95] 『석진지析津志』에서는 두豆의 품종으로 "흑두, 소두, 녹두, 백두, 적두, 팥[紅小豆], 완두, 판두板豆, 양안두羊眼豆, 십팔두十八豆"[96]가 있었다고 하여[97] 지역별로 두류의 종류가 다양해짐을 볼 수 있다. 원대『왕정농

---

93 『거가필용』의 작장법은 『제민요술』과 달리 핵심적인 방식만 기술하고 있는데, 이것은 작시법(作豉法)에 있어서도 동일하다.
94 물론 베트남과 같이 열대지역의 경우 생산된 어장(魚醬)이 부패하지 않게 재차 끓여 어장즙(魚醬汁: 액젓)을 만들어 장기간 조미료로 사용하기도 하지만, 북방지역의 경우 두장(豆醬)이 존재했기 때문에 처음부터 어젓이나 액장이 등장하지 않았을 것이다. 최덕경, 앞의 논문,「東아시아 젓갈의 出現과 베트남의 느억 맘(NuOC MAM): 한국과 베트남의 젓갈 기원과 보급을 중심으로」, pp.231-234.
95 『지순진강지(至順鎭江志)』권4「土産」.
96 원(元),『석진지집일(析津志輯佚)』「特産」.
97 그 외에도『지순진강지(至順鎭江志)』권4「土産」편에는 강두(江豆), 불지두(佛指豆), 십육립두(十六粒豆), 잠두(蠶豆), 흑백편두(黑白藊豆)가 등장하고,『왕정농서(王禎農書)』「百穀譜·大豆」편에는 강두(豇豆), 노두(虋豆) 등도 보인다.

서王禎農書』「대두^{大豆}」편에 의하면, 대두를 백, 흑, 황두 3종으로 나누고서, 흑두^{黑豆}는 흉년 대비와 가축 사료용으로 사용했으며, 황두^{黃豆}는 두부나 장의 원료로 쓰고, 백두^{白豆}는 죽이나 밥에 섞어 먹는 용도로 사용했다고 한다.[98] 이는 송원 시대에는 두류의 종류가 늘어났을 뿐 아니라 저마다 쓰임새도 다양해졌음을 말해준다. 주목되는 것은 여기서도 동북에서 중원으로 유입된 한반도의 메주콩인 대두가 장시와 두부 등 가공식품의 주된 재료로 사용되었음을 확인할 수 있다는 점이다.[99]

원대 『거가필용^{居家必用}』에 사용된 장의 명칭은 대개 유인장^{楡仁醬}, 면장^{麵醬}, 장^醬으로 표기하고 있는데, 유인장 2곳,[100] 면장 5곳과 함께 가장 많이 이용된 것은 단지 장^醬으로만 기록하고 있다.[101] 이것을 『왕정농서』에 의거하면 바로 황두로 만든 두장^{豆醬}이었음을 짐작할 수 있다.[102] 당시 이 장^醬(두장)은 고기를 익히고 굽고 볶고 찌며, 순대를 만들거나 가지요리나 게장을 담그고, 버섯이나 암탉을 구이 하며, 꿩고기 무침과 육포를 만들고, 고기와 생선으로 만두소를 만들며, 국을 끓이고, 버섯구이나 게살 만두 등을 만들 때 등 다용도로 사용되고 있다.

흥미로운 것은 『거가필용』의 회회^{回回} 음식에는 어디에도 두장을 사용하고 있지 않지만, 만주 동북부의 여진^{女眞} 음식인 '꿩 가슴살 무

---

98 『왕정농서』「百穀譜·大豆」, "大豆有白黑黃三種…其大豆之黑者, 食而充飢, 可備凶年. 豐年可供牛馬料食. 黃豆, 可作豆腐, 可作醬料. 白豆, 粥飯皆可拌食. 三豆色異而用別, 皆濟世之穀也."

99 『천공개물(天工開物)』"乃粒·菽」, "凡爲豉爲醬爲腐, 皆大豆中取質焉."

100 유인장(楡仁醬)을 『음선정요(飮膳正要)』권3 「菜品·楡仁」에서는 "楡仁味辛, 溫, 無毒, 可作醬, 甚香美. 能助肺氣, 殺諸蟲."라고 하여 이 "장(醬)은 향기롭고 폐의 기운을 돕고 각종 기생충을 없애는 효능이 있다."라고 하여 약재로도 사용되었음을 말해준다.

101 원대 예찬(倪瓚)의 『운림당음식제도집(雲林堂飮食制度集)』에는 장유법(醬油法)에 대해 "每黃子一官斗, 用鹽十斤, 足秤. 水廿升, 足秤. 下之須伏日, 合下."라고 기록하여 당시 장유의 제조법이 장(醬)과는 차이가 있음을 지적하고 있다.

102 물론 당시 장(醬)은 황두만으로 제조한 것은 아니었다. 기록에 의하면 흑두(黑豆)도 많이 사용되고 있었다.

침'에는 두장이, 게살 만두나 양¥ 만두에는 면장麵醬이, 그 외 각종 요리에 장醬을 조미료로 사용한 곳이 매우 많다는 점이 대조적이다. 즉 서쪽 이슬람 사회에는 두장을 이용한 식품이 없지만, 동북의 각종 요리에는 두장을 조미료로 사용한 것이다. 이는 전술한 바와 같이 대두, 메주콩의 기원지와 그 가공식품의 전파와 관련하여 주목되는 부분이며, 특히 12세기를 전후한 발효식품의 존재와 그 습속을 알 수 있는 지표가 되기도 한다.

주지하듯 대두와 그 가공식품은 서역이나 남방지역으로는 기후나 토지면에서 재배와 전파가 용이하지 않았다. 이처럼 원대『거가필용』은『제민요술』과는 성격이 다른 책이지만 두장의 실제적인 습속과 적용 범위를 확인할 수 있다. 그런가 하면 송대에는 장醬이 내지에서 쌀, 기름[油脂], 소금 등과 함께 민간의 생필품인 '칠반사七般事'의 지위에까지 오르게 된다.[103]

이와 같이 장이 일상화되면서 명대의 기록에는 장류 또한 다양해진다. 그 명칭만 보면 대두장大豆醬, 소두장小豆醬, 완두장豌豆醬, 밀기울장[麩醬], 첨면장甛麵醬, 보리장[大麥醬], 마재장麻滓醬, 무이장蕪荑醬, 매실장[梅醬], 두장豆醬, 황장黃醬, 편숙장便熟醬, 여지장荔枝醬, 모과장木瓜醬 등과 같이 두류 이외의 과채류를 원료로 하여 장을 제조하기도 하였다. 이 같은 다양한 장들이 등장하면서 청대에는 명대『편민도찬便民圖纂』의 '장가醬茄'와 같이 장과醬瓜와 장호순醬蒿筍 이외에도 배추, 무, 홍당무, 미나리, 어린 생강[嫩薑], 작두콩[刀豆], 양배추[甘藍], 상추[萵苣], 고추, 산초[花椒] 등등의 각종 채소를 술지게미, 소금, 초와 장醬 등에

---

103 『호해신문이견속지전집(湖海新聞夷堅續志前集)』「俗諺試題八十一」, "宋太學生, 每聞坐時, 以謂破爲讟 … 早辰起來七般事, 油鹽醬豉姜椒茶.";『몽양록(夢梁錄)』권16「鯗鋪」, "蓋人家每日不可闕者, 柴米油鹽醬醋茶."

절여 저장하는 방식[醬腌菜]이 매우 다양하고 구체적이다.[104] 이들은 재료나 습속에 따라 지역적인 특성을 가지는데, 예컨대 야채를 말려 술지게미와 소금 등을 넣어 발효시킨 조채糟菜의 경우 북방에서는 볼 수 없지만, 강남에서는 각지에서 볼 수 있는 채소저장법이다.

반면 북방지역에서는 신선한 채소를 소금 절임 하여 다시 눌러 짜서 맑은 물에 담가 염도를 낮추는 장채醬菜 방식이 발달했다. 특히 사천四川지역에서는 장시간 보관에 유리한 섬유질이 많은 채소를 발효시킨 김치와 흡사한 포채泡菜 기술이 발달한다. 이때 사용한 재료는 배추, 무, 당근, 감람甘藍, 도두刀豆, 미나리 등에 이르기까지 매우 다양하다.

이처럼 두장은 지역의 여건에 합당하게 채소를 식단으로 끌어들이는 데 기여했다. 두장의 용도는 여기서 끝나지 않고 생선, 고기[肉]와 게[蟹] 등의 어육 식품을 장 담그거나 포脯로 만들 때에도 사용되어,[105] 오늘날 중국의 식단 중 장유醬油의 사용이 60%를 점하고 있다.[106]

조선의 경우도 전술한『산가요록山家要錄』에서 보듯이 대두, 어魚, 난卵, 치육雉肉과 나무 열매를 이용한 다양한 간장이 등장하고 있는 것도 중국과 맥락을 같이 한다. 이상과 같이 중국 동북 지역과 한반도의 대두, 즉 메주콩이 순화, 재배되어 그곳을 중심으로 일찍부터 장, 시와 같은 가공식품이 만들어지면서 시즙과 두장 같은 다양한 형태의 장류를 견인했으며, 이들에 의해 다양한 채소들을 식단으로 불러들이는 역할을 하게 되었다. 그 결과 동아시아 특유의 발효 음식의 맛을 창출했다는 점은 매우 흥미롭다.

---

104 쉬하이룽[徐海榮] 주편,『중국음식사(中國飮食史)』(卷5), 杭州出版社, 2014, pp.44-46, p.293.
105 쉬하이룽[徐海榮] 주편, 위의 책,『중국음식사』(卷5), pp.293-304.
106 녜펑차오[聶鳳喬],「一滴味無窮, 三餐人永壽: 關于中國醬油」『國際食品』1997年 3期.

소결

이상의 내용을 한반도의 두장豆醬과 관련하여 정리하면 다음과 같다.

대소숙大小菽은 선진시대부터 중국의 사서에 등장하지만, 두장豆醬 용 대두, 즉 황색, 흑색 또는 흰색의 메주콩은 '융숙戎菽'과 '고려두高 麗豆'에서 확인할 수 있는 바와 같이 한반도에서 기원했음을 제기한다. 중원지역에도 고래로 숙류菽類가 존재했음에도, 전시 상황 속에서 제 환공桓公이 산융 지역에서 융숙을 가져와 중원에 재차 보급한 것은 이 러한 가공식품을 제조할 수 있다는 특징 때문이었다.

'고려두高麗豆'와 '시豉의 명산지', '선장양善藏釀' 등의 사료에서 볼 때, 중국인의 시선에서도 고구려와 중국의 동북 지역은 일찍부터 대 두 재배와 옹기 제조 기술이 발달하여 시豉와 두장 같은 발효식품을 제조할 수 있는 조건을 갖추고 있었다. 그 냄새는 중원에서 찾을 수 없는 이국적인 것이었으며, 고구려 특유의 음식 냄새라고도 했다. 이 런 발효식품을 견인한 것은 또 다른 발효 음식인 축이鮏鮧 젓갈도 한 몫했을 것이다.[107] 발효 음식이 독특한 맛을 지녔고, 장기 저장할 수 있다는 교훈을 경험적으로 알고 있었던 것이다. 대두의 본고장에서 거쳐 두장을 제조한 것을 보면, 이곳이 발효식품의 발원지였음도 알 수 있다.

그리고 『제민요술』의 '도옹塗甕'이라는 항목은 농업에서 저장의 중 요성과 함께 당시 중국 용기의 제작 기술이 장기 저장용으로는 한계 가 지녔음을 말해주는 내용이다. 반면 비슷한 시기의 한반도 가야와 신라에서 생산된 도기陶器는 고온에서 환원염還元焰 소성한 것으로 단

---

107 최덕경, 「古代 韓半島의 젓갈의 出現과 普及: 『제민요술』과 관련하여」 『중국사연구』 제137집, 중국사 학회, 2022, p.81.

단하고 자화磁化된 도기로서 도옹 처리를 할 필요가 없었다는 점에서 중국보다 제조 기술이 진일보했음을 말해준다. 때문에 액체를 보관하거나 발효식품을 제조하여 장기 저장할 때에 효과적이었다. 이러한 환경이 일찍부터 한반도에서 장, 시와 같은 발효 음식을 제조할 수 있었던 것이다.

또한 두장豆醬을 의미하는 단어에는 청장清醬, 장청醬清, 시즙豉汁이 있다. 그런데 앞의 두 단어는 중국에서 거의 사용되지 않았고,『제민요술』에서 일부 등장하며, 제조법도 전해지지 않는다. 하지만 고려와 조선시대의 각종 사서에서 청장清醬에 관한 기록이 전해지며, 특히 조선 초『산가요록』에서는 독립 항목으로 그 제조 방식도 구체적으로 제시되어 있는데, 생산된 두즙豉汁에 물을 소금의 2배 정도 가미해서 2차 가공 내지 발효시킨 것으로 묘사하고 있다. 향미를 놓치지 않으면서 물과 소금을 더 넣어 발효시켜 훈기를 쏘인 뒤 사용한 것이다. 더구나 남북조시대는 남북과 동서의 문화가 교류하는 시점이다.『제민요술』속의 장문화는 한반도의 장류醬類(두장과 젓갈)와 화북의 육장肉醬, 남방지역 특유의 어장魚醬 문화가 일정 정도 교류한 결과로 볼 수 있으며, 한반도에는 그 문화의 원류가 현재까지 그대로 남아 전하고 있다.

주지하듯 선진시대 임숙荏菽은 콩죽이나 콩잎국의 용도로 사용되었지만, 융숙戎菽이 등장하면서 춘추전국시대에는 약재인 숙장菽醬이 발명되었으며, 진한시대에는 민간에 대두 장이 일반화되면서 대두의 생산량도 확대되었다. 그러나 한대와『제민요술』의 장醬, 시豉 등에서 보는 바와 같이 대두는 주식보다는 부식인 조미료[豉汁]의 용도로 자리 잡게 된다. 특히 당대 이후 제분업이 발달하면서 대두는 두장, 두시와 두부 등과 같은 부식의 재료로 전환되었다. 송대 이후 대두의 용도가 진일보하여 전술한 바와 같이 콩기름[豆油]까지 생산하면서, 이를 통한 조리 방식에 변화가 일어나 쌀, 장醬과 소금 등과 더불어 가장 중요한 민간의 생필품인 '칠반사七般事'의 자리를 차지하여 오곡의 기타 작물보다 더 중요한 위치를 점하게 되었다.

그리하여 명청시대에는 두류뿐만 아니라 다양한 과채류果菜類로도 장을 만들게 되면서 그 종류가 늘어났으며, 이들 장은 소금과 함께 채소절임에 이용되어 북방에는 장채醬菜, 남방에는 포채泡菜의 발달에 기여하였다. 나아가 어육 식품을 장 담그거나 포脯로 만들 때에도 장이 가미되어 오늘날 중국의 식단 중 장유醬油의 사용이 60%를 점하게 되었다. 이 장유의 기원이 융숙, 고려두에서 비롯되었으며, 그것이 바로 한반도 메주콩이다. 고구려 유민들의 문화인 발해의 책성시柵城豉는 비록 그 유제의 하나이지만 그 명성이 중원에까지 알려졌다. 그 기술이 대두의 전파와 더불어 중원에 확산되면서 중원지역에 숙장이 등장하게 된 것을 주목해야 할 것이다.

제7장

조선시대 대·소두의
효용과 가공식품

콩(大豆)은 오곡의 하나로서 민(民)의 기아를 해결하는 '물과 불' 같은 존재로서 일찍부터 주목을 받아왔다. 6세기 『제민요술』에서 보는 바와 같이 대두(大豆)·소두(小豆)는 곡류로서 뿐 아니라, 그 잎이나 가공품은 가정마다 사시사철 없어서는 안 될 식품으로 자리 잡고 있다. 이것은 당시 대·소두가 어떤 곡물보다 수요가 많고 다른 어떤 식품보다 이용도가 높았음을 의미한다. 한국 역시 세계적인 콩 가공식품 국가 중의 하나로 콩으로 만든 다양한 식품이 존재한다.

이러한 콩 가공식품이 발달하게 된 것은 어제 오늘 생긴 현상이 아니고, 이미 오래전부터 존재했던 것으로 판단된다. 앞장에서 대두의 기원과 콩 가공식품의 연구를 통해 대두가 한반도에서 기원하고, 그곳을 거쳐 순화된 고려두와 융숙같은 대두류가 장(醬), 시(豉), 두부 및 두아(豆芽)를 만드는 중심적인 원료로 사용되었음을 밝혔다. 게다가 이러한 이해를 바탕으로 사료 부족으로 인해 구명하기 곤란했던 고·중세의 콩 가공식품의 전파 과정을 유물 분석과 해석을 통해 보급의 실태를 추정하기도 하였다. 또 삼국시대 초기의 덩어리진 콩 탄화물의 분석과 고대 도기(陶器) 출토 유물, 그리고 태안반도 앞 마도(馬島)에서 최근 출수(出水)된 말장(末醬)의 존재 등에서 초기 고구려의 말장과 시(豉)가 어떻게 중국, 일본으로 보급되고 조선의 말장으로 연결될 수 있었는지를 살필 수 있었다.

이처럼 대두와 장시(醬豉)의 기원지가 한반도였음에도 불구하고 한국 학계의 콩(豆)과 그 가공식품에 대한 연구는 활발하지 못하다. 그동안 역사학계는 이 문제에 관심을 갖지 못했으며, 대부분의 연구는 농학자나 식품학자들에 의해 주도되었다.[1] 그렇지만 기원 문제에서 중

---

1   한국 식품학자들이 한국콩연구회를 결성하여 영주시에 세계 최초의 "콩세계과학관"을 건립했다. 이를 전후하여 한국콩박물관건립추진위원회, 『콩』, 고려대학출판부, 2005; 한국 콩박물관건립추진위원회 편, 『콩 스토리텔링』, 식안연, 2017을 출판하기도 했다.

요한 상대국인 중국의 이해 없이는 그들의 연구 성과를 충분히 흡수하지 못하여, 본질적인 접근보다 편의적으로 이해할 수밖에 없게 된다. 더구나 연구의 중심에 있는 한국의 중국사 연구자들 역시 대두의 문제에 주목하지 못하여, 비교사적인 연구나 사료 발굴을 통해 연구의 깊이를 더하지 못한 책임도 크다. 이런 이유들로 인하여 한중간의 식품사 연구는 심화된 분석보다 산발적인 검토에 머물고 있다.

게다가 고려시대 이전의 경우, 대두와 관련한 한국측 사료의 부족 역시 한반도 콩 식품을 이해하는 데에 큰 장애요인이다. 반면 중국의 경우 선진시대부터 다양한 숙菽의 기록이 등장하고, 진한시대에는 다양한 가공식품까지 출현하고 있는데, 한반도에서는 대·소두의 고고학적 출토 유물 이외, 초기 관련 기록이 부족하여 거의 중국 자료에 의존할 수밖에 없는 실정이다.

다행히 조선시대의 기록에는『삼국사기三國史記』나『고려사高麗史』와는 달리 적지 않은 대·소두의 기록이 전하며, 그들을 통해 대두 가공 식품과 다용도로 사용된 대·소두의 가치를 확인할 수 있다. 본고에서는 이들을 정리하여 대두의 기원지인 한반도에서 그들을 이용한 가공식품이 어떠하였고, 고려시대를 거치면서 고대의 대두 가공 기술을 어떻게 계승했으며, 조선시대의 기록에 전하는 두류 식품의 특징을 통해 기존 연구에 대한 재해석의 여지를 발견하고자 한다. 나아가 조선시대의 주요 두류 식품과 그 제법의 변천을 검토하고, 민관에서 어떻게 향유했는 지를 살펴볼 것이다.

I. 대·소두와 콩 가공식품

1. 시豉와 말장

대·소두는 시간이 경과하면서 주곡으로 뿐 아니라 다양한 부식으로도 사용되었다. 1차적으로 볶거나 삶아 섭취하는 것 이외, 두즙豆汁이나 두유豆乳로 소비하거나 제분하여 가루 상태로 식용하거나 다른 곡물과 섞어서 떡을 만들기도 한다. 그런가 하면 압착하여 두유豆油를 만들어 각종 조미료로 사용하고 그 부산물은 식용하거나 가축의 사료 및 비료로도 사용되었다. 여기에 머물지 않고 대두를 삶아 발효시켜 장시醬豉와 같은 가공품을 만들기도 했으며, 대·소두의 형태와는 전혀 다른 콩나물 같은 채소로 배양하거나 여러 공정을 거쳐 두부를 제조하여 소비하기도 했다. 하나의 곡물이 이렇게 다양한 모습으로 변모되어 다양한 용도로 사용된 경우는 거의 없다. 대두가 지닌 가치와 의미는 여기에 있다.

본장에서는 조선시대에 대·소두를 가공하여 2차적인 식품을 만든 것에 주목하였다. 우선 대두를 발효시켜 만든 시豉와 장醬은 어장, 육장과 더불어 고대 동아시아의 대표적인 조미료이다. 조선 초『산가요록』에는 이와 관련하여 전시全豉, 말장훈조末醬薰造, 간장艮醬, 청장淸醬, 상실장橡實醬, 치장雉醬 등 14종류의 장을 단백질이나 단수화물을 발효시켜 조미료로 만드는 법을 제시하고 있다. 본고에서는 그중 조선의 대표적인 조미료였던 두장에 대해 살펴보려 한다.

1) 조선 초·중기의 장과 시

장醬은 시豉의 출현을 전제로 한다. 장시의 제조법을 보면,『제민요술』에 의하면 시는 콩만으로 제조했지만, 장을 제조할 때는 삶은 대두에 소금, 황증, 초국과 분국[麥麴] 등을 가미하고 있다. 물론 그 이전의 『식경』에서 두시나 맥시를 제조할 때는 누룩을 첨가하기도 한다. 이처럼 장, 시는 그 제조 방식에서도 차이가 있었다.

하지만 무엇보다 작장作醬법에서 가장 중시하고 있는 것은 제작 시기이다. 『제민요술』에 의하면 12월에서 정월이 가장 좋으며, 2월은 보통이며, 3월이 가장 좋지 않은 시기라고 첫머리에서 밝히고 있다. 이에 반해 작시作豉 법에서 중시하고 있는 것은 온도 조절이다. 수시로 두시의 상태를 점검하여 적절한 온도를 유지해줄 것을 요구하고 있다. 그렇지 않으면 맛이 변하고 냉기에 상하게 된다. 상대적으로 두시의 제작 시기는 그다지 엄격하지 않아 4, 5월이 좋고, 7월 20일 이후에서 8월까지가 중간 시기이며, 나머지 달에도 만들 수 있다고 한다.

조선 초 『산가요록』에 등장하는 전시全豉법에는 시기와 온도에 대한 기록은 전하지 않고 오직 제법만 제시하고 있는 것이 특징이다. 콩에 누룩과 소금을 가미하여 장을 제조하며, 말장훈조, 합장법, 간장, 난장, 기화청장, 태각장. 청장 등 대두를 이용한 장법醬法에는 대부분 알메주나 덩어리 메주만을 사용하고, 누룩은 사용하지 아니하여 『제민요술』의 제법과는 차이가 있었음을 보여주고 있다.

이러한 방식은 고려 이전에도 마찬가지였을 것으로 짐작된다. 『사민월령』의 말도末都와 일본의 미소[된장]가 고구려 말장의 영향을 받았으며, 이 말장을 계승한 마도의 해저 유물인 고려의 말장은 한반도 초기의 장의 존재를 밝히는 데 매우 중요하다.

한반도의 시豉에 관한 최초의 기록은 고구려 보장왕 3년(645)에 지방의 토산품인 시를 받친 기록이 『책부원고冊府元龜』에 보이며, 그 외 『삼국사기』「신라본기」에는 "웅진의 길이 끊어지면서 염시가 끊겼다."

라고 하여 '염시鹽豉'가 등장하고 있다. 이들 자료는 고구려의 말장과 시가 이미 삼국시대에 이미 민간에 보급되었음을 말해주고 있다. 더구나『고려사』문종 때의 기록에서 '말장곡末醬斛'의 크기를 정했던 것을[2] 보면 당시 시장에 말장이 유통되었음을 짐작할 수 있다. 그리고『고려사』에는 흉년으로 굶주린 개경 백성 3만여 명에게 '쌀, 조와 시豉'를 하사하여 구휼하는 장면이 등장하며,[3] 그 외에도 '어장고御醬庫'와 함께 현종 때에는 병란에 추위와 굶주림으로 고통받고 있는 백성에게 면포와 염장鹽醬을 지급하고 있다.[4] 그런가 하면 최승로의 시무서를 기록한『동문선東文選』에도 '장시醬豉'의 존재와 이를 하사한 기록이 보인다. 이런 사실로 미루어 볼 때 고려시대 이전부터 메주[시]와 된장[말장]의 전통은 지속되었을 뿐 아니라, 서민에게까지 보편화되었음을 알 수 있다. 무엇보다 국가는 흉년에도 이러한 서민의 일상을 안정시키기 위해 곡식, 소금 및 장시의 공급에 노력하고 있다는 점이 중시된다.

주목되는 것은 조선시대의 전시全豉이다. 시豉는 보통 메주를 지칭하나『산가요록』의 전시제조법을 보면『아언각비雅言覺非』나『증보산림경제增補山林經濟』의 메주와는 달리 검은 콩[黑太]을 푹 쪄서 말린 후 14일간 쑥잎에 덮어두었다가, 콩과 소금 및 누룩을 섞어 항아리에 넣고 밀봉하여 말똥에 14일간 묻어두었다가 햇볕에 꺼내 말려서 제조했다.

---

2   『고려사(高麗史)』권84『刑法一·職制』에는 "(문종 7년) 쌀곡[米斛]의 길이, 너비, 높이는 각 1척(尺) 2촌(寸)이며, 피조곡[稗租斛]의 길이, 너비, 높이는 각 1척 4촌 5분(分)이며, 말장곡[末醬斛]의 길이, 너비, 높이는 각 1척 3촌 9분이며, 콩·팥곡[太小豆斛]의 길이, 너비, 높이는 각 1척 9분이다."라고 하여 통일된 곡(斛)으로 측량한 것이 아니라 미곡(米斛), 말장곡(末醬斛)과 같이 곡물마다 고유의 곡이 있어 그 크기를 달리하고 있다. 중국의『구장산술』에는 곡물 간의 교역의 비율을 정하여 하나의 양기(量器)로 측량했지만, 고려의 경우 상호 간의 용적 밀도가 달라 거래 시 편리함을 위해 중요 품목에 대해 별도의 용기를 제작하여 측량한 듯하다.

3   『고려사』권80『食貨3·賑恤』, "(文宗6年) 三月 制日, "東北路諸州鎭, 戍邊之卒, 連年旱暵, 饑饉相仍, 可令兵監倉使及首領官, 分道賑恤. 仍賜衣服. 又以京城饑, 命有司, 集飢民三萬餘人, 賜米粟鹽豉, 以賑之.";『고려사절요』권43『文宗仁孝大王』, "(文宗六年) 以京城饑, 命有司集飢民三萬餘人, 賜米粟鹽豉, 以賑之."

4   같은 기록은『고려사절요』권3『顯宗元文大王』현종 9년 1월 조에도 등장한다.

그 즙에 물과 소금을 첨가하여 끓인 것이 우리의 독특한 장의 일종인 청장淸醬이다. 앞의 고려 중기 『향약구급방』에 등장하는 전시全豉도 이와 비슷했을 것이다. 그런데 『산가요록』 '말장훈조末醬勳造' 조를 보면, 말장을 제조하기 위해 "콩[太]을 삶아서 절구에 넣고 찧어서 덩어리 메주[熏造]를 제조"하는 방법이 별도로 기록되어 있어 앞의 전시全豉의 제법과 차이가 있음을 볼 수 있다. 전시와 말장의 제법이 상호 달랐던 것이다.

문제는 말장과 시와의 관계이다. 『산가요록』의 「말장훈조末醬薰造」라는 항목은 말장과 훈조와의 관계를 밝히는 데 주목된다. '말장'과 '훈조'가 동일하다면 같은 의미를 왜 중복해서 사용했을까? 또 언제부터 같은 의미로 사용되었는지도 문제이다. 만약 이 항목을 "말장을 담기 위해 훈조 만들기"라고 해석한다면, 그 항목 속의 "콩을 삶아 절구에 찧어 덩어리로 만들어 볏짚으로 덮어 발효시킨다[薰造]"라고 하는 내용은 지금의 덩어리 메주 만드는 법과 동일하며, '말장훈조'는 메주 만드는 것이 된다. 하지만 『산가요록』의 '청근장菁根醬'과 '상실장橡實醬'의 제법에는 말장에 소금을 섞어 합장合醬하거나 말장과 상수리 가루를 거듭 깔아 합장하고 있다. 만약 말장이 메주라면, 이는 물과 소금을 전혀 섞지 않은 상태에서 장을 만든다는 것이 된다. 물론 말장이 고려 이전과 같이 된장의 상태라면 문제가 없다.

조선시대에는 대개 말장과 시를 모두 메주로 해석하지만 양자는 제법에 있어 다소 차이가 있다. 시豉에 대해 『석명釋名』 「석음식釋飮食」 편에서는 "기嗜이다."[5]라고 하여 "소금을 배합하여 콩을 유폐시켜 만든다."라고 했으며, 이에 대한 왕선겸王先謙 주註에는 『박물지博物志』의 "시豉법은

---

5 「석명(釋名)」 「釋飮食」, "豉, 嗜也."

외국에서 건너 온 것"이라고 전하고 있다. 한말漢末의 나라 밖 지역은 바로 비슷한 위도상에서 볼 때 서쪽보다는 앞에서 지적한 '고려두'가 건너온 동쪽 지역이었을 것으로 추정된다.『박물지』에 메주[豉]가 외국산임을 강조했고, 당시 중국인들이 시豉의 냄새를 고려취高麗臭라고 한 것을 보면, 시豉의 기원은 그것이 가장 활성화되었던 동북 지역과 한반도였을 것으로 판단된다.[6] 시법豉法이 나라 밖의 산물이라는 인식은 명대『본초강목』까지 지속된 듯하다.[7] 실제 고구려 초기 시대에 만들었던 말장이 일본으로 건너가 '미소'라고 불렸던 된장이 되었고, 중원으로 건너가 '말도'로 표기되었던 것이 이를 입증한다.

그런데 제4장에서 보듯 16세기『수운잡방』의 청근장菁根醬 법에는 "말장을 소금과 같이 찧어서"란 표현이 등장한다. 이 '찧는다'는 표현으로 미루어 말장은 메주mejiu였음을 알 수 있다. 15세기까지의 말장과 16세기 말장과의 차이를 느낄 수 있다. 이것은『산가요록』을 전후하여 말장훈조 법으로 변화면서 말장이 된장에서 메주의 의미로 통합된 것이 아닌가 한다.

조선시대에 이르면 다양한 장, 시와 콩 가공식품이 등장한다. 조선 초『산가요록山家要錄』(1450년대)에는 콩을 이용한 가공식품으로, 붉은 팥과 녹두를 빻은 가루와 이를 이용해서 쑨 팥죽[豆粥]이 등장하며, 무엇보다 대·소두를 이용한 전시全豉, 장류醬類가 20종이나 전해진다. 즉 전시全豉, 말장훈조末醬勳造, 합장合醬, 간장艮醬, 난장卵醬, 기화청장其火淸醬, 태각장太殼醬, 청장淸醬 두 종류, 순무장[菁根醬] 두 종류, 상실장橡實醬, 선용장旋用醬, 천리장千里醬, 치장雉醬, 치신장治辛醬 네 종류

6 이성우(李盛雨),『韓國食品文化史』, 敎文社, 1992, p.146.
7 『본초강목』「穀之三」, "時珍曰, 陶說康伯豉法, 見博物志, 云原出外國, 中國謂之康伯, 乃傳此法之姓名耳."

등으로 일찍부터 다양한 장류醬類가 발달했음을 알 수 있다. 이 중에서 꿩고기로 만든 치장雉醬을 제외하고 순무장[菁根醬]과 상실장橡實醬 역시 말장末醬과 섞어 합장했다는 점에서 19종이 모두 콩장[豆醬]과 관련이 있음을 말해준다. 이것은 적어도 조선시대 이전부터 이미 콩과식물이 다양한 조미료로 이용되고, 나아가 후술하는 바와 같이 두부, 콩기름, 콩나물 등으로도 사용되었고, 그만큼 식품에서 콩이 점하는 비중이 높았음을 의미한다. 실제『세종실록지리지』의 통계를 보면 콩은 군현의 87%가 재배하여 팥, 녹두에 비해 매우 보편적인 작물이었다.[8]

이런 대두와 그 가공식품은 민가의 필요 불가결한 존재로 변했으며, 재난 때에는 백성을 진휼하거나 구황식품으로도 효과적이었다.『태종실록太宗實錄』에는 11년 풍해도에서 각 관에서 비축하고 있는 진두陳豆 500석으로 장을 담가 기민을 진휼했는가 하면,[9] 능침陵寢을 지키는 경원慶源 지역의 백성들에게 소금과 장이 중요함을 알고 매년 말장콩과 염세를 들이어 장을 담아주거나,[10]『성종실록成宗實錄』에는 미리 인구수를 헤아려 메주[燻造]를 쑤게 하고, 말장을 진휼용으로 나누어주고 있다.[11] 게다가 제향祭享에 쓰는 봉상사奉常寺의 말장은 본래 관원의 감독하에 제작되었다. 하지만 점차 외방에서 제조하여 바치면서 청결 상태가 문제가 되자 중종 때 대간大諫이 이런 문제를 건의한 사례를 볼 때, 조선 전기부터 메주[豉], 장을 사가에서 주문하여 공급했음도 알 수 있다.[12]

8   이병희 역해,『농사직설』, 아카넷, 2018, pp.140-141.
9   『태종실록』 권22 11년 11월 임오(壬午)조.
10 『태종실록』 권34 17년 9월 25일 정축(丁丑)조, "諸道諸州公處奴婢, 避居北靑·端川·吉州·鏡城等地面者與淨業院奴婢居此道者, 一百九十五戶推刷, 屬于慶源, 又以吉州奴婢四十八口, 屬于慶源. 一, 彼人所須, 鹽醬最重. 願將末醬豆一百石及附近諸州鹽稅, 皆入慶源, 每年合醬以給, 以啗其利. 從之."
11 『성종실록』 권180 16년(1485) 6월 임진조(壬辰條); 6월 을미조(乙未條), "其四曰: 末醬預先計口燻造, 分給賑恤."
12 『중종실록』 권23 10년 11월 갑신조(甲申條).

이런 장醬의 용도는 조미료와 부식으로 사용되었을 뿐만 아니라, 대·소두와 마찬가지로 각종 하사품이나 빈민의 진휼을 위한 진제용賑濟用 및 흉년 구황식품으로 사용된 것을 왕조실록의 도처에서 발견할 수 있다. 장과 소금 등은 곡물이 없어도 야채와 결합하면 그 자체만으로도 명을 연장할 수 있었기 때문에, 구황식품으로도 효과적이었을 것이다. 특히『산가요록』의 치신장治辛醬에서처럼 납일에 내린 눈 녹은 물인 납수臘水와 7월에 떨어지는 낙수물을 이용하여 변한 장맛을 조정했던 지혜는 당시 장에 대한 애정은 물론 맛에 대한 그동안의 시행착오를 새삼 느끼게 한다.

청·간장에 대해서도『산가요록』에는 콩으로 만든 합장合醬, 간장艮醬 및 청장淸醬을 나란히 제시하고, 각기 제법과 용도가 달랐음을 보여주고 있다. 주목할 것은 감장甘醬으로 '청장'을 재가공하거나 콩을 삶아 말려 물과 소금을 섞어 항아리에 넣고 밀봉하여 말똥[馬糞]에 21일간 묻어 꺼내어 사용했다는 점에서 조선 초부터 청장이 간장과 다른 종류였음을 시사하고 있다.[13] 후술하는 중·후기의 각종 의궤나 사료에서도 양자가 동시에 출현하는 것을 보면 상이한 종류임을 알 수 있으며, 이것은 전술한 중국의 청장에 대한 논쟁을 자연스럽게 해결하기도 한다.

또 16세기 초기의 식품 가공 조리서인『수운잡방需雲雜方』에는 당시 각종 콩장을 담그는 법을 자세하게 안내하고 있다.「조장법造醬法」에 의하면 황두黃豆 3두를 물 3동이[盆]와 함께 삶아 물이 1동이가 되도록 졸여 간장 3사발과 소금을 적절하게 가미하여 솥에 부어 다시 끓인다. 그 외 황두 대신 말장과 물, 소금을 함께 독에 넣어 3일간 불린 후

---

13   한복려,「『山家要錄』의 분석고찰을 통해서 본 편찬연대와 저자」, 한국농업사학회·(사)우리문화가꾸기회,『조선 초 과학영농 온실복원기념 학술 심포지움』 발표 요지, 2003.3. 30, 참조.

에 밀봉하여 3일간 불에 달여 만들기도 했다. 또 「청근장菁根醬」은 청근菁根을 삶아, 말장과 소금을 같이 찧어서 독에 담고 소금물을 끓인 것을 부어 익혀 만들었다. 그런가 하면 기화장其火醬은 7월 그믐에 콩 한 말을 쪄서, 밀기울 두말과 같이 찧어 탄환 크기로 만들어 햇볕에 말렸다가, 9월에 물과 소금을 섞어 독에 담아 말똥[馬糞]에 묻어 만들었다.

하나같이 메주[말장]와 함께 소금물을 이용하고 있다. 소금을 넣은 것은 감염을 예방하기도 하고, 역겨움을 감쇄하거나 생리적 무기물의 균형에도 도움을 준다. 하지만 음식에 있어 무엇보다 중요한 것은 맛의 유지와 장기 저장을 위해서이다. 대개 소금은 탄수화물의 껄끄러운 맛을 잡아주며, 소금만으로도 조미료 역할을 한다. 발효 저장식품의 경우 가미하는 소금의 양이 전체의 20%를 넘지 않으면 일정 기간이 지나면 부패하기 쉽다. 특히 1년 이상 장기 저장을 위해서는 25% 정도의 소금이 필요하다. 물론 1개월 이내 소비한다면 10-15%도 가능하고, 3-4개월 정도라면 20% 전후도 가능할 것이다.

『수운잡방需雲雜方』의 「봉리군전시방奉利君全豉方」 역시 전시와 제조법이 비슷하다. 즉 7월에 황두를 쪄서 시렁 위에 올려 생쑥[生艾]을 덮어넌다. 매일 저녁 키질[簸]을 한다. 9월이 되면 독에 콩, 소금, 누룩과 물을 섞어 진흙으로 밀봉하여 말똥 속에 묻어, 2주 후 숙성하면 햇볕을 쪼었다가 따뜻한 곳에 보관한다.

특징적인 것은 전시를 만들 때 모두 알메주를 이용하고, 시豉와는 별도로 일정분의 누룩을 첨가하고 있다는 점이다. 그리고 「수장법水醬法」은 말장[메주] 한말 가량을 독 바닥에 깔고 독 중간에 발[簾]을 편 다음 말장 7말을 얹는다. 물 한 동이 당 소금 8승을 섞어 여기에 붓는다. 익으면 발 위의 장을 걷어내고 수장水醬은 항아리에 옮겨두고 사용했다고 하며, 그 외에도 일찍부터 다양한 장법이 개발되었음을 알 수 있다.[14] 『수운잡방』의 단계에 이르러 「청근장菁根醬」의 제법을 보면, "말장을 소금과 함께 찧는다."는 표현은 말장이 된장이 아닌 메주였음을 잘 말해준다. 그리고 이때 작시는 장을 제조하기 위한 한 과정이거나 그 자체를 요리를 만들 때 빠져서는 안 되는 조미료로 인식한 듯하다.

2) 조선 후기의 장

임란 이후 1655년 간행된 『농가집성』의 『사시찬요초四時纂要抄』에는 작장이 보편화되면서, 합장 때 벌레가 생기지 않는 법과 민간에서 더덕이나 도라지 간장 항아리에 넣어 장맛을 좋게 하는 방법을 제시하고 있다.[15] 이러한 조장법造醬法이 홍만선(1643-1715)의 『산림경제』 시기에 이르면 생황장生黃醬, 숙황장熟黃醬, 면장麵醬, 대맥장大麥醬, 유인장楡仁醬, 침장법沉醬法 등으로 장의 재료가 콩뿐만 아니라 종류도 다양해진다. 게다가 장맛을 내기 위해 『사시찬요四時纂要』, 『사시찬요보四時纂要補』, 『동의보감東醫寶鑑』 및 속방俗方의 다양한 자료들을 참고하고 있다는 점도 대·소두의 중요성과 그 효용성을 잘 말해준다.

이 중 콩장[豆醬]은 생황장과 숙황장이다. 콩을 삶아 식혀 메밀가루[白麵]를 넣고 짚으로 덮어두고 이틀이 지나면 누런 곰팡이가 생긴다. 이를 3일 뒤에 볕에 말려서 보리누룩[黃子], 소금과 물을 부어 만든 장이 생황장이다. 그리고 숙황장은 콩을 볶아 가루를 만들어 밀가루[麵]와 함께 뜨거운 물에 반죽하여 덩어리를 만들어 쪄서 익힌 후에, 자리를 깔아 넣어 짚을 덮어두면 곰팡이가 피는데, 이를 말려 물

---

14 『수운잡방』에는 이런 수장법(水醬法) 이외에도 앞서 제시한 조장법(造醬法), 우조장법(又造醬法), 청근장(菁根醬), 기화장(其火醬), 전시(全豉), 봉리군전시방(奉利君全豉方) 등이 소개되어 있다.

15 『사시찬요초(四時纂要抄)』「이월」.

에 보리누룩[黃子]과 소금을 넣어 만든 장이다. 이들은 모두 콩장[豆醬]이지만 그 원료가 되는 메주[豉]의 첨가물이 지금과 차이가 있다.

『산림경제』「치선治膳」편에 의하면 동인東人이 세속에서 실제 행했던 민간[俗方]의 조장법을 제시하고 있다. 동인 특유의 '동인조장법東人造醬法'이 그것인데, 우선 콩을 하룻밤 물에 담갔다가 건져내어 삶는다. 삶은 콩을 짓이겨 주먹만 한 덩어리로 만들어 사이사이 짚을 넣어 짚 둥구미[藁篅]에 담아 더운 데 두면 누른 곰팡이가 생긴다. 이를 강한 햇볕에 쬐어 말린다. 이것이 말장末醬이다. 먼저 말장을 독 안에 넣고 잠길 정도로 소금물을 부어 며칠간 볕을 쬐어 물이 줄어들면 다시 소금물을 부어서 익은 뒤에 쓴다. 이 사실에서 보면 18세기『산림경제』의 민간에서 불렀던 말장은 오늘날 "메주[豉]"와 동일한 의미로 사용되었으며, 그때 이후 민간의 장법이 오늘날과 일치하고 있음을 알 수 있다. 그리고 『산림경제』의 도처에는 중국의 장법과 함께 우리의 세속에서 실제 행하였던 속방俗方을 제시하여, 작장시의 문제점과 기술의 보완을 제공하고 있다는 것이 특징이다. 이러한 속방이 각 지방에서 행해졌다는 것은 중국과는 다른 지역의 고유한 작장법이 자리 잡았음을 의미하며, 그것이 곧 우리 작장의 전통이 오래되었음을 말해주기도 한다.[16]

정리하면 15세기까지는 오랫동안 말장이 된장의 의미도 포함하고 있었으나, 15-16세기를 지나면서 메주의 의미를 함유하면서 점차 메주로 변모해 갔음을 볼 수 있다. 실제 16세기『구황촬요救荒撮要』의 침장법沈醬法에서 장을 담글 때 메주 대신 말장을 넣고 있어 양자가 동의어로 사용되고 있음을 알 수 있으며, 17세기『증보산림경제』'조시법造

---

16 『산림경제』를 증보한 18세기『증보산림경제』에는 중국과 속방의 근거를 전부 삭제했으며, 우리의 고유한 '동인조장법'과 같은 기법도 기록에서 제외시키고 있다.

豉法'에는 '시'에 대해 민간에서는 말장이라고 하고, 또 훈조라고도 부르는데, 지금의 메주라고 주석을 하여 양자를 통합하고 있다.

『산림경제』를 증보한『증보산림경제』에는『산림경제』에서 볼 수 없었던 또 다른 조장법이 등장한다. 즉 소두장小豆醬, 청태장青太醬, 급조장急造醬, 급조청장急造淸醬, 만초장蠻椒醬, 하절변장夏節汴醬, 급조만초장急造蠻椒醬, 전시장煎豉醬, 청태전시장青太煎豉醬, 수시장水豉醬, 초장炒醬, 자장炙醬, 담수장淡水醬 등이 그것으로, 이전보다 그 수가 크게 증가하고 있다. 여기에는 단순히 장의 종류만 늘어난 것이 아니라 "장은 장將으로서 온갖 맛을 부리는 장수이다. 집안에 장맛이 좋지 않으면 비록 좋은 나물과 맛있는 고기가 있더라도 반찬을 만들기가 어렵다."[17]라고 하여 장을 대표적인 조미료로 인식하고 있다. 특히 고기를 먹을 수 없는 가정이라도 장만 있으면 반찬 걱정이 필요 없다고 할 정도로 보편화된 생필품이었음을 주장하고 있다. 그래서 장을 담기 위한 첫머리[醬諸品]에는 장 담그기 좋은 날, 장독 준비하기, 장독 기름칠하기, 물 고르기, 소금 고르기, 메주 띄우기, 장 담그는 법, 양념 섞기와 각종 금기사항을 자세하게 안내하고 있다.

특히『증보산림경제』「치선治膳」편에는 말장을 이용한 만초장蠻椒醬을 만드는 법을 제시하고 있다.[18] 이것은 대두로 만든 말장[메주]을 건조 시켜 가루 한 말에 만초가루[蠻椒: 고추] 3홉과 찹쌀가루[糯米] 한 되를 좋은 청장이 되게 작은 항아리에 담아 햇볕에 숙성시킨다고 하여 지금의 고추장과 같이 만들고 있다. 그리고 속방[俗方]에서 볶은 깻가루를 섞었다거나 재료의 양에 따라 맛이 달라진다는 것을 알고 있었던 것을 보면 상당히 보편화된 것을 알 수 있다.

---

17 유중림(柳重臨),『증보산림경제Ⅱ』, 농촌진흥청, 2003, p.190.
18 『증보산림경제』「치선상(治膳上)·조만초장법(造蠻椒醬法)」.

그리고 『증보산림경제』에는 대두를 이용하여 전시장煎豉醬[혹 전국장 戰國醬이라고 함] 혹은 수시장법水豉醬法을 만드는 방법도 기록되어 있다.[19] 전시장의 제조법은 대두를 잘 씻어 삶아서 볏짚 둥우리[藁席]에 싸서 따뜻한 아궁이 주변에 3일간 두면 진[絲]이 생겨나며, 이는 오늘날 청국장을 만드는 방법과 동일하다. 이때 진은 황의黃衣나 백의白衣와 같은 곰팡이가 아닌 발효과정에서 나타나는 끈적끈적한 액체이다. 청태전시 장법靑太煎豉醬法도 청태를 이용하고 신만초新蠻椒를 첨가하여 삶은 이후에 초는 제거한다는 것 이외에는 전시장과 동일하다. 아울러 수시장법은 비록 앞의 방식과 차이는 있지만 대두를 삶아 볏짚 둥우리[藁席]에 싸서 따뜻한 아궁이 근처[溫堗]에 2, 3일 두어 생진[生絲]을 내게 하여 이를 원료로 했다는 점은 동일하다.[20]

1800년대 초엽의 작품으로 추정하는 『주찬酒饌』에는 침장沈醬, 간장艮醬, 청장淸醬, 고추장[古草醬], 즙장법汁醬法을 소개하고 있는데, 모두 대두 또는 메주[末醬]를 원료로 하고 있다.[21] 이처럼 대·소두를 이용한 발효식품인 시와 장을 만드는 방법[豉醬法]이 나날이 증가되고 있는 것을 보면 콩의 수요가 증가되어 식품으로 널리 활용되었음을 말해준다. 이런 수요를 충당하기 위해 점차 다양한 대·소두의 품종이 재배되었던 것이다. 실제 18세기 말 박지원의 『과농소초課農小抄』(1799)에 따르면 『증보산림경제』에는 없는 잠두蠶豆, 강두豇豆, 도두刀豆, 변두稨豆, 여두黎豆 등의 품종도 새로 등장하고 있다. 게다가 『범승지서氾勝之書』에 근거하여 콩[豆]이 흉년 대비 식품임을 강조했다. 특히 완두는 수확이 빨라 이전부터 헌송품獻送品으로 이용되었지만, 지금은 기근 구제

19 『증보산림경제』「치선상·조전시장법(造煎豉醬法)」;「치선상·수시장법(水豉醬法)」.
20 이성우(李盛雨), 앞의 책, 『東아시아 속의 古代 韓國食生活史 硏究』, p.418에는 별다른 근거 없이 세균에 의해 발효된 청국장이 중국에서 조선시대나 무로마치시대에 건너왔다고 한다.
21 윤숙횡(尹淑漢) 편역, 『주찬(酒饌)』, 신광출판사, 1998, pp.254-261.

에 적합하고 황충蝗虫에 강한 작물임을 지적하고 있다.[22] 19세기에 이
들의 기록을 종합한 서유구徐有榘의『임원경제지林園經濟志』「정조지鼎俎
志」에는 장 19종, 시豉 9종이 소개되어 있다.[23] 이때가 되면 단순히 장
담그는 방법만 안내한 것이 아니라 속성장 담그기, 장담글 때 소금 다
루는 법과 벌레 막기와 금기사항은 물론이고 장 고치는 방법까지 자
세하게 안내하고 있다.

게다가 당시 우리의 장이 천하 제일이라고 하였는데, 그 이유는 중
국과 같이 두숙豆菽, 맥류, 느릅나무 열매나 깻묵 등 다양한 재료를 이
용하여 장을 담근 것이 아니라 오직 대두만을 사용했기 때문에 성질
과 맛이 일정하다는 것이다.[24] 우리 조상들은 전술한 바와 같이 장과
시를 따로 만들었고, 장은 진간장 위주의 질척한 간장과 된장이 혼합
된 형태의 장류가 주류를 이루었다. 고대 이래 말장과 간장을 따로 만
들었으며, 콩 위주가 아닌 메주가 등장하면서 즙장汁醬, 전국장, 담수
장류淡水醬類 등이 보편화되었다. 게다가 조선시대에는 말장을 이용한
고추장 같은 새로운 조장술이 등장하였다.[25] 콩 위주의 된장에서 간
장과 병용한 된장, 고추장, 즙장, 전국장과 이들을 재차 묵히거나 메
주를 상호 병용하는 조장술의 변화를 보이면서 다양해졌던 것이다.[26]
무엇보다 우리의 장이 제일인 것은 한반도에서 오랜 기간 특화되어 단

22 「과농소초」「파곡(播穀)·두(豆)」.
23 『임원경제지』「味料之類」에 소개된 장(醬)이 19종류, 시(豉)는 9종류 있다. 장은 동국장(東國醬), 청
  두장(靑豆醬), 남초장(南椒醬), 순일장(旬日醬), 준순장(逡巡醬), 담수장(淡水醬), 감저장(甘藷醬),
  중국장(中國醬), 숙황장(熟黃醬), 생황장(生黃醬), 소두장(小豆醬), 완두장(豌豆醬), 소맥면장(小麥
  麵醬), 대맥장(大麥醬), 부장(麩醬), 지마장(芝麻醬), 마택장(麻澤醬), 유인장(楡仁醬), 무이장(蕪
  荑醬)이 있으며, 시에는 담시(淡豉), 함시(鹹豉), 금산사시(金山寺豉), 주두시(酒豆豉), 수두시(水豆
  豉), 십향두시(十香豆豉), 성도부시즙(成都府豉汁), 부시(麩豉), 과시(瓜豉) 등이 있다.
24 『임원경제지』「味料之類·醬·總論」; 서유구 지음(임원경제연구소 옮김), 『임원경제지』「정조지3, 풍석
  문화재단, 2020, p.153.
25 이철호, 『한국식품사연구』, 도서출판 식안연, 2021, pp.219-220.
26 박유미, 「우리나라 장 문화의 발달과 추이 고찰」『한국 음식문화사』, 동북아역사재단, 2023, pp.341-
  343의 '조선 후기 장에 대한 저술한 주요 문헌과 장 종류' 참조.

백질이 풍부한 황두, 흑두가 융숙과 고려두의 전통을 이어온 메주콩이었기 때문이다.

2. 조선의 콩나물과 두부

1) 황권黃卷과 콩나물

콩류[豆類] 식품 중 주목할 만한 또 다른 것은 콩기름으로 불린 콩나물과 두유豆乳를 응고시켜 만든 두부이다. 이 중 콩나물[豆芽]은 2-3차의 가공을 거친 식품이 아니라 대·소두에서 바로 기른 싹을 일컫는다. 콩나물은 사료상 대두황권大豆黃卷, 대두얼大豆蘗, 황두아大豆芽로 불려진 것으로 보아, 대두에 뿌리와 여린 잎이 난 상태를 의미한다.

중국의 경우 전술한 제4장에서와 같이 후한 3세기 초의『신농본초경神農本草經』에서 대두황권大豆黃卷이란 이름이 처음 등장한다. 이것은 근육마비와 무릎 통증을 치료하고, 오장위기五臟胃氣에 사용했던 것을 보면,[27] 초기에는 주로 약재로 겸용했음을 살폈다.

콩을 물에 배양하여 채소로 사용하게 된 것은 북송『도경본초圖經本草』의 "녹두의 흰 싹은 채소 중 가품佳品이다."라는 사료에서 볼 수 있다. 또 원대『거가필용居家必用』에서는 겨우 1촌 정도 자란 비리고 질긴 두아豆芽를 약재로 사용하거나 생강, 기름, 소금 등과 섞어 무쳐 식용하고 있다. 이것은 두아가 약재로 겸용되다가 적어도 송대를 전후하여 채소로 식용되었음을 말해준다.

이와 비슷한 상황은 같은 시기의 고려 중엽에도 볼 수 있다. 고려 고종 23년경(1236)에 강화도 피난 시에 간행한 것으로 보이는『향약구

---

27 『신농본초경(神農本草經)』,「大豆黃卷」, "味甘平無毒. 主治濕痺筋攣膝痛."

급방鄕藥救急方」「방중향약목方中鄕藥目·초부草部」에서 대두황권大豆黃卷을 볼 수 있다. 황권은 "대두의 그루터기[蘗]에서 뿌리가 돋고 싹이 나오면 햇볕에 쬐고, 바람에 말려 사용한다."라고[28] 기록하고 있다. 이것은 사료에 나타난 한반도의 첫 대두황권大豆黃卷으로 책의 제목과 제조 방식으로 미루어 재배하여 약재로 사용했음을 알 수 있다. 두얼豆蘗의 재배 방식은 남조 도홍경陶弘景의『명의별록名醫別錄』이나 여기서 인용하고 있는『신농본초경』의 대두 황권黃卷과 동일했을 것이다.『향약구급방』의 자료 성격으로 보아 이같은 약재는 도홍경의 견해를 인용했을 가능성이 크다. 고려 고종 이전부터 대두에 싹을 틔운 약재용 두얼이 존재했을 가능성이 크다.[29] 중국에서는『본초강목』의 '두아豆芽'에서 보듯 주로 흑대두를 이용했지만, 한반도에서는 황대두를 이용했다. 17세기 이수광의『지봉유설』에서는 전통적으로 대두는 두豆라 칭했고, 두황豆黃, 황권黃卷 등의 용어가 만들어졌다고 말한다.[30] 이에 의거하면 이들은 모두 시, 장의 주된 원료가 되었던 메주콩임을 알 수 있다.

주목되는 것은 16세기 중기 중국의 경우에도『본초강목』에서 이시진은 "두아는 당시에는 쉽게 발견할 수 있지만 옛사람들은 이를 알지 못했다."라고 말했으며, 또 두아가 비리고 질겼다는 것을 보면 생것은 주로 약재로 이용하고 익혀 식용했을 것으로 여겨진다.

다만 한반도는 대두의 기원지이고, "약품과 식품은 근원이 같다. [醫食同源]"는 관점에서 보아 콩나물은 처음에는 약용으로 재배했을 가능성이 크다. 특히 중국의 경우, 황권黃卷이 원명 시대에도 약재로

---

28 『향약구급방(鄕藥救急方)』「方中鄕藥目草部」, "以大豆爲藥, 待其芽出, 曝風用之."(『한국과학기술 사자료대계(韓國科學技術史資料大系)』약학편(藥學篇)1, 驪江出版社, 1988), p.98.

29 장지현, 앞의 책,『한국 전래 大豆이용 음식의 조리·가공사적 연구』, pp.200-201에서 두얼(豆蘗)을 이용한 콩나물이 이규보 시에서의 엿기름(飴)인 맥얼(麥蘗)과 함께 고려시대 때부터 존재했으며, 이를 얼문화라고 하며, 만약 감주 문화까지 열결시키면 통일신라 이전까지도 소급 가능하다고 한다.

30 이수광(李睟光),『지봉유설(芝峯類說)』권19『食物部·穀條』.

사용된 것을 보면, 고려시대에도 황권이 식품과 약품으로 폭넓게 활용되었을 것이다.[31] 이런 여건은 조선시대에도 변함이 없었던 것 같다. 조선『세종실록』에는『향약구급방鄕藥救急方』을 인쇄하여 외방外方에 나누어서 생명을 구제하는 길을 넓히게 하소서."하는 건의에 충청도로 보내어 간행하도록 명한 것을 보면[32] 두얼의 보급 역시 확대되었음을 알 수 있다. 하지만『단종실록』의 '숙수지양菽水之養' 즉 콩(나물)과 물만으로 생활하는 가난한 선비의 생활이나[33] "고기를 콩나물처럼 흔히 여긴다는 풍자"[34]를 보면 콩나물은 약재와 함께 이미 조선 초기에 서민의 식품으로 보편화되었음을 말해준다. 17세기 초『동의보감』에서도 '대두황권'을 우리말로 '콩기름', 두황豆黃은 '콩ㄱ르'라고 불러[35] 약용과 식용으로 사용했음을 알 수 있다.

물론 콩나물을 언제부터 식용하게 되었는지는 알 수 없다. 하지만 고려시대 황권黃卷의 출현과 조선 초에 콩나물이 보편화되었으며, 게다가 조선은 고래로 나물을 먹어왔던 민족임을 미루어 볼 때 콩나물은 이전부터 존재했을 가능성이 크다. 주된 이유는 한반도는 오랜 콩의 재배지였고, 무엇보다 중남부 지역은 강수량이 풍부하여 습기에 노출된 대두의 싹을 발견하기 어렵지 않았을 것이며, 그런 곡물의 싹을 나물과 같이 채취하여 활용했을 것으로 판단된다. 따라서 산야의 나물을 캐서 먹었던 삼국시대 이전부터 콩 싹을 채소로 이용했을 가능성이 크다.

---

31 한반도는 황두의 기원지이고, 또 일찍부터 산과 들에서 나물을 캐어 먹었던 민족이다. 더구나 중, 남부지역에는 강수량도 많아 수확 과정에 밭 가운데 떨어진 콩에서 나온 싹을 일찍부터 식재료로 이용하게 되면서 콩나물을 배양했을 것이다.

32 『세종실록』 37권, 세종 9년 9월 11일 병신.

33 『단종실록(端宗實錄)』 4권, 단종 즉위년 12월 8일 병신.

34 『효종실록(孝宗實錄)』 18권, 효종 8년 6월 7일 무인.

35 『동의보감』 권1『穀部·大豆·大豆黃卷』, "大豆黃卷, 콩기름 … 黃卷是以生豆爲藥."

『산림경제山林經濟』(1643-1715)「치선治膳」편에는 콩나물의 재배가 잘 나타나 있다.[36] 이 책에는『거가필용居家必用』(1560년 찬),『한정록閑情錄』(1618년) 등의 자료를 인용하여 "숙주나물[豆芽菜]은 녹두를 가려 이틀 동안 물에 불기를 기다려 새 물로 일어서 물기를 뺀다. 축인 자리[蘆席]를 땅에 깔고, 녹두를 그 위에 펴고 동이를 덮어서 하루에 두 차례씩 물을 뿌려주면서 젖은 거적으로 덮어놓는다. 싹이 1촌쯤 자라거든 녹두 껍질을 벗겨 버리고 끊는 물에 데쳐서, 생강, 식초, 기름, 소금으로 양념해 먹는다."라고[37] 하였다. 이때 두아채는 녹두를 재료로 사용했으니, 이것은 오늘의 숙주나물이다. 1808년에 찬술된『만기요람萬機要覽』에서는 이 숙주나물을 녹두장음菉豆長音이라고 하였다. 초기에는 흑, 황대두로 두아를 길러 약재와 겸용했던 것을 식용으로 바뀌면서 녹두를 주로 이용했다는 것이 주목된다.

콩나물이 식용으로 이용될 수 있었던 것은 채소로서의 특징도 있지만, 그 양이 수 배로 불어나 곡식이나 채소가 귀할 때 그 대용품으로 널리 활용할 수 있었기 때문이기도 했다.

비타민C의 공급원이었던 콩나물은 콩의 종류에 따라 품질도 각기 다르다. 콩나물 콩은 우선 발아력이 좋아 단시간에 잘 자라야 한다. 대개 소립종小粒種의 콩이 대립종보다 콩나물의 생산이 현저히 높다. 아울러 콩나물은 씹을 때 느껴지는 섬유질이 적은 것이 좋지만, 쉽게 부러지지는 않아야 한다.[38] 식용과정에서 녹두가 대두보다 연하고 비린내가 적으며 기름기가 적었기 때문에 더 선호했던 것이 아닌가 한다.

---

36 『산림경제』「治膳篇」, "豆芽菜, 揀菉豆, 水浸二宿候漲, 以新水淘控乾. 用蘆席洒濕鋪地, 糝豆於上. 用盆器覆, 一日洒水二次, 以濕薦覆之, 候芽長寸許, 淘去豆皮, 沸湯焯薑醋油鹽和食之."

37 『거가필용사류(居家必用事類)』「飮食類‧條豆芽菜條」(京都: 中文出版社, 1984), p.266.

38 한국콩박물관건립추진위원회, 『콩』, 고려대학교출판부, 2005, pp.158-159.

이처럼 콩을 채소로 활용한 것은 기록만으로 보아도 적어도 15세기 이전임을 알 수 있으며, 중국의 콩 싹[豆芽]처럼 약재로 이용하기 위해 배양한 것이 아니라 한반도에서는 콩나물[豆芽菜]의 의미에서 보듯 처음에는 야채의 채집에서 점차 안정적인 채소 확보를 위해 재배했을 수도 있다. 당시의 재배법이나 조리 방식이 오늘날과 거의 동일하다.

본래 콩에는 비타민C가 없으나 이것이 발아하여 콩나물 채소가 되면 많은 양의 비타민C가 생성되고, 콩나물 100g만 먹어도 하루 필요량의 1/3을 채울 수 있다. 때문에 이것을 조리해서 먹는 것은 비타민 보충을 위해 매우 과학적인 방법이다.[39] 이런 측면에서 보면 콩은 단백질 식품인데, 이를 뿌리내려 키운 콩나물[豆芽菜]은 비타민 식품으로 변하는 매우 유용한 식재료임을 알 수 있다. 조선시대 콩나물로 만든 대표적인 음식은 콩나물국[黃卷羹], 콩나물숙채[黃豆芽菜], 콩나물죽[黃豆芽粥], 콩나물밥[黃卷飯], 콩나물비빔밥[黃卷骨董飯] 등이 있었다.[40]

2) 두부의 제법과 식용

(1) 고려 이전의 두부

콩 가공식품 중에는 몇 차례의 가공 공정을 거쳐 만들어진 식품이 있는데, 이것은 바로 단백질이 풍부한 두부이다. 두부가 언제 한반도에 출현했는지는 기록상으로 잘 알 수는 없다. 다만 고승 감진鑒眞(688-763년)에 의해 두부가 일본으로 전파된 것이 당대唐代라고 한다.[41] 대륙과 연결된 한반도의 경우 역시 적어도 삼국시대 또는 그 이

---

39 이성우(李盛雨), 『韓國食品文化史』, 敎文社, 1992, p.143.
40 장지현, 앞의 책, 『韓國전래 大豆이용 음식의 조리·가공사적 연구』, pp.213-226.
41 왕상덴[王尙殿] 편, 「豆製品工業」, 『중국식품공업발전간사(中國食品工業發展簡史)』, 山西科學敎育出版社, 1987, p.428.

전에 두부 제조법이 전래되었거나 존재했을 것으로 판단되지만, 전하는 기록은 없다.

중국의 경우 처음 『거연한간居延漢簡』의 두포豆脯를 발음이 유사하다고 하여 두부의 별칭이라고 했는가 하면, 왕망 때에는 초목락草木酪, 5대에는 소재양小宰羊이라고 했던 것을 보면 끓고 있는 두즙豆汁이 마치 유목민들의 유즙과 흡사하다고 붙인 이름인 듯하다.

두부는 무엇보다 한대 회남왕 유안劉安의 발명품이라는 설이 가장 설득력을 얻고 있고, 최근 후한대 하남성 타호정打虎亭 두부 공정 화상석이 그것을 뒷받침한다고 한다. 이에 대한 진위 여부는 이미 4장에서 언급한 바 있다. 아쉬운 것은 두부에 관한 문헌 기록이 송대 이전에는 전혀 보이지 않고, 더구나 6세기 음식 가공을 집대성한 『제민요술』에도 보이지 않는다는 점이다.

그런가 하면 두부의 한반도에서의 원래 호칭은 방언으로 자아순自雅馴 또는 포泡라고 하여, 중국과 전혀 다른 독자적인 명칭을 사용하고 있다. 이것은 양국이 상호 두부의 제조 방식이나 갈래를 달리했음을 말해준다. 조선시대에 두부頭腐라는 명칭이 처음 등장한 것은 세종 때이다. 19세기 초 정약용의 『아언각비雅言覺非』에는 우리의 고유한 두부 명칭 외에 중국의 숙유菽乳라는 명칭을 사용하기도 했다.

한국사에서 두부에 관한 기록이 처음 등장하는 것은 고려말 이색의 『목은집牧隱集』이다. 즉 "나물국을 오랫동안 먹어 맛을 못 느끼던 차에 두부가 새로운 맛을 돋우어 주네. 이 없는 사람 먹기 좋고, 늙은 몸 양생에 더없이 알맞다. 물고기 순채蓴菜는 남방 월越나라 객 생각나게 하고, 양젖[羊酪]은 북방 되놈 생각나게 한다. 이 땅에서는 이것(두부)이 좋다고 하니 하늘은 알맞게 먹여 주나니"이라고[42] 하였다. 이 문

---

42 이성우(李盛雨), 『韓國料理文化史』, 敎文社, 1993, p.330의 번역을 인용했다.

장은 두부의 특징과 그 영양적 가치를 잘 보여주고 있을 뿐 아니라 한반도 음식은 월이나 유목민족과는 다르며, 대두의 재배가 우리 풍토에 적합한 데다, 이를 이용하여 제조한 두부가 일찍부터 민간의 음식으로 자리 잡았음을 말해주고 있다. 두부가 몸의 양생에 좋았다는 것은 두부의 제조공정을 통해 알 수 있는데, 콩 성분 중 지방과 단백질이 두부 속으로 잘 녹아들어 소화, 흡수가 좋고, 반면 탄수화물은 찌꺼기나 압착할 때 액체로 빠져나가 건강식품으로 자리 잡게 된다. 한반도에서 두부나 장시의 원료로 사용된 좋은 콩은 바로 단백질과 지방함량이 높고 충실하여 중원으로 보급된 융숙과 고려두 계통의 대두였을 것이다.[43]

같은 시기 여말선초의 학자 권근權近의 시문집으로, 세종 조에 편찬 간행된 『양촌집陽村集』에서도 "맷돌에 누른 콩을 갈아 눈같이 하얀 물을 뿜어 흐르거든 끓는 솥 물 식히려고 타는 불 거둔다. 하얀 비계 엉긴 동이 열어 놓으니 옥같이 끊은 덩이 상머리에 가득하다. 아침저녁 두부 있음을 스스로 다행히 여기거니, 구태여 고기 음식 번거로이 구하랴. 병 끝에 하는 일 자고 먹을 뿐 한번 배부르니 만사를 잊을 만하네."[44]라고 하여 오늘날과 비슷한 두부 제조 과정을 구체적으로 묘사하고 있다. 다만 양촌집에서 보듯 두부를 직접 사대부가에서 만든 것인지 아니면 외부의 것을 보고 기록한 것인지는 알 수 없다. 왜냐하면 동시대 인물인 이색李穡이 관악산 신방암新房菴의 산승들에게서 기름에 지진 두부갱羹을 대접받았다는 사실을 볼 때,[45] 사찰에서 공급했

43 『천공개물(天工開物)』「乃粒·菽」, "一種大豆有黑黃二色, … 凡爲豉爲醬爲腐, 皆大豆中取質焉."에서도 황두와 흑두가 장, 메주와 두부 제작에 사용된다고 한다. 이후 동북 지역에서 착유한 콩깻묵을 강남지역에 공급한 것을 보면 모두 고려두 즉 메주콩과 관련되어 있음을 알 수 있다.

44 『양촌선생문집(陽村先生文集)』권10「두부(豆腐)」(『국역양촌집(國譯陽村集)』II, 民族文化推進會, 1978, p.186), "碾破黃雲雪水流, 揚湯沸鼎火初收. 凝脂灌灌開盆面, 截玉紛紛滿案頭. 自幸饔餐猶不廢 何須蒭豢更煩求, 病餘日用唯眼食, 一飽眞堪萬事休."

45 윤성재, 「고려시대 식품의 생산과 소비」 숙명여자대학교 대학원 박사논문(한국사), 2009, p.52.

을 수도 있기 때문이다. 분명한 것은 두부의 복잡한 공정 때문에 일반 민가에서 편하게 제조할 수 있었던 것은 아니었다.

비슷한 시기에 산골에 은거한 원천석元天錫(1330-?) 역시 두부 시를 남겼는데, "콩 한 말을 먼저 맷돌에 갈아, 통에 가득 흰 거품과 즙이 서로 조화를 이룬다네. 흔들면 거품은 사라지고, 걸러서 즙을 취하면 찌꺼기가 갑절이나 되네. 불 지핀 솥 안에서 엉켜 유즙처럼 진해져서, 소반에 가득 담으면 옥색처럼 희다. 우엉 뿌리를 섞어 맛있는 밥을 지으니, 저 서산에서 고사리 캔다는 소리가 우습기도 하다."[46]라고 하였다. 이 시문 역시 양촌집에서와 같은 두부를 만드는 과정을 묘사하고 있다. 이 두부 공정에서의 표현을 보면, "흰 거품과 즙", "엉킨 유즙" 같은 것에서 고대 중국은 초기 두부의 명칭을 초목락草木酪, 소재양小宰羊으로 불렀을지 않았을까 한다. 우리의 포泡도 끓고 있는 두즙의 연상에서 나왔을 것이며, 자아순自雅馴은 백색의 순두부가 지닌 우아하고 순수하며, 속되지 않은 것에 대한 문학적 표현이 아니었던가 한다.

이들은 모두 도시와 농촌(혹은 절)에서의 두부 공정 풍경이지만, 지금과는 다소 차이가 있다. 양자를 통해 유추해 보면 불린 콩을 맷돌에 갈아 콩 찌꺼기를 제거하고, 그 즙액을 솥에 넣어 가열하면 짙은 우유처럼 응고되는데, 이것을 두부라고 한 듯하다. 사료상으로만 볼 때 두부 공정에서 누락된 부분이 적지 않다. 시적 표현 때문이었는지 콩을 물에 불린다거나 즙액을 두 차례 불을 가했다는 내용도 없으며, 무엇보다 찌꺼기를 제거한 후 즙액을 가열하면서 간수를 넣는 과정이 모두 생략되어 있다. 하지만 두 시에서 "옥같이 끓은 덩이"라거나 "소

---

46 『운곡시사(耘谷詩史)』 권5 「豆腐」, "斗豆先將石磨磨, 盈槽白雪水相和, 攪成汁處漚還滅, 漉取泡來滓倍多, 凝結釜中濃似酪, 滿盛槃上色如瑳, 雜烹芋卵炊香飯, 笑彼西山採蕨歌."

반에 가득 담은 옥색 같은 (두부)"에서 압착한 경두부의 형태는 아니지만 웅어리진 물체를 연상할 수 있는 것을 보면 간수는 사용한 듯하다. 실제 조선『문종실록』에는 두부를 만들 때 간수[煮鹽水]나 바닷물, 산수酸水를 응고제로 사용하였다.[47] 여말선초 사대부들의 시문에 등장하는 두부 역시 그 형태가 연두부인지 압착까지 한 것인지 알 수는 없지만, 간수를 통해 일정 정도 응고된 두부인 것은 분명하다. 다만 이 두부가 연두부의 형태인지 압착하여 절단한 경두부인지는 분명하지 않다.

(2) 조선시대의 두부

1450년경 전순의全楯義가 찬撰한『산가요록山家要錄』에도 콩가루를 물에 타 위에 뜬 찌꺼기를 걷어내고 끓여 간수를 넣어 응고시켜 보자기에 싸서 가두포假豆泡, 곧 연두포軟豆泡를 만드는 방식을 전하고 있다. 이때 만든 두부의 형태는 간수를 넣고 응고시켜 보자기에 싸서 물을 뺀 연두부이다. 여말선초 시문에 등장하는 두부의 모습과 대차 없다. 이는 16세기 말『본초강목』(1552-1578년 찬술)에서도 두부를 성형하는 마지막 단계인 진압 부분이 빠진 것과 동일하다. 이런 측면에서 볼 때 15세기까지의 조선의 두부는 연두부 형태였다고 생각된다. 이처럼 서민들의 일상생활 기록인『산가요록』에서도 두부 제조 방식이 등장하는 것으로 보아, 적어도 고려시대부터 민간에 존재했음을 알 수 있다. 그 시작 시점과 전파 과정은 알 수 없다. 다만 한반도의 두부는 민가에서의 호칭이 중국과 다른 독자적인 것이 존재했으며, 그 시점도 두

---

47 『문종실록(文宗實錄)』권6 문종 1년 2월 22일 신묘에는 두부를 만들 때, 산수(酸水), 바닷물과 소금 용액(간수)을 사용했는데, 상공(上供)하는 두부에는 산수를 권하고 있다. 장지현(張智鉉),『한국 전래 대두 이용 음식의 조리가공사적 연구』, 修學社, 1993, p.18에서 조선의 두부 제조 기술은 명대 못지않은 상식을 지녔음을 주장하고 있다.

부의 명칭이 처음 등장한 송대와 같은 시기인 고려시대였다는 점에서 주목할 만하다.

조선 중종 때 증리조참판贈吏曹參判 김수金綏(1481-1552)가 저술한『수운잡방需雲雜方』에서도 16세기 전후의 두부 제조 과정이 전하고 있다. 여기에는 "콩[大豆] 한 말과 녹두菉豆 한 되를 껍질을 벗겨 물에 불려 갈아서 포대에 넣고 찌꺼기가 없도록 걸러낸다. 이를 솥에 넣고 끓이다 넘치면 냉수를 솥 가장자리에 따라 천천히 붓는다. 계속하여 3번 하면 익는다. 익으면 불기를 끄고, 소금물을 냉수와 섞어 천천히 부어 엉기면 베주머니에 넣고 그 위를 고르게 눌러두면 된다."라고[48] 하였다. 이것은 앞의『산가요록』과는 100여 년의 시차가 있지만 베주머니에 넣고 눌러주는 진압 단계가 분명하게 기록되어 있다. 연두부가 아닌 경두부를 만든 것이다.

그리고 임진왜란 중에 기록된 일기인『쇄미록瑣尾錄』(1591-1601년)에서는 전시 상황에도 두부를 만들어 먹고 있는 모습을 확인할 수 있다. 『쇄미록瑣尾錄』에 기록된 특징적인 모습은 연포회軟泡會를 조직하여 친구들과 함께 사찰이나 사가의 서재에서 두부를 만들어 먹으며 밤을 새우기도 했으며, 간혹 여러 사찰을 돌면서 이런 모임을 가지기도 했다. 친목회 회원들은 두부를 꼬챙이에 꿰어 닭국에 끓여 먹기도 했다. 당시 두부는 사가나 관아에서도 만들기도 했지만 간수 조절이 쉽지 않아 두부를 망치는 사례도 적지 않았다고 한다.

연포회에서 꼬챙이에 꿴 두부 형태를 보면 16세기 후반에는 성형화된 경두부를 즐겨 먹었음을 알 수 있다.[49] 이런 측면에서 볼 때 조

---

48 『수운잡방』「취포(取泡)」, 윤숙횡(尹淑濙) 편역, 『수운잡방(需雲雜方)』, 신광출판사, 1998 참조.
49 주영하, 「동아시아에서 두부의 기원, 진화, 확산」『동국사학』 74집, 2022, p.64에서 15-16세기의 중국과 한반도의 두부는 연두부와 성형 두부가 공존했을 가능성이 있으며, 17세기 이후 성형 두부가 널리 퍼졌을 가능성이 크다고 한다.

선은 15세기 전후의 연두부[軟豆泡]에서 16세기 중기 이후에는 압착하여 만든 경두부가 주로 보급되었음을 확인할 수 있다.[50] 일본의 두부는 임란 중에 이런 조선의 방식을 배워갔다고 한다.[51]

19세기 『규합총서閨閤叢書』에서는 간수를 넣을 때 조금씩 넣으면서 연하고 단단[堅]한 것을 임의 대로 조정하기도 했다. 만약 간수를 많이 넣게 되면 푸성귀 냄새가 나고, 두유豆乳 즙이 쉬어서 엉기지 않을 경우 재생하는 방법도 경험방으로 적고 있다. 이런 기술적인 문제와 함께 민가에서 두부를 생산할 경우 보관 문제도 있어 한꺼번에 많이 생산하기가 곤란했다. 사찰의 경우 노동과 소비 인구가 많고, 기구도 잘 갖추어져 한꺼번에 많은 두부를 생산할 수 있었다. 때문에 주로 사찰에 두부를 주문하거나, 절에서 두부를 만들어 보내주거나 아니면 절에 들어가 두부를 만들어 먹기도 했다. 물론 쌀 등으로 대가를 보상하였다.

『쇄미록』의 저자 오희문吳希文(1539-1613) 역시 대련사, 향림사, 대조사, 부석사 등에 콩을 보내 두부를 만들었던 것을 보면 두부가 당시 사족과 민간에서 어느 정도 인기 있는 식품이었는가를 알 수 있다. 그래서 큰 절에서는 경내에 별도의 조포사造泡舍를 만들어 필요한 두부를 공급한 듯하다.[52] 정약용도 『아언각비雅言覺非』(1819)에서 연포회를 소개하고 있는데, 임란 후에도 사족 사이에 성행했음이 보인다. 게다가

50 어쩌면 15세기 중기 이전에도 '경두부'가 존재했을 가능성도 있다. 조선 1450년경에 편찬된 『산가요록』의 '연두부(軟豆泡)'를 '가두포(假豆泡)'라고 표현한 것은 '경(硬)'과 '진(眞)'의 상대 개념으로 볼 때 간수를 부어 진압하여 만든 '경두부'도 존재했을 가능성도 없지 않다. 그렇다면 이는 『본초강목』보다 앞선다. 그리고 이것은 『목은집(牧隱集)』에서도 지적했듯이 두부가 월나라나 북방 유목민족의 음식과는 달리 "하늘이 준 이 땅의 음식"일 수도 있을 것이다.

51 이성우, 『한국요리문화사』, 교문사, 1993, p.331에서 최남선의 『조선상식(朝鮮常識)』을 인용하여 임진왜란 중에 왜의 병량 담당관이 조선에서 배워갔다고 하고, 또 진주 싸움에서 경주성장 박호인(朴好仁)이 붙잡혀 가서 토좌국(土佐國) 고지(高知)에서 두부업을 시작한 것이 근세 일본 두부업의 시작이라고 한다.

52 김성진(金聲振), 「쇄미록을 통해 본 사족의 생활문화: 음식문화를 중심으로」, 『동양한문학연구』 제24집, 2007, pp.192-199.

이미 연포에서 보듯 육류 대신 두부를 활용한 것을 보면 그 효용가치를 일찍부터 간파하고 있었으며, 콩 식품의 수요 또한 적지 않았던 것을 알 수 있다.

홍만선洪萬選(1643-1715)의 작품으로 알려져 있는 『산림경제』「구급救急·두부독豆腐毒」편에서는 "두부를 너무 먹어 배가 불어나고 기가 막혀 죽게 되었을 때는 새로 길러온 물을 많이 먹이면 즉시 안정된다. 만일 이때 뜨거운 술을 먹이면 즉사한다. 또 무[蘿蔔]를 즙 내어 먹이거나 살구씨를 갈아 달인 진한 즙을 먹인다. 너무 배부르게 먹어서 거의 죽게 되었을 때는 때 묻은 댕기[着垢俎]나 혹은 때 묻은 동정을 물에 빨아 먹이면 즉시 풀린다."라고 한다. 이와 같이 17세기 중기 무렵에는 두부를 지나치게 많이 먹어, 민간을 대상으로 '두부독豆腐毒'을 대처하는 방법까지 제시하고 있는 것을 보면 일상에서 두부의 보급이 어느 정도였는지를 말해준다.

두부 제조 과정은 그 후 이익李瀷(1681-1763)의 『성호사설星湖僿說』에도 등장하는데, 여기에는 간수[鹽汁]의 중요성을 간장[醬水]과 비교하면서 간수를 넣으면 두부가 제대로 엉기고, 간장을 넣으면 엉기지 않고 짜게 되는 이치를 경험적으로 설명하고 있다.[53]

다만 조선 후기의 실학자들은 두부의 기원에 대해 주로 중국의 기록에 가탁하여 회남왕 전설이나 오제五帝 시대까지 소급하고 있다.[54] 이와 관련하여 주목할 점은 전술한 바와 같이 정약용은 『아언각비』에서 "두부는 두유[菽乳]라고 하지만, 본래 이름은 자아순自雅馴이었다. 당시 우리의 방언으로는 포泡라고 칭하였다. 당시 여러 능원陵園의 두

---

53 『성호사설』「만물문(萬物門)·두부조」.
54 전설적인 중국의 기록을 무비판적으로 수용하고 있는 것은 아쉬운 점이다. 이에 대해서는 본서 4장을 참고 바란다.

부는 승원僧院에서 주로 만들어 바쳤는데, 이를 이름하여 조포사造泡寺라 부르기도 했다."라고 기록하고 있다. 따라서 당시 염포鹽泡, 수포탕水泡湯의 포泡 등은 모두 두부 제품이었을 것으로 보인다. 이런 사실은 이미 두부란 명칭이 등장하기 이전부터 두부의 특징을 고려한 우리의 고유한 명칭이 존재했으며, 주로 사찰을 중심으로 발달했음을 말하고 있다.[55] 게다가『소문사설謏聞事說』에는 두유豆乳를 넓적한 냄비에 붓고 가열하여 표면에 생기는 피막을 건져내어 두부피豆腐皮를 만들었다는 기록도 전한다. 이런 내용은 중국의 기록에서는 찾아볼 수 없다.

그런가 하면『성호사설』에서는 오곡 중의 하나인 대두의 효능을 잘 모르고 있다고 하면서, 콩은 "사람의 목숨을 살리는 것이다.", 즉 가난한 백성이 목숨을 부지할 수 있는 것은 콩뿐이라고 하여 그 소중함을 역설했다. 그는 콩의 가공식품을 몇 가지 더 제시하고 있는데, 우선 콩을 맷돌에 갈아 정액精液을 취해 두부를 만들고, 다음 남은 찌꺼기로 비지국을 끓이는 방식도 전하고 있다. 또한 "(콩의) 싹을 키워 콩나물을 만든다.", 즉 콩나물은 배양하면 양이 수 배로 늘어나며, 맷돌로 콩즙을 내어 콩나물과 함께 죽을 쑤면 가난한 사람들은 배를 채울 수 있음을 강조하고 있다.[56] 이것은 콩의 가치와 그 효용성은 물론 그 가공식품이 상하 계층에서 폭넓게 활용되어 널리 보급되었음을 보여준다.

그리고『산림경제』에서는 민간의 방식으로 자석화연포법煮石花軟泡法이 등장하고, 또 여러 요리책에는 맑은 장醬에 두부, 무, 쇠고기, 북어, 다시마 등을 넣어 끓인 연포탕[軟泡羹]이 소개되고 있다. 이 연포탕

---

55 이익은『군쇄록(群碎錄)』에 의거하여 두부가 회남왕(淮南王) 유안(劉安)의 발명품임을 소개했으며, 정약용은『아언각비』에서『사물기원(事物紀原)』을 인용하여 회남왕 유안(劉安)이 만든 것은 숙유(菽乳)로서 두부라고 이르는 것은 옳지 않다고 하였다.
56 『성호사설(星湖僿說)』「萬物門·菽條」, "以生人爲主…長芽爲黃卷."

은 조선 후기 홍석모洪錫謨(1781-1857)의『동국세시기』에 의하면, 지금 반
찬 중 가장 좋은 것이 두부라고 소개하며, 두부를 가늘게 잘라 꼬챙
이에 꿰어서 기름에 지지다가 닭고기를 섞어 국을 끓였다는 것에서,[57]
이때 두부는 오늘날과 같은 경두부이었음을 알 수 있다. 이러한 국은
고려시대 두부를 기름에 넣고 끓인 두부갱과 흡사하다. 흥미로운 것
은 고려의 두부갱이 지금도 상가喪家 발인 날이나 제사에 널리 이용되
고 있는 두부탕으로 이어지고 있다는 점이다. 때문에 두부의 기원 역
시 고려 이전까지 소급하기도 하지만,[58] 전술했듯이 한반도에는 일찍
부터 맷돌이 출현하여 두부를 제조할 수 있는 기술적인 조건은 이미
삼국 초기부터 갖추어져 있었다.

　　그 외에도 전술한 정약용의『아언각비』에는 두부를 잘게 썰어 지
져서[淡煮] 다섯 가지 맛으로 무치는 요리법과 친구들과 꼬챙이에 꿴
두부를 닭국에 끓여서 먹는 연포軟泡도 등장한다.[59] 아울러『임원경제
지』에는『산림경제보山林經濟補』보다 진일보하여 "콩을 깨끗이 씻어 가
루 내어 물을 넣고 묽은 죽과 같이 만들어서 가는 포布로 걸려 찌꺼기
를 없애고 끓는 물에 삶아낸 다음 간수를 넣어 냉각시켜 응고시켰으
며, 이것을 큰 가는 포에 싸서 생강, 산초, 청장淸醬을 넣어 삶아 만든"
장거리 이동용의 '행주두부방行廚豆腐方' 경두부도 나온다. 그리고 19세
기 이규경의 저서인『오주연문장전산고五洲衍文長箋散稿』에는 간수 없이
도 대두를 삶아 얻은 즙汁을 따뜻한 솥에 넣어 염장한 산미수酸味水나

---

57 『東國歲時記』「十月・月內條」.
58 장지현, 앞의 책,『한국 전래 대두 이용 음식의 조리가공사적 연구』, pp.24-31에는 중국에서 두부의
　　전파를 정치 문화적인 관계를 고려하여 고대 낙랑군의 설치까지 소급하거나 통일신라를 전후하여 구
　　도승이 매개하여 유입했다는 견해를 제기하고 있다. 반면 주영하, 앞의 논문,「동아시아에서 두부의
　　기원, 진화, 확산」, p.65에서 한반도는 원 간섭기에 유학생을 통해, 일본은 남송 때 승려, 유학생을 통
　　해 전래되었다고 한다.
59 이성우(李盛雨),『韓國料理文化史』, 敎文社, 1993, pp.332-334.

김치 국물[沈菹水] 및 소금에 절은 짚 거적[鹽藁苫] 우린 물 등 생활 속의 즙액을 취해 두부를 엉기게 하는 법을 제시하고 있다.[60] 이처럼 두부에 다양한 소재를 가미하여 새로운 탕과 국으로 조리했는가 하면, 간수 대신 생활 속의 즙액을 이용하여 응고시킨 것도 특이하다.

이상과 같이 조선시대에는 콩나물과 두부 가공식품의 종류가 확대되고, 용도와 제조 기술이 다양해지면서 콩의 수요가 증대되고, 그에 따라 콩 재배 역시 확대되었을 것으로 짐작된다. 게다가 점차 계층이 분화되어 관료, 군인층과 도시의 비생산 인구의 증가로 유통과 시장 판매도 적지 않았을 것이다. 당송시대처럼 당시 콩 가공식품의 시장판매가 이루어졌다는 기록이 발견되지 않아 아쉽지만, 세종 16년 명에 갔던 사신이 귀국할 때 가지고 온 황제의 칙서 내용 중 조선 부녀의 두부 솜씨가 정묘精妙했다는 표현이나 임진왜란 때 우리의 두부 제조 기술이 일본으로 건너가 일본 두부의 정착에 영향을 끼친 것은 주목할 만하다.[61] 이하에서는 대·소두에 대한 용도와 그 약용효과를 살펴 두류 작물의 가치를 새롭게 조명해 보고자 한다.

II. 조선시대 대·소두의 용도와 콩식품

1. 대·소두의 용도

두류작물, 특히 콩은 토양의 질소를 고정하여 기름지게 한다. 흥미롭게도 중국에서는 일찍이 콩을 심으면 땅이 기름지게 된다는 것

---

60 『오주연문장전산고(五洲衍文長箋散稿)』 권17 「山廚滋味辨證說·豆腐」에는 그 외의 응고제로 『본초강목』에서도 제시한 석고(石膏) 가루도 제시하고 있다.

61 장지현(張智鉉), 앞의 책, 『한국 전래 대두 이용 음식의 조리가공사적 연구』, pp.19-20.

을 알고 있었다. 그래서 대두가 지닌 자체의 비력肥力과 생육조건을 이용하여 보리와 밀의 윤작에 대두를 활용하기도 하였다. 대두의 뿌리에는 근류균이 있어 공기 중의 질소를 암모니아로 바꾸는 능력이 있으며, 암모니아는 효소에 의해 아미노산이 되고 이어 단백질로 합성된다. 따라서 다른 작물과 교대할 때 굳이 질소비료를 주지 않아도 된다.[62] 그래서 보리의 이삭이 패기 전에 대두를 고랑 안[溝中]에 간종하여, 보리를 수확한 이후에 보리 그루를 갈아엎어 배토해서 수확하는 작물로도 활용했던 것이다. 특히 대·소두는 조종早種과 만종晩種이 있어 양맥兩麥과 근경하여 1년 2작, 또는 2년 3작의 토지이용을 증가시키는 작물로도 주목되었다.[63] 이러한 유제가 조선시대의 농서나 청말·민국 초 동북 지역의 재배 방식 속에 많이 남아 있다. 이것은 한반도에서 대두 재배의 중요성을 말해 준다.[64]

『농사직설』에는 보리 외 밀의 전작물前作物로 기장[黍], 콩[豆], 조[粟] 등이 재배되고, 후작물로 대·소두를 근경根耕 했으며, 대·소맥의 "이삭이 아직 나오지 않았을 때" 이랑 사이[畝間]에 얕게 갈고 간종 하기도 하였다는[65] 기록이 있다. 콩은 생태적으로 심근성이고 잔뿌리가 많으며, 근권 영역이 넓다. 더구나 콩은 생육기간이[66] 비교적 짧아 다른 작물과 윤작과 혼작 등에 알맞아 시간적, 공간적으로 토지를 고도로 이용할 수 있어 맥류의 뒷그루[後作]로 재배해 왔다.[67] 『농사직설』

62 한국콩박물관건립추진위원회편, 『콩 스토리텔링』, 식안연, 2017, pp.137-138.

63 이호철(李鎬澈), 『朝鮮前期農業經濟史』, 한길사, 1986, pp.67-71.

64 최덕경(崔德卿), 앞의 논문, 「『齊民要術』의 高麗豆 普及과 韓半島의 農作法에 대한 一考察」, p.110 의 주 71) 참조.

65 『농사직설』 「種大小麥」; 「種大豆小豆菉豆」.

66 콩은 1년생 초본으로 생육기간은 짧은 것은 75일, 실제 재배되고 있는 품종은 90-160일 정도이다. 생육 일수가 짧은 조생종은 올콩[夏大豆]이라고 하며, 4-5월에 파종해서 7-8월에 수확한다. 반면 만생종인 가을콩[秋大豆]은 동작물을 수확한 후 5-6월에 파종해서 10-11월에 수확하고 겨울 작물을 심는다.

67 이병희 역해, 앞의 책, 『농사직설』, 아카넷, p.136.

「종대두·소두·녹두種大豆小豆菉豆」 편과 『금양잡록衿陽雜錄』 「곡품穀品」에서 이런 사실을 지적하고 있다.

게다가 두류豆類 작물의 비전肥田법은 다양하여 호마胡麻와 두류를 혼작하거나 기장과 조의 파종에 앞서 녹두와 소두를 파종하여 갈아엎어 저분[苗糞]으로 삼아 박전을 개량하는 법 등이 있다. 『제민요술』 「경전耕田」 편에 "밭을 기름지게 하는 가장 좋은 방법은 녹두를 파종하는 것이 가장 좋고, 그다음이 소두나 참깨를 파종하는 것이다. 모두 5-7월에 뿌려, 7-8월에 쟁기로 밭을 갈아엎어 거름으로 삼았다."라는 내용이 있다. 이러한 방식이 『농사직설』 「경지耕地」 편에서도 그대로 계승되어 "박전에 녹두를 심어 무성해지길 기다렸다가 갈아엎게 되면 잡초도 나지 않고 벌레도 생기지 않으며, 척박한 땅은 기름진 밭으로 변한다."라고 한다. 이것은 두류가 녹비綠肥 작물로 일찍부터 지력을 증진시키는 용도로 중시되었음을 의미한다.

『세종실록世宗實錄』에 의하면, 『사시찬요』의 비전법肥田法에 근거하여 "녹두菉豆가 가장 좋고, 소두와 참깨가 그 다음으로 모두 5월과 6월에 촘촘하게 파종하여 7월과 8월에 갈아엎어 시비한다. (그렇게 하면) 봄에 파종하는 곡식은 1무에 10섬을 거둘 수 있는데, 그 거름의 효과는 누에똥과 잘 썩은 숙분熟糞과 같다."라고 밝히고 있다.[68] 그리고 『헌종실록憲宗實錄』에서는, 녹두는 습한 것을 싫어하고 건조한 것을 좋아하여 척박한 땅에 적합하며 흉년의 구제책으로 합당하다는 등, 콩류[豆類] 작물의 특성과 효용에 대해서도 구체적으로 인식하고 있었다.[69]

조선시대 대·소두의 용도는 왕조실록을 통해 구체적으로 확인할

68 「사시찬요(四時纂要)」 권3 「오월·비전법(肥田法)」; 『세종실록』 권77 19년 6월 신미조(辛未條).
69 「헌종실록』 권5 4년 6월 기묘조(己卯條).

수 있다. 우선 대두가 관리의 녹봉이나 그 대용으로 활용되고 있다. 본래 『경국대전經國大典』 「호전戶典·녹과祿科」에서는 4계절 중 봄·겨울[春·冬期]에 일정량의 황두黃豆(예컨대 정1품: 봄에 황두 12석 겨울에 황두 11석, 종9품: 봄에 1석 겨울에 1석)를 지급했으며,[70] 『속대전續大典』에서도 매월의 녹과로 각 품계, 예컨대 정1품 미米 2석 8두, 황두 1석 5두, 종9품 미 10두 황두 5두와 같이 지급할 쌀과 황두의 양을 법으로 정하고 있다. 그리고 논밭에 재해를 입었을 때 대두를 전세田稅 또는 상납용으로 사용하고, 관료, 삼군갑사三軍甲士, 공훈자, 투항한 왜인 및 사원 등에 하사품이나 상으로 지급했으며, 군량으로 사용하기도 하였다.

게다가 대두는 흉년 대비용으로 활용되었다. 일찍이 『범승지서』에 따르면 흉년을 대비하여 농가의 1인당 5무씩 대두를 경작했다고 한다. 대두는 기장에 비해 수수량需水量은 많지만 내한성이 강하며, 높은 재배 기술이 필요하지 않고 안정적인 생산이 가능하여, 농가에서 널리 재배하였다.[71] 조선 후기에까지 서민들의 구황작물로 대두가 인기 있었던 것은 그 효용성과 더불어 재배가 자연스러웠기 때문일 것이다. 한반도에 대두의 야생종과 중간종이 많았다는 것은 오래전부터 대두가 이곳에서 순화, 재배되었음을 말해준다.[72]

뿐만 아니라 신문왕이 왕이 되어 혼인할 때(683년 2월) 납채품 중에 '장시醬豉'가 보이며, 당에 보낸 문무왕의 답서에도 '염시鹽豉'가 등장하고 있는 것을 보면, 이미 삼국 신라에도 '장醬', '메주[豉]'가 제조되

---

70 『경국대전』 「호전(戶典)·녹과(祿科)」 사기(四期)의 녹과조(祿科條)에는 봉록의 물품으로 정일품에게 중미(中米), 현미(糙米), 전미(田米), 황두(黃豆), 명주(紬), 정포(正布), 저화(楮貨), 소맥(小麥) 등이 지급되고, 종구품의 경우 현미(糙米), 전미(田米), 황두(黃豆), 정포(正布), 저화(楮貨), 소맥(小麥) 등이 지급되었다.
71 「범승지서(氾勝之書)」 「大豆」, "大豆保歲易爲, 宜古之所以備凶年也, 謹計家口數, 種大豆, 率人五畝, 此田之本也."
72 이성우(李盛雨), 『韓國食品文化史』, 敎學社, 1992, pp.141~142에서 한국 내 콩은 야생종과 중간종이 많으며, 해방 전 세계 콩 생산량의 대부분을 한반도와 만주가 점했다고 한다.

었음을 알 수 있다. 게다가 『삼국사기』에서 문무왕이 설인귀에게 보낸 답서 중에 "부성府城으로 인해 웅진의 길이 끊겨 염시鹽豉가 떨어졌다."[73]라는 보고에 즉시 염시를 보내 사람들을 구원했다는 기록에서 당시 이것이 일상화되었음을 알 수 있다.

이후 조선의 태종, 세종, 성종, 중종 등 왕조실록의 도처에 대두를 혼수품 또는 부의賻儀 물품으로 활용하거나, 굶주린 백성[饑民]이나 홀아비·고아·독거노인[鰥寡孤獨]을 구제하거나 구황작물로 사용하기도 한 기록들이 있다. 그 외 대두는 이미 전술하였듯이 말과 같은 가축의 사료로도 이용되었다.

이상과 같이 대두에는 색깔에 따라 다양한 종류가 있었지만 가장 중시된 것은 황두, 흑두, 백두였다. 이들은 고구려 콩의 대표적인 형태로, 일찍이 융숙과 괘를 같이하는 메주콩인 것이다. 이들이 다양한 가공식품의 원료로 사용되고 중요시 되었던 것이다. 대두는 식품을 넘어 상하 관료의 봉록과 토양의 비력을 높이는 비료까지 그 용도가 다양했는데, 이를 통해 볼 때 대두가 식품으로서뿐 아니라 사회경제적으로도 중요한 물품이었음을 알 수 있다.

대·소두를 적극적으로 활용하기 시작한 것은 가공 기술의 발달로 인해 다양한 부식이 생산되면서부터였다. 집안集安의 고구려 유적에서 곡물의 낟알을 털어내는 공구인 돌갈판[石磨盤], 돌공이[石磨棒]이나 곡물을 가공하는 돌공이[石杵]가 적지 않게 발견되었다.[74] 이러한 절구와 절굿공이, 갈판[磨盤], 돌공이[磨棒], 맷돌 및 방아 등은 주로 껍질이 단단한 곡물을 분말 처리하거나 가공하는 데 사용된다. 즉 낟알이 작은

73 『삼국사기』권7 「신라본기(新羅本紀)·문무왕(文武王)」, "福信乘勝, 復圍府城, 因即熊津道斷, 絶於鹽豉. 即募律校勘兒, 偷道送塩, 救其乏困."
74 경톄화[耿鐵華], 「集安高句麗農業考古槪述」『農業考古』1989-1, p.99.

곡물을 부수고 제분하는 도구가 일찍부터 이들 지역에 출현했다는 것은 대·소두의 제분과 장시가 만들어졌으며, 이를 통한 다양한 음식물의 조미료로 사용되었음을 의미한다.

2. 대·소두의 종류와 약용효과

오늘날 한반도는 대두를 이용한 식품이 가장 발달된 지역 중의 하나이다. 이것은 전통적으로 대두 생산의 역사가 오래되었고 더불어 그 수요가 많았음을 간접적으로 말해준다. 기록에 의하면 대두는 북방의 기후에 적합하여 일찍부터 한전 작물로서 주목되었고, 한반도는 그 생태학적으로도 적합한 대두의 기원지임을 밝힌 바 있다. 이러한 대두, 즉 메주콩이 동아시아에 전파되고, 이를 이용하여 장시醬豉는 물론이고 두부와 콩나물을 제조하는 용도로 사용되었다.

『세종실록지리지』의 통계를 보면 콩은 334개 군현 가운데 292개 군현에서 87%를 점유하여 팥, 녹두에 비해 매우 보편적인 작물이었다.[75] 강희맹이 1492년에 찬술한 『금양잡록衿陽雜錄』에는 80종의 곡물 중 벼 27종, 조 15종, 기장 4종과 보리 5종, 밀 1종, 두류가 20종이 기록되어 있다. 두류 20종에는 대두[太] 8종, 소두 7종, 녹두菉豆 4종, 완두 1종이 있으며,[76] 저마다 색, 크기, 파종 및 수확 시기, 깍지의 색깔과 전前 작물, 토양의 조건, 파종방식, 혼작 여부 등이 구체적으로 소

---

75 이병희 역해, 앞의 책, 『농사직설』, pp.140-141.

76 이를 소개하면 대두에는 검은콩[黑太], 잘외콩[者乙外太] 와대콩[臥叱多太], 불콩[火太], 누른콩 [黃太], 온되콩[百升太], 오해와디콩[吾海波知太], 유월콩[六月太]이 있으며, 소두로는 봄갈이팥[春 小豆], 그루팥[根小豆], 올팥[早小豆], 뫼대기팥[山達伊小豆], 저배우체팥[渚排夫蔡小豆], 생동팥 [伊應同小豆], 먹팥[黑小豆]이 있고, 녹두로는 청록두[靑菉豆], 몰의녹두[沒衣菉豆], 동부[東背: 藊 豆], 광장두[光將豆] 등이 있으며, 그리고 완두[豌豆]가 있다. 대소두의 명칭은 『증보산림경제』에 등장하지만, 우리말의 이름은 김영진(金榮鎭) 역주, 『朝鮮時代前期農書』, 한국농촌경제연구원, 1984, pp.90-91의 『금양잡록(衿陽雜錄)』에서 참고하였다.

개되어 있다.

그리고 홍만선(1643-1715)의『산림경제山林經濟』「치농治農·종대두·소두·녹두·변두·완두種大豆小豆菉豆藊豆豌豆」편에도 이를 그대로 인용하고 있으며,「치약治藥」편에는 작은 검은콩인 여두䅶豆, 울타리를 타고 올라가는 변두콩인 백편두白扁豆도 보인다. 게다가『농가집성農家集成』에서는 편두扁豆를 민간에서는 동배同輩라는 명칭으로 불렀다고 한 것을 보면 이전부터 이미 재배되었음을 시사해 준다. 이것은 15세기 이후 2세기가 지난 17·18세기에도 대·소두의 재배품종이 크게 변하지 않았음을 말한다. 환언하면 조선시대 이전부터 한반도에는 다양한 대·소두가 존재했으며, 재배가 일반화되었고, 그 용도 역시 다양했음을 알 수 있다.

15세기의『농사직설農事直說』(1429년 찬)에는 대·소두 및 녹두의 재배법을 소개하고 있는 데 반해, 1610년경 허균의『한정록閑情錄』에는 대두, 소두, 녹두, 완두, 홍두紅豆, 적두赤豆와 백편두 등 다양한 대·소두의 재배법을 소개하고 있다. 특히『금양잡록』은 강희맹의 사찬私撰 농서로서 경기도 금양현衿陽縣에서 체험적인 작물 재배를 소개하였다는 점에서 일찍부터 다양한 종류의 대·소두가 이 지역에서까지 재배되었다는 사실과 그 수요의 정도를 짐작할 수 있다.

종류만큼이나 파종 시기도 다양하여 대·소두는 해동 이후부터 서리 내리기 전까지 줄곧 재배되었다.[77] 이뿐만 아니라『산림경제』에서는 대·소맥의 그루터기에 바로 대·소두를 근경根耕하거나 대·소맥의 사

---

[77] 대두는 6월 묘일(卯日)이 적합하며, 흑태(黑太: 검정콩)는 5월, 잘외콩[者乙外太], 잉동팥[伊應同小豆]은 3-4월에 심어 9월에 익는다고 한다. 동부[藊豆]는 2-3월에 심고 8월에 익고, 누렁콩[黃太]과 오해파지콩[吾海波知太]는 8월 그믐에 익는다. 유월콩[六月太]는 3월에 심고, 녹두는 5월에 파종한다. 봄팥[春小豆]와 근소두[根小豆] 및 산다리팥[山達伊小豆]은 8월에 익는다. 올 팥[早小豆]는 7월에 익는다. 콩과 팥의 종자는 이른 것과 늦은 것이 있는데, 일찍 심는 것[春耕]은 3월 중순에서 4월 중순까지 파종했다. 이때 콩밭은 특별히 잘 손질할 필요가 없다고 하여 품종에 따라 파종 시기와 관리를 달리했음을 보여주고 있다.

이[畝間]에 대두를 간종[間種] 했다. 이는『농사직설』의 것을 그대로 소개한 것이다. 무엇보다 가을에 파종한 대·소맥을 이듬해 여름에 수확한 이후 그 자리에 대두를 파종함으로써 토지 이용도를 높이는 작물로 활용했다는 점에서도 주목된다. 이처럼 조선의 대·소두에 대한 기본적인 재배방식은『농사직설』의 내용을 답습하지만, 민간의 방식[俗方]을 소개하고 곡물에 따라 파종 길吉: 宜·기忌의 시일 금기를 중시하고 있는 점이 특징이다. 이러한 현상은 향속鄕俗이 보다 강화된 18세기 초『산림경제』에 이르면 보다 구체화 된다.[78]

뿐만 아니라 콩이 건강식품이라는 인식은 일찍부터 알려져 왔다. 중국에서는 오곡이 생태계의 주요한 오축五畜, 오과五果 및 오채五菜 등과 함께 오장五臟의 질병 치료에 이용된 것은 전국시대『황제내경』소문素問과 영추靈樞편에서 확인할 수 있다. 전술한 바와 같이 후한『신농본초경』의 중경中經에는 콩 황권黃卷과 생대두生大豆가 질병 치료에 이용된 사례가 보인다. 게다가 말이 더위를 먹어 중열中熱을 앓고 있을 때 치료하는 방법으로, 삶은 콩을 가열한 밥에 섞어 3차례 먹이면 말이 곧 낫는다거나,[79] 또 소의 옴[牛疥]을 치료하는 방법으로 오두烏豆를 삶아 즙을 내어 물이 뜨거울 때 다섯 차례 정도 씻어주면 즉시 차도가 있었다고[80] 언급하였다.

서진西晉 시대의『박물지博物志』「식기食忌」에서는 콩[豆]을 3년간만 먹으면 체중이 불어나 보행이 어려울 정도로 변하며,[81] 또「잡설雜說」에서는 실제 쥐에게 3년간 콩을 먹였더니 체중이 30근斤에 달했다고

78　이런 현상은 조선 전기보다 중·후기 사회로 가면서 향촌 중심의 사회로 내권화(內卷化)되면서 나타난 현상인 듯하다.

79　『제민요술』卷6「養牛馬驢騾第五十六」, "馬中熱方. 煮大豆及熱飯噉馬, 三度, 愈也."

80　『제민요술』卷6「養牛馬驢騾第五十六」.

81　『박물지(博物志)』「食忌」, "人噉豆三年, 則身重行止難."

하였다.[82] 이 같은 현상은 의학서적인 『명의별록名醫別錄』에서도 마찬가지로, 장기 복용하면 체중이 불어난다고 말하고 있다.[83] 이때의 콩은 대두를 칭한다. 소두의 경우 상식常食하면 오히려 피부가 건조해져 거칠어진다.[84] 이처럼 대두가 건강식품으로 일찍부터 주목을 받은 것은 그 속에 단백질, 지방과 섬유질이 풍부하기 때문이며, 그래서 흔히 밭에서 나는 고기라고 일컫는다.

게다가 송대 진직陳直의 『수친양노신서壽親養老新書』에서는 영양이 풍부한 두류를 이용하여 다각도로 식료에 활용하고 있다. 즉 노인의 발열, 소갈증과 소변불통에는 '청두방靑豆方'을 비롯하여, 수족 부종과 호흡곤란에는 '적두방赤豆方'을, 복부팽만과 허약증에는 '대두방大豆方'을, 중풍, 벙어리 및 정신건강에는 '대두주방大豆酒方'을, 그리고 뇌졸증과 심장질환에 사용하는 '감초두방甘草豆方'을 사용하는 등 다양한 식료에 두류를 활용하였다. 특히 녹두는 해독에 좋은 내복약일 뿐만 아니라 상처 치료에도 좋은 외과용 약으로도 이용되었다.[85] 뿐만 아니라 명대 이시진의 『본초강목』「곡부穀部」에서는 콩류[豆類] 식품이 신체 질병에 어떤 효과가 있으며, 이를 활용한 처방방식까지 구체적으로 제시하고 있다.

소두의 효능에 대해서도 『제민요술』「소두小豆」편의 『용어하도龍魚河圖』나 『잡오행서雜五行書』에서는 소두가 역귀나 역질의 침입을 막는 효과도 있었다고 한다. 소두의 붉은 색이 그러한 기능을 한 것인지, 아니면 소두가 지닌 비릿한 냄새와 독성을 역귀나 역질조차 꺼렸다는 것인지는 알 수 없다. 실제 황재蝗災가 들면 다른 곡물은 존립이 곤란했지만, 황충蝗蟲도 숙菽은 먹지 않아 콩이 백성을 진대賑貸 하는 구황작

---

82 『박물지』「雜說上」, "鼠食巴豆三年, 重三十斤" 서진의 1근이 220g이기에 30근은 6,600g이 된다.

83 『명의별록(名醫別錄)』, "生大豆…久服令人身重."

84 『박물지』「食忌」, "人常食小豆, 令人肥膚粗燥."

85 청민성[程民生], 「宋代菽豆的地位及功用」『中國農史』2023-2, p.14.

물로서의 가치가 컸다고[86] 한다.

고려말『목은집牧隱集』에서는 팥죽에 대해 "동짓날 우리 풍속 팥죽을 되게 쑤어, 사발에 가득 담으니 색깔도 곱구려. 산 꿀을 섞어서 입 안에 넣으니 더러운 기운 씻고 뱃속을 기름지게 하네. … 집집마다 나눠 먹는 일 풍속이 되었으니 … "라고[87] 했다. 그런가 하면 또 다른 시詩인 "동지두죽冬至豆粥" 중에서는 "동지는 음기가 극히 성하지만 한 줄기 양기가 생겨나네 … 팥죽으로 오장을 씻어 버리고 혈기를 고르게 조화시키니 이로움이 참으로 적지 않다."라고[88] 하여 동짓날 팥죽을 먹는 이유와 그 효용성에 대해 잘 설명해 주고 있다. 그리고『묵재일기默齋日記』에도 동짓날 아침에 팥죽[豆粥]을 먹은 기록이 전해지며,[89]『쇄미록瑣尾錄』「무술일록戊戌日錄」에서도 동지에 팥죽으로 다례茶禮를 지내고 있다.[90] 이 정도의 인식이라면 팥죽이 이미 전통 보양 음식으로 보편화되었음을 의미한다. 그것은 조선의 경우 일찍부터 팥죽의 효용성을 정확하게 인식하고 있었음을 알 수 있다.

그리고 18세기 초『산림경제』의 구급편救急篇과 치약편治藥篇에서는 중국과 다른 관점에서 대·소두의 약용 효과에 대해 상술하고 있다. 먼저 콩으로 만든 된장의 성질은 차고 맛이 짜며 독이 없어 해독, 해열에 널리 사용됨을 전제하고 있다. 예컨대 독벌레나 뱀, 벌에 물리거나 쏘여 생기는 독을 풀어주며 불이나 뜨거운 물에 덴 곳 또는 상처에 된장을 바르면 치료가 되고, 술병이라도 나면 된장국으로 속풀이 했

---

86 『송사(宋史)』卷304「子諷列傳」, "歲旱蝗, 他穀皆不立, 民以蝗不食菽, 猶可藝, 而患無種, 諷行縣至鄒平, 發官廩貸民."

87 『목은집』「詩·豆粥」, "冬至鄉風豆粥濃 盈盈翠鉢色浮空 調來崖蜜流喉吻 洗盡陰邪潤腹中……家家相送成風俗"

88 『목은집』「詩·冬至豆粥」, "冬至陰乃極, 故有一陽生……豆粥澡五內, 血氣調以平, 爲益信不淺"

89 『묵재일기(하)』1558년(嘉靖3, 戊午 明宗13), "初三日丙子, 冬至, 晴. 宿堂護孫, 朝食豆粥."

90 『쇄미록』권6「戊戌日錄」11월 25일 동지 다례일(冬至茶禮日)에 팥죽, 저민 고기[切肉], 생선구이[魚炙]와 막걸리[濁醪]로 다례(茶禮)를 지내고 있다.

다는 민간요법들이 전해진다.

또 대두로 만든 장이나 청장을 가정의 각종 상비약으로 활용했던 사례를 제시하고 있다.「구급」편에는 "고기를 먹고 중독될 때 메주 즙이나 검정콩 달인 즙을 먹거나, 장杖을 맞은 곳에 두부를 붙여 치료하고, 개나 뱀에게 물렸을 때는 흑두즙이나 콩잎 즙을 먹이고 찌꺼기를 붙이는" 등 다양한 장약醬藥의 사례를 소개하고 있다. 그 외에도 "적두赤豆는 두드러기 치료에 좋다. 또 쑥잎을 오래 복용하면 쑥독[艾毒]이 생기는데, 이때 녹두즙을 먹어 치료하며, 설사가 심할 때는 마[山藥]에 백편두白扁豆를 가미하여 먹으면 좋다."라고 한다. 또 출산 후 발열할 때는 콩잎 국[藿羹]이 좋고, 갈증을 심하게 느끼면 녹두, 적두, 흑소두에 오매烏梅를 넣어 달여 먹으면 좋다고 한다.

그리고「구황救荒」편에서는 "굶주려 피곤해서 죽게 된 사람을 구활救活할 때는 먼저 장즙醬汁을 물에 타 마시게 하며, 콩가루를 솔잎가루에 타 먹으면 시장기가 없어지고, 특히 솔잎을 오래 먹어 대변을 잘 보지 못하면 콩가루를 물에 타 먹으면 좋다."라고 한다. 그리고 콩이 지닌 풍부한 단백질 성분을 인식하여, 흑두나 콩나물[大豆黃]을 볶아 가루를 먹으면 흉년을 넘길 수 있다고 하는 등 콩과[豆科] 작물을 구급 및 구황식품으로 적극적으로 활용하고 있는 점이 주목된다.

이상에서 살핀 바와 같이 대·소두는 단순히 주·부식의 식품만이 아니었음을 알 수 있다. 한전에서 농업생산력을 높이고 토지 이용도를 높이는 견인차 역할을 하였으며, 소두와 녹두는 그 자체가 녹비綠肥로도 이용되었다. 그리고 흉년에는 농민 생활에 안정적인 기반을 확보하는 데에도 유용하게 활용되었으며, 그 가공식품은 각종 부식과 조미료로 이용되었는가 하면, 찌꺼기까지 비료와 사료로 사용되어, 버릴 것이 없이 인축과 토양에 재활용되었다. 나아가 각종 질병을 치료하는 가정의 상비약으로도 없어서는 안 될 품목으로 자리 잡았다. 그런 측면에서 대·소두야말로 전통적으로 농가의 필요 불가결한 존재였음을 재차 확인할 수 있다. 이하에서는 콩 가공식품에 대한 인식과 상하 계층이나 궁중 속에 콩류 식품이 어느 정도까지 보급되었는지를 살펴봄으로써 콩 가공 제품의 가치와 그 유통 정도를 간접적으로 검토해 보고자 한다.

3. 일기류日記類와 의궤儀軌에 나타난 조선의 두류식품

1) 일기류 속의 두류 식품

그렇다면 대·소두가 실제 조선의 상·하층 신분 속에서 어떻게 인식되고 활용되었는가를 살펴보자. 경상도 성주星州에서 유배 생활을 한 이문건李文楗(1494-1567)의 『묵재일기黙齋日記』는 그런 점에서 조선 전기(1535-1567년)의 도시와 농촌의 실정을 잘 묘사하고 있다.

『묵재일기』에 등장하는 콩류 작물은 대두, 소두, 녹두, 흑두 및 적소두가 있으며, 이를 1차 가공하여 얻은 식품으로는 삶은 콩[煮豆, 烹豆], 콩가루[豆末]가 있고, 가공식품으로는 두부[豆泡], 팥죽, 녹두죽, 두부구이가 있다. 발효식품으로는 청장清醬, 장醬, 감장甘醬, 말장末醬, 태장太醬, 합장合醬, 간장艮醬 등이 보인다. 그리고 흑두의 경우 이외 간혹 약품으로 활용되기도 하였다.[91] 조선왕조실록에서 살핀 바와 같이 『묵재일기』에서도 대두는 식품뿐 아니라 각종 기증품이나 하사품으로 사용되거나, 유배 생활하고 있는 자에게 생필품으로 지원되기도 했으며, 공두貢豆로서 공납의 대상이 되기도 하였다.

『묵재일기』에서는 두부를 주로 두포豆泡라고 불렀는데, 두부의 사

---

91 『묵재일기』는 국사편찬위원회(國史編纂委員會), 『묵재일기(상·하)』, 國史編纂委員會, 1998을 참조했다.

례도 한두 차례 발견되고 있지만 의미는 두포와 동일하다. 이런 사실
은 조선 초부터 두부의 명칭과는 별개로, 전통적인 방식의 두포가 제
조 되어왔음을 말해준다. 포泡가 주는 문자상의 의미는 원초적인 제
작 과정의 두유豆乳나 이것이 엉기는 형상을 상형화한 것이기 때문에
이전부터 한반도의 고유 식품으로 존재했을 것으로 여겨진다. 『묵재일
기』의 두포 제조는 대개 사원의 승려가 주도한 경우가 많지만, 이보다
이른 시기의 『목은집牧隱集』, 『양촌집陽村集』에서 살핀 바와 같이 이미
민간에서도 널리 제조되었음을 알 수 있다.

또 임진왜란 당시 피난 과정 중에 나그네의 심정으로 쓴 해주오씨
海州吳氏 오희문吳希文(1539-1613)의 일기인 『쇄미록瑣尾錄』에서도 16세기
말에서 17세기 초의 조선 사회의 풍습을 잘 묘사하고 있다.[92]

우선 대·소두와 관련된 기사를 보자. 『쇄미록』의 「임진일록壬辰日錄」
에는 사대부의 가문에서 쌀과 콩을 비롯하여 반찬을 보낸 사실이 전
해진다. 예컨대 초 3일 공주목사公州牧使가 "쌀 두 섬과 콩 한 섬을 주
어 양식이 떨어져 민망하던 차에 온 집이 기뻐했다."라고 하며, 간혹
조기나 닭, 술, 소금, 참기름 등을 받은 경우도 있었다. 「계사일록癸巳
日錄」에는 아들 윤겸允謙의 도움으로 현미[糖米] 이외 전미田米와 팥 등
을 홍주洪州의 화성창火城倉에서 받아온 사실도 보인다. 또 청양青陽군
수가 백미白米, 전미田米[93]를 비롯하여 유기柳器, 사발沙鉢, 수저[貼], 간
장 등을 보내기도 했다. 그런가 하면 "송노宋奴가 부여에서 콩 한 말,

---

92 『쇄미록』은 임진왜란 당시 오희문이 홍주(洪州), 임주(林川), 아산(牙山), 평강(平康) 등지로 만 9년
3개월 동안 피난해 다니던 때의 기록으로 많은 가족과 노비를 데리고 다니면서 식량과 일용(日用)에
많은 고초를 겪은 양상을 잘 묘사하고 있다. 참고로 임진왜란 당시 처남 이윤(李贇)은 장수현감(長水
縣監)으로, 후에 아들 윤겸(允謙)은 인조조(仁祖朝)에서 영의정을 역임했다. 오희문(吳希文)(이민수
(李民樹) 역), 『쇄미록(瑣尾錄)』(上·下), 海州吳氏楸灘公派宗中, 1990.

93 『수서(隋書)』 권81 「東夷傳·新羅」, "田甚良沃, 水陸兼種, 其五穀果菜鳥獸物産, 略如華同."에서 같
이 신라는 토지가 비옥하여 수전과 한전에서 벼 재배를 했다고 하지만, 그 벼를 구별하기는 쉽지 않
다. 따라서 전미(田米)는 마치 중국의 '대미(大米)'에 대한 '소미(小米)'와 같이, 백미(白米)에 대한 상
대적인 용어로 좁쌀 또는 황미(黃米)를 의미한다고 볼 수도 있다.

팥 두 말과 감장[甘醬] 두 말을 신고 왔다."라고 하여 가노[家奴]가 식량을 가지고 온 경우도 있었다. 그 외에도 가족이나 친척이 쌀과 콩을 보내준 사례도 적지 않다. 당시 받은 곡물은 주로 쌀과 콩이 대부분으로, 전시 상황에서 콩은 부식뿐 아니라 주식으로도 활용되었던 것으로 보인다. 특히 계사[癸巳] 5월 27일에는 춘노[春奴]가 백미와 보리쌀[牟米]을 얻어와 저녁을 지어 먹었다는 사실에서, 보리밥과 함께 쌀과 콩, 쌀과 보리 또는 콩과 보리를 함께 섞어 밥을 지었을 가능성이 크다.

물론 15세기에 논의 면적이 28%였던 것이 18세기에는 45%로 점진적으로 늘어나 생산량도 증가하였지만, 당시 보리 등에 비하여 가격과 생산량의 측면에서 볼 때, 소농민들이 쉽게 먹을 수 있는 여건은 아니었을 것이다. 왜냐하면 농민이 생산한 벼는 소작료로, 국가에 조세로 납부하여 지주와 국가의 차지가 되고, 서민들이 주식으로 먹을 정도의 양은 비축할 수 없었을 것이다. 그리고 남은 벼는 제사와 잔치와 같이 가정의 특별한 행사 때 사용하거나 이듬해 종자로 쓰였을 것이다. 그렇다고 백성들이 전혀 먹을 수 없는 귀한 음식도 아니었다.[94] 실제 『쇄미록』 계사 10월 6일에 '난리 중에도 쌀과 적두[赤豆]로 상하가 밥을 지어 먹고, 저녁에는 콩으로 죽[粥]을 쑤어 나누어 먹기도 하였다.'라는 기록이 보인다.

그리고 『쇄미록』에 등장하는 조미료는 소금과 감장[甘醬], 참기름이며, 반찬의 종류도 다양하다.[95] 주목할 부분은 임진년 12월에 가노

---

94 정연식, 「한국인의 밥과 쌀」『한국음식문화사』, 동북아역사재단, 2023, pp.22-27.

95 사대부의 밥상에 이따금 올리기는 했겠지만, 조기[石首魚]나 닭이 보이고, 계사 7월 13일에 군수에게서 노자[行資]로 받은 식품 중에는 쇠고기[牛肉], 쇠고기포[牛脯]와 새우젓[蝦醢]도 보인다. 계사 8월 27일에는 순찰사가 오희문(吳希文) 모친의 기후가 좋지 않자 쌀, 콩, 장[醬], 소금과 더불어 김[甘苔], 고등어[古刀魚], 미역[藿] 등을 보냈으며, 8월 그믐에 목사(牧使)가 곡물, 쇠고기포와 간장과 함께 건숭어[乾秀魚], 건민어[乾民魚]를 보내왔고, 계사 10월 13일에는 태수(太守)가 침위어(沉葦魚), 굴[石花], 절인 게[沉蟹]를 보내기도 하였다. 뿐만 아니라 양색 젓갈[兩色醢], 생숭어[生秀魚], 생전복[生鰒]도 보인다(甲午 12월 2일). 이들을 통해 볼 때, 비록 전란기라고 할지라도 당시 사대부가 일상에서 먹었던 반찬의 종류는 단순하지 않았음을 다소나마 짐작할 수 있다.

家奴를 대흥大興의 대련사大蓮寺로 보내 콩 두 말로 두부를 만들었다 [造泡]는 사실이다. 이처럼 조포造泡할 때 사원을 이용했던 기록은 도갑사道岬寺, 보광사普光寺, 대오사大鳥寺, 고사高寺, 향림사香林寺, 부석사浮石寺, 원적사圓寂寺 등에서도 찾아볼 수 있다. 이것을 단순하게 생각하면 당시 조포가 가정이 아닌 사원에서만 행해졌다고 볼 수도 있다.

두부 제조를 위해서는 맷돌이나 대형 가마솥과 압착기 등 일정한 도구와 일정한 노동력이 필요하다. 특히 전시戰時에 거처를 옮겨 다녀야 할 상황 속에 개인이 이 같은 도구를 일일이 챙길 수 없었을 것이다. 물론 현지 민가의 도구를 이용하거나 빌릴 수도 있을 것이다. 그러나 장비를 갖추어 한 번 만든 두부를 한 가정에서 한정된 시간 안에 모두 소비하기도 쉽지 않았을 것이다. 굳이 사원으로 보내 만든 것은 장비와 인력을 갖추어 늘 두부를 만들고 있어, 적은 양이라도 손쉽게 부탁할 수 있었기 때문일 것이다. 특히 사료에서처럼 대련사의 친척이 과세過歲를 위해 두부를 만들어 주겠다고 약속까지 한 것을 보면, 마치 방앗간에서 도정을 하듯 필요시 사원에 두부를 편하게 요청했던 것 같다.

그런가 하면 『병신일록丙申日錄』에는 관청에 초대받아 두부를 먹었다는 기록이 있고, 『계사일록癸巳日錄』에서는 오희문이 정월 초 5일에 사포司圃 아저씨 댁을 방문했을 때, 이생원李生員 익빈翼賓이 두부[泡]를 만들어 나와 마을 사람들과 함께 배불리 먹었다고 한다. 또 계사 8월 28일 기일忌日에 두부를 만들었다는 기록은 가정에서 직접 두부를 제조했음을 말해준다. 무엇보다 전시 상황 속에서도 두부를 배불리 먹었다는 기록이 자주 등장하는 것을 보면, 이미 두부가 민간의 단백질 식품으로 일반화되었음을 알 수 있다. 다만 묵은 콩을 사용해서 만든

두부는 그 양이 절반도 못 미쳤다는 탄식은 주목할 만하다.[96]

조선시대 민간에서 대·소두를 이용한 식품은 위에서 지적한 죽[粥]과 밥[飯] 이외, 전시 상황에는 콩을 쪄서 간장과 섞어 반찬으로 이용하기도 하며,[97] 식량이 없어 소나무 껍질과 도토리를 대두와 섞어서 쪄서 상하가 나누어 먹기도 하고, 느티나무[槐葉] 잎에 콩가루[太末]를 타서 탕을 끓여 먹기도 하며(갑오 3월 30일), 또 저녁에는 느티나무 잎에 콩과 보리[太麥]를 조금 섞어서 쪄서 먹기도 하고, 또 친척이 보낸 좁쌀[新栗]을 콩과 섞어서 밥을 짓기도 했다.

간혹 저녁 식사에 오직 삶은 콩에 간장을 섞어 먹기도 했으며, 양식이 떨어지면 콩[太豆]과 밀가루를 섞어 아래 것들에게 주고, 오희문 자신은 점심을 굶거나 콩을 삶아 요기하거나 가루로 죽을 쑤어 상하가 나누어 먹기도 했다. 그런가 하면 『수운잡방』 「육면조肉糆條」에는 "기름진 고기를 반숙해서 국수같이 가늘게 썰어 밀가루를 고르게 묻힌 다음 된장국에 넣어 여러 번 솟구쳐 끓어오르면 먹는다."라고 하여 된장을 이용하여 탕을 끓이는 방법도 소개하고 있다.

콩 가공식품인 두부와 말장, 간장, 감장 등도 『쇄미록』의 도처에 등장한다. 예컨대 『쇄미록』 「무술일록戊戌日錄」과 「경자일록庚子日錄」에는 2월과 11월 중순부터 말장용 콩[太]를 삶고 있는 장면이 있다. 특히 두부를 2차 요리하여 두부구이나 두부탕을 만들기도 했고, 또 콩을 삶아 술안주로 내놓기도 했다. 그런가 하면 약을 복용할 때 빈속을 달래기 위해 녹두죽과 함께 먹었으며, 녹두 가루가 자주 등장하는 것을 보면 이를 다용도로 사용한 듯하다.

이처럼 대·소두의 수요가 많아지자 피난 중에도 타인의 밭과 소

---

96 『쇄미록』 권1 「임진일록(壬辰日錄)」.
97 『쇄미록』 권2 「계사일록(癸巳日錄)」 윤11월 20일, "每以煮太 和醬而助食 生涯可歎 奈何."

와 쟁기질 할 일꾼까지 빌려 보리, 콩, 팥과 녹두를 심어 병작하였다.[98] 또 계집종을 시켜 길가 밭에 콩을 수확하게 한다거나, 소를 빌려 근전리斤田里의 밭을 갈아 온 집안사람들이 콩을 심기도 했다. 그 외에도 4월 말에서 5월 사이에는 밭을 빌려 콩과 팥을 심고, 7월에는 콩밭을 매고, 10월 중순에서 11월에 콩[太], 적태赤太, 적두赤豆, 녹두菉豆를 타작한 경우가 허다했다. 11월에는 노비 또는 친척이 수확한 콩을 가져오기도 하는 등 대·소두의 재배에 적극적이었음을 볼 수 있다.

이렇게 수확한 콩은 식품으로 소비되는 경우 외에, 다른 물건으로 바꿀 때 사용하기도 했다. 교환 비율은 일정하지는 않았지만 중미中米 4두와 팥 3두로 1필의 광목[疋木]을 교환했으며, 팥 2두로 은어銀魚 7속束을, 팥 1두로서 방어方魚 한쪽을 교환하고 있다.[99] 그 외에도 은어 30속으로 겨우 팥[豆] 11두와 교환하고, 쌀[米]은 바꾸어 주는 사람이 없었다. 그런가 하면 말린 은어 60두름으로 팥 17두, 콩 5두를 교환하기도 했다.[100] 이 사실에서 대강 팥 1두로서 은어 3속을 교환했음을 짐작할 수 있다. 또한 안협安峽의 옹기장이에게 콩 3두로 질그릇 동이[瓦盆] 2개와 바꾸기도 했다.[101] 또 노비를 보내 콩 3두로 소금 3두를 바꿔왔고, 콩 1두로 고등어[古刀魚] 3마리를 바꿔오기도 했다.[102] 이처럼 재난 시에는 콩을 매개로 각종 생필품을 교환했던 것을 볼 수 있다.

물론 당시는 전시 상황이라 교환가격이 일정하지는 않았겠지만 『대전회통大典會通』에서는 공물의 위미태位米太를 면포綿布로 대납代納하거나 환전할 때 법전에 의하며 지역에 따라서 교환가격을 달리하고

---

98 『쇄미록』 권4 「병신일록(丙申日錄)」 6월 9일.
99 『쇄미록』 권7 「경자일록(庚子日錄)」 12월 23일.
100 『쇄미록』 권6 「정유일록(丁酉日錄)」 12월 27일, 29일.
101 『쇄미록』 권6 「무술일록(戊戌日錄)」 1월 19일.
102 『쇄미록』 권7「경자일록」 5월 12일.

있다. 예컨대 강원도의 경우 삼남지역과는 달리 "대두 1석은 면포 한
필 반", "대두 1석에 3량兩"이라 하여[103] 당시 대두와 생활 물가를 가
늠하는 데 도움이 된다.

『쇄미록』에 이어서 등장한 일기로는 인조 때 좌의정을 지냈고, 춘
성부원군春城府院君에 봉해졌던 남이웅南以雄(1575-1648)의 부인이었던 남
평 조씨南平 曺氏가 직접 쓴 『병자일기丙子日記』가 있다. 여기에는 17세기
조선시대 중기 병자호란으로 피난 생활 중 지방에 체류하면서 겪었
던 4년간(1636. 12-1640. 8)의 사대부와 민간의 식 생활상을 잘 보여주고
있다.[104]

일기의 곳곳에 서울에 갔던 솔거노率居奴가 피난 중 몇 개월 머물
렀던 충주 이안利安의 외거 노비집으로 돌아오면서 신공身貢으로 받은
"콩 다섯 말을 가지고 왔다."라고 하거나, 광주廣州의 종순이(노비명)는
이안에게서 "받은 급료로 콩 4말을 가져왔다."라는 기록에서 콩은 노
역의 대가이기도 했다. 그리고 적성積城으로 간 충이(노비명)가 "콩을
싣고 왔다."라고 했으며, 3월 28일에도 "청풍淸風에서 팥과 콩을 가지
고 왔다."라는 기록도 있다. 그런가 하면 남이웅 가家는 콩을 신평新平
이나 서울장에서 팔아오기도 했다. 그뿐만 아니라 쌀과 직물류를 콩,
보리, 어류, 생활 도구 및 양념류 등과 바꾸기도 하였다는 것도 알 수
있다.

뿐만 아니라 양반가에서 남이웅 가에 보낸 선물 중에는 콩, 팥과
그 가공품인 팥죽과 장류醬類가 들어 있기도 하다.[105] 물론 전시 상황

---

103 『대전회통』「호전(戶典)·부(賦)·요부(徭賦)」.
104 『병자일기』에 관한 내용은 전형대(全馨大)·박경신(朴敬伸) 역주, 『역주 병자일기(譯註丙子日記)』,
    예전사, 1991; 박근필(朴根必), 『『丙子日記』를 통해 본 17세기 기후와 농업』, 慶北大學校 大學院 農
    經濟學科 博士學位論文, 2002년 9월을 참고했다.
105 박근필(朴根必), 앞의 논문, 『『丙子日記』를 통해 본 17세기 기후와 농업』, p.208.

이라 사족의 경제 상황도 좋지 않았을 것이지만, 기존의 일상생활에서 콩이 점하는 비중이 적지 않았음을 말해준다. 참고로 1910년 곡물 생산량을 보면 쌀, 보리, 밀, 조, 콩과 기타 잡곡 순이었으며, 콩 생산량은 전체 곡물의 9.9%에 불과했는데,[106] 전란기에 유독 콩의 식용 비중이 높았다는 것은 쌀, 보리의 생산량이 줄어들었거나, 그들을 구입할 여건이 되지 않았음을 짐작할 수 있다. 이때 콩류는 진휼이나 구황 작물의 성격이 강했던 것 같다.

주목할 점은 콩을 식품뿐 아니라 가축의 먹이로도 사용했다는 것이다. 『태종실록』 3년 조에 따르면 마정馬政에서 말의 수를 계산하여 꼴과 콩의 수량을 정하였다.[107] 『쇄미록』 「갑오일록甲午日錄」 정월 4일에도 말에게 줄 콩을 삶았는데, 다 삶기도 전에 굶주린 사람들이 들어와 반이나 훔쳐 간 사실도 전한다.[108] 사람도 먹기 힘든 콩을 유력자들은 말의 식량으로도 사용했던 것이다.

이처럼 콩은 신공과 군역의 대가로 지급되었는가 하면, 노비가 각처에서 콩을 노역의 대가로 받아오기도 하고, 필요시는 사대부가도 직접 시장에서 구입하였다. 특히 전시 상황에서 콩을 매개로 다른 생필품을 교환했던 것은 주목된다. 이런 상황으로 볼 때 당시 콩의 수요와 재배가 상당히 보편화되고, 시장 판매도 활발했음을 알 수 있다. 이상과 같이 무엇보다 대·소두는 양난 때 관민이 함께 끈기 있게 생명을 이어갈 수 있게 했던 없어서는 안 될 복합적인 효능을 가진 작물이었다는 점에 주목해야 할 것이다.

---

106 정연식, 앞의 논문, 「한국인의 밥과 쌀」, pp.22-24.
107 『태종실록』 권6 3년 9월 정유조(丁酉條).
108 『태종실록』 권21 11년 2월 계축조(癸丑條)에는 일본 국왕이 보내온 코끼리에게도 사복사(司僕寺)에서 매일 콩 4, 5두씩을 소비했다고 한다.

2) 궁중 의궤 속의 두류 식품

민간뿐 아니라 조선의 궁중 의궤에서도 식품으로서 대·소두의 중요성을 발견할 수 있다. 의궤는 국가행사를 후세에 전하기 위하여 상세한 내용을 좌목座目에 따라 기록해 놓은 것이다. 당시 행사를 주관한 도감都監은 진찬進饌, 영접迎接, 가례嘉禮, 국장國葬 등의 의식을 담당했으며, 이 행사 과정 전부를 등록謄錄하여 의궤를 만들었기 때문에 궁중의 혼례식婚禮食, 영접식迎接食, 일상식日常食, 연회식宴會食과 찬품饌品의 종류, 재료, 분량, 조리법, 상차림의 의례 절차, 제기의 쓰임[器用] 및 상화床花 등의 실태는 물론, 본고에서 주목하고 있는 대·소두의 가공식품과 그 종류를 파악하는 데도 매우 유용하다.[109]

우선 영접도감迎接都監의 경우를 보자.『사제청의궤賜祭廳儀軌』(1609년)에 보이는 분황의焚黃儀의 제물 중에 두단자豆團子가 등장하며, 그리고『반선색의궤盤膳色儀軌』(1609, 1626, 1634)에 등록된 콩류 식품으로 두부가 보이고, 조미료로 간장, 청장, 감장이 보인다. 또 사신에게 줄 조석朝夕을 준비하기 위해 각 부서에서 진배進排된 물품을 기록한『미면색의궤米麵色儀軌』(1609, 1601)에는 적두赤豆, 녹두菉豆, 녹두 가루[菉豆末]와 포태泡太, 황태黃太, 흑태黑太, 소두 및 백두白豆가 등장하며, 진배한 조미료로 감장 등이 보인다.

또한『잡물색의궤雜物色儀軌』에는 박씨이원칙사博氏二員勅使(1643)의 조반상에 녹두떡[菉豆餠]이 오르고, 사자使者의 수행원 두목頭目의 조반상(1643)에는 청장이 보인다. 그리고 명明의 사신인 천사天使의 삼시반三時飯(1609)에는 항상 간장이 놓여 있다. 영접의 일상식에는 숙주나물[菉豆芽]과 간장, 청장, 감장 등이 보인다.『연향색의궤宴享色儀軌』(1609, 1634, 1643

---

109 김상보(金尙寶),『朝鮮王朝 宮中儀軌飮食文化』, 修學社, 1996, pp.11-12. 그 외 의궤에 등장하는 식품 관련 자료는 이 책에서 시사 받은 바가 크다.

년)의 천사天使를 위한 상차림(1609)에는 두부조림[煎豆泡], 녹두분자지菉豆分煮只, 편두포전片豆泡煎, 녹두숙편菉豆熟片, 우두포어음탕隅豆泡於音湯, 녹두적[菉豆炙], 백두포적[白豆泡炙], 백증편두포白蒸片豆泡 등의 다양한 콩류 가공식품이 놓여 있다.

그 외에도 『영접도감의궤』에는 떡류[餠類]로 백두 시루떡[白豆甑餠], 적두 시루떡[赤豆甑餠], 녹두떡[菉豆餠] 등이 보인다. 떡은 우리 땅에서 재배한 쌀, 수수, 조, 콩, 팥, 녹두 등의 작물로 만든 음식으로 농업의 시작과 함께 존재해 온 전통 음식이다. 조선시대 문헌에 등장하는 떡은 대개 지진 떡, 찐 떡, 친 떡, 삶아 건진 떡으로 나누며 그 종류도 250여 종이 되었다. 당시 떡의 고물은 콩 또는 팥고물을 이용했으니, 떡의 수요만큼이나 대소두의 수요도 증가했을 것이다. 특히 팥고물은 붉은팥을 삶아 체에 치거나 그대로 찧어 고물로 사용했는데, 당시 팥고물을 묻힌 차수수 경단은 액을 면할 수 있다는 속설이 전국적으로 보편화되면서, 백일부터 10세까지의 생일떡으로 널리 애용되었다. 그런가 하면 신랑집에서 신부집으로 채단과 예단을 보내는 납폐納幣일에 양가에서 모두 부부 화합의 상징인 봉칫떡을 준비했는데,[110] 그 떡 역시 붉은 팥고물을 올린 시루떡이었던 것을 보면 조선시대 홍소두紅小豆의 수요를 짐작하게 한다.

특히 장류醬類는 거의 모든 반상에 등장하고 있을 정도로 조선시대에 없어서는 안 되는 필수 조미료였다. 그 외에도 일상식의 재료에는 녹두포菉豆泡, 편두부片豆腐, 편두포片豆泡, 연두부[軟豆泡], 청포靑泡 등과 각종 장이 조미료로 사용되고 있다.

헌종 14년(1848)의 『진찬의궤進饌儀軌』의 찬품饌品에는 숙주나물[菉豆

110 윤서석, 『우리나라 색생활 문화의 역사』, 신광출판사, 2001, p.433, 442, 492.

長音], 녹두떡[菉豆餠]과 두부[豆泡]가 보이고,[111] 정조 19년 환갑을 맞은 혜경궁 홍씨 자궁慈宮과 왕세자 적녀인 청연군주淸衍郡主 등과 함께 즉위 20년의 겹경사를 맞아 화성의 현륭원顯隆園(사도세자릉)에 행차한 경위 절차를 기록한 『원행을묘정리의궤園行乙卯整理儀軌』(1795)에도 콩류 식품이 잘 묘사되어 있다. 이 중 반수자상飯水刺床에는 줄곧 조석朝夕의 밥[飯]으로 "팥과 물로 밥을 지었다."라고 하여 팥밥을 올렸으며, 간혹 조식朝食으로 백반白飯이 보일 정도이다. 석식의 탕 중에는 태포탕太泡湯도 보이며, 그 외 각종 간장, 감장 등 장류가 보인다. 특이한 점은 죽수자상粥水刺床의 채소로 녹두장음잡채菉豆長音雜菜가 등장하고 있다는 점이다. 이 잡채의 소재는 숙주나물이었을 것으로 보인다. 행차 중 제공된 반과상盤果床에는 팥죽[豆粥]도 있다.

또 궁중의 왕과 왕비의 회갑, 탄신일과 같이 특별한 기념일에 열리는 연회는 『궁중연회식의궤宮中宴會食儀軌』에 기록되어 있다. 여기에는 장류 외에 녹두떡도 보인다. 1887년의 『진찬의궤』에는 대전大殿과 세자궁(또는 빈궁)의 상차림은 물론이고 대왕대비나 중궁전의 상차림에도 녹두떡은 거의 빠지지 않을 정도로 등장한다. 또 당시 조림[煎], 편片, 떡[餠], 구이[炙] 등에 콩류로 많이 활용한 것이 녹두 가루인데, 특히 의궤에 녹두 가루가 자주 등장하고 있어 1609년에서 1891년까지 궁중 면麵의 재료는 주로 녹두 가루를 사용했을 것이라는 지적도 있다.[112]

조선왕조 궁중 연회식의궤에 나타나는 찬품의 재료 중 두과류는 숙주나물[菉豆長音], 두부[豆泡], 숙주나물[菉豆菜], 녹두가루菉豆末, 콩[豆太] 및 간장 등이 각종 만두나 탕류의 재료로 사용되었다. 주목되

---

111 그 외 영조 41년(1765) 수작의궤(受爵儀軌)에도 간장이, 순조 28년 진작의궤(進爵儀軌)에는 홍록가루[紅菉末]와 녹두떡이 보이고, 고종 14년(1877)의 진찬의궤(1977)의 대왕비전의 찬품에는 간장, 녹말, 두포, 녹두장음이, 광무 6년(1902)의 진연의궤(進宴儀軌) 찬품에도 간장, 녹말이 보인다.

112 김상보(金尙寶), 앞의 책, 『朝鮮王朝 宮中儀軌飮食文化』, p.117.

는 것은 숙주나물[菉豆菜]은 전복찜[生鰒蒸]이나 돼지고기찜[軟猪蒸]에 이용되었고, 콩[豆太]은 각종 갑회甲膾에, 녹말菉末은 색전유화色煎油花에, 두포豆泡나 태포太泡는 해삼 조림[海蔘煎]에 활용되었다. 게다가 각종 장류는 꿩구이[全雉炙]나 닭구이[軟鷄炙] 등의 조미료로 사용되고 있다. 또 녹두는 청포채淸泡菜, 녹두 시루떡[菉豆粘甑餠]에, 껍질을 벗긴 콩과 흑두黑豆는 볶은 콩 시루떡[炒豆粘甑餠]에 이용되고 있다. 특히 1848년 이후 껍질을 벗긴 콩은 백두 시루떡[白豆粘甑餠]이나 합병盒餠 등에 이용되었으며, 백두갱 시루떡[白豆粳甑餠]의 재료로는 껍질을 벗긴 콩[去皮豆] 외 백두, 흑두 등을 이용하고 있다. 1827년 이후 조과류[造果類(粘米)] 중 황주악[黃助岳],[113] 감태주악[甘苔助岳], 대조주악[大棗助岳]에 적두赤豆와 껍질을 벗긴 콩[去皮豆]이, 각색조악各色助岳에는 껍질을 벗긴 콩과 흑두가 사용되고 있다는 점도 특이하다. 그뿐만 아니라 다식류茶食類에도 녹말을 이용한 녹말다식菉末茶食이 보이며, 음청류飮淸類에도 녹두가루[菉豆末]로서 세면細麵과 청면淸麵을 만들고 있다.[114]

그 외 영조대 『소문사설謏聞事說』의 「식치방食治方」에는 두부피豆腐皮와 편두협작여법扁豆莢作茹法 및 즙장법汁醬法이 소개되어 있다. 1800년대 초엽의 작품으로 판단되는 서유구『옹희잡지饔饎雜誌』의 「취류지류炊餾之類」에는 녹두죽, 검은콩엿[黑豆餳], 완두가루[豌豆麨]가 등장한다. 그리고 비슷한 시기에 출판된 『군학회등群學會騰』에는 적두죽赤豆粥, 녹두쌀밥[菉豆米飮], 두부 만드는 법[造豆腐法], 녹두누룩법[菉豆麯法]을 비롯하여 생황장生黃醬, 숙황장熟黃醬, 소두장小豆醬, 전시장煎豉醬 및 수시장水豉醬 등 각종 장 제조법이 소개되어 있다. 또 1800년대의 작품이라

---

113 주악[助岳]은 떡을 괼 때 웃기로 쓰는 음식을 이른다. 주악은 찹쌀가루에 대추, 치자, 당귀잎, 파래 등으로 색을 들여 작은 만두처럼 빚어 기름에 지져 즙청한 떡으로 주악[助岳]이라고도 불렀다

114 김상보(金尙寶), 앞의 책, 『朝鮮王朝 宮中儀軌飮食文化』, pp.342-428.

추정되는 『시의전서是議全書』에는 장부醬部에 간장, 진장眞醬, 즙장汁醬, 담북장과 청국장이 보이고, 생숙채부生熟菜部에는 콩나물과 숙주가 채소로 분류되어 있으며, 두부는 잡법雜法에 분류하고 두부전골豆腐煎骨과 두부묵을 소개하고 있다.[115]

이상에서와 같이 중요한 궁중의 의궤에 나타난 상차림 속에서도 대·소두가 장, 메주[豉]와 같은 조미료나 콩나물류의 채소 뿐 아니라 죽粥과 조림[煎], 편片, 떡[餠], 구이[炙], 탕湯, 엿[餹], 두포豆泡 및 만두의 소재로서, 민간보다 훨씬 폭넓고 다양하게 활용된 사례를 확인할 수 있었다. 그리고 대·소두를 활용한 다양한 궁중음식의 등장은 콩류 식품의 조리와 가공에 적극적인 견인차 역할을 했을 것으로 판단된다.

이런 점에서 보면 콩류는 비록 곡물에 불과 하지만 그 용도는 각 부문의 영역에 광범하게 이용되었음을 알 수 있다. 특히 대·소두가 조선시대의 궁중에서 민간에까지 상하층을 불문하고 평시나 전시를 막론하고 곡물과 식품으로 없어서는 안 될 중요한 품목이었음이 확인된다. 그리고 대·소두는 건강식품으로 때로는 구황작물로서 충실한 기능을 하거나 구급 약재로서 다양하고 폭넓은 계층에 이용될 수 있었던 것은 이 땅에 이런 콩류가 일찍부터 순화, 재배되었던 역사성과 분리해서 말할 수는 없을 것이다.

소결

한반도는 융숙戎菽과 고려두로 이어지는 대두의 원산지답게 이미

---

115 이성우(李盛雨), 앞의 책, 『韓國食經大典』, 향문사, 1981, pp.281-330 참조.

기원전부터 대두를 이용한 메주[豉], 장이 가공되고, 두부와 콩나물의 출현은 삼국시대 이전부터 등장할 수 있는 조건이 갖추어졌다. 조선시대에는 대소두를 이용한 다양한 식품이 가공되고 소비되었음을 기록을 통해 확인할 수 있다. 특히 조선은 우리 역사에서 보기 드문 기록의 시대로서 각종 농서나 일기류 및 의궤를 통해 중앙과 민간의 대·소두를 이용한 식품의 소비를 확인할 수 있다. 이것은 조선시대 대·소두의 중요성과 그 보급의 정도를 잘 말해주는 한편, 조선 이전의 대두 소비 상황을 간접적으로 짐작할 수도 있다.

앞 장에서 필자는 대·소두가 한국 농업 경제사상 한전 농업 발전의 견인차 역할을 했음을 지적한 바 있다. 본고를 통해 확인할 수 있었던 것은 대·소두가 일찍부터 부식으로서 영양가 높은 식품으로 제조 되어왔다는 것이다. 또한 식품으로서의 차원을 넘어 관리의 녹봉, 혼수품, 상사품賞賜品, 군량 등으로 사용되기도 하고, 채소 및 상비약으로 가공, 제조되었다. 이처럼 대·소두의 용도가 다양하게 사용된 것은 조석지간에 형성된 것이 아니라 이를 재배한 민족의 역사성과 이런 양질의 메주콩을 이용하여 다양한 콩 식품을 가공할 수 있었기 때문일 것이다.

대·소두는 단순한 경제적 기능뿐 아니라 관민의 일상사를 어루만지고, 때론 구급 약재로서 민간에서 없어서는 안 되는 존재로 작용하였다. 특히 대·소두가 재난 때에 기민의 진제賑濟나 구황작물로서 또는 교환의 매개물로서의 기능이 다른 곡물에 비해 컸던 것은 이것이 다양한 용도의 건강식품으로 재난 시기에서의 효용가치가 컸기 때문이다.

대·소두는 대·소맥, 벼와 같은 주곡작물의 생산이 확대되면서 오히려 곡물로서의 기능보다 부식, 즉 가공식품이나 채소로서의 기능이 중시되어 그 가치가 더욱 발현되었다. 이 때문에 조선 초기부터 대·소두가 민간에 폭넓게 재배되었고, 그 결과 양난을 거치면서도 이들 가공품을 통해 중소 농민의 가족경제가 탄력성을 유지할 수 있었던 것이다.

다만 고려시대 이전에는 콩[豆] 가공식품을 확인할 수 있는 기록이 거의 남아 있지 않는 것이 아쉽다. 그러나 한정된 사료와 중국측 기록을 통해 추측할 때, 콩 발효식품이 기원전부터 출현했다는 사실을 비정할 수 있었다. 이미 융숙과 고려두로 만든 말장이 일본과 중국으로 전파되었으나, 중국의 경우 후한 때 맥이 끊겨 알메주 형태로 발전하지만, 일본에서는 '미소'의 형태로 나타난다. 한반도에서는 그 전통이 이어져 조선시대 15세기까지는 말장이 된장의 의미로 남아있지만 16세기 이후에는 메주의 의미로 통합된다. 또 두부의 경우 그 명칭에서 보듯 중국과는 달리 민간 고유의 방식[俗方]이 그대로 사용되고 있었다. 특히 16세기를 전후하여 경두부를 즐겨 소비한 것을 보면, 두부의 압착 기술이 발전했음을 알 수 있다.

콩나물은 강우량이 풍부한 한반도 중남부 지역의 경우 고려 태조 때에 군사들이 콩을 냇물에 담가 콩나물을 만들어 먹었다는 기록으로 보아, 삼국시대 이전부터 싹이 난 콩을 채집하여 야채나 나물의 형태로 소비했을 가능성이 크다. 또한 중국과 비슷한 시기에 약재와 채소로 활용되었으며, 오늘날에도 가장 한국적인 식품 중의 하나로 자리 잡고 있음을 주목할 필요가 있다. 무엇보다 중요한 것은 각종 가공식품인 장, 두부, 콩기름과 콩나물의 원료가 되었던 콩이 모두 황두, 흑두, 백두의 한반도 메주콩이었으며, 이것은 바로 융숙과 고려두와 맥을 같이 한다는 점이다.

대두의 가공품 중 오직 두유[豆油]의 문제는 장시[醬豉]와 두부 등과는 다소 차이가 있다. 대두의 기원지와는 별개로 전개된 것이다. 전술하였듯이 두유가 사료상 등장하기 시작한 것은 송원 시대였고, 명말『천공개물天工開物』에 그 착유법이 구체적으로 소개되고 있다.[116] 하지만 조선의 두유豆油는 조선 후기『오주연문장전산고』와『임원경제지』에서 소개하면서 중국이나 서구에 비해 늦었음을 인정하고, 그 생산량도 대두 1두斗에 한 종지[小碗]에 불과했다 한다. 제조 방식도 콩가루를 볶아 찧어 착유하거나 찧은 가루를 살짝 쪄[蒸熟]서 압착하였다. 오늘날 중국의 음식물은 대부분 두유에 튀기거나 볶아 조리하지만, 우린 그렇지 못하다. 그것은 전시대의 두유의 제조와 이용도가 달랐기 때문일 것이다. 다른 콩식품에 비해 유독 두유의 활용이 달라지면서 중국과 다른 식문화를 갖게 된 것이다. 이후 조선시대 대·소두와 식품으로서의 가치를 종합적으로 파악하기 위해서는 타 곡물과의 관계나 미래 건강식품으로서의 위치와 세계화 문제가 함께 조명되어야 할 것이다.

---

116 최덕경,「중국 고대의 기름[油脂]과 착유법」『동양사학연구』제148집, 2019; 최덕경,「송원대 식물성 기름의 생산과 생활상의 변화」『중국사연구』제121집, 2019 참조.

제8장

조선의 동지 팥죽[紅小豆粥]과
그 의미

전근대의 한국은 농업국가로서 농업에 필요한 월령月令, 절기 같은 농시農時의 파악은 물론이고, 점후占候를 통해 기후를 미리 예견했다. 절기에는 농업의 기원만큼이나 보답의 의미가 있어 대개의 경우 이를 기념하기 위해 제사를 지냈으며, 그 결과 그에 걸맞은 독특한 음식이 전해진다. 그리고 그 음식은 지역의 농업 환경과 밀접하게 관련된다. 때문에 동아시아 각국의 절기의 연원은 비슷하지만, 해당 지역의 풍토에 따라 절기 음식은 다르게 나타난다.

한반도 역시 예외는 아니다. 현재까지 한반도에 널리 전해지고 있는 대표적인 절일 음식으로는 설날의 떡국, 보름의 오곡밥, 추석의 송편과 동지의 팥죽[赤豆粥] 등을 들 수 있다. 이들 음식은 대개 그 지역의 주산물로 만들어졌고, 이런 이유로 쌀을 주식으로 하던 한반도의 경우에는 절일 음식들이 모두 쌀로 만들어져 있다. 유독 동지 팥죽만은 두류豆類인 팥[赤小豆]을 이용한 음식이며, 여러 절일 음식 중 현재까지 그 원형이 잘 전해지고 있다.

조선의 『동국세시기東國歲時記』는 동지를 작은 설날[亞歲]이라고 불렀으며, 이때 팥죽을 먹음으로써 비로소 나이를 한 살 더 먹는다고 한다. 이것은 동지가 다가올 신년에 버금갈 정도의 날이었음을 말해 준다. 게다가 팥죽을 음기가 극에 달한 동짓날에 끓여 먹었던 것을 보면, 한 해를 잘 마무리할 수 있게 된 것에 대한 감사와 함께, 음기에 의해 손상된 기운을 회복하여 새롭게 시작해 보고자 하는 기원의 의미도 지니고 있다. 이런 측면에서 보면 팥죽은 일종의 보양식으로 악귀를 물리치는 벽사辟邪의 의미만 있는 것이 아니라 양기의 시작이며, 태양이 부활하는 시점에서 기보祈報의 의미를 동시에 표현한 것이라고 할 수 있다.

본고에서는 이상의 상황을 감안하여 하필 왜 두류의 본고장인 한반도에서 붉은색의 팥으로 죽을 쑤었으며, 어떤 연유로 팥죽이 동지와 연관되었고, 이날을 통해 한반도 사람들은 무엇을 염원했을까? 팥죽의 역사적인 의미를 통해 두류 식품이 지닌 또 다른 의미를 살펴보고자 한다. 나아가 동지 팥죽이 왜 동아시아 중 한반도에만 지금까지 강한 생명력을 지닌 채 남아 있을 수 있었는지를 각국의 사례와 비교하여 검토해 보고자 한다.

I. 두죽豆粥의 유래와 한반도의 전래

팥죽을 끓이는 팥을 흔히 조선시대에는 소두小豆라고 하는데, 그 것은 무엇을 두고 말하는 것일까? 『여씨춘추呂氏春秋』「심시審時」 편에서 숙菽을 대숙大菽과 소숙小菽으로 구분하던 것이 한대에 이르면 숙菽이 두豆로 변모되고 있다. 그리하여 전한 말 『범승지서』에는 두豆를 대두 大豆와 소두小豆로 구분하고, 파종 시기도 달리하고 있다. 대소의 의미 로 보면 그 크기에 따른 차이임을 알 수 있다. 하지만 『제민요술』「대 두大豆」 편에서는 『광아廣雅』를 인용하여 "대두는 숙菽, 소두는 답荅이 다."라고도 표기하고 있으며, 대·소두에는 다양한 색이 있다고 한다. 당시 후위에는 흰색과 검은색의 대두가 있고, 소두에는 녹, 적, 백菉赤 白의 3종류의 색이 있었다고 한다. "황고려두黃高麗豆, 흑고려두, 연두鸞 豆 비두㽷豆"는 대두이고, "완두豌豆, 강두江豆, 노두鹴豆는 소두에 속한 다."라고 했다. 17세기 명대 『농정전서農政全書』「소두小豆」 편에는 진일보 하여 잠두蠶豆, 유두畱豆를 포함하여 녹두, 적두, 도두刀豆, 여두黎豆, 변 두藊豆 등을 소두의 항목에 넣어 설명하고 있다. 그러면서 혹자는 '적 두赤豆'를 이용하여 역귀를 물리치기 위해 동지날 팥죽을 쑤었다고 한다.[1] 이상의 사실에서 볼 때, 소두와 대두에는 여러 종류가 있었으며, 형태는 유사하지만 제각기 크기와 색에서 차이가 있었음을 알 수 있다. 그리고 적두가 분류상 소두인 것은 맞지만 소두라고 하여 모두 적두가 아님도 알 수 있다.[2]

그런데 『한국민족문화대백과사전』에 의하면, 조선 후기 『재물보才物譜』(1798년 간행)에서는 팥을 소두·답荅·적두·홍두·반두飯豆 등으로 표기했으며 『명물기략名物紀略』(1780년 간행)에서는 반두를 '팟'으로 표기하고 있다고[3] 한다. 이것은 적어도 18세기 조선에서는 중국과는 달리 小豆를 적두, 즉 팥으로 통칭했음을 말해준다. 그리고 사전에서도 적두赤豆는 콩과식물에 속하는 일년생 초본식물로서 흔히 팥[小豆]이라고 칭하고 있다.

팥[小豆]에 대해 조선 전기 『농사직설農事直說』에서는 삼, 벼[稻], 기장[黍]과 조[粟], 직稷 다음에 대·소두를 편제하고 있으며, 『금양잡록衿陽雜錄』「곡품조穀品條」에는 80개의 곡물 중 벼, 조, 콩 다음에 팥이 위치하고 있다.[4] 그리고 17세기 박세당朴世堂이 편찬한 『색경穡經』에도 보리와 밀, 벼, 기장, 콩 다음에 팥이 자리를 차지할 정도로 조선시대의 중요한 곡물로 인식되었음을 알 수 있다.

그러면 팥을 이용한 두죽豆粥은 어떤 연유로 만들어졌을까? 두죽豆粥이 사료에 등장하는 것은 후한 광무제 시기로, 『후한서』 권17 「풍잠

---

1 『농정전서(農政全書)』 권26 「穀部下·小豆」, "或云: 共工氏有不才子, 以冬至死, 爲疫鬼而畏赤豆, 故於是日作粥以厭之."로 '적두(赤豆)'를 소주(小注)를 달아 소개하고 있다.

2 두류의 분류는 일치된 것이 없다. 대개 대두류, 녹두류, 완두류, 변두(藊豆)류, 잠두류, 강두(豇豆)류 등으로 구분하지만, 소두, 홍두, 적두를 어디에 포함할 것인지가 문제이다. 고려의 『향약집성방』에는 '적소두'로 표기했지만, 『농사직설』에는 소두로 표기하면서 적소두를 소두와 병용했다. 그런가 하면 『사시찬요초』 이후에는 소두와 적두도 혼용하면서 소두, 적소두와 적두를 동일시 하고 있다.

3 『한국민족문화대백과사전』 23권, 한국정신문화원, 1991, p.399. 또한 팥의 성분에는 단백질 21%, 탄수화물 55%, 지질 0.7% 등이 포함되며, 비타민 B1은 100g당 0.5mg을 함유하고 있다고 한다.

4 김영진(金榮鎭) 역주, 『朝鮮時代前期農書』, 韓國農村經濟研究所, 1984, p.71에는 팥이 『금양잡록』에서 차지하는 비율이 8.75%로서 벼, 조, 콩 다음을 점한다고 한다.

가열전馮岑賈列傳·풍이조馮異條」에는 힘들고 피곤할 때 두죽을 먹고 추위와 배고픔을 해결했다는 기록이 전한다.[5] 물론 이 두죽豆粥은 어떤 종류의 두豆로 만들었으며, 과연 적소두로 만든 팥죽인 지의 여부를 사료상으로는 알 수 없다. 하지만 두죽이 한대에는 이미 추위와 배고픔을 해결하는 구황식품이었다는 것을 알 수 있다.

한반도의 경우, 삼국시대에 두죽과 비슷한 음식 중 (생선, 고기) 국[羹]은 보이지만 죽은 보이지 않는다. 반면에 『고려사』에는 도처에 죽이 등장한다. 예컨대 고려 초기 문종(1046-1083년) 때 보통원普通院에서 "죽, 물, 채소"를 행려자에게 베풀었으며, 충렬왕 때 윤해尹諧라는 관리는 청렴결백하게 살아 전과 죽[饘粥]도 먹지 못하는 상황이 되었다는 말이 전해진다. 그리고 심한 추위나 더위 때 장죽漿粥을 쑤어 기갈을 진휼했는가 하면, 긴급할 때 죽으로 때운 이야기, 왜구의 침입에 최영이 관미官米를 내어 미죽糜粥을 지어 진휼한 이야기와 절벽에서 떨어져 3일간 전과 죽[饘粥]으로 보양하여 원래의 향리로 되돌려 보낸 이야기 등 다양한 사례가 보인다.

'전죽饘粥'에 대해 『예기禮記』「단궁상檀弓上」에서 공영달孔穎達은 "진한 것은 전이라 하고 묽은 것은 죽이라 한다."[6]라고 주소注疏했으며, 『석명釋名』에서는 "미糜는 쌀을 끓여 부드럽게 쑨 죽이다."라고 했고, "죽粥은 미糜보다 멀겋다."[7]라고 하였다. 여기서 전饘은 진하고, 미糜는 미음 정도이며, 죽粥은 묽은 죽이었음을 말한 것을 보면 고려시대에 죽을 끓이는 방식이 한 가지가 아니었음을 알 수 있다. 그리고 죽을 끓일 때 사용된 재료로는 한당漢唐 시대의 경우 쌀과 콩, 조, 기장, 보

---

5 『후한서』권17 「馮岑賈列傳·馮異條」, "及王郎起, 光武自薊東南馳, 晨夜草舍, 至饒陽無蔞亭. 時天寒烈, 皆飢疲, 異上豆粥. 明旦, 光武謂諸將曰, 昨得公孫豆粥, 飢寒俱解."
6 『예기(禮記)』「檀弓上」, "饘粥之食"에 대한 주석에서 "厚曰饘, 稀曰粥."라고 했다.
7 『석명(釋名)』「釋飮食」, "糜煮米使糜爛也. 粥濁於糜粥粥然也."

리, 당糖 등이 보이지만,[8] 『고려사』에는 콩과 쌀이 주였다. 「윤해열전尹
諧列傳」에서 스스로 "볶은 콩[煎豆]"으로 배를 채웠다는 기록을 보면,[9]
귀한 쌀보다 주로 콩을 볶거나 죽을 끓였을 것으로 보인다.

이들 사료에 근거할 때, 고려시대의 죽은 대개 절약하고 빈곤을
극복하기 위한 수단으로 이용되거나, 아사자의 진휼에 사용되었다.
또 구급용으로 활용되기도 했으며, 상처를 입은 환자의 양생과 치
료를 위하여서도 사용되었다.[10] 이렇게 고려시대의 죽이 용도에 따라
양상이 다양한 것을 보면, 생활 속에 이미 죽이 정착되었음을 알 수
있으며, 이런 모습은 한당漢唐 시대와 큰 차이가 없었음을 확인할 수
있다.[11]

이런 측면에서 보면 두죽豆粥이 고려시대 이전부터 존재했을 가능
성은 충분하다고 여겨진다. 특히 서긍徐兢이 『고려도경高麗圖經』(1123년)에
서 죽을 끓일 때 사용한 도구인 죽솥[鬻釜]에 대해서 상세하게 설명하

8   『태평어람(太平御覽)』 권859 「漢獻帝傳」, "帝使侍御史侯汶出太倉米豆, 爲飢民作麋粥.";「남사(南
    史)」 권59 「任昉傳」 "歲荒民散, 以私奉米豆爲粥, 活三千餘人";「남사(南史)」 권49 「劉善明傳」, "(劉)
    善明家有積栗 躬食饘粥, 開倉以救鄕里, 多獲全濟, 百姓呼其家田爲續命田.";「남사」 권39 「劉瓛
    傳」, "不嘗鹽酪, 唯食麥粥而已.";「남사」 권74 「孝義傳」, "不食鹽酢, 日唯食一升麥屑粥." "初進大麥薄
    飮, 經十旬方爲薄粥. 終喪不食鹽酢.";「태평어람」 권859 「時鏡新書」, "今日始知今節, 須御麥粥, 加
    之以糖, 彌覺香濃.";「세설신어(世說新語)」 卷下 「汰侈」, "石崇爲客作豆粥, 咄嗟便辦…崇牛數十步
    後, 迅若飛禽, 愷牛絕走不能及. 每以此三事爲搤腕. 乃密貨崇帳下都督及御車人, 問所以. 都督曰,
    豆至難, 唯豫作熟末, 客至, 作白粥以投之."
9   『고려사』 권106 「尹諧列傳」, "巡察使洪子藩薦爲興威衛長史, 轉殿中侍史淸白自守, 家貧饘粥不繼,
    煎豆充飢而已"
10 『고려사』 권80 「食貨·賑恤」, "(文宗18年) 四月又制, 自五月十五日至七月十五日, 於臨津普通院設粥
    水蔬菜, 以施行旅", "(忠穆王4年) 令賑濟都監施粥餓人, 又發全羅道倉米萬二千石以賑飢", "(恭愍
    王20年)使貧病流離之人, 無所仰給予, 甚憫焉. 仰都評議使司司憲府, 常加體察取勘元屬田民, 以
    贍醫藥粥飯之資.";『고려사』 권9 「世家·純宗」, "三年之喪, 自天子達于庶人, 然其所謂齊衰之服, 饘
    粥之食, 顏色之戚, 哭泣之哀, 使四方來觀而悅者, 自滕文公之後, 未之聞也.";『고려사』 권107 「尹諧
    列傳」, "(尹諧)淸白自守, 家貧饘粥不斷, 煎豆充飢而已.";『고려사』 권107 「韓康傳」, "忠烈朝…康
    請…於祁寒盛暑, 置漿粥以賑飢渴.";『고려사』 권111 「洪彦博列傳」, "興王之變, 子師範遣人走報令
    避之時尙早 彦博方與妾, 臥聞之自若曰, 吾不可食而赴難. 令作粥.";『고려사』 권113 「崔瑩列傳」, "慶
    尙江原全羅三道因倭寇失業民多餓死. 爰令諸道置施與場, 擇慈良者主之, 作粥米作麋粥賑之, 麥
    熟然後已.";『고려사』 권114 「崔雲海列傳」, "又於一處取境內人民, 作粥賑恤, 民不餓死, 咸稱慕之.";
    『고려사』 권121 「烈女·康好文妻文氏」, "(辛禑14年)適里中人, 先在崖竇見而哀之, 饘粥以養居三日,
    聞賊退, 乃還鄕里 莫不驚嘆."
11 리후[黎虎] 주편, 『한당음식문화사(漢唐飲食文化史)』, 北京師範大學出版社, 1998, pp.64-70.

고 있는 것도 죽의 보급과 관련하여 주목할 만하다.[12]

사실 한반도에서 콩을 식용한 증거는 진주 평거동의 유적에서와 같이 기원전 3,000년까지 소급된다. 아울러 이미 청동기시대인 기원전 2,000-1,000년 무렵부터 한반도 전역에서 돌갈판[石磨盤], 돌방망이[石棒] 등의 가공 도구와 함께 대두가 출토되고 있어, 이를 이용하여 죽을 끓였을 것으로 보인다.[13] 그런가 하면 AD.200년에서 400년을 전후한 시기의 것으로 확인되는 덩어리 형태의 콩 탄화물을 확인 결과, 당시 한반도에는 지금과 같이 콩을 삶아 으깨어 콩 성분을 충분히 우려낸 메주나 된장이 제조되었다는 보고도 있다.[14]

콩을 발효 가공했던 최초의 기록으로는 신라통일 직후 신문왕 때 (683년)였다. 이때 장醬, 메주[豉]와 같은 콩[豆] 발효식품이 일상에 처음 등장하며,[15] 발해 용원부龍原府의 책성시柵城豉가 해당 지역의 특산물로 수 만리 떨어진 중원지역에까지 알려지고 있어, 당시 만주 지역에서는 대두를 이용하여 자유롭게 가공, 조리했음을 말해준다. 실제 『양서梁書』와 『남사南史』의 「동이전·고구려」 조에는 "고구려인들이 항아리에 빚어 발효, 저장하는 것"을 잘했다고 한다. 단순히 건조나 훈제하여 저장한 것이 아니라 항아리를 이용하여 발효시켜 장기 저장하는 데 탁월했다는 것이다. 부패를 발효로 전화하는 데 일가견이 있었다는 이야기이다. 더구나 8세기 일본의 『대보령大寶律令』과 『왜명류취초倭名類聚抄』에서 보이는 미장未醬, 즉 '미소'는 고구려의 말장에서 유래되었던 것을 보면, 두죽이나 팥죽과 같은 1차 가공식품은 삼국시대 성

---

12 『고려도경』 권32 「器皿3·鬲釜」, "鬲釜, 蓋烹飪器也. 以鐵爲之, 其上有蓋, 腹下三足, 回族之文, 細如毛髮, 高八寸闊一尺二寸, 用量二升五勺."

13 최덕경, 「大豆栽培의 起源論과 韓半島」, 『中國史研究』 第31輯, 2004.

14 김민구·류아라, 「탄화물 분석을 통한 삼국시대 대두 이용 방법 고찰」 『한국상고사학보』100, 2018, p.180.

15 최덕경, 「朝鮮時代의 大·小豆와 그 加工食品」, 『大丘史學』 第72輯, 2003.

립 이전부터 이미 존재했음을 충분히 알 수 있다.

두죽豆粥에 대한 구체적인 모습은 고려 후기에 잘 나타난다. 『목은
선생문집』에 의하면, "여름철 구름과 찌는 햇볕이 불같이 성하여 땀
방울이 줄줄 흐르고 두 눈이 깜깜하네. 곧장 두탕豆湯을 가져다가 더
위 독을 풀어 봐도 소나무 아래 흐르는 물살만 같지 못하네. 깊고 조
용한 대궐엔 더운 기운이 적겠지만 늘어선 신하들은 땀으로 옷을 적
시네. 두탕을 푸른 사발에 벌꿀을 넣어 마시니 바로 서늘한 기운이
살 속에 스며드는 듯했네. 혹여 절간에도 다 없어진 듯하여 물어보니
당시 두죽은 연유[酥]와 같이 부드러웠다고 하네. 순채국[蒓羹]과 양 유
즙[羊酪]을 두루 맛보니 흥취는 이전과 같은데 산과 못이 말라 있네."
라고16 하였다.

여기서 주목할 점은 삼복더위에 두탕을 끓여 먹으며 더위를 쫓았
다는 내용이다. 특히 두탕을 겨울 동지가 아닌 찌는 듯한 여름에 벌꿀
을 넣어 푸른 사발에 먹은 것으로 보아 일찍부터 더위를 이기는 보양
음료로 사용되었던 것 같다.17 이는 죽이나 미음[糜]이 아닌 탕으로 표
현되고 있다.

중국에서 탕의 의미는 대개 죽보다 멀건 뜨거운 국물을 뜻한다.
두죽으로 더운 여름날 악귀를 쫓았다는 기록은 그 후 『동국세시기』
「육월六月·삼복조三伏條」에 보이며, 정조 때 한양의 연중행사를 기록한
김매순金邁淳의 『열양세시기洌陽歲時記』(1819년)와 19세기 초 권용정權用正
의 『한양세시기漢陽歲時記』 등에 등장한다.18 하지만 여름철에 두탕을 먹

---

16 『목은선생문집(牧隱先生文集)』 권17 「豆粥」, "火雲蒸日熾如焚, 瀋汗交流兩眼昏. 直把豆湯消暑毒,
   不如松下水流門. 禁宇沈沈暑氣微, 群臣侍立汗霑衣. 豆湯翠鉢調崖蜜, 便覺氷寒欲透肌. 借問僧窓
   似舊無, 當時豆粥軟如酥. 蒓羹羊酪嘗來遍, 興味依然山澤癯."
17 『목은선생문집』 권20 「豆粥」, "小豆烹爲粥⋯秋回天尙黑, 日照晝無風, 淨掃三焦熱, 清凝九竅通."
18 『동국세시기』 6월 「三伏條」, "而今俗因爲三伏佳饌煮赤小豆粥, 以爲食, 三伏皆如之."; 『열양세시기』
   「六月·伏日」, "烹狗爲羹以助陽, 煮豆粥以穰癘."; 『한양세시기』 「6월·삼복」, "三伏, 食狗羹赤豆粥 云
   可辟暑."

는 풍속은 점차 민간에서 사라져 고려 후기에는 절간에서도 잘 보이지 않고, 당시 연유같이 부드러운 두죽의 맛만 회고하고 있다.

목은선생은 두죽이 연유와 같이 부드러웠다고 하는데, 이는 두죽의 농도가 두탕보다 진했다는 의미인 듯하다. 그리고 순채국[蓴羹], 유즙[羊酪]과 함께 두죽을 맛보았다는 의미는 음료가 아니라 음식으로 점차 자리 잡았음을 의미한다.

무더운 여름날 팥죽을 먹었다는 기록은 최근까지 전해진다. 1924년 7월의 『동아일보』에 의하면 복날이면 팥죽을 쑤어서 먹거나 견장犬醬을 끓여 먹었다고 하는데, 전자의 이유는 귀신이 팥[赤豆]을 무서워했기 때문이며, 후자는 세시복납歲時伏臘에 양을 삶고 새끼 양을 굽는다는 중국의 풍속이 한반도로 들어오면서 양이 개로 바뀐 것이라고[19] 한다. 그 이유로 복날에 견장을 먹고 땀을 흘리면, 더위를 잊고 질병을 내쫓을 수 있으며 보신도 되기 때문이라고 한다.[20] 『동의보감東醫寶鑑』에서는 "개고기[犬肉]는 성질이 덥고, 맛은 짜고 시며 무독無毒이다. 오장을 편안하게 하며 혈맥을 조절하고 장과 위를 튼튼하게 하며, 골수를 충족시켜 허리, 무릎을 따뜻하게 하고, 양도陽道를 일으켜 기력을 증진한다."라고 하였다. 이것이 20세기 초에는『해동죽지海東竹枝』 6월의 식구학食狗臛과 같은 '복伏놀이' 풍습으로 자리 잡았다. 이런 측면에서 보면 조선 중기에는 복날과 동지날에 팥죽을 먹었으나, 점차 복날은 개장을 먹는 날로 바뀌고 동짓날은 팥죽을 먹는 날로 고정화되었음을 알 수 있다.

관심을 끄는 것은 동짓날의 두죽이다. 목은은 푸른 사발에 담긴

19　『동아일보』 1924. 7. 20; 『한서(漢書)』 권66「楊惲傳」, "田家作苦 歲時伏臘 亨羊炰羔 斗酒自勞."

20　『동국세시기(東國歲時記)』 6월 「삼복조」, "烹狗如葱爛蒸, 名曰狗醬, 入鷄笋 更佳, 又作羹調番椒屑, 燒白飯爲時食, 發汗可以祛暑補虛, 市上亦多賣之."; 『열양세시기(洌陽歲時記)』 6월 복일, "烹狗爲羹 以助陽, 煮豆粥以穰癘."; 『경도잡지(京都雜誌)』 권2「歲時·伏」, "狗肉和葱白, 爛蒸, 入鷄笋更佳, 號狗醬, 或作羹 調以番椒屑, 澆白飯食之, 發汗, 可以祛暑補虛."

동지 팥죽에 대해 "석청으로 맛을 맞춰 이를 마시면 사악한 기운이 씻기고 뱃속은 윤택해지네."라고[21] 노래하고 있다. 흥미로운 것은 붉은 팥죽을 굳이 푸른 도자기[碧玉甕]나[22] 푸른 사발[翠鉢]에 담아내고 있다는 점이다. 여기서 말하듯 푸른 사발과 붉은 팥죽의 조화는 극복과 벽사辟邪의 의미를 함께 담았던 것 같다.[23]

동지 때 두죽을 집집마다 준비한 것을 보면, 두죽이 이미 동지의 절기 음식으로 자리 잡았던 것 같다. 실제 도은陶隱[24]과 춘정春亭[25]의 문집에는 고려 후기 동지 때 집집마다 두죽을 끓였던 풍속이 수록되어 있다. 두죽은 본래 소화력이 약한 노인의 건강을 기원하고 공경하는 마음에서 출발하였다. 이것이 점차 발전하여 납일臘日의 음식이 되고, 동짓날의 음식으로 되어 이웃 간 두죽을 상호 공유하는 풍습으로 확대되었다. 동짓날 서로 죽을 이웃과 공식共食하고 또 노인에게 보내는 것은 향촌의 이웃에서만 일어난 일이 아니었다. 관청의 장이나 관리들도 노인들에게 팥죽이나 꿀을 보내기도 했다. 그것은 두죽 속에 이전부터 노인에 대한 경로와 보양의 의미가 내재되어 있었기 때문일 것이다.[26] 곧 동짓날 두죽을 나눠 먹는 것으로써 민족문화의 통합성도 살필 수 있다.

특히 고려 중기 이후 사대부 개인의 문집에 두죽이 많이 등장한다. 당시 사대부들은 신유학의 신봉자들이었기 때문에 유학의 경로사상과 효친 사상이 두죽의 보급을 촉진했을 것으로 보인다. 이러한 현상

21 『목은선생문집』 권20 「두죽」, "冬至鄕風豆粥濃, 盈盈翠鉢色浮空, 調來崖蜜流喉吻, 洗盡陰邪潤腹中."
22 『운곡행록(耘谷行錄)』 권4 「동지·두죽」 "陰消陽復正當期, 紅雪香浮碧玉甕."에서도 "팥 향기가 푸른 빛 도자기에 뜨네."라고 한다.
23 정구복·주영하, 「고려시대 세시풍속 연구」, 『한국세시풍속자료집성: 삼국·고려시대편』, 국립민속박물관, 2003, p.475에서 청자 그릇에 팥죽을 먹는 이유를 벽사진경(辟邪進慶)에 있다고 한다.
24 고려 말 삼은(三隱)의 한 사람인 이숭인(李崇仁)의 호이다.
25 고려 말 이색의 제자인 변계량(卞季良)의 호이다.
26 『목은선생문집』 권33, "初八月冬至也, 韓淸城送豆粥幷蜜, 副樞繼持至, 府尹又送來, 隣翁送粥似松京, 府尹得來喜且驚."

은 유교의 국교화가 본격화된 후한後漢 사회에서도 비슷하게 발견되는데, 70세 이상의 노인에게 미죽糜粥과 지팡이[王杖]를 제공하여 보호한 경로사상과 그 맥을 같이 한다.[27] 다만 고려 후기에는 동지 때 노인에게 죽을 제공했지만, 후한의 경우 중추절이나 가을에 노인의 건강을 염려하여 미죽과 함께 지팡이까지 제공했다는 점이 다를 뿐이다.

그러면 이때 나누어 먹은 두죽(또는 두미豆糜)은 과연 어떠한 죽이었을까? 형태는 부드러운 연유[酥]같은 두죽이라고만 했을 뿐, 사료상으로 그 모습은 구체적이지는 않지만, 재료는 녹두나 대두로도 가능하다. 다만 지금의 풍속 음식과 보양 두죽으로 미루어 볼 때, 팥으로 만들었을 가능성은 충분히 짐작할 수 있다. 이를 알 수 있게 해주는 사실이 『목은선생문집』에 전한다. 목은 문집에 의하면 동지 때 끓인 두죽을 깊이 감추어 두면 맛이 깊어져 백 가지 자주빛과 천 가지 붉은 빛이 돈다고[28] 했다. 이것은 겨울철 감춰 둔 차가운 두죽의 맛이 별미였음을 의미한다. 그리고 "(돌아와) 다시 두죽의 향을 맛보다."에서 언제나 먹던 쌉쌀한 명아주 죽粥에 비해 동지 때 먹는 두죽의 맛을 그리워 했다고[29] 말하는데, 이 사실에서 특별한 날의 두죽을 연상할 수 있다. 무엇보다 "소두를 삶아 죽을 끓이니 진한 붉은 빛이 돈다."[30]라는 사료에서 소두로 끓인 죽의 색깔이 붉고 짙었다는 것은 당시 두죽의 재료, 소두가 바로 팥이었음을 말한다. 이로서 고려 후기 동지 때 끓인 죽은 팥죽이었음을 짐작할 수 있다. 이렇게 보면 두탕이 팥으로 끓인 두죽으로 바뀌어 오늘날과 같은 동지 팥죽의 이름으로 전승된 것을

27 『후한서』「志第五·禮儀中」, "中秋之月, 縣道皆案戶比民, 年始七十者, 授之以王杖, 餔之以糜粥.";
    『후한서』권3「章帝紀」, "秋, 令是月養衰老, 授幾杖, 行糜粥飲食.";『후한서』권5「安帝紀」, "方今案
    比之時, 郡縣多不奉行, 雖有糜粥糠粃相半. 長吏怠事, 莫有躬親, 甚違詔書養老之意."
28 『목은선생문집』권20「豆粥」, "閉門深藏道味濃, 胚胎百紫與千紅"
29 「둔촌잡영(遁村雜詠)」「至日偶作呈圃隱陶隱宗之三君子」, "朔日是多至, 喜逢生一陽⋯常厭藜羹苦,
    還嘗豆粥香."
30 『목은선생문집』권24「두죽」, "小豆烹爲粥, 光浮赤面濃."

알 수 있다. 실제 팥죽은 영양가가 높고 맛이 구수할 뿐 아니라 추운 겨울철에 먹기 좋은 계절 음식이다.

그렇다면 동짓날 절일 음식인 팥죽은 어떻게 만들었는가? 『규합총서閨閤叢書』, 『부인필지夫人必知』 등의 문헌에는 팥죽의 구체적인 조리법이 기록되어 있다. 이는 "팥에 약 8-10배의 물을 붓고 팥알이 충분히 퍼지도록 삶은 다음, 체에 걸러서 껍질을 제거하고 가라앉힌다. 가라앉힌 윗물은 떠서 솥에 붓고 쌀을 넣은 다음 중간 불에서 끓이다가 쌀이 거의 퍼졌을 때 가라앉은 팥앙금을 넣고 고루 섞어서 다시 끓인다. 이때 찹쌀가루를 익반죽하여 둥글게 새알 모양으로 빚은 새알심[鳥卵心]을 함께 끓인다. 새알심이 떠오르고 팥죽색이 짙어지고 걸쭉하게 되면 소금으로 간을 하고, 식성에 따라 설탕을 넣어 먹기도 한다." 라고[31] 하였다.

팥죽을 끓이기 위해서는 적어도 5-7시간을 소모하지 않으면 안 된다. 왜냐하면 팥물을 많이 붓고 쌀을 넣어서 알이 그 많은 팥물 속에서 풀리기를 기다리는 시간이 더디기 때문이다. 따라서 팥죽을 끓이기 위해서는 꼬박 밤을 새워 가며 저어 알이 풀리기[익기]를 기다려야 했다. 이는 『세설신어世說新語』 상의 석숭石崇과 왕개王愷의 재산 자랑에도 등장하는데, 이 이야기는 석숭이 손님을 위해 두죽을 빨리 끓여 내놓아서 왕개를 놀라게 했다는 일화에 등장한다. 나중에 알았지만 미리 팥을 삶아 말려 가루를 만들어 두었다가 손님이 오면 흰죽[白粥]에 그 가루를 섞어 넣어 끓였다고 그 연유를 밝히고 있다.[32] 『동아

---

31 『한국민족문화대백과사전』 23권, 한국정신문화원, 1991, p.400.

32 남조 송(宋) 유의경(劉義慶) 찬, 『세설신어(世說新語)』 권하 「汰侈」, "石崇爲客作豆粥, 咄嗟便辦. 恒冬天得韭萍. 又牛形狀氣力不勝王愷牛 而與愷出遊 極晚發 爭入洛城 崇牛數十步後 迅若飛禽 愷牛絶走不能及. 每以此三事爲搤腕. 乃密貨崇帳下都督及御車人, 問所以, 都督曰, 豆至難煮, 唯豫作熟末, 客至 作白粥以投之. 韭萍是搗韭根, 雜以麥苗爾. 復問取人牛所以駛. 取人云, 牛本不遲, 由將車人不及制之爾. 急時聽偏轅, 則駛矣. 愷悉從之, 遂爭長. 石崇後聞, 皆殺告者."

일보』1931년 12월 12일 자에도 팥죽을 빨리 끓이는 방법을 소개하고 있는데, 그 내용이 『세설신어』에 등장하는 이야기와 같다. 그러면 이 같은 팥죽이 절일인 동지와 어떤 연유로 연관되었는지를 살펴보자.

II. 동지의 의미와 그 의례

동지는 24절기 중의 하나로서 일 년 중 밤이 가장 길고 낮이 가장 짧은 날이다. 그래서 이 달을 동짓달이라고 하며, 고대인들은 동지를 태양이 죽음으로부터 부활하는 날로 생각하고 축제를 벌여 태양신에게 제사했다고 한다.[33]

동지에 대한 최초의 기록은 『상서尙書』「우서虞書·요전堯典」의 "일단日短"[34]에서 확인할 수 있다. '일단' 즉 '일남지日南至'에 대해 『춘추좌전春秋左傳』 희공僖公 5년의 진晉 두예杜預의 주소注疏에 의하면, 동지는 해가 가장 짧은 날이고,[35] 동지에는 해가 남쪽 끝에 있게 된다고[36] 한다. 동지에 대한 보다 구체적인 모습은 『예기』「월령月令」과 『여씨춘추呂氏春秋』「십이기十二紀·중동기仲冬紀」에서 볼 수 있는데, 두 내용은 거의 동일하다. 두 책에 대한 선·후의 논쟁이 있지만[37] 『예기』「월령」에 의하

---

33 동지의 명칭은 장지(長至), 단지(短至), 비동(肥冬), 희동(喜冬), 이장절(履長節), 두부절(豆腐節)과 아세(亞歲) 등 다양한 명칭을 지니고 있다.
34 『상서(尙書)』「虞書·堯典」, "日短, 星昴, 以正仲冬"의 "日短"에 대해 공영달은 "冬至之日"이라고 주소 한다.
35 『춘추좌전』 희공 5년, "傳五年, 春, 王正月, 辛亥朔, 日南至" 이에 대한 주소에 "周正月, 今十一月. 冬至之日, 日南極"라고 한다.
36 『춘추좌전(春秋左傳)』 희공(僖公) 5년의 진(晉) 두예(杜預) 주소(注疏), "周正月, 今十一月. 冬至之日, 日南極."
37 동카이천[董愷忱] 외 주편, 『중국과학기술사(中國科學技術史)』(農學卷), 科學出版社, 2000, pp.72-74에는 『예기』「월령」이 보다 오랜 자료를 근거하고 있다고 하여, 『여씨춘추』「십이기」가 『예기』「월령」을 근거하여 작성되었다고 한다.

면, 11월[仲冬]에 일단日短: 冬至이 있는데, 이날은 낮 길이가 가장 짧고 음양이 다투며, 모든 생물이 꿈틀거리기 시작한다고 하였다. 당시 하력[夏曆: 음력]의 11월은 주대의 정월에 해당한다.[38] 그러므로 군자는 몸과 마음을 깨끗이 하고 삼가며 여색을 멀리하고, 모든 기호와 욕망을 금하며 음양이 안정되기를 기다리는 시기라고[39] 하고 있다. 그래서 『사기史記』「효무본기孝武本紀」에는 삭단동지朔旦冬至 날에 천자가 친히 태산泰山에 이르고, 명당에서 하늘의 상제上帝에 제사를 올렸다고[40] 한다.

후한의 『사민월령四民月令』「십일월조十一月條」에서는 십일월 동지에 대해 보다 일반적인 모습이 전한다. 즉 동지날에 음식을 갖추어 사당에서 제사 지내고, 이어서 존장尊長에게 술을 올리고, 위로는 군君과 사師에서 노인에게까지 나아가 예를 올리는 것이 정월과 같았다. 이날은 음양이 다투고 혈기가 흩어지는 날이기 때문에 동지 전후 각 5일간은 부부관계를 하지 않는다고 한다.[41] 이처럼 후한 대에는 민간에까지 동지의 풍속이 전파되어 있었음을 볼 수 있다. 동지 때 굳이 이러한 행사를 했던 것은, (하력의) 11월은 자월子月이라 해서 주대에는 한 해의 시작[歲首]으로 삼았는데, 달력을 개정한 후에도 그 풍속이 그대로 남았기 때문인 듯하다.

---

38 『상서』「우서·요전」의 "日短, 星昴, 以正仲冬"의 '일단(日短)'과 『춘추좌전』 소공(昭公) 20년 "春 王二月, 己丑日南至"의 "일남지(日南至)"에서 확인할 수 있다. 모두 동지를 의미하지만 시점의 차이로 전자는 중동(11월)이고 후자는 정월이다. 후자의 경우 비슷한 기록인 『춘추좌전』 희공 5년의 "傳五年春, 王正月, 辛亥朔, 日南至."에는 진 두예가 주소하여 "周正月, 今十一月. 冬至之日, 日南極"라고 하여 주대의 정월은 지금[晉代]의 11월이라고 한다.

39 『예기』「月令」, "是月也, 日短至, 陰陽爭, 諸生蕩. 君子齊戒, 處必掩身, 身欲寧, 去聲色, 禁耆慾, 安形性, 事欲靜, 以待陰陽之所定. 芸始生, 荔挺出, 蚯蚓結, 麋角解, 水泉動. 日短至, 則伐木, 取竹箭."

40 『사기』 권12 「孝武本紀」, "其後二歲, 十一月甲子朔旦冬至, 推曆者以本統. 天子親至泰山, 以十一月甲子朔旦冬至日祠上帝明堂."

41 스성한[石聲漢] 교주, 『사민월령교주(四民月令校注)』「十一月條」, 中華書局 1965, "十一月, 冬至之日薦黍羔. 先薦玄冥于井, 以及祖禰. 齊饌掃滌, 如薦黍豚. 其進酒尊長, 及修刺謁賀君師耆老, 如正月."

당대唐代에도 한 무제 때와 마찬가지로 호천昊天에 제사한 후 원단 元旦과 같이 하례하고, 향연을 개최했으며,[42] 송대의『동경몽화록東京夢華錄』에서는 경사에서 동지를 가장 중시하여 새 옷으로 갈아입고 음식을 장만하여 조상에게 제사 지내고, 서로 왕래하고 축하하는 것이 새해와 같았다고 한다.[43] 이것은 동지를 음양의 기상이 서로 교체하는 날로 규정하고, 역曆의 시작 시점으로 인식하여 마음과 행동을 신중히 할 것을 경고했음을 말해준다. 이 때문에 동지는 천신과 조상에 제사하고, 배례하여 새해를 맞는 의미로 발전하였다. 그런 점에서 동지는 역曆의 시작이라고도 볼 수 있다.『사기』「율서律書」에 소리는 궁宮에서 시작하고, 수數는 1에서 시작하는 것과 같이 기氣는 동지에서 비롯된다고 한다.[44]

고려시대에도 위와 비슷한 인식이 자리 잡고 있었다. 즉 동지 아침이 되면 음기는 약해지고 양의 기운이 처음으로 돌아오기 시작하여,[45] 점차 음양이 점차 조화를 이루면서 만물이 안정을 찾아가는 시기를 맞게 된다. 그래서 동지를 일양一陽[46]이라고 표현하는데, 일양이란 이때를 기점으로 양기가 발동하여 만물이 새롭게 생성되기 시작한다는 것을[47] 의미한다. 고려 말 정몽주鄭夢周는『포은집圃隱集』에서 일양

---

42 니이다 노부로[仁井田陞],『당율습유(唐律拾遺)』, 東京大學出版會, 1933;『대당개원례(大唐開元禮)』권4 "皇帝冬至祀圓丘 冬至祠圓丘有司攝事."와 그 외 권95, 권96, 권98, 권112와 권113 등에서도 비슷한 내용을 찾을 수 있다.

43 『동경몽화록(東京夢華錄)』권10「동지」, "十一月冬至, 京師最重此節, 雖至貧者, 一年之間, 積累假借, 至此日更易新衣, 備辦飲食, 享祀先祖, 官方關撲, 慶賀往來, 一如年節."

44 『사기』권25「律書」, "生黃鍾術曰, 以下生者, 倍其實, 三其法. 以上生者, 四其實, 三其法. 上九商八羽七角六宮五徵九. 置一而九三之以爲法. 實如法, 得長一寸. 凡得九寸, 命曰黃鍾之宮. 故曰音始於宮, 窮於角, 數始於一, 終於十, 成於三. 氣始於冬至, 周而復生."

45 『독곡집(獨谷集)』권하「冬至送全羅申觀察浩」, "陰消陽長見天心, 此理何曾有古今."

46 『구당서(舊唐書)』권21「禮儀一」, "時十一月十三日乙丑, 冬至, 陰陽人盧雅·侯藝等奏請促冬至就十二日甲子以爲吉會, 時右臺侍御史唐紹奏曰, 禮所以冬至祀圓丘於南郊, 夏至祭方澤於北郊者, 以其日行躔次, 極於南北之際也. 日北極當晷度循環, 日南極當晷度環周. 是日一陽交生, 爲天地交際之始. 故易曰, 復, 其見天地之心乎. 卽冬至卦象也."에서 일양은 동지를 뜻함을 알 수 있다.

47 『쌍매당선생문집(雙梅堂先生文集)』권1「冬至有感」, "一陽來復式如期, 萬物生生試此時."

이 처음 움직이는 시점에 하늘의 마음을 증험證驗할 수 있다고[48] 하면서 동지의 의미를 말하고 있다.

때문에 이러한 기상의 변화를 기념하기 위해 해마다 건자월建子月: 11월에 제천의식이 행해졌다고[49] 한다. 또 이러한 인식은『고려도경高麗圖經』에도 보이는데, 그것은 왕씨가 건국 이래 개경의 남쪽 산 아래 성을 쌓고, 건자월에 관속을 거느리고 의물儀物을 갖추어 하늘에 제사를 지냈던 모습에서도 확인할 수 있다.[50]

이런 동지의 이치에 따라 함께 도모했던 정치적 행위가 다름 아닌 "혁구정신革舊鼎新(낡은 것을 고쳐 새롭게 하는 것)"이며, 대부백관大夫百官을 위해 새로운 제도를 정립하는 것이었다. 즉 유신의 정치를 세워 나라를 부흥하고 영세永世의 복을 누리고자 하였던 것으로,[51] 동지를 옛 것을 과감하게 탈피하는 개혁 정치의 출발점으로 인식했다. 20세기 초기에도 비슷한 생각이 이어져 동지를 맞이하여 국민 각자가 '일양의 기운'을 회복하여 국가 중흥의 국력을 도모할 수 있는 '복양지의復陽之義'를 갖기를 염원하였다.[52] 이러한 인식은 이미『사기』「태사공 자서太史公自序」에서 동지에 "천력天曆을 처음으로 고치다."[53]고 하여 새로운 시작을 강조한 것과 궤를 같이한다.

동지 때 제천祭天 못지않게 행해졌던 행사가 바로 하례賀禮이다.『고려사절요』에서는 동짓달 갑자일甲子日에 해가 남쪽에 이르면 왕이 원화전元和殿에 행차하여 조하朝賀를 받고 사현전思賢殿에서 신하들에게

---

48 『포은선생문집(圃隱先生文集)』권2「冬至吟」, "一陽初動處, 可以見天心……一陽初動處, 可以驗吾心."
49 『송사(宋史)』권487「열전246·고려」, "歲以建子月祭天."
50 『고려도경』권17「祠宇」, "自王氏有國以來, 依山築城於國之南, 以建子月, 率官屬, 具儀物, 祠天."
51 『고려사』권16 인종 10년 11월 갑자일.
52 『황성신문(皇城新聞)』1903. 12. 21; 그런가 하면 동지의 긴 밤을 부정적으로 비유하여 일제시대의 조선 민족을「동아일보」(1923년 12월 24일)에서는 "동지야반(冬至夜半)"이라고 표현하기도 했다.
53 『사기』권130「태사공자서」, "卒三歲而遷爲太史令, 紬史記石室金匱之書. 五年而當太初元年, 十一月甲子朔旦冬至, 天曆始改, 建於明堂, 諸神受紀."

연회를 베풀었다고 한다.[54] 천재지변이 없는 한 동지에 하례를 한 듯하다.[55]

뿐만 아니라 동지에 사신을 파견하여 축하하기도 했다. 『고려사』에는 11월 병자일丙子日에 현종이 기거랑起居郎 강주재姜周載를 거란에 파견하여 동지를 축하했다는[56] 기록이 전한다. 『고려사』 「가례조嘉禮條」에서는 사신을 파견할 수 없을 경우, 공민왕은 면복冕服을 갖추어 백관을 거느리고 명明 황제의 궁궐을 향해 하례하기도[57] 했다. 그 내용으로는 대개 만만세萬萬歲를 외쳤고, 그 후에 백관은 본조本朝에 대해 하례하였다.[58] 이러한 영향으로 인해 조선시대에도 동지를 전후하여 정례적으로 명明에 이어 청국淸國에도 동지사冬至使를 파견하였다.

고려 말 권근權近 역시 『양촌집』에서 동지가 되면 백관은 성상聖上에게 장수의 축원과 복을 빌고, 성상의 덕은 이에 더욱 빛난다.[59]고 했다. 이날 하례한 근거는 천문의 상원上元을 동지에 두고,[60] 여기에서 역曆이 비롯되며, 성인의 도가 이로부터 출발했다는 데 두고 있다. 『보한집』에 의하면 원정元正과 동짓날에 지방의 목牧과 도호부에서 전례대로 중앙관부인 상부相府에 하례를 하였다.[61]

본조本朝 조정의 신하가 왕에게 하례할 경우, 동짓날 새벽이 밝아 천궐天闕(대궐)이 열리면 조신들은 뜰에 모여 '왕의 장수'를 기원하였

---

54 『고려사절요』 권2 성종2년 11월 갑자일.
55 『도은선생문집(陶隱先生文集)』 권2, "至日有雪, 無賀禮, 獨坐懷曾吾."
56 『고려사』 권4 현종 원년 11월 병자일.
57 『고려사』 권45 「세가·공양왕」 원년 11월 경인일.
58 『고려사』 권67 「가례」 王太子節日受宮官賀并會儀, "(恭愍王) 二十一年, 十一月, 丁巳, 冬至, 王具冕服率百官, 向闕拜賀山呼萬世後, 百官又行本朝賀禮."
59 『양촌집(陽村集)』 권24 「冬至箋」.
60 『고려사』 권16 인종 10년 11월 갑자일 "유훈(有訓)에 이르기를 수만 년이 지나면 반드시 동지날에 갑자일을 만나게 되어 일월과 오성(水, 火, 金, 木, 土)이 모두 자시(子時)에 만나게 되는 바 이를 상원(上元)이라고 한다."
61 『보한집(補閑集)』 권중(中), "元正冬至, 諸牧都護府, 例修狀賀相府."

다.[62] 당시 관리들은 동지 하례와 축원을 위해 1일의 휴가를 받은 듯하다.[63] 아마도 외직에 있는 자들은 왕의 장수를 비는 하례에 참석하지 못하는 것을 불편하게 여겨 마음으로나마 대궐을 향해 축원을 드리고 있다는 것을 나타내기를 바랐던 것 같다.[64] 이 때문에 관리들 사이에는 경쟁이 있었던 것 같으며, 이러한 폐단으로 인해 충렬왕 5년에는 각 도道의 안렴사按廉使와 수령이 설과 동지에 하례하고 도계장到界狀을 올리는 것을 금하기도 했다.[65]

동지를 맞아 장수와 오복을 기원할 때 천자의 외척은 술잔을 들어 장춘莊椿의 장수를 기원하고, 백관들은 장수하기를 기원하며 버선을 바치거나 궁궐에서 성대한 의식을 펼쳤다. 특히 동지는 양기가 태동하기 시작하며 따뜻한 기운이 점차 펼쳐지는 시기이기 때문에, 만물이 생겨나고[66] 희망의 빛이 열리므로, 임금은 응당 천기의 새 기운을 체험하게 된다.[67] 그래서 하례를 마치면 춤추고 노래하며 스스로 즐겼으며,[68] 연회가 열리는 5일 동안 음악을 연주하기도 하였다.[69]

이처럼 동지에 임금은 천신과 조상신에 제사하고, 신하의 조하를

---

62 『춘정선생문집(春亭先生文集)』 권2 「冬至日早朝」.
63 『고려사』 권84 「刑法·公式·官吏給暇」.
64 『양촌집』 권24 「冬至箋」, "엎드려 생각하건대, 외람되이 용렬한 자질로 황공하게도 중임을 맡아 교화를 남국(南國)에 펴면서 방백의 자격이 없음을 부끄러워하나, 마음은 북신(北辰)을 향하여 봉인(封人)의 축수를 드리기 원합니다."; 『국당유고(菊堂遺稿)』 권2 「冬至禮狀」, "微陽始生於六陰, 天道乃易…馴致變理之功, 代一人以勤勞, 實萬姓之悅懌, 伏念小僕, 質本疎懦, 才乏無綏, 職纍敝封, 縱未參於賀列, 心馳幕府, 敢不先於禮章."
65 『고려사』 권29 「세가·충렬왕」 5년 7월 을묘일.
66 『쌍매당선생문집(雙梅堂先生文集)』 권1 「冬至有感」, "一陽來復式如期, 萬物生生試此時."; 『독곡집(獨谷集)』 권下 「冬至送全羅申觀察浩」, "陰消陽長見天心, 此理何曾有古今"; 「둔촌잡영(遁村雜詠)」 至日偶作呈圃隱陶隱宗之三君子, "朔日是冬至 喜逢生一陽, 寒威徒凜冽, 暖津漸舒張, 常厭藜羹苦, 還嘗豆粥香."; 『해동죽지(海東竹枝)』 「十一月·驗穀苗」, "舊俗, 冬至日, 將五穀種, 向陽掘地窖, 附土安排堅固, 至立春日啓開, 苗芽最長者, 占豊穰.", "一陽初屈驗豊穰, 五穀安排土窖藏."라고 하여 동짓날 오곡의 종자를 움을 파서 양지바른 곳에 넣어 흙을 덮어두었다가, 입춘에 열어보고 싹이 가장 긴 곡식으로 그 해 풍년을 점쳤음을 알 수 있다.
67 『태제선생문집(泰齋先生文集)』 권2 「詩·七言絶句·至日卽事」, "正是一陽方動日, 聖恩應亦體天新."
68 『춘정선생문집(春亭先生文集)』 권2 「冬至日早朝」, "佳辰況是陽初動, 蹈舞歌時敢自休."
69 『동국이상국집(東國李相國集)』 권32 「狀·冬至賀狀」.

받고 군신의 연예演藝를 받았다. 신하들이 이날 하례하고 장수를 축원한 것은 음기가 극에 달하고 해그림자가 길어지니 상공相公에게 늙지 않으시길 염원하고, 또 일양이 다시 시작되는 때를 맞아 오복을 축원하여 새로운 희망의 시작을 기원했다.

그 징표로 책력과 달력을 동짓날 관상감觀象監에서 만들어 왕에게 진상하면 임금은 '동문지보同文之寶'라는 어새를 찍어 표지를 황색과 백색으로 장식한 황장력黃粧曆과 백장력白粧曆을 모든 백관에게 배급했다.[70] 각 관청의 관리들은 서로 친한 사람들에게 달력을 선물했는데, 대개 하급 관원이 상급 관원에게 주는 것이 전례였다고 한다. 1921년 『해동죽지海東竹枝』에서는 동짓날 책력을 반포하고 백성들이 서로 주고받는 영향이 민간에까지 미쳤다고 하며, 20세기 초기에 이르러서는 이미 일반 민에게까지 책력이 널리 보편화되어 궁벽한 곳의 농부도 책력을 접하여 꽃이 피지 않아도 봄이 온 줄 알게 되었다고 말하고[71] 있다.

이처럼 동지는 부흥을 뜻했고, 이날부터 태양이 점점 오래 머물게 되어 날이 길어진다. 더구나 이때 음기가 다하고 양기가 싹튼다는 점에서 새해의 시작을 의미한다. 그러므로 동지를 한 해의 시작으로 보고 새 달력을 만들어 다가올 세월을 미리 점검하였다. 따라서 동지를 맞이한다는 것은 묵은해를 보내고 미리 새해를 맞는다는 실제 의미를 담고 있는 듯하다. 그런 점에서 동지는 반성과 준비의 의미도 담고 있었다. 역曆이 바뀌는 역사적인 시점이기도 하지만, 신년을 위한 예비기의 의미로서 반성과 준비를 위한 기간이라고도 볼 수 있는 것이다.

---

70 『동국세시기』 「동지조」; 『열양세시기』 「십일월·동지조」에는 달력은 상품의 황장력 이외, 그 다음으로 청장력(靑粧曆), 백력(白曆), 중력(中曆), 월력(月曆), 상력(常曆) 등 여러 종류가 있으며, 종이 품질과 그 모양에 따라 구별했으며, 장관과 직원들에게 전례에 따라 차등 있게 지급했다고 한다.

71 『해동죽지』 「십일월·동지력」, "舊俗, 至日頒曆, 人民互相贈與, 及于鄕閭, 名之曰冬至曆.", "天時人事重循環, 至日靑臺鳳曆頒, 峽裡老農猶接候, 不將花發識春還."

III. 동지와 팥죽

전술한 바와 같이 두죽은 삼국시대 이전부터 존재했지만 동지에 두죽豆粥을 먹었다는 기록은 고려시대부터 등장한다. 『고려사』에는 동지를 속절俗節이라고 한 것을 보면,[72] 동지라는 절일이 이미 고려시대 민간에서도 존재했음을 알 수 있다. 고려 말『익제집益齋集』에 의하면 동짓날은 흩어진 가족들이 모여 두죽豆粥을 끓이고 비단옷을 입고 부모님께 장수를 기원하며 술을 올리는 것을 큰 즐거움으로 여겼다고[73] 한다. 그런가 하면 여말선초의 학자였던 변계량의 『춘정선생문집春亭先生文集』을 보면, "동지에는 집집마다 콩죽[豆糜]을 쑨다."라고[74] 했다. 고려 후기에는 동지 때 팥죽[豆粥]을 가정마다 끓여 서로 이웃에 보내 공식[共食] 하는 넉넉한 풍속이 자리 잡았음을 알 수 있다.[75] 그리고 동짓날 먹은 이 두죽은 전술한『목은선생문집』에서 여름철에 먹은 두탕이나『동문선東文選』에서 학처럼 흰머리가 난 양친에게 두죽을 배불리 드시게 하지 못하고 객지를 떠다니는 신세를 한탄했던 보양식과는[76] 다소 차이가 있음을 알 수 있다. 여름에 노인들의 보양식으로 공양했던 두탕이나 두죽은 보편화된 동지 때의 두죽과는 그 의미가 달랐다.

15세기 초·중기 무렵 전순의全楯義가 찬술한『산가요록山家要錄』에는 '흰죽[白米粥]', '사시신미죽四時新米粥', '두죽豆粥', '백자죽栢子粥'과 '담죽

---

72 『고려사』권84「형법·명례(名例)」, 제삿날 이외에 철이 바뀔 때마다 사당이나 조상의 묘에 차례를 지내던 날.

73 『익제집(益齋集)』권2「동지(冬至)」, "律調黃鐘斗揷子, 短晷南至一陽生, 最憶吾家弟與兄, 齊奴豆粥咄嗟烹, 舞綵高堂獻壽觥, 人間此樂難爲名."

74 『춘정선생문집(春亭先生文集)』권1「동지」, "冬至家家作豆糜."

75 『목은선생문집(牧隱先生文集)』권20「두죽」, "冬至鄕風豆粥濃, 盈盈翠鉢色浮空…家家相送成風俗";『陶隱先生文集』卷2 至日用民望韻再賦用別韻, "逐客承恩返故鄕, 佳辰況復是生陽, 豆糜相饋憐人厚."

76 『동문선』권8「동지」, "末厭豆粥鶴髮親 流離旅次潛傷神."

淡粥', '율무죽[薏苡粥]' 등의 죽들이 등장한다.[77] 이 중 두죽은 붉은 팥으로 쑤었으며, 여기에는 죽을 쑤는 법은 물론 긴급하게 팥죽을 끓이는 방법까지 제시하고 있다.[78] 그리고 『목은집』이나 『익제집』에서 살핀 바와 같이 동지에 집집마다 팥죽을 쑬 정도로 대중화된 것을 보면 적어도 고려시대 중후기 이전에 동지 팥죽이 절일 음식으로 정착되었던 것 같다. 게다가 조선시대에는 이전 시대보다 진일보하여 두류 가공식품이 다양하게 등장했다는[79] 점을 볼 때, 두류 식품이 민간에 널리 보급되었음을 알 수 있다.

동짓날의 팥죽은 조선시대에도 그대로 이어졌다. 조선 중기의 『병자일기丙子日記』(1636-1640년)에는 "병자년 12월 25일에 피난에 지쳐있는 남이웅南以雄 가家에 읍내 호장戶長 댁에서 팥죽 한 동이와 술을 대접한" 기록이 전하는 것은 동지가 갓 지난 시점에서 팥죽이 지닌 당시의 의미를 잘 보여주고 있다. 그리고 19세기 초 『동국세시기』 「십일월·동지조」에서는 "동지에 팥으로 죽을 끓이고, 그 속에 찹쌀가루로 새 알심[團子]을 만들어 죽 속에 넣었다."라는[80] 기록이 전한다. 그런가 하면 팥죽에 꿀을 타서 절일 음식으로 먹기도 하고 사당에 올려 제사를 지내기도 했다.

그러면 왜 하필 동지날에 팥죽을 먹었으며, 동지와 팥죽 사이에는 어떤 상관관계가 있었던 것일까? 동짓날 팥죽을 먹었다는 최초의 기

---

77 조선 후기로 접어들면 죽의 종류는 크게 증가된다. 1700년에 홍만선이 찬한 『산림경제(山林經濟)』 권2 「치선(治膳)·죽반조(粥飯條)」에는 죽을 우유죽(牛乳粥), 방풍죽(防風粥), 토란죽[山芋粥], 밤죽[栗子粥], 닭죽[鷄粥] 등 여섯 가지를 제시했지만, 1766년(英祖42) 류중임(柳重臨)이 찬한 『증보산림경제(增補山林經濟)』 권8 「治膳上·飯粥諸品條」에는 잣죽[海松子粥], 푸른 콩죽[靑太粥], 박죽[瓠粥], 아욱죽[葵菜粥], 보리죽[麥粥], 소양죽(牛膓粥), 붕어죽[鯽魚粥], 굴죽[石花粥], 율무죽[薏苡粥], 연뿌리죽[藕粉粥], 연밥죽[蓮子粥], 가시연 밥죽[芡仁粥], 마죽[薯蕷粥], 마름죽[菱角粥], 칡죽[葛粉粥], 전복홍합쇠고기죽[全鰒紅蛤牛肉粥] 등을 더 추가하여 소개하고 있다.
78 『산가요록』「두죽」, "赤小豆重湯細末晒乾, 若急用時, 則豆末先入作湯, 白米洗末, 幷入作粥, 極妙."
79 최덕경(崔德卿), 「朝鮮時代의 大·小豆와 그 加工食品」, 『大丘史學』 第72輯, 2003.
80 조수삼(趙秀三)이 정조 19년(1795)에 찬술한 『세시기(歲時記)』에 의하면 새알심을 넣은 팥죽 중 된죽은 마심(磨心), 묽은 죽은 전심(全心)이라고 한다.

록은 6세기의 중엽 양梁나라의 『형초세시기荊楚歲時記』에 처음 등장한다. 이 책에 의하면 동지에는 해의 그림자를 재며, 팥죽을 쑤어 역귀를 쫓았다고 한다. 이에 대해 수대隋代 두공첨杜公瞻은 그 이유를 "공공씨共工氏에게 재주가 없는 아들이 있었는데, 동짓날에 죽어 역귀疫鬼가되었다. 그가 원래 팥을 두려워하였기 때문에 동짓날에 팥죽을 쑤어역귀를 물리쳤다."라고[81] 하였다. 여기에 등장하는 공공共工은 고대 전설 중의 천신으로, 전욱顓頊과 더불어 제帝를 다투다 머리가 불주산不周山에 부딪혔다는 고사가 있다. 『회남자淮南子』「천문훈天文訓」에서는 이때 천주天柱가 부러져 하늘이 서북쪽으로 기울고 일월성신이 움직였다고 한다. 『태평어람』에서는 공공이 "사람 얼굴에 뱀의 몸"을 하고 있었음을 전하고 있는데,[82] 이런 신화 내용이 언제부터 『형초세시기』에 삽입되었는지 모르나 두공첨의 안어按語로 미루어 적어도 수대에는 붉은 팥으로 끓인 팥죽이 동지의 절일 음식으로 존재했음을 알 수 있다.

『동국세시기』「십일월」 동지 조에도 이러한 전설이 있어 동지 제사가 끝나면 팥죽을 문짝에 뿌려서 상서롭지 못한 액을 막고 잡귀를 물리쳤다고 한다. 『열양세시기洌陽歲時記』와 『경도잡지京都雜誌』 등에 등장하는 동지 조의 내용 또한 기본적으로 『동국세시기』와 동일하다. 그리고 이러한 풍습은 최영년崔永年이 편찬한 『해동죽지』에까지 이어져 동짓날 팥죽을 쑤어 문에 발라 가정의 상서롭지 못함을 없애고 복을 염

81 『형초세시기(荊楚歲時記)』「십일월」, "冬至日, 量日影, 作赤豆粥, 以禳疫"에 대한 안(按)에는 "共工氏有不才之子, 以冬至死爲疫鬼, 畏赤小豆, 故冬至日作赤豆粥, 以禳之. 又晉魏間宮中以紅線量日影, 冬至後日影添長一線."(『흠정사고전서(欽定四庫全書)』史部 『형초세시기』). 그런데 『사부비요(四部備要)』 사부(史部)의 『형초세시기』[中華書局, 『한위총서(漢魏叢書)』 본교간(本校刊)]에는 동지와 공공씨의 신화가 등장하지 않는다. 뿐만 아니라 1818년 조운종(趙雲從)이 찬술한 『세시기속(歲時記俗)』에서도 동지를 "蓋以黃帝子纍祖, 道死爲屬性畏赤小豆, 故用此辟之云, 甚不經也."라고 하여 역신이 된 황제(黃帝)의 아들 류조(纍祖)가 죽어 역귀가 되었는데, 팥을 두려워하여 이를 물리치기 위해 팥죽을 끓였다는 것은 이치에 맞지 않는다고 한다.
82 『태평어람』 권373 "歸藏啓筮曰共工人面蛇身朱髮."『고금사문유취(古今事文類聚)』「後集」 권20, "共工人面蛇身朱髮"

원했다.[83] 다만 동짓날이 음력 십일월 초순에 들 때는 애기 동지[亞冬至: 小冬至]라고 하여 팥죽을 쑤면 아기에게 해롭다는 속설이 있어 팥죽 대신에 팥시루떡이나 찰밥을 해서 먹기도 했다.[84]

조선시대의 동지는 1920-30년대의 일제시대를 거치면서 건강과 경로의 의미보다 팥죽 먹는 날로 자리 잡게 되었음을 당시의 신문을 통해서 알 수 있다.[85] 후술하는 바와 같이 동지는 당시 일본에는 쇠퇴하고 없는 문화였고, 특히 팥죽을 뿌려 악귀를 물리친다는 속설이 일제를 자극하여 재정비된 것이 아닌가 한다.

이처럼 팥죽이 동지와 직접 연결되고, 이 동지를 아세亞歲라 부르고 전날 밤을 제석除夕이라고 했으며, 그때 신년의 달력을 나눠준 것을 고려하면 마치 설날처럼 여겼던 것 같다. 그 때문에 동짓날에 먹은 팥죽은 새해를 축하하는 음식이었고, 그 속의 새알[瓊團]은 마치 나이처럼 인식되어 새해의 나이에 맞게 팥죽 속의 경단을 먹는 습관이 자리 잡게 된 것이다.[86]

동지 팥죽에 새알심을 만들어 넣은 것은 이미 중국의 송대부터 등장한다. 주밀周密의 『무림구사武林舊事』에는 동지에 "훈툰[餛飩]으로 먼저 제사를 드린다."[87]라고 했는데, 이것은 훈툰이 마치 천지 혼돈渾沌의 형상을 닮았다고 하여 먼저 하늘에 제사한 후 이를 먹으면 더욱 총명해진다고 본 것이다. 그리고 『연경세시기燕京歲時記』에서도 "훈툰의 형태가 계란과 같고 마치 천지와 같은 형상인 고로 동지에 먹었다."라

---

83 『해동죽지』「십일월·撒豆粥」, "舊俗, 冬至日, 煮赤豆粥, 塗門戶, 祓降不祥, 爲亞歲祝福之事, 名之曰撒豆粥."

84 동짓달(음력 11월)에 동지가 초순에 들면 애기 동지, 중순에 들면 중동지(中冬至), 그믐께 들면 노동지(老冬至)라고 하여 동지를 셋으로 구분하고 있다.

85 『동아일보』1924. 12. 22; 『동아일보』1928. 12. 22; 『조선중앙일보(朝鮮中央日報)』1934. 12. 22.

86 『동아일보』1929. 12. 22; 『동아일보』1930. 12. 23. 하지만 팥죽 속의 경단이 언제부터 나이와 연관되었지 사료 상으로는 확인되지 않는다.

87 『무림구사(武林舊事)』권3, 「冬至」, "三日之內, 店肆皆罷市, 垂簾飮博, 謂之做節. 享先則以餛飩, 有冬餛飩, 年餺飥之諺."

고 한다.[88] 이처럼 중국 훈툰의 형태가 계란 같다는 표현에서 유래되어 우리나라에서 경단을 새알이라고 불렀던 것이 아닌가 한다.

동지는 양력으로 보면 12월 22일에 해당하여 당해 년의 마지막 절기처럼 보이지만, 음력의 경우 새해를 한 달여 앞둔 시점으로 새해를 준비한다는 의미를 지녔다. 때문에 단순한 죽이 아닌 특별식이 필요했을 것이고, 그래서 팥죽 속에 쌀로 만든 경단을 넣었을 것이다. 당시 쌀은 일반 농가에서 생산하였지만 나라에 세금을 바치고 지주에게 소작료를 바치고 나면 쉽게 먹을 수 있는 곡물이 아니었다. 동시에 『맹자』에서 보는 바와 같이 동아시아에서는 집안에 맛있고 귀한 음식이 있으면, 먼저 노인에게 먼저 대접하는 풍습이 전해졌다. 조선은 장유유서의 전통을 지닌 유교 사회였고, 동지 풍습 속에 노인 공경의 전통이 존재했기 때문에 노인들에게 우선적으로 특별식을 대접하고자 했을 것이다. 모두가 먹고 싶어 하는 한정된 음식을 서열화시켜 배급하기 위해서는 일정한 명분이 필요했을 것인데, 그것이 다름 아닌 새해와 연령을 결합시켜 팥죽 속의 경단을 나이 수만큼 먹게 하는 방법이었다. 즉 팥죽 속에 담긴 경단을 통해 경로사상과 유교적 질서의 회복은 물론이고, 식탐까지 한꺼번에 조정했던 것이다.

IV. 팥죽의 효능과 그 사회성

1610년에 찬술된 『동의보감』에는 팥죽이 약용 죽으로도 소개되어 있는데, 이것은 팥죽의 효능을 잘 말해준다. 이는 곧 팥죽의 주원료인

---

[88] 차오지탕[喬繼堂]·주루이핑[朱瑞平] 주편, 『중국세시절령사전(中國歲時節令辭典)』, 中國社會科學出版社, 1998, p.485.

팥[赤小豆]의 약효가 적지 않았음을 의미한다. 1460년 전순의全循義가 찬한『식료찬요食療纂要』에 의하면 팥의 약용에 대해 다소 구체적으로 지적하고 있다.「수종水腫」 조에서는 팥이 복부에 생긴 수벽水癖이나 수종水腫을 다스리고,「제갈諸渴」 조에서는 소갈消渴을 다스린다고 한다.「제혈諸血」 조에서는 열독熱毒으로 인한 하혈下血이나 뜨거운 것을 먹고 나타난 증상을 치료한다고도 한다. 또한「제리諸痢」 조에서는 소화되지 않고 음식물 찌꺼기가 그대로 배출되는 이질인 수곡리水穀痢를 치료하고,「제림諸淋」 조에서는 남녀의 습열로 인한 임질증淋疾症인 열림熱淋과 피오줌이 나오는 임질인 혈림血淋 치료에도 효과가 있다고 한다. 아울러「소변불통小便不通」 조에서는 소변을 원활하게 해주며,「옹저癰疽」 조에서는 뾰루지[癰疽]와 농혈을 없애는 데 효과가 좋다고 한다. 이러한 자료들은 팥이 독을 제거하고 혈을 다스리며, 양기를 보충하고 냉기를 치료하고 진통 해소에도 탁월했음을 말해주고 있다. 이런 효능 때문에 양기가 음기를 누르기 시작하는 동짓날에 팥죽을 먹는 습관이 생겨났다는 지적도 있다.[89]

팥죽이 노인의 보양식으로 활용되었던 것도 이러한 효능 때문이었을 것이다. 주지하듯 여름과 겨울은 체력 소모가 많고 기가 위축되어 신진대사가 소통되지 않는 시기이다. 특히 노인의 경우는 더욱 그러하다.『목은선생문집』에서는 두죽은 부드러울 뿐 아니라 삼초三焦를 깨끗이 씻어내고 신체의 아홉 군데의 구멍을 소통해 주며,[90] 혈기를 조절하여 편안하게 한다고 한다.[91] 특히 사악한 기운을 씻는다는 속설까지 더해지면서 신진대사가 용이하지 않은 노인들의 보양식품으로

89 『조선일보』 1935. 12. 24.
90 『목은선생문집』 권20 「두죽」, "小豆烹爲粥…秋回天尙暑, 日照晝無風, 淨掃三焦熟, 淸凝九竅通."
91 『목은선생문집』 권27 「동지두죽」, "豆粥拭五內, 血氣調以平."

많이 이용되었으며, 체력 소모가 많은 여름이나 음기가 강한 겨울에 두죽을 많이 먹도록 권장했던 듯하다. 이러한 사실은 14세기 중엽의 『목은선생문집』「두죽」편의 곳곳에 등장한다. 때문에 이런 경험을 바탕으로 이 시기를 안전하게 보내는 데 적합한 음식이 필요했을 것이며, 그것이 팥죽이었던 것이다. 물론 내의원內醫院에서는 동지 때 팥죽이외에 임금에게 특별 한약재를 넣은 보신 식품을 제공하기도 했다.[92] 이러한 풍습이 그 후 민간에 전달되어 백성들도 동지에 사사로이 전약煎藥을 만들어 주고받았다.[93]

팥죽이 지닌 또 다른 효능은 『형초세시기』에서 볼 수 있다. 즉 전술한 바와 같이 동짓날에 죽은 공공씨의 아들이 역귀가 되었는데, 그가 팥을 두려워하였기 때문에 동짓날 팥죽을 쑤어 그를 물리쳤다는 기록이 그것이다. 팥을 무서워하는 악귀(또는 악역惡疫)를 쫓으며, 또 이를 먹어 역병을 방지하고 역귀의 접근을 방지하는 의미로 문에 팥죽을 뿌렸음을 알 수 있다. 그리고 실제 동지 무렵에는 역질이 유행하기도 했다.

이처럼 벽사辟邪의 의미로 사용된 팥죽이 한반도에 언제 수용되고, 이를 문짝에 뿌려 악귀의 출입을 막는 용도로 사용했는가는 분명하지 않다. 다만 조선 순조 때의 『동국세시기』에는 팥죽을 뿌리는 행위를 "제불상除不詳"이라고 표현했고, 『열양세시기』에서는 "벽귀辟鬼", 『해동죽지』「십일월」살두죽撒豆粥 조에서는 팥죽을 쑤어 "상서롭지 못한 것을 제거하고 아세亞歲를 위해 복을 빈다."라는 의미로 파악한 것

92　당시 임금에게도 동지 때 특별 보신 식품을 제공했는데, 궁 안 내의원에서는 소 다리를 고아 여기에 흰 생강[白薑], 정향(丁香), 계수나무 심[桂心], 맑은 꿀[淸蜜] 등을 넣어서 약을 만들어 임금에게 올렸다. 이 약은 악귀를 물리치고 추위에 몸을 보호하는 데 효과가 있다고 판단했던 것이다. 비록 식품은 차이가 있지만 그 의미에 있어서는 팥죽과 동일하다.

93　『해동죽지(海東竹枝)』「십일월·頒煎藥」, "舊俗, 冬至日自內局, 煉白蜜和桂薑屑大棗肉, 入于明膠 稱之煎藥, 頒于戚里大臣, 以爲冬至節祀之用, 人民亦私造, 爲贈與之物."

을 보면 적어도 조선 후기에는 이러한 풍습이 정착되었음을 알 수 있다.[94] 또『농가월령가農家月令歌』「십일월령」에서도 팥죽을 쑤어 이웃과 함께 즐겼다는 사실과[95] 더불어, 20세기 초의『해동죽지』에도 집집마다 만든 향긋한 팥죽을 문에 뿌려 부적과 굿을 대신하여 귀신을 내쫓고 양기의 상서로움을 맞이하는 사례가 나오는 것으로 보아,[96] 팥죽을 쑤어 문에 뿌리는 풍속은 그 후에도 지속되었음을 알 수 있다.

여기서 한반도 남쪽 부산의 세시풍속을 통해 조선시대 동짓날 팥죽의 풍습을 유추해 보자. 부산지역에서는 동짓날 때맞추어 팥죽을 끓여 가족이 먹기 전에 먼저 사당에 올리고, 각 방과 장독, 헛간 등 여러 곳에 담아 놓고, 팥죽 물을 솔잎에 적셔 대문이나 장독대 등의 집안 곳곳에 뿌리면 잡귀나 재앙을 면할 수 있다고 여겼다. 잡귀를 쫓기 위해 팥죽을 뿌리는 차례는 부엌, 앞마루의 사방 귀퉁이, 방문 앞의 벽, 대문 앞, 변소, 외양간의 순서이다.[97] 이처럼 팥죽을 뿌리는 위치로 볼 때 사람과 동물이 들어오는 문의 입구에 집중되었음을 살필 수 있는데, 이는 악귀의 접근을 방지하기 위해서이다.

팥의 붉은 색은 양색陽色이므로 음귀를 쫓는 데 효과가 있다고 믿었으며, 민속적으로 널리 활용되었다. 즉 붉은색은 귀신을 쫓아내는 [逐鬼] 기능이 있었기 때문에 경사慶事에 신성을 필요로 하거나 잡귀를 쫓아낼 필요가 있을 때에 자주 팥을 사용했다. 그래서 사람들은 상

94 『영조실록』 권115 46년 10월 8일(庚辰)에 따르면 동짓날 팥죽이 양기를 회생하기 위한 뜻이라고는 하지만, 공공씨(共工氏)의 이야기[說]에 따라 문에 팥죽을 뿌리는 것은 정도에 어긋난다고 하여 그만두게 하였다고 한다.

95 『농가월령가』「십일월령」 "동지는 명일(名日)이다. 일양(一陽)이 생(生) 하도다. 시식(時食)으로 팥죽 쑤어 이웃 마을[隣里]과 즐기리라 새 책력(冊曆) 반포하니 내년 절후 어떠한고. 해 짧아 덧없고 밤 갈기 지루하다." 「농가월령가」의 작자는 광해군 때의 고상안(高尙顔)이 지었다는 설도 있으나 헌종 때 정학유(丁學游, 정약용의 둘째 아들)가 지은 것이 유력하다고 한다. 김성배(金聖培) 외 편저, 『농가월령가(農家月令歌)』, 『주해 가사문학전집(註解 歌辭文學全集)』, 集文堂, 1977.

96 『해동죽지』「십일월·살두죽」 "赤豆家家煮粥香, 潑來門戶替符禳. 今朝逐盡山臊鬼, 冬至陽生迓吉祥."

97 김승찬(金承璨), 『부산지방의 세시풍속』, 世宗出版社, 1999, pp.184-185.

가상家에 팥죽을 선물하거나 이사를 가면 팥떡을 하고, 전염병이 유행할 때에는 우물에 팥을 넣기도 하였다. 이와 같이 악귀는 적색을 두려워하여 팥죽을 무서워하였던 까닭에 귀신을 물리치기 위하여 동짓날 팥죽을 쑤었다.[98] 뿐만 아니라 『동국세시기』에 의하면 10월 오일午日에 팥떡을 마구간에 바치고 말의 건강을 비는 풍속도 있었는데, 이것 역시 액운을 막기 위한 주술 행위였다.

동지 때 팥죽 이외에, 신령의 힘으로 악귀와 잡귀를 물리치기 위한 방법으로 부적이 있다. 『해동죽지』에 의하면 궁중에서는 신장神將의 모습을 그려 내외 친척과 각 궁에 나누어주기도 했다.[99] 이 문신門神 부적은 대문을 지켜서 불행의 요소가 들어오지 못하게 한다는 것으로 수문신守門神이라고도 한다. 팥죽의 의미도 일종의 수문守門의 효과가 컸을 것이다.

이상과 같이 동지를 아세라고 하는 것처럼, 동지는 한해를 정리하고 새해를 맞이한다는 의미를 내포하고 있었다. 또한 이날 붉은 팥죽을 먹는 이유는 웃어른의 건강을 점검하고 가정 내 사악한 기운이 침범하지 못하도록 경계함에 있었다. 더욱이 동짓날 새해에 이웃과 팥죽을 돌려먹으면서 그들 역시 자신의 가족과 함께 한다는 공동체적 연대 의식과 새알심 속에 담긴 장유유서의 의미를 동시에 내포하고 있다. 한국의 미풍양속인 '이웃사촌'의 의미는 이러한 동지의 식문화를 통해 더욱 친밀해졌다고 볼 수 있을 것이다. 『영조실록』에서는 동짓날 팥죽을 끓여 종로 거리의 걸인에게 먹인 것으로 보아,[100] 팥죽은 빈민 구제책으로도 이용되었다. 그리고 오희문吳希文의 『쇄미록鎖尾錄』

---

98 임동권(任東權), 『한국세시풍속연구(韓國歲時風俗研究)』, 集文堂, 1993, pp.91~92.
99 「해동죽지」 「십일월·문신부(門神符)」.
100 『영조실록』 권115 46년 11월 6일(戊申).

에는 임진왜란 때 식량을 구하기 어려워 10월에 구황식품으로 '두죽
[太粥]'을 끓여 먹었다는[101] 기록도 보이는데, 이때 두죽의 재료는 대두
였던 것 같다. 굶주린 자의 건강을 염려하여 단백질과 지방이 풍부한
두죽을 끓여 건강식이나 구황식품으로도 활용했다.

V. 동아시아 동지와 팥죽

1. 중국의 적두죽赤豆粥과 납팔죽臘八粥

두죽과 관련하여 살펴볼 때, 진대晉代에 편찬된『후한기後漢紀』에 풍이
馮異가 광무제光武帝에게 두죽을 올렸다는 것이 처음인데,[102] 당송시대
이후에는 두죽을 흔히 볼 수 있다. 물론 이 두죽이 어떤 죽인가는 알
수 없지만 황제에게 바친 것을 미루어 볼 때 콩으로 만든 특별 보양식
이었을 것이다.

동지 팥죽이 처음 등장하는 것은 전술한 양梁의『형초세시기』이
다. 이 속에 동짓날 팥죽을 끓여 악귀를 쫓고 가족의 무병장수를 염원
했다는 공공씨의 전설은 송을 거쳐 명청대까지 줄곧 이어지고 있다.

그런가 하면 청대 찬술된『어정연감유함御定淵鑑類函』의 동지 행사
에 의하면, 위진魏晉시대에는 동지에 황제가 만국과 백료들로부터 칭
하稱賀를 받았으며 그 의식이 아세亞歲와 같았다고 한다. 또 이날 남교
南郊의 환구圜丘에서 친히 제사를 올렸으며,『수서隋書』에서는 동짓날

---

101 『쇄미록(鎖尾錄)』「계사일록(癸巳日錄)・계사(癸巳)」10월 3일조, "夕時, 太三升作末, 煎太粥, 上下分
    喫, 而皆不盈腹."
102 진(晉),『후한기』권2, "馮異進豆粥";『후한서』「군국지(郡國志)」익주(冀州) 안평(安平)의 주석에는
    풍이(馮異)가 광무제에게 두죽을 올렸다고 한다.;『동관한기교주(東觀漢記校注)』권9「풍이」, "馮異
    上豆粥";『세설신어(世說新語)』권下「汰侈第30」, "石崇爲客作豆粥. 咄嗟便辦."

처음으로 수 황제가 서방西房으로 나가 연회를 베풀었다고 한다. 이런 현상은 지방정부도 예외는 아니어서 『양서梁書』에서는 오늘날 경축일에 죄수를 사면하는 것과 같이, 동짓날 동양태수東陽太守가 죄수를 방면하기도 했다고 한다. 이것은 위진시대 이후 동지를 중요한 절일로 인식했음을 말해준다.[103]

그런데 동짓날의 팥죽과 함께 등장하는 것이 농력 납월臘月의 팥죽이다.[104] 이것은 음력 12월에 끓이는 것으로 이미 당인 이복李福의 "납팔죽臘八粥"의 시에 등장하며, 송대 오자목吳自牧이 찬술한 『몽량록夢梁錄』에도 보인다. 납일은 동지 후 세 번째 술일戌日을 지칭한다.[105] 이 날을 술일로 택한 것은 지나친 음기를 막기 위해 온기를 뜻하는 날을 선택했기 때문이다.[106] 납월臘月의 8일을 사원에서는 납팔臘八이라고 하며, 대찰大刹 등에서는 납팔죽臘八粥이라는 오미죽五味粥, 五香粥을 준비한다. 그런 점에서 당시唐詩에 등장하는 납팔죽은 불교와 관련이 있었음을 알 수 있다. 그리고 납월 24일은 가택신家宅神인 조왕竈王이 승천하는 날로서 귀택貴宅에서는 조신竈神에 제사 지내고, 당두餳豆나 오색미식五色米食을 먹기도 했다. 25일에는 사족이나 민가에서 인구죽人口粥[107]이라는 팥죽[赤豆粥]을 끓여 식신食神에게 제사하는[108] 등 신에 대

<hr />

103 『어정연감유함(御定淵鑑類函)』 권16.
104 동지와 비슷한 시기에 펼쳐진 절일 행사로 고대 중국의 복납절(伏臘節)이 있다. 『태평어람』 권31 「시서부(時序部)·복일(伏日)」, "夏至後第三庚爲初伏. 第四庚爲中伏. 立秋後初庚爲後伏. 謂之三伏."; 이 같은 인식은 20세기까지 이어져 한반도에서는 "하지를 지낸 뒤 셋째 경일(庚日)이 초복이고, 넷째 경일이 중복이고 다섯째가 말복이다."라고 한다. 경일이 복일과 유관한 이유를 천간 오행에서 경신(庚申)은 금(金)인데, 금이 여름에 심한 화기(火氣)를 만나면 화극금(火克金)이 되니, 납작 엎드려 복(伏)한다는 데서 유래했다고 한다.
105 『설문해자(說文解字)』 「납(臘)」, "冬至後三戌, 臘祭百神."에서 납제일은 동지 후 3번째 술일을 삼고 있다.
106 『풍속록(風俗通)』 「웅계(雄鷄)」.
107 인구죽(人口粥)은 전통의 습속에서 납월 25일에 식신에 제사 지내기 위해 끓인 팥죽이다. 이 팥죽은 별미로서 주된 재료는 팥, 쌀과 대추 등이다.
108 『몽량록』 권6.

한 축제가 이어진다.

송대가 되면 민가에까지 납팔죽을 끓였다는 내용이 전한다. 12월 25일에는 밤에 팥죽을 문에 뿌려 역기疫氣를 차단했으며, 가족의 안위와 건강을 위해 갓난아기와 노비는 물론 심지어 멀리 떠나 아직 돌아오지 않은 자의 팥죽도 준비해 두었다.[109] 이러한 모습은 명대의 『준생팔전遵生八牋』에도 보이는데, 가정마다 사기邪氣를 없애기 위해 약사藥楂를 우물 속에 던져 넣고 매년 마시면서 "장년무병長年無病"을 빌었으며, 12월 25일에는 모든 가족이 모여 팥죽을 끓여 먹으면서 역귀를 쫓았다고 하여 이를 구수죽口數粥이라 하였다.[110] 또 명대 『옥지당담회玉芝堂談薈』에서는 동지에 팥죽을 만들고, 12월 8일에는 모든 큰 절에서 욕불회浴佛會를 위해 유락乳酪, 호도胡桃, 백합百合 등을 섞어 칠보죽七寶粥을 만들었다고 한다.[111]

이상에서 보면 납월에는 불가에서 비롯된 납팔죽을 집안의 사악한 기운을 막기 위해 25일에는 구수죽을 쑤었다는 사실이다. 납팔죽이 다양한 곡물을 넣어 끓인 칠보죽이었다면, 구수죽은 팥죽이다. 이런 사실에서 중국 팥죽의 습속은 전술한 『형초세시기』에서 비롯되었지만 당송시대 이후 점차 불교의 영향으로 납월의 8일로 옮겨가고 있다. 하지만 8일의 경우 순수한 팥죽이 아니었고 불교 행사의 일환이었다는 것을 보면, 팥죽을 먹는 날은 25일로 이전하고 있음을 알 수 있다.

특히 송대 이후 납팔죽에 넣은 재료를 보면 팥이 빠져있거나 여러 재료 중의 하나로 포함되어 원래 팥죽의 의미도 점차 사라지고 있다. 하지만 납팔죽 역시 석가모니의 성불을 기념하는 날에 팥죽으로 역

109 『고금합벽사류비요(古今合璧事類備要)』「전집(前集)」권18.
110 『준생팔전(遵生八牋)』권6.
111 『옥지당담회(玉芝堂談薈)』권21.

귀를 쫓는다는 동지의 의미를 추가한 것으로 생각된다.[112] 어쨌든 동지와 비슷한 시기에 납팔과 같은 절일이 추가되고, 이를 기념하는 음식이 생겨나면서 죽 속의 재료도 변화된다.[113] 특히 청대에는 다양한 지방적인 특색이 가미되면서 납팔의 음식은 크게 바뀌었다.

이런 사실은 『연경세시기燕京歲時記』「동지」조에서 확인할 수 있는데, 동지날 근교에서 하늘에 제사 지내고 백관은 서로 하례하였지만, 민간에서는 동지를 절일로 인식하지 않고, 오직 훈툰餛飩을 먹는 날로 여겼을 뿐이었다.[114] 이 훈툰이 죽 속의 새알심인지 아니면 만두처럼 끓여 만든 것인지는 알 수 없다. 그러나 명청시대 이후 동지의 절일 음식이 강남江南에서는 대개 원자圓子가 훈툰을 대신하고, 북방지역은 훈툰이나 만두[餃子]를 먹었다는[115] 데서 훈툰은 더 이상 팥죽 속에 넣은 새알심[團子]은 아니었음을 알 수 있다.

게다가 현재 중국에서 동지는 단순히 24절기 중의 하나로 인식되고 있지만, 납팔절은 중요한 연말의 제사를 지내는 날로 간주하고 있다. 이것은 동지 팥죽보다 납팔죽이 일반적임을 의미한다. 혹자는 공공씨의 전설까지 납팔죽의 기원으로 보고 있지만, 『본초강목本草綱目』 적두조赤豆條에는 팥죽에 대한 구체적인 설명조차 없다. 사실 납팔죽도 전통적인 주술을 받아들여 부엌, 우물, 담벽, 나무 등에 죽을 발라 벽사하고 있는데, 이것은 명청시대 민간의 납팔죽이 이전의 동지 팥죽의 기능을 대신했음을 알 수 있다. 특히 청조의 납팔죽의 풍습은

---

112 납팔죽의 기원은 본래 팥죽을 먹고 역귀를 쫓기 위한 것으로 석가모니의 성불을 기념하기 위한 것은 이후 추가되었다는 견해도 있다.

113 주밀(周密), 『무림구사(武林舊事)』의 납팔죽의 재료로 호도(胡桃), 송자(松子), 유심(乳蕈), 감[柿], 조[栗]을 넣었으며, 『연경세시기』의 납팔죽의 재료는 황미(黃米), 백미(白米), 강미(江米), 소미(小米), 능각미(菱角米), 밤[栗子], 껍질을 벗긴 대추[去皮棗泥] 등을 넣어 물에 익혀 만들었다고 한다.

114 『연경세시기(燕京歲時記)』「동지」, "民間不爲節, 惟食餛飩而已".

115 차오지탕[喬繼堂]·주루이핑[朱瑞平] 주편, 『중국세시절령사전(中國歲時節令辭典)』, 中國社會科學出版社, 1998, p.485.

매우 성행하여 궁정의 황제, 문무 대신에서 승려와 민간에까지 파급되어 경신제조敬神祭祖한 후 오전에 지인에게 팥죽을 보내고, 그런 연후에 가족이 함께 먹었을 정도로 정형화되어 있었다.

절강浙江 지역은 동지에 이전의 팥죽 대신 집집마다 찹쌀가루를 둥글게 뭉쳐 쪄서 탕원湯圓을 만들었으며, 복건의 민속에는 동지 전날 밤에 가족이 모여 쌀가루를 새알처럼 만들어 이튿날 이를 조상과 신에 제사 지내고 문에 붙였다고 한다.[116] 특히 민월閩粤 일대의 객가客家들은 선조가 중원에서 이주해 왔기 때문에 동지 때는 집집마다 찹쌀로 탕원湯圓을 만들어 조상에 제사했다. 또 서북 지역에서는 만두[餃子]를 먹었으며, 민간에서는 겨울에 이것을 먹으면 귀가 얼지 않는다는 속어가 유행하기도 하였다. 이처럼 지역에 따라 납팔절에 납팔죽을 끓이거나 동지 때에 팥죽이 아닌 쌀이나 밀가루로 탕원과 만두를 만들어 먹는 것으로 변모하였다.

이와 같이 납일은 동지와 다소 차이가 있었다. 우선 중국의 납일은 제사와 종교적인 행사와 관련되어 있다. 더구나 중국의 복랍일伏臘日이 왕의 권력에 의해 강제된 절기 행사였다는[117] 점에서 근원이 다른 듯하다. 다만 납팔일을 양력으로 환산하면 새해를 맞은 연초에 해당하는데, 그런 점에서 본다면 납팔죽을 먹고 뿌리는 것은 동지 팥죽과 같이 지난해를 보내고 신년을 맞이한다는 의미까지 내포한다고 볼 수 있다.

반면 한반도의 납일은 이와는 달랐으니, 내의원에서 납약臘藥: 淸心元, 安神元, 蘇合元을 만들어 임금에 올리면, 임금은 이를 가까운 사람들에게 나누어 주면서 건강을 기원하였다.[118] 그리고 동지의 팥죽은 천

---

116 장정룡[張正龍], 『韓中歲時風俗 및 歌謠硏究』, 集文堂, 1988, p.221.

117 김병준(金秉駿), 「漢代의 節日과 地方統治: 伏日과 臘日을 중심으로」, 『東洋史學硏究』 제69집, 東洋史學會, 2000.

118 『동국세시기(東國歲時記)』 「십이월·납(臘)」; 『열양세시기(洌陽歲時記)』 「십이월·납일(臘日)」에 납일에 잡는 짐승의 고기는 사람에게 다 좋다고 하며, 그중 참새는 늙고 병약한 사람에게 이롭다고 하여

신과 가묘의 제사에 사용하는 것 외에 노인과 부모의 건강을 기원하고, 가족의 재앙을 막아 한 해를 잘 마무리하고 새해를 준비한다는 의미가 컸다. 이처럼 근세의 각종 정치 및 종교 상황의 변화에 따라 절일의 속성이 변화된 중국의 모습은 일본에서도 살필 수 있다.

2. 일본의 삭단동지朔旦冬至와 팥죽

『일본세시기日本歲時記』「십일월조」에 의하면 동지는 11월에 들어 있고, 이 날을 삼지三至라고도 한다. 그 이유는 첫째 음陰이 극에 이르고, 둘째 양기가 시작되고, 셋째는 태양고도가 최소[日南至]이기 때문이라고 하였다. 이 때문에 동지를 지일至日이라고도 했다. 동지의 전날이 되면 음기는 최대한 길어지며 해는 극히 짧아진다. 이날 양기가 시작되는 때이므로 문을 닫고 묵묵히 앉아 공사公事도 하지 않고 외출해서도 안 되며, 노비들도 일을 시켜서는 안 된다고 하였다.[119] 이 내용은 앞서 살핀 바와 같이 『예기禮記』「월령月令」이나 『여씨춘추呂氏春秋』「중동기仲冬紀」의 내용과 거의 유사한 점으로 미루어 중국 고대의 동지 관련 기록을 채록하여 적용했음을 알 수 있다.

일본의 동지에 대한 기록은 『속일본기續日本紀』 신구神龜와 천평天平 연간 등 성무왕聖武王 재위(724-749년) 초에 집중되고 있다. 나라[奈良] 시대의 동지 의식은 배하拜賀 헌물獻物 향연과 죄인을 특사하는 사유赦宥의 2부로 구성되어 있다.[120] 『속일본기』에 의하면 성무聖武 천황(724-749년) 때 동지 축하의 행사를 거행했고, 이날 문무 백료 5명 이상과 대학

민가에서 그물로 많이 잡았다고 한다.
119 신궁사청장판(神宮司廳藏版), 『고사류원(古事類苑)』「세시부-(歲時部)』2, 吉川弘文館, 1976, pp.119-120에서 『역경(易經)』, 『백호통(白虎通)』 및 『이천역전(伊川易傳)』 등을 인용하고 있다.
120 호사카 요시오[保坂佳男], 「奈良時代の冬至-聖武皇子の立太子儀に關連して-」, 『續日本書紀研究』262, 1989.

박사大學博士 등은 종일토록 연회를 즐겼으며, 끝이 날 무렵에는 등급에 따라 사록賜祿 하였다고[121] 한다.

일본 역시 동지를 태양이 부활하는 날로 주목하여, 이날 민간에서는 경단이나 떡을 먹고 재난을 막고 무병을 기원하였다.[122] 그리고 동짓날에 유자탕柚子湯으로 목욕하면 감기에 걸리지 않는다거나, 호박을 먹으면 중풍에 걸리지 않는다는 구전도 있다.[123] 이날 약상藥商이 신농제神農祭를 개최하는 것은 이러한 의미인데, 이것은 일본에서 일찍부터 동지를 절일로 인식했음을 의미한다. 하지만 일본에서는 역曆이 발달한 중국과는 달리 동지를 세수歲首라고 하는 의식은 희박하여 신구, 천평 초기 이외에는 매년 개최되는 궁정 의식으로서 정착되지 못했다.[124] 대신 삭단동지朔旦冬至의 의식이 에도[江戸]시대까지 거행되었다.[125]

삭단동지朔旦冬至는 십일월 삭일朔日(11월 1일)과 동지가 겹치는 날로서 보통 19년에 한 번 돌아온다. 이날에는 궁중에서 하례가 행해졌는데, 이런 행사는 환무왕桓武王의 연력延曆 3년(784)부터 처음 시작되었다.[126] 환무왕桓武王(781-806년)은 삭단동지가 돌아오면 왕공王公 이하에 상을 내리고[賞賜], 경기京畿 내의 당년 전조田租를 면제하는 칙령을 내렸다.[127]

---

121 성무(聖武) 천황 신구(神龜) 2년(725) 십일 월 기축, 신구 5년 십일 월 을사, 천평(天平) 3년(731) 십일 월 경술, 천평 4년 십일 월 병인 일에 동지의 축하 행사가 보인다. 이 중 천평 3년에는 연회를 마치고 5명 이상의 백료에게 "親王三百貫, 大納言二百五十貫, 三位二百貫"과 같이 전(錢)을 하사하기도 했다.

122 江馬務著作集 제8권,「사계의 행사[四季の行事]」, 中央公論社, 1977.

123 국사대사전편집위원회 편(國史大辭典編集委員會編),「국사대사전(國史大辭典)」제10권, 吉川弘文館, 1997.

124 가미야 마사마사[神谷正昌],「冬至と朔旦冬至」,「日本歷史」第630號, 2000. 11月號, pp.4-5.

125 국사대사전편집위원회 편(國史大辭典編集委員會編),「국사대사전(國史大辭典)」제10권, 吉川弘文館, 1997.

126 삭단동지에 관한 기사는「고사기(古事記)」,「일본서기(日本書紀)」는 물론「속일본기」의 연력(延曆) 3년 이전에는 전혀 등장하지 않는다고 한다. 김정미(金貞美),「日本 平安朝의 '朔旦冬至'에 관한 考察:「三代實錄」貞觀2年의 記事를 中心으로」,「일본어문학」Vol 3-No1, 1997, p.55.

127 「속일본기」38 '환무천황(桓武天皇)', '延曆三年十一月戊辰朔, 勅曰 十一月朔旦冬至者, 是歷代之希遇, 而王者之休祥也. 朕之不德, 得値於今, 思行慶賞, 共祝嘉辰. 王公已下宜加賞賜, 京畿當年田租, 並免之.' 쿠로이타카츠미[黑板勝美] 외 편,「국사대계(國史大系)·속일본기(續日本紀)」, 吉川弘

삭단동지는 매년의 동지와는 달리, 19년 7윤閏을 지킨다는 역曆의 의식 이외에 당례唐禮를 이어받은 당풍화唐風化와 관련되며, 19년마다 거행되므로 헤이안平安 시대(794-1192)에는 이날을 기해 거국적인 의식이 행해졌다. 중국과 같이 동짓날의 호천昊天 의식을 도입하여, 정통성을 하늘에서 구함으로써 황위, 황통의 신성함을 칭송했다. 이러한 측면은 성무왕聖武王의 배하, 향연도 마찬가지로 지배자로서 자신을 보다 장엄하게 하려 했던 것으로 판단된다.

헤이안 시대에 삭단동지를 거행하면서 줄곧 강조한 것은 "하늘의 도를 얻어 마침내 다시 시작한다."라는 것이었다. 이것은 제帝가 삭단동지일에 보정寶鼎과 신책神策을 얻어 결국 신선이 되었다는 고사에 의거하여, 통치행위가 천도天道를 얻어 하늘의 운행과 같이 영원무궁하게 반복 순환되도록 염원했다.[128] 한편에서는 삭단동지의 의식 일부가 일본의 전통적인 의식인 신상제新嘗祭[129]의 진일절회辰日節會에 편입되면서 삭단동지가 장기 정착할 수 있는 근거를 마련하게 되었다.[130]

그러면 이런 동지 또는 삭단동지의 절일 음식과 팥죽은 어떤 관계가 있었을까? 일본에서 팥죽을 먹는 날은 정월 15일[望日]이다. 이날 악인 치우蚩尤의 영혼을 달래고[131] 한해의 사기邪氣를 쫓기 위해 새알심을 넣은 팥죽[132]을 먹었다고 하며, 이런 풍습은 관평寬平(889-897) 무렵부터 시작되었다고 한다.

일본의『국사대사전國史大辭典』에 의하면 팥죽은 대개 팥이 지닌 붉

文館, 1966.
128 『사기』 권28「봉선서(封禪書)」, "帝得寶鼎神策, 是歲己酉朔旦冬至, 得天之紀, 終而復始."
129 11월 23일에 천황이 햇곡식을 천지(天地)의 신에게 바치고 친히 이것을 먹기도 하는 궁중 제사.
130 가미야 마사마사[神谷正昌],「冬至と朔旦冬至」,『日本歷史』 제630호, 2000. 11월호, p.9.
131 미즈하라 아키사쿠라코[水原秋櫻子] 외 감수,『カラ-圖說日本大歲時記』(新年), 講談社, 1982, p.132. 옛날 황제(黃帝)와 싸웠던 치우라고 하는 악인이 전쟁에서 패하여 정월 15일에 처형되었기 때문에 그 영혼을 위로하기 위하여 황제가 그 죽을 만들어 연중의 사기를 제거했다는 데에서 기원한다.
132 망죽(望粥) 또는 십오일죽(十五日粥)이라고도 한다.

은 색의 주술 효과 때문에 벼농사를 짓는 민족 사이에서 예로부터 제사에 이용되었으며,『토좌일기土佐日記』에는 정월 15일에 팥죽을 먹었다고 한다. 에도江戶 시대에도 보름의 망죽[望(もち)粥]이 병죽[餠(もち)粥]과 발음이 동일하여 팥죽에 떡을 넣어 먹었다고 소개하고 있다.[133] 또『일본국어대사전日本國語大辭典』에는 중국의 풍습을 본떠 병을 일으키는 독기를 몰아내기 위해 동짓날이나 정월 15일에 팥죽을 먹었으며, 이사[轉車] 때 도와주는 사람들에게 팥죽을 내놓았으며, 은기도隱岐島 지역에서는 태어난 날의 12지支에 해당하는 해에 팥죽을 신에게 바치고 자신도 먹었다는[134] 지적도 있다.

이처럼 일본도 절일 음식으로 팥죽이 있었지만, 대부분 동지가 아닌 1월 15일의 음식이었다. 물론 이날 팥죽을 먹는 습속은 동지의 팥죽과 마찬가지로 6세기의『형초세시기』에서 찾고 있다. 다만 중국과 한국은 동지를 아세亞歲라고 한 데 반해, 일본은 1월 15일을 '소정월小正月'이라 하여, 이날 끓인 팥죽은 죽절공粥節供 혹은 죽초粥初라고 불렀는데, 이렇게 하면 그 한 해의 사기邪氣를 몰아낼 수 있다고 믿었다.

소정월小正月이 중시된 것은 옛날의 역曆이 망월望月을 월月의 시작으로 여겼던 것에서 비롯되었다. 당제唐制의 삭단 정월이 도입되기 전에는 보름[望]에서 보름까지를 한 달로 정했던 고대 역법이 생활을 규정하였다. 소정월은 망일望日을 연시年始로 하는 옛 제도의 이름이 남아, 삭단동지를 연시年始로 하는 역제曆制가 되었어도 이 보름의 연시는 쉽게 소멸되지 않았다. 소정월은 쇠퇴했다고는 하나 구력舊曆을 사용하는 농민들에게는 농경의례의 축원[預祝]으로 깊게 뿌리를 내려 이

---

133 국사대사전편집위원회편(國史大辭典編集委員會編),『국사대사전(國史大辭典)』제1권, 吉川弘文館, 1997.
134 일본대사전간행회편(日本大辭典刊行會編),『일본국어대사전(日本國語大辭典)』, 제1권, 小學館, 1972.

날을 더욱 중시했던[135] 것이다. 또 소정월이라는 말은 긴키[近畿] 지방에서도 사용되지만 동일본에서 많이 사용된다.

일본의 동북 지역에는 정월 15일에 죽을 불면서 먹으면 벼의 개화기에 태풍이 불고, 음식을 남기면 농사일이 안 풀린다는 속언이 있다.[136] 이런 습속은 현재까지도 동일본에 많이 분포하고 있다. 다만 한국과 가까운 일본의 큐슈[九州] 지방에는 동지 때 팥죽을 먹는 풍속을 지금도 볼 수 있다. 이것은 한일 양국 간의 문화교류와 관련해서 생겨났을 것으로 판단된다.

일본의 팥죽은 정월 15일 이외, 음력 11월 23일에도 쑤었다. 이날은 천태종의 조상인 지자대사智者大師가 시적示寂[隋 開皇17년: 597]하여 이를 기념하기 위해 대사강大師講을 개최했는데, 이 법회 때 마른 가지를 꺾어 젓가락으로 삼아 '지혜죽智惠粥'이라는 붉은 팥죽을 먹었다고[137] 한다. 이 종파에 속하지 않은 일반 농가에서는 불법에 의거하지 않고, 정초正初 아침에 팥죽을 끓여 새알심[團子]을 넣어 이것을 명절 음식으로 먹었다고[138] 한다.

이상에서 보듯 일본의 팥죽은 한국에서 정례화되었던 동짓날의 절일 음식과는 거의 무관함을 엿볼 수 있다. 그리고 대사강을 개최하는 날은 동지와 날짜는 같지만 팥죽은 지자대사智者大師를 기념하는 불교 행사의 일환이었으며, 민간의 습속과는 무관하였다. 민간에서는

---

135 미즈하라 아키사쿠라코[水原秋櫻子] 외 감수, 『カラ_圖說日本大歲時記』(新年), 講談社, 1982, p.21. 소정월이라는 표현도 규슈에서는 망정월(望正月), 망년(望年)이라고도 하며, 신슈(信州)에는 약년(若年), 노토(能登)에는 약정월(若正月), 히다(飛驒)에서는 이번정월(二番正月), 에치고(越後)에는 소년(小年)이라고 말하며. 그리고 교토[京都]와 오사카[大阪] 등 관서[關西] 지역에서는 연말부터 연초까지 가정의 부녀자들에게 쉬게 한다는 의미에서 "여정월(女正月)"이라고 하는 등 표현이 다양하다. 마에다 카즈미[前田和美], 「マメと人間」, 古今書院, 1987, p.329.

136 와카모리 타로우 저작집[和歌森太郞著作集] 12, 『日本の民俗と社會』, 弘文堂, 1982.

137 에마츠토무 저작집[江馬務著作集] 제8권, 『월령박물전(月令博物筌)』「사계의 행사[四季の行事]」, 中央公論社, 1977, p.372. 속설에는 이날 죽을 끓이는 집안은 모기와 파리를 퇴치할 수 있다고 한다.

138 야나기타 쿠니오[柳田國男], 「新たなる太陽」, 『柳田國男全集』 第20卷, 1999, p.142.

이날보다 오히려 정월 15일에 무병을 기원하기 위해 팥죽을 먹었다. 따라서 일본의 팥죽은 다분히 불교적이고, 조선과 같이 전통에 입각한 노인의 보양식품으로 팥죽을 먹은 것은 아니었음을 알 수 있다.

그 대신 일본은 옛날부터 팥 속에는 생명의 정령을 강화하는 것이 있다고 믿었다. 이 때문에 팥밥은 종종 경사스러운 날에 이용되었다. 사실은 오늘날의 밥이라는 것도 카타카유라고 해서 죽의 일종이었으므로 옛날의 팥죽 속에는 팥밥도 포함되어 있었을지도 모른다. 생일이나 기쁜 날에는 팥밥을 먹었겠지만, 그것은 분명 정월 15일의 죽과는 구분된다. 이러한 죽은 동서 2경京을 비롯하여 전국 주요 도시와 주변 농촌에서 거의 관습처럼 보이지만 지역에 따라 독특한 풍습도 적지 않다.[139] 일본의 이러한 현상은 중국과 마찬가지로 지역문화의 영향과 밀접한 관련이 있었을 것이다. 중국의 납팔죽이 지역마다 차이가 있듯이, 일본 팥죽의 절일 풍속도 지역마다 차이가 있다. 이것은 한반도의 동지 팥죽이 전국적인 통일성을 지닌 점과 다르다고 할 수 있다.

소결

이상에서 보면 동짓날 팥죽이 고대부터 변하지 않고 현재까지 절일 음식으로 남아 있는 국가는 동아시아 국가 중 오직 한국뿐이다.

---

139 물론 지역에 따른 차이도 적지 않다. 예컨대 규슈의 천초도(天草島)에도 15일 떡을 넣은 죽을 끓이지만 팥을 넣지 않았다는 것이 백 년 전의 기록에 등장한다. 동북 6현(縣)에서도 정월 15일은 흰죽을 끓였다거나 어떤 지역은 이날을 죽시(粥始)라고 하여 이날 이전에는 죽을 끓이지 않았으며, 팥도 정월 15일 이전에는 먹어서는 안 된다는 속설이 동북과 관동 등의 농촌에 등장한다. 그 외에도 반드시 팥을 먹는 날을 정해놓은 지역도 보인다. 야나기타 쿠니오[柳田國男], 「小豆を食べる日」, 「柳田國男全集」 第20卷, 筑摩書房, 1999, pp.97-98.

동지의 풍습과 이때 먹었던 절일 음식이었던 팥죽은 『형초세시기』에 가장 먼저 등장하지만, 중국과 일본의 경우는 근세의 각종 상황의 변화에 따라 절일 시기와 음식도 변했으나 조선은 변화가 없었다.

고려 후기 유교적 습속이 뿌리내리면서 동지 팥죽은 노인을 양생하고 보호한다는 경로사상으로 표현되기도 한다. 고려 후기 사대부의 문집에서 팥죽을 통해 노인을 양생한 기록이 자주 발견되고, 조선시대에는 유교 사상이 고착화되면서 동지와 팥죽의 전통이 한국 사회에 잘 뿌리내렸다.

그리고 조선시대는 천문과 역법을 중시하여 동지를 새로운 변화의 출발점으로 인식하거나 중요한 절일로 인식한 결과 아세亞歲라고 불렀다. 때문에 동지는 한해의 반성과 함께 새해를 준비하는 시기로 매우 중시되었다. 따라서 이날을 기념하는 절일 음식인 팥죽 역시 중시되었다. 특히 팥죽은 중동仲冬에 양기를 보충하는 보양 음식이며, 노인을 공경하는 음식으로도 잘 결합되었다. 동시에 동지 팥죽이 현재까지 그 원형을 유지할 수 있었던 요인은 바로 조선시대의 예교 사상과 밀접하게 관련되어 있었기 때문일 것이다. 특히 조선시대에는 억불정책으로 인해 중국, 일본과 달리 불교와 관계있는 납팔일이 정착하지 못했으며, 그로 인해 납팔죽이 동지 팥죽의 기능을 대신하지 못하였다.

반면 일본의 경우 동지는 19년 만에 되풀이되는 삭단동지를 수용하면서 이를 정치개혁과 군주 통치의 근거로 활용했다. 뿐만 아니라 천태종의 조상인 지자대사의 시숙示寂을 기념하는 음력 11월 23일을 절일로 삼아 팥죽을 쑤었는가 하면, 소정월小正月인 정월 15일 망일望日에는 무병을 기원하기 위해 팥죽을 쑤었다. 이는 다분히 절일 풍속이 정치적, 종교적인 측면과 직접적으로 결합되었는데, 이 점은 중국의 납팔죽도 마찬가지이다. 종교적인 기념이 동지와 비슷한 시기에 개최되면서, 대중적인 행사가 절일로 선택된 것이다. 그 때문에 중·일은 전통적인 동지날 팥죽을 쑤는 풍습이 사라져 버렸다. 물론 한반도에 전통적인 절일과 그 음식이 현재까지 변함이 없이 지속된 것은 조선시대의 외부 문화에 대한 배타성도 적지 않게 작용했기 때문일 것이다.

그렇지만 동아시아 국가들에서 살펴본 팥죽의 사회사적 의미는 지난해의 액운을 떨어내고 새해를 산뜻한 마음으로 맞이하겠다는 진취적인 삶의 방식이 잘 드러나 있는 것으로 파악된다. 팥죽에는 긴 겨울 동안 음기에 의해 손상된 기운을 회복하여 새롭게 전진해 보고자 하는 시작의 의미를 담고 있다. 이런 측면에서 보면 붉은색 팥죽 속에는 악기를 물리친다는 벽사辟邪의 의미와 시작의 의미가 동시에 담겨 있다고 볼 수 있다.

같은 동아시아의 문화권 속에 있는 베트남의 경우는 중국, 일본과는 또 다르다. 베트남은 오랜 시간 동안 중국의 직·간접적인 영향을 받아 절일 풍속이 그대로 자리 잡았지만,[140] 현재의 풍속지風俗志에는 동지라는 절일은 보이지 않는다. 동지라는 단어는 있겠지만 그 절일의 풍습은 별개의 문제이다. 무엇보다 북방과는 달리 베트남의 풍토에는 콩[豆]류의 재배가 적합하지 않아 동지와 팥죽이 결합하는 것이 용이하지 않았을 것이다. 베트남이 중국의 문화를 수용하는 과정에서 토착 지역의 도작 문화와 충돌하면서 절일 음식의 재료가 변했을 수도 있다. 다만 음력 12월 23일은 조왕신竈王神이 옥황상제에게 그 해 그 가정일들을 알리러 승천하는 날로서, 중국과 같이 이때 신에게 제사

---

140 장자상[張加祥]·위페이링[兪培玲], 『월남문화(越南文化)』, 文化藝術出版社, 2001, pp.122-136. 베트남의 절일로는 설날[元旦節], 정월 초일-초칠일[落幡節], 정월 15일(上元節: 元宵節), 한식절(寒食節), 청명절(清明節), 단오절(端午節), 중추절(仲秋節), 중양절(重陽節) 등이 보인다.

를 올린다. 이날은 조선의 동지에 버금가는 절일로 남아 있지만, 팥죽과는 무관하다. 팥죽[紅小豆] 속에 담긴 조선 문화의 특수성은 바로 여기에 있다.

결론: 콩문화의 전파를 덧붙임

본서에서 대두의 기원지는 한반도이며, 그 용도는 매우 다양했음을 다각도로 검증하였다. 한반도는 원시콩이 순화 재배되기에 가장 적합한 생태조건을 가졌으며, 여기서 재배된 식용콩은 기원전 3,000년까지 소급되며, 중원의 원시콩과는 달리 크기, 형태 및 질량에서 차이가 있었다. 게다가 그 콩을 이용하여 만든 장醬과 시豉, 두부, 콩기름 및 콩나물에 이르는 각종 식품은 동아시아인 특유의 입맛을 좌우하고, 콩의 위상을 크게 제고했다. 더구나 가공 도구의 발명으로 제분업이 발달하면서 등장한 분식과 두유豆油는 식생활의 변화를 견인했고, 가공 과정에서 배출된 콩 찌꺼기까지 가축 사료, 비료 및 연료로 이용되었다. 재난 시에는 언제나 구황작물로 활용되기도 하고, 또 근경과 간작을 통해 토지 이용도를 높이기도 하는 등, 콩은 농가의 일상에서 고래로 어떤 작물보다 필요불가결한 존재로 작용하였다.

기존의 연구에서는 대두의 기원과 콩식품이 중국에서 기원하여 인근 국가로 확산된 것으로 인식되었다. 이런 인식의 주된 근거는 기록 때문이다. 중국의 경우 선진시대부터 숙菽과 대소두의 기록이 적지 않으며, 그 가공식품에 대한 기록 역시 마찬가지이다. 이미 주대부터 임숙荏菽, 숙과 같은 용어가 등장하며, 그 가공식품인 숙장菽醬도 전국시대부터 등장한다. 이러한 연구가 세계로 확산되면서 대두와 그 식품에 관한 것이 의심 없이 중국에서 기원한 것으로 여기게 된 것이다.

하지만 이와 반대로 춘추시대에 융숙戎菽을 동북의 산융 지역에서 가져다 중국 전역에 전파했다는 기록이 등장한다. 그 이전『시경』속에 이미 숙菽의 기록이 등장하고, 신석기시대 이래 숙류菽類 유물도 출토되고 있었는데, 왜 재차 융숙을 천하에 보급했던가? 라는 의문이 있다. 본 연구는 여기서 출발했다.

기존 중국의 대두 기원설은 다양하다. 그 중에는 화북설, 황하 유역, 화중, 강남과 동북 설 등이 있다. 주된 논지는 원시 대두의 출현은 지금부터 9,000~7,000년 전의 배리강裴李崗 문화부터이며, 4~5천년 전 용산문화기에는 대두가 재배되기 시작했다는 것이다.

이중 화북 기원론은 산서, 하북, 요녕 지역까지 포괄하여 용산문화기, 즉 동북의 하가점 문화기(BC.2000~BC.1400)에서 가장 먼저 재배 대두가 등장했다는 것이다. 이 지역이 대두재배에 적합한 기후, 토지 등의 생태조건을 갖추고 있다는 것이 그 근거이다. 최근에는 동북 지역이 대두의 기원지라는 견해가 점차 늘어나고 있으며, 그 주된 근거는 대두의 자연 선택 조건과 재배 조건이 적합하다는 것인데, 특히 인근의 한반도 중남부 지역은 진일보하여 이들 동북 지역보다 앞서 순화, 재배된 재배두가 출토되고 있다는 점이다.

본서는 크게 3부로 구성되어 있다. 제1부는 춘추시대에 재차 천하에 보급될 수 있었던 것은 동북의 융숙이 한반도에서부터 순화, 진화된 재배두였으며, 이것으로 기존의 야생숙菽으론 불가능했던 시장豉醬의 제조가 가능했기 때문이었음을 다루었다. 이 융숙은 고려두高麗豆의 선행 형태였고, 한반도에는 이보다 앞선 원시 재배두의 원형이 다양하게 출토된다. 따라서 재배 대두의 기원지는 이런 조건을 갖춘 한반도로 보는 것이 합당하다. 그 뿌리는 바로 한반도의 메주meju콩이었다.

제 환공桓公이 전리품으로 이것을 굳이 가져와 보급시킨 것은 전시 중 산융山戎 지역에서 만난 특별한 대두와 그것으로 만든 음식 때문이었을 것이다.[1] 이것이 바로 장시醬豉와 같은 발효식품이었다. 이 메주콩

---

[1] 이것은 마치 19세기 말 제국주의 침탈이 가속화되면서 서구 열강이 중국 문화에 관심을 갖게 되었고, 그 중 콩으로 두유, 두부, 장류를 만들어 먹는 것을 주목한 것과 유사하다. 이때 만약 위도가 유사하고 유사 품종이 본국에도 있었다면 새로운 품종을 쉽게 도입했을 것이다.

에는 우선 단백질과 함유량이 많고 발효과정에 아미노산이 풍부하여 장시와 두부의 제조에 적합했다. 특히 이것은 다른 두류에 비해 전분이 적고, 흡수율과 무름성도 높고 종피 두께도 얇아 삶아 덩어리 메주를 만들기에 용이하였다. 융숙이 보급된 이후 중원에 처음 숙장菽醬이 등장하는데, 이것은 기존의 숙류菽類 단계에서는 이런 식품을 발효, 가공할 수 없었다는 말이 된다. 그런 계기를 제공한 것은 천하에 보급된 융숙이며,[2] 이후 이것을 기존의 숙菽과 구분하기 위해 두豆라는 명칭이 출현한다.

융숙과 거의 동일한 지역에서 국가 명칭을 붙인 황고려두와 흑고려두의 출현은 고구려가 대두의 고유한 생산지이며, 그 특징적인 색이 황, 흑색이었음을 말해준다. 이것으로 다양한 발효 가공품을 생산했으며, 그 구체적인 실체가 바로 고구려 말장末醬과 고구려 유민의 문화를 받아 완성된 발해의 책성시柵城豉이다. 이런 내용을 중국 사서에 기록하여 천하에 알린 것은 이 지역이 장시醬豉의 발원지였다는 것을 말해주는 것이다. 이런 내용은 비록 대두 재배와 관련된 직접적인 기록은 아니지만, 산재한 사료와 유물을 검토해 보면 충분히 상황을 짐작할 수 있다.

한반도에서는 또한 원시두와 초기 대두가 순화되고 재배된 유물이 중국 대륙 못지않게 일찍부터 발견된다. 이것이 가능했던 것은 한반도가 중원지역보다 대두 재배에 적합한 기후, 토양 등의 생태조건을 지녔기 때문이다. 특히 메주콩을 이용하여 각종 발효식품을 가공한 조건, 즉 발효 기술과 소금 생산 및 그것을 저장하는 안전한 도기陶器를 초기부터 확인할 수 있다. 이런 사실을 종합할 때 한반도의 대

---

2   월남 후려조(後黎朝)의 려귀돈(黎貴惇)이 1773년에 간행한 『운대류어(芸臺類語)』 권9 「品物九」에도 전술한 바와 같이 이런 주장을 하고 있다.

두, 즉 메주콩이 대두의 기원이며, 이것으로 만들어진 장, 시가 중원이나 일본으로 전파된 것임을 알 수 있다.

본래 고려두로 만든 시豉는 한반도에서는 '메주-말장(된장)-장'의 형태로 발전했으며, 중국으로 전파되었을 때에도 『사민월령』의 말도末都에서와 같이 된장의 형태였다. 하지만 지역의 문화와 충돌하면서 전승되지 못하고 알메주 형태로 남게 된다. 한편 일본으로 건너간 고구려 말장은 미소(된장)가 되고, 한반도에는 당시 말장의 전통이 오늘날까지 계속되고 있다. 이것은 초기 만주와 한반도 장시의 전통이 어떤 형태로 전파되었는지를 보여준다. 그 외 중국 사료에는 거의 발견되지 않는 청장淸醬과 말장末醬의 존재, 가공식품의 속어, 관련 재료와 기술적 여건도 한반도 콩 식품의 독자성을 밝힐 수 있는 근거를 제공한다.

무엇보다 대표적인 가공품인 장시醬豉와 두부, 콩기름[豆油] 및 황권에 사용된 대두의 원료가 대부분 황두, 흑두의 고려두였다는 것 역시 고구려와 관련 있음을 말해준다. 하지만 오랫동안 대두 기원과 관련한 국제적 연구에서 한반도를 비롯한 만주 지역의 대두 관련 자료는 소외되거나 관심조차 갖지 못했던 것이 사실이다.

제2부에서는 콩의 가공 수단과 관련 식품을 살폈다. 먼저 콩이 주식에서 부식副食으로 바뀌는 데 결정적 역할을 한 것은 가공 도구의 발전과 그로 인한 콩식품 용도의 증가 때문이다. 절구에서 맷돌을 거쳐 물레방아나 연자방아로 발전하면서 제분의 생산성이 제고되고 제분업은 성행했다. 하지만 방아의 동력이 된 물 문제로 농민과 제분업자 간의 충동이 야기되었고, 황실이 이를 중재하였다. 이는 생산수단의 발달로 인한 농업경영의 변화로 중고기에 볼 수 있는 특이한 현상이며, 그러한 변화는 면식麵食 중심의 식생활로 견인하였다.

대표적인 대두 가공식품인 두부는 회남왕淮南王 유안劉安의 발명품으로, 조선의 사인들도 이를 그대로 추종하고 있다. 이를 입증하는 주된 근거로 제시한 것이 최근 발굴된 후한 하남성 타호정打虎亭 화상석이다. 도면을 분석한 결과 두부의 공정으로 단정하기에는 부족한 부분이 적지 않았다. 따라서 중국 두부의 발명은 한대가 아닌 당송시대였음을 밝혀둔다. 뿐만 아니라 명대『본초강목』에서 보듯, 엉긴 두즙의 진압 과정이 빠져 있는 것을 보면 생산된 두부는 연두부 형태였을 것이다. 조선 역시『산가요록』에서 보듯 15세기까지는 연두부 형태였지만, 16세기 중기 이후에는 압착하여 만든 경두부가 보급되기 시작한다.

게다가 대두의 싹을 틔운 황권黃卷은 후한 때 저술된『신농본초경』에 보이지만 송원 시대에 이르면 약재와 식용을 겸했으며, 점차 비리고 질긴 콩보다 녹두 싹을 주로 채소로 활용했다. 하지만 한정된 지역에서만 주로 식용하고, 16세기가 되어서야 다소 보편화된다. 조선시대의 경우 기록은 많지 않지만 대두의 본고장이고, 특히 한반도의 경우 강우량이 많아 싹이 난 콩을 밭에서 쉽게 발견할 수 있었을 것이다. 실제 고려 개국 때에는 군사들이 물에 담가 싹을 낸 콩나물을 먹었다는 기록이 전한다. 때문에 콩나물을 식용한 시기는 삼국시대 이전부터 존재했을 가능성이 크다. 두부 제조법 역시 이와 비슷한 시기에 등장했을 것이다.

그리고 콩을 압착 하여 만든 두유豆油의 경우 송대에 등장하지만, 당시 착유 기술로는 대두의 출유량이 낮아 그다지 주목을 받지 못했다. 하지만 명청시대에 착유 과정에서 생겨난 부산물인 콩깻묵[豆餠]이 비료로 주목을 받으면서 착유업도 발전하게 된다. 당시 콩깻묵은 가축의 사료뿐 아니라 강남의 습지와 수전水田에 토온을 높이는 금비金肥로 중시되었다. 당시 동북 지역에서 수입한 두병이 강남지역의 분뇨와 남니를 대신할 수밖에 없었던 역사적 현실은 명청시대 고용노동자의 노동조건의 개선과 관련되어 있다. 반면 조선의 경우 후기에 이르러 두유豆油가 소개되면서 오늘날과 같은 한중 양국의 음식 조리법과 같은 차이가 생겨난 것이다.

대·소두는 그 외에도 녹비로서 지력을 보전하여 후작물의 생산성을 높였는가 하면, 주곡의 사이 작물로서 토지 이용도를 높여 단위당 토지생산량을 증가시키는 데도 크게 기여했다. 무엇보다 하층민들의 생계를 책임지고, 재난 시에는 구황작물로, 전시에는 교환의 매개 곡물로 유용하여 고래로부터 농가의 필수품이었다. 이런 대두는 단백질의 함량이 높은 메주콩이었고, 한반도가 그 기원지였던 것이다.

제3부는 한반도 두장의 출현과 대·소두 가공식품에 관한 내용이다. 고려두의 출현과 함께 한반도에서 일찍부터 장시醬豉가 출현할 수 있었던 조건은 양질의 도기陶器와 함께 어장魚醬 및 퇴비와 같은 발효 기술에 있다. 그럼에도 불구하고 한반도 고대의 대두 가공식품을 연구하는 데 가장 큰 어려움은 기록의 부족과 이를 어떻게 극복하느냐는 것이다. 우리의 문제를 해결하기 위해 많은 부분 중국의 기록에 의존하여 해석할 수밖에 없었다. 다행히 고려의 출수出水 자료와 고대 일본의 장시醬豉에 관한 기록 등은 장시 보급과 관련하여 적지 않은 도움을 준다. 그리고 상대적으로 기록이 풍부한 조선의 대두 및 그 가공식품의 자료를 통해 앞 시대의 상황을 유추할 수 있었다.

그로 인하여 한반도의 두부와 콩나물의 출현 시점은 중원과 큰 차이가 없었음을 확인할 수 있으며, 무엇보다 장시의 보급 실태가 중국보다 구체적이며, 다양했음을 조선의 일기류나 의궤 자료를 통해 밝혔다. 그것은 지금 장시醬豉와 콩나물이 음식에서 점하는 비중을 봐도 알 수 있으며, 이런 상황은 원료가 되는 대두가 한반도의 여건과 부합했음을 말해준다.

마지막으로 대표적인 소두의 하나인 팥[紅小豆]이 조선에서 차지하는 위치를 살폈다. 기록상 동지의 전통은 중국에서 비롯되었지만 지금까지 동아시아에서 유일하게 동지날 팥죽의 전통을 유지하고 있는 곳은 한국뿐이다. 팥죽이 지닌 정치, 사회적인 의미를 보면, 단순한 음식을 넘어 이웃공동체를 연결하고 경로사상을 실현하는 전통으로 자리하고 있다.

이상에서와 같이 대·소두와 그 관련 식품은 시간이 흐를수록 한반도에 널리 보편화되고 다양해져 지금은 한국인의 불가분 식품으로 자리하고 있다. 이것은 대두가 지닌 생태 환경적 조건과 역사적 정체성에서 기인한다고 볼 수 있다.

세계로 향한 콩문화는 한반도와 동북 지역을 진원지로 하여 1차적으로는 중국과 일본을 통하여 세계 각지로 펴져 나갔다.[3] 우선 춘추시대에 중원으로 전파된 메주콩은 전국시대 이후 장시醬豉의 약용 효과가 인증되면서 확산되기 시작한다. 이러한 전파는 진한시대에 군현제가 확대되고, 위진 남북조시대에는 정치변동 및 인구 이동에 편승하여 사방으로 전해졌다. 당대 이후에는 해상 실크로드 활동이 진행되면서 교류와 이주민이 늘어나게 되면서 이주해 간 화교들에 의해 대두 식품이 동남아시아 각지로 전파되었다.

한편 일본의 경우, 8세기 초『대보령大寶令』,『양노령養老令』과 이에 대한 주석서인『영의해令義解』(833년 찬)에도 육장, 장시와 미장未醬 등의 명칭이 등장한다.『왜명류취초倭名類聚抄』에는 '미장未醬'은 고구려장으로서 대두를 삶아 찧어 만든 장이며, 이때 미未는 말末 자가 와전된 것

---

3   콩식품의 세계화 문제는 기존의 연구인 한국콩박물관건립추진위원회,『콩』, 고려대학출판부, 2005; 스후이[石慧],「大豆成爲世界性作物的歷程探析」『農業考古』2021-6; 신동화,「한국 전통발효식품의 현재와 미래발전전략」『식품과학과 산업』6월호, 2020 등의 내용을 주로 참고하였음을 밝혀둔다.

이라고 한다. 두부 역시 고승 감진鑒眞(688-763)이 전파한 것을 볼 때, 대개 한반도에도 삼국시대에는 존재했을 것으로 본다.

하지만 중국 남방지역의 경우 기후 조건상 콩의 생산이 쉽지 않았으며, 콩 가공 역시 극히 제한적이었을 것이다.『제민요술』「작장등법作醬等法」에 의하면 장을 만드는 가장 좋은 시기가 12월과 정월이며, 늦어도 3월 이전이라고 한다.[4] 이것은 메주를 만들 때 기온이 낮아야 유해 세균의 침입을 방지할 수 있고, 장이 만들어지는 과정에서 기온이 상승함에 따라 효모균의 번식이 적당하여 두장豆醬의 풍미가 개선되기 때문이다. 하지만 베트남의 경우 연중 여름이며, 연평균 기온이 23도 전후라서 장을 발효시키기에 극히 부적당하다. 이 때문인지 실제 베트남 17세의 농서인『농가술점경험요결農家述占經驗要訣』에는 5곡 중 대두 생산만 누락되어 있다.[5] 기후 조건상 동남아시아에는 대두의 재배가 용이하지 않았으며, 아울러 장시와 같은 식품을 발효시키기에도 적합하지 않았다. 그러나 17세기를 전후하여 태국, 월남, 캄보디아, 필리핀 등 동남아 국가들에 대두 제품의 기록이 등장하는데, 대부분은 당시 네덜란드 동인도 회사가 해상무역을 통해 동아시아에서 구매한 것들이다. 18세기부터는 동남지역 각국에서 대두를 재배했다는 기록이 등장하기 시작하는데, 시간상으로 보면 동아시아보다 늦다.[6]

당시 동남아시아에서는 전통적으로 어장魚醬을 조미료로 사용해왔고, 20세기 후반에서야 세계화의 추세에 맞물려 간장의 소비가 급증했다. 다만 902년 인도네시아 자바섬의 '동각판명문銅刻板銘文'중에 두부에 관한 기록이 발견되며, 12-13세기 전설 중에 대두 재배 사실이 언급되어 있다. 아울러 콩치즈로 불리어진 템페天貝: temp 콩을 물에

4   최덕경 역주,『제민요술 역주(I)』, 세창출판사, 2018, p.222.
5   진옥탁(陳玉琢),『농가술점경험요결(農家述占經驗要訣)』(漢喃硏究所所藏).
6   스후이[石慧], 위의 논문,「大豆成爲世界性作物的歷程探析」, p.73.

521

불려 껍질을 벗기고 근류균을 접종한 후에 바나나잎에 싸서 발효시켜 만든 것이 있는데, 당지의 특유한 콩 발효식품이다. 이것을 기름에 튀기거나 말려서 식용했으며, 수백 년 전부터 중국 이민자가 자바jaba 지역을 중심으로 만들어 온 것이다. 제조 과정은 우리의 메주나 일본의 낫토와 비슷하나 작용하는 미생물이 황곡균이 아니다.

콩이 유럽에 처음 알려진 것은 동양의 두부와 간장 등을 처음 접촉한 선교사, 상인, 선원들의 역할이 컸다. 예컨대 이태리의 카를레티 Francesco Carletti는 1597년의 회고록 중에 일본 나가사키에서 본 신기한 간장[醬油]을 소개했으며, 스페인 선교사는 명말에 와서 동남아지역을 방문하고서 귀국 후 1665년 일기를 남겼는데, 그 속에 대두를 이용하여 두부를 제조하는 과정이 구체적으로 기록되어 있다. 특히 17세기 중기에는 네덜란드 동인도 회사가 동아시아의 간장을 동남아 등지에 수출하고, 이를 또 유럽에 소개하기도 하였다.

1712년과 1727년 독일의 식물학자 엥겔베르트 켐퍼Engelbert Kaempfer 가 일본 나가사키에 2년간 머문 후 일본의 식물, 풍속과 역사 등을 두 권의 책으로 출판하였는데, 그 속에 대두를 이용하여 간장과 미소[味噌] 만드는 법을 소개하고 있다. 공식 기록으로는 1739년 프랑스 선교사가 중국에서 콩 종자를 가져다가 이듬해 파리 식물원에서 재배한 것이 콩 재배의 최초였다. 대두는 당시 프랑스의 기후와 수토水土 조건에 적합했지만, 초기의 대두는 주로 식물원이나 박물관 내에서 시험 재배로 이루어졌다. 같은 세기에 독일과 영국에서 콩이 재배되고, 그 외 18세기 중기 이태리와 18세기 말 독일 등의 유럽 국가에도 대두 재배의 기록이 등장하지만, 이 시기의 대두는 초기 시험 재배 단계에 머물렀다. 그 후 1873년 오스트리아 비엔나 세계 박람회에서 대두가 참가 학자들의 광범한 주의를 끌었다. 1876년에는 농업잡지 상에 대두 품종과 가치에 대한 연구 내용이 발표되고, 1877년에는 우수한 육종 대두 품종이 100여 개의 유럽 국가와 지역에 확산되었다. 1908년에는 영국에서 콩 재배 연구에 착수했고, 그 후 식민지로 있던 동, 서아프리카에도 시험 재배가 이루어졌다.

미국의 경우 1750년 "뉴욕공보"의 광고에 영국 런던에서 수입된 상품 중에 간장이 포함된 것을 볼 수 있다. 이는 대두가 유입되어 재배되기 전에 그 제품이 미국에 들어와 팔린 것이다. 1764년 동인도 회사 선원 사무엘 보웬Samuel Bowen이 중국 광동에 살다가 조지아주 사바나로 와서 콩을 재배했다는 것과 1770년 당시 미국의 프랑스 대사 벤자민 프랭클린Benjamin Franklin이 영국에서 콩을 구해 필라델피아 집으로 보냈다는 기록이 있다. 미국에서 최초로 콩 재배시험을 한 것은 1804년이었다.[7]

19세기 후반에는 농학자들이 유럽과 일본 등과의 교류를 통해 그곳에서 개량했거나 품질이 우수한 종자를 미국으로 유입하였다. 19세기 말까지는 미국의 대두 이용률은 높지 않았고 주로 목초나 사료작물로 여겼으며, 남방지역에 적합한 작물로 인식하였다.[8]

1920-30년대에 이르면 대두는 미국을 중심으로 전 세계로 확산되었는데, 콩이 지방과 단백질이 풍부하여 1-2차 세계대전 중 식량부족, 특히 식용류 부족을 해소하는 자원으로 가치를 인정했기 때문이다.[9] 20세기 이후 대두의 용도가 부단히 증가하여 전통적인 식용 가치 이외, 두유와 두박豆粕을 공업생산에 투입하면서 대두의 가치가 지속적으로 증가하였다.[10]

콩은 1차 대전을 거치면서 서양에서는 유지油脂 자원으로 그리고

7   이철호, 『한국식품사연구』, 도서출판 식안연, 2021, pp.107-109.
8   스후이[石慧], 위의 논문, 「大豆成爲世界性作物的歷程探析」, p.75.
9   한국콩박물관건립추진위원회, 앞의 책, 『콩』, p.26.
10 스후이[石慧], 위의 논문, 「大豆成爲世界性作物的歷程探析」, pp.75-76.

동물 사료의 단백질 공급원으로 자리를 굳히게 된다. 1922년 일리노이주에 최초의 콩기름 공장을 세웠고, 깻묵을 동물 사료의 단백질 보충 소재로 판매했다. 2차대전 때 러시아 레닌그라드 시민 중 20-40%가 굶어 죽거나 병들어 죽게 되자 식량 확보를 위해 생산수율이 낮고 값비싼 동물성 단백질을 대체할 수 있는 콩이 각광을 받으면서 그 가공 기술이 급속히 발전했다. 미국은 1929-31년 미농무부에서 파견된 팔몸 도셋Palmom Dosett 등이 한중일 3국에서 콩 유전자를 수집했는데, 총 4,578점 중 한국에서 3,379점(74%), 중국 북부에서 622점(14%), 일본에서 577점(13%)이었다. 이를 보면 한반도에 얼마나 다양한 유전 자원이 있었는가를 말해준다.[11] 콩이 다른 작물에 비해 1930-40년대에 그 수량이 급증한 것은 곁가지가 무성한 재래 콩 대신 기계화에 의한 수확이 가능한 직립형의 수종을 개발하면서부터였다.

콩으로 제조한 콩기름은 유지자원으로, 식용유는 마가린 마요네즈 등에 사용되며, 산업용으로는 페이트, 인조고무, 플라스틱 제품의 원료로 사용되었다. 그리고 콩 단백질로부터 베이컨 같은 인조육을 제조하기에 이르렀다. 그 찌꺼기는 주로 동물의 사료로 사용되며 일부는 농축 대두 단백질 등으로 가공되어 식용으로 쓰인다.

1970-80년대에는 매년 개최되는 식품박람회에서 콩 단백질로 만든 인조 게맛살, 참치 샐러드, 튀김 닭고기, 베이컨, 런천미트 등 각종 인조육 제품들이 홍수를 이루게 된다. 이것은 동이족이 한반도에서 콩을 재배한 이래 나타난 세계적인 콩의 혁명이라 할 만하다.[12]

콩을 이용하는 방법은 동서양이 큰 차이가 있다. 동양의 경우 낱알을 직접 사용하는 방법으로 밥의 형태로 먹거나 발효기법을 도입

11 한국콩박물관건립추진위원회 편, 『콩 스토리텔링』, 식안연, 2017, p.18.
12 한국콩박물관건립추진위원회, 위의 책, 『콩』, p.33.

하여 조미원으로 이용하거나 두부와 같이 새로운 형태의 제품을 만들었다. 이는 곡류 중심의 식단이 부식이나 조미료를 찾는 필연성과 연계되어 있다. 그 때문에 각종 식품의 발효원, 곧 장류 산업에 많이 이용되거나 다양한 가공 제품의 재료로 사용되었다. 이에 반해 서양의 경우는 주로 식물성 유지원으로 콩기름을 채취하여 공업 에너지로 사용했고 그 찌꺼기는 가축의 사료로 이용했다.[13]

콩에 대한 수요 증가와 기술 발전은 미국의 콩생산을 크게 증가시켰다. 특히 식량이 부족해지면 밀가루에 콩가루를 섞어 빵을 만들었고, 콩가루만으로 빵을 만들기도 했으며, 콩고기, 콩죽 크로켓 등의 조리법을 홍보했다.

동양의 콩이 18세기 중엽 서양에 알려졌지만, 경제 작물로서 관심을 끌기 시작한 것은 1세기 이상의 시간이 흐른 후였다. 특히 아편전쟁 후 열강이 중국의 문호를 개방하고, 19세기 말에는 제국주의 침탈이 가속화되어 중국 문화에 관심을 갖게 되었고, 그 중 콩으로 두유, 두부, 장류를 만들어 먹는 것을 주목하게 되었다.

한편 장류의 공업화는 유럽의 선진 기술을 먼저 수용한 일본에 의해 이루어졌다. 일본은 한국, 중국의 경우처럼 각 가정에서 간장을 담지 않고 마을 단위로 제조하여 판매했다. 일본 간장은 15세기 '타마리 쇼유tamari shoyu라는 이름으로 제조되었으며, 교토와 오사카 간장이 가장 유명했다. 1870년에는 동경대학 독일 교수 롱가크Langgarck가 일본식 간장을 독일에서 제조하여 모기Moggi라는 상표로 판매하였다. 1930년대 만주사변 이후 대두 생산의 본거지를 점령하면서 장류 공업의 규모와 공장 수가 크게 증가하였다.

미국은 곡창지대를 중심으로 콩의 수형樹形에 맞게 재배에 성공하

13   신동화, 「전통장류의 세계화전략」, 『식품산업과 영향』 11-2, 2006, p.19.

여 미시시피 하류지역에서 대규모로 재배하기 시작했고, 1954년에는 미국의 대두 생산량이 중국을 능가하고, 브라질은 1974년, 아르헨티나는 2000년 중국을 능가하였다.[14] 1981년 미국은 5천만톤 이상을 생산하여 브라질, 중국을 넘어 세계 총생산량의 50% 이상과 세계 총수출량의 60%를 점하였다.[15] 남미의 경우, 1961년 브라질의 대두 생산은 세계 대두 총생산의 1%에 지나지 않았지만 20세기 말에는 20%, 2016년에는 28.8%에 달하여 미국에 이어 2위를 차지했다. 아르헨티나 역시 대두가 19세기 중엽에 유입되었지만 당시 자연조건에 적합하지 못해 주목을 받지 못하다가 20세기 초 현지인의 관심을 받았다.

특히 1980년대 이후 아르헨티나는 미국의 유전자 변형 콩을 도입하면서 1980년대 세계 대두 총생산의 5% 미만이었던 것이 2016년에는 17.6%를 점했으며, 미국 35%, 브라질 28.8%에 이어 세계 3대 생산국의 위치를 차지하였다.[16] 특히 1996년 미국에서 잡초에 강한 유전자 변형 콩이 등장하여 상업화 단계에 진입했으며, 2017년에는 이런 콩이 미국 총생산의 94%에 달하였다.[17]

콩이 건강식품이라는 사실은 동북 아시아인들은 일찍부터 알고 있었으나, 서양에서는 20세기 들어와 안식일교와 같은 종교단체나 채식주의자들에 의해 서서히 주목되었다. 콩의 생리 기능성에 대한 관

---

14 궈칭위안[郭慶元] 외 2인,「發展大豆生産, 弘揚華夏文明(續二)」「大豆通報」2007-5, p.2; 스후이[石慧] 외 1인,「大豆在中國的歷史變遷及其動因探求」「農業考古」2019-3, pp.34-35에 의하면 1908년까지만 해도 중국이 세계 최대의 콩 생산국이며, 수출국이었다고 한다. 1912-1928년까지의 대두 수출은 주로 소련과 일본으로 운송되고, 두유(豆油)는 영국, 미국, 네델란드와 소련 등 서방 국가로, 그리고 두병은 주된 수출국은 일본이었다. 하지만 1990년대 중반 이후 중국은 대두 수입국으로 변했으며, 2017년에는 수입이 생산보다 6.6배에 달하였다고 한다.

15 한국콩박물관건립추진위원회, 앞의 책,「콩」, pp.26-27.

16 중국은 역사상 대두 수출 대국에서 최대의 수입 대국으로 전락한다. 2003-2004년의 중국 대두 수입과 대두유(大豆油) 수입은 당시 세계 수출의 37%, 31%를 점하였다.

17 스후이[石慧], 위의 논문,「大豆成爲世界性作物的歷程探析」, pp.75-77; 한국콩박물관건립추진위원회, 앞의 책,「콩」, p.27.

심은 1980년대 이후 '이소플라본isoflavone'[18]의 연구를 통해 부각되었다. 이소플라본은 페놀계 항산화 물질로서, 갱년기 불안, 우울 증상을 해소하고 심혈관계 질환 및 골다공증의 개선, 고혈압, 뇌졸중과 치매 억제와 인지 능력 향상 등 거의 모든 성인병 치료[19]에 효과적이다. 콩 단백질의 혈중 콜레스테롤 저하 능력은 특히 뛰어나며, 콩 발효식품에서 생산되는 가수분해물 펩타이드들도 같은 능력을 보인다. 이후에도 콩의 이런 건강 기능성은 부각될 것이다.

이상에서 보듯 동아시아의 경우, 대두를 이용한 역사가 유구하고, 콩의 식습관과 소비량이 높지만 북남미 대륙에 비해 생산량이 매우 적어 오늘날은 대부분을 수입에 의존하고 있는 실정이다. 게다가 한국은 콩의 종주국이며, 콩식품은 우리의 입맛을 좌우하고 삶의 일부가 되어 있음에도 이에 대한 연구가 부족할 뿐만 아니라, 각종 장류의 경우 일본 제품이 세계시장에 많이 알려져 있다. 생산도 줄어들어 국내 콩의 소비량마저 대부분 수입에 의존하고 있다. 더구나 대두 가공품에 있어서도 품질관리와 국제인증, 현지화 전략과 유통망 구축 등의 전략적 접근이 미약하다. 최적의 발효 조건을 설정하여 균질의 제품을 만들 필요가 있으며, 현지의 풍미를 검토하여 새로운 맛과 건강식품을 창출하는 데 보다 높은 관심과 국제적인 협력이 필요하다. 무엇보다 콩은 이 땅에서 기원한 친환경 식물성 단백질 식품이며, 미래의 건강식품으로 세계인들이 주목하고 있는 지속 가능한 자원이라는 점을 잊어서는 안 될 것이다.

---

18   Naver백과에 의하면, 이소플라본은 여성호르몬인 에스트로겐과 유사하여 에스트로겐 분비를 유도하는 물질로 '식물성 에스트로겐(phytoestrogen)'이라고도 불리운다. 콩과식물에 많이 함유되어 있으며, 최근 이소플라본이 암, 폐경기 증후군, 심혈관계질환과 골다공증을 포함하는 호르몬 의존성 질병에 대하여 잠재적인 대체요법을 제공할 수 있는 것으로 밝혀졌다.

19   신동화, 앞의 논문, 「한국 전통발효식품의 현재와 미래발전전략」, pp.156-158: 왕신시[王心喜], 「豆豉食療價更高」『今日科技』1999-3.

韩半岛大豆的历史:
起源与用途

第一部　大豆的起源与韩半岛

第二部　　　　大豆加工技术与食品的发展

大豆的起源和用途

大豆是五谷之一, 是决定东亚风味的代表性生活必需品, 具有多种用途。虽然大、小麦被认为起源于西方, 但大豆更适合北方生态环境, 并且与民众关系密切。

本文从多角度探讨了大豆的起源地为韩半岛, 并且其用途十分广泛。韩半岛具备原始豆类最适宜的栽培生态条件, 这里的食用豆可以追溯到公元前3000年, 与中原的原始豆类在大小、形状和质量上存在差异。此外, 利用大豆制作的酱、豉、豆腐、豆芽等各种加工品影响了东亚人的口味, 提升了大豆的地位。同时, 随着加工工具的发明, 粉食和豆油的发展引领了饮食生活的变化, 大豆的残渣也被用作饲料、肥料和燃料。在灾难时期, 大豆常被用作救荒作物, 并通过根耕和间作等耕作方式提高土地利用度, 成为农户日常生活中不可或缺的存在。

现有研究认为大豆及豆制品起源于中国, 并向邻国扩散。这一认识的主要依据是文献记录。中国在先秦时代就有大量关于豆类的记载, 相关加工食品的记录也屡见不鲜。从周代开始, 已经出现了"荏菽"、"菽"等术语, 豆制品"菽酱"也在战国时期出现。随着这一研究成果的传播, 人们普遍认为大豆及其食品无疑起源于中国。

然而与此相对, 春秋时期出现的记录, 称戎菽从东北的山戎地区传播至全国。在此之前, 在《诗经》中就已有"菽"的记录, 且新石器时代以来已发现菽类的遗存, 为何再度将戎菽推广至全国? 本文的研究视角正是从这里出发。

关于中国大豆的起源说法众多, 包括华北说、黄河流域说、华中说、江南说和东北说等。中国的主要论点是, 原始豆的出现可追溯至约9000至7000年前的裴李岗文化, 而在4000至5000年前的龙山文化时期开始了大豆的栽培。

其中, 华北起源论认为大豆最早出现在山西、河北、辽宁地区, 具体在东北的夏家店文化时期(公元前2000-1500年)。其依据是北方地区在气候和土壤等生态条件上对大豆栽培更为有利。值得注意的是, 近年来越来越多的观点认为东北地区是大豆的起源地, 其主要依据是该地区的自然选择条件和栽培条件适宜, 且已有证据表明, 韩半岛中南部地区的驯化和栽培大豆的出土时间早于东北地区。

本书主要分为三部分。第一部分讨论了春秋时期东北的戎菽是如何从韩半岛驯化和进化而来的,这种栽培大豆使得以前无法通过野生豆制造的豉酱得以实现。戎菽是高丽豆的前身,而在韩半岛出土了比这更早的原始栽培豆的原形,表明这里具备了栽培大豆的起源条件。因此,将大豆的起源地视为具有这些条件的韩半岛更为妥当,其根源便是韩半岛的"豉(meju)豆"。

齐桓公之所以将这一特殊大豆作为战利品带回并推广,可能是因为战争期间在山戎地区遇到这种大豆及其制成的食物,即酱豉类的发酵食品。这种豉(meju)豆富含蛋白质,发酵过程中富含氨基酸,特别适合用于制作酱豉。与其他豆类相比,它的淀粉含量低,吸水率高,种皮较薄,易于制作成块状的豉。实际上,自从戎菽被推广后,中原地区首次出现的豉酱,表明在早期豆类阶段并没有能力进行这种发酵加工。促成这一变化的正是传播到天下的戎菽,随后为了区分于其他豆类,出现了"豆"这一名称。

在与戎菽几乎相同的区域,国家命名的黄高丽豆和黑高丽豆的出现,表明高句丽是大豆的独特生产地,其典型颜色为黄色和黑色。这些大豆被用于生产各种发酵加工品,而具体体现则是高句丽的末酱以及继承了高句丽文化的渤海"栅城豉"。中国史书中对此的记录,表明了其作为酱豉发源地的历史。尽管这些内容并非直接关于大豆栽培的记录,但通过对散见史料和遗物的考察,可以充分推测出当时的情况。

韩半岛地区不仅发现了原始豆和早期大豆的遗物,其出土时间与中国大陆相当,这得益于韩半岛具有比中原地区更适合大豆栽培的气候和土壤等生态条件。特别是,利用豉(meju)豆加工各种发酵食品的条件,如发酵技术、盐的生产以及早期安全的陶器存储方法,早已得以确认。综合这些事实,可以认为韩半岛的大豆,即豉(meju)豆是大豆的起源,而由此制作的酱、豉则传播到中原和日本。

最初由高丽豆制作的豉在韩半岛发展为"豉(meju)豆—末酱(deenjang)—酱"的形式,传入中国时同样在《四民月令》中以末都(末酱)的形式出现。然而,由于与地方文化的冲突,这一传统未能得以传承,最终保留为豉的形式。相对而言,传入日本的高句丽末酱则演变为味噌(deenjang),而韩半岛的末酱传统至今仍在延续。这显示了早期满洲和韩半岛地区酱豉传统的传播形式。此外，几乎在中国史料中找不到的清酱和末酱的存在，加工食品的俗语，以及相关材料和技术条件，均为揭示韩半岛大豆食品的独特性提供了依据。

值得注意的是，作为代表性加工品的酱豉、豆腐、豆油及黄卷所使用的原料大多为黄豆和黑豆的高句丽豆，这也表明其与高句丽的关联。然而，长期以来，国际关于大豆起源的研究对包括韩半岛和满洲地区的大豆相关资料却缺乏关注，甚至被忽视。

第二部分探讨了大豆的加工手段及相关食品。首先，大豆从主食转变为副食的关键在于加工工具的发展以及由此带来的大豆食品用途的增加。由杵臼、磨盘演变至水碓和碾子，制粉的生产效率显著提升，制粉业也逐渐兴盛。然而，水车作为动力来源的问题导致了农民与制粉者之间的冲突，最终由皇室进行调解。这一现象反映了生产工具发展对农业经营的影响，促成了饮食生活向以面食为主的转变。

作为代表性的大豆加工食品，豆腐被认为是淮南王刘安的发明，朝鲜的士人也对此进行模仿。最近在河南省打虎亭发现的后汉画像石是此观点的主要证据。经过分析，这些图像在确定豆腐工艺方面存在不足，很难断定是制作豆腐的工序。因此，可以认为豆腐的发明时间并非在汉代，而是在唐宋时期。此外，从明代的《本草纲目》中可以看出，豆汁的凝固过程并未被详细描述，这表明当时生产的豆腐可能是软豆腐。朝鲜的文献《山家要录》也表明，在15世纪之前，豆腐多为软豆腐，但自16世纪中期起，开始普及压制而成的硬豆腐。

此外，大豆芽的黄卷在后汉时期的《神农本草经》中有所记载，但到宋元时期，它逐渐兼具药材和食用价值，并且越来越多地使用豉豆芽作为主要蔬菜，而不是味道较苦、质地较韧的大豆。然而，这种用法在有限的地区内较为普遍，直到16世纪才有所推广。在朝鲜，虽然相关记录较少，但作为大豆的发源地，特别是在韩半岛，由于降雨量丰富，容易在田间发现发芽的大豆。实际上，在高丽开国时，有记录表明士兵们曾食用浸水后发芽的豆芽。因此，豆芽的食用时间可能早于三国时期，而豆腐的制作方法也很可能在同一时期出现。

至于压榨大豆制作的豆油，虽然在宋代就已出现，但由于当时的榨油技术使得大豆出油量低，未受到重视。然而，明清时期，豆油榨取过程中产生的副产品豆饼因其作为肥料而受到关注，榨油业也因此发展。豆饼不仅被用作牲畜饲料，在江南的湿地和水田中也被视为提升土温的重要肥料。历史上，由东北地区进口的豆饼不得不替代江南地区的粪尿和泥浆，反映出明清时期雇佣劳动者的劳动条件改善。相比之下，朝鲜在后期引入豆油后，形成了与今日韩中两国料理方法的差异。

大豆和小豆不仅作为绿肥保持土壤肥力，提高了后作物的生产率，同时作为主粮的间作作物也极大地提升了土地利用效率，增加了单位面积的产量。尤其是，它们为底层民众的生计提供保障，在灾难时期充当救荒作物，在战时则作为交换的媒介粮食，因此自古以来就是农户的必需品。其中，大豆是蛋白质含量丰富的豉（meju）豆，韩半岛是其起源地。

第三部分探讨了韩半岛豆酱的出现以及大豆、小豆加工食品的相关内容。高丽豆的出现为韩半岛早期酱豉的出现创造了条件，这与优质陶器以及鱼酱和堆肥等发酵技术密切相关。然而，研究韩半岛古代大豆加工食品的最大困难在于文献记录的匮乏，以及如何克服这一问题。因此，我们在很大程度上依赖中国的相关记录进行解读。幸运的是，高丽出土的资料和古代日本的酱豉记录为我们了解酱豉传播提供了不少帮助。通过相对丰富的朝鲜大豆及其加工食品的资料，我们可以试图推测早期的情况。

因此，我们确认韩半岛的豆腐和豆芽的出现时间与中原地区并无显著差异。尤其是，酱豉的实际情况比中国更为具体且数量逐渐增加，这从朝鲜的日记和仪轨资料中得以体现。如今，从酱豉和豆芽在饮食中的重要性来看，这表明大豆的生产条件与韩半岛的环境相契合。

最后，本文还重点探讨了红小豆在朝鲜的地位。尽管记录上冬至的传统源自中国，但至今唯一保持冬至日食用红小豆粥传统的地方仅在韩国。从红小豆粥具有的政治和社会意义来看，它已不仅是简单的食品，而是成为连接邻里社区和实现尊老思想的纽带。

本书探讨大豆历史的另一个重要原因在于，除了查明大豆的起源地外，同时也反映出大豆作为未来健康食品的重要性。由大豆制成的加工品种类繁多，包括豆饭、豆酱、豉、豆腐、豆芽、豆油、豆汁、豆乳、豆粕、豆粉和清麴酱（纳豆）等。这些材料的加工食品和用途极其丰富，其副产品也越来越多地用作牲畜饲料和肥料。此外，大豆作为富含植物性蛋白的食品，也是现代人应对成人病的代表性健康食品。在这种背景下，对大豆的关注是自然而然的，对其起源、传播及利用进行新的研究是必然的。

从上述分析可见，大小豆和相关食品随着时间的推移在韩半岛变得普及和多样化，现已成为韩国人不可或缺的食品。这一现象源于大豆所具备的生态环境条件和历史认同感。

Origin and Uses of Soybeans

Soybeans are one of the five major grains, known for its diverse uses and as a staple that shapes East Asian food culture. While wheat and barley are believed to have originated in the West, and rice in southern China, soybeans are better suited to northern climates where they are the most familiar grain staple.

In this paper, I will argue that soybeans originated in the Korean Peninsula, whose usage there can be verified from multiple sources. The Korean Peninsula provided an optimal natural selection environment for the cultivation of primitive soybeans, whose origins date back to about 3000 BCE. These soybeans differed in size, shape, and mass from the primitive soybeans of the Central Plains. Furthermore, various processed foods made from soybeans—such as soy sauce, tofu, soybean oil, and bean sprouts—have influenced the taste preferences of East Asians and elevated the status of soybeans.

Moreover, the development of processing techniques has led to the development of the flour industry and introduced flour-based foods and soybean oil, bringing changes to dietary habits. The byproducts from this processing have been utilized as livestock feed, fertilizers, and fuel, and were also used as emergency crops during disasters. Additionally, the intercropping and root cultivation of soybeans has increased land utilization, making them an indispensable presence in the daily lives of farmers.

Previous research has suggested that soybeans and soybean products originated in China and then spread to neighboring countries. This perception is primarily based on historical records. References to 'shu' (菽) have existed in China since the pre-Qin period, and there are numerous records of processed foods. The processed product 'shujiang' (菽醬) is mentioned as early as the Warring States period. As this research has spread globally, the belief that soybeans and their products originated in China has solidified.

However, there are records from the Spring and Autumn period indicating that "rongshu" (戎菽) was brought from the Shanrong region in the Northeast and then spread throughout China. Previous texts like the "Shijing" already contained references to "shu", and artifacts related to legumes have been unearthed since the Neolithic period. This raises once again the question of where "rongshu" originated. This question will be the focus of the present study.

Existing theories about the origin of soybeans in China vary. They include theories positing origins in North China, the Yellow River basin, Central China, the South, and Northeast China. The main argument is that the emergence of primitive soybeans began around 7,000 to 9,000 years ago during the Peiligang[裴李岗] culture, and that soybean cultivation began during the Longshan culture about 4,000 to 5,000 years ago. The North China origin theory includes regions like Shanxi, Hebei, and Liaoning, with claims that soybeans were first cultivated during the Longshan culture, and more intensively during the Xiajiadian[夏家店] culture in Northeast China (2000–1400 BC). This claim is supported by the region's suitable climate and soil for soybean cultivation.

Recently, there has been an increase in the view that Northeast China is the origin of soybeans, with the main evidence being the favorable natural selection and cultivation conditions in the area. Notably, it is emphasized that soybeans cultivated in the central and southern regions of the Korean Peninsula before these have already been excavated.

This paper is divided into three main parts. The first part presents the idea that "rongshu" from the Northeast during the Spring and Autumn period underwent domestication and evolution starting from the Korean Peninsula and then spread throughout the world. This led to the possibility of producing fermented soybean products like soy sauce, which would have been impossible with wild soybeans alone. This "rongshu" was a precursor to the Goryeo bean (高麗豆), which has been discovered to have been cultivated earlier in various primitive forms in the Korean Peninsula. Therefore, it is reasonable to conclude that the Korean Peninsula was the origin of cultivated soybeans, with its roots in the "meju" beans of Korea.

The fact that Duke Huan[桓公] of Qi[齐] brought this back as war spoils likely relates to a special type of bean and the fermented foods made from it, discovered in the Shanrong[山戎] region during the expedition. These foods included sauces and fermented products like meju. The "meju" beans are high in protein and rich in amino acids that are released during the fermentation process, making them suitable for the production of sauces and doenjang (fermented soybean paste). Notably, they have lower starch content compared to other legumes, high absorption rates, and thin seed coats, which facilitate the easy formation of meju blocks.

In fact, after the Distribution of "rongshu," the first sauces emerged in the Central Plains, indicating that such foods could not be fermented and processed from the existing stage of primitive legumes. This transformation was driven by the widespread adoption of "rongshu," leading to the emergence of the term "dou" (豆) to distinguish these from traditional beans.

The appearance of the yellow Goryeo bean (黃高麗豆) and black Goryeo bean (黑高麗豆) in nearly the same region as "rongshu"[戎菽] demonstrates that Goguryeo[高句麗] was a unique production area for soybeans. These soybeans, in yellow and black varieties, were used to produce various fermented products. Specific examples include Goguryeo doenjang (fermented soybean paste) and Zhacheng's meju[柵城豉] (fermented blocks) that reflect the culture of the Goguryeo people (refugees) in the Bohai region. This is recorded in Chinese historical texts as a source of sauces and meju. Although these records do not directly pertain to soybean cultivation, a thorough review of various materials and artifacts helps to justify such a deduction.

In the Korean Peninsula, artifacts indicating the domestication and cultivation of primitive and early soybeans were discovered as early as those found on the Chinese mainland. This suggests that ecological conditions suitable for soybean cultivation such as climate and soil were found in the Korean Peninsula that proved to be more favorable than those found on the Central Plains. The early development of fermentation processing techniques using meju beans, salt production, and safe storage pottery can also be confirmed. Considering these facts, it can be concluded that the meju beans from the Korean Peninsula are the origin of soybeans and that the sauces and doenjang produced from them were transmitted to the Central Plains and Japan.

Meju made from Goryeo beans evolved in the Korean Peninsula in the form of "meju → doenjang (末醬) → 醬" and retained its form as doenjang when it spread to China, as seen in the "modu" (末都) of the Saminyueling (四民月令). However, due to conflicts with local cultures, the tradition could not be maintained and instead remained in the form of miso. Meanwhile, the Goguryeo doenjang (末醬) that was transmitted to Japan evolved into Japanese miso, while the tradition of doenjang from that same period continues to this day in the Korean Peninsula. This reflects the transmission patterns of sauces and doenjang in the early Manchuria and Korean Peninsula regions.

Moreover, the existence of clear soy sauce(清醬) and doenjang (末醬), which are rarely found in Chinese texts, along with the vernacular terminology for processed foods, related ingredients, and technological conditions, provide evidence that can illuminate the uniqueness of Korean soybean products. Most importantly, the fact that the primary raw materials used for representative processed products such as sauces, doenjang, tofu, soybean oil, and bean sprouts come mostly from Goryeo beans (黃豆, 黑豆) indicates a connection to Goguryeo. Unfortunately, the important role played by the Korean Peninsula and

Manchuria in the production of these materials has been neglected or overlooked in international research related to the origin of soybeans for a long time.

The second part of my paper examines the processing methods for soybeans and related foods. The critical transformation of soybeans from a staple to a side dish was made possible by the development of processing tools. The progression from mortars to grinding stones, watermills, and stone rollers improved milling productivity, leading to the flourishing of the milling industry. However, conflicts soon arose between farmers and millers over the access to water that powered the watermills, requiring the intervention of the imperial court. This rapid development of production methods brought about changes in agricultural management during the Middle Ages, steering dietary habits toward a focus on flour-based foods.

Tofu, a representative soybean product, has often been credited as the invention of Liu An (劉安) of Huainan's King(淮南王), and scholars in Joseon Dynasty in the past have also agreed with this origin. A key piece of evidence supporting this theory is the recently excavated stone mural from the Eastern Han period at Taozheng (打虎亭) in Henan Province. Yet a careful analysis of this mural does not provide the decisive evidence regarding the tofu-making process. This suggests that tofu was not invented in the Han Dynasty, but rather in the Tang and Song Dynasties. Additionally, the absence of the processing method for strained soybean juice in the Bencaogangmu (本草綱目) from the Ming Dynasty indicates that the tofu produced at that time was likely in the form of soft tofu. According to the Sangayorog (山家要錄), in Joseon, soft tofu was prevalent until the 15th century, but after the mid-16th century, pressed firm tofu began to spread.

Moreover, the soybean sprout known as Huangquan (黃卷) appears in the Shennong bencao Jing (神農本草經) from the Eastern Han period, but by the Song and Yuan dynasties, it was used both as a medicinal herb and for consumption, gradually favoring the use of mung bean sprouts over the tougher soybean sprouts as a vegetable. However, its use was limited to specific regions, and it only became more widespread in the 16th century. Though records are scarce, in the case of the Joseon dynasty it is likely that in those places in the Korean Peninsula that received abundant rainfall, soybean sprouts were abundant. In fact, there are records that soldiers during the founding of Goryeo consumed soaked and sprouted bean sprouts. Thus, it is highly probable that the consumption of bean sprouts existed before the Three Kingdoms period. The methods for tofu production likely emerged around the same time.

Soybean oil, produced by pressing beans, appeared during the Song Dynasty, but the oil extraction techniques of the time resulted in low yields from soybeans, so it did not attract much attention. However, during the Ming and Qing dynasties, the byproduct of the oil extraction process, called Bean cake (豆餅), gained recognition as fertilizer, leading to the development of the oil pressing industry. At that time, Bean cake was regarded as an important fertilizer for livestock feed as well as for increasing the soil temperature in the wetlands and rice paddies of the Jiangnan region. The historical reality that imported Bean cake from the Northeast could only replace the manure and river mud in the Jiangnan region is related to the labor conditions of hired workers during the Ming and Qing periods. In contrast, with the introduction of soybean oil in the late Joseon period, differences in culinary methods between Korea and China began to emerge.

Soybeans and adzuki beans have also contributed to soil improvement as green manure and enhanced land utilization as intercropped plants, thereby increasing productivity. Above all, they have been essential for the livelihoods of the lower classes, serving as emergency crops during disasters and as exchange grains during wartime, becoming indispensable goods for farming households. These soybeans are rich in protein and are believed to have originated in the Korean Peninsula.

The third part of my paper will consider the emergence of soybean and adzuki beans[小豆] that were processed for food in the Korean Peninsula. The conditions that allowed for the early appearance of sauces and meju (豉) alongside Goryeo beans in the Korean Peninsula included high-quality ceramics and fermentation techniques (such as fish sauce and compost production). However, the biggest challenge in researching ancient soybean processed foods in the Korean Peninsula has been the lack of records, which has necessitated heavy reliance on Chinese sources. Fortunately, the records of doenjang(末醬) excavated from the Goryeo seabed and ancient Japanese soy sauce and meju provided insight into the spread of these processed foods. Additionally, abundant materials on soybeans and their processed products in Joseon period allowed for inferences about earlier periods.

As a result, it was confirmed that the emergence of tofu and bean sprouts in the Korean Peninsula was not significantly different from that in the Central Plains, but above all, the distribution and appearance of soybean paste and meju were more specific and had increased, as evidenced by Joseon's diary and ceremonial records. This can be verified through the current significance of sauces, meju, and bean sprouts in cuisine, indicating that soybeans were well-suited to the environment of the Korean Peninsula.

Finally, I looked into representative adzuki beans (紅小豆) in Joseon, known as red adzuki beans and red bean porridge. According to records, the tradition of eating red bean porridge on the winter solstice originated in China, but Korea remains the only place in East Asia that has preserved this tradition to this day. Red bean porridge holds political and social significance beyond mere sustenance, serving as a tradition that connects neighboring communities and embodies the spirit of respecting the elderly.

The reason for reexamining the history of soybeans in this book is not only due to the origins of the bean itself but also because soybeans are gaining attention as a future health food. Processed products made from soybeans include a variety of items such as bean rice, soybean paste, meju (豉), tofu, bean sprouts （豆芽）, soybean oil, soy milk, bean cake （豆餠）, bean flour （豆粉）, cheongkukjang (清麴 醬: fermented soybeans), and industrial raw materials, among many others. The by-products are increasingly being used as livestock feed and fertilizers. Soybeans are rich in plant-based protein, making them a focus of a healthy diet for modern consumers. Therefore, interest in soybeans is natural, and a new examination of their origins, dissemination, and uses is needed.

As outlined above, soybeans and adzuki beans, along with their related products, have become widely popular and diverse over time in the Korean Peninsula, and are now firmly established as essential foods for Koreans. This can be attributed to the ecological conditions and historical identity that soybeans possess.

1. 저역서

1) 한국

국사편찬위원회(國史編纂委員會), 『묵재일기(상·하)』, 國史編纂委員會, 1998.

김광언, 『디딜방아 연구』, 지식산업사, 2002.

김상보(金尙寶), 『朝鮮王朝 宮中儀軌飮食文化』, 修學社, 1996.

김성배(金聖培) 외 편저, 『농가월령가(農家月令歌)』, 『주해 가사문학전집(註解 歌辭文學全集)』, 集文堂, 1977.

김승찬(金承璨), 『부산지방의 세시풍속』, 世宗出版社, 1999.

김영진(金榮鎭) 역주, 『朝鮮時代前期農書』, 한국농촌경제연구원, 1984.

김원룡(金元龍), 『韓國考古學槪說』(第3版), 一志社, 1986.

농업계전문대학 교재편찬위원회, 『비료학(肥料學)』, 學文社, 1980.

농촌진흥청, 『산가요록』, 농촌진흥청, 2004.

리보중[李伯重](이화승(李和承) 역), 『中國經濟史 硏究의 새로운 摸索』, 冊世上, 2006.

문화재관리국, 『팔당 소양댐 수몰지구유적 발굴 종합조사보고(八堂 昭陽댐 水沒地區遺蹟 發掘 綜合調査報告)』, 1974.

민성기, 『朝鮮農業史硏究』, 一潮閣, 1988.

박선미 편, 『고조선과 고구려의 만남』, 동북아역사재단, 2021.

박호석·안승모, 『한국의 농기구』, 語文閣, 2001.

식문화연구회, 『炊事의 考古學』, 서경문화사, 2008.

안승모(安承模), 『동아시아 선사시대의 농경과 생업』, 學研文化史, 1998.

오금성(吳金成), 「明淸時代의 國家權力과 紳士」 『講座中國史 Ⅵ』, 知識產業社, 1989.

오희문(吳希文)(이민수(李民樹) 역), 『쇄미록(瑣尾錄)』(上·下), 海州吳氏楸灘公

派宗中, 1990.

유중림(柳重臨),『증보산림경제Ⅱ』, 농촌진흥청, 2003.

윤서석,『우리나라 색생활 문화의 역사』, 신광출판사, 1999.

윤숙횡(尹淑濚) 편역,『주찬(酒饌)』, 신광출판사, 1998.

서유구 지음(임원경제연구소 옮김),『정조지3』, 풍석문화재단, 2020.

서유구 지음(임원경제연구소 옮김),『임원경제지』「정조지3, 풍석문화재단. 2020.

서유구 지음(임원경제연구소 옮김),『섬용지1』, 풍석문화재단, 2021.

이병희 역해,『농사직설』, 아카넷, 2018.

이성우(李盛雨),『韓國食經大典』, 鄕文社, 1981.

이성우,『韓國料理文化史』, 敎文社, 1993.

이성우,『韓國食品文化史』, 敎文社, 1992.

이성우,『동아시아 속의 고대 한국 식생활사 연구』, 鄕文社, 1992,

이철호,『한국음식의 역사』, 자유아카데미, 2017.

이철호,『한국 식품사 연구』, 신안연, 2021.

이춘녕(李春寧),『李朝農業技術史』, 韓國硏究院, 1964.

이춘녕,『韓國農學史』, 民音社, 1989.

이현혜(李賢惠),『韓國古代의 生産과 交易』, 一潮閣, 1998.

이호철(李鎬澈),『朝鮮前期農業經濟史』, 한길사, 1986.

임동권(任東權),『韓國歲時風俗硏究』, 集文堂, 1993.

장지현(張智鉉),『韓國傳來 豆類栽培史硏究』, 聖心女子大學校出版部, 1993.

장지현,『韓國전래 大豆이용 음식의 조리·가공사적 연구』, 수학사, 1993.

장지현,『한국 전래 발효 식품사 연구』, 修學社, 1996.

조백현(趙伯顯) 감수,『新稿肥料學』鄕文社, 1969.

지영린(池泳鱗),『田作』, 鄕文社, 1963.

『진주 대평리 옥방 3지구 선사유적(晉州 大坪里 玉房 3地區 先史遺蹟)』, 慶尙大
    學校博物館, 2001.

최덕경(崔德卿),『中國古代農業史硏究』, 백산서당, 1994.

최덕경,『동아시아 농업사상의 똥 생태학』, 세창출판사, 2016.

최덕경·이종봉·홍영의 저, 『麗元代의 農政과 農桑輯要』, 동강, 2017.

청(淸) 기준조(祁寯藻), 최덕경 역주, 『마수농언 역주(馬首農言譯註)』, 세창출판
　　사, 2020.

최덕경 역주, 『보농서 역주』, 世昌出版社, 2013.

최덕경 역주, 『진부농서 역주』, 세창출판사, 2016.

한악(韓鄂)(최덕경 역주), 『사시찬요역주』, 세창출판사, 2017.

최덕경 역주, 『제민요술 역주(Ⅰ)』, 세창출판사, 2018.

최덕경 역주, 『제민요술 역주(Ⅳ)』, 세창출판사, 2018.

최덕경 역주, 『마수농언 역주』, 세창출판사, 2020.

퍼킨스[Perkins] 저 (양필승 역), 『중국경제사』, 신서원, 1997.

『한국민족문화대백과사전』 23권, 한국정신문화원, 1991.

한국콩박물관건립추진위원회, 『콩』, 고려대학출판부, 2005.

한국 콩박물관건립추진위원회편, 『콩 스토리텔링』, 식안연, 2017.

한복려 엮음, 『다시 보고 배우는 산가요록』, 궁중음식연구원, 2011.

『陝川鳳溪里遺蹟』, 동아대, 1989.

김용간 외저, 『남경유적에 관한 연구』, 과학백과사전출판사, 1984.

김종윤, 「우리나라 콩 재배역사」 『생물학』(4-1), 북한: 1965.

사회과학원 역사연구소(社會科學院 歷史研究所), 『조선전사(朝鮮全史)』3, 科學,
　　百科事典出版社, 1979.,

『조선유적유물도감』 편찬위원회, 『조선유적유물도감(원시편)』(1), 외국문종합출
　　판사, 1988.

『會寧五洞原始遺蹟發掘報告』 遺蹟發掘報告 第7輯, 科學院出版社, 1960.

2) 아시아(중국-일본)

『거연신간(居延新簡)』, 文物出版社, 1990,

국가계량총국주편(國家計量總局主編), 『중국고대도량형도집(中國古代度量衡圖
　　集)』, 文物出版社, 1984,

관이다[管義達] 역주, 『제민요술금역(齊民要術今譯)』 山東齊南出版社, 2000

궈원타오[郭文韜], 『중국고대적농작제화경작법(中國古代的農作制和耕作法)』, 農業出版社, 1981.

궈원타오[郭文韜] 편저, 『중국대두재배사(中國大豆栽培史)』, 河海大學出版社, 1993.

길림성농업과학원 편, 『대두육종화량종번육(大豆育種和良種繁育)』, 農業出版社, 1976.

둥카이천[董愷忱]·판추위[范楚玉] 주편, 『중국과학기술사(中國科學技術史)』(農學卷), 科學出版社, 2000.

리건판[李根蟠], 『중국농업사(中國農業史)』, 文津出版社, 1997.

리보중[李伯重], 『강남 농업적 발전[江南農業的發展(1620-1850)]』, 上海古籍出版社, 2007.

리스징[李士靖] 주편, 『중화식원(中華食苑)』5집, 中國社會科學出版社, 1996.

리지[李季]·펑성핑[彭生平], 『퇴비공정실용수책(堆肥工程實用手册)』(第二版), 化學工業出版社, 2011.

리판[李璠], 『중국재배식물발전사(中國栽培植物發展史)』, 北京科學出版社, 1985.

리후[黎虎] 주편, 『한당음식문화사(漢唐飲食文化史)』, 北京師範大學出版社, 1998.

마왕퇴한묘백서정리소조편(馬王堆漢墓帛書整理小組編), 『오십이병방』, 文物出版社, 1979.

민쭝뎬[閔宗殿], 『중국고대농경사략(中國古代農耕史略)』, 河北科學技術出版社, 1992.

산동농학원(山東農學院) 주편, 『작물재배학(作物栽培學)』, 農業出版社, 1982.

샤웨이잉[夏緯瑛] 교석, 『여씨춘추상농등사편교석(呂氏春秋上農等四篇校釋)』, 農業出版社, 1979.

쉬광치[徐光啟](스성한[石聲漢] 교주), 『농정전서교주(農政全書校注)(中)』, 明文書局, 1982.

쉬하이룽[徐海榮] 주편, 『중국음식사(中國飲食史)』(卷4), 華夏出版社, 1999.

쉬하이룽[徐海榮] 주편, 『중국음식사(中國飲食史)』(卷3), 杭州出版社, 2014.

쉬하이롱[徐海榮] 주편, 『중국음식사(中國飮食史)』(卷5), 杭州出版社, 2014.

쑨슈화[孫秀華], 『시경채집문화연구(詩經采集文化硏究)』, 山東大學博士學位論文, 2012.

스옌궈[石彦國]·런리[任莉] 편, 『대두제품공예학(大豆製品工藝學)』, 中國輕工業出版社, 1998.

양지린[楊寄林] 역주, 『태평경금주금역(太平經今注今譯)』, 河北人民出版社, 2002.

옌젠민[嚴健民] 편저, 『오십이병방주보석(五十二病方注補釋)』, 中醫古籍出版社, 2005.

왕리화(王利華) 주편, 『중국농업사통사(中國農業史通史) (위진남북조권)(魏晉南北朝卷)』, 中國農業出版社, 2009.

왕상덴[王尙殿] 편저, 『중국식품공업발전간사(中國食品工業發展簡史)』, 山西科學敎育出版社, 1987.

왕웨이민[王維民], 『중국북방한지농업기술(中國北方旱地農業技術)』, 中國農業出版社, 1994.

윙두젠[翁獨健] 주편, 『중국민족관계사강요(中國民族關系史綱要)』, 中國社會科學出版社, 2001.

웬한칭[袁翰靑], 『중국화학사논문집(中國化學史論文集)』, 三聯書店, 1982.

위샤오핑[兪小平] 등 주편, 『본초강목정석(本草綱目精釋)』, 科學技術文獻出版社, 2005.

위웨이지[兪爲洁], 『중국식료사(中國食料史)』, 上海古籍出版社, 2012.

이바오중[衣保中], 『중국동북농업사(中國東北農業史)』, 吉林文史出版社, 1995.

장자샹[張加祥]·위페이링[兪培玲], 『월남문화(越南文化)』, 文化藝術出版社, 2001.

장페이페이[蔣非非]·왕샤오푸[王小甫] 등 저, 『중한관계사(中韓關系史)』(古代卷), 社會科學文獻出版社, 1998.

장무동[蔣慕東], 『이십세기중국대두과기발전연구(二十世紀中國大豆科技發展硏究)』, 中國三峽出版社, 2008.

장카이[章楷], 『중국식면간사(中國植棉簡史)』, 中國三映出版社, 2007.

창빙창[莊炳昌] 주편, 『중국야생대두생물학연구(中國野生大豆生物學研究)』, 科學出版社, 1999.

『중국간독집성(中國簡牘集成)』 제4책 甘肅省 卷下, 敦煌文藝出版社, 2001.

『중국농업백과전서(中國農業百科全書)』(農作物), 農業出版社, 1991.

중국규산염학회 편(中國硅酸鹽學會編), 『중국도자사(中國陶瓷史)』, 文物出版社, 1982.

중국농업과학원 중국농업유산연구실편, 『중국농학사(中國農學史)』(上), 科學出版社, 1984.

중국농업박물관(中國農業博物館) 편, 『한대농업화상전석(漢代農業畵像磚石)』, 中國農業出版社, 1996.

차오지탕[喬繼堂]·주루이핑[朱瑞平] 주편, 『중국세시절령사전(中國歲時節令辭典)』, 中國社會科學出版社, 1998.

천쑹장[陳松長] 편저, 『홍콩중문대학문물관장간독(香港中文大學文物館藏簡牘)』, 香港中文大學文物館, 2001.

천원화[陳文華], 『농업고고(農業考古)』, 江西敎育出版社, 1990.

천원화[陳文華], 『농업고고(農業考古)』, 文物出版社, 2002.

탕치위[唐啓宇] 편저, 『중국작물재배사고(中國作物栽培史稿)』, 農業出版社, 1986.

톈지저우[田繼周], 『선진민족사(先秦民族史)』, 四川民族出版社, 1996.

퉁수예[童書業], 『중국고대지리고증논문집(中國古代地理考證論文集)』, 中華書局, 1962.

펑방중[彭邦炯], 『갑골문농업자료고변여연구(甲骨文農業資料考辨與硏究)』, 吉林文史出版社, 1997.

한푸즈[韓復智], 『한사논집(漢史論集)』, 文史哲出版社, 1980.

허난성문물연구소(河南省文物硏究所), 『밀현타호정한묘(密縣打虎亭漢墓)』, 文物出版社, 1993.

후다오징[胡道靜] 저(와타나베 타케시[渡部武] 역), 『중국고대농업박물관지고(中

國古代農業博物館誌考)』, 農文協, 1990.

국사대사전편집위원회편(國史大辭典編集委員會編), 『국사대사전(國史大辭典)』 제1권, 吉川弘文館, 1997.

국사대사전편집위원회편(國史大辭典編集委員會編), 『국사대사전(國史大辭典)』 제10권, 吉川弘文館, 1997.

N.I. Vavilov(둥위천[董玉琛] 역, 『주요재배식물적 세계기원중심(主要栽培植物的世界起源中心)』, 農業出版社, 1982.

먀오치위(繆啓愉) 집석, 『사민월령집석(四民月令輯釋)』, 농업출판사. 1981.

먀오치위[繆啓愉] 교석, 『제민요술교석(齊民要術校釋)』(제2판), 中國農業出版社, 1998.

먀오치위[繆啓愉] 교석, 『원각농상집요교석(元刻農桑輯要校釋)』, 農業出版社, 1988

먀오치위[繆啓愉]·먀오구이룽[繆桂龍] 찬, 『제민요술 역주(齊民要術譯注)』上海古籍出版社, 2006.

샤웨이잉[夏緯瑛] 교석, 『여씨춘추상농등사편교석(呂氏春秋上農等四篇校釋)』, 農業出版社, 1979.

샤웨이잉[夏緯瑛], 『시경 중 농사 장구에 관한 해석[詩經中有關農事章句的解釋]』, 農業出版社, 1981.

스성한[石聲漢] 교석, 『제민요술금석(齊民要術今釋)』, 科學出版社, 1957.

스성한[石聲漢] 교석, 『제민요술금석(齊民要術今釋)(上·下)』中華書局, 2009.

완궈딩[萬國鼎] 집석, 『범승지서집석(汜勝之書輯釋)』, 農業出版社, 1980.

완궈딩[萬國鼎] 집석, 『사민월령집석(四民月令輯釋)』, 農業出版社, 1981.

장리샹[張履祥] 집보(陳恒力 교석), 『보농서교석(補農書校釋)』, 農業出版社, 1983.

장쟈산이사칠호한묘죽간정리소조편(張家山二四七號漢墓竹簡整理小組編), 『장가산한묘죽간(張家山漢墓竹簡)』, 文物出版社, 2006.

쉬후디진묘죽간정리소조(睡虎地秦墓竹簡整理小組), 『수호지진묘죽간(睡虎地秦墓竹簡)』, 文物出版社, 1978.

니시야마 타케이치[西山武一], 『아시아농법과 농업사회[アジア的農法と農業社會]』, 東京大學出版會, 1969.

니시야마 타케이치[西山武一] 外 1인, 『교정역주 제민요술(校訂譯註 齊民要術)』(下), アジア經濟出版會, 1969.

니이다 노부로[仁井田陞], 『당율습유(唐律拾遺)』, 東京大學出版會, 1933.

도미야 이타루[富谷至] 편, 『강릉 장가산 247호묘 출토 한율령의 연구[江陵張家山二四七號墓出土漢律令の研究]』(譯注篇), 朋友書店, 2006.

마에다 마사오[前田正男] 외, 『비료편람(肥料便覽)』農山漁村文化協會, 1975.

마에다 카즈미[前田和美], 『콩과 인간[マメと人間]』, 古今書院, 1987.

미즈하라 아키사쿠라코[水原秋櫻子] 외 감수, 『칼라도설일본대세시기[カラー圖說日本大歲時記]』(新年), 講談社, 1982.

시바 요시노부[斯波義信], 『송대상업사연구(宋代商業史硏究)』, 風間書房, 1979.

아마노 모토노스케[天野元之助], 『중국농업사연구(中國農業史硏究)』, 禦茶の水書房, 1979.

아사쿠라 하루히코[朝倉治彦] 외 3인 공편, 『사물기원사전(事物起源辭典)』, 東京堂出版, 1977.

야마자키모리마사[山崎守正], 『농업전서(農業全書)』, 朝倉書店, 1954.

에마츠토무 저작집[江馬務著作集] 제8권, 「월령박물전(月令博物筌)」『사계의 행사[四季の行事]』, 中央公論社, 1977.

와카모리 타로우 저작집[和歌森太郎著作集] 12, 『일본의 민속과 사회[日本の民俗と社會]』, 弘文堂, 1982.

와타나베 타케시[渡部武], 『사민월령(四民月令): 漢代の歲時と農事』, 平凡社, 1996.

일본대사전간행회편(日本大辭典刊行會編), 『일본국어대사전(日本國語大辭典)』, 제1권, 小學館, 1972.

쿠로이타카츠미[黑板勝美] 외 편, 『국사대계(國史大系)·속일본기(續日本紀)』, 吉川弘文館, 1966.

토카리 요시츠구[戶刈義次]·스가로쿠로[菅六郎] ,『식용작물(食用作物)』, 養賢堂, 1967.

토쿠나가 미츠토시[德永光俊],『일본 농업사 연구(日本農法史研究)』, 農文協, 1997.

호시카와 기요치카[星川淸親](똰촨더[段傳德]·딩파위안[丁法元] 역),『재배식물의 기원과 전파(栽培植物的起源與傳播)』, 河南科學技術出版社, 1981.

호리 가즈오[堀和生],『동아시아 자본주의사론(東アジア資本主義史論)(Ⅰ·Ⅱ)』, ミネヴァ書房, 2009.

2. 논문

1) 한국

곽종철(郭鍾喆),「韓國과 日本의 古代 農業技術」,『韓國古代史論叢』4, 1992.

권신한(權臣漢),「우리나라 大豆의 起源과 蛋白質 및 脂肪源으로서의 價値」, Korean Journal of Food Science & Technology, Vol4, No.2, 1972.

권신한(權臣漢)·송희섭(宋禧燮) 외 2명,「在來大豆의 主要 形質特性」『育種誌(Breeding)』Vol.6, No.1, 1974.

권신한,「大豆의 起源」『한국의 콩 연구』제2권 제1호, 1985.

김기흥(金基興),「渼沙里 三國時期 田地遺構의 農業」,『歷史學報』제146집, 1995.

김민구·류아라,「탄화물 분석을 통한 삼국시대 대두 이용 방법 고찰」『한국상고사학보』100, 2018.

김병준(金秉駿),「漢代의 節日과 地方統治: 伏日과 臘日을 중심으로」,『東洋史學研究』제69집, 東洋史學會, 2000.

김성진(金聲振),「쇄미록을 통해 본 사족의 생활문화: 음식문화를 중심으로」『동양한문학연구』제24집,·2007.

김영진,「農桑輯要와 山家要錄」,『조선초 과학영농 온실복원기념 학술 심포지움』, 2002. 3.

김용간 외 저,『남경유적에 관한 연구』, 과학백과사전출판사, 1984.

김정미(金貞美), 「日本 平安朝의 '朔旦冬至'에 관한 考察-『三代實錄』貞觀2年의 記事를 中心으로-」, 『일본어문학』 Vol 3-No1, 1997.

민경준(閔耕俊), 「淸代 江南沙船의 北洋貿易」, 『明淸史硏究』 제17집, 2002.

박근필(朴根必), 「『丙子日記』를 통해 본 17세기 기후와 농업」, 慶北大學校 大學院 農經濟學科 博士學位論文, 2002. 9.

박선미, 「고조선 고구려사 속의 통화 만발발자 유적」, 『고조선과 고구려의 만남』, 동북아역사재단, 2021.

박유미, 「우리나라 장 문화의 발달과 추이 고찰」 『한국 음식문화사』, 동북아역사재단, 2023.

박태식 외 1인, 「포항 원동 3지구(Ⅳ구역) 청동기시대 주거지 출토 탄화곡물 분석」 『浦項 院洞 第3地區-文化遺蹟 發掘調査 報告書-』, 韓國文化財保護財團, 2003.

신동화, 「전통장류의 세계화전략」 『식품산업과 영향』 11-2, 2006.

신동화, 「한국 전통발효식품의 현재와 미래발전전략」 『식품과학과 산업』 6월호, 2020.

안승모, 「豆類栽培 起源에 대한 考古學的 考察」 『韓國콩硏究會誌』, Vol.19 No 2, 2002.

오승환(吳承桓) 외, 「炊事形態의 考古學的 硏究」, 『한국고고학 전국대회 발표문』, 2006.

오승환 외, 「삼국시대의 취사형태 복원을 위한 기초연구: 시루와 장란형토기를 이용한 취사실험」, 『야외고고학』 6, 2009.

위은숙(魏恩淑), 「『元朝正本農桑輯要』의 農業觀과 刊行主體의 性格」, 『韓國中世史硏究』 8, 2000.

윤성재, 「고려시대 식품의 생산과 소비」 숙명여자대학교 대학원 박사논문(한국사), 2009.

이경아, G.W. Crawford, 「玉房 1, 9地區 출토 식물유체 분석보고」 『晉州 大坪 玉房 1, 9地區 無文時代 集落』(本文·圖面), 慶南考古學硏究所, 2002.

이경아 외 1, 「대평 어은 1지구 유적과 출토 식물유체」 『남강댐 水沒地區의 發掘

成果』, 제7회 영남고고학회학술발표회, 1998.

이성규(李成珪), 「前漢의 大土地 經營과 奴婢 勞動: 香港中文大學文物館所藏 簡牘「奴婢廩食粟出入簿」의 分析을 中心으로」『中國古中世史研究』第20輯, 2008.

이성우(李盛雨), 「大豆文化는 東方에서」『韓國콩研究會誌』第1號, 1984.

이성우, 「大豆栽培의 起源에 관한 考察」『韓國食文化學會誌』第3卷 1號, 1988.

이영호·박태식, 「출토유물과 遺傳的 다양성으로 본 한반도 豆類재배 기원」, 『農業史研究』第5卷 1號, 2006.

이종수, 「토광묘 집장묘의 계통과 성격」『고조선과 고구려의 만남』, 동북아역사재단, 2021.

이홍종(李弘鍾), 「韓國 古代의 生業과 食生活」, 『韓國古代史研究』12, 1997.

전덕재, 「4-6세기 농업생산력의 발달과 사회변동」, 『역사와 현실4』, 한국역사연구회, 1990.

정구복·주영하, 「고려시대 세시풍속 연구」, 『한국세시풍속자료집성: 삼국·고려시대편』, 국립민속박물관, 2003.

정연식, 「한국인의 밥과 쌀」『한국음식문화사』, 동북아역사재단, 2023.

주영하, 「동아시아에서 두부의 기원, 진화, 확산」『동국사학』74집, 2022.

채병서(蔡秉瑞), 「安岳地方의 壁畵古墳」, 『白山學報』第2輯, 1967.

한복려, 「『山家要錄』의 분석고찰을 통해서 본 편찬연대와 저자」, 한국농업사학회·(사)우리문화가꾸기회, 『조선 초 과학영농 온실복원기념 학술 심포지움』 발표 요지, 2003.

최덕경(崔德卿), 「中國古代 農業技術의 발달과 作畝法: 農業考古學의 성과를 중심으로」, 『釜山史學』13, 1987.

최덕경, 「중국고대 지역별 농작물의 분포와 가공」『慶尙史學』제10집, 1994.

최덕경, 「전국·진한시대 음식물의 조리와 식생활」『부산사학』제31집, 1996.

최덕경, 「戰國·秦漢시대 음식물의 材料」『考古歷史學志』第11·12合輯, 1996.

최덕경, 「中國古代의 自然環境과 地域別 農業條件」, 『釜大史學』第18輯, 1996.

최덕경, 「『齊民要術』의 高麗豆 普及과 韓半島의 農作法에 대한 一考察」『東洋史

學硏究』제78집, 東洋史學會, 2002.

최덕경, 「古代韓國의 旱田 耕作法과 農作法에 對한 一考察」『韓國上古史學報』
第37號, 2002.

최덕경, 「朝鮮時代의 大小豆와 그 加工食品」『大丘史學』第72輯, 2003.

최덕경, 「大豆栽培의 起源論과 韓半島」『中國史研究』제31집, 2004.

최덕경, 「遼東犁를 통해 본 고대 동북 지역의 농업환경과 경작방식: 고구려 성장
기반에 대한 농업사적 시론」『북방사논총』8호, 고구려연구재단, 2005.

최덕경, 앞의 논문, 「大豆의 기원과 醬·豉 및 두부의 보급에 대한 재검토: 중국 고
대 文獻과 그 出土자료를 중심으로」『역사민속학』제30호, 2009.

최덕경, 「漢唐期 大豆 가공기술의 발달과 製粉業」『中國史研究』第69輯, 2010.

최덕경, 「『補農書』를 통해본 明末淸初 江南農業의 施肥法」, 『中國史研究』第74
輯, 2011.

최덕경, 「東아시아 糞尿 시비의 전통과 生態農業의 屈折: 糞尿의 衛生과 寄生蟲
을 중심으로」, 『역사민속학』제35호, 한국역사민속학회, 2011.

최덕경, 「『齊民要術』과 『陳旉農書』에 나타난 糞과 糞田의 성격」, 『中國史研究』
제81집, 2012.

최덕경, 「東아시아 젓갈의 出現과 베트남의 느억 맘(NuOC MAM: 한국과 베트
남의 젓갈 기원과 보급을 중심으로」『비교민속학』제48집, 2012.

최덕경, 「荏菽과 戎菽에 대한 再檢討: 中國 大豆의 起源과 관련하여」『東洋史學
研究』128, 2014.

최덕경, 「魏唐시기 旱田의 農作과 耕作法: 齊民要術과 四時纂要를 중심으로」
『東洋史學研究』제144집, 2018.

최덕경, 「제민요술 塗甕 처리를 통해 본 중국 陶器의 특징: 한반도 陶質의 甕과
관련하여」『중국사연구』제123집, 2019.

최덕경, 「중국고대 기름[油脂]과 착유법」『동양사학연구』제148집, 2019.

최덕경, 「송원대 식물성 기름[油脂]의 생산과 생활상의 변화」『중국사연구』제121
집, 2019.

최덕경, 「고대 한반도의 젓갈의 출현과 보급: 제민요술과 관련하여」『중국사연구』

제137집, 2022.

최덕경, 「중국 고농서 상에 반영된 도량형의 변천과 수용」『동양사학연구』제165집, 2023.

최종택(崔鍾澤), 「考古學 上으로 본 高句麗의 漢江流域進出과 百濟」, 『百濟研究』28, 1998.

최형록(崔亨祿)·최덕경, 「先秦시대 채소의 공급과 조리 및 용도」『중국사연구』제87집, 2013.

최몽룡(崔夢龍), 「考古學으로 본 韓國의 食文化」『第4回韓國文化學會學術發表要旨』, 1986.

하인수(河仁秀), 「東三洞貝塚 一號住居址 出土 植物遺體」『韓國新石器研究』第2號, 韓國新石器研究會, 2001.

한창균(韓昌均) 외 5인, 「沃川 大川里遺蹟의 新石器시대 집자리 發掘成果」『韓國新石器研究』, 韓國新石器研究會, 2002.

許文會, 「신석기시대 집자리 출토 곡물 분석」『옥천 대천리 신석기유적』, 한남대 중앙박물관, 2003.

사회과학원 고고학연구소(社會科學院 考古學研究所), 「平壤市 祥原郡一帶의 高句麗墓 調查發掘 報告」, 『朝鮮考古研究』第3號, 1986.

2) 아시아(중국-일본)

경톄화[耿鐵華]·린즈더[林至德], 「集安出土高句麗陶器的初步研究」, 『文物』1984-1.

경톄화[耿鐵華], 「高句麗壁畵中的社會經濟」, 『北方文物』1986-3.

경톄화[耿鐵華], 「集安高句麗農業考古概述」, 『農業考古』1989-1.

구어[賈峨], 「關于『豆腐問題』一文中的問題」, 『農業考古』1998-3.

궈버난[郭伯南], 「豆腐的起源與東傳」, 『農業考古』1987-2.

궈원타오[郭文韜], 「試論中國栽培大豆起源問題」『自然科學史研究』第15卷 第4期, 1996.

궈원타오[郭文韜], 「略論中國栽培大豆的起源」『第8届中國飲食文化學術研討會

論文集』, 2004.

궈칭위안[郭慶元] 외 2인, 「發展大豆生産, 弘揚華夏文明(續一)」『大豆通報』 2007年 4期.

궈칭위안[郭慶元] 외 2인, 「發展大豆生産, 弘揚華夏文明(續二)」『大豆通報』 2007-5.

녜펑차오[聶鳳喬], 「一滴味無窮, 三餐人永壽: 關于中國醬油」『國際食品』1997-3.

덩이빙[鄧亦兵], 「淸代前期全國商貿罔絡形成」, 『浙江學刊』2010-4.

량중샤오[梁忠效], 「唐代的碾磑業」『中國史硏究』1987-2.

량중샤오[梁中效], 「試論中國古代糧食加工業的形成」『中國農史』1992-1.

루쯔밍[盧子蒙], 「中國古代飮用豆漿的起源與推廣」『農業考古』2022-4.

루친화[路琴華] 편, 「大豆起源地的三個新論據」, 『野生大豆光溫綜合作用與生長 發育』, 吉林科學技術出版社, 1997.

뤄양시제이문물공작대(洛陽市第李文物工作隊), 「洛陽郵電局372號西漢墓」『文 物』1994-7.

뤄양시제이문물공작대(洛陽市第二文物工作隊), 「洛陽五女冢新莽墓發掘簡報」 『文物』1995-11.

뤄양시제이문물공작대(洛陽市第二文物工作隊), 「洛陽五女冢267號新莽墓發掘 簡報」『文物』1996-7.

뤼스린[呂世霖], 「關于我國栽培大豆原産地問題的探土」『中國農業科學』 1978-4.

류샤오핑[劉小平], 「水碾與中古水權管理制度述論」, 『歷史敎學』2009-4.

류샤오핑[劉小平], 「唐代寺院的水碾磑經營」『中國農史』2005-4.

류스민[劉世民] 외 2인, 「吉林永吉出土大豆炭化種子的初步鑑定」『考古』1987-4.

류판슈[劉磐修], 「兩漢魏晉南北朝時期的大豆生産和地域分布」『中國農史』 2000-1.

류창[劉昶] 외 1인, 「河南禹州瓦店遺址出土植物遺存分析」『南方文物』2010-4.

류촨차이[劉傳才] 외 3인, 「秦皇島市野大豆保護措施硏究」『中國環境管理幹部 學院學報』2014-2.

리건판[李根蟠],「從『齊民要術』看少數民族對中國科技文化發展的貢獻:『齊民要術』研究的一個新視角」『中國農史』2001-2.

리건판[李根蟠],「讀氾勝之書札記」『中國農史』1998-4.

리뎬푸[李殿福],「從東北地區出土的戰國兩漢鐵器看漢代東北農業的發展」『農業考古』1983-2.

리옌티에[李硯鐵],「黑龍江地區古代飮食文化」, 리스징[李士靖] 주편, 『中華食苑』4集, 中國社會科學出版社, 1996.

리위팡[李毓芳],「淺談我國高粱的栽培時代」,『農業考古』1986-1.

리창녠[李長年],「中國文獻上的大豆栽培和利用」『農業遺產研究集刊』(第1册), 中華書局, 1958.

리위펑[李宇峰],「遼寧漢晉時期農業考古綜述」『農業考古』1989-1.

리즈환[李治寰],「豆腐製法與道家煉丹有關」,『農業考古』1995-3.

리파린[李發林],「古代旋轉磨試探」,『農業考古』1986-2.

리후이[李慧],『論淸代山東農副産品的外銷』, 山東師範大學碩士學位論文, 2012.

셰웨이[謝偉],「案板遺址灰土中所見到的農作物: 兼論灰像法的改進」『考古與文物』1988-5.6.

쉬바오[徐豹] 등,「大豆起源地的三個新論據」『大豆科學』第 5卷 1986-2.

송잔칭[宋湛慶],「我國古代的大豆」『中國農史』1987-3.

쉬바오[徐豹] 등,「大豆起源地的三個新論据」『大豆科學』1986.

스후이[石慧] 외 1인,「大豆在中國的歷史變遷及其動因探求」『農業考古』2019-3.

스후이[石慧],「大豆成爲世界性作物的歷程探析」『農業考古』2021-6.

쑨융강[孫永剛],「栽培大豆起源與植物考古學研究」『農業考古』2013-6

쑨융강[孫永剛],「從歷史文獻到考古資料: 論栽培大豆的起源」『大豆科學』第33卷 2014-1.

쑨자오천[孫昭宸] 외 2인,「北京老山漢墓植物遺存及相關問題分析」『中原文物』2011-3.

쑨지[孫機],「豆腐問題」『農業考古』1998-3.

양린[楊琳], 「'解手'與'胡豆'釋名」, 『辭書研究』, 2001-1.

양젠[楊堅], 「我國古代豆豉的加工研究」『古今農業』1991-1

양젠[楊堅], 「我國古代的大豆製醬技術」『中國農史』2000-4(19卷).

양젠[楊堅], 「我國古代大豆醬油生産初探」『中國農史』2001-3(20卷).

양젠[楊堅], 「中國豆腐的起源與發展」『農業考古』2004-1.

양젠화[楊建華], 「『春秋』與『左傳』中所見的狄」, 『史學集刊』1999-2.

양지궈[楊計國], 「宋代植物油的生産貿易與在飮食中的應用」『中國農史』2012-2.

양톈난[楊鐵男], 「遼寧朝陽唐墓出土農業文物」, 『農業考古』1995-1.

예징위안[葉靜淵], 「我國油菜的名實考訂及栽培起源」, 『自然科學研究』1989-2.

왕롄정[王連錚], 「大豆的起源演化和傳播」『大豆科學』1985-4.

왕롄정[王連錚], 「大豆の起源·變遷およびその傳播」(궈원타오[郭文韜] 저, 와타
나베타케시 역[渡部武譯], 『中國大豆栽培史』, 農文協, 1998.

왕리화(王利華), 「古代華北水力加工興衰的水環境背景」『中國經濟史硏究』
2005-1.

왕상뎬[王尙殿] 편, 「豆製品工業」『中國食品工業發展簡史』, 山西科學敎育出版
社, 1987.

왕서우춘[王守春], 「漢唐長安城的水文環境」, 『中國歷史地理論叢』1999-12.

왕순위[王順宇], 「饟胡餠之歷史演變」『今古文創』제22집, 2023.

왕융호우[王永厚], 「李彦章知江南催耕課稻編」『中國農史』1991-2.

왕위후[王毓瑚], 「我國自古以來的重要農作物」『農業考古』1981-1.

왕전탕[王振堂], 「試論大豆的起源」『吉林師大學報自然科學版』1980-3.

왕진링[王金陵], 『대두유전여선종(大豆遺傳與選種)』, 科學出版社, 1958.

왕진링[王金陵], 「大豆性狀之演化」『農報』1945.

왕촨밍[王傳明], 「山東高靑陳莊遺址炭化植物遺存分析」山東大學碩士學位論
文, 2010.

왕하이위[王海玉] 등, 「山東省臨沭縣東盤遺址2009年度炭化植物遺存分析」『東
方考古』第8集, 科學出版社, 2012.

우원완[吳文婉] 등 4인, 「古代中國大豆屬(Glycine)植物的利用與馴化」, 『農業考

古』, 2013-6.

우원완[吳文婉] 외 3인, 「黃河中下流幾處遺址大豆屬(Glycine)遺存的初步研究」
『中國農史』 2013.2.

우원완[吳文婉] 등, 「河南登封南洼遺址二里頭到漢代聚落農業的植物考古證
據」『中原文物』 2014-1.

우위메이[武玉妹], 「大豆的起源與擴散」『生物进化』 2009-3.

원신[問昕], 「新石器時代的石磨盤石磨棒」『古今農業』 2000-3.

원완[吳文婉] 외 3인, 「古代中國大豆屬(Glycine)植物的利用與馴化」『農業考古』
2013-6.

웨이쓰[韋斯], 「西域農業考古資料索引」『農業考古』 2004-3.

웨이쓰[韋斯], 「西域農業考古資料索引(續)」, 『農業考古』 2005-3.

웬젠추[袁劍秋]·허동핑[何東平], 「我國古代的製油工具」『古今農業』 1995-1.

웬한칭[袁翰青], 「關于生物化學的發展一文的一点意見」『中國醫史雜志』 1954-1.

유전야오[尤振堯]·저우샤오루[周曉陸], 「泗洪重崗漢代農業畵像石刻研究」『農
業考古』 1984-2.

이바오중[衣保中], 「渤海國農牧業初探」, 『農業考古』 1995-1.

장위샹[江玉祥], 「論大豆及相關豆製食品的起源」『四川大學學報』(哲學社會科
學版), 2003-6.

장춘슈[張春秀], 「敦煌變文名物研究」, 남경사범대학 박사학위논문, 2013.

장칭제[張慶捷] 외 1인, 「北魏宋紹祖墓兩處銘記析」『文物』 2001-7.

자오더안[趙德安], 「中國豆豉」『中國醣造』 4기, 2003.

자오쯔쥔[趙志軍], 「漢魏時期三江平原農業生産的考古證據」『北方文物』 2021-1.

정샤오쫑[鄭紹宗], 「遼王朝農業發展簡論」, 『農業考古』 1990-2.

중국과학원고고연구소낙양발굴대(中國科學院考古研究所洛陽發掘隊), 「洛陽西
郊漢墓發掘報告」『考古學報』 1963-2.

진구이윈[靳桂云] 외 4인, 「山東高青陳庄遺址炭化種子果實研究」『南方文物』
2012-1.

창루전[常汝鎭] 외, 「大豆遺傳育種學家王金陵教授的學術成就」『大豆科學』第

21卷 第1期, 2002.

천시에샹[陳雪香] 외 2인, 「尺寸與成分 : 考古材料揭示黃河中下遊地區大豆起源
　　與馴化歷程」『中國農史』2017年 3期.

천웨이웨이[陳微微] 등 3인, 「河南新密古城寨城址出土植物遺存分析」『華夏考
　　古』2012年 第1期.

청민성[程民生], 「宋代菽豆的地位及功用」『中國農史』2023-2.

천원화[陳文華], 「中國古代農業考古資料索引」, 『農業考古』87-1.

천원화[陳文華], 「豆腐起源于何時」, 『農業考古』1991-1.

천원화[陳文華], 「中國農業考古資料索引(十五)」, 『農業考古』1995-3.

천원화[陳文華], 「小葱拌豆腐—關于豆腐問題的答辯」, 『農業考古』1998-3.

최덕경(崔德卿), 「韓國的農書與農業技術—以朝鮮時代的農書和農法爲中心—」
　　『中國農史』2001-4.

쿵자오천[孔昭宸] 외 2인, 「山東滕州市莊里西遺址植物遺存及其在環境考古學
　　上的意義」『考古』1999-7.

팡인[方殷], 「密縣打虎亭漢墓的圖象是製豆腐」『農業考古』1999-1.

팡즈궈[龐志國]·왕궈판[王國范], 「吉林省漢代農業考古概述」『農業考古』1983-2.

펑웨이[彭韋], 「漢代食飮雜考」『史學月刊』, 2008-1, pp.20-21.

황스빈[黃士斌], 「洛陽金谷園村漢墓中出土有文字的陶器」『考古通訊』1958-1.

허솽취안[何雙全], 「居延漢簡所見漢代農作物小考」, 『農業考古』1986-2.

허빙티[何炳棣], 「中國農業的本土起源」『農業考古』1984-2-1985-1.

홍광주[洪光住], 「中國豆腐文化起源發展史」『中國烹飪』1991-1.

황전웨[黃展岳], 「漢代人的飮食生活」, 『農業考古』1982-1.

후난성문물고고연구소(湖南省文物考古研究所), 「沅陵虎溪山一號漢墓發掘簡
　　報」, 『文物』2003-1.

후시원[胡錫文], 「中國小麥栽培技術簡史」, 『農業遺産研究集刊(第1册)』, 中華書
　　局, 1958.

權臣漢, 「大豆の話」『日本大豆月報』4號, 1986.

가미야 마사마사[神谷正昌], 「冬至と朔旦冬至」, 『日本歷史』 第630號, 2000. 11月號.

니시지마 사다오[西嶋定生], 「碾磑の彼方: 華北農業における二年三毛作の成立」, 『中國經濟史研究』, 東京大出版會, 1966.

다나카 시즈이치[田中靜一], 「中國大豆の原産地とその進化について: 『中國栽培植物發展史』より」 『大豆月報』 第123號, 1985.

쇼자부로[金澤莊三郎], 「鹽と味噌」, 『朝鮮學報』 제9집, 1956.

슈토오 요시유키[周藤吉之], 「吐魯番出土の佃人文書研究」, 『唐宋社會經濟史研究』, 東京大出版會, 1965.

야나기타 쿠니오[柳田國男], 「新たなる太陽」, 『柳田國男全集』 第20卷, 筑摩書房, 1999.

야나기타 쿠니오[柳田國男], 「小豆を食べる日」, 『柳田國男全集』 제20권, 筑摩書房, 1999.

야마구치 쇼코[山口迪子], 「淸代の漕運と船商」, 『東洋史研究』 17-2, 1958.

요시다 슈우지[吉田集而], 「無鹽醱酵大豆國際會議」 發表要旨, 筑波學園都市, 1985.

카나자와소오 사부로오[金澤莊三郎], 「鹽と味噌」, 『朝鮮學報』 第9輯, 1956.

카토오 시게루[加藤繁], 「康熙乾隆時代に於ける滿洲と支那本土の通商について」, 『支那經濟史考證(下)』, 1953.

카토오 시게루[加藤繁], 「滿洲に於ける大豆豆餅生産の由來に就いて」, 『支那經濟史考證(下), 東洋文庫, 1974.

코이즈미 쇼헤이[小泉昇平], 「火田民生活狀況に關する調査」, 『朝鮮彙報』 大正 6年 2月號.

하라 모토코[原宗子], 「環境信息轉達上存在的問題: 以居延地方農地灌漑鹽類集積沙漠化爲例」(류추이롱[劉翠溶], 『自然與人爲互動』), 臺灣: 中央研究員, 2008.

호사카 요시오[保坂佳男], 「奈良時代の多至: 聖武皇子の立太子儀に關連して」, 『續日本書紀研究』 262, 1989.

Н.И. Vavilov(中村英治譯), 『재배식물의 발상 중심지(栽培植物の發祥中心地)』,

八坂書房, 1926.

3) 서양(논저)

The Encyclopedia Americana, International Edition, Vol. 25, 1980.

Soviet Great Encyclopedia, Vol. 24, Book 1, 3rd edition, 1976.

Zade. A, "*Pflanzenbaulehre für Landwirte*", Berlin(Parey) 1933.

Shin-Han Kwon, "History and the Land Races of Korean Soybean" *SABRAO NEWSLETTER* 4(2), 1972.

S. Kitamura(北村), "Applied Botany", *Asakura Book* Co, 1962.

T. Nagata, "Studies on the Differentiation of Soybeans in Japan and the World", *Mem. Hyogo Univ. Agr.*, Vol. 3(2), Ser. 4, 1960.

T. Hymowitz, "On the Domestication of the soybean" *Economic Botany* Vol 24, No4, 1970.

T. Hymowitz & R. L. Bernard, "Origin of the Soybean and Germplasm Introduction and Development in North America" *Use of Introduction in Cultivar Development*, Part 1, 1991.

Hymowitz, T. and N. Kaizuma, Soybean seed protein electrophoresis profiles from 15 Asian countries or regions: Hypothesis on paths of dissemination of soybeans from China. *Econ. Bot.* 35, 1981.

Yoon et al, 2000, Geographical pattern of morphological variation in soybean germplasm, *Korean J. Crop Sci.* 45(4)

Y. Fukuda, "Cytogenetic studies on the wild and Cultivated Mamchurian soybean" *Jap. J. Bot.* 6, 1933.

찾아보기[Index]